本书获广东省高水平大学建设项目暨南大学“华侨华人与国际问题研究”学科组团建设经费资助

2016年度教育部人文社会科学重点研究基地重大项目《国家边疆安全视野下的沿边地区侨情调研》（项目批准号：16JJD810008）

国家出版基金项目
NATIONAL PUBLICATION FOUNDATION

教育部人文社会科学重点研究基地
Key Research Institute of Humanities and Social Sciences at Universities
暨南大学华侨华人研究院
Academy of Overseas Chinese Studies in Jinan University

GZC 高校主题出版
GAOXIAO ZHUTI CHUBAN

·世界华侨华人研究文库·

归侨口述史 暨南篇

暨南大学国际关系学院/华侨华人研究院
暨南大学归国华侨联合会 主编

陈 文 执行主编

暨南大学出版社
JINAN UNIVERSITY PRESS

中国·广州

图书在版编目（CIP）数据

归侨口述史．暨南篇/暨南大学国际关系学院/华侨华人研究院，暨南大学归国华侨联合会主编．—广州：暨南大学出版社，2019.3
（世界华侨华人研究文库）
ISBN 978－7－5668－2268－0

Ⅰ.①归…　Ⅱ.①暨…②暨…　Ⅲ.①华侨—史料　Ⅳ.①D634.3

中国版本图书馆 CIP 数据核字（2017）第 290774 号

归侨口述史·暨南篇

GUIQIAO KOUSHU SHI · JINAN PIAN

主　编：暨南大学国际关系学院/华侨华人研究院，暨南大学归国华侨联合会

出 版 人：徐义雄
策划编辑：黄圣英
责任编辑：黄　球　郑晓玲
责任校对：苏　洁　黄　颖　叶佩欣
责任印制：汤慧君　周一丹

出版发行：暨南大学出版社（510630）
电　　话：总编室（8620）85221601
　　　　　营销部（8620）85225284　85228291　85228292（邮购）
传　　真：（8620）85221583（办公室）　85223774（营销部）
网　　址：http://www.jnupress.com
排　　版：广州市天河星辰文化发展部照排中心
印　　刷：广州市快美印务有限公司
开　　本：787mm×1092mm　1/16
印　　张：33.25
字　　数：652 千
版　　次：2019 年 3 月第 1 版
印　　次：2019 年 3 月第 1 次
定　　价：150.00 元

总　序

在20世纪，华侨华人问题曾经四次引起学术界关注。第一次是20世纪初关于南非华工的问题；第二次是“一战”后欧洲华工问题；第三次是五六十年代东南亚国家出现的“排华”问题；第四次则是80年代中国经济崛起与海外华侨华人关系的问题。每次华侨华人研究成为研究热点时，都有大量高水平研究著作问世。

进入21世纪以来，随着全球化进程的加速和中国国际化水平的提升，海外华侨华人与中国的发展日益密切，华侨华人研究掀起了新一轮高潮。华侨华人研究机构由过去只有暨南大学、厦门大学、北京大学、华侨大学等少数几家壮大至目前遍布全国的近百所科研院校，研究领域从往昔以华侨史研究为主，拓展至华人政治、华人经济、华商管理、华文教育、华人文学、华文传媒、华人安全、华人宗教、侨乡研究等涉侨各个方面，研究方法也逐渐呈现出多学科交叉的趋势，融入政治学、历史学、社会学、民族学、教育学、新闻与传播学、经济学、管理学、法学等学科方法与视角。与此同时，政府、社会也愈益关注华侨华人研究。国务院侨办近年来不断加大研究经费投入，并先后在上海、武汉、杭州、广州等地设立侨务理论研究基地，凝聚了一大批海内外专家学者，形成了华侨华人研究与政府决策咨询相结合的科学发展机制。而以社会力量与学者智慧相结合的华商研究机构也先后在复旦大学、清华大学等地成立，闯出了一条理论研究与社会实践相结合的华侨华人研究新路径。

作为一所百年侨校，暨南大学在中国华侨华人研究中具有特殊的地位。暨南大学创立于1906年，是中国第一所华侨高等学府。华侨华人研究是学校重要的学术传统和特色。早在1927年，暨南大学便成立了南洋文化事业部，网罗人才，开展东南亚及华侨华人的研究，出版《南洋研究》等刊物。1981年，经教育部批准，暨南大学在全国率先成立华侨华人研究的专门学术机构——华侨研究所，由著名学者朱杰勤教授担任所长。1984年在国内招收首批华侨史方向博士研究生。1996年后华侨华人研究被纳入国家“211工程”1—3期重点学科建设行列，2000年获批教育部人文社会科学重点研究基地（华侨华人研究）。暨南大学于2006年成立了华侨华人研究院，并聘请全国政协常委、国务院侨务办公室原副主任刘泽彭出任院长和基地主任。2011年，学校再次整合提升华侨华人研究力量，将华侨华人研究院与国际关系学系（东南亚研究所）合并成立国际关系学院/华侨华人研究院，继续聘请刘泽彭同志出任华侨华人研究院院长和基地主任，由华侨华人与国际问题研究知名专家曹云华教授出任国际关系学院院长兼华侨华人研究院执行院长。同时，学校还加大科研经费投入，努力打造“华侨华人研究优势学科创新平台”。研究院在加强自身科研能力的基础上，采取以研究项目、开放性课题为中心，学者带项目、课题进院的工作体制，致力于多学科和国际视野下的前沿研究，立足于为国家的改革开放和现代化建设服务，为社会服务，为政府决策咨询服务，努力将之建设成为世界一流的学术研究机构和人才培养基地。

值华侨华人研究在中华大地百花齐放、百家争鸣之际，为进一步彰显暨南大学科研特色，整合校内外相关研究力量，发掘华侨华人研究新资源，推动华侨华人研究学科的发展，暨南大学华侨华人研究院在2012年推出了“世界华侨华人研究文库”。文库的著作多为本校优势学科的前沿研究成果，作者中既有资深教授、学科带头人，也有学界新秀。他们的研究成果从多学科视野探索了国内外华侨华人研究的一些新问题、新趋势，具有较高的学术价值和现实意义。截至2016年年底，文库已经出版三批23本，在华侨华人研究领域引起了不错的反响。

2015年6月，暨南大学入选广东省高水平大学重点建设高校，“华侨华人与国际问题研究”成为学校高水平建设重点支持的一个学科组团。为了进一步发挥暨南大学的华侨华人研究优势，学院决定继续组织出版这套丛书。丛书的经费来源从之前的“211工程”和暨南大学“华侨华人研究优势学科创新平台”变为广东省高水平大学建设暨南大学“华侨华人与国际问题研究”学科组团，编委会也随人员变动做了一些调整。

本套丛书的出版得到学校领导的大力关心与支持。国际关系学院/华侨华人研究院领导与部分教师特别是高水平大学建设学科组团中的华侨华人与跨国移民研究团队的教师们也付出了艰辛的劳动，他们在策划、选题、组稿、编辑、校对等环节投入大量精力。同时，暨南大学出版社对丛书出版也给予高度重视，组织最优秀的编辑团队全程跟进，并积极申报国家出版基金项目，获得立项资助。在此，我们对所有为本丛书出版付出宝贵心血与汗水的同仁致以最衷心的感谢！

在前面三批的总序中，我们表示“期盼本丛书的出版能在华侨华人研究领域激起一点小浪花”。现在看来，已部分达到了目的，尽管如此，我们仍坚持不忘初心，继往开来，汇聚国内外华侨华人研究的朵朵浪花，把这套文库办成展现全球华侨华人研究优秀成果的一个重要平台。

《世界华侨华人研究文库》编委会

2017年6月

目　录

曾祥鹏[①]

基本情况

我祖籍广东梅县，出生于印尼西加里曼丹。1940 年回国到云南求学，1943 年考取西南联大社会学系，1946 年转入清华大学。1948 年毕业后返回印尼，先后在山口洋南华中学、三宝垄中华中学、坤甸振强中学任校长，去坤甸前在《生活报》任职。60 年代初回中国定居，在中国新闻社任职。1980 年到暨南大学东南亚研究所工作，直至离休。我的夫人黄慧女士也是印尼归侨，原在暨南大学图书馆工作。

2016 年 5 月曾祥鹏和黄慧伉俪在家中接受采访

① 季鹏、姚骋（暨南大学国际关系学院/华侨华人研究院 2012 级硕士研究生）于 2013 年 6 月数次对曾祥鹏老师及其夫人黄慧老师进行访谈，并整理录音。

在印尼

我这一生过得十分曲折，这主要是受当时的时代背景影响。我出生在印尼西加里曼丹，家庭十分贫困，因供不起学费而中途辍学。12 岁时，我寄宿在三发县姨母家，姨母家也是华人家庭，并且姨夫是管理当地华人社会的头面人物“甲必丹”。但终究是寄人篱下，我过得并不快乐，在姨母家，我的角色不过是个“小跑腿”，经常受姨母使唤出去买东西，买得不合她意，又被勒令即刻去换，反反复复地折腾我，有时店铺的老板也看不下去了，说这么小的孩子，就被如此使唤。

我的这些经历，对我以后搞基金会帮助穷苦学生，在我当校长时给学生免费与半费上学、找老师一起帮助学生等，都有很大的影响。后来，在西南联大搞工人运动，我都能和底层人民相处得很好。

我小学在当地华校毕业。我姨夫是当地的“甲必丹”，他受过良好的中国文化教育，对抗战时期国内的处境十分关心。当时他是怎样获取国内消息的呢？说来有意思，就是通过我。他让我每天晚上给他读华文报，有时就念标题，好让他及时了解国内抗战的最新情况。那时也有收音机，但他非要听我念，并且把我的耳朵当成收音机的开关按钮，每次一拧我耳朵，我就要开始读报了。他可不仅是听听新闻而已，还为支持当地华人运动出资出力，每次募捐他们家总是捐得很多，表明他是真真切切地关心国内情况，爱国心这一点毋庸置疑。

说到在他们家的这段经历，不免又让我想起关于他家女佣的插曲。姨母家的女佣有偷吃食物的恶习，姨母姨夫都是知道的，但一直未抓到证据。一次他们在食物上做了记号，第二天果然发现少了一些。他们怎么处理这个女佣呢？鞭打她，这还不够，还让她跪下来，念一百遍“我再也不偷吃食物了”。这个女佣也偷过我的钱，我当时住他们家并没有什么收入，身上的钱大多数是过年时存下的红包。我知道她与我年纪相仿，只比我大几岁。虽然她偷了我的钱，但这确是贫穷逼迫的，我很同情她，也想帮助她，所以我也不计较。

我父亲对小孩的教育非常严格，但不失理性与引导。记得我家旁边有一个电影院，电影院的守门人常常给我推荐好看的影片，还让我免费进去观看。父亲得知这个情况后，就去电影院里逮我，但抓住我之后并没有责怪我贪玩，更没有因我占别人小便宜而打我，只是耐心地跟我讲这样做不妥的道理。母亲呢，有一颗十分慈爱的心。我幼时喜欢打弹弓，对我这个喜好，她没有反对，只是叫我不要打母鸟，因为母鸟死了小鸟就没有依靠了。后来我就养成了一种习惯，弹弓虽然在手，但不会瞄向鸟儿。

父母的善良品质，对我的言传身教，让我在成长中也逐渐学会了如何善待他人。当时，有一个从30多里以外来的流浪小孩儿，这个孩子在家饱受叔父的虐待，所以就从家中逃出来了。他经常在街头游荡、徘徊，没有地方落脚。当时姨母家在我家附近有出租的房子，平时租出去了就让我们代收房租，那时候正好没人住，我就叫这个小孩睡屋檐下，我觉得这总比他睡在垃圾遍地的街上要好。也有好几次，到了饭点我就偷偷拿一些饭菜给他。父母看在眼里，脸上是会心的微笑，他们对我的行为表示赞许。父母鼓励我乐善好施，让我今后能够在自己生活境遇好转时不断给人帮助。前几年邦戛校友在深圳聚会的时候，这个孩子也出现了，他非常感激我曾经给予他的帮助，我也衷心祝福他生活得更好，他现在已在香港做小生意，过上了自给自足的日子。

我的父亲在广东梅县出生，后来随祖父一起到了印尼，后期又返回梅县。我的祖父算得上是山口洋市鼎鼎有名的风光人物，家里也比较有钱，在那个物质生活水平不高的年代，他的家中已经有了彩电和很多书籍。祖父在印尼不像其他华人那样擅于经商，而是悉心办起慈善事业，他是山口洋市华商会馆的秘书，也曾在加印公会工作过，主要代收月捐（当地华人的定期捐款）。此外，祖父也管理过当地的华文学校。祖父对从故乡来印尼的人十分照顾，专门为他们建了几间小屋。记得有一次，因为一个老乡在屋里抽鸦片，烟斗掉到地上，把整个屋子都给烧着了。祖父也不生气，他说既然屋子被烧了也没办法，幸好人没有受伤。

我父亲是山口洋中华商会的秘书，平日的事务就是收集整理月捐的收据。我家里还专门腾出了一块空地，到了捐款的时候，空地上总是堆满捐献物品，较多的是衣服。抗日战争时期，他十分关心国内的情况，由于当时获取消息只能靠收音机，我们家又没有，他就带我去爱国的华侨商人家里听。那个年代，广播里传来祖国的一举一动，都牵动着我们身在异乡的华侨的心。从那时起，一颗拳拳报国的赤诚之心就一直在激荡着我。父亲长期订阅《新知月刊》（“左”派刊物，刊登抗日的言辞），说明他思想上比较偏向于“左”派。

我在姨母家过得十分压抑，也着实想家，就给父亲写了一封信。我知道，父亲也十分心疼借宿在他人家的我。父亲看到信后，不久就将我接回山口洋的家了，家里还住着我的几个兄弟姐妹。

回到久违的大家庭，我的心终于像找到了归属感一般踏实下来。当时我只有一个心愿，就是读书。但是，贫困的家庭现状的确供不起我读书。我没有向父亲开口提过上学的事情，但是父亲却能读懂我渴望读书的眼神。这个时候，父亲作出了一个比较艰难的抉择，这种艰难是人在贫穷的时候不愿低头求人的自尊心与现实需要的冲突造成的。

父亲领着我来到山口洋的一所中学——南华中学。这所学校，在我的生命里太重要了，我在这里读书接受教育，甚至立下志向。南华中学的校长叫陈醒民，这是一位为山口洋市的华文教育作出巨大贡献的开明的爱国华人，在国内的复旦大学毕业，受山口洋市基督教会的邀请，他偕夫人（毕业于北平协和高级学校）一起来到印尼，为当地教育事业服务。后来他因战事辗转到日本的乡下。抗日战争胜利后，他又回到印尼继续从事教育事业。他对我后来在印尼几年的华校教育工作产生了很深刻的影响。父亲十分不好意思地开口，向他说明我想来该校读书的意愿，还问他能否帮忙解决学费的问题。他知道我父亲是加印公会和中华商会的一员，干脆地答应了父亲的要求，将原本一个月15盾的学费给我减到5盾。后来我才知道，学校里还有很多同学都没钱读书，但是陈先生都给酌情减免学费了。

就这样，我在父亲磕磕巴巴的求情下，也在陈先生的热情帮助下，得到了接受教育的机会，进入南华中学读初中。

后来，我父亲去世了，家里的顶梁柱倒下了，我们家的经济状况每况愈下。我来到陈先生面前，告诉他我不想读书了。他知道，不是我不想读书了，而是没有经济实力支持我继续读下去。于是他用坚定的眼神看着我说：“你一定要读下去，你不仅现在要读，将来你还要回到祖国，考清华、北大，继续读书！我给你免掉在这里的所有学费。”

陈醒民校长与其女儿

陈先生在南华中学的爱国主义教育进行得很好，我最早接受爱国主义教育就是在南华中学。有一次，他在另一个班级上中国历史课，讲到“一·二八”事变，他说他当时正在上海，看到日本的炮弹无情地夺去许多中国人的生命，令他震颤、狂怒。情到深处，他当场在同学们面前痛哭流涕。当时我在门外旁听，深受感染。讲到中国近代史，尤其是鸦片战争后中国签订的一系列不平等条约时，他的讲述激起了每一位听者的共愤，大家当时只有一个共同的信念：祖国不能再这样下去，我们的祖国一定要富强起来！

后来，因为陈先生和教会产生了一些分歧，我们学校迁址了。学校的新环境很差，没有正规的桌椅、黑板，学生们叫苦连连。陈先生跟我们说："你们现在能在室内上课，在屋子里上课，有地方坐着，已经很不错了。相比之下，在祖国的延安，那里的同学们上课抬头是天、低头是草地，腿上放块板，就这么听课。所以说你们不苦，你们已经很幸福了！"后来，因为各种原因，南华中学停办了，我转到了华侨中学。日本占领山口洋的时候，陈先生也躲在橡胶园里，和平以后他就出来，恢复华侨教育，任山口洋市华侨学校的总校校长，管理范围包括中学，还有很多小学，他对山口洋以及附近地区的华侨教育都起了很好的作用。他同时是一个基督教徒，很有同情心。那时能够免费读书的人，我可能是第一个。他鼓励学生积极向上，热爱祖国，也宣传了延安的好校风。在国共内战的时候他比较中立，中间偏"左"。他让我回国，接他的班，后来中学、小学分开独立了，我就当了中学的校长。他主张妇女解放，是妇女会的顾问，给我们讲共产党领导下的妇女解放，讲妇女如何参政。他还要求我们一定要好好读书，说我们很年轻，应该回国参与建设。

陈校长资助我上学对我影响很大，后来我在印尼当校长的时候，山口洋中华教师工会通过了一个决定——凡是教师的子女读书都是免费的，这个也影响了周围的一些学校。在三宝垄的时候，我当了省中华教师联合会会长，也作出了这样的规定。后来有好几个地方都是这样了。

曾祥鹏（右三）在印尼时与朋友合影

山口洋的商业不是很发达，但是山口洋靠海，土产多，盛产橡胶、椰子，胡椒等香料也多，有钱人都来这儿买椰子。日本军队偷袭珍珠港之后，就过来炸坤甸，可能炸死了几百人。那天大家在上课，却准备随时下课，因日本军队随时会来。在那个特殊时期，华侨华人积极组织宣传和自我教育，我们掌握了一些基本的求生方法。我们每个人都准备了小包，装上衣服、牛奶及饼干等干粮，准备逃生。我们读书时，已经知道日本在国内怎么欺负中国人民了。坤甸一炸，山口洋就拉响了警报，我们就往家跑，跑啊跑啊，跑到了橘子园，就躲在那里。学校就是从那天开始全部停课了，能跑就跑。据我所知，在全印尼，山口洋被杀的华侨华人最多，根据人口比例来说是最高的，被杀的人当中，抗日的中坚分子很少，多是捐了款的人。日本人知道中国人过年，会在初四夜里抓华人来杀。当时日本还没占领山口洋，可大家知道这是一个信号，便都跑了。当时我家跟我外婆家共四五十口人，大都跑到椰园、橡胶园避难。关于这一段历史，厦门大学南洋研究所蔡仁龙教授写得多，他是根据抗日西盟会成员刘云天的回忆录写的。如果今天能写出来，也算是抢救历史。那时日本人挖了好多个坑，用来活埋被抓的人，榴莲港、东万绿就是两个活埋点（行刑点）。有一个华侨在打猎时听到了凄惨的声音，他就躲到树上，看到了日本人行凶，大受惊吓，回来就大病了一场。

我一共有六个兄弟姐妹，我排行第二。我的父亲去世以后，我才回到家里。日本人侵略印尼时说："没有我，你们独立不了，我来了你们才能独立。"日本在山口洋驻有海军，1941 年大年三十，我的哥哥被日本人抓走。在十几人的家里，母亲是寡妇，我的哥哥、我的亲叔叔、我的母舅、三发姨母的大儿子，全被抓了。

我小学时学荷兰文，抗日以后转学中文，在我外婆家贝翰乡这边，中文程度最高的就是我了。那时，西盟会、抗日同盟会组织抗日活动，贝振寰、刘云天等人后来活动的地方就在我家。他们训兵，组织一大批民兵在山里头、橡胶园里面活动。马来西亚当时有抗日人民军，婆罗洲北边一带就是马来西亚的沙捞越，很多都是受他们领导的。贝振寰很老实，实事求是。

当时有会所的青年组织在山口洋并不多，激流读书会有自己的会所，还有图书室，有一些书是经新加坡偷偷地运过来的。读书会还出版一些油印的刊物，非常"左"，甚至在里面曾经有一篇文章，里面讲到蒋介石的时候，用"青面獠牙"来形容，印尼话翻译过来就是"野兽"，把他说成是野兽，国民党觉得这是极大的侮辱。当时中华人民共和国还没成立，国民党就将激流读书会告上了法庭。我的一个堂弟当时是激流读书会的主席兼会长，我的亲弟弟曾祥畅受牵连被判坐了一年半的牢。这件事情在印尼非常轰动，算是"文字狱"。我回印尼之后就介绍他回国了，他也参加了开国大典，做一个进步群众。后来他在国内定居了，在北京空军医院工作，实际上是中共中央联络部青年训练班，其中有些人是从香港大德学院回来的，这些人训练出来就被分到中央各个部委，主要是在侨务部门。

当时组建了一批抗日组织，郁达夫等一批文人到新加坡来办报，日本占领新加坡后，他们就撤退到印尼苏岛，其中包括陈嘉庚，还有一个是后来当了第一任中国驻印尼大使的王任书。我到香港见香港工委书记乔冠华时，他说："你去见一下王任书。"郑楚耘（曾被国民党抓去打到头脑不清晰，讲话也不清楚，后来才逐渐恢复。他这个人写文章很厉害，回国后当了中侨委宣教司副司长、中国新闻总社副社长）也写信给我，叫我到《生活报》工作。当时还有武装组织，西加里曼丹、西婆罗洲的抗日同盟会，在山口洋；苏岛有另一个抗日同盟会，移交政权之后名字改为西加里曼丹抗日同盟会；抗日西盟会，从沙捞越过来参加筹备，贝振寰是抗日西盟会的筹办人，是唯一一个还健在的筹办人员。

在印尼，那时候山口洋市的学联主席组织爱国活动，还是比较活跃的，和邦戛的老师、学生等一起活动，一方面读好书，另一方面在假期组织学生到乡下义演。

回国抗日

陈先生对穷学生的照顾，在学校进行的爱国主义教育，对我影响很大。我读初中三年级时，坚持要回国读书，妈妈就带我去见我的舅舅，借旅费。他可能认为我应该留下来帮家里忙，就说他没钱。借不到钱，还挨批了，后来我就不敢提回国的事了。但是我母亲最后变卖了首饰、金银，又向其他亲戚借了一些钱，让我回国了。1940 年，我就结束了在印尼的学习生活。

当时我 16 岁，心里有两种打算，读书或者当兵。我们从新加坡坐船到缅甸，再从缅甸坐火车回中国，沿海一带全被日本人占领，本来想从香港走，但走不了。滇缅公路被封锁，到了缅甸北部才知道不能通行，就留下来住了一个多礼拜。滇缅公路运军火的司机，基本上是陈嘉庚号召的华侨。坐了两天的火车到了宝山的华侨中学读书，那个学校是国民党办的，但看得出有共产党的影响。晚上有人在墙壁上写"打倒刘校长"（刘石心），刘石心是华侨中学的校长，他在法国留过学。这是从泰国回来的华侨学生写的，这些学生受泰国华文学校共产党的影响，思想比较"左"，对于政治比当时懵懂状态的我要清楚得多，他们总是在背后骂刘石心校长，说他是国民党清党委员会的委员。

当时我喜欢拉小提琴，在学校校庆的时候，就表演了小提琴独奏。我喜欢音乐，很想到延安那边学习，也打听到了去延安的话要先到重庆《新华日报》，然后由他们偷偷安排人送我去延安。当时，《新华日报》是共产党在国民党统治地区办的唯一一份公开的报纸，我在西南联大读书的时候应地下党书记的要求，也给《新华日报》写过通讯稿。最后我还是到了昆明，以第一名的成绩考进了育侨中学读高中。这所中学大多数是泰国归国学生，还有从印度尼西亚、越南、菲律宾回来的学生。虽然是在国民党统治地区，但我们当时很天真，在壁报上骂国民党，我还拉小提琴曲《延安颂》。我当时很想到延安学音乐，于是叫妈妈寄钱来支持我。后来太平洋战争爆发了，通信断了，钱也没寄来，如果有钱，我走的可能是另一条路，去延安学琴了。

太平洋战争爆发后，我就报名参军了，我和一个黄姓同学一起报的名。那时中国的军队要到缅甸和英国军队一起抗日，就是远征军。后来听说我是育侨中学的华侨学生，就到育侨中学招华侨。我们到了缅甸，英国军队给我们的印象是，英国军队中主要是缅甸人，这些军人见到日本人就跑。我们到缅甸时，知道仰光附近被日本军队包围了，在东边的战场上英国军队总是撤退。当时兵荒马乱的，我们几个华侨学生一起，也没有人管我们，兵败如山倒的状态。我们跟着大队撤退，到了一个地方只停留一两天。有一天，日本飞机轰炸，我就躲到防空洞里，即使这样，头上还是不断有泥土撒下来。日本飞机走后，我发现有几个同学抬着一些受伤的同学走过来，当时也没有医院来救助，我们知道我们学生要照顾受伤者，但是没有人愿意护送伤者去医院，我就自告奋勇照顾伤者。当时可能有两种情况，跟着大队走说不定就逃出去了，而陪受伤者去野战医院的途中可能会有危险。这时恰好有辆吉普车开过来，上面坐着第五军军长杜聿明，盟军副司令，我受训时见过他，他给我们讲过课，视察过我们。我就给他敬个礼，说明同学受伤情况，提出要送到野战医院。他就让我们坐他的吉普车，当时另外一个缅甸华侨（不是我们的同学）也上了他的车，一共四个人，杜聿明坐前面，我们坐后面。

到达野战医院后，当场就给伤者进行伤口处理并包扎好，杜聿明送我们到达后就离开了。我们上了伤兵车，被送到缅甸首都的一个港口，上了一艘伤兵船，因为是军长送我们来的，所以在伤兵船上受到了很好的待遇。中途遇到轰炸又要撤退到另一个地方，撤退到另一个地方后又遇轰炸，但那时我们已经上岸了。当时我们比较幸运，遇到一辆卡车，一个伤兵说他会开车，就开往中国方向，往中国撤退。可惜还没到，车子突然歪了，轮子受损，幸好没有翻下桥去。这个时候来了一个司机，是马来西亚的华侨司机，他看见以后，就上车猛地用力一开，冲到上面过了坎，但是走着走着就没有路了。当地华侨看到我们都很瘦弱，就送来米和小罐子给我们煮饭吃，还有罐头食品等。我们非常感激当地华侨给我们的帮助。那时是四五月份，再往云南走还是比较冷的，在路上遇到一个华侨，他怕我们受冻，给了我们一张大红毛毯。我们在路上看到担架队抬的都不是伤兵，而是抢来的财物。国民党失败的时候，处于无政府状态，没有人管伤兵，有的伤兵腿断了也没有人管，只能抱着自己的腿一步步往前走。打雷让人很惊慌，有些人就跳下山崖去。有一个越南的华侨伤兵情况很严重，我就背着他走，但是他的身体越来越虚弱，我一路捡柴火给他取暖煮饭。到了国内，一些云南少数民族摆出很多吃的，让我们拿。在路上，有个人走上来说，他是野战医院的医生，要求我把身上的大红毛毯送给他，他是医院的负责人，我将来住医院都有照顾。我虽然心里不愿意给，但还是给了他。

到公路上时，过来一个人，问我是不是当兵的华侨学生，他说他是印尼的司机，请我们吃了一顿饭，又用他的车载着我们，他的车是运军火的，一直把我们送到云南，他还用自己的钱负责我们的吃住，那几天我们吃得特别好。这是一个爱国华侨的典型案例。如果不是他，路上我们这么走，有危险不说，也要花费很多时间，吃很多苦。

这段经历，使我对国民党的统治非常失望。回到育侨中学后，进步的同学买了如《大众哲学》等进步书刊，我看了这些书，有个老师就找我谈话。同学们主张5月4日放假，但是那个老师不愿意放假，我们就罢课。语文老师杨新凯是随北京大学在抗战时期从北平撤退到昆明的，他跟我们讲这样做是不对的。他跟我讲，现在日本人就要打到昆明这边了，他们准备在金沙江一带（那里是三不管地带）建立革命根据地，计划掌握当地的武装，每个乡镇下面都有民兵，可以组织起来。老师动员我们去，但是动员了三个人，有两个人都不敢去，老师的女朋友和亲戚都叫他不要去，只有我敢去，后来我跟另一个人一起去了。

当时和我接头的人是西南联大的学生，也是杨老师的学生，后来在“一二·一”运动中，被炸断了腿。他看到我时，给我讲了一件事：有一段路土匪很多，但有些土匪是正直的，反对国民党，杨老师有一次到那边去，路上被土匪绑架，但是后来土匪放了他，因为其中有个土匪是他以前的学生。土匪不一定都是坏人。后来我们到了金沙江，去找白校长，他带我们去巧家县的一个乡。白校长是当地中共地下党的一个负责人，红军过金沙江时，巧家县曾出现“欢迎红军，打倒国民党”的横幅，这就是白校长组织贴的标语。我们的一个学生被人打了，白校长就拿着枪去找，找到那个人之后，白校长就用枪打他的头。那个被打的是当地的一个大地主，白校长后来也很紧张，怕大地主报复，于是做好应对准备，发动并召集当地的一些武装。那天晚上就召来了几个人，这证明白校长和当地的武装人员联系很密切。召来的人拿着各种武器，吹着哨子，进攻那地主的住所，但没有抓到人。我回到昆明以后，杨老师说，这件事做错了，要建立根据地，还好日本没有打到那边，他的大本营就在乡下的菜园子。白校长知道待不下去了，第二天就离开了巧家县。我们看这边也没什么事了，就离开了。杨老师的一个来自宣威的学生，有一次晚上把党支部的党章给我看，准备发展我入党，发生这件事情后，过了几天他就回宣威了，我也回昆明了。杨老师是当时昆明的一个党负责人，回昆明后，我见到他时，他说，这件事情大错特错，不应该，就留我下来。他没告诉我他是党员，只说要为我们的理想共同努力。

我们以做酒生意作掩护，开展地下工作。他的嫂子看样子比他级别高，有时还帮忙出主意。过了一段时间，从山口洋中学回国的西南联大廖文仲老师提出，学校里也能搞革命。当时，我也没有看得很远，不知道地下党能发展得如何，就跟着他做生意，到中苏友好学校学习俄文。我问他是不是要考西南联大，当时学校有个规定，你可以用同等学力考，只要说明学过，跟谁补习过，开个证明就可以考大学。但实际上我高中只读了一年，参军差不多半年，杨老师给我开了一个证明，我就考上了。

当时西南联大有个特点，功课好的同学都是进步的，在学生中有威信，学生会也相当活跃，群社在历史上很有名。1943 年我入校时，刚好是民主运动发展得很好的时候，学生会很快就在地下党的领导之下。当时，刚刚成立地下党的外围组织“民主青年同盟”（民青），虽然没有明确讲是受共产党领导，但是大家都心照不宣，我也参加了成立大会。在成立大会上，产生了西南联大民青的第一支部，我被选为支委。我和杨老师的学生一起搞过义务学校，通过那个义务学校，接触了在我班上的国民党高射炮连长，他请我去教他的士兵唱歌，我就教他们唱许多进步歌曲。有一个工人偷偷地对我说，他们有个互济会，也是共产党的外围组织，想邀请我跟工人们见见面。有一个新四军的政委叫洪季凯，后在武汉大学和中南财经大学任过党委书记，新四军突围的时候被抓，腿被打伤了，他是第一支部的灵魂人物，是组织部长，而西南联大学生会主席王林伟开支委会的时候并没有讲太多话，他曾在北京华文学院教过书。我被选为工人和妇女支委的部长。胡继海有一次来宿舍找我说：“老曾，你这里有一些工人，靠不靠得住?”我说：“我接触的工人不多，但还是靠得住的。他们也组织过互济会，是其中的成员。”他说：“现在准备办一个地下印刷厂，你找几个靠得住的工人，来印刷厂印毛主席的著作和党的文件、传单。”后来，他去找了他们谈话后告诉我：“这几个工人是靠得住的。”由我当印刷厂的负责人，跟他们联系。这一段历史要特别说明一下，以正本清源，当时吴晗是民盟青年部部长，和胡继海有联系。他在新中国成立后写了一篇文章说，他在昆明和朋友们办了一个地下印刷厂，因为这句话就被批。其实关于昆明地下印刷厂的实际情况是，我当时从胡继海那里拿了条子，他让我去找吴晗拿钱，吴晗当时是西南联大的历史系教授，他看到我就给我开了支票。他也不多问，第一次是 10 万块（国民党时期货币，下同），第二次是 15 万块，这个地下印刷厂就这样办起来了，印了《新民主主义论》《论解放区战场》《中国之命运》以及罢课罢工的传单。这个印刷厂应该说是民盟通过吴晗出钱的，办的人后来都去打游击了，当时都是一些骨干。

与此同时，通过昆明地下印刷厂的骨干，加上互济会，成立了云南省民主工人同盟。这个在党的文件中有规定，凡是参加了这个组织的人，以后继续参加革命的，则参加这个组织的时间可以算到参加革命的工龄中。要成立这个同盟的时候，我就征求胡继海的意见，胡继海说“好”，就把民青的章程给我，要我帮他们起草民主工人同盟的章程。我通知起草的同志参加成立大会，在袁家大院，有栋小别墅，很空旷，民青也在那边，成立大会就在那里举行，这些都是党的外围组织。当时的西南联大很活跃，就我们社会系来说，系学生会主要部门的负责人，学校学生会的负责人，其他系的负责人，基本上都是地下党的外围组织的成员。“一二·一”运动期间也不时有大会开，请吴晗等民盟成员来讲话，大会主要就是批评国民党。有一次开了一个反内战的大会，大会记录由我负责，开会期间有很多人在墙外开枪，破坏会议，大会最终没有散，但是要求大家坐在草地上不要站起来，因为随时会有子弹从头上飞过，我做会议记录也很紧张。开完会之后，我们的一些同学就发动罢课，抗议，把敲上课铃的钟藏起来，贴标语。罢课后，就组织宣传队到街上去发传单，传单就是我们印刷厂印的。应该说，我那时还没有意识到印刷厂的重要性。当时要求我不要参加公开的活动，防止身份暴露，但是我很爱音乐，还是参加了合唱团，并且是负责人之一。胡继海看到我这样，就不让我参加这些，他说：“出问题了你要负责。”当时虽然放假了，但我去印刷厂一般都是在晚上。

远征军在缅甸战场上是主力军，在东线，有 7 000 多名英国军人被包围，盟军司令让远征军去解围。在东沽战役中，华侨队伍当时还没有上战场，但是在这场战役中我们尽了责。英国方面负责后勤、给养部队的人找到我们队伍，当时我们同学中只有我懂英文，我与他们交流后才知道他们要送菜、米和石油，司令部的人叫我跟着英国人去处理这件事，我就帮他们搞了几车的给养。驾驶员好像也是英国的一位上尉，我跟着他们一起去东沽。那场战争非常惨烈，车停下来，就可以看见许多担架。英国人告诉我，日本军在公路两边进攻，被他们多次打退。我们 40 多个同学参加这场战役，英国军队总是撤退，把后路切断了，退到那个车站的时候被炸了好几次，同学们随着大队往印度方向撤退，要经过野人山，40 多个同学在路上死了不少，到了那里只剩下 20 多个，一路上没有粮食，环境恶劣，爱国的华侨同学就这样倒下去了。

第二次远征缅甸时，就打得很漂亮，那次是从云南方面进攻。

当时清华有保送项目，西南联大的同学，一开始很多都埋头读书。我上大学的时候就想着到美国留学，我的功课也特别好，有一个教授喜欢临时测验逻辑学，我总是满分，同学们就鼓励我将来考去美国。但是，当时的学生运动一波接一波，很多功课比较好的学生，在那个情况下都选择了参加学生运动和党的外围组织。除了搞印刷厂以外，我还为民主工人同盟起草章程，当时全校的党员只有 28 个，但是他们在很多方面都有很大的影响力并起了带头作用。那时统战工作做得非常好，民盟和共产党的合作也非常好。地下印刷厂就是我们出人，他们出钱。民盟也非常尊重西南联大的进步教授，正是因为很多学生都是进步青年，教授的动员工作也很好做。

当时的支部书记陈中岳（后回泰国）叫我给《新华日报》写通讯稿，该报当时在重庆，由周恩来亲自领导。我从大二的时候起，就开始写通讯稿，写了一些关于学生运动的文章，也算是留下了关于昆明学生运动的一些历史材料。我到北平不久，《新华日报》就被封了。2012 年我到北京图书馆的时候，翻阅《新华日报》，还看到我当时写的文章。但是，当时我对写报道和地下印刷厂的工作并不是很重视，因为搞运动的年轻人喜欢上街游行，轰轰烈烈。所以，对“一二·一”运动没有正式报道。尽管“一二·一”运动是很大的一件事情，我是整理大会记录稿的，但当时我总是坐不下来，并没有写过相关稿件，关于那场运动的情况到今天也没有详细报道。当时，兵工厂、机械厂的人都在印刷厂工作过，那段时间我的革命热情高涨，虽然我有当厂长的感觉，但是没有这个头衔，也没有在那边吃过一顿饭。拨款后我们把财务交给工人，当时动员知识分子走到工人中去，这些工人也的确非常好，后来都参加了武装斗争。

1995 年“一二·一”运动五十周年纪念会，昆明市一二·一大街命名仪式举行，邀请曾祥鹏（右一）作为贵宾参加

李公朴被暗杀后，有人告诫闻一多不要出去，说下一个被杀的就是他。他的妻子也劝他。可闻一多说：“在这个时候我都怕死怎么行?”他参加了李公朴的追悼会。这个追悼会给我的印象很深。当时致公党的舞台很简陋，没有麦克风，只在舞台旁边放一张桌子，坐在边上的一个是我，另一个是负责记录的。闻一多

作了最后一次演讲。贴大字报后我就转移了，住到云南大学里面，把追悼会的情况整理出来，现在面向国外出版的语文教科书里面有一篇闻一多的《最后一次演讲》，就主要是根据我给《新华日报》写的材料整理出来的。

在昆明，有几个同学利用课余时间，编了一些周刊，我不但给《新华日报》写稿，做印刷厂工作，还应邀当了《昆明新报》的编辑。《昆明新报》的写稿人都是地下党，第一版发表的文章有几篇都是王寒冰写的，他后来是全国人大常委会法制工作委员会主任，在缅甸入的党。当时有一些进步文人到仰光那边教书，那边成立了党组织，很多人在那里入党。第一版的编辑叫李英，后来是社科院副总编辑。他们都是《昆明新报》的骨干。

抗战胜利以后，我就北上在清华大学读社会学的最后一年。当时要复办报纸，指定由我来当编辑，主要文章都是写学生运动的，我任《清华周刊》的总编辑，礼拜六把稿拿过来，由我修改后送到燕京大学印刷厂印刷。晚上我就一直在那边工作，甚至做到礼拜一早上。这份刊物从 1945 年 12 月 1 日起开始发行，其影响非常广泛，甚至流传到海外，包括印尼。

1991 年清华大学 1947 届校友返校合影，第三排左四为曾祥鹏

毕业后，我到张家口清华中学教书。有机会宣传我就宣传，校长在外面偷听我讲课。同时，我原来山口洋的校长陈醒民在我毕业以前就来信了，认为我在南华中学的校友中读书很厉害，希望我回去接他的班。他当时当了山口洋华侨学校的总校校长、中华公会的负责人，希望我回去帮助他。在张家口清华中学教了几个月的书后，我思量几番，还是决定回山口洋。当时，那里的高中生叫我搞一个

座谈会，讲一讲学生运动。受我影响，学生在大字报上发表文章，因此我被校长叫去训话，说我和这些学生有“高尔基思想”。当时气氛也搞得比较紧张，我就决定离开，校长也同意我离开。在我离开时，校长也强调我是回国读书的华侨，还开了一个大会欢送我。与我同住一房的同学，后来也是清华的地下党负责人，他问我要不要去解放区参加“学习”。我觉得机会难得，就答应了。

在去之前，他叫我和一个女同学一起去，假扮我的嫂子。当时济南还是国民党管理区，我的身份是卖桌子垫的伙计，地点是在北京的一条大街，我就以送我嫂子去济南为由，事先交代了暗号。我们坐车到解放区，对上了接头暗号。我们学习的内容包括：毛主席发表的文章，结合学生运动总结经验教训，结合本人和单位的事迹讨论怎样迎接北平的解放、应该做些什么工作等。我们悄悄地开会，环境隐蔽，听了几个报告，做报告的人我们也看不到，都用布围起来了。春节的时候大家拜年，瞎子拜年，不能看到对方，可以握握手。一个月的学习时间就这么结束了。当时他们知道我的情况，说工作需要人，希望我留下来，继续学习。我就一个人又在那里住了一个月，学习文件，一对一，学习他的经验。我工作之后，充分利用这些经验，注意团结，不任性。

学习结束后，有一个同志要我到香港去找乔冠华，我就离开了解放区。到天津时，在《大公报》工作的同学给我买船票，他也是过去领导学生会的人。我坐船到了上海，也见了一些同学，他们知道我从解放区来，让我告诉他们解放区的消息。到香港后，我就直接去找乔冠华。我先住在中原剧社，当时国民党的演剧队很多都是共产党领导的。当时演《白毛女》，这是《白毛女》第一次在内地以外的地方演出。过去在昆明表演时我曾经当过他们的小提琴手，现在我到香港来可以帮助他们，这样一下子解决了我的吃饭和住宿问题。我们很多人一起睡在一个很大的地方，我就和他们一起排练。当时报纸称，《白毛女》的演出在香港是很轰动的一件事。这个剧有三把小提琴，我负责其中一把，中华音乐学院的教务长也是他们的顾问，乐队主要有小提琴、二胡、打击乐器（广东省音乐协会副主席负责）。有空的时候我就去找乔冠华，他也是清华的，在德国留过学，听说我是清华的，就问我起义馆如何。他对我非常好，经常留我吃饭，当时他们的待遇很差，我吃一餐，他们的餐费就减少一餐，但是他还是经常留我。

之后，我到越南工作了一段时间。那里的人才也不少，我和学生的关系很不错，我 22 岁大学毕业后一年就生活在越南了。我的学生中有参加反抗法国工作的，其中一个是陈良，回国后他就在广西艺术学院音乐系任主任。他在越南工作时曾经被法国的情报部门叫去问话，问他是不是共产党，不说的话就要杀头。他说，他就是教音乐，教唱歌的。他不畏惧，仍然是除了学校教育外，还在外面参加反法工作。后来，就跟着大部队撤回到中国。

重返印尼

1948 年，我又从越南回到了山口洋。从北京到天津，天津到上海，上海到香港，一路都是坐船。从上海到香港，路过台湾，要在基隆停下来，很多人会下船在基隆转转。我不敢下来，就一直坐在船上。

南华中学校友彭云鹏，现在是印尼木材大王，给中国大陆捐款很多，华南大水灾捐了，“非典”时捐了 300 万美元，汶川大地震捐了 300 万美元（12 日地震，捐款 18 日就到，属于国外捐到的第一批钱）。北京奥运会，他捐了 400 万美元。“彭瑞安归侨、归侨子女奖学金”到今年（2013 年）已经有 19 年，给暨南大学的名额一直是最多的，我是理事长，请我来颁奖，请我做侨联顾问。

山口洋市这个地方比较特别，根据官方的统计，有 20 万人，华人占了 62%。华人在城市里绝大多数是做生意，保留中华文化，在全印尼来讲是非常突出的。我在三宝垄当过校长，我的很多学生到了山口洋都觉得像到了中国，那里有很多人讲客家话。这个地方特别重视元宵节，可以说在全世界范围内算是最重视的，他们还要向联合国申请元宵节为他们的非物质文化遗产，中国驻印尼的几任大使、总领事都到山口洋去观看元宵节活动。华人在山口洋开金矿，历史上受罗芳伯的影响。在抗日时期，它也是抗日组织的领导中心。山口洋是西加里曼丹省的第二大城市，很多组织中心就在山口洋，如抗日时期西婆罗洲抗日同盟，其主要负责人和领导中心都在山口洋。山口洋的爱国活动也非常活跃。按当地华侨人数比例来算，山口洋回国华侨是全世界最多的。在日本统治时期，教书的、当校长的一个都没被放过，除非跑到乡下去。据我所知，有一些地方就是专门用来活埋他们的。山口洋是被杀的华侨比例最高的一个地方，有人算过山口洋市华侨，没有一个人没有亲戚被杀的，我的哥哥、叔叔、舅父以及一些表亲戚都被日本人杀害了。所以，我去了山口洋以后，就觉得出来做事的华侨都是年轻人。当时，有一个激流读书会，每个月出油印的刊物，还办了一个小的图书馆。

当时山口洋年轻人的要求很高，但考虑问题比较片面。每次开社团代表大会，看不到老人家，都是年轻人。这个地方受国内刊物的影响，那些刊物由在新加坡做生意的人带进来。当时山口洋被称作“小延安”，现在看来叫这个名字就有点暴露了。两个报纸打笔战，在文章里互相抨击，斗争得很激烈。

山口洋的游行在全印尼也是最厉害的，年轻人接受国内的思想比较多，易冲动。国内的大使到了印尼，到山口洋的比较多。我在的时候，驻印尼领馆不和山口洋接触。

20世纪50年代初山口洋学生聚会游行

现在中国很遵守一条，就是不干涉当地政府。比如我们援助非洲，就不附带任何政治条件。中国的统战工作，不让华侨参加政治活动。刘少奇的大女儿，她要到印尼参加我们校友会团，我们当时很难处理，她问过北京的有关负责人，争取到可以参加我们团。但我认为，刘少奇的女儿和苏加诺的女儿梅加瓦蒂（印尼第五任总统）曾经有过来往，于是，我提出不要把她当作公开处理的人物，首先不登报纸，其次不住旅馆，住私人家里，最后不参加宴会，能躲就躲。后来我的提议被北京方面接纳了。又如林绍良，他是印尼最有钱的一个华人，在福建北部建了一所大学，国内的一份报纸登了这个消息，印尼方面就骂他不给印尼捐钱而给国内捐钱。从那个时候开始，对于这种敏感问题，中央指出要十分慎重，要登出来的话，第一要看当时的客观条件是否允许，第二要征得他本人同意。

我离开清华的时候，想办法带了一些有关法律法规的资料，其中有《联合国宪章》，这个是中文版和英文版都有的，还有其他一些法律文献，如《美国独立宣言》等，还带了费孝通的《民主·宪法·人权》，就随身带了这些书。战场上国民党和共产党的斗争也影响到外面的华侨社会，华侨社会里面也分为两派，一派拥护国民党，一派拥护共产党或是拥护解放区的政策，就是红蓝两派。有一次，坤甸的一个检察部门到我们学校搜查，开了一辆吉普车，上面有军人拿着枪，为首的是一个荷兰人（当时还是荷兰统治时代）。他们到学校的时候，我从办公室出来，他要进去，我把他拦在了校门外。根据当地法律法规，如果要搜查就必须有搜查令。费孝通说，住的地方是个人的堡垒，不能随便进去搜查的。我用英文跟他讲要有搜查令，他没有搜查令，只拿出了工作证。后面还有一个华人翻译官，几个拿着枪的士兵，来了以后就敲墙壁，他听得出墙壁里面不是空的，还指明要检查我们的图书馆，这个荷兰人看不懂的，翻译官就给他翻译，他们带走了国内出的《大众哲学》等进步书籍。他拿了之后看看表就要走，我拦住他说，拿走书要开收据。他就叫他手下的人开了收据。那一次以后，他们不但搜查了南华中学、激流读书会，还搜查了过去的西婆罗洲抗日同盟会成员贝一初的家，当时他任山口洋中华土木公会主席，搜查他家的时候还敲他家的地板，看有没有军火之类的。西盟会是一个抗日组织，在抗日时期他们也想办法搞到了一些枪支。曾经发生过这样的事情：日本占领时期抓了一个荷兰密探，这个人很坏，出卖了很多华人，导致很多华人被抓。有一天，这个密探坐在一个戏院旁的咖啡馆里，西盟会的人就把他给枪杀了。第二天，荷兰殖民主义者组织人到街市上，气势汹汹地让街市上的所有人降半旗致哀。暗杀的事情说明了在华侨当中有枪支，所以那次来搜查南华中学、拿走书本是政治问题，而敲墙壁或地板则是要搜查是否有枪支。

在印尼，不仅仅是南华中学，好几个地方都发生过这种事件。印尼独立以前，也经历过武装斗争。经过曲折的武装斗争后，1949 年 12 月 27 日，印尼政府和荷兰政府签订了一个协定，荷兰人把印尼的政权移交给印尼政府。这是印尼很大的事情，雅加达《生活报》也报道了。报纸上登出一条消息，印尼国家筹备委员会主席罗姆，在接受《生活报》记者采访时说，在印尼接收政权这一天，在印尼的外国侨民，可以申请他所选择的国家的国籍。当时，在山口洋激流读书会的人听到这个消息特别高兴，提出中国国旗可以和印尼国旗（红白旗）一起升起，山口洋后来就掀起了做五星红旗的热潮。有两个拥护新中国的裁缝，特别忙，要赶制中国国旗。

1949 年 10 月印尼山口洋南华中学庆祝中华人民共和国成立

1949年12月27日，学校放假，那天南华中学很早就升起了五星红旗，升在学校最高的地方。寄宿学生，还有住在学校附近的学生，找了一个旗杆，爬上屋子的尖顶，插上红白旗和五星红旗。不久有学生来报告，说寺里面有人要降下五星红旗。不久寺里的人就开着车子过来了，其中带领武装警察来的是一个华人，他也算是警察里面的小官。当地华人把当地警察的第一把手称为“大狗”，这个华人警察则被称为“二狗”。他过来之后说，他是奉命来降五星红旗的。在争执中，他们还开了枪。后来到警局处理此事，得知他们当时开了30多枪。他们要拿五星红旗的时候，我就叫他们全体肃立，向五星红旗敬礼。

当天，在印尼升起了80多面国旗，但好几个地方都发生了强迫降旗的事情，《生活报》一大早也升了国旗，但也被强迫降旗，在三宝垄也有，但是没有发生像山口洋这样的开枪事件。《生活报》《雅加达报》，还有坤甸的一些报纸都把这些消息登出来，各地侨团都表示激愤，写信到报馆，并组织人来慰问。国内的学生听到此事之后也写信过来。

我曾经到乡下去演出，我们第一次下乡，由两个当地的年轻教师和一些进步人士组成一个歌剧团，开始是邦加的一个头头（年轻人）提出来我们不仅要下去，还要自己煮饭。当地的华侨商人，给我们米、盐、咸鱼、咸菜等让我们带上。到了第一站，当地人很欢迎，看到我们自己做饭，就坚决不让，因为我们去演出不拿任何报酬，坐的船都是华商的船，坐车费用也是他们出，进步华侨也支持了一点。我们演出卖票得到的钱，全部捐给当地的华侨学校。当地人民说，你们这样还要自己做饭，我们会被“骂死”的。在第一站时，有时候要走路，坐的船也不是很大，要坐人还要放道具，很多人都晕船呕吐。虽然如此，当天晚上我们还是坚持演出。第二天，我们继续赶往下一场演出，这些呕吐的人第二天就坚持不住了，我们就找了一条小船，给身体不好的人坐，我们身体还好的就走旁边的小路。

在路上，突然碰到了火灾，我们立刻拿桶盛水去救火，及时地把火扑灭了。这算是一个小插曲。过了几天，我们在报纸上看到，当地的中华公会对我们演出时救火予以登报感谢。

在山口洋，我成立了山口洋学联。我第一次在坤甸工作的时候待了半年，成立了一个坤甸中华学联，组织一些教师学习，为坤甸中华教师学习会举办了假期的青年联欢活动，听报告，到乡下访问、采访。到三宝垄，我也当了中华学联的顾问，同时担任校长和中爪哇省教联主席。

我本来打算离开山口洋后便回国，行李都准备好了，到了江边正打算坐船，突然来了几个人，抢了我的行李，不让我走，要把我留下来，讲了很多话，说这边的工作非常需要我。我盛情难却，就留下来在坤甸待了半年。后来，三宝垄最

曾祥鹏任南华中学校长时的体育活动，后排左十一为曾祥鹏

大的华校需要校长，就找到我，要我无论如何都要担任校长一职。在坤甸待了半年后，我就到了三宝垄，担任三宝垄中华中小学校长。这个学校成立的时候，康有为曾到印尼宣传学习中华文化，在他的推动下，当地成立了中华会馆。中华会馆最早在雅加达和锦文成立，第三个就是三宝垄。到现在为止，中华会馆有一百多年的历史了。中爪哇省中华教师联合会还举办过师资训练班，主要是教师也有提高自己教学水平的强烈要求。学校需要教师，教师找到中华教师联合会，开办了师资训练班。我还到很多地方去讲课，当时非常忙，学校有纠纷的时候也找我，所以我的课程就不安排在礼拜六。那时教师少，我当校长每周还需要上10～20节课，到了礼拜六，我要去商量新办学校事宜，或调解教师和董事会的纠纷。有这种事情时，我是不会拒绝的。他们都叫我“菩萨”，有求必应，我也的确解决了一些纠纷。比如说马吉朗有一个华校，1953 年时，当地的华侨有两大派，一个是福建派，另一个是客家派，两派闹矛盾，把矛盾闹到总领事馆，总领事馆就让我们去调解。当时，三宝垄最高华侨社团中华总会的一个副主席，中华教师联谊会主席（也是另一个学校的校长），加上我，代表中华教师联合会的主席，我们三人一起去调解，但是他们两个人觉得这个事情不太容易搞定，便推说还有其他事情要处理，就提前走了，我留下来继续做工作。最后我解决了这个问题，要求当地的中华总会开一个和平团结的会议，当时客家人的几个头头、福建

人的头头都参加了会议，在开会之前我就说，在会上只能讲正面的话，不要再提过去的纠纷，可以表扬对方，不能再闹起来，同时我也向中华总会主席强调了上述注意事项。在会上，主要是我讲话，客属总会的主席和福建工会的主席也都发表了讲话，表示要团结起来，把学校办好。最后这件事情圆满解决了。在我解决这件事之前，他们已经闹了好几年，令总领馆很头疼。后来我总结了经验，写信给总领馆，总领馆写了表扬信表扬我，认为团结起来是很有必要的。

1950 年 12 月 19 日印尼山口洋南华中学首届毕业生与曾祥鹏校长（前排右一）合影

1955 年 11 月 29 日山口洋南华中学第十一届毕业生与老师合影

20 世纪 50 年代的印尼山口洋南华中学

2000 年 5 月曾祥鹏、黄慧夫妇回到南华中学时，教学楼已成为平地，代之而起的是汽车修配厂

不仅中爪哇省找我，东爪哇省也找我，叫我去处理纠纷，团结那里的华人，管理学校之类的。到那里，几个进步的头头聚到一起讨论。雅加达也有很多地方邀请我讲课。

在中爪哇，我也确实做了一些事情。泗水是东爪哇的省会，他们那里也有一些团结的问题，东爪哇的进步报纸《工商报》编辑知道我们曾经做了很多好事，就叫我们组织中爪哇教师访问团去帮他们解决。我们到了泗水以后，主要介绍中爪哇的经验，我们在会上汇报我们的工作情况。

隔了一两个月，在东爪哇，泗水中华教师联合会成立了，与此同时，我在《工商报》有一篇文章介绍泗水中华教师联合会的情况，提到中爪哇教师访问团到东爪哇后，对促进泗水和东爪哇其他地方的华侨团结起了作用。当然，我们同时也学习了他们办学的经验。

在万隆会议期间，中国代表团到印尼来，周总理、廖承志以及作为顾问的乔冠华都来了。我在雅加达大使馆见过乔冠华。那时，印尼苏加诺总统马上要来中国大使馆，乔冠华抽出宝贵的时间来见我，还让我回国去观光。这时，有人说苏加诺要来了。他就特别提出来介绍我，说这次回国观光团一定要带上我。观光团是中国政府邀请的，到了国内一切费用都由政府出，但是从印尼到中国的这段路途是要我自己出钱的。大使馆也通知三宝垄的中华总会，指定第五届观光团要我参加。董事和学生知道我要参加观光团就捐了一笔钱，我的路费问题就解决了。后来大使馆说不用交钱，我说我已经有了一笔钱，不需要国家照顾，最后还是交了。

回国观光差不多有一个月，《生活报》让我写通讯，我就作为该报特约记者写通讯。回到国内后，先后到了上海、南京、东北地区和北京，参加国庆活动。国庆之后，观光团就南下了，我留在北京。荣高棠知道我来了，就接我到他家去，我也到外交部找乔冠华。和教师们介绍的时候，他也特别介绍我，介绍我在印尼当校长的事情。我在国内待了约一个月后，就回印尼了。

回来以后，我收到了中爪哇省几个学校校董会负责人和社团负责人的联名信，寄到《生活报》来，里面讲到，大家都很想念我，不同意我离开中爪哇，请我利用周末的时间，在情况许可的时候，来中爪哇看一看学校，看看有没有什么问题。当地的几个学校的校董，对我在那边的工作很肯定。

我在印尼工作，第一站是南华中学，1948 年底发聘书，1949 年 1 月正式当校长，1951 年 7 月离开。到三宝垄是 1952 年 1 月，直到 1956 年 7 月。1957 年 7 月到《生活报》，一直到 1961 年 1 月。1961 年到 1962 年 7 月份在缅甸，后来就回国了。

1951 年 6 月 26 日印尼新华夜校学生欢送曾祥鹏校长回国留念

1992 年曾祥鹏与黄慧夫妇重回南华中学留影

印尼山口洋南华中学 2002 年校友会合影，第一排中间两位老人为曾祥鹏和黄慧夫妇

在《生活报》时，三个人写社论，我是其中一个。我在《生活报》担任社论委员，主要是写教育方面的论文、国际方面的社论，另外主编国内版。当时那边的工作环境可以说不怎么好，社论就有意慢慢地不写了，但是时事述评每个礼拜都有写，三个人轮换着写。另外我还写一些发表在副刊的文章。印尼政府越来越严厉地限制华文报纸、华文报道，曾经出了一些条例来限制，若要买印报纸的纸张，就故意怠慢，半年以后才供应这些纸张，其间《生活报》也因此短时间

地停过刊。

1960年，中国派船去山口洋地区援救难侨，大使馆也派人来，我则作为记者前去现场报道。当时中国同印尼签订了取消双重国籍的协定，在此之前，在印尼的华侨，有中国籍和印尼籍的双重身份，这个协定签订之后，不能够有双重国籍，只能选择印尼籍或者中国籍。中国的政策就是“三好”政策，即选印尼也好，保留中国国籍也好，回国也好。在财产方面，印尼有一些限制外国人干的事情，印尼籍就可以干，权衡之下，选择印尼籍更好，很多华侨都选了印尼籍。我和一些侨团的人沟通，把这个“三好”政策跟他们讲。有些华侨虽然选择了印尼籍，但对中国还是非常热爱的。我曾经收到一封信，说我宣传的“三好”政策都说选印尼籍有好处，但是他认为中国人的后代还应该是中国籍，信的最后一句话是：“头可断，血可流，中国籍，不可不保留。”

1960年中国驻印尼大使馆苏生领事到山口洋接侨

1960年中国驻印尼大使馆苏生领事到印尼长沙坝

大使馆特别告诉我，要我通知坤甸的一个学校，还有山口洋的南华中学，一个学校给三个名额，可以保送回国读书，免费的。当时山口洋华侨有两派，但并不是原则性的问题，只是帮派的问题而已，互相不合作。我到了之后，首先对这两派进行调解，有一派为首的就是我过去的校长陈醒民，讲来讲去，双方都挑不出对方很严重的毛病，最后，他们都认为双方应该好好合作，华侨要大团结才能把事情做好。这件事情后，我向大使馆汇报，陈渊非常高兴，他说："山口洋华侨社团不团结问题已经有几年了，你去了之后把这个问题给解决了。"

遭受火灾以后的难民，回中国是要到山口洋坐接侨船的，他们走的时候都想把能带的东西尽量带走。这样就出现了一个问题，即怎样才能顺利通过海关。后来山口洋这边就想了这样一个办法，下午把行李通关，一辆辆汽车进入海关，下了也不检查，就直接上中国的船。我认为这点工作还是做得很不错的，说明当时的海关确实也完全开放了。我知道他们也带了一些当地的土特产，我印象深刻的是有人带上只有人高的椰子苗，因为海南的椰子树太高了，人高的椰子树可以不被台风吹倒。后来还有人问能不能带猩猩，我就问接侨的领事猩猩能不能带回去。据我所知，在国内，一只猩猩跟一辆卡车那么贵重，带回去可以放在上海或者北京的动物园。领事说，这个东西怎么带，我说放在大的布袋里面，他说你把它绑在里面，它会动，就会很容易暴露。后来我就告诉侨民："其他的可以带，猩猩就不要带了。"那个时候，华侨配合得很好，说什么不让带就不带。后来我就回了中国。

我回中国以前，就报道了一些消息，如某领事视察难侨，中国派船接送难侨回国。我回到《生活报》以后，因为采访时我和坤甸的侨联也有接触，所以坤甸或山口洋的侨联都知道《生活报》出版不是很正常。坤甸的陈桥中学董事长很厉害，他把聘请校长的聘书交到大使馆，有一天大使馆叫我过去，把聘书交给我看，他说这是来聘请我的。大使馆的参赞很尊重我，问我的意见。我说现在报馆刚好等纸张的批准停下来了，还是去坤甸那边当校长吧。

在 1965 年的"9・30"事件中，印尼进步华侨就到山里面去，和当地人团结在一起，因为当时全印尼掀起了抓、杀华侨的狂潮，全印尼死掉的人数都没有定论，有人说是 50 万，有人说是 100 万。我的一些学生后来选择了印尼国籍。当时有一仗打得非常漂亮，他们打下了一个飞机场，把里面的粮食、枪支抢占了。那时我在北平。当时《人民日报》题为"印尼人民放出武装斗争的第一枪"的文章，对此事进行了报道。前段时间广州有一个厂长要我帮忙了解一下他妹妹的情况，他的妹妹参加了这次斗争，但一直没有消息，估计是牺牲了，我也帮他打听了。我不好和他们很接近，因为我是中国籍。后来出了一本《西嘉风云》讲此次斗争的片段故事。我去印尼时，书还没出，作者找过我，希望我能给他写个序。我觉得我的身份不太适合为他写序，便婉拒了。后来他的书出版之后，还来过我家，和主编一起来，主编是厦门大学的本科生函授班学员，到厦大答辩。从这本书可以看出当时他们斗争的情况，虽然不是很全面，但是能侧面反映一下。那边牺牲了不少人。有一次在火焰山，被包围，好像能够突围的并不多。所以，广州的那个厂长问他的妹妹会不会是在火焰山的战役里牺牲了，因为在火焰山牺牲了很多人。不管怎么说，这些华人，原来也是华侨学生，虽然选择了印尼国籍，但也参加了这次斗争，抱着印尼最后要变成社会主义国家的理想，参加了战斗，很多人都献出了生命。本来那个小组的负责人找过我，说他希望回到中国来，我听到这个消息很高兴，但是等了很久都没有听到他进一步的消息，后来才知道他牺牲了。小组里还有一个成员，前一阵子我还碰到过，他为当地的华文教育作出过努力和贡献。

我在陈桥中学当校长时，中国大使馆成立了一个协助选择国籍的办事处。在坤甸，我去找领事时，他就问我，你要不要回去。我说我正在当校长，不太好放下工作，他说如果回去要坐船，他可以安排。后来我思量一番，觉得有机会还是回国吧。我在坤甸就只当了一年校长。我也知道，我去之前，一个老教授当了几年校长，我去了之后把他校长位子抢了也不好，后来我就跟董事会说明我想要辞职，董事会不同意。还有呢，坤甸中华教师联谊会选我做主席，我当时也觉得应该辞掉，让别人做主席，团结工作也可以搞得更好。一年后，我就想办法回来了。一些手续也弄了好一段时间，最后在夏天时我就回到国内了。

中原剧社在香港的剧社，我当时参加了。那段生活也很有意思，很了不起，大家同吃同住，平等互助。演《白毛女》的时候，是中原剧社、建国剧社（也是中共领导下的）、中国戏院三个单位合作演出。我住在那边等批准我回印尼的准字（荷印）时，顺便帮他们排练，有演出的时候，我担任小提琴手；没有演出的时候，我就到各个进步学校辅导他们的文明活动。帮忙演出伴奏是没有报酬的，那个时候就一定要做到这一条，不拿报酬。在印尼时，我作为中爪哇省中华教师联合会的主席，下面有什么问题需要我下去，旅费都是我自己出的。有的时候他们开车来，说下面有问题请我去，我就坐他们的汽车。在正常的情况下，我都是住在学校里，很少住旅馆。自己支付旅费，还要帮助穷苦的学生，我的钱不够用，经常要借钱，领工资时就没有剩下什么钱了。

有很多值得怀念的地方。我们那时在香港，乔冠华是香港工委书记，就是共产党在香港的最高书记，他很平易近人，吃得也很简单。为什么我在国外的时候会很努力、勇敢，主要是受这些人以身作则的影响。我在香港时，也是一边学习，一边参加文艺工作。有一天，中原剧社的一个负责人找我谈话，他说：“小曾同志，你不要再离开香港，参加我们的剧社吧，你参加剧社，不但可以拉小提琴，还可以参加创作组。”这段历史给我留下了很深刻的印象。

我回到印尼的时候，大家都对我很尊敬。我最近还收到短信和电话，因为我们准备搞一个学校，有人捐助了一块地皮，希望我去给他动员一下，但是我不可能再留在那边，我只能帮忙联系和团结一下人员。我在祖国最需要的时候，到印尼搞了侨务工作。我现在有这个机会，还是要多出现在那边。现在，我是两个基金会——彭瑞安教育福利基金会、李秀龙教育基金会——的负责人，保送印尼那边的华人回中国学华文，我现在主要是搞这个。国内的一些归侨奖学金，对贫困的归侨学生给予帮助。他们有困难的时候，也会打电话来，目前这方面的关系还是很不错的。

曾祥鹏、黄慧夫妇 2003 年返回印尼抵达坤甸时受到南华中学坤甸校友的欢迎

回国工作

20 世纪 60 年代，我回国定居，在北京中国新闻社总社当编辑。中国新闻社主要是对外，为华侨报刊服务，提供中国国内的一些新闻。在大搞民兵的时候，中侨委成立了中侨委民兵营，分为普通民兵、基干民兵。基干民兵是由身体好、当过兵、开过枪、30 岁以下的人组成的，其他绝大多数是普通民兵。当时中新社有 100 多个人，基干民兵有 80 多个，这是 1967 年左右，因为我参加过远征军，当时还是一个少尉，就指定我第二年当普通民兵连的连长，归中侨委管。当民兵连长时，我也稀里糊涂，但训练的时候很认真，还带领中侨委民兵营参加过北京市民兵代表大会。到“文化大革命”以后，中侨委就改成国务院侨办，当时称归侨不能照顾，照顾就是在培养修正主义苗子，要打倒，就取消了。1969年，九大召开前夕，我就走了，九大前后部委都要下去锻炼，我是1969年4月1日第一批离开的，后来就到了厦门。

我们那个年代，工作不计报酬。中新社与新华社相比，待遇比较低。那个时候我的工作热情很高，晚上经常加班，大家习以为常，很自然地，大家每天差不多上12个小时的班，也没有什么加班费。接侨的时候，需要安排学生之类，事情很忙。在国外下乡演出的时候，我当顾问，但是我们规定很严格，凡是当地要请客的，都不能够去，我下乡去了好几个地方，都没有吃过他们的饭，我们还执行“三大纪律八项注意”，自己带咸鱼、米、油，当地侨民请我们吃饭，从领导到下面都没一个人去，我们就睡在教室里，戏台还是自己搭的，门票由他们去卖，爱国热情真的很高。

“文化大革命”的时候，有一批人说要炸烂中侨委，说我们的路线是修正主义路线。九大以后就下干校，1969年4月4日，我们到了江西。下去有一个好处，就是接近了群众，这一段历史很值得一提。因为我是清华大学毕业的，中侨委的领导以为清华大学出来的都是工科生，就把我调到机电联，管理水利工作，但是我在学校没有学过水利，只能从头学起。在工作的时候，干校需要抽水，就找我们要水，隔壁村庄需要用水的时候也找我们。那时，当地管抽水的人给人家抽水，要鸡蛋要酒，但是我们就不接受这些，所以当地人和我们的关系很好。过年过节的时候，他们会主动给我们送酒、鸡蛋之类的，我们都不接受。有一次，他们把牛肉偷偷地送到我们住的地方，我发现以后就赶紧把牛肉送回村子里。就这样，他们对我们的印象是比较好的。我们也接触了这些群众，其他人就不一定有这些机会。我通过抽水方面的服务，也学了测量，给他们设计过输水渠道。所以说，那次干部下乡还是有一定意义的，起码是接触和了解了当地人民的生活。前几年，我们去江西干校参观，到了原来的地方，有些人还认识我，过去和他们接触过，我们还是很亲密的。我们要离开那个地方的时候，全村人都出来给我们送行，印象还是非常深刻的。

从干校回来以后，我被分配到衡阳地区党委宣传部，统战工作也挂在宣传部。我们在统战工作方面也做了一些事情，纠正了当地当时的一些不妥做法。比如，我们到衡阳市铁路局检查他们的统战工作时，发现他们对国外寄回来的信件都检查，当时检查归侨的信件，在衡阳市很普遍。我说，这个应该根据党的政策办事，应该送回给收信人。又如，市内某单位的一个员工，因为是归侨，和当地人的关系搞得不是很好，被打成一个特殊的派别，我去检查的时候，他们征求我的意见，我说不能判这个人为什么派别，应该恢复他的名誉。在还没去县里检查工作时，就有几个老师写信给我，也可能知道我能够主持正义，告诉我，他们在

1972 年曾祥鹏一家人在五七干校

反右倾的时候，被打成“三反分子”，可他们根本不是。信中提及，有几百个教师都被打成“三反分子”。我看了之后，就到衡阳县委宣传部，把这个事情跟单位的人说了，之后我就到下面去了解，查看所谓“三反分子”的档案。档案里面说他们对校长提了一些意见，就被打成“三反分子”。查了几个，我就觉得，他们都没有所谓“三反”，其实就只是和领导关系不和而已。当时县委宣传部的负责人就讲了一句话：“老曾同志，你干完工作就走，但是如果我们帮他们‘摘帽子’的话，我们的头可能也要掉。”我把这个事情跟衡阳地委打了报告称，衡阳县有几百个老师前几年被打成“三反分子”，根据我所了解的，他们不符合“三反分子”的条件，没有证据证明他们是“三反分子”。地委领导也很重视这个报告，因为我是从中央下来分配到衡阳的。后来，他们成立了一个专门小组，专门调查这些“三反分子”的案件，至于之后做到什么程度我就不知道了，但是我提出了意见，他们的确有过举措，领导也比较重视。

过去被打成右派的中侨委干部曾给我写过信，把过去的事情讲给我听，反右的时候我在国外，不清楚当时的情况。新中国成立以来，的确有一些事情应该根据大家的意见和实际情况进行反省。习近平最近的讲话很不同，有新的期望。我在西南联大读书的时候，也的确受了西方民主思想的影响，所谓民主就是老百姓的决定权要多一点，现在我自己对中国也有一些新的期待。希望习近平能为老百姓做更多的事，现在祖国繁荣富强，人民的生活的确改善了，让我们对生活有了更多的期待。

1980 年，我就到暨南大学来了。为什么能够到暨南大学来呢？因为有一个中侨委的同志，在干校的时候住在我隔壁，他先来暨南大学，担任东南亚研究所的负责人，他知道我的情况，就让我也过来。我就向衡阳地委领导提出申请，当时他说留下来就可以让我升官之类，但我还是来了暨南大学，就在东南亚研究所任东盟研究室副主任，当时没有主任。研究所办了一个《东南亚信息报》，我任总编辑，过去我也编过这些东西。后来，中侨委的那位同志不干了，另外一个同志上来，我因为心脏不太好，1985 年就申请退休了，我在东南亚研究所工作没几年时间。

从东南亚研究所退出来以后，由于同国外的关系比较密切，想到华侨华人还是非常热爱中国的，可以利用华侨的力量，多做一些对祖国有益的事情，我就想成立一个基金会，教育福利基金会。在成立以前，我找过彭云鹏，他是印尼南华中学的学生，虽然我当校长的时候他还没有进南华中学，但是见面的时候，他对我还是非常尊敬的，我就跟他说想成立一个基金会。他说："钱我可以出，但是还是要用你的名字来命名这个基金会。"我说："还是用你父亲的名字比较好。用你的名字，根据现在印尼的政策，如果抓到就会迫害攻击你。还是用你父亲的名字好，叫彭瑞安教育福利基金会。"后来他接受了，就成立了这个基金会。他回国后，就给我寄了 100 万元注入基金会。后来他还提到，这个基金会要帮助学生，尤其是祖国最需要的人才，一开始说是选派留学生，派祖国最需要的人才。后来我跟他讲，如果派留学生就是国家的事情了，我们搞不了那么大的事情。最后还是改为其他方案。后来我们到北京找到国务院侨办，文教司一个副司长接见我们，他听到要成立这样一个面向归国华侨的基金会很高兴，他说国务院侨办一定会大力帮助我们，据他所知，当时在国内，像我们这样面向全国归国华侨学生的基金会，还是第一个。

现在针对国内的侨务工作，一些人提出批评，因为那些资本家、大资本家，回国来了都受到很好的接待，国内一些投资项目确实是由他们做的，他们捐助了很多公益事业，比如我们的基金会。但是，一般老百姓好像就没受到什么接待。过去每年要申请多少侨汇，如 1961 年春节，我们侨委开会，廖承志在大会上提出要为国家争取 1 亿侨汇，大家真的去争取，那个时候的 1 亿很不容易。而现在有所不同，我们回去印尼，有些印尼学校反而要争取我们的外汇。我觉得国家对我们侨民也相当重要，国家强大了，在海外侨民才能觉得自己的地位提高了，他们才会更积极地学习国内的东西，学习中国的习俗。

2015 年，曾祥鹏老师作为抗战老战士接受学校党委书记林如鹏慰问

曾祥鹏老师和夫人与采访者季鹏、姚骋合影

曾玉华[①]

基本情况

我1945年出生在印尼西爪哇省苏甲巫眉市，1964年高中毕业从印尼回国，保送读书，1970年暨南大学会计系毕业。1982年调入暨南大学后勤劳动服务公司工作，同年加入暨南大学归国华侨联合会并从事财务工作，担任暨南大学第四、五届侨联委员，连任第六、七、八届三届暨南大学侨联副主席，协助主席开展各项工作。

《暨南大学侨联成立30周年特刊》是这样介绍我的："她在校内后勤劳动服务公司工作整20年，从主管会计到公司的总经理，在这个过程中得到了锻炼，带领着150人的职工队伍顺利完成各项活动，得到本单位和师生们的认同，在迎接校庆90周年、95周年接待海内外校友工作中取得了一定成绩，明湖楼餐厅的服务水平和质量得到了较大的提升。她注重将劳动服务公司的工作与侨联的工作相结合，使这两方面的工作互惠互利。侨联主要收入来源是学校拨款和会费收入，但这不足以支撑每年侨联经费支出，过去叶曾亮、朱德辉主席靠办培训班提取收入。学校不准办班后，她尽力兼顾侨联创收这项工作，给侨联提供许多便利，通过加强工作等方式开源节流，联合天河区、街道侨联让他们多出资金一起开展各项有意义的活动。多年来坚持到华侨农场参加义诊扶贫，慰问孤寡老人，把学校旧家具、旧家电送到农场的中小学，积极组织外出旅游年终活动等。现虽已退休多年，她仍旧全身心投入侨联工作，为侨联的工作付出了很多。她工作认真负责，她觉得自己生活得很充实，享受着工作带来的乐趣。她的付出赢得了大家的认同，2004年、2009年两次被评为省侨联先进个人。"[②]

我的先生邓瑞林，汉族，是印尼归侨，出生在印尼苏甲巫眉，父母也是第一

---

① 林晓齐、马丽苗（暨南大学国际关系学院/华侨华人研究院2010级本科生）于2013年12月23日、2013年12月30日、2014年1月15日在暨南大学行政楼侨联办公室1002室采访曾玉华老师，并整理录音。

② 参见暨南大学侨联《暨南大学侨联成立30周年特刊》中有关曾玉华老师的介绍，2011年，第52页。

代从国内出去的。他是暨南大学经济学院金融系教授、博士生导师。我们生育有两个儿子，他们在韶关出生，目前都在广州工作。

在印尼的日子

我父母亲都是在中国出生的，父亲是广东省梅县桃尧镇黄沙村人，母亲是梅县雁洋镇丙村人。由于祖父祖母很早过世，当时家乡生活太艰苦了，所以，20世纪30年代我父亲就去印尼投靠亲戚，给他们打工，那时他才20多岁。后来父亲通过照片跟母亲相亲，母亲由水客带到印尼跟父亲见面并结婚。母亲是小时候送给别人养的，所以我没见过外祖父母。结婚后父亲在印尼开士多店，做商贩，母亲则协助父亲开店。父亲在国内时，与叔叔两兄弟相依为命。父亲出国后，叔叔被国民党抓去当兵，以后再无消息。

我是在印尼出生的，加上我家里一共八个兄弟姐妹，我排老四。我是1964年回国的。我六弟于1967年回国，后来在深圳人民医院工作，2013年退休。其他六个兄弟姐妹都在印尼那边。现在，我们互相走动，今年（2013年）是我哥哥、嫂嫂、妹妹回国。2010年，也是他们六七个人一起回国，他们喜欢回中国走一走。如果他们回国，我就不去印尼，我两三年去一次印尼，基本上是我一个人过去。我两个儿子也去过，但不常去。

我们在印尼讲印尼语，也讲客家话、潮州话。印尼话也分土话和官方语言。马来语比较通用，在马来西亚、新加坡基本可以通用。我们在那里出生，从小就要学说印尼语。在家里、学校就用中文交流，跟当地人打交道就用印尼语。

当时印尼的华人是分散住的，跟当地人一起住。有钱的自己盖大楼，没钱的租房住。我父亲单身的时候，住在亲戚家里。结婚以后就搬出来，结婚后原本的收入不够用了，于是父亲就自己独立开了个小店，叫“阿龙店”，是像士多店一样的小商店。日本侵略印尼时，商店经常被抢，因为开店的地方华人比较少，治安差，容易被抢，我们到处躲。

我们客家地区到东南亚谋生的人挺多的，当时大部分人都是因为家里生活太困难，就往国外谋生。以前叔叔还在的时候，父亲有时候会寄一点钱给他。但是，叔叔被国民党抓去当兵后，就一直没有回来，他的小孩那时候才四五岁，叔母一直守寡到去世。一直到现在，我叔叔也没有消息。

我父亲到印尼，住在一个小城市。中国人到印尼基本上是做生意，95%左右吧，哪怕是做小生意，在市场，在街市，摆摊位，卖什么的都有。我是1945年日本刚刚投降的时候出生的，到我懂事的时候，我父亲就自己出来卖东西了，是小商贩，靠卖稀饭来维持一家人的生活，租亲戚的房子住。当时印尼有钱人房子很多。

当时华人和印尼人关系相对比较友好。华人在一个大院里跟印尼当地人住在一起。我的家人还会在假期跟着在乡下有房子的印尼人一起去他们家里玩，大家关系挺好，我们都有来往，有时我会去他们家里住或者玩。当时我们跟当地的居民比较融洽，只不过他们是信仰伊斯兰教，不吃猪肉，我们吃猪肉。

后来我们都搬走了，我回国以后，哥哥也大了，自己买了店铺开店，楼下做生意，楼上住人。1998 年排华期间，我在印尼的亲戚生意和人身安全没有受到太大影响，那时家人还在苏甲巫眉。

1960 年印尼就开始排华。我们家在苏甲巫眉，当时是一个县，中国人都不能居住在县以下的地方，怕搞革命，所以要赶到城市里住，县以下的中国人都要离开，而且排华的时候专门抢中国人商店里的东西，挺可怕的，我们都不敢开门。1960 年是排华比较厉害的时候，当时国家派了光华轮来接难侨，我们全家也准备回国的，因为当时大家都很害怕。但是，毕竟我们中国也不可能一次接那么多人回来，是要分批的。记得当时我们登记的好像是第三批，不过接了一批之后就没再接了，接回国的那批人就安置在现在的华侨农场。如果当时中国去全部接回，那可能我们全家人就一起回国了。

上学时华人和印尼人是分开的，我们自己上华文学校，但是后来不给办华文学校了，1960 年停办的。1961 年又给我们办了。我小学、初中、高中就读的学校名称是苏甲巫眉中华学校（华人办的）。1960 年排华时到雅加达读了一个学期的高中，学校叫雅加达巴城中学。1961 年华文学校复办后，又返回苏甲巫眉读高中。

我们当时读的华文学校没有印尼学生，全部是中国人，而且是用中文教学的，但是也有外语选读课，比如英语课。印尼语是必学的。华校里面的老师全部是华人，有的是在印尼长大的，有的是从中国过来的。英语和印尼语，我们可以请当地人来教。华校用的课本应该是当地统一的，当时有中国驻印尼的领事馆，课程应该是华校跟领事馆商量确定的。两国断交后，领事馆被撤销，从那以后，整个华文教育就中断了，包括华侨社团全部都不能搞。

那个时候一般有中国人的地方都想有华校，让大家受教育。1960 年排华之前，华校开办得比较顺利。到排华期间，县城的华文学校被停办一段时间，小地方如县城以下的华校全部停了，那时就要去首都念书。1966 年以后，首都的华文学校也被停办了，整个印尼的华文教育都被禁止了，连中文字、商店的中文招牌都不能用，全部要用英文或印尼文。1964 年我就回来了，我只知道 1966 年全部华校都停办了。排华过后才可以再办。

排华时，印尼的华人还是要做生意的，提心吊胆地为了生活而忙。

暨南大学 1970 届会计乙班于 1966 年入学不久的全班合照，第一排右四为曾玉华

回国后

我是保送回来的，因为家庭条件比较差，兄弟姐妹又多，只靠我父亲一人晚上到街边摆摊卖稀饭来维持生活。我们学校有三个人保送回来，一方面成绩要好，另一方面看家庭条件。保送回国读书不用自己出船费，国家派船来接，我是 1964 年 8 月 5 日坐船回国的，坐光华轮要七天七夜，8 月 13 日到广州黄埔港。当时回来，坐上光华轮，坐上我们自己国家派来的船，是很激动的。当时整个船有三百多人，都是华侨应届高中毕业生，全部是回来准备参加高考的。当时我 19 岁，我们家就我一个人回来。

当时我们都认为自己是中国人，那边也分为两派，一派比较倾向毕业以后去台湾；我们这一派受大陆的宣传教育，一心想参加祖国的社会主义建设，我们是受这种思想指导回来的。中国大陆在印尼有进行社会主义宣传，通过一些画报之类的做宣传，台湾那边也有做宣传。去台湾的是少数，绝大部分还是受大陆的影响，决定回大陆的起码有 80%，20% 左右的比较倾向去台湾。

回国后，我们就被分到几个华侨补习学校，有的分到广州归国华侨学生中等补习学校（简称广州补校），有的分到集美补校，还有的分到北京补校，我被分到北京补校。我在北京补校补习了一年，因为 8 月份回来时已经过了高考时间，所以我是1965年才参加高考的，当时就报暨南大学，读经济系会计专业。

我读的那个华校有四个人回来中国，我们当时全班二十多人毕业，其他的同学都留在那里，自己开店或者帮父母打理生意。回来的四个人中，三人是保送，只有一人是自费。自费的同样是坐船，只不过他的船票是自己出，保送的则免费。一起回来的四位同学中，有一个还有联系，他也考上了暨南大学，因为他爱人是福建人，所以他们就去了福州。

当时不用交学费，只需生活费，以前的大学是不用交学费的。像我们保送回国读书的，回到国内在华侨补校、暨南大学读书全部有助学金，都是一等助学金。生活费，我领助学金就够支付了。那时候，我每年都拿一等助学金，一个月18.5元，其中生活费15.5元，一天5角的伙食费，还剩3块钱就用来买日用品。不用家人寄钱，家里也从没寄过钱给我。

在广州补校时，学校也给我们做一些思想宣传工作，像我们回国后就参加了10月1日的国庆游行活动，正好是1964年新中国成立15周年，天安门的庆祝活动我们都有去参加。

刚回国时，我还好，没有觉得不适应。在印尼时，我父母都是做中国菜，用筷子，因为他们都是从国内出去的。在印尼第二、第三代的华人，他们就基本上是用叉子勺子，很多人筷子都不会拿。因为我父母亲是第一代出去的，所以我的客家话也讲得比较标准，在家里跟父母都是讲客家话，反而是我的印尼语不怎么样，印尼语只是普通的家庭用语。

回国后，我跟父母还有印尼那边的亲戚主要是写信联系。“文化大革命”期间曾有一段时间不敢写信，因为那时候在国外有亲戚的可能会被说成是“叛国”之类的。那时候也很少打电话，我们工资才一两百块，电话费一分钟17.5元，一下子100多块就花完了，而且全校就只有一个电话室，还要等晚上七点半才开门，我们都要在纸上写好第一讲什么，第二讲什么。所以不到万不得已我们都不打电话，不仅贵，而且挺麻烦的。因为我们是侨校，很多人还是要跟外面联系，有些学校没有电话室，打电话还要去外面打，更难。印尼排华严重的时候，我跟家里人也很少联系，写信又不敢写，电话费又贵，那时印尼亲戚也是不大敢跟国内联系的。我爸爸是1968年过世的，过了一段时间家人写信来我才知道。现在打电话很方便了，去印尼也很方便，落地签证就可以了。

改革开放后，慢慢放松了。以前我们有些人根本就不敢说自己在国外有亲戚，怕别人说你里通外国。像我爱人的哥哥在公检法单位工作，以前都不敢说国外有亲戚的。

我考上暨南大学后，会计学原理还没有学完，“文化大革命”就开始了，我们就停课了。我们先去“大串联”，自己带被子，沿着红军走过的路，从广州出发，目标是去井冈山。走到脚起泡，当时已经是很冷的天气，走到江西赣州时，听说有几个在井冈山的学生得脑膜炎死了，怕传染，所以动员我们不要去井冈山了。我们就直接在赣州下工厂了，一个月后才回广州。

后来，一直到我毕业都没有再开课，因为那些教授要接受劳动改造。我真正上课的时间是1965年9月份到1966年6月份。“大串联”回来以后，1967年又去广东省四会县下乡劳动，四会县下乡劳动的照片我至今仍有留存，但回国前的照片我都没怎么保留。

1967年在四会县下乡劳动，第二排右一为曾玉华

在暨南大学读书时，我们班以归侨为主，当时暨南大学招收进来的起码都是侨眷，在国外有关系的，即使本人出生在国内也肯定是有国外关系的，完全一点国外关系都没有的很少，一个班也就三五个，我们班45个人中，只有5个人是没有一点海外关系的，没有一点海外关系的多是作为骨干招进来的。

在我读书期间，我的家人根本不可能回国来看我。当初我回国时，也根本没想到还有机会回印尼，那个时候觉得很难再回去。当时作出回国这个决定也是很难的，可是自己想再学点东西。离开父母就很难再见到他们，一直到改革开放以后，我妈妈第一个到国内看我和弟弟，我妈妈回过两三次。1981年妈妈来看我是坐飞机，先到香港转机。后来，印尼跟广州之间有直飞航班，现在拿着护照就可以去印尼了，落地签。

90年代初期中国还没跟印尼复交，1991年我第一次回印尼，光机票都差不多要一万块钱。

我弟弟那时候还在山东，他回国时正好是“文化大革命”期间，他是受我影响回来的，因为我刚到北京时比较激动，写信跟他说这边的情况，鼓励他回来。结果他一回来就遇上“文化大革命”，也没有书念。他被安排去了广东省清远华侨农场，劳动了半年才回来。当时他想去青岛，那时候已经是可以自己选择，但是去青岛的人太多，后来他就改去了山东济南，他是 1978 年在国内保送上大学的，不是在印尼保送。他当时回国是自己坐飞机回来的，因为那时我们的家境慢慢好一点了，我哥哥他们大了就自己开店。现在我的几个兄弟姐妹都是自己开店做生意。起初他不敢去上大学，他说我高中还没读完怎么去读大学，后来我们一直鼓励他去，因为“文化大革命”时期大家都一样，很多人也没读书。第二年，他去读了青岛医学院，叫“工农兵大学生”，后来当了医生，在深圳人民医院直到退休。

“文化大革命”期间，大家都懵懵懂懂，也没有意识到要上课，慢慢才知道了，大家天天写大字报，没有学习文化课。学生一般没有被批斗，都是斗老师，甚至给他们剃头游行。以前呢，女生穿裙子都不可以，衣服都是清一色，不是蓝就是黑。

我们那十年差不多都荒废了，根本都学不到什么东西。1967 年我去了四会上山下乡，然后又去佛山下工厂，到 1970 年 3 月又去湖南洞庭湖，去部队农场，就是这样学工、学农、学军。到 1970 年暨南大学就停办了，我们就毕业了。

曾玉华与爱人的结婚照（1970 年 8 月于湛江）

当时全部都是分配和安排的，如果不服从安排，工资和户口都没有的。1970 年我被分配去了韶关。那时我还没有结婚，我的对象在北京，韶关靠铁路方便一点，当时是这么跟我讲的。那时候我们很不吃香的，叫“臭老九”，我留在广东，在韶关市，这算比较好的，很多人被分到县城以下，还有的被分到云南、湖南、贵州，全国各地都有，很多人都当工人，下煤矿，当教师。

我在韶关地区商业局，还是结合我的专业，一出来就叫我当出纳、会计，我一直没离开过这行。后来又到工矿供应公司，跟他们一起下煤矿、出差。那时我的小孩很小，一岁多，我们要到英德下基层锻炼，小孩没有去，只能请保姆，还有我爱人照看。

我和我爱人都是印尼归侨，一个地方的，在印尼就认识了。他是 1960 年回国，1965 年暨南大学政治经济学专业毕业，1964 年我回国的时候，他在暨南大学念书还没有毕业。1965 年我从北京来到广州，但是他刚好又从广州分到北京。我跟他谈恋爱大概是在 1967 年。那时候去北京很难的，因为我去不了北京，他有类风湿病，他就申请调来了韶关，当时我在韶关。

他在韶关报考“文化大革命”后第一批研究生，报的是武汉大学经济系，当时他的年纪到复试时就有 40 岁了，不过后来从 35 岁招不够，就扩大到 40 岁，录取了他，他 40 岁才读研究生，1978—1981 年在武汉大学读了三年研究生。暨南大学复办后，1981 年他毕业后回到暨南大学。由于两地分居，我也申请从韶关调回暨南大学，我比他迟了半年，1982 年 5 月份才回来。我爱人的事迹在《暨南大学侨联成立 30 周年特刊》里也有简短的介绍，他名字叫邓瑞林，以他名义设立的奖学金现在还在发放。

邓瑞林是印尼归侨，金融系博士生导师。

2000年10月21日是邓瑞林老师逝世一周年纪念日。经学校同意在经济学院成立的 邓瑞林奖学金 正式举行第一次颁奖大会。该奖学金是他的学生为纪念导师自发倡议、自发资助的奖项，每年发放一次，至今已发放十个年头。

照片中第一排是经济学院领导，研究生部领导及邓瑞林的亲属。第二排是邓瑞林老师在广州工作的学生、第一批获奖者及经院老师。

《暨南大学侨联成立 30 周年特刊》邓瑞林老师简介

“文化大革命”时候，如果从生活条件来看，肯定在印尼更自由一点。因为在国内有一段时间买什么都要凭票，肥皂一个月才一小块。所以，我妈妈 1981 年回来时，看到就说：“你起码每天要吃一个鸡蛋啊，保证营养，猪肉一个月才供应几两。”我们当时的米很差，又粗糙，我妈妈都吃不习惯。

你问我有没有想到再回去印尼？回印尼不现实。我们家原住地在西爪哇岛，若回去定居，也不敢回到当地，只能去其他地方。如果回到当地，当地人或者贪官知道你是从中国大陆回去的，就会经常来找你麻烦，问你要钱。所以，我们大学那个班 40 多人，差不多有一半去了香港、澳门，因为觉得内地条件比较差，1970 年后就慢慢出去了。“文化大革命”期间，出去都要申请，要经过批准的。他们当时多是以去接财产、接父母的遗产等借口出去的。他们都不是回到印尼，而是留在香港、澳门，个别人从香港回到印尼，有条件的去了其他国家，有的就移民了。现在回过头来看，他们在香港的生活反而没有我们好，因为我们现在有退休金，如果是处级干部每个月有六七千元的退休金。反而在香港的那些同学要靠子女或政府发生果金，他们的生果金每月才一两千块钱。

他们当时去香港是要从头来，自己找工作，而且能结合自己的专业找工作的很少，不过，也有几个同学是给他们亲戚当会计。真正在那里找到工作的，男的很多都是给人家看更的。整体来说没有我们留在内地的好，我们班有一些处级的，考了高级会计师证的，生活条件都比他们好。在七八十年代，他们比我们好，但是现在内地慢慢发展了，就比他们好。所以，我们当时有一个同学，70年代从北京去香港，90年代又把香港的房子卖掉（几百万元卖掉），回江门买房，才两三千块一平方米。他说在这里很自在，钱可以慢慢花，又买了车，房子也比香港大得多。不过，这只是个别情况，很多人还是觉得面子上过不去，已经出去就不好意思再回来。

2001年暨南大学95周年校庆合影，背景是暨南大学旧图书馆，第二排左一为曾玉华

现在我们班还不时有聚会，我喜欢组织这些班级活动。在广州的一年一两次，全班的活动也是我负责组织。在大学时我是班长，所以一辈子都是班长，我不组织他们就不搞。现在我已经退休了。

暨南大学归侨联合会每年都组织聚会，也有外出活动，一日游、两日游。我们上面是省侨联，我们尽力发挥归侨的作用，跟国外多点联系，他们如果要回来，或是做生意，或是学术交流，我们的海归小组也能起到一些作用。我们年纪越来越大了，我现在68岁了，在侨联来说算年轻的，我们老一辈的现在八九十岁的很多，七十多岁的是主体了，因为我们很多是五六十年代回来的归侨。

回顾回国几十年来的工作与生活，我没后悔，我爱自己的国家。在印尼，虽然过去物质生活更丰富一点，氛围更自由一点，但是在那里压力比较大，你不知道什么时候治安会不好，又会排华。你要留在那里一定要加入印尼国籍，像我的兄弟姐妹都是入了那里的国籍才能够生存。我们以前是双重国籍，我们回来就是中国国籍。

我大儿子在暨南大学读双学位还没有毕业时，保留学位，去毛里求斯当翻译，当作练习英语。一年后，觉得那边也一般，就回来读计算机专业和金融专业的双学位。我和我爱人是暨南大学毕业的，他姐姐、姐夫也是暨南大学毕业的，他和他姐夫是同班同学。我的两个小孩都是暨南大学毕业的，我的大媳妇是广西大学毕业的，小媳妇也是暨南大学毕业的，两个媳妇都是中国人。

现在，我两个儿子分别从事证券、银行方面的工作。因为他爸爸原来在金融系，所以都偏向这方面，小儿子是金融系毕业的。1982 年我调回暨南大学，本来学校是要我当老师，我不敢当，因为我那几年根本没上课学习，分到韶关我做过会计工作，根据我的要求，就到了暨南大学后勤劳动服务公司当会计。到1990 年，我才任后勤劳动服务公司副经理，后升到经理，后勤劳动服务公司是总务处下属的一个公司。我回暨南大学就在明湖楼工作，直到退休。2000 年退休后，还返聘了两年。在暨南大学侨联做了三届副主席，从 1989 年开始做委员，1997 年开始当副主席，后来任常务副主席，到现在 16 年了。因为我是学会计的，所以一回暨南大学就在侨联管财务，到现在我还兼管财务。

在明湖楼工作期间，我们给一些从华侨农场出来的归侨子女安排了工作，包括广东陆丰、清远和广西华侨农场出来的，安排进明湖楼工作。现在个别人还在，像那里的财务就是陆丰华侨农场出来的。另外，在对待外来工问题上，我也给表现比较好的外来工买养老保险。当时的情况是广州市户口的一定要给他们买保险，但是外省户口的就可以不买，我根据他们的表现，外省的也分批给他们买。

老家的婶婶前几年过世了，还有个堂哥在那里。在他很小的时候，他爸爸就被抓去当兵，至今没有音讯。堂哥比我大几岁，他们条件比较差，有时候过年我会回去看一下。

在印尼有华人社团组织，有血缘性的，也有地缘性的，每年都有聚会。我父亲下南洋时，还没有这些团体，后来才有的。我在印尼时就有了，但是那里排华时，这些社团有一段时间不准成立，不准搞活动，很少组织活动。1966 年、1967 年的时候最严重了，整个华人学校都不准办，从 1966 年到 1998 年苏哈托时期这 32 年，华文教育在印尼都不准开办。所以，我们这一代人，还有我哥哥的小孩那一代，基本不会讲中文，不懂中文，只有那些比较爱国的，或者家里给他补习，或送他回来读书的才懂中文。像我大哥、二哥的小孩跟我的小孩就只能用英语沟通，因为我哥哥的小孩不懂中文，而我小孩在国内出生，不懂印尼文。只有我三哥的几个小孩，曾送他们回来念中文，大儿子在暨南大学华文学院，老二去厦门的华侨补校，他们才会讲中文。印尼华人四十岁以下的基本不会中文，不会讲，也不会看。现在才慢慢开始可以学中文，而且他们的第二外语可以选中文。现在，印尼华人很多有条件的就送子女回中国读中文，读完就回去。我三哥的大儿子在这里拿了中文的文凭，有的只是来学中文。

印尼现在还是比较落后的，整个国家都没有几条高速公路。印尼的建设步伐和我们国家差太远了。1998 年以前，广州跟雅加达还差不多，甚至 80 年代到 90 年代他们的物质条件比我们要好很多，但是现在就比我们落后很多。从椰城（雅加达）到我家跟广州到深圳的路程差不多，坐汽车却要四个多钟头，以前还能坐火车，后来火车也停开了。汽车慢的话，一百多公里要花七八个钟头。交通方面，相对比较落后。

曾玉华与采访者林晓齐、马丽苗合影

陈碧梅[①]

在印尼的日子

我是从印尼回来的。我们家是我父亲那一代移民到印尼的，他带了我舅舅过去。至于我伯父是我父亲去之前还是之后去的，我就记不清了。当时去印尼的大部分是客家人和福建人，潮州人还比较少，湖北人去那里一般是当牙医。

我是在印尼出生的。1960 年回国，印尼那时候正排华。不过，当时也不是所有的城市都排华，像我们生活的那个城市就没有，排华就是在某些地方，并不是整个印尼。我们兄弟姐妹共八人，除了四妹在美国，五弟和八妹留在印尼外，其他都已回国定居，大哥和我在广东，二哥、六妹和七弟则去了香港。

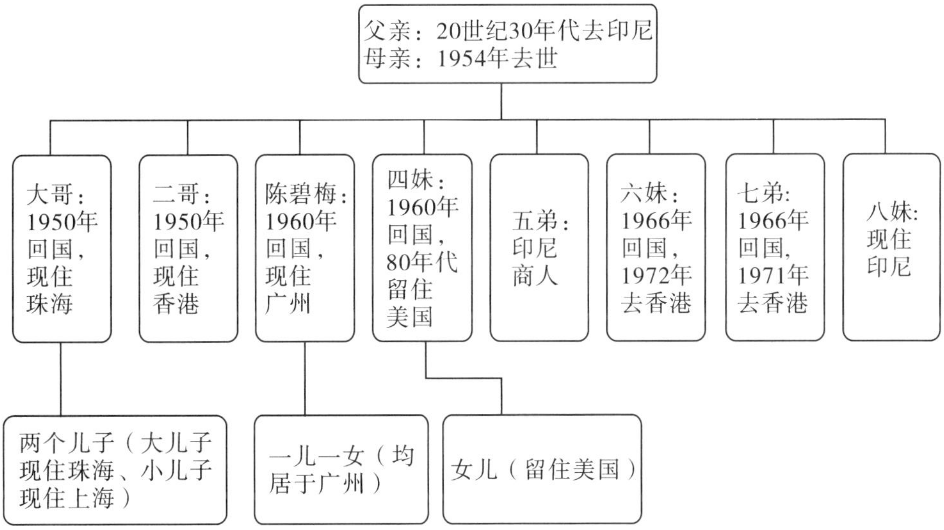

陈碧梅的家庭树（王趸兴制作）

① 马丽苗、许尔淳（暨南大学国际关系学院/华侨华人研究院 2011 级本科生）于 2013 年 11 月、2014 年 6 月在暨南大学羊城苑采访陈碧梅老师，并整理录音。

20 世纪 50 年代陈碧梅家的沙笼店

在印尼那边，我们家境算是比较好的。最开始是在雅加达批发香烟，后来搬到苏甲巫眉批发沙笼（印尼服装）和布。

我们居住的地方主要是华人，也有印度人，但是不多。华人一般经商，不经商的比较少。我们家居住的地方就像现在的北京路一样，做生意的华人很多，很多商店都是华人开的，小地方是这样，大城市也是这样。当时为什么排华呢？就是因为华人太勤快，很多生意都是华人做的，当地人觉得华人抢占了他们的利益。印尼虽然土地肥沃，但是印尼人不善经营。

20 世纪 60 年代，在印尼的华人生活还是不错的，他们主要是经商，做小生意的有，做大生意的也有。我们的邻居都是华人，大多是经商的，生活都还算不错，比当地人富裕多了。当时印尼的环境比中国好很多。当我坐船回到广州的时候，在黄埔港上岸，看到的房子都是砖头外墙，粉刷都没有，觉得很奇怪。可能在印尼看到的房子都是比较好的，所以那时候我伤心地哭了。

在印尼生活期间，陈碧梅的妹妹（中）与两位佣人合影

20 世纪 50 年代初，陈碧梅（左三）和妹妹（右二）同舅舅子女合影

华人有自己的生活圈，在印尼，除了印尼民族的人，主要是华人和印度人。如果没有普及中文教育的话，那些华人子女真的不会说中文、写汉字。我就读的雅加达巴城中学（简称巴中）和雅加达中华中学（简称华中），都是比较大的中文学校，初中、高中都有。印尼雅加达华中巴中广州校友会是两个学校一起组建的校友会，我们这边大概有300个会员。

陈碧梅（后排左一）和妹妹（右二）同舅舅及其子女合影

印尼苏甲巫眉中华中学是另外一所学校，我家大概是1953年搬到这个地方的。1957年，我又回到巴中读高一，雅加达是印尼的首都，我就是从这里回中国的。

巴中、华中是华人办的学校，学生基本上是华人子女。

这三所华文学校的课程设置和国内一样，包括化学、数学、物理、英文、印尼文、国语等，中文我们叫作国语。那时候的中文学校只有华人在读。现在，有很多印尼人学中文。2003年，由暨大东南亚研究所温北炎教授推荐，原广东省侨办派我去印尼教跳舞两个月，在泗水那里我就看到很多印尼人学中文。

印尼苏甲巫眉中华中学文艺队同学合影，前排左二为陈碧梅

我在印尼读过两个中文学校。我的名片上面第一个是苏甲巫眉中华中学，第二个是雅加达巴城中学。后来，我担任了印尼苏甲巫眉中华中学广东校友会会长和印尼雅加达华中巴中广州校友会副会长。

至于这些中文学校的规模，像苏甲巫眉中学，一个年级就一两个班。而雅加达的巴中和华中，一个年级大概有 9 个班，最多的有 12 个班。

当时我就读的印尼中文学校的学制，小学六年，初中三年，高中三年。中文学校的老师都是华人。

20 世纪 50 年代中期陈碧梅在印尼

20 世纪 50 年代陈碧梅就读的中华学校，后排右二为陈碧梅

20 世纪 50 年代陈碧梅就读的中华学校，第二排右三为陈碧梅

回　国

我们当时想要回来是因为什么？就是因为没有中文学校，想读中文。那时候的想法就是这么简单。印尼排华时停办了中文学校，我读的是中文学校，没有中文学校读怎么办呢？想来想去，那就回国吧。

我是1960年5月20日坐“美上美”船回国的，那时的心情很焦虑，因为当时是分批申请回国的，我们回来是先递交申请表，然后才分批安排，就像现在要拿护照，轮到你什么时候就什么时候。那时候我们全部学生的心情就是这样：哎呀，怎么还没轮到我呀！

我记不清当时的船票是不是自己买的，只记得当时回国的名单顺序是要分配的，回来的船票我没有留下，当时回国坐船坐了十天左右。

我们回国后，政府没有提供什么补贴，我被安排住在广州的华侨补校，等候分配读书，现在暨南大学的西门就是当时华侨补校的正门，北门那边才是暨南大学。

华侨补校，就是说回到中国暂住和学习的地方，由政府分配，每批回国的归侨被分配到不同的地方（城市）。华侨补校读的不是预科。

从暨南大学北门下去，左边有礼堂、办公楼、广播室、学生宿舍，右边也有学生宿舍。现在的明湖餐厅是我们学生冲凉的地方，现在金陵广场那边的宿舍，是我们回国时放行李的仓库。我们回国的时候，带了纸巾、饼干、牛油、糖等，连褥子都带。你知道我们刚回到这里的时候吃什么吗？吃猪乸菜，那时候刚好是中国的“三年困难时期”。还有人说“洪湖水浪打浪”，就是说粥很稀。我刚回来的时候，被分配到北京，北京说不让我们这些归侨吃窝窝头，给吃包子、馒头什么的。

我们有些人一回国护照就被没收了，想再回印尼也回不了。我弟弟妹妹回来的时候刚好碰上“文化大革命”，虽然去武汉华侨补校，可是没有书读。我七弟因为当时不满17岁，拿不了护照，所以是让满17岁的妹妹老六带着他回来的。七弟很聪明，字也写得漂亮，他现在香港，我先生当时下海就是跟我七弟。

1950年，我大哥和二哥回国，在梅州东山中学读书。东山中学是叶剑英的母校。后来，大哥考上中山大学，二哥考到武汉医学院。我和我四妹刚回来的时候，高一没有读完，我要求去北京的华侨补校，后被分配到北京49中。当时，我们在现在暨南大学北门那里坐车，那边有很多小咬，咬得我们受不了。我们不想留在广州，便想办法去了北京。我妹妹考上了地质学院，我原先考了当时在北京补校驻艺术团（是现在华大艺术团系），我大哥不同意，要我考正规的大学。

我们刚回来的时候还没考大学，我那时才高一，回来后才参加考试。我想去那个舞蹈学校，因为我喜欢跳舞。其实我当时也已经参加考试了，但最终录取结果没有公布。暨南大学先公布录取我了，所以我就来了。我们1962级数学系两个班，分甲班乙班，我在甲班。

我于1962年入学不久就到陆丰华侨农场、海丰、汕尾表演。“文化大革命”期间，暨南大学最出名的是篮球队和文工团，当时文工团是很不错的，我们“文化大革命”期间照样演出。有一次在北京路那边，楼上有人开枪，“砰砰砰”，楼下死了人，我们照样在路上演出。现在想起来真的很恐怖。反正回国以后，我觉得工作跟生活还可以，我尽自己的能力去做，做自己喜欢的事情，我搞文艺队，一直都没有停过。现在暨南大学侨联有四大品牌：义诊、扶贫（或讲座）、舞蹈队、美食节，我参加了舞蹈队与美食节，这两个品牌也是我发起的。

我先生也是1960年回国的，但是他印尼的家在另外一个城市，叫泗水。他回国后在暨南大学化学系读书。他在归侨中是最早入党的，1966年初就入党了。在暨南大学时，他是文工团的团长，最后一任。我是合唱队的队长。当时的说法是：北方有个东方歌舞团，南方有个“暨南大学文工团”。

我是我们家里第二批回国的。说起“文化大革命”，我也有很多故事。那时候真的跑了好多地方，我是1967届的，没毕业就去参加“文化大革命”了，到处去“串联”嘛，去井冈山，去韶山，去江西安源煤矿，到那些地方一边演出一边下矿井。我们就是下去劳动。去那边就跟他们一起挖煤，晚上演出给他们看。我和同班的女同学李佩兰还资助了井冈山的一个小男孩，带他北上。后来李佩兰去了香港，90年代去世了。

20世纪60年代暨南大学文工团合影，前排左四为陈碧梅

1966 年井冈山“串联”，前排左七为陈碧梅

“串联”在我们眼中就像长征一样，我们像长征一样走路。“串联”到北京的时候，接到电话说我弟弟妹妹回国了，就是老七跟老六回来了。在这之前，我们兄弟姐妹中是老大、老二、老三、老四已经回来了，老五弟弟没有回来。老六是妹妹，现在在香港。老七现在也是在香港。他们回来能够找到我，也是了不起，因为那时候别人肯定也不知道我们走到哪里去了。

我的哥哥们是 50 年代回来的，当时印尼还有中文学校。等到我和老四读书的时候，中文学校已经停办了。我想要读书，所以回来了。回来以后，我们有些人的护照被拿走了。那些人后悔回来，却又走不了。我的六妹、七弟是 1966 年回来的，本来当时是要分配到集美补校的，我不同意，因为坐火车去集美要在鹰潭转车，而去武汉有火车直达，于是就让他们去武汉。而我自己，因为怕小咬（即蠓，一种吸血蚊虫）才不想在广州而到北京，想不到读大学又要到小咬多的广州暨南大学，我是哭着到广州的。

我们 1968 年才分到部队。那时，我们还没有完成最后一年的学业，有些人 1965 年入学的，一点书都没读到。

那时候也有人比我们更苦，比如那些被分到农场的。如果你是全家回来的，被分到农场的机会就大，除非你在家乡有房子。

在“文化大革命”期间，我跟在印尼的亲人也有联系。那时控制得很严。我们班有个同学去了广西，也挺辛苦的。有的人被诬蔑成特务，其实根本不是的，是别人乱说的，还挺可怜的。我和我先生原来是想去焦作，我不记得是不是那一次去“串联”回来，在火车上听部队的人说焦作不好，所以我就说不去了。当时我先生所在的化学系比较人性化，我改为分到广东，他们系就把他改分去广东了。

我 1962 年入读暨南大学数学系，1967 年毕业，我们当时是五年制的。1966 年“文化大革命”爆发，凡是要求分到广东的必须先到部队农场锻炼，我们也不例外。当时我参加了部队的文艺队，接受所谓的锻炼。我先生是暨南大学化学系毕业的，情况也差不多。

在暨南大学还没复办的时候，我是在部队，然后分配到佛山地区，又分到中山市小榄当老师，教高中数学和英语。我先生则被分到海南，他是 70 年代去海南的。那时候，我是 89 部队的，我先生是 87 部队的，他也是在部队的文艺队。我在小榄待了 11 年，从 1970 年到 1981 年初。我先生在海南待了 8 年，后来回到中山，待了 4 年多。其实我很多同学回国后又出国，去香港的就不用说了，有很多。如果我当时去海南的话，说不定我现在就定居香港了。因为小榄政府对我们很好，同事也好，连我的保姆对我都很好，把我当作女儿一样。她是一个有钱的保姆，那时候给她的工资才 15 元，她孙女比我儿子大一个星期，她都不去照顾自己的孙女，而是愿意来照顾我的儿子。如果那个时候感到不好的话，我真的会离开小榄去香港了。

那时候中山市确实是不错。我大学毕业，工资 47 块。我女儿、儿子都是在中山出生的。70 年代的时候，粉蕉才 4 分钱一斤。我爱人到海南也挺好的，工资也挺高的，广州当时工资是 61 块，海南的工资比广州的要高，66. 15 元。正因为小榄镇的同事、朋友对我们很好，所以我们就没想要出去，我也没有想过要走。

1982 年 6 月 13 日数学系 59 ~ 65 级部分同学于暨南大学明湖前合影

回到暨南大学

1981 年初，我们回到暨南大学教书，那时我是在数学系。当时是先有数学系，后来从数学系中分出一个计算机系。我们又被分到计算机中心。那时候，理科的学生由本系的老师去教，我们计算机中心主要教外语系、历史系、中文系、生物系的学生。

我们那时候比较辛苦。当时广东省每年有一次计算机四级考试，由我们计算机中心出题，改卷也是我们计算机中心的老师改。教非理科学生也比较辛苦，因为他们对计算机不感兴趣，学起来也很困难。虽然如此，我们还是严格要求，我不允许学生穿拖鞋上课，每堂课点名，考试不允许学生偷看。外语系黄钧教授每次考试都要我监考。我跟学生说过多次，我对同学们要求严格，你们有意见没关系，等你们毕业以后，一定能理解我的做法，这就可以了。

80 年代的暨南大学计算机中心

在 80 年代，出国并不容易，我帮助四个人去了美国，其中有一个是为他的经济能力作担保。

从印尼到现在，我经历过四次生死关头。第一次是十一二岁时，当时我们家是卖布、卖沙笼的，做批发。那时我们家经济条件是不错的，我们的房子很长。有一次，有两个贼从房子的后面进来，经过厨房，穿过天井，经过我爸爸的房间，然后走到我的房间，一直走到店面。那时是凌晨四点左右，他们还拿着刀，当时我见到他们还不感觉到怕，我就大叫起来，后来他们拿着两袋纱笼跑了。第二次是在小榄的时候，我带学生去劳动，刚好我们旁边就是一片海，学生是规定不能去游泳的，可后来劳动完我们几个老师就去那里游泳。在游泳的过程中，我看到水面上有四根手指，我什么都没想就立马过去救她。她就把我当作救命稻草，抓住我就把我往下拽。我当时才感觉“死了死了”。好在当时还有其他同事看到就过去救我们两个，后来这件事也不敢跟学校讲。第三次是在暨南大学，在羊城苑 8 栋，有人爬水管进屋偷我的东西，还拿刀子恐吓我，其实这次是小偷第二次作案。第四次生死关头是我 1991 年得了癌症——结肠癌，到现在为止我患癌症已经 26 年了，当时他们都不敢告诉我。这些都是我一生当中的经历，这就是“非常恐怖”“救命稻草”“临死挣扎”“渡日如年”。

我女儿 1972 年出生，儿子 1979 年出生。女儿是暨南大学金融系毕业的，毕业以后还读了研究生，1997 年毕业的时候她是到证券公司工作的，但是那时候经济不景气，刚好是亚洲金融风暴。后来她去了上海工作。现在在太平洋人寿保险公司工作，业余教踢踏舞。现在她是暨南大学广州校友会（不是总部）的副理事长之一。我弟弟在香港生活，他在上海也有生意。

1989 年，我爱人也跟着“下海”了，当时是受邓小平“一部分人先富起来”的思想影响而“下海”的。我们家里的情况还算不错，经济方面比较好。我 1987 年开过时装店。我爱人“下海”以后我才关闭服装店的。因为考虑到当时孩子还小，需要照顾，所以我们就商量我不做生意了，他“下海”。1990 年，我们捐了五万元给学校建校友楼。

方文辉、陈碧梅捐建的校友楼

与印尼的联系

我的家乡在广东省梅县蕉岭。我们经常回印尼，特别是我先生，2013 年半年就回去了三次。我回去印尼当然觉得很高兴啊。当时见到我的伯父，他写的字非常好看，还当过我们中文学校的教务处主任，他说他当时也没想到我们会回国。

现在回印尼一般是看家人。父母已经不在了，但兄弟姐妹都还在。像我先生，他家只有他一个人回国，剩下的全部在那边。我还好，我们 8 个兄弟姐妹，其中 6 个分三批回中国，老五和老八留在了印尼，没有回国。

从 1960 年到 1989 年这 29 年间，我没有通过书信跟印尼家里人来往，但他们经常回来，我的印尼话还这么好也是这个原因。2003 年那会儿，广东省侨办派我去印尼教跳舞两个月，当时我带了 20 多个节目，教了 18 个团体。

印尼雅加达华中巴中广州校友会包括华中和巴中两个学校的校友，2015 年就是成立三十周年纪念，已经有 300 多人。这个校友会的特点是必须在这两个学校就读的校友才可以参加，校友家属不可以参加。印尼苏甲巫眉中学广东校友会成立二十周年纪念活动时，参加的人比较少，只有 40 多个人。这两个校友会一般是一年一聚。

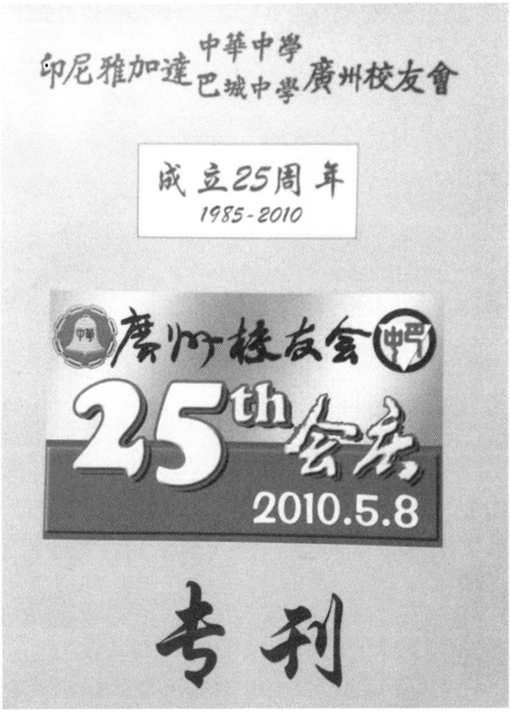

印尼雅加达华中巴中广州校友会 25 周年会庆专刊（封面）

校友会聚会有一些表演。因为我在侨联是管文艺的，所以会组织校友准备一些文艺节目。印尼雅加达华中巴中广州校友会有出版刊物，三个月出版一期，刊物里面的内容都是校友投稿。印尼苏甲巫眉中学广东校友会没有会讯。

我从四岁开始就在印尼雅加达“快乐世界”演出。唱歌、跳舞、演出 72 年了没有停过，在国内、国外义务教舞蹈，兄弟校友会、联谊会，香港的同学、朋友，内地的华侨农场，只要他们需要我都会帮助，包括帮忙做服装，只要我能帮助到别人，我就高兴。1987 年，我带领暨南大学理工学院院长、书记、大学生和教工子女参加时装表演，获得一等奖，那是作为全国第一个业余时装的演出！

荣誉证书

陈碧梅同志：

荣获“全国归侨侨眷先进个人”荣誉称号。

特颁此证，以资鼓励。

中华全国归国华侨联合会　国务院侨务办公室

二〇〇九年七月

全国归侨侨眷先进个人荣誉证书

陈立光[①]

在国外

我是在新加坡出生的，我们祖孙三代都在新加坡，我是第三代。我祖父什么时候去的我就搞不清楚了。我的老家在潮州潮安。1934 年，我在新加坡出生，一岁的时候我妈带我回来，三岁时我妈又带我回到新加坡。

关于我祖父那一辈在新加坡那边的工作，我不太清楚。我也不知道我的父亲是不是在那边出生，但从我记事起我的母亲和父亲就都在那边生活。我父亲在新加坡原来是橡胶厂的财库，所谓财库，实际上是记账，也就是橡胶厂的一个职员，那个厂是华人开办的。当时我们家的整体经济情况还可以，虽达不到中产阶级，不过也差不多。现在除了我在这边，我们全家都在那边。

我们家当时住的条件，在我父亲去世之前还可以。我父亲是日本侵略南洋的时候去世的。

新加坡是个孤岛，我有三兄弟，战乱时，我父亲为了我们家的延续和安全，就把我们送到了马来亚（马来亚比较大），到我大嫂家里住。当时日本对新加坡是封锁消息的，消息不灵通，我们三兄弟走后，我父亲一直担心。因为我大哥差点没了，二哥也被日本人打了，我们那时都还小，我大哥二十来岁，二哥才十几岁。我父亲一直担心这个事，就在新加坡和马来亚边境柔佛那个地方，打听我们兄弟的情况，结果淋雨感冒了，后来病重去世了，这是 1942 年的事。我父亲去世后，家里没有了主心骨，我家就变困难了，因为那边家庭的女人都不做事的。

日本人在新加坡驻留了三年八个月，那时候我们的生活很艰难，我大哥和二哥都出来工作。我二哥是比较倾向进步的，卖花卖旗（青天白日旗）来筹款赈灾和支持国内抗日。家中大嫂、我和我妈，还有个小妹，就靠他们两个人来维持生活，生活很艰苦。日本占领新加坡的时候，每月粮食供给是配给制。那时候我

---

① 王趸兴（暨南大学国际关系学院/华侨华人研究院 2012 级硕士研究生）于 2013 年 6 月 24 日在暨南大学第二文科楼采访陈立光老师，并完成文字整理工作。

还小，小学离我家不远，要排队去拿米，就跟着大人去，有时候没有，有时候就发些木薯粉。番薯粉还好吃，木薯粉就难吃了，而且有时候发霉了，领到后就煮成糊吃。日本人占领新加坡的时候我们的生活就是这个样子。

讲到日本人，他们的先遣部队是骑单车来的，一来就扔下单车作战了，很凶悍的。有一次，我和我二哥在一个路口正好被日本兵问路，我二哥不懂日语，日本人一掌扇过去就把我二哥打倒在地，他那个时候也就十二三岁，所以他很憎恨日本人。他十几岁就参加捐赠爱国运动。那个时候的华人都很爱国的，卖旗、卖花，捐款给中国国内抗日。像他那样的爱国青年很多都是十来岁。后来日本兵要抓人，他就逃跑了，我们也有两三年没有见过他。后来我们才知道他去了一个小岛，在一个咖啡店卖咖啡。日本人投降的前一两年，我母亲去世前，他才回来。

我母亲去世后，我就去打工了，10 岁就当工人，给华人做事。那时候还不够高，卷电线就用箱子垫起来。我做了一年多，直到日本投降。做完工以后就领工资，那时不是发钱，而是发物，一部分是米，一部分是番薯，一部分是木薯，带回家，家人就高兴了，大哥更加高兴，小弟弟也能养家人了。因为为了维持家里，那个时候我大哥什么都做，很是辛苦。

我大嫂也很苦，专门打铁钉。每天家里做好饭，我给我大嫂送饭，我跟我大嫂关系特别好。

后来，我们全家去了马来亚新山里面的小镇，现在我大嫂就在那。这个地方在新加坡隔壁。

日本投降以后，我大哥也在橡胶厂里当财库，他是跟我父亲学的。我大嫂就没有工作了，因为母亲去世了，我大嫂就负责照看家。我二哥到汽水厂当工人，我妹妹就去念书（当时妹妹还小）。在日本殖民统治的 3 年 8 个月里，我们都没有念日语，日本人要求我们念什么，我们都没有去做。日本投降以后，我又回学校读小学。

新加坡华人读书都要交学费，每个月都要交。读华侨中学的时候，学费是每个月 10 块新加坡币，不交就通知你了。那个时候，我们有这么个观念：无论家里多困难都要给孩子念书，这是传统文化，因为潮汕地区崇尚读书。我大哥坚持要我跟妹妹念书。因为我二哥比较大，当工人了，就不上学了。

大哥做财库的收入也不怎么样，我读中学的时候，我大哥一天给我两毛钱，不能拿多，就在我大哥口袋里，自己去拿，只能拿两毛。那时我们从早上到下午三点钟上课，中午要在学校吃饭，吃点零食，吃完了就继续上课。当时吃饭的食堂，我之前回去的时候还在，现在没有了，是个很简易的食堂。那时念书是很辛苦的，从我家到华侨中学骑单车要半个小时，我住在新加坡的中部，华侨中学在南部，靠近马来亚那边，路途很远。

新加坡采取英文教育，它现在官方语言不是英语嘛，所以它一定要求国人学英语。李光耀上台后提出了“反对10年教育”，当时叫奴化教育、洋化教育，那个时候闹学潮，他就这么做了，对华文教育就是说要学英文。中文学校有陈嘉庚捐建的华文学校，那个时候华人多嘛，华文学校是很重要的。当时的男校有华侨中学、南洋民族中学、义英中学、公教中学，女校就有南洋女中、南侨女中、中华女中，中正中学是男女同校，有几千学生。

我在那边接受的是一种中西结合的文化教育。我们的历史和数学课都是用英文教材的。我现在回忆起当时的历史课，它一般讲马来亚的历史，如过去的黄包车。

因为华人比较多，所以，它就不得不办华文学校，刚开始只有9到10所华文学校。另外还有公教中学，就是教会学校。它要满足华人的需要，就办了这么多，这些学校五花八门，有些倾向进步，有些像中正中学是很明显地倾向国民党那边的。新加坡的教育比较自由，也比较复杂，有英文或华文教育，也有不同党派的教育。爱国华人，如陈嘉庚办的教育，就比较倾向中国内地。义英中学也是比较进步的。现在我回去看我的侄孙，他们都是说英文的，现在英文是官方语言了。

读完初中，1950年的时候我考上了新加坡华侨中学，是十五六岁的样子。我在里面读了一年，就走了。新加坡华侨中学是个自费学校，当时学生运动很激烈，有不少人参加学生运动。我参加了支持马共的学生运动，就被退学了。

王鼎昌、罗豪才也是华侨中学的。罗豪才后来考上北大，当过北大副校长，还是政协常务委员、全国政协副主席、致公党中央主席，他和我是校友。

1951年，我就没有读书了，从1951年到1953年这两年多的时间里，我不是在监狱里就是在集中营里，是英国殖民政府的集中营。

当时参加运动的人很多。在大马来亚，新加坡有些人主张独立，这本来是进步的，但是英国政府不许。新加坡要从马来亚独立出来，马来亚也不同意，所以就有两个不同意了。第三种是马共成立的民主政权。当时的学生运动大多是马共领导的，所以，一大批学生被捕。1950年到1953年期间，是最多“迫害”事件的，抓的抓，集中的集中。所以，我们国内现在的新加坡归侨很多就是那个时候回来的。

我父亲在世的时候，和老家潮州那边一直有信件来往，因为我家里还有个奶奶，我父亲经常寄钱给我奶奶，就是寄侨汇（侨批）。不是民国政府的银行，有些是通过中国银行，有些是通过私人侨批送回来的，各种各样的都有。就是你办那个侨汇，一百块还是两百块，我写个地址给你，你帮我弄到我家乡去。

1950 年陈立光在新加坡送朋友归国时合影

1953 年进步青年从新加坡归国时在船上合影

我父亲没有把我奶奶从中国接到新加坡那边去一起生活，因为家里还有房屋，另外，她老人家在农村长大的，不适应那边的生活。我记得日本投降以后，我的婶母，就是我三叔的妻子（她在乡下住），告诉我三叔，奶奶去世了。因为在日本控制期间，我们都没有联系。奶奶是在我父亲去世以后才去世的。

我父亲有三兄弟，两个妹妹。我的父亲、二叔、三叔都在新加坡那边，小姑也在新加坡，大姑在国内。我父亲最大，二叔早死，三叔我就很熟，他是一个人在新加坡，把妻子留在国内乡下，妻儿都在国内乡下。

回国后

1953 年，我因参加学生运动被驱逐出境。我们填写广东出生的就被驱逐出境。如果你不写广东出生，写新加坡出生的话，就把你关在集中营，关十几二十年都有可能。

我们回来时，我受到的接待挺好的。我坐船回来，是英国政府租船把我们赶走的。我们坐船到广州，在现在的广州南方大厦对面，叫百货东。广东省侨委很关心我们，派人来这里接我们，那时我们有两百多人吧，把我们接到暨南大学西门，当时是难侨所也是华侨接待站，是两个牌子一套人马。接来以后，我们填履历表，中学生全部送到学校念书，原来是工人的就送到工厂。这也是为什么我回来以后就去念书，一直到大学毕业。

那时候我们读书是不要钱的，只要申请伙食费和生活费补助就可以了。开始，我在广州市起义路华侨中学读书，后来到暨南大学上大学。基础课是在历史系上的，一年半后，专业课就分开了。学费全免，生活费方面，学校每月补助 1 元钱，1 元钱也不错了。我是可以申请伙食费补助的，那时的伙食费是每月 15 元，生活费分 1 元、2 元、3 元，3 元是最高的，我申请 1 元。那时我家里没有钱，很困难。

1953 年陈立光从新加坡回国时在船上留影

那个时候，我与家里有信件往来，在信件中一般是问候大哥大嫂和报平安。我在这边读书，大哥没有督促我的学习，因为我读书还是比较自觉的，不用我大哥大嫂操心。

在暨南大学期间，我参加了“四清”运动。那是1964年，我带我们学校文工团演出回来，就被通知要去做事情了，于是我带着一群学生去了肇庆，在那里待了两年。当时我是副队长，管治安。1964年发生的事情太多了，印象最深刻的事情，如国民党派飞机来空投袭击，我们带着民兵在它空投的地方埋伏。

1964年参加“四清”运动时全班同学合影

1964年“四清”运动期间的陈立光（第二排左三）

1968 年“文化大革命”时期的“串联”活动

谈到“四清”，我们当时的主要工作是清查干部的贪污腐化，不管是什么职位的干部都要接受审查。当时对干部的要求很严格的，我们下去，他们也怕我们。没事的就不要出声，有事你就好好交代，就是这个原则。那些自己交代出来的确实犯过错的、贪污的人，只要退赔就行，职务没有变化，还是保留原职，退赔以后在大会上做检讨。那时的“四清”运动不属于极“左”的，它只审查干部。

1970 年，暨南大学停办，据说是林彪搞的，为什么要撤销暨南大学？因为那时林彪搞第二中央，往南方跑，他就看中了暨南大学，暨南大学南北都有公路，南面是黄埔出海处，地理位置相当好，他就把我们赶走了。

暨南大学停办以后，就以系为单位挪走了，实际上没有散，经济系和生物系搬到了中山大学，1970 年到 1978 年，我也随之去了中山大学。外语系、外贸系就搬到了广州外语学院，数学系、物理系、历史系搬到华南师范大学。为安排学校机关工作人员、化学系、马列主义教研室等，就另办一间广东化工学院，地点设在华南工学院内。

林彪把暨南大学赶走后，在这里建立了军医大学，就是第一军医大学。第二军医大学是在上海。林彪出事以后，第一军医大学还在办，继续招生，直到暨南大学复办。作为部队大学，它还是可以的，暨南大学这里办学条件是现成的，来就可以了，我们学校的第一文科楼就是第一军医大学的住院部。暨南大学复办后，军医大就成了南方医科大，另外找了个地方给它。

1966 年“文化大革命”期间，我们去了五七干校，我去的时间很短，去了一年就回来了。回来以后，就带学生到农村、工厂去。那段时间，我没有回潮州看望我的亲戚。

1970 年，我带学生去农场，在佛山待了三个月，大概是 1970 年 12 月，又从那回来。干吗回来？暨南大学要撤销了，赶快叫学生回来，当时各个系都有人去接。接回来后，又带着学生去湖南的农场。那时候，可怜了那批孩子啊。因为我们这里很多都是归侨，撤了学校，他们不知去哪里。当送他们去湖南时，在天河华南理工大学的路口上车，那时候孩子们哭啊，舍不得老师，也舍不得学校，更不知道今后会怎样。当时正好是春节，他们不让我回来，让我跟他们一起过年。后来我去了长沙，再到岳阳农垦。一部分人去了洞庭湖，一部分人去了台山的烽火角，还有好几个地方，去洞庭湖的最多。当时有很多大学的学生都去了，有清华等两三个学校的学生在那边。不过部队对女孩子还是蛮照顾的。

那个时候，暨南大学招的侨生比国内生多，70% 是侨生。他们很奇怪，贴我大字报，他们说：“陈老师，我们贴一下行不行？”一进门口，我就看到了，那时我是带病回来的，贴的大字报都是针对我的。当时搞“四清”对我们干部要求很严格，肉不能吃，油不能吃，特别是工作队队长更不能吃。就是因为不能吃肉和油，造成营养不良，工作又太艰苦，我病了，躺着动不了，是学生送我回来的，学生跟我关系挺好的。那个时候虽然很苦，但是大家都很乐观，关系都很好。

以前我做班主任（也是政治辅导员），而且都是带一年级，说归侨做侨生的思想工作好做（刚回来思想较复杂，不稳定），一年后又回来做新的一年级的班主任。我们那时工作很认真，除上课外，基本与学生在一起，住在学生宿舍，同他们一起吃饭。所以，我与他们的关系很好。现在，每一年都有学生来给我拜年，一来就是十几二十个，泰国的、我国香港的都有。

“文化大革命”对侨生冲击不大，对归侨子弟本身没有什么影响，反而是对那些领导如校长、书记冲击比较大。

暨南大学撤销后，我们到中山大学，由经济系、哲学系和历史系合成一个政治系。我当时在那里做指导员。到了 1973 年，政治系就撤掉了，成立了哲学系、经济系、历史系，是单独建系，自主招生，那时候都是招工农兵学员。

“文化大革命”结束后，我一直在暨南大学经济学院工作。1986 年，我被安排当学院党委书记，一直到 1995 年，我都在学院工作。1998 年退休，但比正常退休年龄延迟了几年。

“文化大革命”前的学生春节到陈立光家拜年合影

家庭情况

我爱人是广州人，在广州长大，祖籍广东梅县。因为她的堂哥（她大伯的儿子）是我的中学同学，他也是归侨，因而我们得以认识。她在暨南大学读完大学就被分配到肇庆地区，落实归侨政策以后，被调到中山大学设备处工作。暨南大学复办以后就回来了，一直在设备处工作，她是设备处副处级干部。

我们有两个孩子，一男一女。儿子也是读会计专业，在广州工作。有些人会替子女安排好工作，但我这个人就是不善于安排，我不会走这条路，不善于介绍。女儿读的是外贸专业，现在在澳门，她丈夫是缅甸归侨的子弟，澳门人，他们夫妇俩是在暨南大学读书认识的，毕业就走了，我也不干涉他们，孩子大了就自己管自己。

我女儿、儿子都没有孩子，我也搞不清楚为什么。我儿子还没结婚，他们班里很多同学都不结婚、不生子，推行“丁克”理念。我不管这事，孩子有孩子的自由。

1985 年陈立光（左三）回新加坡探亲期间重访南洋华侨中学时与校友合影

我没有打算，也不愿意把他们送到国外去，因为我是从那边过来的，我知道那边的情况。1985 年我回新加坡探亲，我的侄儿们生活条件很好。大侄子说："小叔您别回去了，我养你。"我说："你养得起我一时，你能养我一生吗？"他有能力，是我不愿意。我说："把你的父亲照顾好就行了。"这个侄子，1949 年生的，我看着他长大的。当时他在日本证券公司工作，现在则自己做生意。

1985 年陈立光（左）回新加坡探亲期间同大哥（右）在南洋华侨中学门前留影

与海外的联系

我现在很少回新加坡探亲，因为我回去一趟很难，再加上我身体不是很好，也怕坐飞机。

我大哥和侄子侄女回来看过我们一次，之后就没再回来。至于什么原因，我不知道也不想问。我的子女去新加坡看过他们，他们那一辈有来往。我大哥去世时，我儿子、女儿和女婿都去了，我不能坐飞机，没去。我子女是小辈，就叫他们哥哥姐姐的。因为各有各的工作嘛，有时是打电话联系，他们交流基本上用华语。

新加坡有这么个现象，华人在外面讲英语，在家里就讲华文或家乡话，保持了中华文化传统。我侄孙就是这样，在外面讲英文，一回到家里，就跟他爷爷奶奶讲家乡话。在新加坡的侄孙不一定上华侨学校，他一般先从社区幼儿园开始，然后是小学，有校车接送的。我那些侄子的孩子，我都接送过，就在家附近，教育还可以。

我回国以后去了三次新加坡。我大哥也回过潮汕老家，他的家乡观念比较重，因为他是在老家出生的嘛。我家里没有人在老家了，他回去就是看看祖屋。1993 年他和我大嫂、最小的侄子回来了，我上完课就赶紧去接他们。他们去看了我堂弟、堂姐、表姐、表妹，最让我想不到的是他还去找了他的小学同学。

至于祖先留下的产权之类的，我堂弟（我三叔的儿子）怎么弄的，我都搞不清楚，现在好像没有了。因为我们家乡，我没有回去，我大哥那辈也没有回去，家里就我堂弟在那里。我说："怎么回事?"他说："征地。"我说："征地也要经过我们的同意，还有大哥在啊!"

我妹妹的生活改善比较明显，因为她小嘛，她小我五岁，1939 年出生。我妹妹跟我感情很好，因为她 3 岁时没了父亲，5 岁时没了母亲，是由我带大的。一开始她做保姆、带孩子，维持自己的生活，后来跟她的丈夫（福建人）一起开书店。另外，因为征地，就换了一个地方给她，那个环境就比较好。她换的那个地方是三藩，当时是没有开发的，后来新建了一个小镇，人就多了，生意也好了。她有两个儿子和一个女儿，一个儿子是搞影视的，另一个是在电视台工作。因为我跟我妹妹的关系很好，所以她的子女时不时会回来看看我。她女儿嫁到法国去了，2014 年春节回来过一次。妹妹的两个儿子没有回过潮汕一带探亲，对家乡没有概念，他们都是在新加坡出生和长大的。尽管他们的父亲是福建人，他们却从来没有回去过福建老家，宗族观念很淡薄了。

2007 年陈立光（中）和妻子与海外回来的同学合影于广州黄花岗门口

我二哥当工人以后生活条件很一般。因为家乡观念比较重，他回到家乡结的婚。我二嫂是我家乡的人，我见过，我二哥想把二嫂弄到新加坡去，但那时新加坡不让过去，因为新加坡怕地方小人多。我二哥是新加坡人，按照亲人团聚的名义申请，但新加坡就是不批准。我回去探亲也申请了五年，我是政治问题，我二嫂则是生活问题，所以我二嫂就没有出去过。后来我二嫂因为出不了国，就提出离婚。我说我个人同意，但是要征求我二哥的意见。我二哥说可以，她又出不来，把她留在家里对不起人家。两人后来就离婚了。

后来，我二哥在那边也没有结婚，我大哥把儿子过继给了他。一直到退休，二哥的生活都不怎么好，不过他的继子对他还是不错的，一直赡养他。我二哥去世较早，1990 年病逝的。得知他生病时我们夫妇就赶紧过去看他，那时候我打报告，说我二哥病重，如果我不去就见不到面了，我们学校党委书记和校长也很快批了，让我们赶快走，见他最后一面。

关于新加坡的华侨社团，我知道的有福建同安同乡会、潮州同乡会。你说自己是什么地方的人，参加就可以了，它有捐款有理事的。中元节（拜鬼节）时，社团就会有活动，有投标。投标，是做慈善用，比如说木炭叫“黑金”，米桶叫“天天满”“黄金满屋”。

这些同乡会有没有捐款兴建一些华文学校来供小学生读书，我不太清楚，因为我没有参与。对于贫困者，他们有慈善捐款，会加以帮助。同乡会知道哪里有困难，这些人也会找同乡会接济他们。同乡会除了政治之外，生活上都会接济你。所以，同乡会就比较凝聚人心。因为当时我还是学生，所以没有参加。我大哥就参加了潮州同乡会，就是一个地方组织，他是理事。至于他们有没有组团去潮州各地走走看看，我就不知道了。

回国后的感受

我回来最大的感受是广州的变化很大。因为我回来的时候广州华侨大厦在海珠广场，破破烂烂的，有人说国民党经常投炸弹在那里。我们刚进广州时汽车是烧炭的，就是汽车后面背着一个炭炉，有时上坡都上不去，还要人推，力不够，还要重新点火。

我没有再迁移或者回到新加坡的想法，因为我的根基不在新加坡。

侨委对我们归侨很关心，对于原来是中学生的侨生继续深造这点我是比较认可的。这种方式培养了一大批人才，我认识的有就读于北京外国语大学、北京大学、哈尔滨工业大学、上海师范大学、华东师范大学的等，大部分人毕业以后基本是留校。

学生相约到老师家探访

我也是学校侨联的负责人之一，我也为归侨做了些工作。我对这届的侨联也提出意见，那就是暨南大学侨联成立 30 周年的庆祝活动，为什么只请侨联系统而没有请侨办系统呢？这是不对的，因为侨联系统是群众组织，侨办系统是政府组织，“你们请侨联群众组织，没有请侨办政府组织”，我说，“很多侨务政策都要侨办去办的，不依靠侨办系统是不对的。”

刚恢复高考时，受名额所限，很多归侨子女没有考上大学，但也不能把这些孩子放到社会上去啊。我们就向学校申请办一个大专班，让这些归侨子女有个读书的地方，经我们向广东省侨办申请并获准后，我们就办了，效果还挺好的，现在这些孩子在外面的工作都挺不错的。所以，政策是要靠政府的，如《中华人民共和国归侨侨眷权益保护法》就要政府落实。

我总觉得，侨务部门还是要归侨或者归侨的子女去办，去当头，脱离了归侨和归侨子女，办事难以落到实处，因为不是归侨或归侨子女，没有相关经历，就没有这个感情。

陈　列[1]

基本情况

本人是暨南大学副教授，老挝归侨。今天讲述的是闪光的回忆，忆母校，谢师恩。

我有5个故乡：第一个是湄公河流域的老挝万象，第二个是黄河流域的山东青岛，第三个是长江流域的南京，第四个是珠江流域的广东广州，第五个是祖籍地潮汕。

我有7个母校：老挝万象寮都公学、越南知用中学、中国北京华侨补习学校、青岛十七中、山东师范大学、南京师范大学、暨南大学。

中国人早期从水路迁徙至老挝，以粤闽人居多。自古以来中老两国人民和睦相处，始终维持民间友好交往，从未间断，同饮湄江水，友谊万年长。

光阴似箭人长寿，岁迈不减少年勇。20世纪50年代中叶，东南亚地区出现学习中文、华侨回中国升学的热潮，我亦于当时回到中国读书。昔日旧中国被辱为一盘散沙、东亚病夫的时代已一去不复返了，如今中国和平崛起，成为世界第二大经济体。全球五大洲都有华商，侨商、外商纷纷来华访问考察、投资、旅游。中外民间友好交往成时代潮流，方兴未艾。回顾我个人少年时代，海外学子响应祖国号召的成长历程，感慨万千，难以忘怀。

启蒙教育，学习汉语

我们家是三代老挝华侨世家，我是第三代。祖辈致力于中老友好与和睦相

---

① 林润、朱焕钊、熊晚玲、马可歆、詹子懿、余凯婷、彭凌（暨南大学国际关系学院/华侨华人研究院2013级本科生）和黄碧莹（暨南大学国际关系学院/华侨华人研究院2012级本科生）于2016年5月10日采访陈列老师，本稿件是陈列老师提供的自撰稿。

处，带去了中国先进的农耕技术和酿酒技术，促进中老双向交流和老挝当地经济的发展。

尽管20世纪后半叶世界风云多变，然而位于中南半岛（也称印支半岛）的老挝依旧处于闭塞、与世隔绝的状态。在法国统治的安南联邦（包括老挝、柬埔寨、越南北部）有一所中文学校——寮都公学，创建于1937年，当时学校规模小而简陋，是由私塾转为初小的华侨公立学校，也是全老挝唯一一所全日制华文学校。抗日战争结束后，在1948—1953年间，我在双亲的授意陪同下，到寮都公学注册入学，学习小学课程。当时我们的校长叫姜昌信，班主任叫杜星。在这所学校里，我全面系统地学习了华文的小学课程，使自己在儿童少年时代就开始学习中华文化，在德智体美方面获得了全面发展。课余时间，我还坚持打羽毛球，在小学时我就学会了冲晒黑白照片，每天放学回家还帮父母做一些力所能及的家务。当年，家父主要打理对外的商业网，家母主要料理家务，并协助父亲处理一些商务，包括日常商业经营和三代人的衣食住行。我们养成的良好生活习惯，就是潮州人的家风和家教，是中国人的生活方式。我在小学的时候，成绩良好，品质端庄，并养成了生活朴素、礼貌待人的习惯，与当地百姓和睦相处，能够吃苦耐劳，烟酒不沾，既努力学习，又孝敬父母，爱护弟妹，尊师爱校。

用四句话总结：祖父辈目不识丁，异邦拼搏念桑梓；期盼子女学中文，出人头地德才优。

赴越升学，就读知用

20世纪50年代，中南半岛仍处于风调雨顺、尚未发生风云巨变的状态，华侨华人与当地原住民友好相处，比如老挝的宋干节、泼水节都一起参加，华侨过春节和中秋节比国内还隆重。华人和当地文化交融，我们小孩子最开心，当时无论哪里都呈现出一幅商业兴旺、民间友善的景象，尤其是在万象，就是老挝的首都，佛教和华侨的活动交相辉映，每年一次的佛教盛会、华侨社区的中秋节，气氛都很好。当时，由于老挝万象的华文学校只办到小学，没有中学班，师资都是从高棉聘来的，所以就由华侨出资成立了学校，以让华侨先贤的精神落叶归根。“二战”以前，老挝华侨的主流心态是：热爱华夏文化，重视传承中华民俗节庆。在友邦入乡随俗的同时，不忘精神寄托和传承良好传统。

我们老挝华侨第三、第四代子弟，赴越南新创办的学校就读初中班。我们头一年先在国文中学读，老师说作为一个中国人要对国文有一个印象。三年里，我读了三所华文学校。当时，除了学习初中课程外，我还每天坚持游泳，并培养自己读书看报的良好习惯，其中有些是同学给我看的进步书刊（如郭沫若的著作）。这使我开发了智力，增长了知识，开阔了眼界，终于学有所成，获得了初中毕业文凭。

在最后一个学期的某一天，越南限令两个班的学生——包括我在内——必须回到原居住地。在长辈的协助下，我匆匆忙忙地返回了原居住地，与阔别几年的双亲和弟妹团聚在老挝，当时有一种难以言表的喜悦心情。我在老挝的家里生活了一段时间，家长一直重视教育，对子女进行智力投资，希望我们继续深造中文，要求我们华侨第三代少年学习高中科学知识。

长辈们要求我们年轻人首先学习做人，做人学习要两不误，殷切地期待第三代华裔青少年有所作为。不光我们家，其他华侨家长也一样，要求孩子读高中，圆大学梦。我们华侨都这样想：要做到一代强过一代，青出于蓝胜于蓝，继承和发扬华夏文化，掌握科学知识，赶上时代新潮流，做一个堂堂正正的中国人，要有理想有道德有志气有毅力，将来长大成人，振兴中华，繁荣友邦，为社会作贡献，更好地为侨居地和祖籍地服务。

用四句话总结：送子西堤上初中，三语并至学知识；初中毕业还家园，双亲鼓励再深造。

海外赤子，回国求学

华侨世代与当地人民和睦相处，风雨同舟，为居住地作出了不可磨灭的贡献。广大华侨盼望祖国富强昌盛，富强的祖国是华侨的坚实靠山，只有祖国振兴才能保证华侨过上有尊严、体面的生活。

当时，祖国母亲宛如磁铁般地吸引着天真朴实、寄人篱下的华侨第三代少年。忆当年，劳苦功高的家父和目不识丁的家母跟我说，要争气能吃苦，学好中华文化和科学技术，长大才能更好地服务大众、才有前途。我们一行五人乘民航机抵达香港，尔后赴侨乡故里，参观华侨中学。在中国的南大门——广州火车站分别，到北京华侨补校学习，临别时他们鼓励我努力读书，为华侨争荣光，为祖国争光彩。

我们三代华侨落叶归根和落地生根情况：第一代华人，包括“猪仔”、华工，为生活所迫不得不背井离乡，白手拼搏创业，获得生存和发展。第二代华人，与当地原住民同甘苦，共患难，为所在地的经济繁荣作出了不朽的贡献。他们希望第三代华侨继承中华文化，学习当地语言。

用四句话总结：叔辈偕领访侨乡，惜别车站赴京城；双亲企盼子成龙，叮咛努力学华文。

留京一载，分配青岛

回国第一年，在闻名于世的古都北京华侨补习学校上学，我们除了在学校读书外，还需适应华北的气候和生活。我被推选为班主席，协助班主任做好班务工作。学校以夏令营的形式组织我们游览八达岭长城、天安门、故宫、中山公园等首都的名胜古迹。

第二年，在全民大炼钢铁的氛围下，学校分配我们去青岛读高中。山东是孔子的故乡，被誉为“东方的瑞士”，青岛是别具特色的海滨城市。本来我是可以留校的，但有一个印尼华侨不愿意去，我就跟老师说我去。

我们坐上火车向生活了一年的首都挥手告别，当火车徐徐抵达青岛市火车站时，早在车站等候的市教育局人员盛情接待了我们。

我们怀着求知的欲望到青岛十七中学报到，就读高中。我们的校长、书记、班主任十分热情地出门迎接首批侨生，对我们的学习生活关照有加。我被选为校生活委员，协助学校处理侨生的饮食起居。在这三年岁月里，我印象最深刻的是每天听到的海浪拍打沙滩的悦耳声音。当年大家虽然远离亲人，但回到了祖国大家庭，每人心中都牢记要努力学习。我们积极锻炼，陶冶情操，热情参加学校的勤工俭学。学校也安排我们参加一些活动和工作。在北方酷暑严寒的天气中，1959 年适逢 50 年罕见的自然灾害，班主任带领我们全班同学参加农田活动，对侨生也体现了“一视同仁，适当照顾”的原则。

当年在华侨商店，可以凭粮票买东西，但我的东西都是父母寄来的，所以我自己没有购票。我参加勤工俭学，并获得了“勤工俭学积极分子”的荣誉称号，受到了表彰。

在青岛时，市教育局和市侨联曾安排各个学校的侨生前往首都北京参观古建筑和伟大成就，并在人民大会堂的每个座位上用 16 种语言同声翻译的耳机聆听了中侨委主任廖承志（他也是我们暨南大学校友会的第一任董事长）的精彩讲话，他的讲话博得了在座侨生的热烈掌声。这次赴京参观，极大地丰富了青岛侨生的生活，参观古建筑加深了我们对神州大地五千年历史的认识，领略了华夏文化的灿烂光辉和博大精深。大家纷纷拍照留念。

用四句话总结：在京一载学中文，领略神州五千年；三年寒窗在青岛，勤学苦练迎高考。

三年寒窗，圆大学梦

我在山东青岛十七中读完三年高中。青岛十七中是山东省重点中学、青岛名校，它坐落于青岛市工业区，是最先接待侨生的既规范又有特色的学校。

2011 年，我应邀参加母校青岛十七中建校 60 周年的校庆，并在校庆大会上发言，见到了当时的班主任。

记得高三毕业（亦即高考）那年，我获准报考北京电影学院摄影系，提前一周前往考试，然后回到青岛十七中参加全国统一高考。有志者事竟成，我们没有辜负家长和祖国的期盼。那天下午，我们在青岛十七中接到录取通知书，顿时一股难以言传的心情涌上心头，身为年少侨生，千里迢迢来到山东，三年寒窗勤学苦练，终于功夫不负有心人，考上山东师范大学，步入高校文化殿堂。我梦想成真的原因，除了个人的勤奋努力之外，还有母校的关怀教导培育，老师的言传身教，他们在教学上授业解惑，在思想上循循善诱，在生活上关怀体贴。

俗话说，严师出高徒。回想起来，我们这些学子虽然遇上“三年困难时期”，那三年每年有三个月要吃地瓜干，但我们咬紧牙关克服了灾害，依然坚持学习，天天向上。这种艰苦的环境促使侨生和国内同学一起奋发学习，获得德智体美劳多方面的成长。母校青岛十七中的校训：尚美，力学，孝行，厚德，更是一直激励着我不断前行。

教师爱生敬业，学生尊师爱学，是校园的文化特色。感谢师恩，感谢教诲，让我致力于报效社会，振兴中华。换言之，母校的良好风气和从严治学是我们宝贵的精神财富和良好传统。如今可谓名校出英才，桃李满天下，59 年来培养出教工团队 181 人，数万毕业生，百万校友为社会作出了有目共睹的贡献，教工团队独具特色，得到各地的好评。

用四句话总结：忆母校感谢师恩，圆梦侨生上大学；如今成特色名校，贺六十华诞嘉年华。

高校深造，献身教育

国家的现代化建设离不开专门化教育的人才，分别位于黄河流域和长江流域的致力于培养创新型教育人才的著名高校山东师范大学和南京师范大学，是培养人类灵魂工程师的高等学府。我于 1961 年考入山东师范大学，攻读师范教育专业，中途又转入南京师范大学教育系，共度过了五年的青春，直到 1966 年于南京师范大学毕业。

在校领导和老师的关怀下，我选读了教育专业，选修了学校开设的公共课、基础课和专业课，取得了良好的成绩。五年大学寒窗期间，我除了学习人体解剖学，还学习了教育学、心理学、教育史、教学法等社科公共课程，培养了个人品德，完善了知识结构，提升了逻辑思维能力，使自己的综合能力更上一层楼。毕业前夕，老师还按照教学计划带领我们班 17 个人到南京的小学、初中、高中进行毕业前的实地考察，完成考察报告，由省教育厅厅长组成工作组，进行为期三个月的调研。同时，我们响应国务院对应届大学生的号召，成为首批参加江苏农村深度社会实践的大学生。经过在农村的调查和实践，我们了解了农村的教育情况，增长了知识，增进了对劳动人民的感情。从这个意义上来说，参加实践使青年人终身受益。

1966 年我大学毕业，被分配到江苏省会南京的中学支教，教书育人。身教重于言教，既要引导青少年成为现代化事业的劳动者，又要教育出高等专业人才，输送毕业生。我在六朝古都南京支教 18 个春秋，奉献青春，精心呵护，栽培祖国未来的花朵。同时还受聘为两任南京市朝阳区委员及政协委员、南京市侨联委员，又是全江苏省唯一侨史协会的会员，参与 1984 年第二届全国侨史大会，提供论文参加研讨。

四句话总结：选师范攻读教育，六六年分配金陵；十八载教书育才，倾尽心血献青春。

应聘暨大，主讲当代

1985 年，我受聘到华南地区，在对外开放的前沿阵地广东暨南大学执教直到退休。其间，我参与编撰“当代中国”课程教材，主讲这门经济学系必修的公共课程，同时还按照教学计划，带领本科外招生奔赴广东侨乡和特区，包括深圳、珠海、中山、佛山等城市参观考察。这种教育方式有助于他们对当代中国现代化建设和毗邻港澳、华侨众多的全国最大侨乡、经济特区有新的认知，并在科学思想和社会实践上给他们提供了解中国特色的基本国情和建设成就的机会，提升他们的凝聚力和自尊心，同时激发同学们身为龙的传人、中华儿女的自豪感，增强大家对振兴中华人人有责的认知与情感。

百年暨南，一直是侨校加名校，90 年代成为“211”工程学校。本人有幸来到这所华侨高等学府执教 34 年，深感光荣与自豪，我践行以教学科研为主，管理服务为辅的教学理念。具体来说，有四个环节。

第一个环节是大学教学环节。我创建、编写、讲授了“当代中国”这门外招生必修的公共课，共分四个专题的教材，三次修订再版，专供暨南大学外招生使用，不对外交流。从1985年到2000年，在暨南大学讲坛传道授业解惑，提升了外招生在人格品德、社科学识上的认知和分析能力，倡导和鼓励学生勤奋读书、勤于思考、实践考察、综合调研、善待学习、力求行知、坚持学以致用的态度，使外招生通过课堂学习和社会考察，尽可能加深对中国现代化建设的宏伟目标和中国经济“三步走”的发展战略的认知，进而体会到每个民族都要热爱自己的文化，继承文明传统。爱国需要理性理解两点：一是团结奋斗，明白民族复兴的必要性和重要性，谨记爱国主义和民族精神，和社会主义本质上高度一致。以爱国主义为核心的民族精神是中华民族包括全国各族人民和海外华侨华人在内不断开辟新征程、创造新未来，实现中国梦和世界梦，谱写幸福新篇章的原动力。因此，大家普遍认为“当代中国”这门课程既具体生动又颇有意义。

此外，在2013—2014年间，本人受聘为老挝首都万象寮都公学校长，热心推广海外华文教育，热心暨南大学的海外招生工作。自1992年到现在，老挝华裔青年近200人分别到暨南大学和华侨大学这两所大学留学深造，其中在暨南大学已经毕业、学业有成的有54人回去工作，已经成立第110个暨南大学老挝校友分会。到2015年10月，还有近100位老挝华裔学生在暨南大学就读。这些老挝华裔青年学生回到居住地作出了令人称许的贡献。

第二个环节是教研环节。我坚持教学与科研并重，长期从事华侨华人与教育旅游、人才研究，以及业余拍照摄影50年。我参加了7个华侨华人研究团体，目前为中国华侨历史学会会员，广州华侨研究会理事，广州华侨历史协会创会副秘书长，中国人才研究会会员，世界华侨研究会会员，中国太平洋学会和粤港澳经济学会理事，广东侨乡海外联合会理事，越老柬归侨联谊会创会副秘书长和副会长，暨南大学校友会常务理事和永远名誉理事。2001年受聘为中国科学研究院特约研究员，2002年受聘为《发现》副理事长，并受聘为《华人经济年鉴》和《世界名人录》特约编委；撰写《华侨学讲义》，提交并出席在北京召开的第二次侨史协会会议并受好评。

此外，与花金苓合著《一代书迷奇人——石景宜传记》列入“暨南学人”丛书，获得出版新书二等奖。撰写出版《神秘寮国——老挝巡礼》，内有180张彩照和黑白照片，印刷三千册非卖品。还受聘为新加坡《新世纪文艺》老挝编务顾问，亲自前往老挝万象两个月，担任编印联谊代表大会副主编。

近20多年来，在海内外30多种报纸杂志先后发表《海外华人经济活动之变迁——关于亚太地区华人资金现状、资本特点及其投资流向探讨》《中华文化与东南亚关系的哲学思考——兼评孔子学院在亚太各地普兴的历史意义》《广东引进海外华侨华人智力资源的现状及对策》《广州迈向国际化大都市——培养在华人才必要性及其对策举措的构想》等专题学术论文和有关人物专稿200余篇。同时，论文入选和应邀出席亚、欧、美和国内香港、澳门、北京、上海、大连、汕头、中山、广州等城市的华侨华人学术交流会议，并获得全国、省市、高校12项优秀论文奖、优秀教学成果奖和2项先进科研工作者奖项。2013年9月荣获“世界孔子学院文华奖金奖”，并获授“世界孔子学院文学艺术和平大使”荣誉称号。

陈列教授与他的画作

第三个环节是大学管理环节。我兼任暨南大学管理学院教育工会副主席、社科部教育工会主席等职衔，助人为乐，热心为教工排忧解难，为老弱病残者送温暖，获得1999年“暨南大学教育工会积极分子”称号，我家于2010年至2012年两次获天河区“文明户”“文明家庭”称号。热心做好左邻右舍的睦邻管理工作，助力高校构建和谐、幸福、文明的校园文化。

第四个环节是社会服务环节。2009年我受聘为广州市文明创建办、广州市文明督导团副团长，我还从事服务于亚运会和创建“文明优秀城市”的社会工作，为羊城服务尽心尽力，为建设幸福美丽的花城奉献力量。同时，在高校工作30多年来，发挥“义工”精神，被推举为大学教工生活区楼长，服务工作长达10年之久。十年暑去冬来，倡导“助人为乐，为善最乐”的精神，促使户户当好文明业主，以礼相待如一家人，为构建文明、和谐、安全、幸福、美丽的大学校园文化奉献了一份爱心。

结束语：顺改革开放大潮，暨大教育做贡献；主讲“当代”搞科研，振兴中华尽心力。

夕阳无限好，发挥热与光

回顾近半个世纪的成长与执教历程，本人终身奉献给大学、中学人民教育事业，乐于发挥“夕阳红”余热，牢记“学以致用”“力行求知”“忠信笃敬”的座右铭。“活到老，学到老”，“学到老，活到老”，奉献到老。始终心怀母校，感谢师恩。努力回馈母校，为造就培养更多品学兼优的各类社会现代化专业人才发挥一分热与光。万众同心，共同努力，争取母校暨南大学更加人才辈出，服务于中国、亚太乃至全球的和平与繁荣，创造更加美好的明天！

结束语：人生七十方开始，不到八十尚年轻；不随黄叶舞秋风，势将余热染山河。

陈列老师在海外旅游

2016 年 4 月 23 日，暨南大学国际关系学院/华侨华人研究院 2013 级国际政治专业本科学生采访老挝归侨陈列老师，图为朱焕钊（左二）、余凯婷（左三）、林润（右一）正在听陈列老师（左一）回顾其人生故事

陈　玉[①]

在老挝的日子

我父亲在1901年初出生，22岁左右（大概是1923年）就出国了。因祖父母早逝，父亲很早就没有了经济上的援助，一条洗澡布绑在腰上就出洋打工了。一开始是在泰国的东北部打工，那时候在湄公河沿岸将泰国的大米卖到隔壁去，我爸就在码头扛大包。后来一个老板将他招到酿酒作坊去打工。我父亲25岁时回到祖籍地潮汕娶了我母亲。母亲起初并没有跟父亲一起去泰国，她19岁的时候在中国生养了一个男孩，这个男孩（也就是我哥）在9岁的时候病逝了，我母亲孤苦地在国内过了一两年。这个时候，刚好我父亲的同乡回来探亲，我父亲就说："哎呀，你们回去就顺便把我媳妇带过来吧。"于是，1935年，我母亲在她30岁左右就跟着那个老乡来到了泰国。我父亲说，既然自己老婆都来了，就已经有了一个家庭，就跟老板讲，离开酿酒作坊，去老挝打工。

1962年陈玉（前右）姐弟四人合影

我母亲到国外后，水土不服，七折腾八折腾的，病了两年。第三年，也就是1938年才生养了我姐姐。接下来，就在国外生养了一大群，我们一共有9个兄弟姐妹，我是1940年出生的，排行老二。

---

① 王趸兴和田丹丹（暨南大学国际关系学院/华侨华人研究院2012级硕士研究生）于2013年5月29日和5月31日在暨南大学羊城苑采访陈玉老师，并整理录音。林颖（暨南大学国际关系学院/华侨华人研究院2014级硕士研究生）负责将陈玉老师的修改意见录入文稿。

我父亲去的是老挝甘蒙省他曲市，但我生长的地方是一个叫北欣汶的小县，离他曲市还有四五十公里。我母亲开一个小卖铺，父亲酿酒，开一个小作坊，雇几个人挑水。老挝那个时候人很少，从上到下，从南到北，就200多万人口。我爸的酒基本上是在他曲市北欣汶生产，再从我们那个地方装货船一直卖到巴汕那边去，南边则卖到沙湾拿吉，就是周围几个省都卖，酒的销量还可以。客人对我爸酿的酒评价也还好，说酒比较真，有40度的和60度的。

相对而言，在镇上我家经济条件算是比较好的，属于中上等那种。但是家里有9个孩子，压力还是比较大的，所以我们从六七岁开始就要帮忙做家务，像农村的孩子，该打柴的打柴，该种菜的种菜，该挑水的挑水。我们的土地是租的，每年上交一点税给政府。我们租赁了政府的一块地，用木头把它围成一个院子。我爸的酿酒作坊就在中间，院子过来一条小泥巴路，泥巴路过来就是住家，木板铁皮高脚屋。院子里面种一些菜。

华侨一般会寄侨批回家，逢年过节，寄上个侨批问安，给家乡的亲人寄上几个钱。我爸妈家里都是很穷的，我去看过了，我妈妈家真的是什么都没有，爸爸家稍好点，有座小房子，可能比我现在的家宽，但没有我家长。我爸爸出国了以后就一直给别人住。

我们居住的他曲市有很多华人。他曲市那个时候属法国殖民地，但法国人很少，我懂事以后法国人几乎都走了，到1954年基本走得差不多了。那边的华侨很勤劳，大多做生意，生活条件都处于中产阶级以上，可以说是掌握着那里的经济命脉。

我们那里华人之间通婚现象多，而华人与老挝人的通婚比例要小一些，可能男的娶老挝的女子比较多，但是女的很少嫁老挝人，都愿意嫁给华人。我回国以后，开放了一些，大家晚上娱乐生活相识相知就走到了一起。但是，我们那个时代，我姐姐她们20岁左右这一轮的女性嫁给老挝人和其他国家人的非常少，在我的印象中几乎没有，基本上是找华人、华裔的子女组成家庭，因为华侨的子女有一点经济基础，嫁过去娶过来都是克勤克俭的。现在这些都不是问题了，很自由地组建家庭，像我有一个弟弟的女儿就嫁给了一个来老挝打工的越南仔，一个侄儿娶了泰国女子，还有一个娶了老挝女子，已经不讲究那么多了。

当时在老挝，相对来讲，我们的中文水平还是比较高的，华侨子女基本上接受华文教育，附带一些老挝语和法语。我在北欣汶一直生活到10岁半，之后去他曲市寮东公学读书。在大城市，我们不少老师都是从中国出去的，常常会教一些中国中央台的歌曲，我们受到了一个好的影响。我们小学一年级就开始学b、p、m，三年级开始教新的拼音字母，我从三年级学普通话学到六年级，普通话的基础还是比较好的。我们这一代会老挝语的反而不多，因为华文学校都没有老挝语课程，平时接触老挝人的机会也不是很多。那时，我们上的华文学校是华人募捐开办的，挨家挨户去募捐，将这些筹到的款项用来办华文学校。

我们那个时代，华文学校没有受到老挝政府的干预。后来，学中文的越来越少，就掺一些越南语，1978 年越南进来以后，有越南语、老挝语在里头，中文部分不多了。

关于宗教信仰，我母亲在老挝时没有信什么，就是初一、十五烧炷香，春节拜老祖宗、拜老爷，农历七月十五拜先人往生。春节时，我们过得很简单，做一些猪头、卤鸭、卤鹅、白斩鸡和年糕，做完以后就上供，给小孩包上一个小红包长一岁，做上两套新衣服。有一个小红包两套新衣服，大家就蹦蹦跳跳、高高兴兴的。

我们当地的华侨多为潮州人、客家人，一部分是海南人，基本上没什么纠纷，相处得比较和睦。我们那个时代纠纷不太多，有时候喝醉酒撬开门，类似小偷的，我家有遇到过，但是不多。

老一代华侨创业是很艰辛的，一开始都不太富裕，等到日子好过的时候，美国进来了，越南进来了，资源被拿走了，就没有发展了，经济停滞了。越南移民到我们这些城市里，抢占我们的房子。然后呢，老挝不是有 70% 的山林吗，他们就去开发老挝的山林矿产，当作是自己的出口。华侨们都怕了，就全走了，慢慢移民到世界各国了，走了很多，我认识的几乎都走完了，剩下少数老的、小的走不动的才留下来。1991 年，我去看望他们的时候，那些能干活的都走了，走不掉的那些小的长大后，用父母的积蓄开发利用老挝的资源，发展得也还可以。

回国后

在我们家，我是第一批回来的。我记得是 1956 年 8 月 1 日到广东汕头，8 月 17 日到广州，那时我都 16 岁了，才小学毕业。受我的影响，我姐姐和一个同学的姐姐，也跟着回来了，他们是第三批。从 1956 年 7 月到 10 月，我们家里一下子就有四个人回到了这片土地，我、我姐姐还有我的两个弟弟。

为什么回来呢？我是因为 1955 年有一个同学回国到集美读书，后来写信回来，我们班 20 多个人互相传阅那封信。大家看了那封信，受这位同学的影响，加上我们的王学济校长是从中国过来的，他常给我们介绍宣传新中国成立后的一些情况。还有，我的一个同乡叔叔跟我妈妈讲新中国还是好的，新中国建设需要人才，就问我妈妈愿不愿意让我们回来。我妈妈一直盼着我们读中文，毕竟根在国内，于是，我就在 1956 年回国了，想到国内读书。

我们回来时，还不能直接靠岸，要在一个地方靠岸后坐警用船过来，在汕头登陆。然后，就有集美、汕头、广州的华侨补校来招人。你自己选择，有亲戚在汕头的，一般愿意留在汕头；有的集美一宣传，就跟着去了。我呢，基本的地理位置还是清楚的，家乡有亲戚，但不是在汕头市，都是在农村，然后我当时又比较了一下广州和集美华侨补校的招生简章，觉得广州更适合我。而且，我发现集美宣传人员身上有很多颗粒（痘痘）。我就直接问人家那边的水是不是不太好。他以为说水不好，水紧张，回答说是打井水，不像广州是自来水。所以后来呢，我就不去集美，汕头我也不去，因为汕头讲潮州话，我讲普通话，去汕头的话要重新适应潮州话，这种适应是不容易的，物理课、数学课不太容易听懂。我的普通话有一定基础，从三年级到六年级，打了三四年的普通话底子。所以，我就这样来到了广州。补习了一年后，我进入广州华侨中学。1962 年我参加高考，报了农林专业，我喜欢园艺，种树种花草，结果可能因为数学、物理、化学不过关，把我录到了暨南大学预科补习一年，又读了一年文科班。1963 年我重新高考，被暨南大学经济系会计专业录取。

1957 年在广州华侨中学参加庆祝十月革命四十周年文艺演出

在暨南大学学习期间留影（左一为陈玉）

我在暨南大学经济系会计专业学了一年半之后，部队来学校招人。1965 年越南战争时，部队需要人才，就向教育部要人。教育部就准许部队在华侨比较多的大学、中学里挑人，这样比较速成，有基础，挑完回去以后培训就可以上一点简单的课。当时是 7 月份，我刚好一年级结束的时候，他们来面试，给文章让我们翻译，我硬是用一本泰语小字典把那篇文章啃下来了，然后寄回去。后来竟然被录取了。所以，1965 年，我就被商调到了云南昆明步兵学校翻译训练队。

在云南部队期间陈玉与丈夫留影

我在部队待了16个年头，1965年1月份到云南那边，1981年12月回到暨南大学，1982年元旦后正式在暨南大学上班。

刚回国没多久，我爸妈听说中国生活很苦，有些地方没饭吃，还吃稻草，就问我们四姐弟要不要回老挝。我说饭是少了一点，但吃稻草还不至于，我们是学生，国家有照顾。

我们当时很简单，政治课说要与全中国人民共患难，人民群众能坚持，我们照样也能坚持，所以，我们四姐弟都没走。然后，经过一场“文化大革命”，这场运动就摧残人了。

那时候的顺口溜是“地、富、反、坏、右、叛徒、特务、走资派、归侨、知识分子‘臭老九’”，我们既是归侨，又是“臭老九”，读了几年大学，全占了。那个时候就是这样子，有海外关系的，从香港回来的，都被当成叛徒、特务，从香港回来的都是国民党特务，被戴上了这些帽子。我们一些老师真是蛮凄凉的，昆明军区司令员都被整了，那你有什么好说的呢？我姑娘是1969年1月生的，3月份她两个多月的时候，国家的文件下来，方向就偏了，打击的面太广了，很多不应该打的都打了。当时步兵学院的学生都分配了，我们外语翻译大队的学生毕业没毕业的全部分配了，该到哪里去就去哪里了，只剩下老师留下来搞“文化大革命”。我们剩下的干部和老师合起来有500多人，就有200多人天天在那被游街示众，天天开批斗大会，每天晚上坚持到三更半夜才回家。我就直截了当地跟旁边的老师讲，你看看这200多人，有哪个像坏的？旧社会的干部也全部被揪出来了。一个学校500多个干部和教师，有200多人被批斗，40%都是坏的，这还能育人吗？我什么话都敢讲。“文化大革命”搞了10年，伤了许多人的心，也使国家的经济滞后了很多。现在，历史已经过去了，暴风雨已经过去了，我们只能接受、包容那段历史，迎接新的未来。

说实话，我从来没想过要离开祖国。为什么呢？我已经走了这条路了，我就要把它走到底。1972年中国华侨政策松动后，东南亚华侨华人陆续回国探亲。1972年，我妈妈回来，看到我们在国内的情况，说怎么奋斗了这么多年还这么凄凉，叫我们出国。当时国家的侨务政策也很通融，生活比较困难的，国外有亲人能够帮忙的，出境比较容易批。像我两个弟弟就走了。我和姐姐两个有家庭了，就留下来了，我不想再从头开始了。

我两个弟弟都是在“文化大革命”期间出去的，一个是1973年底，另一个是1974年，他们当时也组建了家庭，带着妻儿从零开始。那个时候工资太低了，我弟弟工资才30多块钱，我姐姐32块钱，现在32块一天的饭菜钱都不够，我们那时却是一个月的生活费，还要养儿育女，难啊。

1972年我母亲回来治病，1974年我的公公婆婆回来看望他的儿子，他们在

1974 年陈玉的公公婆婆回国探亲时，陈玉在广州火车站留影

国外听到很多有关“文化大革命”的传言，有的以为自己儿子死掉了。“文化大革命”以后，我们不敢直接跟家里通信。我姐姐在华南农业大学搞幼儿教育，因为华农是学校，所以不受限制，信件就通过我姐姐再转到我们那边，然后我公公婆婆就怀疑起来，寻思他们儿子过去都是自己直接寄信，现在却需要姐姐来转，就说怎么样都要在有生之年回来看看这个小儿子，就回来了，是在 1974 年广交会期间回来的。那个时候怕有坏人破坏广交会，戒备森严，我们还不能进去，只有我丈夫能够进去，看了以后，拍了照。我婆婆看到我丈夫，看到他脸上有一颗痣，才放下心来：“啊啊，是，是，是我儿子，没变，这有一粒痣。”那时候在云南部队与家人见面不方便，回到暨南大学后才能够与亲戚正常往来。

1981 年离开云南的部队回到暨南大学，是我自己申请回来的。我当时在部队转业干部已经过了时间，我就申请补充名额，部队也很通融，给了我一个补充名额，但是要我自己找工作。我就请领导把我的转业通知在最短的时间内寄到华南农业大学我姐姐那边，我就不用再花时间跑回来了，免得浪费路费。我直接在广州找工作，从 5 月份一直找到 8 月份。我姐夫认识高教局的一个老乡丁义民，就带我去看看。他说：“哎呀，你们暨南大学都复办了，有两个老师都在我这里住，你找他们去，你从暨南大学参军的就回去吧。”我就这么有朋友帮助，一生过来都有朋友帮助，然后我就去找那两位同志。有一位同志说：“好吧，8 月 25 日我们开课的时候你来办公室找我。”我到办公室那天，也赶巧，我在那边跟他们谈话的时候，我们经济系办公室主任刚好在那里。丁义民说：“你们的学生来了，要去你们系工作。”办公室主任说：“我们经济系还没有成立学院，准备成立学院。你认识谁?”我说：“认识罗国民，同一级的同学。”他说：“我带你去罗国民家。”然后打了个电话给蔡老，就是我们原先的系主任，老革命，老同志。蔡老说：“欢迎，欢迎。你们服从需要，从这里到部队工作，现在回来，母校欢迎，欢迎。”我就写了一个书面报告给蔡老，那时候他准备当经济学院院长了，他就批准了，并责成人事处办理。我那个时候转业干部的档案在市安置办，要进入高教系统，就要转入省安置办，我就从市安置办把档案调到省安置办，再拨到暨南大学。办妥后，我就回部队去收拾行李，部队的领导还是想留我，说："你现在改口还来得及。"我说："不要了，我的余热放给地方吧。我回母校工作，我也有亲人在那边。"从 1965 年到部队，在部队 16 年里，我一直都努力工作，真正地严格要求自己，按照党员的标准去做。我一直没解决入党的问题，到1987 年探了个亲回来，组织才把我吸收了。从那以后，我就更严格地要求自己了。

1967 年我家死了一个弟弟，1971 年我爸去世了，我妈身体就不好了，得了类风湿性心脏病。外面宣传中国有很好的医师，于是，1972 年我妈就让我七弟带她回来了。开始在省中医院，后来到中山大学第二附属医院，在中国调理治疗了一年，医生说这个病是很难治好的，不能大喜大悲，太劳累，稍不注意就没了，需要好好调理。调理一年后，我母亲就回老挝了。1972 年她回来的时候，我儿子才七八十天，我从云南部队背着孩子到广州来看她。

我的家庭

我先生是泰国华侨。他的兄弟姐妹都在泰国，有两个哥哥，两个妹妹，其中一个哥哥去世了，连他还有 4 个兄弟姐妹。1981 年，他的哥哥、嫂子、妹妹还过来看望过我们。

我和我先生都是暨南大学的，他是数学系的，我是经济系的，1965 年部队来调的时候，调了我也调了他，后来就认识了。他是 1985 年调回暨南大学的，当时在东南亚研究所工作，研究泰国经济。1989 年 5 月 3 日他被调到泰国了。60 岁退休以后继续留用，旅游局留用他，一直留用到把酒店卖掉，这个酒店是归中国人民银行管的，旅游局没管它。因为他工作关系在江门，所以他在江门退休，挂靠在那边。现在，他经常回来探亲，但工作都在泰国那边。

我们有一个儿子，一个女儿。儿子于 1972 年出生，女儿于 1969 年出生。我儿子在泰国那边，已经入籍了，他说愿意到那边试一试。他的工作很辛苦，开始在酒店做服务员，后来到一家公司打杂，有一个朋友介绍他去一个工厂当司机，后来又从工厂辞职，到一个旅游潜水公司学习潜水，在里面摸爬滚打一年，然后又到一个朋友那里搞幼儿教育。后来，又到我一个泰南的朋友那里打工，过了一段时间又回来了。后来那个朋友又同他一起办了一个语言中心，教小孩学中文，在那边一边教书，一边帮忙跑跑腿，当当联络员，搞搞联络工作。

女儿在广州私立华联学院工作。她是万宝代培的，在万宝工作了几年，她不喜欢那个工作，因为要做生意，她不是做生意的料，没有做销售的能耐，她想搞其他的。我说要搞会计要学几门课程，就让她上暨南大学的会计课程辅导。她修了很多会计课程，后来考取了会计上岗证。考了上岗证之后，就去正大康地畜牧饲料有限公司工作。上岗证满三年后就考了会计师，以后一直在这个单位工作了13 年。后来，公司经济效益不好，就炒掉一部分老员工，她是老员工，说话又太直率，被炒鱿鱼了。那几年，她就看看书，照顾女儿。2008 年我先生回来做手术，我脚走路不方便，就靠她去医院照顾她父亲。到 2009 年，下岗的第四个年头，一个偶然的机会，许老师（华联校长的夫人）介绍她到华联学院上班，于是她去华联学院做会计，直到现在。

我退休后回泰国的次数比较多，2012 年回去了两次，今年（2013 年）回去了一次。

现在，我在国内的姐姐已经过世了。我的家族都分散了，我有一个弟弟和一个妹妹在法国巴黎，一个弟弟在加拿大，一个妹妹嫁到泰国，一个弟弟还在老挝。我们很少团聚。我那时候身体好，每年都去老挝看我的那个弟弟。现在我那个弟弟生活得还可以，是华侨学校的名誉校长，几个孩子都出来了。这个弟弟有一个孩子在浙江大学读了 5 年，然后回老挝了，工作几年后又跑到苏州师范大学进修了一段时间。所以，我们家跟这块热土还是有缘的，他也学了很多中文。我弟弟他们都懂一些中文。在老挝的这个弟弟应该入了老挝国籍，文化上也完全融入老挝了。一直到 1991 年我回去时，他们这些华侨华人都是不能买地的，算是一个政策的区别对待吧，但是现在怎样，我就不清楚了。

1986 年陈玉回泰国探亲途中一家人在香港一家宾馆合影

我七弟于 1975 年从老挝去法国打工，不知道是在汽车制造厂还是修理厂。一个妹妹是从难民营直接去法国的，法国有人担保，开始是搞印刷厂跟制衣厂，现在只搞制衣厂，她跟我妹夫现在在法国有制衣厂，在深圳也有制衣厂，他们经常过来看我。我妹夫的名气还是挺大的，他是法国华侨侨领，早年当过好几届的侨领，在我们中央政协挂得上政协委员的号，多次参加中国国庆观礼。新中国成立五十周年大庆的时候，他问我要不要来参加，我说不要，我腰不好使。他经常来看我，2011 年他还到泰国来看我们，我们经常有往来。

在加拿大的弟弟，是 1980 年由加拿大那边担保过去的，他的孩子现在都入了加拿大国籍。

嫁到泰国的妹妹是我最小的妹妹，跟我刚好差一轮。我回到中国的时候 16 岁，她 4 岁还不到。她只有一个印象，我妈那时候问她："你记得你二姐吗?""记得，她老掐我。"她很娇气，我就经常掐她。她家经济条件很好，人又热心有爱心。我第一次去泰国探亲的时候，我妹夫换了些港币给我，让我到香港买点家电。从来没见过面，他就拿自己的钱换港币给我用。那时，我家还没有"鸿运"电风扇，我买了两个，给姐姐一个，自己一个。

我的弟弟妹妹对我都很尊敬，因为我姐姐过世以后，我就是老大。所以，家庭还是和和睦睦的，没有什么大的矛盾。虽然是有很长一段时间没联络，我从 16 岁到 46 岁这 30 年间没怎么和他们来往，但彼此间都没有什么隔阂。

我们家族往来比较多，我们在泰国也会每年给往生扫墓，泰国很重视这种亲情观，重视扫墓，基本上这个日子亲人有空都会回去，大家高高兴兴地聚上两三天。

我们家这边还是比较传统的，对祖（籍）国这块热土也有认知，清楚自己是中华儿女。我有个妹妹的女婿是老挝人，他被法国巴黎的一个公司派到上海来蹲点，在上海待了三年，看了很多有关中国的书和电视节目。子孙辈就更是了，在法国的妹妹请老师到家里教孩子中文，她说："在学校讲什么我不管，回到家必须讲普通话、潮州话。"最小的那个妹妹会讲一些潮州话，也懂中文，但不多。相对来讲，泰国同化的程度高一些，因为我妹妹、妹夫是潮州人，我小妹夫也是潮州人。我法国那个弟弟的小孩因为请的是泰佣，会讲一点泰语，但是基本上是讲法语。我先生的侄女们也很喜欢中文，她们年纪相差不大，他的大侄女比我们小了 7 岁半，她有一个儿子很热衷于学中文，中文讲得很不错，退休了还在学，他经常到中国来玩，上海、北京、九寨沟、长江三峡、承德避暑山庄都去过，还传一些照片给我看。

我们家族成员都喜欢回国内旅游。我大伯的那些孩子常常回国内来，他的大侄女在上海世博会期间回来，去过国内很多地方，对祖（籍）国的山山水水都很喜欢，他们家经济基础比较好。我小妹夫到中国来碰了一次壁，他到厦门玩的时候问路，人家态度不是很好，所以降低了他对中国的好感度。我大妹夫是 16 岁才出去的，1941 年生，1957 年出国，有中国情结，他的姐姐妹妹都在国内。

1991 年陈玉夫妇携子女探望留在老挝的最小的弟弟，在老挝一寺庙前留影，左一为弟弟

我回老挝时，那里都剩下老的，现在还有小的，他曲市真正的华裔青年不多，1978 年以后走了很多。越南人进来后，霸占华侨华人的财产和房子，华侨华人耐不住就走了，所以越南很对不住我们。留下的老人，他们有些儿女都走了，个别不是很有本事的，没有很好的经济基础，就继续留在这里发展，如果去发达的国家，一切从零开始，还要学习，文化程度不高的话，重新学习是很难的。像我妹夫他们后来要考法文才能入法国国籍的，已经 40 多岁了没有精力去学了，想入它的国籍不容易啊，我都没问他到底考了多少年。我妹妹也看了很多中文书，她的中文基础是很不错的。

四川雅安地震时，他们到底有没有捐款，我不太清楚。这事在香港弄得沸沸扬扬，我们红十字会没处理好这些钱，造成很多疑惑。我二弟的儿媳妇说，我们也想捐，但是不知道那些东西有没有发到受灾人手上。到底捐不捐，犹犹豫豫，也是有怀疑的。我呢，跟谁都讲，不要说人家怎么样，自己做了，付出了一片爱心，收了一份恩泽，将来是有福报的。

对侨务政策的感受

我们那个时候归侨很受照顾，每个寒暑假都有组织归侨活动，各种娱乐活动很多。但是我家境不好，没去哪里旅游，就留着钱当伙食费。

现在的侨务政策我不知道，因为这十几年所有的文章文件我都没看到。先前的侨务政策，我觉得做得很不错，特别是在我那个时代。60 年代，“文化大革命”以前，我觉得对我们归侨做得很好，孩子在这里父母很安心、很放心，有老师照顾，有同学帮助，有国家关心关怀。后来，“文化大革命”划分了太多等级、太多成分，整个社会人与人之间真情的东西减少了很多，现在慢慢再找回来很难。但是，我自从踏上这片热土，到今年（2013 年）73 岁，我可以拍着胸膛说，我始终如一地做着我能做的，我爱这里的父老乡亲，真爱这片国土。我也希望我们的国家各种监督机制能跟上，每个人做好自己，带动一批。

现在侨务政策的总体方针是“一视同仁，不得歧视，根据特点，适当照顾”，这应该是可以的，现在很多人都能发挥自己的聪明才智。

越南排华时，越南华侨要么回到中国的农场，要么就是偷偷渡船到香港或内地或其他地方。到华侨农场的，后来政策宽容，慢慢走了，也情有可原，可以理解，人都希望走平平坦坦的路，不希望受人家歧视。我们曾经也被穿过“小鞋”，1981 年以前，我们可以提干，是几级几级干部，那时科级、处级还没有，同样干了很多年，上课的效果也不错，然后我们领导跟我讲，你先生入党了，又被提为副处级，你就不可能被提为副处级，你只能提为正科级，就是只能提到营职，不能提到副团职。我说，人家没上课，一直罢课，不给学生上课，人家是副团，我为什么却是正营？我个性很直爽，就直接讲，我是连长的妈，我 42 岁了，朝鲜战争的时候很多连长才 20 出头。然后，人家（情报部的部长）都笑我是连长的妈，很出名。我是被冲洗过的，最后我悟出来，我要做一个真正的人，真正的中国人，真正的海外归侨。

2013 年 5 月 31 日，暨南大学国际关系学院/华侨华人研究院 2012 级硕士研究生王趸兴、田丹丹采访老挝归侨陈玉老师

池瑞腾[①]

在印尼

我的老家在广东梅县城北明阳乡寨下村。我父亲1909年在梅县出生，家里比较贫苦，所以他读到小学四年级就没有读书了。我的堂伯父先出国，到印尼了。1930年堂伯父叫朋友带我父亲出去，也是到印尼。因为要还清出国前的路费，我父亲就在堂伯父的店里打工。1934年父亲回国探亲，探望我的祖父祖母，随后在国内结婚。1935年，父亲又出国了。1936年由水客带我母亲出洋，跟父亲团聚。自此以后，父亲就不在堂伯父店里做工了，他另立门户，开了一个小杂货店。小杂货店开在印尼一个叫Bengka（朋加）的地方，这个地方在一个小山区里，整个地区除了我们一家华人外，还有另一家华人，其他的都是印尼的原住民。我父母亲店里面卖的就是柴米油盐和饮料之类。

印尼人种玉米，还有椰子和豆类，所以我爸爸也顺便收购他们的土产，玉米、椰子干之类，他们把椰子晒干后我们就收购。中国人说实话是比较勤劳的，我父母为人厚道，所以当地居民对我们也非常好，我父母对他们也挺好的。打个比方说，谁家有红白喜事我父母亲都会有所表示，红事的话给他们一点“小意思”，白事的话一般是给他们送一块大白布。由于我们家深得原住民的信任和帮衬，再加上父母也比较勤劳，因此，我们家的生意就比另一家华人商店要好很多，得以养活我们一家九口。我们有七个兄弟姐妹，非常不容易。1960年受印尼总统十号法令限制而关店，当地人还愤愤不平地叫我们别理会此令，但我们不敢违令。母亲只得接印尼人的衣服缝缝补补以渡难关。但没多久，我们家的小店复业了，主要原因是农村地区的华商不在此十号法令内。

我是1941年1月出生的，出生时叫池芳云，因小时候体弱多病，按旧时迷信做法，过继给堂伯父（但仍与父母同住），改为现在之名。我们住在山区，山区附近没有华文学校，那时候连他们本地人的学校都是少之又少的。

---

① 蒙晓云、姜瑞民、王看（暨南大学国际关系学院/华侨华人研究院2013级硕士研究生）于2013年12月6日在暨南花园采访池瑞腾老师。

在印尼全家合影，后排右一是池瑞腾

1949 年，我 8 岁多了，才到离家 23 公里的县城外南梦（Banjuwangi）读书，那时候叫幼稚园，也就是现在的幼儿园。9 岁才开始读小学一年级。我跟弟弟一起读了 8 年。

在印尼全家合影，后排右一是池瑞腾

我们家住在乡下，离县城有 23 公里，我爸爸就把我寄放在亲戚家里。两个月以后，父亲来到县城，跟一个老乡合租了一个屋子。那时候的屋子不像现在的高楼大厦，是一间三房两厅的屋子，我们两家人住。每家各雇一个保姆，带自己的小孩。读书前，父亲每晚关店后必在煤油灯下教我们识字，一开始教的是“天下为公”“人之初，性本善”等。我是在山区长大的，知道父母的辛苦，所以我读书是比较用功的。我在小学连续跳级两次，用四年的时间读完了小学。1954 年小学毕业后留在原校——中华中小学读初中。升读初中后，学校经常进行一些时事测验或是比赛之类的活动。

印尼外南梦中文学校——中华中小学

我在国外生活的时候，父亲与家乡有书信联系，国内的叔叔、姑姑也经常写信给我们，告诉我们新中国成立之后人民生活水平提高了，鼓励我们中学毕业以后回国。当时有两种思想，不是亲台就是亲共。叔叔姑姑们的来信在我们脑海里灌输了比较进步的思想。所以，家里订的报纸，开始是亲台湾的《天声日报》，后来就改成了《中国建设》等三种报刊，我只记得《中国建设》，另外两种我就不记得了。

在学校里，我也不记得什么时候换掉了青天白日旗，改挂了五星红旗。那时候父母在山区做生意开小店很忙，在县城里有落脚点以后，就把弟弟妹妹也带到县城来了。四五岁小孩离开父母都是哭哭闹闹的，所以有时候我上课也要带着妹妹去听课，小地方这样做是可以的。

1957 年，我初中毕业以后，由于我们这个地方没有高中部，我报考了离家 400 多公里的中华中学，在泗水，东爪哇的省会，我在外住宿。我们的校长，在 1959 年还赴北京天安门观礼。他回来以后，就在校会上跟我们讲国内的所见所闻，他说在以毛泽东为核心的中国共产党领导下，中国人民推翻了三座大山，翻身做了主人，建立了民主的新中国等等，鼓励我们毕业以后回祖国深造，为祖国的社会主义建设贡献自己的力量。在校歌“为了追求光明，我们曾不断地斗争……爱祖国，爱人民……认清目标向前进”的感召下，我们慷慨激昂，纷纷响应号召。

我们班 90% 的同学都回国了，他们大部分是高中毕业后回来的。我呢，因为家在农村，读了两个月的高三，就要回家了，做回国前的准备工作，要跟父母亲谈谈。在这段时间里我边准备边等，还学了一点裁缝，学了一点糕点的制作方法，那时候也是很担心回国以后没有书读，没有事情可做，就想学一个技能谋生。当时，印尼开始排华了，大家的心情忐忑不安，更坚定了我回国的决心。

1960 年回国前与全班同学合影留念（第三排右三为池瑞腾）

回中国

1960 年 4 月 1 日，我带着我 13 岁的妹妹，同我们那个小地方的十多个同学一起乘坐“大宝安”轮船回国（当时有些是免费的）。要离别自己的父母了，心里是很难过的，不知道什么时候才能再见面了，所以大家都是满含着泪说，再见了，亲爱的爸爸妈妈，不要难过不要悲伤，祝我们一路平安吧。我们登上轮船，告别了养育我们的恩重如山的父母亲，离开了千岛之国——印度尼西亚。我们在船上待了10天时间，船只颠簸得厉害，我们晕船，连黄疸水都吐出来了，因为风浪很大。终于在4月10日到了广州黄埔港。

船到港口后，有老师来接我们，把我们带到公交车上，然后带到华侨补习学校。当时的广州市华侨补习学校，就在现在暨南大学羊城苑一带，我们就在那里安顿下来。住了10天左右，就开始分配。全家回来的就跟父母落户到华侨农场。我们很幸运，碰巧我们这十几个人都是同一个地方回来的，就分配到环境优美又临海的福建厦门集美华侨补校。本来我在海外念了两个月的高三，但当时这个集美补校没有高三，我就重读高二了。

1960年5月集美华侨补校学生合影留念（前排右三为池瑞腾）

那时候，刚好解放军炮轰金门岛，为了安全起见，按照上级指示，学校把我们转移到了农村。我也第一次尝到了番薯粥的滋味，以前在海外没有吃过这些。一个星期的时间，使我亲身体会到农民老乡生活的不易。到8月份，我们重新分配，一同回来的有的分在福建省，有的分在湖北省和其他地方，而我跟妹妹还有一个表妹又分配回广州在第十八中学读书。第十八中学在广州东圃镇，我们的宿舍在车陂的一间破庙里，那个时候还是比较艰苦的，四五十人住在一间大的房子里，当时东圃还属于农村。除了语文老师以外，其他老师上课都是讲广东话，我们刚回来，听不懂，就只能硬着头皮半懂半猜了。而且，那时候也是困难时期，

池瑞腾（左一）与妹妹在第十八中学宿舍前

吃的都是没油水的，用开水烫一下捞上来就这么吃，还有那个香蕉根，把它磨成粉，当作粮食来充饥，吃的那个馒头，硬得像石头。

我那个时候就想，为什么我那些叔叔、姑姑写信给我们时会说生活多么的好？为什么校长在大会上也说得那么好？那时候我就想不通为什么会是这个样子，感觉回来的情况跟他们说的不一样，有点想不通。但是，回来既然是自己选择的，也只得认命了。因为在印尼我学的是印尼文及英文，而十八中外语学的是俄文，当时离高考只剩一年时间了，没有办法，我只好选择免学外语。所以高考的时候，我就免修免考外语。我自己报考的是化工专业，读化工，结果因为身体条件（主要是我高度近视），不让我报考化工专业，让我改报考数学或语文。说实话，这两门我是不感兴趣的，可是没办法，考就考吧。成绩肯定不是很理想，怎么办？还好暨南大学的预科部把我录取了，分配到侨三班，在这里学习了一年以后，1962 年又一次参加高考，我就报考了外语系。因为高度近视，外语系当时不录取我，就把我转到经济系的会计专业。

当时暨南大学经济系在现在的中山大学附属第三医院这个地方，我对这个专业是不感兴趣的，所以上了两个星期的课后我又写报告申请转系，外语系的领导就叫我到中山大学附属第二医院眼科去检查，看看医生们的意见怎么样，我适不适合学习外语。权威教授检查后，给我出了一个证明，说我这个高度近视完成五年的学业是不成问题的，但是不能参加剧烈的运动，比如说跑步，重的体力劳动也是能避免就避免。就这样，我拿着这个证明到外语系，又经过外语系的那些教授复试，还有口试、面试，最后我终于如愿转到外语系。在外语系五年，我学习基本上还是比较刻苦的，我在系里还担任很多职务，当过生活委员、班长、团组织委员，还有系里边的治保小组长，工作认真负责。晚上 9 点多钟，宿舍就要熄灯了，就只好站在明湖边的路灯下复习功课，以弥补白天因工作被占去的那些时间。在大学，我还参加了明湖植树劳动，每个月必有一次到现在的天河公园去植树。那时候，我们也提倡学雷锋做好事，一个月有一个晚上跟团委去给每家每户清理便盆，每次回来浑身都是臭味。现在就不用这样子了，都这样过来了。

1966 年 10 月在广东云浮县腰古公社与贫下中农一起上山砍柴担柴，后排左三是池瑞腾

我也积极投入“四清”运动，与贫下中农过“三同”生活，与社员一起上山砍柴担柴。

我思想上也是积极向上的，主动申请入党。当时因为我的堂侄女去了台湾，所以政审就很难过关，经过考验再考验，在临毕业的时候总算填了表，但是刚好“文化大革命”开始，入党的事情也就搁置了。

1967 年 7 月我大学毕业，因为“文化大革命”，到 1968 年 8 月份才分配，等了一年零一个月。分到哪里呢？当时就是响应毛主席的号召，根据指示，很多大学生都上山下乡，我们被安排到了牛田洋军垦农场，接受再教育，当时班里就我一个女生，其他的都是男生，共有 9 人。其余同学被分配到其他地方去了。牛田洋分为东牛田洋和西牛田洋，我们被分配到东牛田洋，我被分到潮阳的 0594 部队女子学九连，营房在山坡上面。

我们到了牛田洋以后，根据牛田洋的领导介绍，我们所见到的万顷良田三十多年前是一片汪洋大海，1962 年上级领导派了一万多名解放军战士填海造田，这些解放军也是很苦的，他们只用了 10 天的时间就把海洋变成了陆地，建起了牛田洋生产基地。1968 年，基地迎来了两千多名来自全国各地的大学生。我们一到，就穿起军装跟解放军一样生活了。当时拿着《毛主席语录》早请示，晚汇报。早请示以后才能够去吃早餐，晚汇报后还得开展一对红的谈心活动。还要站岗放哨，下河捞泥，加固大堤，还有拉犁、播种育苗、插秧。地是围海建起的，很松，插秧时脚踩下去都到腰深，水深得很，每迈一步都很辛苦，于是我们干脆蹚水过去。我是组长，一边劳动一边还要带领组员唱语录歌，或者领组员向别组拉歌，制造田间气氛，以忘却疲劳，中间休息时手捧“红宝书”与队员们跳忠字舞。中午就由炊事班将饭菜挑到田头吃，稍休息一下又下田了。晚上还得站岗放哨。按周总理办公室指示，连队要保证下放锻炼的学外语的大学生每天有一个小时的时间复习专业，所以每天晚上我们还得收听中央台的外语广播。田头劳累了一天，眼睛都睁不开了，哪还有精力学习，唯有应付了事。说实话，每天早上下田时，很多人（包括我在内）都是边走边打瞌睡，睁不开眼。

1970 年在牛田洋夏收（右一为池瑞腾）

1969 年 7 月 27 日，田头的广播发出紧急警报：太平洋第三号台风将在 28 日登陆汕头，叫我们做好准备。到了 28 日上午就开始刮风了，一股超过 12 级的强台风，以每秒 53 米的速度（据气象部门界定，12 级台风的风速是每秒 32 米）在汕头地区登陆。当天恰逢农历十五大潮，强台风借助雨势掀起了一阵阵巨浪，不难想象那种场面是何等惊天动地。有一艘万吨外国轮船的链条都被风吹断了，船被抛上了山坡。当时情况非常危急，我们那个时候还要学习《毛主席语录》，就坐在营房里面等候上级的命令，前沿地区的情况比我们更危急。一下子，海水冲过营房。所以，没有等到师部的命令，有些人就手里拿一本《毛主席语录》冲了出去，用自己的身体堵住那个缺口。尽管战士及大学生们用自己的血肉之躯挡海潮，牛田洋大堤还是有 62 处被冲垮，缺口长达 60 多米，所以海水一下子就淹了过来，水深 3 ~5 米，2 万多亩土地和生产设备全被海水淹没。

我们的连队在山坡上面，情况好一些。海水没有冲到山坡上，只在马路边。但是我们的营房也是摇呀摇的，很危险，大家心里很害怕，但是还是要等命令才敢动。我们的队长走过来，看到明显不行了，让我们赶快撤出来。我们说，没有连长的命令，大家都不敢动。队长就把连长找来了，连长一看，马上发出撤退的命令。大家这才挂着内装语录本的背包、水壶，身披一件雨衣，冲出了营房。

我们冲出来没几秒，营房就倒了，真是很危险。要不然不是死了，就是残废了。而连长却被风刮到七八米远的地方摔断了腿。冲出营房后，我们3~5个人一组，手拉着手艰难地移动着脚步撤向后山；风一刮过来，就马上卧倒，不管地上有什么东西都要马上卧倒。在山上望着公路上一片汪洋大海，胆战心惊地过了一个不眠之夜。台风过后，海面上漂浮着被水泡得发胀的尸体，场面惨不忍睹。第二天早上，我们每人找一根竹竿或者一根树枝到路边，因为海水还没完全退嘛，去找我们段文波副营长的尸体。在这场台风中有500多名官兵和大学生死亡，大学生有83人，其中有9个是暨南大学下去锻炼的大学生。我们一边找尸体，一边把被雨水打湿了的那些背的东西拿到河里面去清洗。后来我也忘了我们副营长的尸体是怎样找到的。其他连队的东西几乎都被冲掉了，一点都没有了。我们是在山坡上面，油、盐、米那些虽然被水打湿了，但是没被水冲走，于是发扬一方有难八方支援的精神，把米分发给其他连队。

过了一段时间以后，又休整了，把我们转到汕头，步行去的，但有一辆军车跟随，以备需要。因连日吃稀饭体力不支，有些队员走不动了，我也晕倒了，只好坐上军车，此时军车派上用场了。到了汕头后，我们边进行军事操练边学习，也是非常辛苦的。特别是军事操练的时候，有时你正在冲凉，身上的肥皂还没有冲洗，听到营部里面发出警报，就得马上穿上衣服，打背包就走。经常都是在傍晚走田间小路，摔倒是很正常的事，有次我的眼镜都掉下去了，摸着捡回来的。

在女子连营房前（左一是池瑞腾）

集训完毕，重回潮阳，我们在潮阳县又开始过战天斗地的生活了，修海堤、恢复生产；我们还受到国家领导人的表彰，“北有珍宝岛，南有牛田洋”。属于广东省分配的大学生，他们一年就结束了锻炼，开始分配工作了。我们呢？有些人是属于国务院侨办的，有些人是属于外交部的，还没分配，还要继续锻炼。在部队，我学会了担谷、代牛拉犁，那时候我挑130斤粪肥走山坡路一小时不用休息。虽苦，但学到了书本上永远都学不到的知识，也体验到了劳动无穷的魅力。

锻炼了两年零五个月，至1971年1月我们才结束锻炼生活。后来我们被分配到广州，军车将我们带到广州，就在现在的中山二路，烈士陵园附近那个部队大院里面，又是重新学习。学习完后又要重新分配了，北京外交部和中联部的同学本来就有单位了，于是就直接回北京。我们则等学习以后再分配。那个时候，我很高兴地拿着有外交部盖的大红印章报到证去省里报到，省里又叫我到教育厅报到，教育厅把我分到了海珠区九十七中学，就在这里开始了我的教师生涯。

在烈士墓前留影，右图中左二是池瑞腾

因为“文化大革命”还没有完全结束，学生受“学习无用论”的影响深，都不学习，尤其是英语。学生无心学习，作为老师，我站在讲台上有时候心里真是无比苦涩。有些学生，一个学期了，连26个字母都分不清，当时我真是很烦躁，但是又不知道怎么办才好，我想辞职转行，但我丈夫当时不太同意。幸好1977年恢复高考以后，学风好了，大家都愿意学习，那个时候才觉得有点盼头了。我这个人就是这样，要么不干，干的话就要努力把它干好。于是我认真抓学生的早读，利用中午时间给学习差的学生补课。后来我当了英语科的科组长，所以要和老师们一起备课，因为当时那个条件，有80%的老师是高中毕业的，备课的话，就是要给老师们讲解课文的难点、重点，等于就是给老师们上课。

我在中学干了11年。因为暨南大学复办了，我爱人也调回来了，我们在暨南大学有了一个家。每天早上跑到海珠区去上班，那个时候交通很不方便，早上5点多钟我就得出门，坐22路车，到广卫路转14路车到新港，走10多分钟才能到我们学校。所以，我也要求调动，一开始也是不让我调动，我“抗争”了三年多才把我放走。原先我要求调到暨南大学附中，后来暨南大学把我分到预科部，来到这边也是继续当教研室主任。那时候我主要是教港澳生班。1989 年，暨南大学预科部领导问我，能不能兼当班主任呢？我是从来没有当过班主任的。我说："我试试看吧，没有当过，不知道行不行呐。"于是我就当了港澳生班的班主任。那个时候受政治影响，师生思想都有点混乱，特别是学生们，很多学生都走了，离开了学校。我们预科部也有几个班的学生都走光了，但我这个班还有 90% 的学生在，为什么呢？因为我经常利用晚上的时间跑到学生宿舍跟学生聊天，跟他们讲解形势，所以基本上能保证上课。但是到了后来，不知道哪里来的谣言，就说沙河部队要派解放军来镇压学生，所以人心惶惶，学生很害怕。我就每天晚上跑到学生宿舍，一直跟学生在一起，待到晚上一点半才回家，就跟学生聊天。第二天，我们班的班长来跟我说："老师，我带领我们班的学生回香港，您放心吧。"我就去跟领导汇报了，领导也默认了。第二天他们走的时候，班长领着学生整齐地排队。我那时候住在苏州苑，可以看到篮球场，经过我家窗口时他们就拼命喊："池老师，再见了！放心吧，您也要保重。"当时我心里很感动，学生们还是这么信任我。有一部分学生回了香港、澳门，形势稳定后他们又回来参加结业考试，直升本科，学外语、中文、经济等专业。大学毕业后，他们回港澳工作，有的同学假期来广州也会顺便过来看我。

我除了教预科班以外，还兼任大专跟本科的课，反正几十年的教学生涯怎么说也是受到学生的欢迎吧。1993 年，暨南大学预科部调到华文学院去了，我也就跟着去了华文学院。1996 年我就退休了，退休以后还继续兼课，发挥余热，一直到 2006 年，我才正式退下来。

反正这些年来，从回国到现在，我一直是平平淡淡的。我性格比较静，申请入团的时候，团支部给我的鉴定，说我政治理论水平比较低，不能大胆工作，工作缺乏主见等，会默默地工作，任劳任怨，但对抛头露面的工作一般就束手束脚了。确实是这样子，所以我一般也只是默默地干，用行动来说话。如在外语系做学生时，社会工作有时占了我白天的时间，所以晚上经常站在明湖边的路灯下复习，有时候半夜刮风下雨，我马上从床上跳起，跑到教学楼去看我们班的课室有没有关好门窗。可能这些事情，同学们都看到了，老师们也看到了，所以在大学五年期间，我被评为"五好团员""学习毛主席著作积极分子"等；在连队两年也是"五好学员"；在中学的 11 年中，多次在市委礼堂接受教育局局长颁发的"先进教师"证书、立功受奖证书等；到了暨南大学，也多次获得省高教系统颁发的"优秀教师""先进工作者"及"优秀班主任"奖，1994 年还获得国务院侨办颁发的"先进教师"奖等。我也衷心感谢组织、老师们及同学们对我的肯定。暨南大学侨联成立 30 周年的时候，也给我颁发了"贡献奖"，算是对我的鼓励吧。我在这里也要感谢我的父母亲，感谢他们对我的教育。因为我是在农村长大的，从小过得比较朴素，没有大鱼大肉，所以回来以后，虽然生活艰苦，我也很坦然，不会闹情绪。

1967 年，印尼政府大排华，华文学校都被关闭了，中国人不能讲华语，国内又刚好在闹“文化大革命”。在“文化大革命”的浪潮中，我爸爸妈妈又把我一个弟弟和一个妹妹送回国了。我 90 年代回印尼探亲时，很多人都说：“哎呀，你们池家的人啊，最笨的就是你爸爸，明明知道中国当时很艰苦，还要把这些孩子送到火坑里面去吃苦。”但是我觉得我父母亲不是笨，他们是很明智的，要不就没有我们的今天了。我也衷心感谢祖国，是祖国给了我们这些海外归侨安全的归属感。没有强大的祖国做后盾，就没有海外华人扬眉吐气的今天。最大的遗憾是父母病时，我未能在床前尽孝心，唯有在大洋彼岸恳请他们原谅不孝的女儿。

我一生都很平淡，不像其他人干得出色，值得大家学习。我也不会写，我觉得刚才讲的话，理论水平很低。我教学这几年，特别是来到暨南大学以后，部里面的领导也找我谈过，让我申请副高，我也曾经试过写论文，但是看来看去，都觉得不是很像样子，只有过程，没有深入分析。我也没有认真提高自己在这方面的能力，所以就没有提出申请。当时有老师跟我说很可惜，因为预科部能兼上大学课的只有我一个。我说，没有办法，是自己不争气，只得认命。那个入党的问题，刚才我讲了，在大学就因为政审问题没通过，到连队锻炼的时候，领导也跟我谈过，但是当时也没有对这些的要求，所以就没有再申请。

我的家人

我爱人叫陈骈隆，广东省海丰县人，原来在福建当兵，转业到暨南大学保卫处工作。因为我是归侨，他也受牵连了，1969 年从暨南大学调到工厂当了 10 年的工人。

我做老师问心无愧，是一个合格的老师，但是，对小孩，我确实亏欠太多了。我只有一个女儿，但平时都没有多少时间去关心她的学习。值得我欣慰的是，虽然女儿才大专水平，但工作能力强，事业有成，她在外企工作，是老板的得力助手，同事们也非常信任她，所以这个是对我最大的安慰。她在广州工作，每个星期五她一家三口就会回来陪我们，平时就我和我丈夫两人。

当年印尼政府排华的时候，父母本来考虑一起回来的，当时甚至连东西都打包好了，但是外南梦中华会馆鼓励我们年轻的回来，号召还能够在当地生存的华侨尽量不要回来，年纪大的还能够在那边生存的长辈就不回来。当时很多人仍选择了一家回来，但是我父母没回来，留在当地生活。1979 年，我的父母回来过。1986 年母亲过世。1987 年 9 月，父亲与堂叔又回来过一次，是回来探亲的，待了几天就又回去了。

1979 年 9 月父母回国探亲时合影留念（前排左二为池瑞腾母亲，中间女孩是池瑞腾女儿，右二为池瑞腾父亲；后排右一是池瑞腾爱人，右二是池瑞腾）

1987 年父亲与堂叔回国探亲时合影留念（中间是池瑞腾父亲，左一是池瑞腾）

从印尼寄回中国的信件上的邮票

1967 年，我父母又把两个小孩送回来了，还有三个在外面，有一个妹妹前几年去世了。弟弟曾回来看病，后来在广州过世了。另外，我的侄儿，就是我在广州去世的弟弟的儿子，因为 1967 年华文学校被封闭以后没有中文读，1993 年他来暨南大学华文学院学中文。他学习勤奋，学了一年的中文，就考上暨南大学中医专业本科。本科毕业后，被保送读研究生。他现在国内，因为他想到他的父母也不在了，他就到上海工作了。

也有很多人问我出不出去，我说我不出去，我好好地在这里，倒是没有一点想法要出去。我大学同班的好几个同学都去了香港，有时候他们会回来，有时候我去香港，都会见一见他们，他们就觉得，我怎么没有出去，劝我出去。但我非常热爱我的专业，我就没有一点想出去的念头。我妹妹 1967 年回来的，他们后来为什么出去呢？你们可能不知道原因，反正两地分居的夫妻要想在一起，去派出所申请要求调动在一起，派出所有关人员会这样回答：你这样子倒还不如申请出去好一点。所以在这种情况下，很多人都出去了，我妹妹就去香港了，她的两个小孩现在很有出息，一个是香港中文大学毕业的，一个是香港科技大学毕业的，工作都很不错。

我觉得，我们国家的侨务政策在二十世纪六七十年代是很不错的，但是到后来，掺杂了一些个人利益和偏见在里头。不过这两三年，好像又有所改变了，好了很多。

七八十年代，那时候我正在中学教书，恢复高考以后，学生是很刻苦很努力学习的，跟我一开始去的时候完全不一样。学习风气好，各方面也都很好。所以，我教的这些班，连续几年高考，英语成绩都比较好，因此我在中学也有几次获得奖励。跟我们做学生的时候相比，现在的学风差别是特别大的，现在的很多学生，给我的感觉都是玩游戏、玩电脑，考上大学就好像是解脱了。所以，我也会经常教育学生（包括我侄儿）：“要努力学习，不要在大学里虚度年华，要对得起你们的父母，更要对得起国家对你们的培养。”

池瑞腾与采访者蒙晓云合影

戴伟华[1]

全家福，摄于 1956 年戴伟华（后排左一）回国前

让我首先从这张老照片谈起吧。这张全家福摄于 1956 年，我回国前夕。后排左一是我本人。前排右三是我父亲戴淑庆，原名关禄，1913 年出生于广东蕉岭县三圳圩，兄弟四人，他排行第二。很巧，我们这一代也是兄弟四人，我排行第二。再者我父亲随祖父下南洋时，时年 16 岁，我与同窗好友结伴回国求学也是 16 岁，真是“无巧不成书”。高小毕业后，我父亲即南下谋生，跟随祖父到了印尼的坤甸埠。不久，我祖父因水土不服得了一场重病，病愈后，听友人说，吃高丽参可以补身体，更快恢复元气，没想到他虚不受补，结果适得其反，不久便病死异乡。当时我父亲才 18 岁多，无依无靠，只好随亲友返回老家，在蕉岭县当学徒，做裁缝。

1934 年，我父亲 20 来岁时，听说马来亚容易赚钱，便第二次下南洋。最初

---

① 尹昱、柴丽芳（暨南大学国际关系学院/华侨华人研究院 2013 级硕士研究生）、方欢（暨南大学管理学院 2011 级本科生）于 2013 年 11 月采访戴伟华老师，并整理录音。戴老师对访谈稿进行了较大修改，并由关乐怡（暨南大学国际关系学院/华侨华人研究院 2015 级硕士研究生）录入电脑。

在马来亚柔佛州柔佛市古来镇创设“爱友洋服店”。但好景不长，1942 年，日军南进占领马来亚，洋服店被迫关门。在这期间，父亲参加了马共领导的工作。1943 年，家里除了我和哥哥外，又增添了一个小妹妹。那时我哥哥 5 岁，我 3 岁。当我开始记事起，我就依稀记得我们成天生活在人心惶惶的氛围里。每当远处天空传来飞机的轰鸣声时，左邻右舍的大人们就高声喊：“快！快！快去 Biang 山芭!”（客家话：“快躲到山里去!”）我母亲便立马背着我，牵着我哥哥往离家有两公里路的树林子里跑。有时甚至急得连睡在摇篮里的小妹妹都来不及抱走，任由她哇哇大哭，直到日本军队的飞机离开了才敢回家，小妹妹往往已经哭累得睡着了。据母亲后来回忆说，那时候的日子真难熬，主要是日本军队的飞机三天两头来骚扰我们，粮食缺乏，又要养活我们三兄妹，常常是靠吃番薯过日子。有时父亲会捎回一点大米，我们两兄弟就很高兴，因为很难得有大米饭吃。我们两个男孩子正长身体，饭量大，争着吃，小妹妹常常吃不上，只好吃番薯了。后来我妈妈说小妹妹是“番薯妹”，靠吃番薯长大的，她后来身体一直很瘦小，是营养不良的缘故。

这样的日子一直持续到 1945 年日本投降。然而，人民的生活并不因日本投降了而有明显改善。当时老百姓中流传着这样的顺口溜：“鬼子来了，猴子逃（猴子指英国人，当地的福建人把英国人称为‘红毛猴’）；鬼子走了，猴子笑。”当时马来亚的政治形势正好可以用“山中无老虎，猴子称霸王”来形容。1948 年，英马政府颁布“紧急法令”，大肆抓捕抗日分子。我父亲只得只身逃离马来亚，逃到新加坡，改了名（淑庆）。先是在新加坡芽茏律的一间洋服店替人打工，经过几年的努力，积攒了一些本钱，便在芽茏士乃自己开设洋服店“庆兴洋服”，后又在芽茏路三十九条街创立“庆良洋服”。家父为人豪爽、正直，热心社会公益，义举仁风从不后人。他交友甚广，为人厚道，做事负责认真。他在新加坡从商直到 85 岁那年才落叶归根，回乡养老，曾任新加坡洋服商会主席 12 年之久，同时兼任梅蕉平同乡会总务、应和会馆董事等职。

2012 年，家父因病逝世，享年 100 岁。家母去世较早，早在 1983 年，因患糖尿病多年，并发脑溢血送治无效而与世长辞。

我有一个哥哥，两个妹妹，两个弟弟，幸福的八口之家。

1956 年，我 16 岁，因参加新加坡进步学生运动而被校方开除，不能继续在新加坡求学，于是回国继续学业。和我一起回来的还有其他三位同窗好友，他们也都是因参加“学运”被校方开除后回国的。

这张是当年我们回国前夕的合影，后排右一站立着的是我。前排右一是当时新加坡中学生联合会的领导人之一，也是我们就读的育英中学学运领袖之一王宏汉先生。他 1966 年毕业于北京政法学院，现在是北京市海淀区侨联会主席。当

1956 年结伴回国时留影，后排右一为戴伟华

年我们几个就是跟着他闹学潮的。

20 世纪 50 年代，新加坡有不少非常进步的华文学校，比如华侨中学、中正中学、南洋女中、南侨女中，还有就是我就读的育英中学。育英中学校园不大，师生人数不多，但是很进步。不少师生因参加马共的秘密活动而被驱逐出境，遣返中国。

50 年代中期，新加坡工人罢工运动掀起浪潮，华文学校进步学生的罢课集会活动层出不穷，轰轰烈烈，汹涌澎湃。1945 年，日本投降后，英国殖民统治者重返新加坡，实行殖民统治。1952 年，英殖民政府颁布“国民服役法令”，规定凡 18 岁至 55 岁的男性公民都必须应召参加武装部队、警察部队或者民防部队。这一法令遭到新加坡华文学校学生的强烈反对，学生们拒绝去当殖民政府的炮灰，高呼“华人不打华人”的口号。1954 年 5 月 13 日，大批华校学生为反对实施“国民服役法令”，举行游行请愿。总督拒绝接见学生领袖，警方以触犯 1948 年政府颁布的“紧急法令”为由，出动镇暴警察部队，强行用警棍和催泪弹、水龙头驱散游行示威学生，结果发生学警冲突，事件中有 26 名学生受伤，48 名学生被捕，这就是轰动新加坡的“五一三”学警冲突事件。

1956 年的育英中学

1955 年 10 月间，为了反对新加坡教育当局压制华文教育、限制华文教育的发展，捍卫新加坡华文教育的生存权、

发展权，全新加坡中学联合会组织发起华文学校，包括华侨中学、中正中学、育英中学、南侨女子中学等学生罢课集会。开始时，我们是在育英中学校园里集会，开展进步学习活动，后来因为参加活动的学生越来越少，就决定转移到中正中学校园里继续罢课。我们在那里开展社会公益活动，如为筹办新加坡第一所华文大学——南洋大学进行义卖、义演活动，我们冒着酷热天气，在新加坡大街小巷奔走筹款。当时新、马两地的华人，从三轮车夫、出租车司机到小商小贩，从一般的小职员到银行家、大企业家，都为了建设一所华文高等学府慷慨解囊。当时新加坡只有一所可供高中毕业生继续深造的高等学校，即新加坡国立大学，而且教学媒介是英语。绝大多数华文学校的毕业生英文程度都很低，当时根本不可能考上这所大学，因此筹办一所可供华校毕业生就读的用华语教学的大学迫在眉睫。

华中、中正等校的学生罢课集会持续了大约一个月之久。到了10月26日，突然接到新加坡军警当局的命令，要求集会学生在规定时间内撤离学校，否则当局将采取行动。我记得到了上午10点左右，一大批军警手持警棍，冲进了校园，他们见人就打，我也挨了不少警棍，还好没有被打中要害部位。后来，我们冲到操场，手拉着手与警察周旋、冲撞。军警见我们坚持不散，便开始施放催泪瓦斯。我当时感到全身发麻，眼泪直流，眼前一片黑暗，什么也看不见，这时候大家再也没法对抗了，只好分头逃离。在逃离中我不小心掉进了中正中学的湖里，还好我会游泳，拼命挣扎着上了岸，跑到了教工宿舍的洗澡间，用水冲洗全身和眼睛。等我稍微缓过来后，正准备离开，就听到罢课指挥部的通知，要求大家立即转移到附近一所小学，去继续坚持斗争。到新集中地时已是下午五六点钟了。我们又累又饿，眼睛又不断流泪，实在难受。到了晚饭时间，大家分到了几个面包才得以解饿。晚餐后不久，我突然听到喇叭广播在喊我的名字，叫我到学校会客室，说有人找我，我进去一看是我的父亲，他是来接我回家的。我开始不愿回去，后来发现很多家长都把自己的子女接回家去了，我也只好极不情愿地跟着父亲回家去了。

新加坡中正中学湖，摄于1956年2月

1957 年的南洋大学校门

回国求学是我们四人早在这次“学运”之前就开始酝酿的了。当时我父母都持反对意见，事情发展到这地步，不同意又如何？没有书读了，年纪又小，能做什么呢？最后他们只好同意。对于我们回国求学，在我们同学中也有不少人不支持，他们认为我们离开新加坡是逃避现实，是懦夫的表现。我们离开新加坡那天，在“红灯码头”欢送我们的都是支持我们回国的同学。他们在码头上，我们在客轮甲板上，两头牵拉着彩色纸条。不少同学热泪盈眶，直到彩条拉断了，才依依不舍地离去，这一幕动人的场景给我留下了不可磨灭的记忆。

依依惜别，在码头告别（戴伟华在客船甲板上）

1957 年 4 月戴伟华（第二排右一）回国不久与归国侨生合影于广州华侨补校办公大楼前（后成为暨南大学办公大楼）

1956 年 11 月中旬，我终于踏上了回归魂牵梦萦的社会主义祖国的航程。经过七天六夜的漫长旅途，我们抵达了香港。次日清晨，我们一行四人转乘客轮前往深圳，经过一个多小时的行程，我们终于来到了罗浮桥口岸。当我们步行走过时，看到肩挂着长枪、威严地站立在桥头的解放军边防战士，不远的山头上迎风飘着鲜红的五星红旗，听到边防大楼传来阵阵《东方红》乐曲和《祖国颂》歌曲，我们激动得热泪盈眶，百感交集，我们终于回到亲爱的祖国的怀抱了。

1957 年刚到北京华侨补习学校，戴伟华与回国四人中年纪最小的符福活合影于学校大门前的雪地

由于我们的文化程度，特别是汉语水平远不如国内学生，回国后，我们先在广州华侨补校学习三个月，之后又分配到北京华侨补校，继续学习半年。1957 年 7 月份，我通过考试，考上了北

京东郊的通州第一中学，它的前身是潞河中学，是一所很有名气的教会学校，有近 150 年的历史。以下两张照片一旧一新，旧照片摄于 1957 年，与部分归侨学生合影于潞河中学老校门前；新照片是 2008 年我重返潞河中学时摄于新校门前。这两张照片相隔 51 年，跨越了半个世纪。

1957 年戴伟华（前排左二）与部分归侨学生在北京潞河中学老校门前合影

2008 年戴伟华重返北京，摄于潞河中学新校门前

潞河中学在新中国成立前就享有盛名，从潞河中学走出了很多知名校友。其中，最为著名的有新中国第一批学部委员马文昭，有现任中科院院士侯仁之、秦馨菱、黄昆；有著名的乡土文学家刘绍棠；有著名民族音乐家王洛宾，他创作的诸如《在那遥远的地方》《达坂城的姑娘》等音乐作品脍炙人口。

我在潞河中学度过了我的中学时代，这是我人生的一大里程碑。我在这里经历了很多磨炼，得到了锤炼，性格变得更坚强、更开朗。从 1957 年考入潞河中学直到 1961 年考入北京外国语学院，我们在这里与国内同学互相学习，共同进步，走过了五个年头，共同经历了 1957 年的反右斗争，1958 年的“大跃进”运动，1959 年至 1961 年的“三年困难时期”。

北京潞河中学侨生“毛选”学习小组讨论（左前一为戴伟华）

在北京潞河中学菜园劳动，自己动手，丰衣足食（右一为戴伟华）

1961 年，我参加高考，很幸运地考入了北京外国语学院（现在的北京外国语大学），它在当时乃至现在都是公认的全国一流的外语大学。

在北外学习期间，我是北外摩托车俱乐部的成员，那年代摩托车是奢侈的玩意儿，很少人拥有它，北外却有 20 辆，是捷克斯洛伐克赠送的。此外，北外摩托车俱乐部加入了北京高校摩托车俱乐部，我们经常开展一些摩托车越野、野营活动。在学生时代，我很喜欢体育运动，高中时我还是潞河中学的体操队校队成员。我在北外待了七年，我们是五年制，加上两年“文化大革命”。七年的大学生活，给我留下了一些教训和遗憾，同时也给我留下了许多美好的回忆。

1963 年北京外国语学院摩托车俱乐部成员野营照（左一为戴伟华）

1964 年，我读大三时，正值国庆 15 周年天安门广场大游行。我们北外摩托车俱乐部有幸与北京高校摩托车俱乐部一起参加了摩托车仪仗队方阵，每横排 10 辆，纵排 10 辆，一共 100 辆摩托车，匀速徐徐驶过天安门广场，接受毛主席及其他中央首长的检阅。

1965 年大四时，有一天班主任章含之老师突然通知我到国家体委去报到，说我被借用当英文翻译员。在借用期间，北京举办了一场国际乒乓球邀请赛，当时我与北外的一位师兄一起担任这届赛事的英文翻译。比赛结束后，巴基斯坦国家乒乓球队要求留下来与中国国家队的队员一起集训切磋球艺。当时国家球手庄则栋、徐寅生、李富荣等协助他们培训球员。我是他们之间的桥梁，空闲的时间和他们打球玩，我的乒乓球兴趣就是在那时培养起来的。从 2004 年退休直到最近，我每天都打一至两小时的乒乓球。我 75 岁了，但是动作还相当灵活，这都得归功于乒乓球运动。我在国家体委借用当翻译期间，有幸见到了荣高棠主任，更令人难忘的是我与陈毅元帅、贺龙元帅也见过面，握过手。

“文化大革命”开始前，有一学期，即大五上学期，是我们毕业前的实习期。我们英文系61级共有120余名学生，系主任许国璋将我们一分为二，一半学生分到广州进出口商品交易会当英文翻译实习生，另一半留校参加北京市各类外事活动，进行口译实习。我很想参加交易会，但系里却把我留在了北京，我很不甘心，再三请求也未获批准。没想到留下来反而“因祸得福”，因为正逢法国工业展览会在北京举办，我被派去当实习口译员，负责法国施耐德钢铁公司的展厅。有一天快到午饭时间，我突然发现有一位年事已高，身穿白色丝绸衬衫的老人，由两三位身强力壮的中年人陪伴着，向我们的展厅走来。走到我跟前时，我几乎惊呆了。这位长者不是别人，正是我们敬爱的周总理！负责展厅的法国人立刻招呼我去给他当翻译。我非常紧张，腋下直流汗，脑子一片空白。总理见我紧张，便十分亲切地轻轻拍拍我的肩说道：“小同志，别紧张，慢慢来。”这时我才逐渐平静下来，壮胆为总理当临时口译员。其实总理的英文很娴熟，他完全可以不用翻译，直接与法国负责人交谈，但是他得知我是来实习的，便鼓励我大胆练习。就这样，我充当了总理大约15分钟的口译。我终生难忘这次经历，每当我想起这段往事，总是激动不已。

在北外就读的五年里，另一件令我难以忘怀的事，就是1962年北外的名誉校长陈毅外长来我院做过一次报告，他语重心长地鼓励我们走“又红又专”的道路，要光明正大地大胆地读书，学好外语，不必偷偷摸摸地读，不要像有的学生读英语小说时，在小说上摆着一本《红旗》杂志，偷偷地读，何必呢？现在又不是日据时期，或蒋介石白色恐怖时期，地下党从事地下工作。他还把蹩脚的口译比作“钝刀切肉”，译者满头大汗很紧张，他也很紧张，急得满头大汗。他说，好的口译就像“快刀斩乱麻”，使人感到就像是吃冰淇淋那样，很爽快，很痛快。要成为一名好的口译工作者，必须打好外语基本功，要千锤百炼，要下苦功。陈毅外长的这次讲话给全院上了生动的一课，师生深受鼓舞。他的讲话在全国各大报纸、学术杂志上都全文登载，题为“陈毅同志语重心长谈外语”。以上是我大学时代所经历的最令我难忘的事情。

至于人生憾事与教训，那就要说到“文化大革命”时期的遭遇了。我父亲1942年就参加了马共领导的抗日工作，在整个抗日时期出生入死与日本人战斗，日本投降后还当了一段时期的区委主席。后因马英政府领导的“紧急法令”，到处抓捕抗日分子，才被迫离开马来亚，逃到新加坡。我也是个进步华校学生，曾积极参加新加坡50年代中期的学生运动。这样的家庭在国内来说可谓是革命家庭出身了吧。但是遗憾的是，“文化大革命”初期，因为我是归侨学生，有海外关系，不能加入红卫兵组织。造反派还写大字报批判我，说我是“资产阶级的孝子贤孙”“修正主义苗子”，甚至还有大字报说我是“新加坡特务”，各种批判不一而足。现在想起来仍觉荒谬，仅仅因为我是归侨学生，与海外亲人有书信往来，就说我是特务？有一次全英语系的造反派开会，我和另一位印度归侨也在会场。会议开到一半，有人突然走上讲台，当着我们的面点名骂我们是狗崽子，并勒令我们滚出会场。我们只得灰溜溜地离开会场。那时我们都还很年轻，二十几岁，正血气方刚，这样的羞辱情何以堪！

由于“文化大革命”的缘故，我们的毕业分配延迟至1968年才进行。受当时极“左”的唯成分论的影响，有海外关系的人无缘到外事部门工作。于是我被分配到广州外国语学院当英语教师。1968年7月，我到了广外。当时的广州两派斗争仍然如火如荼，互不相让，根本不把中央的“复课闹革命”放在眼里。中央很无奈，只好下达文件，要求我们到部队农场，接受解放军的再教育。于是我们这些刚被分到广外的教师，便到了汕头牛田洋部队农场。我们在那里围海造田，种水稻。当时的劳动强度，现在想起来真是惊人！条件十分恶劣，生活非常艰苦，吃的是米饭配咸菜和“猪乸菜”，因为刚来到，还未来得及种菜、养猪、养鸡、养鸭，开始的半年生活条件十分艰苦，后来才逐渐有所改善。我们住的不是部队的正规营房，而是用稻草搭成的营房。炎炎夏日，寒冷冬天，真难熬。我们喝的水是从上游下来掺杂着粪便的河水，稍经过明矾过滤，就将它煮沸来喝。劳动时两头黑，即早晨天未亮就出工，一直到天黑才收工。冬天天寒地冻，还得到齐膝盖深的水田里去拉犁、拉耙。我们不单纯插秧、割稻，有时还要上海堤去挑大石头，筑海堤；上石头山去打石洞，炸石头，采石块，筑大堤；还得打泥砖，盖房子，从事各种各样的劳动。对于我们这群肩不能挑，手不能提，五谷不分，四体不勤的少爷小姐来说，这样的劳动强度确实是过大的。

在两年的再教育期间，最使人难忘的事是1969年7月28日那场特大台风。当时在“誓与大堤共存亡”“人在堤在”等极“左”口号的驱动下，部队战士发扬“一不怕苦，二不怕死”的精神，奋不顾身地冲上已经被海浪冲垮了的海堤，手拉手跳进海堤的缺口以身堵水。海水汹涌澎湃地冲刷海堤，怎么堵得住呢？结果整班战士被埋而献出了年轻宝贵的生命！这场台风夺走了几百名解放军战士的生命，在牛田洋农场锻炼的大学生也死了几十人，我们暨南大学的几名学生也在其中。刮台风当天夜里，正好轮到我值班站岗，换岗后回到营房，我便上床睡觉了。没多久，突然狂风呼啸，整个营房很快被风吹倒，海水把整个营地都淹没了。连长急忙命令我们不要乱跑，原地待命，见机逃命。由于海水来势凶猛，周围瞬间一片汪洋。我先是爬上一间破瓦房，后来房子垮了，我发现附近水闸房旁边有棵大树，便使劲游过去，爬上树。于是就在那棵大树上待了八九个小时，又冻又饿。那棵大树救了十几二十条命。

“7·28”台风过后，部队调防休整。休整了两三个月后，我们重返牛田洋，重建牛田洋，重新炸石，挑石筑海堤，劳动强度可想而知。由于石头滑，一不小心就会滑倒，把脚划破，鲜血直流的事时有发生。在牛田洋劳动锻炼的日子里，我们一早起床，漱洗完毕第一件事就是跳“忠字舞”，晚上睡觉前要做“晚汇报”，当时人人将牛田洋农场当成一所大学。据说当时也在牛田洋锻炼的前外交部部长李肇星还诙谐地把牛田洋译成“Oxfield”，称之为“Oxfield University”（牛田大学），仿效英国的“Oxford University”（牛津大学）。劳动锻炼虽苦，但我们时常苦中作乐。

我在这所“牛田大学”锻炼了将近两年后，1970 年返回广州外国语学院。迎接我们的有曾昭科教授，我当时不知道他的身份，后来才知道他是广东省人大常委会副主任，暨南大学 1978 年在广州复办时的外语系主任，曾为我国立过大功，后被港英当局驱逐出境，是国家的有功之臣。回到广外后，我被分配到广州沙河顶四系教“小大学生”。之所以称为“小大学生”，是因为他们都是十三四岁的初中生，被选拔送到广州外国语学院培养的。这些“小大学生”生性调皮，有时将年轻女教员都气哭了。在与他们摸爬滚打的五年里，我们和他们一起下乡学农，到工厂学工，到部队学军。有一年，我们和他们一起徒步从广州沙河顶走到连平县，走了三天两夜，到那里的劳动生产基地去劳动，很多学生、老师的脚底起了血泡还坚持走。我们还一边行军，一边上课，用背包当黑板，老师手里拿着扩音器，大声领读，教英文。我们既当老师，又当保姆，就这样，老师们陪伴他们走过了五年的漫长学习道路。“一日为师，终身为父”，他们很懂这个道理，毕业后念念不忘我们这些曾经“既当老师，又当保姆”的教师们。每隔几年，他们就会组织校友们返校，与老师们聚餐。

“小大学生”在校园劳动

“小大学生”行军途中休息

在广外从教的 10 年间，除了送走那些“小大学生”，我还曾教过远洋公司的船员学员，教过三年制的工农兵学员。

1978 年，暨南大学复办，以曾昭科教授为首的一批英语教师均返回暨南大学任教。我便申请调到暨南大学，因为我爱人蔡玛丽在广州铁路局工作，我们住在东山。她是北京铁道学院（现改为北京交通大学）毕业的，毕业后分配到铁路局列检所工作。我每天从家到广外往返需要两个小时，如遇刮风下雨，耗时更多。短期还可以坚持，长此以往身体恐怕吃不消。但是，广外没有批准我的申请。后来，还是曾昭科教授出面，广外才同意放我。

在暨南大学外语系，我先是就教于文科公共英语教研室。1980 年后，调到英语专业教研室，曾教过专业英语低年级精读课、听力课、口语课和泛读课程，以及中英文秘专业的实用商业英语。之后，又上高年级的英美文学课、写作课、笔译、高级视听说等课程。1981 年，曾昭科主任要我协助他上我系第一届硕士研究生的高级视听说课程，我硬着头皮迎难而上，教了将近一年。

1982 年，系里通知我赴澳大利亚进修，我万万没有想到还会有出国深造的机会，我那时已是两个孩子的父亲了。我在澳大利亚悉尼大学第一年读“DIP/TEFL”（作为外语的英语教学文凭）班。我们这个班有来自 25 个国家的 50 多位同学，他们都很年轻，都是二三十岁的年轻小伙子和小姑娘，我在班里算是老大哥了。第一年，我修完全部必修课程，通过期中考试，成功获得毕业文凭。第二年，我选择就读英语语言学硕士学位班，我的导师是世界著名的语言学家 M. A. K. Halliday（中文名为韩礼德）教授。他是我国语言学界泰斗王力先生的学生，与另一世界著名的语言学家——美国的乔姆斯基齐名。他是一位既严格又和蔼的老师，能讲一口流利的略带北京腔的汉语，讲起课来生动活泼，深入浅出，我们都很喜欢听他的课，他也很喜欢勤奋好学的中国学生。下图是部分中国留学生在聆听韩礼德教授和他的太太 Hassan（哈桑）教授联合授课时的情景，韩礼德教授的夫人是巴基斯坦裔人，也是世界著名的语言学家。韩礼德教授对中国留学生情有独钟，经常在节假日邀请我们到他家做客。

悉尼大学部分中国留学生聆听韩礼德教授夫妇讲课

很遗憾，1983 年，因我在新加坡的家庭发生变故，我中途中断了学业，我父亲急电告知我母亲病危，要我即刻到新加坡与病危的母亲见最后一面。我母亲在弥留之际非常渴望与我见面，三番五次催促我，无论如何都要请假回去一趟。韩礼德教授很同情我的境况，批准我请假回去。于是我便着手申请赴新加坡探望我卧病在床的母亲。当时新加坡与我国尚未建交，申请签证十分困难。我无数次往返于住处与新加坡签证处，因为一时疏忽，我填写申请表时，写错了出生地。我是在马来亚柔佛州出生的，但是我在申请表上写了在新加坡出生。新加坡移民局要我父亲出示我的出生证明，我出生证上写的出生地是马来亚，结果我的申请被拒绝了。我得知后还不甘心，便去找韩礼德教授帮忙，他向新加坡签证处说明了我的情况，证明我不是有意欺瞒，而是一时糊涂，无意识地写错了，可好说歹说，签证处都不予批准。最终我既耽误了学习，又错失了与我母亲见最后一面的机会，母亲最终抱憾而去，而我也抱憾终生。

时间过得飞快，眨眼又到了澳大利亚2月初秋。在澳大利亚进修两年，说长不长，说短不短，家中妻儿望眼欲穿，天天盼我早日归来。眼看进修已到了“打道回府”的时刻，当时心情，也是归心似箭。

在澳进修两年，收获匪浅，获益良多，为我回国后的教学科研打下了牢固的基础，唯一遗憾的是因家庭变故，最终没能完成硕士课程，离硕士学位仅一步之遥。

1984年2月24日，我准时返回暨南大学，这打消了那些曾怀疑我会一去不复返的同事们的疑虑。从那以后，我人生新的一段旅途开始了，很快我又投入新的教学工作之中。两年的悉尼大学进修学习赋予了我不少新的教学理念，给予了我许多专业知识的营养，工作起来觉得更加得心应手，驾轻就熟。不久我担任了外语系英语教研室主任，又由讲师晋升为副教授。

1987年，中国与新加坡的关系有了很大改善，开始准许大陆人赴新加坡探亲，我申请赴新探亲很顺利，很快就获批准。当我踏上阔别了31年的新加坡土地，吸入新加坡第一口清新自由的空气时，感到这里再也不是31年前的那种紧张、令人窒息的气氛了。当我来到曾经抗争的育英中学时，出乎意料，这里已是人去楼空，被遗弃的教学大楼、办公室、昔日的小卖部、篮球场都已经是满目疮痍，显得很凄凉。后来才听说，学校已搬迁他地，校名不变。我很想再去看一看新校址，但因时间仓促，未能如愿。

当我来到少年时代曾经住过的新加坡马来甘榜时，发现这里不但已是人非，物亦非了，昔日的高脚“亚塔”屋已不复存在，取而代之的是一幢幢高楼大厦、写字楼和超级市场。往日跟随母亲去买菜的“巴杀”，也变成了一个个卖羊肉串之类的小吃摊。

探亲期间，最出乎我意料的是，能和阔别了31年、曾经一起抗争的十几位同窗好友相聚，一起述说别后发生的一切往事。这是我们31年前为了捍卫华文教育的生存权，与英新政府当局抗争的地方。不少同学因为遭遇催泪瓦斯，看不清楚方向而掉进湖里，险些丧命。追忆往事，仍然历历在目，记忆犹新。谈及往

1987 年重返新加坡时与昔日同窗合影，第二排左三为戴伟华

事，个个都激动不已。然而，时间总是那么无情，短暂的相会过后，很快又要说再见了。

1989 年，受政治风波影响，外语系领导与群众之间产生了一些矛盾，一时间干群关系颇为紧张，此时学校领导有意让我出来挑重担。学校组织部宋部长找我谈话，鼓励我，请我当系主任，我当时家庭负担重，要照顾患有重症肌肉萎缩的儿子，于是我谢绝了。之后，何校长再次找我去他办公室，他说："我今天请你来，希望你能够临危受命。"我考虑良久后说："我只能当副手，第一把手建议由唐荣华老师担任。"于是我们两人再加上日语老师林少华，三人便新官上任了。通过我们全系老师的共同努力，外语系的教学与科研工作逐步走上健康轨道。

1989 年至 1992 年几年间，随着国家改革开放的不断深入和发展，暨南大学外语系的教学、科研、学科建设诸方面已得到长足的发展，取得喜人的成绩。到了 1992 年，我在外语系副主任的领导岗位上一任已是四年。1992 年，唐荣华主任赴美探亲，我就被学校聘任为系代理主任，并于次年转为系主任。肩上担子变得更加沉重，好在几个领导与老师们合作愉快，使外语系的教学与科研更上一层楼。1993 年，我晋升为教授。到 1997 年，我已在外语系的领导岗位上做了九年之久（任副主任四年整，任主任五年），我想是时候退下来了，让更年轻更有能力的同志上来带领外语系往前走。于是我向当时的校长刘人怀提出辞去系主任一职。他起初不同意，让我再做一届，他说可以"七上八下"，因为当时我年近 58

岁，算57岁，还可以再干一届。我说，我想腾出更多的时间照顾生病的孩子，最终他还是同意了。

退下来后，“无官一身轻”，我只单纯教学，主要负责高年级的英美文学课程教学，还有就是培养硕士研究生，上研究生的英美文学、语言学课程。就这样我从1997年一直做到2006年，一干又是九年，此时我已66岁了，从60岁起我就开始申请退休，但一直未获批准，至此我已“超期服役”六年之久了。如果从1966年我大学毕业时算起，到2006年正式退休为止，我已在大学外语讲台上教了整整40年。

回顾40年来的教学生涯，酸甜苦辣，五味俱全。退休后头五六年，我退而不休，还坚持为学校、学院做些力所能及的工作。直到最近一两年，我还是被聘为外国语学院的硕士研究生培养工作督导委员会副主任，为外国语学院培养研究生贡献绵薄之力。退休后的生活依然很充实。

2010年，由我校体育部部长温石生教授领队，周耀明校长做顾问，我们一行28人赴台湾旅游，行程经过暨南国际大学，我们便顺便参访了台湾的“暨南大学”。

退休后多年来陪同老伴同游祖国各地的大好河山。至今为止，除了西藏、内蒙古等地没有去过之外，国内主要省份、城市，我们都已涉足。除了到祖国各地游山玩水，我们还经常出国去拓宽眼界，去看看外面的世界。都说“外面的世界很精彩”，到底如何精彩？只有眼见为实，“百闻不如一见”。迄今为止，我们已到过25个国家和地区，旅游开阔了我们的视野，让我们看到外面世界的精彩纷呈。如果说之前是人生“读万卷书”的时代，这之后便是“行万里路”的年代了。

光阴荏苒，弹指一挥间，退休近10年过去了。退休后的生活，正如英国散文家查尔斯·兰姆在他的《领取养老金的人》中所描写的那样：“我们一夜之间从一个时间的穷人，变成了一个时间的富翁，我像空气般自由，想去哪里就去哪里，想干什么就干什么。”然而，许多退休老人也时常会发自内心地感叹：“夕阳无限好，只是近黄昏。”

何锡年[①]

国外经历

我的祖籍是广东肇庆，祖辈已经来到佛山，在我父亲很小的时候，祖父就已经去世。后来，父亲来到了香港。我是在香港出生、长大的。到7岁的时候，我已经念完小学一年级。此时，日本已经全面侵略中国。我们兄弟姐妹一共有7个，还是比较多的。在日本快打到广东的时候，我父亲就考虑到我们兄弟比较多，香港粮食供应不足，如果打起仗来，粮食肯定要涨价，我们家负担就会很重，承受不了，因我们有些亲戚在越南，所以，1937年我父亲就把我们几个小的兄弟跟我母亲、祖母还有外祖母，即老弱的全部送到越南河内，父亲和两个大的哥哥则留在香港。

我们到越南，按照当时的说法是逃难。我的印象是，当时越南是法国统治的，我们没办护照，也没办什么手续。越南的制度是，非法入境的就罚你几块钱，好像是10块钱，我因为小不怎么记得了，它就给你一张收据，有收据就等于有签证了，就可以在此长期居留。

我们一行人就在那儿住下来了。我们兄弟去了以后，就在那边念书。越南粮食比较充裕，有亲戚在那里，也可以照顾我们。住了几年之后，珍珠港事件爆发，父亲担心香港也被日本占领，便把两个哥哥也送来越南，就剩他一个人留在香港。我们在河内一家华侨学校念书，完全用广东话教学，教材是派人从国内买过去的。在学校基本上是讲广东话，跟在广东上学一样。教师是比较缺的，是从广东请过去的，所以师资还是不错的。

我在越南大概念到五年级的时候，日本开始派飞机轰炸越南。后来，日本与法国谈判，表示想从越南借路攻打中国云南那边。法国表示同意，于是日本派兵和平进驻越南，整个越南都有了日本的军队，法国也不管它，跟它客客气气的。

① 陈慧、田丹丹、王趸兴（暨南大学国际关系学院/华侨华人研究院2012级硕士研究生）于2013年6月19日、6月27日在暨南大学第二文科楼采访何锡年老师，并整理录音。

那时因为轰炸，我们都已经改成晚上上课了。有一天晚上，突然打起来了，断电了，于是我们放学回家了。回家的第二天，日本已经贴出安民告示，一个晚上将整个越南占领，从南到北全部占领。日本把法国俘虏了，那时，我们反而很高兴。因为法国军队原来很神气，总是欺压越南人。

法国军队欺压越南人，跟中国人没什么太大的矛盾。我们在越南，跟越南的老百姓关系还是很密切的，所以立场基本上跟越南人相同。我们看到日本人抓了法国人，要他们把衣服脱光，还要他们去劳动，我们心里很高兴，“你们这些家伙欺负人，现在亚洲人日本人把你干下去了”。

日本占领越南之后，对华人还是很客气的。与占领中国不同，日本在越南主要是对付法国人，也没有怎么欺负越南人，因为它的目的就是打法国，它占领越南也没人反抗。所以，日本人把法国俘虏之后，就让俘虏去劳动，自己当统治者了。我记得很清楚，有一次，不知是日本人还是汪精卫那边的一个汉奸大人物死了，就要我们都戴黑布条。我们出门都戴上黑布条，日本人看到我们还问，你们这个东西是什么东西，意思是他们也不知道这个东西。日本人对我们不太关心，没有欺负我们，也没有对我们特别好，就是一般。但是，中国人对日本有一个很坏的印象。我举个例子。我们每天上学要交半分钱给班长，班长交给学校，叫作“救国捐”，就是我们捐钱去救国。捐钱就是为了买飞机，打日本。在越南，半分钱叫“启定通宝”，跟中国旧时的铜钱一样，外圆内方，黄铜的，当时越南的皇帝是保大，保大的父亲是启定，启定通宝是半分钱一个。当时的半分钱有两种，一种是启定通宝，一种是法国发行的，是圆的中间没有洞的。半分钱可以换三个保大钱，保大钱比启定通宝要小些，比我们现在的一毛钱硬币还要小一点。一个保大是六分之一分钱，可以在马路边的个体户小店（不是大排档）吃一顿饭。越南人做买卖，放一锅饭在那里，还有一份通菜，通菜就是用开水烫熟了，蘸鱼露吃，那里没有酱油的。你给路边越南人的店一个保大钱，他就装一大碗饭给你，还有一盘通菜，加上一些鱼露，你可以吃饱饭。这是经济的吃法，吃素的。我们一天捐三个保大钱就是半分钱，每个学生每天都捐，很自愿的。后来听说好像凑够买了一架飞机，送给国民党打日本。

我父亲在香港，因为他的那个公司还在营业，要工作不能去越南，就委托亲戚照顾我们，他有机会也过来看看。我母亲是家庭主妇，没有工作的。

当时我家在越南当地的生活还是可以的，一方面是越南粮食比较充足，另一方面是我们投靠的亲戚也比较富有，可以靠他接济。

我的亲戚在越南是做生意的，又是一个大地主。当时的华侨可以买越南的土地，在越南盖房子。我的亲戚是华侨，有钱就可以买土地，他有七八个农场，我去住过，农场范围比较大，从总部出发走到边缘回来，要走一上午。

当地的华侨华人生活状况有好的也有差的，不能说绝对。我投靠的那个亲戚在当地是比较有钱的。越南河内这个地方最热闹的商业区是华侨商业区，也是华侨居住区，这条街基本上都是华侨的。再外围一点就差一点，商业没那么旺盛，那些是越南人住的；再外边一点呢，就是洋人花园式的别墅区，有墙有花园，中间有栋小洋楼，都是这样一种结构。我那个亲戚住在洋人区，不住在我们华人区，但他在华人区有个店铺。他的住房很高级，因为亲戚有一次告诉我，从越南回来之后他曾经去越南看过（他已经移民去加拿大了），他原来住的那个房子有个洋老太婆住，他去怀念一下自己曾经住过的楼，后来里面的洋老太婆就出来了。她问，你找谁啊？我亲戚就说他原来住这儿。她讲法文，我亲戚也会讲法文。于是他们交谈起来。她说她是联合国驻越南代表的家属，她住的那座楼是联合国驻越南代表住的。他向她介绍，他的家人原来住在房子的哪些位置。她是联合国专员的老婆，她说，他们收拾好行李准备第二天回国了，这个房子将来就给法国领事住。这栋房子现在这样来用，说明它很高档。这个亲戚后来和我们同时离开越南回到中国了。

胡志明抗日胜利之后，越南北部是由国民党去接受日本投降的，就是受降。何应钦坐飞机到河内，日本最高军官向他投降，交投降书。中国派军队去接收日本军队，接收完之后就遣返了。越南南部由英国来接收，因为联合国当时的决定就是这样。当时我们也很高兴。抗战胜利之后，就是“双十节”了，国民党军队叫我们上街游行，唱联合国国歌，还叫我们唱欢迎国军的歌。我们中国打赢仗了，大家都很高兴，争相去游行，去欢迎。国民党军队来河内以后，其中有一部分主要是云南的军队，云南去的有些军队装备还是很好的，美式装备，都是美国的卡其军服、冲锋枪。国民党在云南保留了一定的实力，一方面防止日本侵略，一方面保留用来打共产党，所以它派出去的军队都是很威武的，装备还是很厉害的。接收完日本的投降以后，日本军队就被遣返，国民党的军队大部分在海防，去打共产党。国民党军队来越南时，军队中也有一批地下共产党员，他们是以政工人员的身份出现的，后来不知道怎么搞的，他们有些人就留了下来，留下来在我们学校当了老师。当时老师可能也缺人，因为抗战那么多年没人来。这些老师后来起到了地下工作的骨干作用，实际上构成共产党的地下组织。当时教我们唱《黄河大合唱》，还有一些进步的歌曲，组织一些歌咏队什么的，实际上，就是在联系群众，发动群众。国民党也不管越南的事，当时胡志明在越南北部山区有一支游击队。日本一投降，国民党就来接收，接收完后就走了，胡志明就跑回河内，他基本上占据了河内，也不需要打仗，成立了越南民主共和国。他成立这个国家以后，法国当时军队也没有，没有办法反对它。法国人都是俘虏，日本人被遣返以后，法国俘虏也自由了，它那个军营里也是很热闹的。国民党也不管了，国民党忙着把军队调到东北去打共产党，忙着自己的事了。

胡志明成立越南民主共和国以后，越南就搞了一系列运动，现在看来就跟我们解放区的运动差不多，在农村打土豪分田地，减租减息。我的亲戚也没能力保住自己的农场了，那个地方基本上是越南劳动党的势力。我见到胡志明的那次是何应钦从中国飞到越南接受日本投降的时候，胡志明也得去欢迎他。我们去欢迎何应钦，何应钦的车一过就是胡志明的车了。

越南北部搞好以后，法国又翻身了，美国帮助它翻身，派军舰给法国。“二战”打完了，希特勒已经投降，法国就把它的军队运来越南南部，南部和北部一样，没什么兵力的，法国将军舰、军队运到海防，美国帮助法国打回越南北部。于是，法国就不承认越南民主共和国了，开始打海防，打越南。越南当时的民兵叫自卫队，没有多少正式军队，毫无战斗力。法国占领海防以后，慢慢地来打河内。其实，当时法国人的军队也不堪一击，还没恢复过来，法国的军队都是非洲阿尔及利亚的军队，法国在阿尔及利亚征兵去打越南，在越南征兵去打阿尔及利亚，法国自己的军队也是没有战斗力的。法国军队来了之后，很快占领了河内，占领了以后，事情就变得很麻烦。越南的水电全部被破坏了，越南自卫队最后守住的那道防线就在我们华侨住的那条街上，只有一条街，那条街的范围恐怕都没有我们暨南大学校园大。越南军队当时全部被法国军队包围了，退到一条马路上。这条马路是主要的马路，法国在路口边的高楼设置制高点，人不能走过路口，一旦通过路口，就会遭到枪击。如果要穿过马路，大家就集中在房子这边等着，喊“1、2、3”之后冲过去，一旦冲过去，机枪声就响起，要过来的时候亦是如此。但是，没打死过一个人。

当时这条街主要是华侨之间的联络地，因为没有粮食、水电。这里的粮食比较贵，至于水，每一家都要挖井，挖到20米深才有水，哪家先挖到水，就到他那里去打水。但水质很差，基本上是泥水，没有办法喝。

晚上没电就烧洋蜡。在那种情况下，越南人在河内抗击法国人，他们在十字路口挖沟，挖了条沟以后，把泥土挖上来填到旁边，旁边就有类似河畔堤防的防护，这样形成高低之势，然后把家里的家具统统搬来，在高的地方再铺上家具。这样，法国就不能过来了。法国没有打冲锋枪的，法国在大吉普车上面装上机枪，装机枪之后，在车子窗口装个大钢板。法国打仗时，就开车到路口，用绳子拉住机枪，一旦拉动，机枪就会发出声响。法国人很怕死，他们根本就不看的。打完以后，车子就往后退，但不能倒，因为倒车之后，车子上的钢板就会掉下来，退到一定的高度，它就转弯溜掉。然后，第二批又来这值班，一旦要打，就拉那根绳子。所以，打得一点进展都没有。

越南自卫队如何守呢？开始华侨只有很少数参加越南自卫队。我们华侨住在那儿，是自己管自己。越南跟法国对抗，它退到华人区里去了。法国用日本的步枪子弹进攻，越南没有步枪，没有子弹，里面放的都是爆竹，他们看法国打得差不多了，就拿出爆竹来点，法国军队接着开枪了。

当时打仗都没死人，实际上就是彼此吓唬。可我们不能上学了，连生活都成问题。华侨华人把墙都开了洞，因为不敢在马路上走，彼此相邻的屋子，在中间的墙上开个墙洞，要去那边就从墙洞钻过去。

打仗时期，首先是要保命，而不是要财产了。当时，越南人和法国人打仗都没有打到屋里，没打到人，我没有听说过死人的。越南军队和法国军队都没有露面。有一次，国民党的领事出来组织把华侨从围困区撤出去，因为那里面没有粮食和水电。国民党是中立的，所以越法双方都接受它的调停。国民党领事表示，要组织华侨撤退，撤到外面。我那次就跟着撤退，撤退到法越军队交界的地方，路上有很厚的子弹壳。国民党领事派人带我们撤退，他两边都联系好了，这时候法越两边停战，国民党领事带领撤退的人拿一根长约 3 米的挂有青天白日旗的竹竿，到马路上先摇一下这个旗，摇了之后表示没事了，大家就跟着走，走到拐弯处，又先摇摇旗子，就这样我们撤出了围困区。困了一个多月，越南也有伤兵，但好像没死亡。有一天，越南找到中国领事馆，表示它要撤退了，希望帮助照顾在那儿的一二十个伤员，意思是你可以把法国人带进来了，但希望保护越南的伤员。结果是，一个晚上以后越南自卫队全部不见了，尽管法国将它统统围住了，但他们不知道从哪儿跑出去的，都不见了。法国就这样占领了河内。

当时国民党的领事，当然有责任负责华侨的安全。他把我们带出去后，安全了，接下来是华侨自己找地方住了。法国区和越南区都可以住，只有法越军队交界的地方打仗才有危险。住我们那片的华侨也没全部出去，有些人有自己的原因不能走。我们逃出去之后呢，所有的越南家庭都没人住，我们就租人家的房子住。

当时，我们租的那个房子里还住着一个老头，他是越南人，因为舍不得房子，留下来看房子，他租给我们住。我第一次看《三国演义》是从他那儿借来看的，还是中文的，从越南人手里借中文的《三国演义》看，似乎有些奇怪；更有意思的是，老人家会中文，反而不懂越南文。这是因为越南文是法国人占领越南之后才由传教士创造的。我懂一些越南语，没专门学，只会一些。我看到他在看小说，就借来看。我想就跟我们广东人一样，广东人讲话跟看书是不一样的，用广东话写出来的文章和白话文是不一样的，越南人也一样，就是讲话跟写文章是两回事，讲话是一套，写文章是另一套，只是写的字都有越南的读音。它的读音也是很有意思的，比如说“越南”“自卫”，跟中文读音差不多，它的“解放军”，把这个“军”放在“解放”的前面，文法是倒过来的。越南语很容易学，好多正式的术语跟中文差不多，一听我就能听懂。

当地华人跟越南人通婚很普遍，很多回来的同学都曾在那边找越南人结婚。

当时我读书的中学，楼上布局是两边为教室，中间是走廊，楼下有一个大的天井。如果我们开纪念周、开大会，就在天井进行。楼下也是两排教室。学校对面是一所粤东会馆，中间是最热闹的华人商业街。我们广东人就在粤东会馆开会，是侨领组织建的，有点像祠堂，华侨在越南是按“帮”来算的，广东的一帮，福建的另一帮，管我们的叫“帮长”。广东的找一个商人作为帮长，有什么事通过他跟法国人打交道，就像我们要找领事馆，我们就先找帮长，帮长帮我们去办。当时也没多少人加入粤东会馆，河内华侨并不多，西贡才多。会馆相当于我们乡下的祠堂，主持这个会馆的是一些为首的人，当时华侨无所谓参加不参加，你愿意就可以进去。会馆也做过很多好事，比如越南有一年饥荒很严重，会馆就组织我们华侨学生每天拿一个器具，在中午开饭时间去要饭，我们把所要到的饭交到会馆，会馆再发给没饭吃的人。它相当于领事馆，不是政府机关，但政府会联系它。在日本统治期间，也是找它来管华人，相当于当地领导的代理人，但它既不是民选也不是我们政府派的，相当于大家的侨领。华侨里面有地位有身份的人就当帮长，帮长可以办很多事情，比如开回国的证明以出入境，这个证明是有效的，当地政府是承认它的。但是，国民党政府设立领事馆之后，帮长就慢慢地没有那么大的作用了。国民党军队来越南之后，才设了领事馆，以前没有领事馆的，实际上会馆以前承担了领事馆的责任。日本人来了之后，会馆帮长带日本人参观学校，被人骂作汉奸，被骂是不知廉耻。

我们回国的时候，河内那条华侨街有个别华侨回来了，有的还留在那里。后来开始排华，不许外国人经商了，走了一批；后来大规模排华又走了一批。越南政府逼华侨入籍，就是所谓的“归化”了。有些华侨愿意加入越南籍，有些人不愿意就走了。所以，我们还有些亲戚在越南，就是加入了越南国籍，成了越南人，就被允许留下了。如果你不加入越南国籍，就不许参加买卖，不许有物业，财产基本上被没收了。越南通过各种办法，把华侨的财产没收了。

当时没水没电，没菜买，水都是井里的泥水，我们用白矾漂净才敢用。我们回来的时候住在海防一个亲戚家，那个亲戚家有一个人因为霍乱死了，我们当时都很紧张，因为水不卫生。刚打完仗，没有水就去田里挖水喝，所以很容易发生霍乱。我们从越南回来后，亲戚都陆陆续续地回来了。我那个亲戚在越南的很多房子和几个农场都被没收了，被越南政府收归国有了，越南政府也没有给他补贴，房子后来就给联合国代表住了，都是这样的一律没收了，收归国有了。

越南第一步是不许用外语教学，把华文学校取消。然后，不许外国人做生意做买卖，当时跟中国还是很友好的，但不许中国人做买卖。如此一来，华侨就没有收入了，就纷纷跑了，有些跑到越南南部西贡去，有些就跑回中国。去法国的也有，从西贡那里再去法国，所以我也有亲戚、同学在法国。我们的越南同学会，虽然越南华文学校已经停办几十年了，但是我们仍两三年聚一次，来自世界各地的同学纷纷参加，规模很大，有上千人，法国的、加拿大的、美国的、英国的、中国内地和香港的都有。2013 年冬天好像在昆明那边聚会吧，一所学校早就不存在了，但是它的学生还有联系。

越南，我们现在也没去过了，那边没有熟人了，全部华侨都被赶走了。政府与民众还是有差别的，有些走出来的同学告诉我，他说派出所善意地通知他们，表示他们不能待在这里，叫他们想办法走，派出所公安人员还协助他们买一些破船，都是一些很小的渔船，用金条来买，因为越南的钱不值钱，美元也没有。这些同学有的的确很惨，有的船在大海沉了，人就死了。他们一看到有大船来，就把小船凿沉，用“SOS”求救，按国际规定，非救不可，那么就把他们救上来，算得上是难民，然后就送到香港难民营，哪个国家愿意收留难民的就从香港那里收过去，所以有的去了美国，有的去了加拿大，有的作为难民从西贡直接去了法国。

中国人都不太想入籍越南，因为毕竟中国的地位比它高。我们隔壁是一个完全的越南人，国民党派部队来接收的时候，他就找了一个华侨认作干妈，想办法取得中国国籍。我们当时也没什么证件证明是中国国籍的，接收以后，国民党设立了领事馆，登记华侨，登记完之后每个人发一个国籍证。国籍证有三面，一面是中文，一面是越南文，一面是法文，都盖上中国领事的印，上面有一个青天白日的徽，并印有“中华民国国籍证”，这相当于我们的护照了。那时候一登记就相当于是中国人了，所以我们的邻居就千方百计地想拿到这样一份国籍证来当中国人。越南人也想当中国人，因为中国是联合国的常任理事国，在国际上有一定地位。那个人为加入中国国籍，还参加了“三青团”，成为“三青团”团员。

虽然中越有矛盾，但越南人对华侨都是很好的，他们喊我们“叔客”，即客人叔叔。当时我只有十三四岁，还是小孩子，他们就这样叫我，很有礼貌的。不直接用“你”，因为长辈叫晚辈可直接用“你”，晚辈喊长辈不能用“你”的。他们叫我们“客人叔叔”“客人公公”，但喊法国人就用轻蔑的称呼，对西方人没有像对华人那么友好。

回　国

法国重新占领河内以后，局面就很糟糕了。法国的军队都是非洲人，法国军队跟日本很像，被判死刑而待在牢狱里的，如果参军立功就可以将功赎罪，可以免死，所以法国军队很多士兵都是牢狱里的犯人，不是死刑的参了军也可以减刑。它就采取这样一个政策，把这些犯人拉去当军人，所以这些军队谈不上什么纪律，胡乱抢东西，强奸妇女，什么坏事都做，军官也睁一只眼闭一只眼，所以那时治安很差，在那里根本没法活下去。

1945 年抗日战争胜利，经过一段时间的折腾，法国人于 1946 年 10 月份占领越南，1947 年我们就回来了。当时海上交通都断了，我们等到香港跟海防通了船以后才能回去，有的人乘第一艘船就回去了，我们等了一个多月，乘第二艘船回香港。现在坐船去越南旅游就一两天，那时候花了一个星期。因为是货轮，那时在货舱底下铺上席子，人就睡在上面。我们一家人就回香港了。当时是分两批走的，因为我爸爸认为，如果一家人都坐一条船，一旦出了事，那全家人都没有了。我们几兄弟分成两批，坐上两条船回来。一条船穿过海南岛的琼州海峡；一条船比较大，就从海南岛的南边过。当时的台风还很厉害，我们坐船一个星期才回到香港。我们坐船回来，是要买票的。没有客船，当时有船就已经很高兴了，不要说什么船了。我住的那个船位铺了张席子，旁边还摆着一个棺材，以防在海上出了问题要用到。

回到香港以后，我继续念中学，那时我已经念完初三了。我在河内待了 10 年，从 7 岁到 17 岁。年纪大了跟小时候就不一样了，小时候随便找个房子挤一下就行了。记得我小时候在香港，在阳台上铺床睡，白天就收起来。现在年纪大了，兄弟六七个都大了，不能睡在一起了，我父亲就到广州租房子。在广州念书也比在香港便宜，而且在广州念书比在香港好，那时广州的学校学习条件都比较好，我们就回广州念书了。

我在南海中学念高中，南海中学在广州市西华路，曾经改成十一中，现在又恢复原名了。我和哥哥在南海中学读书，我弟弟还在读小学。两个大的哥哥留在香港找工作，我们小的都回来广州念书。姐姐当时在河内幼儿园已经当上了教师，所以我们回来时，她不能跟着回来，要等那个学期结束才单独回来，所以她回来得迟一些。回来以后，她也在广州当了小学教师，不知道是哪个学校。

当时我们回国的原因，一是 1946 年法国占领越南后，法国军队让我们生活不下去了。另一个问题是，当时有一批国民党军队留在越南，这些实际上都是进步分子，有些可能是地下共产党员，他们组织学生搞一些学生运动。国民党时代，训导主任控制得很严，这些地下党员就和他作对。有一次组织学生罢课，罢了两三天课之后，最后还是复课了，国民党领导就把几个带头搞学运的学生开除了。被开除的几个学生在法国人跟越南人的斗争中，与越南人合作，他们念到高一就没念书了，参加了越南的革命。这些人现在很多都在广州。我们有个同学会叫作“越南河内—中国中华中学”，中华中学在越南有两个，一个在河内，一个在海防，两所学校联合在广州成立了一个同学会。在这个同学会里，为首的几个老前辈都是当年我们的同班同学，他们当时参加了地下工作，参加了越南的革命。前两年，越南奠边府战役胜利五十周年的时候，当时的越南国防部长武元甲向我的一个同学发了一份请柬，邀请他回去参加奠边府胜利五十周年的全越庆祝大会。我这个同学开始不太敢去，说中越关系很紧张，不方便过去。后来就请示省里，省里表示可以，说没关系。后来越南国防部长来中国访问，当时还没有太大矛盾，住在白天鹅宾馆，还打电话给我那位同学叫他去宾馆见见面，吃吃饭，所以他跟高层还是很熟悉的。我见过一个不是我同学的起码是团级干部的，他是越南劳动党党员，是越南军队的军官。我问他，你在越南同哪些领导人同桌吃过饭？他说，很多，有武元甲，有老挝的，同桌吃过饭的都是很高级别的将领。我们中国援助越南的有两个方向，一是陈赓带队去打奠边府的，全部都是中国人民解放军，把帽徽撕下来当作越南军队。另外一个是中国的华侨，参加越南的部队，以越南部队的身份去打仗。所以，中国对越南的援助是两方面的，一方面是由国家派出的，另一方面是华侨出面的。这位同学是以越南人的身份参加的，因为他妈妈是越南人。他 1940 年就加入了越南劳动党，也就是说 1940 年就参加了革命，而且是以越南人的身份参加革命的，但是后来越南一排华他便被赶回来了。

那些同学对越南的感情还是很深的，认为越南人民不会赶我们走，主要是黎笋在作怪。越南也有各个派别的，当时有亲苏的，有反华的，但是有些人跟中国还是很好的。我们这些同学在越南的地位都是根深蒂固的，不少人参加了越南革命，立下了很大的功劳，但是没办法，一排华都被赶回来了。

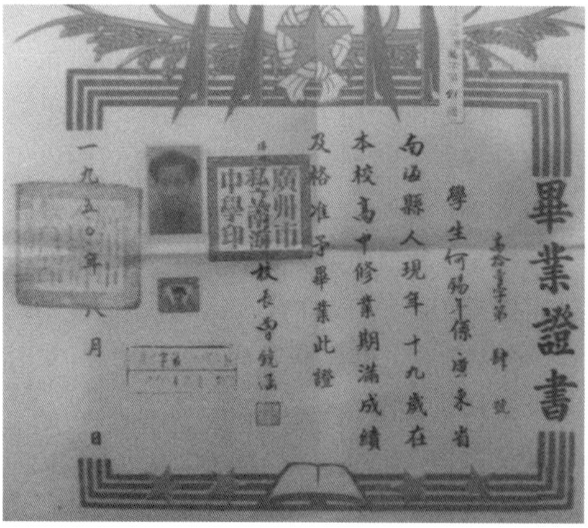

1950 年何锡年毕业于广州市私立南海中学

越南排华的时候，华侨的房子通通被没收了，我们那个学校也没有了。越南还没有排华的时候，已经有一个针对华侨的规定：不许用外语教学。在越南用外语教学的就只有我们中国人，别的没有了。大概是 50 年代的事了，中国支持越南打美国的时候，实际上越南已经有排华的迹象了。它禁止用外语教学，所以我们学校后来就关闭了。

当时我作为归侨回广州念书

是没有优惠政策的，那时候中学都是私立的，有钱就去念。我念大学的时候是1950年，此时广州已经解放了，我报考的是中山大学，当时我写了个证明说明自己是归侨，高考有加分，这是之后的事。那时的高考也没那么紧张，我根本就没有专门复习。高考完之后，我还跑到香港找工作。

每次放假我都会去香港。我哥哥和我只相差一岁，我们两个当时在同一班。同一班的原因是：我们小学毕业就停了学，初中再入学的时候，经过入学考试，学校说我们两个成绩有差别，不能排在同一个班，就把我和哥哥分在两个班，一个春季班，一个秋季班，他高我半年。后来取消了春季班，两个班合在一起，我就和他一个班了，我和我哥哥在初中、高中都是同班同学。高中毕业后，我们就回香港，我爸爸给我们找工作，找来找去只找到一份工作，我开句玩笑说，两个人只有一份工作，那就让哥哥先做。我找不到工作又回到广州高考，高考录取了，我就在中山大学念书。本科毕业以后，就在北京大学当研究生。

中国共青团、共产党，我都没有加入，我也没有参加地下工作。后来念本科、研究生时，也没有加入，因为归侨当时很难加入，要证明历史清楚，在那时是没法证明的，我当时也没联络到越南的同学，证明不了自己的历史是清白的，连清楚都做不到，我30年代去越南没什么证明。在“文化大革命”前，我还保留着我的国籍证，就是中华民国国籍证，后来“文化大革命”的时候，因为上面有国民党党徽，是不允许的，一抓到就会询问你是不是想国民党回来，所以我就把它撕掉、烧掉了。我们同学在罢课的时候，发了很多传单，我原本把那些传单都保留下来了，但“文化大革命”的时候都烧掉了，现在觉得很可惜，那些资料还是很宝贵的。

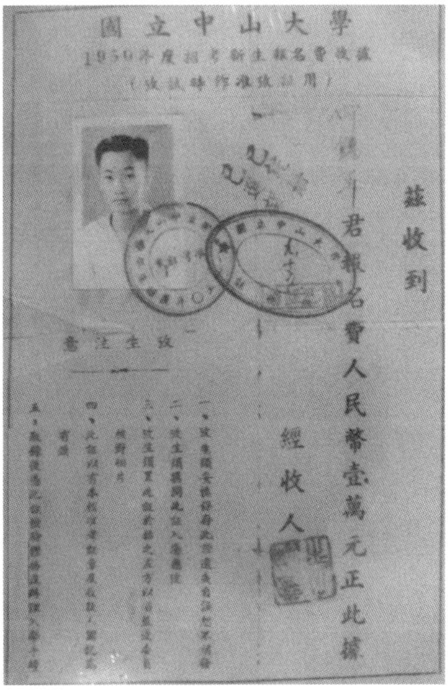

1950年何锡年就读国立中山大学学费收据

我的导师是一个很有意思的人，他出国以前是燕京大学的教授，出国以后在美国当教授。我们抗美援朝，中国打赢了美国。在庆祝中国胜利的一次聚会上，他遭到了美国的不公平管制。导师心里很不舒服。中国和美国在波兰华沙会谈以后，提出自己有很多留学生在美国，要求美国放回来。美国表示没有，而且说他们不愿意回中国，愿意留在美国，他们不能强迫那些留学生回来。后来经过交谈，表示有名单的，美国就放回来。钱学森那批人就是那个时候提出来的。通过各种途径，如写封信给中国，表示自己愿意回来，中国拿着名单就向美国要人了。我的导师就是通过这种途径回国的。我在北大念研究生时，安排我跟苏联专家学。第一年苏联专家没来，我们就自己学习俄文，提前三年大学毕业，缺的课程要补回来，三门新的政治课都没学的要重新学。这一年，我们除了学习业务外，还要自学俄文，还要考核通过才行。苏联专家是第二年来的，在中国待了两年。所以我们第一年就做准备工作，第二、三年就听苏联专家的课。上了一年的课之后，苏联专家有意见，表示派给他的工作太重了，派了 10 个研究生给他，他表示多了，要求减掉几个，10 个里面减掉 4 个，我算是淘汰出来的。刚好我那个美国导师回来了，就把我安排给他了。我跟导师关系很好，我觉得才跟他一年，学不到什么东西，于是向学校申请延迟毕业，所以我就念了四年，我跟了这位教授两年。这两年中，我和他的关系还是比较好的。

畢業證書
學生何錫年係廣東省南海縣人現年二十三歲在本校物理學系肄業三年期滿成績及格准予畢業此證
中山大學籌備委員會
主任委員
副主任委員
公曆一九五三年七月 日

1953 年何锡年的中山大学毕业证书

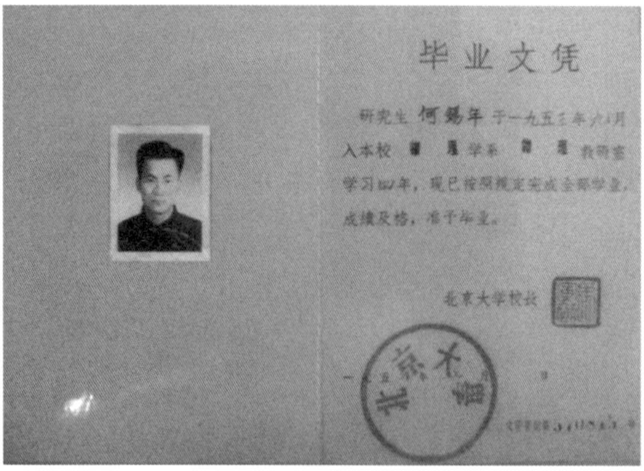
毕业文凭
研究生何锡年于一九五三年六月入本校学系教研室学习四年，现已按照规定完成全部学业，成绩及格，准予毕业。
北京大学校长

1957 年何锡年的北京大学研究生毕业证

研究生答辩以后，我就问我导师，安排我到哪里工作。当时都是分配工作的，他问我想到哪里工作，我表示无所谓，安排到哪里就到哪里。当时安排工作没有把我归侨的身份考虑进去，都一视同仁的。如果考虑归侨身份，我就不能学电子了。当时电子审查很严的，不知道怎么就派了我。他说：“看你的意见，如果你要到哪个学校、科学院或哪个单位，我给你写介绍信，我有很多熟人。”我说：“也不知道自己在哪儿工作合适，您看哪里合适给我安排吧。”他的意见是让我留下，问我有没有意见。我说没有意见，做什么都是一样。当时我的思想是很单纯的。这样，我就留在北京大学了，从 1957 年到 1963 年在北大教书。1963 年以后，因为我爱人当时在广州，我就提出调到这边来。

“文化大革命”那个时候是不能去香港的，去香港是有很大问题的。1957 年我研究生毕业时，还有研究生学生证，香港那边是若你有学生证就可以过去。学校决定把我留在学校当教师，本来一当教师就可以拿工资了，7 月份放暑假就可以报到了。我没有报到，我最后一次拿着学生证去香港，因为以后不能去香港了，我就拿着学生证申请去香港探亲，其实我已经决定留在北京大学当教师了，只是还没有去报到，没有办离校手续。探亲需要层层组织批准，党支部书记就跟我谈话，他问我去香港干什么，我说我家在香港，我拿学生证最后一次去香港，以后就没有机会了。他接连问了我三次“回不回来”，我都说“回来”，他才肯写介绍信，开证明给我，然后我去派出所办通行证。学校办公室主任又找我谈话，他拿着一叠北京大学的条款跟我谈，同样还是问我去香港有什么事，有什么人在香港。我回答说我爸爸和哥哥在香港，我毕业了想回去看一看。结果问完这么两句之后，他就开介绍信给我，开完介绍信之后就去办公室盖了个章，让我去办手续。我办好手续之后就去香港了。

当时我还有一些兄弟在内地，但是各过各的，没有人在北京，只有我一个人在北京。其他兄弟姐妹在广州，也都工作了。兄弟中，大的都在香港，有一个哥哥因为有肺结核停了学，上大学比我晚，因为要在香港养病；另外一个哥哥高中和我一起毕业后，我爸爸在香港给他找了一份小学教师的工作。姐姐在广州当小学教师，一直都在这边的，我们现在都有联系，我哥哥在香港也有联系。

从香港探亲回来，我就在北京大学工作。我回国之后，国家没有对我们青年归侨专门进行思想教育，上学的时候也没有，跟国内生一样。

在“文化大革命”期间，我很多亲朋好友都遭到了不好的待遇。可能我表现还可以，我没遭到批斗。去干校，有人一去就去了四五年才回来，我待了不到 10 个月就调回来了。我一个哥哥就遭到批斗，中学毕业后，他去香港做了两年小学教师，后来那个小学倒闭了，他又回来考大学念书，比我低了两届。结果在“文化大革命”期间遭到质问，问他为什么出去两年又回来念书，是不是受过特务培训，有什么要交代的。他因为没什么可交代的，就给关起来了。一次运动结束，把他放出来后，由于他还没交代，又找回去询问。如果他是特务还可以交代，而他又不是，怎么交代呢，又编造不出来。折腾来折腾去，后来把他调到广西的一个山区，那里只有一所小学，哥哥的儿子念完小学后就没中学念了。后来没有办法，就把孩子带着去香港探亲就没回来了，一直留在香港。他就被折腾得厉害，所有的运动都经历过——关起来，被批斗，要交代。

我姐姐也遇到问题。当时划分身份是按照新中国成立前三年的身份来定的。我姐姐的爱人在新中国成立前三年还在念书，结果“文化大革命”期间说他是地主。根据政策，三年前他是学生，怎么能说他是地主呢？于是将他押送回乡，由农民监督。后来经过核实不是，就放回来了。因为他这种情况影响到儿女，他的儿女成了“地主仔”“地主女”，前途也就基本没有了。他的儿子初中毕业就上山下乡了，大概 15 岁，还没到工作年龄就下乡了。下乡当知青就是靠劳动自食其力。这些东西放到现在都是讲不通的，都没成年就把他放到乡下让他独立。现在，用他自己的话讲，他文不行，武也不行，年纪大了没力气了，只念了初中毕业，所以搞得很狼狈。

在我的兄弟姐妹中，我的境遇还是比较好的。不只是我一家，在我这个范围里，像我这样没受到很大冲击的还是比较少的。可能是由于我比较听话，也没有发什么怪论。念书就念书，干活就干活，而且干活也干得不错，要不怎么把我派去当系主任？我做系主任，很多人就问我是不是党员。我说我不是党员，他们更是疑惑不解。

家人曾经从香港给我寄过侨汇。“三年困难时期”，他们经常寄吃的过来。我在北京结婚的时候，我哥哥问我需要什么礼物。当时是这样的，在香港买张票给我，我凭票去华侨商店领。那时的“老三件”是单车、缝纫机和收音机。哥哥说我要什么就送我什么。当时那些我都没要，就让他送罐饼干给我，于是他就寄了饼干给我。那时候粮食紧缺，非常紧缺。当时在北京，毕业后我的工资是 60 块钱左右一个月，一个月只发二十几斤粮票，有粮票就能吃饭，没粮票就不能吃饭，有钱也不能吃饭。当时有高级糖果，一块钱只有八九粒，买一块钱糖果还没出商店门就已经吃光了。一个月只有 60 多块钱，怎么办？如果你去高档饭馆的话可以不用饭票，但要 4 块钱一顿，很贵的。因为一个月工资只有 60 来块，一顿 4 块就只能吃十几顿。要吃 4 块钱的饭，还要一早去排队，一天也就十来二十几个号的样子，不用粮票的也就十来个号。没课的时候，我就去排队拿票，中午 4 块钱吃一顿饭，那顿饭可能就是两个馒头和肉，一两块钱的就没有肉了。你们没法体会那时候的艰辛。所以让我选“老三件”，自然是选能填饱肚子的饼干了。我是怎么渡过那个难关的呢？那一年，我翻译了一本俄文书，翻译了就有稿费。我这一辈子就那一次拿稿费，拿了 600 多块钱，等于我一年里有两份工资，一份工资够我一个月吃十几次高档饭馆的饭，这样能保证不饿肚子。

现在我的收入还是不错的了，生活基本还可以，比上不足比下有余。但是，我从 1957 年毕业参加工作一直到 1993 年退休，工作了三十多年，我儿子去美国念完硕士就去找工作，三个月的工资比我这一辈子的还要多。你说怎么比呢，自己跟自己比，没法跟人比。

跟我姐姐、哥哥比起来，我这个大学教授生活条件还是比较好的。不过，我虽获得了许多荣誉，但这些都没有物质奖励。除了翻译那次拿到稿费外，其他的都没有拿到。有本书出版社发了稿费，但我拿不到，因为我已经调回广州了。那

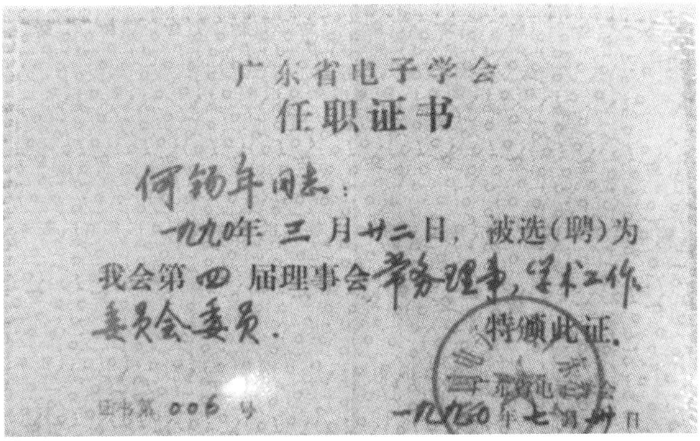

广东省电子学会
任职证书
何锡年同志：
一九九0年三月廿二日，被选（聘）为
我会第四届理事会常务理事、学术工作
委员会委员。特颁此证。
证书第006号
一九九0年七月卅日

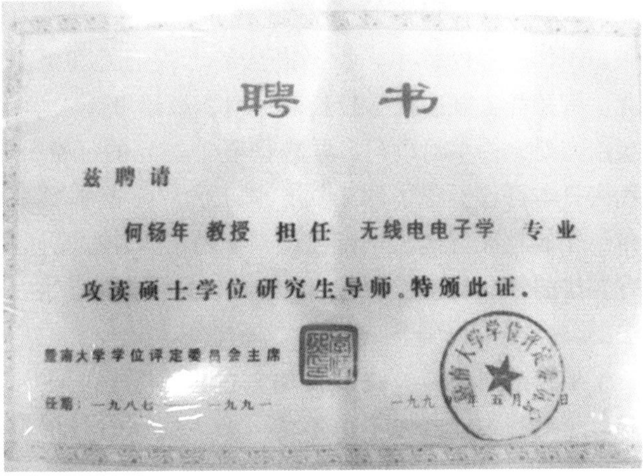

聘书
兹聘请
何锡年 教授 担任 无线电电子学 专业
攻读硕士学位研究生导师。特颁此证。
暨南大学学位评定委员会主席
任期：一九八七——一九九一

何锡年的聘书

本书是北京大学和南开大学合编的，南开的那位老师编写部分多些。我这部分虽然很少，但是把杂志所有关于晶体管的文章都看完，整理之后再写出来的，应该可以说是我自己编写的。这本书编好之后，出版社让我来审稿。这很奇怪，我自己编书怎么让自己审稿呢？我自己审稿当然都通过了，统一了整本书的符号。因为他编的分量多，所以他署名排第一。书出版后，出版社把稿费都寄到南开大学。虽然出版社把稿费寄给你了，但稿费不一定归你，你们现在可能还没体会，因为你的工作是公务的，所以稿费是归学校的，稿费寄到南开大学之后通知我，说我的那部分也拨到南开大学了，我的稿费才一百多块钱，叫我直接跟南开大学联系。当时我很天真，还写了封信到南开大学。南开大学回复我说，我的一百多块钱已经转交到北大。因为是北大和南开合作的，双方各派一个老师，所以我的那份就转给了北大，叫我跟北大财务科联系。我还是很天真，就跟北大财务科联系了。北大财务科表示，“文化大革命”期间那个账全部都封存了，等“文化大革命”结束之后再给我。“文化大革命”期间，北大被折腾得很厉害，折腾完之后，这事也就不了了之，没有给我，我也就算了。

你问我从越南回来之后作为归侨，周边人对我是什么态度？没什么态度，很一般，归侨在广东很普遍。在北京还是挺受尊重的。那时我要求调回广州，可我爱人在昆明，要我调到昆明。后来系主任跟我讲，他和学校每个书记都商量过了，大家都不同意调我走，让我还是在北京安心做，找个机会，再把我爱人调回这儿。我也没说话了。但我大儿子在昆明出生以后，我爱人就到广州了，于是我写了封信给侨委会，说明自己是归侨，因需要照顾家庭，要求调回广州，希望得到协助。侨委会批准了我的申请，叫北大协助办理。北大原来是不放我的，但后来还是同意了。同意了之后，还惹了祸，后来北大的校长陆平在“文化大革命”期间被打下来了，一打下来以后，就有很多人送大字报，部队当时就送了份大字报，说他把我调走就是在破坏国防建设。

你问我回国后对这个经历和工作安排是否满意？这个很难讲，这是关于整个国家的问题。我这一辈子的工作时间不到40年，但折腾了20年。如果没有那个折腾，我对国家所作的贡献应该会更大，但是这个事情是没有办法的。政治变革，不是一个人的问题，更不是我个人的问题。我的工作贡献基本上是在我刚毕业的那段时间，很短的，就几年的时间。后来“大跃进”“文化大革命”的时候，工作基本停顿了，没有办法的。我记得都是见缝插针地去做，工作成了副业。陶铸辞去暨南大学校长职务时，拨给暨南大学一万美元的外汇指标，其中一半给文科，一半给理科。学校把五千美元的经费分给我们买设备，让我来分配。我去日本订仪器花了四千块，剩下的买了晶体管。订完之后就发生“文化大革命”了，那时暨南大学都停课、撤销了，那些东西都没有用到。这能怪谁呢？没有办法的。“文化大革命”不是针对某个人的，整个形势就是这个样子，没有办法的。

从越南回来后，我就没再去过越南了。回来，谈不到后悔不后悔的，那时候，越南赶你走，你不得不走。如果我那时候不走，排华的时候我也会被赶走的。如果我开始没走，后来会走得更辛苦。薛声佳老师原来也是侨联的常委，他是排华期间回国的，没办法，是被赶回来的，那时转到暨南大学还不容易呢。排华期间回来是被安排在华侨农场，拿到广州市的户口是不容易的。有个叫谢自卫的人，在越南是大学老师，但回来之后刚开始是被安排在农场，后来我们系想尽办法把他调到暨南大学，但他的户口转不了，粮食就没有了，没有粮票，学校食堂借粮票给他，差不多花了一年的时间，才给他安排好户口。他当老师退休后，就出国去了加拿大，在那边还是一个比较有声望的人。他的名字“自卫”来自越南自卫队、自卫军中的“自卫”二字。当年他很辛苦地跨过中越边界的河流才走回来的。

家　人

我和妻子都是1930年出生的，她是铁路医院的医生。由于她在广州工作，我便申请调到广州，1963年北大同意把我调走了，上报高教部，刚好暨南大学教务长黄焕秋去北京要人，就把我调到暨南大学。

我们有两个男孩，一个是1962年生，一个是1965年生，大的在美国，小的在深圳。我有一个孙子、一个孙女在美国，一个孙子在深圳。深圳那个是最大的，比我还高，美国那两个也和我差不多高了。我们爷孙偶尔见见面。在美国的两个小孩讲中文讲得很勉强，我儿子、媳妇和他们讲话都用英文，他们都在美国出生，是美国国籍。

大儿子到美国有二十几年了，去留学留下的，应该入了美国籍，在一家制药公司工作。他在暨南大学数学系毕业后，去美国留学，念了硕士，念完之后就在那里工作。现在在阿拉米达，旧金山湾的对面。他家附近原来是个美国海军军港，撤销后就盖房子出卖，里面还有个航空母舰叫作“大黄蜂号”，我参观过那个航空母舰。

我去美国探过几次亲，他们也常回来看我们。我对两个儿子现在的工作是满意的，他们两个现在的生活都不错。我们就没有这个能力，假如我老婆不工作，我就负担不起这个家了。

我的小儿子在深圳做会计，大孙子（小儿子的小孩）现在深圳念高中，没打算去美国念书，去美国读大学没那么简单，学费高昂，家庭没有这个能力。美国对本国人有优惠，而对外国人就没有。在美国的孙子孙女，在那边读书就没问题，英文完全没问题，考试比外国人还好，我那个在美国的孙子念书很好的。他班上的学生大概有一半是美国人，也有不少华人，华人的成绩比美国人的要好。我儿子的英文带有很多中文口音，而我孙子孙女跟外国人是一样的。在深圳的孙子和在美国的孙子有联系，通过网络联系，在深圳的孙子也去过美国两次。

儿子在美国的收入还可以，算中等水平。如果在硅谷那边待遇会好点，但东西也贵，就像深圳跟广州一样，工资高，房子、生活费用也高。在美国穷的一些地方花五六万就可以买到一套房子。我儿子现在住的房子，前几年我去过，他对面那家住的也是华人，要搬走卖掉这个房子，卖了一百万，大概二百平方米的样子。那时房价炒得特别高，现在应该降了一些。我儿子现在不用去办公室上班的，在家通过网络工作，偶尔去公司开会，一般在家办公。在家的办公费用全部是公司负担，办公用品也是通过快递送到家，每个工作日就通过电脑在家办公，他公司也省了很多费用，如房租，大家都有好处。

大儿媳妇是广州人，他们原来不认识，大儿子去美国之后才找的。大儿媳妇不是念书出去的，她的文化程度不太高，她是随着父母从增城新塘移民出去的。小儿媳妇是粤北连州的。

我们与美国儿子一家人在文化上的差异无所谓，我们又不是学术讨论，家庭也没有观念的差异，生活上合得来就行，在日常生活上大家相互迁就。这个没办法的，不可能一模一样，都会存在一些差异的。我跟我老婆有时候也小吵小闹，这都是难免的，我老婆学医学的，我是搞电子的，也是有些差别的。

在美国的大儿子让两个孩子学习中文，每个礼拜学习两个钟头。我的孙子写字很有意思的，比如“车”，他先写“4”，然后上下各添一横。孙女回来过，她对这边的环境不满意，蚊子叮了她，肿了好久，给她留下很坏的印象。那时候她还没上学，应该有好多年了，她是2000年出生的，有七八年了吧。

你问是否忧虑孩子的中国印记没有了？这个不能勉强的，我们归侨没这个概念。有的人出去很长时间就不回来了。你现在叫我回越南，我都不认识一个人。从越南回国后，我就没有回过越南，在那边也不认识什么人了，我也不会拉关系找什么人来认识。

现在，我们兄弟有些根本就没有联系了，有些表亲或堂姐什么的也都没联系。我有一张当时从越南回来前的全家福。已经有两个兄弟去世了。另一张是十来年前我们在广州照的，有我姐姐、老五、老六和老七。姐姐现在广州，90多岁了。哥哥在香港，弟弟在广西。哥哥只有一个儿子，而且已经去世了。

在越南时，我的堂侄女一家开始也跟我们住在一起，越南打完仗以后，她就跑到西贡去了，后来又从西贡跑到巴黎。我的堂侄女婿戴顽君，是旅法艺术家，他是随国民党军队去接收越南北部的，在部队从事什么具体的工作我也不是很清楚。他到越南之后，留在那里当老师。这个人与我上面讲到的那些国民党军队留下搞地下工作的又不同，他主要是搞艺术，不搞政治。国民党军队走了之后，他就留了下来，在我们的那个华侨学校当老师。后来，他们移民巴黎。戴顽君去世后，他太太即我的堂侄女整理他一生，自费出了一本书，不是正式刊物，我也有一本，但送给了暨南大学图书馆。这本书收录了他微雕作品的照片，很精细的，用放大镜可以清楚地看到上面的图案，印刷得比较好。这本书详细介绍了他的家庭情况，还刊有我伯父一家的照片。

越南北部和越南南部打仗的时候，越南南部毕竟比越南北部自由些，所以他们就先跑到越南南部，后来就从越南南部去了巴黎。由于戴顽君是艺术家而且多少有些声望，巴黎还是很尊重他的，他的收入也不错，主要是靠开展览会获得收入。1988年，他回来准备于次年在北京美术馆开个展览会，我和他们夫妇俩见过面，他还给我看了照片，新华社都跟他联系好了，最终展览会却没开成。后来他也没机会再回来了。

感受

中国的侨务政策变动太大了，范围太大了。“文化大革命”时申请出国的侨生，在大礼堂开会的时候，都坐在中间，称作“出国代表队”。当时暨南大学已经停办了。有个问题也是很滑稽的，暨南大学已经停办七八年了，都没有这个名字了，但我们还照常从“暨南大学”领工资。暨南大学已经停办了，我们是南边五七干校的，我们户口写三水农场。三水农场是个劳改农场，我们去接管，我们做劳改犯做的事情，三百多名劳改犯被放回去了，我们就担负起那个农场。我算是回城比较快的，干了不到一年，有的干了三四年甚至四五年才回城。

我们有四个系（物理、数学、历史、中文）合并到了华南师范大学，当时是以华师的身份发工作证给我们的。后来暨南大学一复办，我们就都回来了，华师就不承认我们那段历史，所以华师校庆、校友聚会什么的，暨南大学的几个系是不算的。那我们那几年算是什么历史呢，我们在哪个单位工作呢？所以这段历史，我们都糊涂了。有人在“工作单位”一栏上一直写暨南大学，尽管暨南大学那时候都已经不存在了。

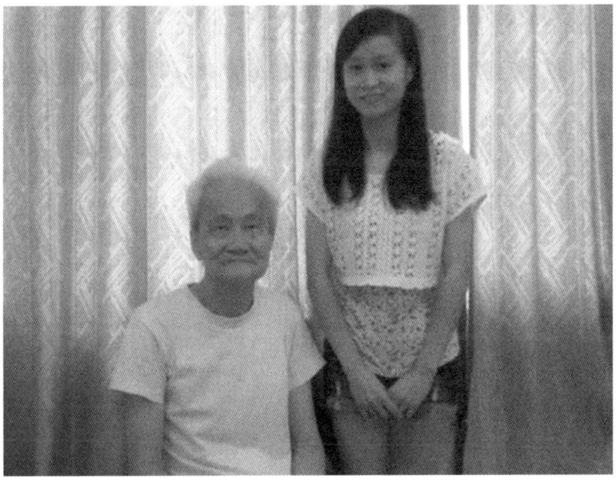

2013 年 6 月 19 日、6 月 27 日，暨南大学国际关系学院/华侨华人研究院 2012 级硕士研究生陈慧、田丹丹、王趸兴采访何锡年老师，图为陈慧与何老师合影

何锡年，男，汉族，1930 年出生于香港，祖籍广东肇庆。1937 年因日本侵华战争之影响蔓延至香港，随母亲前往越南避难，在越南完成小学和中学学习。1947 年回到香港，继而求学于广州南海中学，1950 年就读于中山大学，1957 年北京大学研究生毕业。暨南大学物理系教授。

何玉梅[1]

我于1940年出生于印尼爪哇岛泗水市，父母都是华人，家里有九个兄弟姐妹。7岁时入读中华学校，至1958年高中毕业。1960年，只身一人回到中国，回国后在暨南大学读书，1965年毕业后被分配到广州塑料厂，后到广东实验中学（原名广州市第六十中学），后又调到暨南大学工作，2000年退休。1967年，我和我的大学同学结婚，育有两子，退休后定居在暨南大学羊城苑。从1960年回国至今，我曾多次回印尼探望家人，我的父母亲也曾于1973年回到中国，虽然相隔较远，但是我们保持了密切的联系。

在印尼

我祖籍福建漳州，我的父母都是在印尼出生的，甚至他们的祖先也很早就已经生活在印尼了。据母亲说，她的祖父是从中国来到印尼的，而父亲因很小就失去了父母，对于祖先什么时候什么原因来到印尼一无所知，只听亲戚说好像清代时就已来印尼。他们为什么离开自己的祖国，冒险漂洋过海到陌生的地方去过漂泊生活呢？这应该是因为当时的政府腐败，连年内战以及别国的侵略，使人民处于水深火热之中，有的还被卖到国外当劳工，才使我们的祖先离开自己的祖国，到国外去谋生。虽然我的祖辈已在印尼生活很久，但是他们没有忘记自己是中国人，把中华民族的勤俭节约、刻苦耐劳的优良传统代代相传，这不仅使他们得以在他乡生存，也促进了当地的经济发展和繁荣，华人对当地社会作出了不可磨灭的贡献。

---

① 陈秀雯、苏夏羽（暨南大学国际关系学院/华侨华人研究院2010级本科生）于2013年12月5日在暨南大学第二文科楼采访何玉梅老师。

何玉梅在印尼的全家福

我于1940年出生在印尼爪哇岛泗水市，当时正值第二次世界大战，听父母说，我才2岁就已经要跟随父母亲及亲戚们逃到偏远的山城，那时我家已有六个兄弟姐妹，妹妹才半岁。我4岁时目睹的战争惨景至今记忆犹新，当时我已回到泗水郊外的实班琅镇，战争很激烈，人们没有过上一天安宁的日子，经常遭遇飞机轰炸，许多房屋被炸塌，几乎每天都有老百姓被炸死、炸伤，每家都挖有防空洞。每当警报一响，大家就知道飞机要轰炸了，不论是白天还是夜晚，父母就赶紧带着我们进入防空洞。在防空洞里，我们恐惧地围在父母身边，听着飞机轰隆隆飞过的声音，轰炸时，还能听到弹片飞落在屋顶的响声，我们家的屋顶都是用金属锌片盖起来的，所以声音特别响。有时飞机来的次数多，父母就干脆把我们带到防空洞去睡，这样不用半夜叫醒我们进防空洞，但是父母又要过无眠之夜了，得时时关注我们的安危，这在战争时期是常过的日子。日军侵略印尼时，他们到哪里，哪里就遭殃。我的大伯父患有心脏病，日本兵深夜到他家敲门，把大伯父当场给吓得心脏病发作死了，丢下妻子和子女三人，那年他才40来岁。而二伯父和我唯一的姑姑，也因战争的残酷，生活艰苦，有病不能好好治疗，相继病逝，平均年龄也才40岁。父亲4岁就失去母亲，9岁时又失去父亲，他们四兄妹相依为命，靠年老的祖母养育及华侨团体的接济，小小年纪就挑起生活的担子，度过艰苦的日子，成长并都成了家，养育了子女，可是战争又夺去了他三个兄妹。

记得我7岁那年，战争终于结束了，我们这些常年逃难的难民可以回家了，我也可以和分居的父亲及三个哥哥相聚了。可是，回家的道路被炸得坑坑洼洼，汽车无法通过，因路况不好，只能走路，一群老老小小的难民，由荷兰士兵护送，踏上了归家的路途。我们沿着小路走，护送的士兵有时叫大家停下来，站在安全地带，因为他们发现了地雷，需要排除地雷，就这样走走停停。这群难民大都是妇女带着一群孩子，像我母亲就是带着我们兄妹四个，当时哥哥才9岁，妹妹6岁，弟弟4岁，弟弟没走几步就要母亲抱着，而我们兄妹三人提着一只母鸡，一个足球，轮着提，可是最后也提不动了，只好把母鸡放走了，足球实在舍不得丢掉，一直坚持着拿回了家。从早上走到傍晚，快接近目的地时，这一段道路没有受损，汽车可以通过，荷兰士兵便用大卡车来载我们，几辆大卡车载着一群疲惫不堪的难民，回到了家。父亲带着三个哥哥已经在路边等我们。一年没见，此刻我们多么开心啊！从此没有战争了，我也可以上学了。这就是我的童年。

1945年第二次世界大战结束，1947年印尼独立战争取得阶段性胜利，我和四个哥哥同时读书，生活逐步稳定下来。

我居住的地方是一个小镇，离泗水市一百来公里，叫实班琅。母亲说她的祖父已经生活在那里，她祖父是大商人，可是到了她父亲，生意已经没落了，母亲也是在这个小镇长大的。我的父亲没有谈过他父母的事，因为他从小失去父母，对过去的事所知甚少，但是他小时候和母亲一样，也是在这个镇的中华学校读书，这也是我小时候读书的学校。父亲对这所学校很有感情，因为是华侨社团办的学校，也接济过他，让他有机会读完3年的书，还给他工作做，让他半工半读。父亲常说，他读书时很勤奋，经常得到奖励。有一次他参加珠算比赛，得了第一名，学校就奖励他一双鞋子，因为他没有鞋子穿。父亲是懂得感恩的人，我读书时，父亲还是学校的董事，虽然那时父亲的生意不太好，仅经营着一间小杂货店，但是父亲很关心学校，每学期缺老师时都是他到处去聘请老师。每年儿童节，父亲就从商店拿一些文具用品作为儿童节活动的奖励品，让孩子们快乐地过儿童节。

何玉梅（前排右一）的全家福，1957年摄于印尼

实班琅镇的老华侨已习惯那里的生活。印尼处在热带地区，气温一年都是在28℃～31℃，一年只有旱季和雨季两季，活火山多，土地肥沃，植物茂盛，水果品种多，所以只要国家治理好，印尼人民是可以生活得很好的。华侨勤俭节约，刻苦耐劳，所以华侨的生活过得较好。有不少华侨，他们富裕了也不忘祖国，捐助家乡，为家乡修路、筑桥，而他们自己的生活很节俭。祖祖辈辈已生活在印尼的老华侨，能平平安安过日子，孩子能有书读，以后孩子的家有车子有别墅，就满足了。年轻人读完高中就忙着谋生，能继续大学深造的仅有极少数人，有钱的父母会把孩子送到国外去深造，这也是极少数，大多数是读完高中就不读了，学一些技术谋生。特别是女生，女大当嫁，跟随丈夫当家庭主妇，养儿育女。我读小学时已立志高中毕业后回国，我有一个年纪比我大一些的同学，当时她也说要回国，可是她读完小学就食言了，劝我说女孩子不要离开父母。本来我和她是很要好的，她是独生女，把我当作自己的妹妹一样，她家庭经济条件好，想买什么东西，总是要父母买两份，一份留给自己，一份给我。她小学毕业就停学了，因为她不想回国，我回国后不久听家人说她结婚了。1990 年我回印尼探亲时，不能去拜访她，没想到几年后就听说她病死了。华侨中大多数女生都像她一样早早结婚，高中毕业后能回国的是极少数。

我的家庭不富裕，特别在战争年代，我们兄弟姐妹还小时，全靠父亲一人帮亲戚打工，当厨师，养活一家，加上战争时期两个伯父病死后，留下年幼的孩子，父亲还要接济他们，所以生活很困难，只能省吃俭用。可是父亲从小生活在艰苦的环境中，什么苦他都吃过。战争结束后，父亲在外工作，母亲忙着家务活，洗衣煮饭，白天忙完了家务事，晚上常给我们讲她小时候的故事。小时候她读书很用功，年年都考第一名，可惜读了三年家里就不让读了，那个年代能读上三年书已经很幸运。母亲读书时还参加学校的文工团，经常到校外演出，唱歌、跳舞。她同班一位男同学虽然成绩没有她好，但最后上了大学，当了医生。在印尼，医生是人人羡慕的职业，生活是很富裕的，一般都有别墅，可以过豪华的生活，可是母亲的这位医生同学，住的是普通的房子，没有汽车，只有破旧的单车，他知道乡下好多病人没钱治病，就经常跑到乡村给穷人看病，穷人买不起药，他还掏钱给病人买药。他高尚的品德感动了华侨公会，后来华侨公会买了一辆摩托车送给他，再三说服他这是为了更好地为更多的人治病，他才肯收下。母亲很佩服他。母亲还很钦佩陈嘉庚，他在世界各地都有企业，他热爱中国，乐于做慈善公益，捐款建设家乡，建学校，对家乡贡献很大，但他自己的生活简单朴素。母亲一听到人们赞美他，就会很高兴地说："他姓陈，我也姓陈，他是我的亲戚。"父母是我的榜样，从小教育我如何做人。那个年代虽然艰苦，但是我们生活得很快乐。

从小我见母亲忙什么，我也会去帮忙。母亲常年劳累，身体不大好。我和最小的弟弟相差10岁，我每天上午上课，下午没课，功课做完了，就赶紧去帮母亲，扫地，擦地，照顾好年幼的两个小弟弟，晚上和母亲洗好全家人的衣服。因为从小受过艰苦的磨炼，锻炼了坚强的意志，所以我从来不向困难低头，相信自己只要坚持下去，一定会成功。

何玉梅家在印尼的房子，现在已经卖给别人了

我们的生活后来越来越好，房子也买了，车子也有了。两个大的哥哥因从小受过艰苦的磨炼，成人后开始扩大经营，靠着勤俭诚实，生意越来越好，特别在我回国几年后，大哥成功经营了养鸡场，二哥也发展了他的运输业，他们能让辛苦了一辈子的老父母在风景优美气候适宜的山城度过幸福的晚年，这令远在祖国不能孝敬父母的我感到欣慰。

在印尼，种族歧视是有的。在荷兰人统治的时候荷兰人是第一等，因为他们是统治者，华人是第二等，印尼人是第三等。印尼独立后，印尼人多少就有了不满，觉得华人来的时候两手空空，能拥有现在的生活全是靠掠夺他们的物资。荷兰人剥削厉害，但他们开的是石油公司之类的大公司，跟印尼人没有直接接触，而我们华人都是卖东西，直接跟印尼人接触的，所以他们看到的就是中国人。我们读书时，从印尼学校高中毕业后要考印尼大学，印尼大学都要选择，这不是一律平等的，印尼人60分能够进校，但是中国人80分还不能进，这是规定的。如果没有这些规定，上大学的可能全是中国人了，因为华人的学习普遍比较好。所以，华人任劳任怨比较可取，中华民族有五千年的历史可能跟这个有关系，这个很重要。

中国人在印尼的生活水平很不错，都是比较有钱的，即使是难民也有一些小卖部。很明显的，当苦力的都是印尼人，干重活的、种田的都是印尼人。比较有钱的就在城市，更有钱的在泗水，泗水的人真的很有钱，除非你跑到乡村里面才可以看到没钱的。我们住在小地方，不是有钱人，反差很大，那些城市的商店不是中国人的，就是印度人的，印度人也有钱。

何玉梅母亲的坟墓，墓志铭文字全是印尼文，没有中文，以前华人的墓志铭是允许用中文写的，后来印尼总统不允许写中文，全改写印尼文了。何玉梅母亲信基督教，所以有坟墓，但其父亲信佛教，没有坟墓

回　国

我是从祖上起就已生活在印尼的华侨后代，虽然知道自己是中国人的后代，但是对祖国已经不了解了，在中国也没有亲人，在印尼我觉得像失去母亲的孤儿，遭受到当地民族的歧视。有一次我和邻居印尼人的孩子一起玩时，发生争吵，她就骂我，说了一句“你滚，这不是你的国家”。当时我感到很委屈，心里一直想她有祖国，而我为什么没有祖国。还有一件事，发生在小村庄里的，印尼发生政治动乱，他们把那里所有青壮年华侨全部抓起来，然后活埋了，留下的妇女和小孩逃难到我住的小镇。当时中国还没有解放，只有华侨团体协助他们，发动学生捐款帮助他们渡过难关。没有祖国的孤儿到处受欺凌，生命安全都没有保障。我深深地体会到一个没有祖国的民族是多么悲惨的民族，所以我明白为什么华侨很热爱祖国，希望祖国能强大，因为只有祖国强大，海外侨胞的生命安全才有保障。

我在中华学校接受教育，从中国历史课、地理课慢慢了解祖国，知道祖国地大物博，具有悠久的历史，然而由于统治者的腐败，遭受强国的侵略，中国人民受尽苦难，贫穷、疾病、饥饿煎熬着人民，许多人为了生存不得已背井离乡，漂泊他乡。1949 年新中国的成立鼓舞了广大侨胞，当时我 9 岁，正在上小学，经常听老师讲祖国的新变化，中国从旧社会变成新社会，是中国共产党领导的中国人民推倒了三座大山，中国人民终于过上了好日子。我当时虽然还小，但是经历过战争的苦难日子，经历过受人欺凌、被歧视的痛苦，知道新中国成立后，我的祖国正走在光明的大道上。从那时起我已下决心一定要好好读书，高中毕业后回国。

我读完小学后，要到泗水去上中学，初中一年级是在明光中学读的。每天早上4点钟起床，洗漱吃饭后就坐火车去上学，下午2点多才回到家里。除上学外，我都在家帮助母亲料理家务，有空就学习、读书。偶尔出门去看电影或游玩，都是和父母一起去，当时印尼社会很复杂，流氓经常出现在热闹的地方。

我刚读完初中一年级时，因学校的董事们对思想进步的校长不满，就开始排挤校长，最后校长离开另办中学，校名是侨光中学，我就在侨光中学读完中学。校长是一位女性，单身，是从中国来的，天天穿着长旗袍，是一位热爱祖国、热心教育的教育者。她勉励学生好好读书，将来回国建设祖国，说祖国正处于一穷二白的时期，需要年轻人回国建设（后来听人说她晚年也回到自己的家乡，成立了教育基金会，用来奖励有突出贡献的归侨）。因此，我回国的信念更加坚定了，觉得年轻人有责任建设祖国。

侨光中学现址，摄于2008年。因这所学校离家比较远，何玉梅每天都要坐小火车去学校。后来排华时不允许华文学校存在，学校被没收了，目前是一个教育机构在使用

1958年12月高中毕业后，我要求父亲让我回国，可是父亲确实舍不得让他最疼爱的女儿离开自己，他知道，如果让我回国，我就永远不能再回到他身边，等于生离死别。父亲养育九个儿女，非常艰辛，特别是在战争年代。父亲从小失去了父母的爱，战争年代又失去三个兄妹，只剩下他一人，现在最疼爱的女儿又要离开他，这让他怎能割舍呢？可是为了建设祖国，我忍痛割爱坚持要求回国，最后父亲流着眼泪答应我的要求，那是我第一次看到他流泪，我发誓无论碰到多大的困难我也不退后。

何玉梅与印尼老师（左二）等人合照，当时老师60岁，还在一边教书一边读书，因为印尼规定没有大学文凭不能教书

因国籍问题，我的回国申请迟迟得不到批准，当时印尼也开始排华，社会环境对华人十分不利。我每次放学回家，总是看到母亲等在门口，看到我们回来了她才松一口气。1960年印尼政府大排华，中国政府派船接华侨回国，我也被批准回国，我是我们镇上华侨中第一个回国的。我回国后不久，镇上的华侨家庭陆续回国，这减轻了父亲对我离别的思念。

回国后，我被安置到暨南大学，经过几个月的补课，考上了暨南大学化学系。

20世纪60年代，我国正处在经济困难时期，没得吃，没得穿，物资相当贫乏，许多人挨饿、受冻、生病甚至死亡，但是我们在学校里，政府给了很大的关怀。校长在大会上说："建设祖国，需要人才啊！培养一个大学生，要20位农民干一整年活。"听了这句话，我深深地明白，我们肩负着祖国的重任，我一定要好好学习，不能对不起辛勤劳动的人民。经济困难带来生活上的困难，刚回国的归侨生活上也有很多不习惯，可是大家都能克服，安心学习，对我来说这个困难算不了什么，因为我从小生活艰苦，而且回国前我就知道国内生活比印尼艰苦得多。当时我向印尼的校长告别时，她看到我身体瘦弱，担心我扛不住，她说国内的生活比印尼还艰苦，天天只能吃豆腐，没有肉吃。但是，我相信自己，只要有坚定的信念，任何困难都可以战胜。回国不是去享受，而是为了建设祖国。当时政府关怀归侨，归侨学生如果生活有困难，可以申请助学金，在大学读书不用交学费，但是吃饭等生活上需要的费用要自己解决。我回国后不久，父亲可能担心我没钱会碰到生活上的困难，就寄了1 000元港币（相当于人民币400多元）给我。我心里很过意不去，因为我知道送我回国的费用及携带的衣物已经用了不少钱。有了这笔钱，我就不用申请助学金。和我同一艘船回来的归侨学生在暨南大学生物系，我们已成了好朋友。她不想申请助学金，因为她觉得国家很困难，不想增加国家的负担，我也这样想，但她家里没有寄钱给她，我就提出我的这笔钱两人用，就这样一直到毕业我们两人都没有申请助学金。为了能维持生活，我参加勤工俭学，每星期六晚，学校放电影，我就和一个同班同学负责卖电影票，每周能领到两元的劳务费。在班里我还是生活委员，每月要去膳食科领全班同学的白糖和饼干，每人一个月分到二两白糖，半斤饼干，拿回宿舍一份一份包好发给同学们。同时每月还要为调干生领补贴，每人的补贴金额不一样，我从财务科领回后，按每位的金额发给他们。每星期天都有一些同学离开学校到外边吃饭，在外边吃饭要粮票，所以出门就要登记哪一餐不在学校吃，才能领粮票，这工作也是生活委员做的。虽然工作忙，但我很开心，因为我对能为同学做事感到高兴。

经过 5 年的大学学习，我们掌握了专业知识，同时通过政治学习，学习毛主席著作，我逐渐懂得什么是社会主义，懂得中国共产党是领导人民谋利益的政党。回想在印尼时看到的社会，广大劳动者过着苦难的生活，而有钱人不劳动却过着奢华的生活，他们有高级名车，有别墅，连他们的宠物都比穷苦人吃得好。小时候母亲珍惜每一粒粮食，教育我要尊重劳动人民，所以到现在我吃饭还是不留一粒米，懂得节俭，懂得没有农民的辛勤劳动人们不能生存。在上大学时，每学期都要下农村参加劳动，亲身体会农民在劳动中的辛苦和快乐。当好久不下雨时，就要抗旱，我有幸参加踩水车抗旱，不停地踩，踩完一个上午下来已无力走路，由此我才知道农民的不容易啊！

1961 年元旦暨南大学化学系秋一班全体同学及班主任合影，第三排右七为何玉梅

1965 年，我大学毕业，被分配到广东化工局属下的广州塑料厂高分子班当化学教师。因学校是新办的，工厂也是第一次开班，没有课室，没有实验室，就自己张罗，没有化学药品，就跑到化工局去要。我的普通话带有比较重的印尼口音，学生听起来有困难，为了让学生能真正学到知识，我花了很多时间把讲义刻在蜡纸上，复印发给学生，讲一讲重点，然后让学生看讲义，学生反响比较好。

可是，刚过一个学期，“文化大革命”就开始了，无法上课。有的老师被学生批斗得很惨，我因与女生住一个宿舍，大家比较了解我，因此没受到大的批斗。但是也有一些学生背地里在我的办公桌写上“打倒何老师”，结果给另一派学生知道后，引起两派学生对骂。我作为老师，不希望学生之间对立，就极力调解。经过我的努力，在进行大联合的时候，我班最早联合起来，愿意回课室上课。我组织他们学习毛主席著作，让他们懂得革命道理，知道共产主义社会不是喊出来的，而是干起来的。两年过去了，算是学业结束了，同学们被分配到化工局属下的工厂工作。学生被分配走了，我还没有重新安排工作，局里的老师组织起来说要继续闹革命。第一次讨论时，我心里很纳闷，因为我觉得他们并不是真正为了干革命，而是为了个人的目的，所以我索性不参加，当逍遥派，回厂参加生产劳动。广州塑料厂是国家重点工厂，生产的塑料是军用电缆，虽然年年亏损，但是国家要补贴继续生产。记得“文化大革命”刚开始不久，朱德同志来厂视察，更显出广州塑料厂的重要性。当时工厂也进行“四清”运动，揪出“大老虎”，一个校财务贪污了巨款，成为“大老虎”，在工厂里劳动改造，“军宣队”也进驻了工厂。

最初我自告奋勇到厨房工作，因厨房工作条件艰苦，待遇没有车间工人好，都是文化较低的老工人，只有一个厨师，所以厨房缺人手。其他人都不愿意去，我愿意去，可唯一的厨师最初很不欢迎我，他觉得我这个体质瘦弱的大学生，怎么能干呢？可是我到厨房不久，他就喜欢上我了，因为苦活脏活我抢着干，冬天洗菜，夏天洗碟，送开水到车间给当班工人，每天挑着约 70 斤的两木桶水，从一个车间到另一个车间，还要沿着铁皮楼梯挑到楼上的车间，人走上去都困难，何况还要挑着开水，好在大学读书时磨炼过了。当时厂里正搞“四清”运动，阶级斗争观念强，有些工人是新来的退伍军人，他们看到我送水，不敢打招呼，总是用异样的目光望着我，可能怀疑我是不是因为犯了错误，在工厂劳动改造。对别人的不理解我不在乎，我也不会觉得厨房工作不光彩，什么工作只要对大家有利，我便乐于去干。在厨房干了一年半，我收获很大，从思想上克服了怕苦怕累怕脏的观念，锻炼了坚强的意志，更热爱劳动，进一步培养了对劳动人民的感情。离开厨房去厂化验室工作了半年后，又接受重新分配。

1969 年学校复课闹革命，需要大批教师，我被分配来到广州市第六十中学

（后改名广东实验中学）。到了学校，斗争更激烈，他们往往把归侨当成特务、资产阶级、剥削者等，所以，那几年许多归侨陆陆续续地申请出国出境，但回不了印尼，最后大都去了香港。

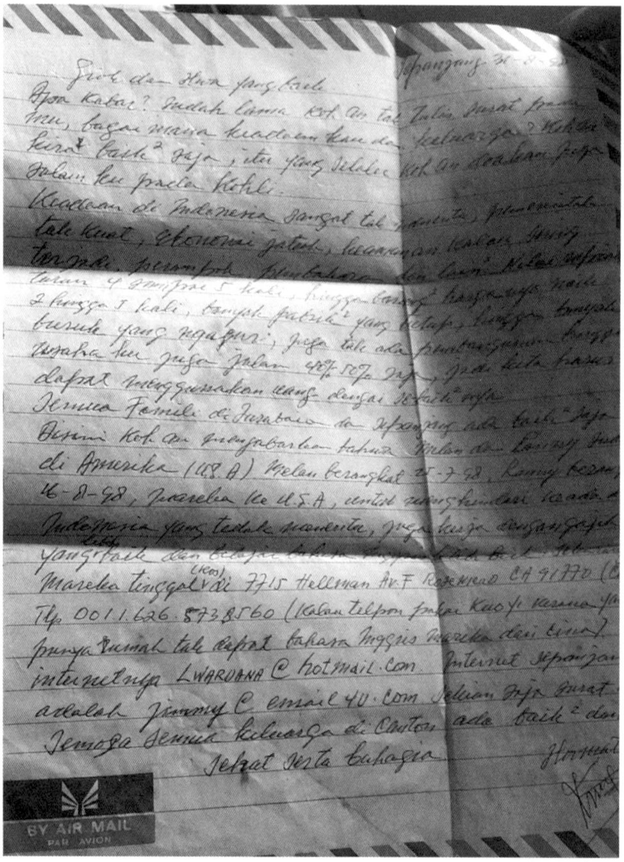

何玉梅在印尼的哥哥寄来的明信片

感　想

回到祖国是我生命中的转折点，在祖国生活了50多年，使我从一个普通的青年人成为一名共产党员，能为实现人生最美好的理想而努力。我于1965年开始参加工作，到2000年退休。在这35年中我努力工作，在“文化大革命”最困难的时候，不论受到什么冲击，我从不退却，始终相信中国共产党是最伟大最英明的党，是为广大劳苦大众服务的，始终坚信中国共产党的事业会取得胜利。

“文化大革命”结束后，伴随着改革开放，我国各行各业飞速发展，发生了日新月异的变化。1990 年我第一次回印尼探亲，回到离开 30 年的印尼。当时我国虽然开始发展，但还是跟不上其他国家，连高速公路都没有，而印尼有了，我哥哥开车带我上高速公路。2000 年我又回印尼，那时广州变化很大，高速公路、高楼大厦不断出现。我的生活变化也很大，第一次探亲往返路费要一万元，我自己没有能力，要靠印尼的亲人出资。去印尼还要印尼的亲人作担保，因为我国还比较穷，怕去了不肯回来。可是 2000 年我第二次回印尼时，飞机票、签证等费用都是自己出的，也不用印尼亲人作担保。接着我于 2003 年、2005 年、2008 年又回去探望了亲戚，每次去都会带一些钱给亲人，以报答他们的恩情。过去我们这里生活困难，有的亲人会接济一些，现在我们生活好了，有能力去帮助他们了。

祖国富强了，海外的亲人也开心，我的表姐在荷兰生活，90 年代来广州探望我们，她看到中国发展了，富强了，高兴地说：“中国强大了，我是中国人的后代，也得到别人的尊重了。”所以祖国强大，海外侨胞也受人尊重。

我的家庭生活很美满，两个儿子都有自己的事业，孙儿孙女正在读书。年轻时我们努力工作，晚年时得到政府的关怀，我们觉得很幸福。能有美好的晚年，不能忘记是中国共产党的好领导，永远不能忘记是许许多多共产党人的努力，不能忘记先烈们。虽然我们老了，但是还要努力学习，锻炼好身体，还要为社会作贡献，要教育好我们的后代，不能丢掉中华民族勤俭节约、刻苦耐劳的好作风，一代代地传下去，我们中华民族才会兴旺。

何玉梅回印尼探亲时留影

黄　慧[1]

祖辈出国

我祖籍广东梅县，1930 年出生于印尼 Pontianak（即坤甸），后来住在西婆罗洲的 Singkawang，也就是我们所称的山口洋，1951 年我从山口洋回国。当时山口洋只是一个小城镇，连公共汽车都没有，有长途汽车，但没有本市的，本市根本就不用公共汽车，我们都走路上学，骑单车的都不多。

我也不太清楚自己家族最早出国的是谁，我可能已经是第四、第五代在国外的了。我父亲就是在印尼出生的，我不确定我爷爷是不是也在印尼出生，因为我爷爷的哥哥也在印尼，所以我爷爷也有可能是在印尼出生的。再往上一辈我就不清楚了。因为我们那一带都是靠海边，我祖父那一代有很多都是打鱼的，我外祖父和我祖父年轻的时候也是打鱼的。

在印尼的日子

我爸爸是海关职员，我妈妈是普通的家庭妇女。

我爸爸在海关负责报关，就是打字填申请表那种，相当于打字员，因为他原来学过中文和荷兰文，所以我爸爸当时还算是一个比较高级的职员，属于高收入人群。可是当时像我爸爸那样又懂中文又懂荷兰文的人不多，所以我爸爸的工作很多，劳累过度，得了肺病之后就去世了，当时肺病是没法治的。我爸爸应该是 1937 年 6 月去世的。我有两个弟弟，一个妹妹，我爸爸去世的时候四个子女中我年龄最大，才 6 岁半，我妹妹最小，才刚满月。我爸爸临死前留下了一笔钱，给了他弟弟和一个他很要好的朋友，由他们来给我们支付每个月的生活费。这个朋

---

① 韩敬涛、苏钺秦、郭晓晨、程靓、汤擎阳、周慧茵、祁云、冼君言、陈吉威（暨南大学国际关系学院/华侨华人研究院 2013 级本科生）于 2016 年 5 月采访黄慧老师，并整理成文稿。

友接任了我爸爸的工作，这个工作虽然收入挺高的，但是一般人也做不了，其他人想接也不容易。我爸爸把这个工作交给和他比较要好的这个朋友，在临死之前他们谈好每个月要给我们多少钱，这个具体数额我也不清楚。这份工作持续到了1941年日本登陆印尼，之后就没有了。

日本登陆印尼以后，我们家靠的是我爸爸的一些积蓄，还有我外祖父提供的一些帮助。但是我外祖父给的帮助也不是很多，因为外祖父家是一个大家庭，他自己一共九个孩子，其中五个是女儿，四个是儿子，他首先得照顾这四个儿子。我外祖父上过荷兰人办的学校，在山口洋那边开了个金矿。我爸爸在的时候，我们是租房子住，那时还住在坤甸，坤甸是省会。可能我爸爸在世的时候在我外祖父的金矿里入了点股份，所以在我爸爸去世以后，我们就回到了我外祖父家里住，我和外祖父他们家的关系挺好的。

山口洋那一带靠近三巴，那里有一些地方有金矿，我外祖母家那边有一条小河，经常在那里洗一洗就会有金出来，就是常说的淘金沙。1927年我外祖父就和他的几个同学在那一带开了个小金矿，我外祖父就是金矿主，在当地比较有名。在今天来讲那个金矿还属于勘探阶段，没有什么大不了，但是当时名气很大。那个时候山口洋有小汽车的算来算去恐怕就几个，银行主（即银行分行行长）有小汽车，县长有小汽车，我外祖父家也有小汽车。外祖父家在华人社会当中开始是走上层路线的，后来在抗日时期开始转变了，抗日的姨父把金矿区当作了抗日活动地点。

印尼南华中学，摄于1949年12月11日

我在印尼时一直是学生，小时候是在荷兰学校学习，幼儿园就是荷兰学校。上小学一年级就学中文了，因为是荷兰学校，以荷兰文教学，中文当作外语，那就是学了两种语言。当时印尼是荷兰的统治区，所以要学习荷兰文，但是因为华人多，所以也教中文。我们这些华人肯定是要读中文的，祖宗的语言不能忘。上午学荷兰文，下午学中文，晚上还有两节中文。到了日本占领印尼的时候我就没学荷兰文了，中文也只学了半年多。在山口洋那一带，按照华人的想法，华人要会华语。但是，为了在那里生存、工作，你会外文当然更好，也不一定是当地语言，当时是荷兰文为主，印尼文还占不到位置呢。后来日本投降了，特别是印尼独立以后，印尼文的地位才提升。我们学外文，比较多的还是学统治者的语言，当时最有地位、能够在当地立足的就是我们学的荷兰文。

1950 年 12 月，山口洋南华中学首届毕业生合影，前排右五为黄慧

抗日时期的生活

一直到现在，我对日本兵残杀中国人的场景还有很深的印象，现在 80 多岁了，我对日本还是没有好感。比如说，你要叫我去日本旅游，我就没有这个感情。日本的东西即使再好我也不会买，比如说日本生产的手机，按性能来讲可能比中国生产的强好几倍，但我宁可买中国的，也不会买日本的。到现在我还是这个样子，就是有种民族感情，这份感情源于我小时候的记忆。

抗日时期，日本人在山口洋抓了很多人，也杀了很多人，抓去的就没有回来的，在我这一代人当中，父亲祖父叔叔伯伯被抓的大有人在。有一年除夕，大家回去吃团圆饭，结果半夜就被抓了，日本人抓住了中国除夕要吃团圆饭的传统。其他时候你可能都躲开了，但是你一定会回来吃团圆饭，大家都回来吃的。我家首先被抓的是我外祖父，我那些舅舅在外祖父被抓以后，就都躲了起来，大家都不在家里住了，有的在岳母家里住，有的在外面小地方住，但是妈妈还在家里。咱们中国人的习惯，年三十留着妈妈一人在家里是不行的，一定要都回来过年三十，年三十回来你不可能吃完饭就走，一般年初一才走，结果日本人年三十晚上半夜就来抓人，所以第二天街上哭声一片，很多家庭的家人被抓走了。日本占领时期杀死了很多人，特别是华人，杀得特别多，就拿山口洋这一带来说，我的好多同学都是没有父亲的了，都被日本人杀死了。

我们家有一部分进步青年。在西婆罗洲有一个人民抗日同盟会，我的小姨即我妈妈倒数第二个妹妹参加同盟会组织的抗日活动，结识了我小姨父，他是这个组织的负责人之一，他们是后来结婚的。他一开始居住在新加坡，在那里就已经参加抗日活动了。他是从新加坡回到山口洋发展抗日组织的。他们要搞活动，需要借场地，因为我外公的金矿不在市区里，比较偏僻，适合搞抗日活动，所以他们就在我外公的金矿那里组织抗日活动了。

因为我家在郊区，巷子很窄，汽车都无法通过，因此相对较为安全。西婆罗洲人民抗日同盟会山口洋分会有几个领导人活动的地方就在我家，他们用各种方式在我家开会，在他们开会的时候我两个弟弟就在周边除草（站岗放哨）。姨父怕他在家那里被抓，就和我姨母跑到我外祖父家躲起来。新女婿在山口洋没人认识，但因外公开金矿，在当地名气大，姨父姨母白天就到我家里来躲，因为我妈妈是寡妇，姨父只好晚上回我外祖父家睡觉。

日本可能掌握了当地一些抗日组织的情况，抓了好多人，很多无辜的人也被抓，年轻人基本都被抓了。我丈夫的哥哥就被抓了，我家里的舅父、叔叔、哥哥还有一些住得比较偏远的亲戚也都被抓了。我外祖父也被日本人抓走，就再没有回来过。外祖父有四个儿子，除一个是病死外，其余三个都被日本人抓走，我的姨父——他的女婿也被抓，所有活着的包括老人家都被抓去。在山口洋地区，像我们家这样的遭遇，一家四五口人被抓走大半的，一家两三代人，父亲被抓，儿子被抓，女婿被抓，甚至大孙子（外孙）都被抓的，十分常见。反正是男的都免不了被抓，被抓去就回不来了。在日本占领印尼时期，山口洋、坤甸一带，被日本抓去了很多人，那里有个“东万绿”（音），被杀的都埋在那里。

我们家住得比较偏远，我父亲是病死的，我妈妈又是寡妇，后来我们家就成为抗日根据地，给他们抗日的人开会用了。在那种统治之下，仍然有这个胆量，你很难想象，这是受怎样的一种民族感情驱使。我们这些小孩子什么都不怕，一有风吹草动就跟着舅舅、舅妈、姨母一起退到山里去住，由我带着几个弟弟。我妈妈跟我大弟两个人就在那儿守着，将抗日人士接到我家，当作抗日根据地。因为我家周围是空地，比较偏，前面是天主教堂。从物理学来看，压力有多大，反抗的动力就有多大。我妈妈，一个寡妇，带着我们几个小孩，都还敢把自己的家当作抗日根据地，你说这个民族感情有多么深厚。为了便于他们活动，我妈就留下我大弟帮忙放哨。那时我才十几岁，就要照顾弟弟妹妹，她就这样放得下心。毫无疑问，她是把民族大义放在首位了。

我父亲死得早，当时我才 6 岁半，我们全家就住到我外祖父家。抗日战争时期，那边的爱国人士相当多。讲一个故事，那个时候收音机是很宝贵的，到了晚上，几个老板就在一起听国内的报道，主要是国内大陆的报道，“噢，今天南京失守了”，过几天，又哪里失守了，收音机的主人很生气，就拿起拐杖，把那个收音机砸了。

外祖父一家对祖国是十分热爱的。我们很小的时候就捐衣服，我们会把自己最好的衣服、很喜欢的衣服拿出来，很自然地，知道这是要给祖国的。我还记得我有一条裙子很漂亮，我还没穿过，我很喜欢，但是当时要捐款，说是国内的人很穷，连衣服都没得穿，我就拿出这条裙子，还教育我弟弟要拿最好的，不能拿破的。当时学生也参加爱国活动，在学校用彩纸和大头针做成花去卖，卖花得到的钱就捐给国家。大家都觉得一定要捐钱给祖国，支持抗日。这些募捐活动有组织的，也有自发的。

山口洋学生聚会游行

在山口洋地区，整个华人社会爱国热情都相当高，大家都踊跃捐东西、捐钱，大家有一个共同特点就是爱国。抗战时期，我们在海外得知祖国的情况，得知国内同胞生活在水深火热中，缺衣少食，都竞相捐款。在家长的带动下，小孩子把买零食的钱也省下来，你捐一块，我捐八毛，为抗战尽自己的绵薄之力。

山口洋的华侨学生不仅学好文化还积极投入当地民主爱国活动

当地华人社会

在山口洋的华侨已经有好几代了。山口洋这一带的华侨以客家人为主，包括梅县客家人、海陆丰客家人，但是那里的客家话不标准，既不是标准的梅县话，也不是标准的海陆丰话。

山口洋这个地方，在70年代到90年代的时候，根据当地的人口统计，华人就占60%，这些华人主要生活在城市周围的一些地方。当我还小的时候，从梅县过去的华侨不多，跟梅县的老乡接触比较少，但是在整个山口洋，从其他地方来的华人很多。1946年1月，成立了中华公会，不分客家人、潮汕人、福建人，都是华人，都是中华公会的，这样就把不少的华人给组织起来了。

来自广东潮州、福建东部这一带的华人习俗保存得比较好，有些已经很老很老的习俗，在那里目前都还保留着。有相当多的旧习俗，国内在“破四旧”的时候都被丢掉了，但国外还保留着。比如婚嫁必须要有媒人，就算双方已经在谈恋爱，到了谈婚论嫁的时候，也必须通过媒人，华人结婚还是要有媒婆，而且必须是男方找的，否则是不正当的。要是没有的话，那你这个家长或者这个家庭就会很没面子。山口洋是个小城镇，一些婚礼当地的居民也是参加的，他们没有觉得很好玩，也不会觉得很新奇，就当成一个社会习俗，当成一个很正常的活动或者仪式。不过山口洋比较小，如果到了大城市，像椰城（雅加达），就会有不同，那里的华人更为西化。山口洋对中国的习俗保留得比较好，比较全面。

我从来就觉得我们都是中国人，我们所有的习俗，吃穿住什么的全部都是中国式的。我在外文学校学习外文的时候，当时跟着外国教徒学，就会觉得比较西化。但是在家里，我们的习俗，甚至整个生活习惯，全部都是中国化的。在山口洋地区，一直到现在，有很多中国的习俗都还存在，甚至有一些特别的仪式。比如说正月十五元宵节，在当地叫作“omei”，是一个很大的节日，全世界可能保留最好的就是在山口洋。而有些山口洋以外的地区的华人可能西化了。

我们读书的时候是用普通话，而且我们学拼音，拼音我们从小都会，山口洋的普通话教学这一方面保留得是比较好的。我们住的这个地区是很特别的，在山口洋不管是骑三轮车的、开汽车的印尼工人，还是卖小吃的印尼人，都会讲几句山口洋的梅县话，或者会讲些海陆丰话，有一些还是很流利的，听他的口音根本不知道他是印尼人。所以，在这一带，包括印尼人都要会讲几句华文，也就是客家话，大家日常交流就用客家话。不过这些口音已经变得很杂了，既掺了梅县的客家话，又掺了不准确的海陆丰话，再加上当地的口音，所以当地的语言是不标准的客家话。现在我们回去，坐车时司机是印尼人，可是他能够用中文给我们解释，实际上山口洋话是以海陆丰话为主的，但是属于变音的海陆丰客家话，就是说已经融合了不少其他的语言或者方言。好多海陆丰人到了山口洋，很容易就熟了，那里很多习惯都是来自海陆丰地区。

1950年黄慧在印尼家门口

当时，荷兰那些殖民者曾尝试管制华侨华人民间的抗日组织，但是我们家比较偏远，而且我们援助祖国抗日的决心是非常坚定的，政府也很难去强行管制。

在教育方面，整体来说，所有学校都是归荷兰管理的，但民间各个地方有咱们的华文学校，是华侨自己办的，要不我们也不懂中文。但是，印尼这个地方很大，中文在不同的城市地位就不同。有一些城市，像我们住的山口洋，可能地理位置比较偏，荷兰的影响力没有那么大，就以中文为主，我们中文就比较好。到了爪哇岛，那是荷兰殖民者的政治中心，一直到现在还是荷兰文、印尼文为主。其他地方我没去过，我不知道。

回国原因与经过

回国前，我没有去过别的国家，也很少与中国的亲人联系。

说到为什么回中国，我当时就是想回去参加革命，接受革命锻炼，然后再回印尼。印尼的日据时期，日本人很残暴，杀死了很多人，尤其是华人。单单是山口洋这一带被日本人杀害的就数不胜数，我很多同学的父亲都被日本人杀死了。所以，从感情上来说，一直到现在，我都不会去日本。其实，抗日初期的时候也根本还没有大的抗日活动，但可能是日本人掌握了一些信息，就抓了很多无辜的人。印尼的抗日组织，一开始倾向马共，后来也主要亲中共。山口洋华侨社会的主要力量都是拥护中国和中国共产党的。

1951 年离开印尼前夕与姐妹们合影，后排左二为黄慧

受身边很多朋友的影响，我也想回国参加革命，同时继续学习。我在印尼读到初三，当时那里最高的年级就是初三了，回国的话还可以继续读高中，继续学习。我其实很早就想回去了，不过当时因为在山口洋我是学联主席，要带头搞抗日运动，耽误了差不多四年的时间。终于，在1951年初，我在同学的陪伴下，带着曾祥鹏给我写的介绍信，踏上了回国的路。我从山口洋出发，坐轮船到汕头。因为有介绍信的缘故，我一路很顺利地从汕头坐车到广州，又从广州坐火车到了北京。刚到北京，我就通过他的关系找到了团中央，然后我很快被安排到学校学习。

回国前几天，我和曾祥鹏在印尼秘密结了婚。我们大概是在1950年我搞学生运动时认识的。那个时候的山口洋，即使彼此都很熟悉也需要请媒人，并举行订婚仪式，发喜糖，然后过一段时间才能正式结婚。结婚之后，我很快就回到中国，他还在印尼，所以我当时随时准备回印尼，而且没有脱离印尼籍，因为脱离国籍之后就回不去了。当时印尼政府怕我们回去“输出革命”，规定华侨离开印尼需要起誓甚至按手印，保证永远不回印尼，从印尼回来要签一个字，在印尼的话还要交给一个印尼官员签字，再发给你，不过我没有起誓。回到中国后，组织上给了我一个假名字——黄慧，就是为了再回到印尼，这个名字也一直用到现在。其实我的真名叫叶慧娥，护照上用的也是真名。

回国后的工作与生活

我从汕头到了广州的接待站，当时从广州到北京管得很严，因为怕大家一哄而上到北京，给北京造成混乱，因此去北京要介绍信和一些证明。在我回国之前，我自己写信到北京取得了联系，北京那边已帮我安排好了车票。我把这些材料给广州这边的组织看，他一看证明就没阻止，我就上北京了。

我们当时回国的初步设想是，学习完以后再回印尼。但是，我去了北京以后，在北京一待就是十几年。我开始在团中央工作，是通过与荣高棠的关系安排的，荣高棠同志当时是团中央的中央委员和副书记。我们那时候都是按国家安排分配的。后来，因为我是归侨，侨委也正需要干部，所以派我去师范学校学习，之后就把我调回侨委。

我在印尼读到初中，回国之后读师专，我是大专毕业。当时应该是1956年考大学的时候，我和一位同学一起在侨委复习，她很了解我，劝我说：“你应该考荷兰文，考外语系。”当时北京大学外语系叫东语系，那时候我考荷兰文肯定没问题，因为我有荷兰文基础，我在荷兰文小学毕业，而且成绩一直都很好，绘画也很好。不过，现在年纪大了荷兰语都不记得了。后来，因为组织上的安排，我没有考外语系。

关于我的党员身份，还有一些内情。我是 1957 年正式入党的，那个时候已经开始讨论反右，要停止入党，所以我能够入党还是比较特别的，但是一直到 1962 年我才真正公开党员身份。

当时在咱们国家，起码在侨委只要有人有机会有条件，就可以正当地出去其他国家，留在那里工作。我们都要尽量保留这个条件，不要破坏条件。什么叫“不要破坏”？比如我们在国内的话，有些活动就不能表现得太积极，有些会我们不能参加，像反右开大会时。我那个时候在河北区、北京区，随时准备出国，人家在那开批判会，我不能参加，甚至连在旁边走、表示关心都不行，我要表现得很冷漠。

因为印尼政府管得严格，曾祥鹏在印尼站不住脚就回国了，确定不能再回印尼以后，我才公开自己的党员身份。那几年跟我在一个班的同学都不知道我的党员身份，他们讨论我的入党问题，那时开支部会议讨论希望发展一些积极分子，尤其是像我这样从国外回来的，那时叫作国外干部司，但我因为上述原因连支部会议都不能参加，开党员大会我也不能参加，当时就是这样做的。

当时我的护照是印尼护照，我在国内就是华侨、归侨的身份。作为归侨，无论到哪个单位、哪所学校，我都是归侨小组组长，我一直都算是归侨，因为我一直没有离开，也没有到地方工作，要么是在学习，要么就是到侨委或者侨委下属单位工作。正因为如此，我对国内很多事物不了解，对国外的一些政策反而有一些了解。

我在师范学校读书时是在物理系物理科。我不管到哪个组织去，都没有公开我的党员身份，当时我的党员身份除了党委书记以及物理科主任知道以外，其他人都不知道，还动员我入党呢。这个物理科一共有 5 个班，其中女的 3 个班，男的 2 个班，还有一个党支部。党支部书记就经常做我的工作，动员我申请入党，我都表现得很冷淡，他也很奇怪，我平时又很积极地参加党的一些活动（作为一个党员我肯定要很积极），但是为什么总是不申请入党呢？他们可能后来发现异常了。当时党员开会有纪律，我连会场附近都不去。

其他人都叫我“超龄团员”，因为我一直到 30 岁还是团员，有些报告要团员或者党员才能参加，我作为“超龄团员”去参加。但是因为我的“超龄团员”身份，别人也会觉得我这个人真落后，认为组织这么重视我，很重要的会甚至一些扩大的党员会都让我参加，我却连党员都不是，甚至都没有提交入党申请。现在我的一些不知道内情的同学可能还是这么想。

这之后还有一个有趣的插曲。我在师范学校学习，毕业之后是要被分配到学校的，已经有唐山的学校接收我了，我也去看了那所学校，而且我们一批五六个人分配去那里，我还要负责拿联系信。但是，我这个人组织意识很强，因为我一直跟侨委有联系，托运行李的前一天我就去了侨委，向有联系的领导汇报我被分配的事，那个领导问我："你怎么不早告诉我？什么时候走？明天走？不行，你回去，行李不能托运。"我的行李都弄好了，那个队伍也是我负责去报到的，各种组织关系也都在我这里，在这种情况下，侨委领导依然不准我带队，他亲自打电话到学校，代表组织把我留住，留在侨委工作。那个时候已经不是学校能决定的问题了。

在团组织里，我一直是团支部书记，一直到年纪很大了还是团支部书记。当时在反右，包括"文化大革命"时期，很多领导受到冲击，我作为团支部书记，却没有受到冲击。但我这个团支部书记当时又是不能很出面的，比如在反右时，我也没有大鸣大放。

我当时在北京侨委是负责学生处和华侨补校，在学生处，我和其他两三个人具体管理几个大学，包括华侨大学、暨南大学等。华侨补校即华侨补习学校，在广东广州、北京、福建厦门、云南昆明都有设立，大接侨的时候还在广西和湖北（武汉）设过。

九大以后，我和我丈夫一起去了干校，即干部学校。在"文化大革命"时期，各个中央机关都有干部学校。干部学校就是搞一个基地，下放干部在那里劳动，当时我们国务院侨办也设立过。在"文化大革命"以前，不叫"国务院侨办"，叫"中华人民共和国华侨事务委员会"，所以就叫作"中侨委"，它实际上是由总理主管的（编者注：1969 年中侨委撤销，1978 年国务院侨办成立）。当时中侨委内部没有去干校的，好像一个是廖承志，一个是方方。

在"文化大革命"时期，我们整个机关都要组织干校，我们去了江西的一个农场，在干校的人每天起来就是劳动，我当时是班长，也是最高职务。我们在干校待了三年八个月。

1973 年 1 月 6 日，我离开干校和我丈夫来到衡阳，在衡阳，组织把我们俩的生活、工作都安排在一起。我丈夫是在衡阳地区的党委宣传部，衡阳地区直属有一个师专，我就去了那个师专附中。当时虽然生活艰苦，但是我们没有考虑过这些，因为回国前想的就是要回报祖国，我们这一批人回国就是准备参加革命吃苦的。

在印尼归侨中，我属于早回来的，如果算大批，该是第一批了，后面有一批是新中国成立初期回来的。当时在北京有一个小的干部训练班，经过训练后再分配到下面去，我的情况比他们稍微好一点。"文化大革命"期间，我和我丈夫受到的冲击较小，但身边和我们同样身份的，比如说印尼的归侨，他们的遭遇就不一样了。“文化大革命”期间，就有人批斗他们说：“国外生活很好，你为什么要回来?”因为我们在中央机关，在中侨委，所以遭遇稍好一些。当时在中侨委，人家要批判的是领导，比如廖承志、方方，那时叫作“走资派”。

黄慧（前排左二）在五七干校

黄慧（右一）在五七干校与同志合影

我从回国以来，对组织上的安排一直比较满意，因为我一直都是比较受重用的，不管是当学生，还是当干部，不管在哪里，不管在哪个单位，我都没受冲击，反右期间我也没受冲击，还在主持工作。

我在衡阳师专附中当过一段时间的老师。后来，又在衡阳的新华书店当过一阵副经理，当时那个书店是地区新华书店，我还管理县新华书店。我们在衡阳大概待了 7 年，1980 年来到暨南大学。

来暨南大学是上级调配我们过来的，当时这里需要我们，而中侨委解散了，所以中央就让我们过来了。来到暨南大学后，我丈夫在东南亚研究所做东盟社的负责人，我在图书馆做管理员。后来因为上级没给我安排过组织方面的工作，我也就没再做组织工作了。反正我作为老党员，让我做什么工作就做什么工作。我超过 55 岁还没有退休，仍然在工作。我在图书馆也是当支部书记，负责图书馆的图书采购，经费也是由我管理。我不需要亲自下去采购，但是要买什么都需要我批准。

重返五七干校，左三为黄慧，右一为曾祥鹏

我在 1951 年和同学一

起回到中国，我的家人包括我妈妈、弟弟妹妹都留在了印尼。后来，我妈妈一直在印尼，那个时候印尼政府管得很严，我们回不去印尼，而且我丈夫曾祥鹏也回到了中国，因此我也没有回去看过她。

我在回国初期，同家里就是一般的联系，和我妈妈也就是保持正常的联系，不能表现得突出。但还是要联系，不然印尼那边会觉得你连家庭都不要了，回印尼以后你会站不住脚。当时，在印尼不能通信，那边整个社会，政府不准通信，对从中国寄来的信他都检查，怕中国共产党影响到他们那里，政府管得很严。我们在这边是很难给家里写信的，通过邮局的正常通信少之又少，我和印尼那边的联系主要是通过亲人，亲人来到中国，帮我带个口信或者信件，很亲的才让他带个口信。我同曾祥鹏一起回印尼去探过亲，当时我妈妈还在，还有我弟弟。

现在，我跟印尼那边的亲戚没有什么联系了，很多亲人都去世了，我妈妈也去世了。有印尼的亲人到中国来看过我们，知道我们在这里生活很安定，他们也安心了。

我们跟印尼那边的学生联系倒是一直很多。我们回来了，曾祥鹏还有许多学生在印尼，有些学生当了老师，他们也有些学生，那些人来中国的话就会很自然地被介绍来这里。我们经常接待从印尼来的客人，有一些是学生的爸爸，甚至有个别人是他的爷爷跟我曾经是同学关系。他们送子女、孙子女回来，在这边没有熟人，也是信任我们，所以给他们介绍我们。这些人回来，有时候还带些小礼物，带点咖啡、小玩意儿啊，来看看我们，我们也请他们吃饭，这种情况经常会有。这几年都还有，但慢慢少了，可能有两个因素。一个是从那边来的人少了；另一个是，来的学生家长跟我们的关系不像当年那么近了，那个时候我们离得不是很远，有的甚至他的父母是曾祥鹏或是我的同学，是比较亲近的关系。到了现在，就是再下一代了，指不定是他爷爷辈的才跟我们有关系的，自然就疏远了。

我在国内这几十年还是很不错的，工作上被重用，家庭也顺心，所以我也不曾后悔过回来。

国外的华侨看到我们得到的待遇，都很羡慕说我们两个人住这么大的房，而且我们靠自己不靠别人，生活不用靠子女，宁静祥和，有病也不愁。在国外的话，生病不得了。

1992 年 12 月黄慧和曾祥鹏返回印尼时在旧居门口合影

我们的吃、穿、住、生病都没事，他们非常羡慕，因为我们有特殊照顾，我们是离休的。离休是解放以前参加革命的同志才享有的待遇，即使我们是从国外回来的，也是这样一个规定，解放前参加工作的，可以离休；解放后参加工作的，只能退休。

我的家人

我们有两个儿子和一个女儿。

当时我们是在中侨委工作，中侨委干部下放到干校时，干部子弟有一个留守处，留守处就管这些上学的孩子。当时，小儿子曾原实在太小了，才上幼儿园，就跟着我们下到干校。老大荣乐乐在荣高棠家里长大，没有跟着我们，他初中毕业就到了延安，那个时候他才十二三岁吧，大概在“文化大革命”结束后才回来的。

我们 1980 年来到暨南大学，儿子、女儿一起来到了这边。我们的子女在公益事业这方面做得比较多。小儿子是暨南大学数学系毕业的。大儿子退休了，在北京。女儿曾莹在北京退休后，现在广州照顾我们两老。

我的小儿子回过印尼，大儿子和女儿没回去过。

黄慧、曾祥鹏夫妇与家人

黄慧、曾祥鹏夫妇晚年在桂林旅游留影

黄慧家人的基本情况

关系	姓名	出生年份	出生地	工作	是否曾下放	去何地下放	是否回过印尼	备注
	黄慧	1930	印尼坤甸	附中老师、书店副经理、图书馆管理员	是	江西	是	本名叶慧娥；1951年回国；“文化大革命”期间在干校；1980年到暨南大学
配偶	曾祥鹏	1925		在印尼教书，云南远征军，衡阳地区党委宣传部	是	江西	是	1962年回国；“文化大革命”期间在干校；1980年到暨南大学
长子	荣乐乐	1951	北京	曾在北京工作，已退休，仍在北京	是	延安知青会长	否	在荣高棠家里长大

（续上表）

关系	姓名	出生年份	出生地	工作	是否曾下放	去何地下放	是否回过印尼	备注
次子	曾原	1963	北京	1984年于暨南大学数学系毕业，在广州工作	是	随父母去江西	是	
长女	曾莹	1956	北京	曾在北京工作，现在广州照顾父母	否		否	“文化大革命”期间留在中侨委留守处
父亲			印尼	海关职员				1937年去世
母亲			印尼	无业，家庭妇女				一直在印尼
外祖父			印尼	打鱼，开金矿				年三十晚上半夜被日本人抓走
祖父			印尼	打鱼				

对中国侨务工作的评价

我回国以后，来暨南大学以前在北京工作，不是在学校就是在侨务部门。在中侨委时，我被分配做归侨学生的工作，这个工作是廖承志直接抓的。对归侨学生的政策照顾非常明显，尤其是在困难时期。

在政治审查方面，提出“一视同仁，适当照顾”，从学生的知识水平、家庭出身各方面来审查。这是很好很正确的政策。在印尼，很多家庭是做生意的，他们把孩子送回国后，在国内阶级成分上就属于中等了，甚至是大资本家，但是他们在政治上是坚定拥护新中国的。这是以“拥护新中国”作为我们的立场而形成的政策。作为学生来说，他在考学的时候可以得到“适当照顾”。因为回国前学生的基础可能不够好，这些都有相关的政策来保证公平。

除了归侨学生之外，中侨委对其他归侨也有一定的倾斜政策，而且面很广。

比如在生活上，归侨来自欧洲、美洲、东南亚等地区，大部分是东南亚的。东南亚回来的归侨生活习惯与国内不同。比如从印尼回来的，百分之八九十都要吃辣的。当时中侨委在这些方面很注意，就算困难时期也尽力照顾。另外，这些归侨一般在国外生活条件都比较好，起码是中等、中下等的，太穷是很难回来的。特别困难的会有一些社团资助他回国读书什么的，或是亲戚朋友资助他回国，这样的人为数不多。因此绝大部分归侨经济条件都是中层、中下层。这些人在国外的生活水平，在某些方面比国内老百姓稍微高一点。

1949 年以后回来的归侨（侨生），一部分被安排去学习，一部分被安排去工作，还有少数具备条件的一回来就被安排去当职员或者当工人，当时安排工作做得比较好。到单位工作，归侨总是会有生活习惯等各方面的差别，也会产生一些矛盾，这在相关政策上也有调解措施。

另外，很多归侨（侨生），在国外的生活条件比较好，回来之后，咱们新中国刚刚成立不久，经济上比较贫弱，归侨（侨生）有时候想要吃些零食什么的，如果被国内一些人逮住的话，就被说有资产阶级思想，要批判。从国外回来的侨生，不管在国外家庭条件怎么样，家长都想帮孩子多准备几套衣服，有些孩子还在读初中，家长知道回国之后要用布票，就把中学的衣服、大学的衣服，甚至结婚的一些衣服都准备好。但是一带回国，就遭人嫉妒，别人都是积一年的布票才能添一身衣服，还要考虑耐穿，而且颜色都是蓝的、灰的，花式不漂亮，但是归侨（侨生）一带就一大包。在国外，比如印尼，本来花花绿绿就很平常，一年四季很自然地就穿裙子。可是回国之后，尤其是在困难时期，穿那么花花绿绿的裙子，会被说思想有问题。在这方面中侨委也做了很多工作。当然现在国内生活水平提高，这些已经不是问题了。

中侨委有几个华侨补校，广州、厦门、南宁、昆明、武汉等，基本上在南部，而且在铁路线上，交通方便。因为当时很多华侨都是从南边回来的，地理位置上充分考虑到他们的适应能力。那时，中央还做了规定，什么线以北不能安置，县以下不能安置，连县城都不能安置，尽量安排到中等城市。

当初中侨委在工作方式方法上很注意，中侨委每次运动，比如土改等都会注意，都有正当政策下来的。可是到了地方上，也会有个别出问题的。比如女孩子，在国外一年 365 天都是穿裙子，而且都是穿单的，短袖的，穿带回来的漂亮衣服，女性归侨分到农村的就比较突出了。在学校的时候，归侨穿得漂亮，而国内的学生都穿得比较简朴，当然也就突出了。那么对这些同学，怎么进行调配，咱们中侨委有一整套方法。这方面工作中央还是比较注意的。

另外，在开展运动时，会进行思想教育，大家团结起来都很“左”，很积极，如果把这个用到归侨同学身上，有的时候就会出问题。针对这个问题，中侨委就有一个司专门做学校教育工作，在学校里贯彻这方面的政策。

总体来讲，在“文化大革命”以前，廖承志领导下的中侨委的整个做法我是比较认可的。

2016 年 5 月，暨南大学国际关系学院/华侨华人研究院 2013 级国际政治专业本科学生分两组采访黄慧老师、曾祥鹏老师，图为陈吉威（左一）、韩敬涛（左二）、祁云（右二）、程靓（右一）与两位老师合影

2016 年 4 月 9 日、4 月 10 日，暨南大学国际关系学院/华侨华人研究院 2013 级国际政治专业本科学生分两组采访黄慧老师、曾祥鹏老师，图为黄慧老师（左三）、曾祥鹏老师（左四）与韩敬涛（左一）、苏钺秦（左二）、周慧茵（右二）、郭晓晨（右一）合影

黄一飞[①]

基本情况

黄一飞，男，汉族，原名黄冲坚，1934 年 6 月 30 日出生于柬埔寨贡布，祖籍广东普宁马栅村。因参加进步活动，为逃避柬埔寨政府当局抓捕，于 1952 年辗转回国。回国后在家乡普宁生活了几个月，后赴汕头华侨中学读高中。1955—1960 年就读于北京石油学院地球物理测井专业。大学毕业后留校任教，1969 年随学校迁往山东胜利油田，学校更名为华东石油学院［即现在的中国石油大学（华东）东营校区］。1978 年开始申请调往暨南大学，1979 年底获批，与妻子一起到暨南大学报到。1980 年初，公派赴美做访问学者，进修计算机软件工程。1983 年回国后，先后任暨南大学计算机系副主任和计算中心主任，广东省 VAX 机协会理事长等职务，并多次获得省级和校级奖励，是暨南大学行政信息管理系统的重要开创者之一。

父母黄海天、马秋珍于 20 世纪 50 年代摄于柬埔寨吴哥

祖父：黄经电，籍贯广东普宁，农民。

父亲：黄海天（1908—1977 年），原名黄雅修，出生于广东普宁流沙镇马栅村，柬

① 林晓齐、钟慧欣（暨南大学国际关系学院/华侨华人研究院 2010 级本科生）于 2014 年 1 月 17 日、2 月 22 日、7 月 3 日在暨南花园采访黄一飞老师，并整理录音，许守慈老师（黄一飞老师妻子）协助访谈。林颖（暨南大学国际关系学院/华侨华人研究院 2014 级硕士研究生）将黄一飞老师的修改意见录入文稿。

埔寨华侨社会活动家。第一次国内革命战争（也称大革命）期间，参加共青团，1926 年任共青团马栅组组长。1927 年接受中共普宁县部委选派，前往广州参加军事训练，曾在广州农民运动讲习所学习，后被派往潮汕地区从事农民运动。大革命失败后，被国民党通缉，出逃至泰国，1929 年辗转到柬埔寨，在柬埔寨贡布省任小学教员长达 10 多年。后往磅通省经商，并在该省创办华侨小学，1947 年于金边创办海通商行。1958 年中柬建交后，参与接管柬埔寨华侨最高学府——端华中学，并担任该校立案校长，又任中华医院董事兼总务职。同年发起捐建普宁华侨中学。1959 年，应中侨委邀请，回国参加国庆 10 周年庆典。1975 年，柬埔寨发生政变后，被迫离柬移居澳门，任澳门归侨总会副主席，1977 年于澳门逝世。

母亲：马秋珍，祖籍广东丰顺，家庭妇女，育有五子六女。

配偶：许守慈，黄一飞大学同班同学，籍贯上海，毕业后留校，先后在北京石油学院、华东石油学院、暨南大学从事党务与行政管理工作，退休前任暨南大学实验室与设备管理处处长，和黄一飞育有一子一女。

女儿：黄朝晖，1986 年毕业于暨南大学国际金融专业，曾就职于暨南大学华侨研究所（华侨华人研究院前身），现任法国巴黎沃梵登艺术学院院长助理。

女婿：张应龙，1982 年毕业于暨南大学历史系，毕业后就职于暨南大学华侨研究所。1994 年获暨南大学历史学博士学位，任暨南大学华侨华人研究院教授、副院长，国务院侨办专家咨询委员会委员，中国华侨历史学会副会长。

儿子：黄立强，1990 年毕业于复旦大学遗传工程专业，后赴美留学，获食品科学与人类营养学硕士及工商管理硕士学位，曾就职于暨南大学生物工程研究所，现任广州生物工程中心副主任，广州市侨联委员。

黄一飞全家近照，左起：女儿、女婿、黄一飞、许守慈、外孙女、儿子

大哥：黄擎天，1931 年出生，旅法华人社团活动家，法国潮州同乡会（后改称潮州会馆）首届会长，曾任法国潮州会馆名誉会长、广东省潮人海外联谊会名誉会长、暨南大学海外联谊会顾问。年少时曾在家乡的中学就读，1948 年返回柬埔寨，在柬埔寨美士学校攻读法文。毕业后从事商业活动，经营进出口生意，以粮油食品、机械进口为主，担任柬埔寨进出口协会机械组主席，后又转营出租飞机生意。1976 年柬埔寨政局发生变化，携带眷属抵达法国巴黎定居至今，在法国先后开创巴黎欧洲士多和五洲超级商场，成为法国巴黎著名华商，也是巴黎十三区“中国城”的最早开拓者之一。

其他兄弟姐妹现都在国外或中国香港定居，其中二妹、三妹、四弟、四妹曾到国内就读及工作，“文化大革命”后先后离开内地。

去柬埔寨之前

我父亲叫黄海天，这是他对外的名字，论辈数是“雅”字辈，叫雅修。我父亲有九个兄弟姐妹。我们家本来是很穷的，我父亲是老二，父亲的姐姐不识字，几个兄弟书也念得很少，我爷爷认为我父亲是可造之才，就让他念书，应该是念到初中就考到广州农民运动讲习所。彭湃、方方在海陆丰搞土地革命的时候，我父亲就跟他们一起在潮汕一带从事革命运动。大革命失败后，我爷爷很害怕，责怪我父亲不该去参加那么危险的活动。爷爷一开始把我父亲藏在家里，后来藏不住，因为反动派势力很强，所以就花了点钱让人带他去海陆丰那边坐船逃走，先到曼谷，再转去柬埔寨，同组织也失去了联络。那时柬埔寨是一个很落后的国家，但那里一整年都没有冬天，土地肥沃，百姓有饭吃有衣穿，不愁被饿死冻死。我父亲因为有点文化，所以到柬埔寨后就开始教书。

为什么我们家后来被评为中农呢，是因为我父亲后来做生意发达了，大概在 1947 年，就寄钱（那时叫侨批）让家人在老家置了些地，但是家里叔叔们身体都不好，缺乏劳动力，所以就雇了些人在农忙时帮忙。土改时，祖父家最后被评为中农。

在柬埔寨期间

我这一辈有 11 口人，五兄弟六姐妹。父母亲结婚后在国内就已经生了大哥、大姐。父亲到柬埔寨后，父亲母亲都很思念对方，父亲就把母亲接出去了。1934

年，母亲在柬埔寨生了我，我记得我是在海边出生的。那时候，父亲太穷（教书匠没多少钱），一家人没法生活，于是叫母亲带着我们先回家乡。但是，回家乡在农村生活也很艰难，所以回去后不久，父亲那边经济情况稍有好转，就又把我母亲和我接出去了。所以，我3岁的时候跟母亲回国，不到一年又跟母亲去柬埔寨了。当时爷爷奶奶舍不得我们全家都去，一定要把我大哥、大姐留在老家，所以，我大哥、大姐就在老家由爷爷奶奶照顾。母亲带着我从汕头坐船到柬埔寨，要走十几天的水路，我母亲晕船晕了十几天，吃饭也吃不下，一直由我照顾她，给她端水送饭，因为我虽然只有3岁多，但根本不怕晕船。

弟弟妹妹都是在柬埔寨磅通出生的，我母亲大约每隔两年生一个，那时大哥、大姐还在老家普宁，家里我算是老大，所以弟弟妹妹都是我帮着照管的，除了太小的我照顾不了之外，其他都是我帮着带大的。后来把大哥、大姐接到柬埔寨之后，我父亲就一心培养大哥接班，搬到金边以后就送大哥到一个教会学校念法文。我父亲到金边后生意越做越大，后来被选为端华中学董事和立案校长，每年都要去学校训话，我弟弟妹妹也在端华中学读书。

人家说华侨下南洋都是拿着扁担穿着短裤出去的，我父亲基本上也是这种情况。到柬埔寨后也很穷，因为有点文化，人家就聘他做教师，在当地的小学教华文课。后来到磅通给一个姓张的潮阳籍华侨做账房先生，因为他会写字、算账、打算盘。我记得那时我五六岁，他已经在管账了。后来，我父亲自己出来开店做杂货生意，店面有200多平方米，前面做生意，后面住人，中间是个天井。我开始念书是在磅通，就住那里。因为那时已经开始懂事了，所以印象比较深刻。当母亲想念我大哥和大姐的时候，就让我写信，寄钱给他们。后来，柬埔寨那边经营缺人手，我父亲先后把六叔和七叔接过去帮忙，只留四叔在农村家里，三叔自己跑到马来西亚种橡胶，五叔我没印象，可能去世得比较早。我父亲是个孝子，很孝顺爷爷，曾经将爷爷接到柬埔寨几个月，但爷爷过不惯那种不用种地、养尊处优的生活，后来就回普宁老家了。

在磅通开的商店，后来生意越做越大，父亲就跑到金边开了另一家商行，叫“海通商行”，做进出口，进口为主，磅通那边的店就交给我六叔管了。我也跟着到金边念书，在那边念小学和初中。但是，在磅通期间，有些事让我至今难以忘记。日本兵打到那边时，我见过他们，他们强迫我们念日文，不能说中文。那时候，我念书时一边学中文，一边还要学法文。日本兵到那里时，我还遇到过日本飞机轰炸，日本军队炸到你害怕时才登陆。那时日本兵到店里拿了东西就走，根本不给钱的，我们都很害怕他们。所以，我对日本侵略者印象很深刻。虽然没有经历过日本兵攻打中国，但是他们攻打柬埔寨时，我看到了他们残暴的样子，这在我幼小的心灵留下了深刻的印象。

日本是以解放法国占领区的名义去侵略柬埔寨的，要赶走法国人。之前，法国人是利用越南人管理柬埔寨的，所以磅通的最高行政官员是法国人，下面的行政人员都是越南人，柬埔寨人只能在最底层。

日本占领柬埔寨期间，华人根本没什么地位，就算是华人富商也没什么地位，日本兵要你什么时候报到就得什么时候去报到，还得贿赂他们，他们贪污腐败的现象很严重。当时柬埔寨的华人不是很多，大家聚在一起，华人有华人的圈子，互相之间讲家乡话。柬埔寨华人以潮州人为主，福建人、广府人很少。华人大部分是做生意的，小生意、大生意都做，很多人都是一个拉一个从家乡拉过来的。

那时柬埔寨的进步活动，我父亲表面上不参与，但实际上是支持的。比如在金边的时候，他以端华中学立案校长的身份，聘请了很多国内（中国）的进步人士过去教书。

1965 年端华中学董事、老师及学生毕业照，前排左起十一为校董、立案校长黄海天

端华中学在当时是柬埔寨最大的华文学校和最高华侨学府。现在的端华学校规模也很大，2013 年我们去柬埔寨时还专程去参观过端华学校，校门口有一块大金匾，匾上是国务院侨办题写的“中国汉语模范教学基地”。那时学生人数有两三千，三个年级，用的教材是自编的或者民国时期的老教材。学校经费来源主要是两方面，一是学生的学费，学费按当地的水平来说不算贵，但是也不是所有

人都上得起的；二是靠华侨、校董的捐款。学生来源主要是潮州籍的华侨学生，包括娶了柬埔寨当地人后生的孩子，怕他们不懂华文，所以送去华文学校读书。当时的华文学校主要是按地缘划分的，潮州籍华侨子女主要上端华中学，海南、广肇、客家、福建等乡团组织则各自办华校，自成一体。柬埔寨当地人也有自己的学校，但没有大学，最多念到中学，念大学要到法国设在越南的大学。一般来说，华文学校跟当地学校之间没什么联系。柬埔寨政府对华文学校的态度，它没有说不让你办，但是有一些条件，比如规定华文学校一定要教英文、法文、柬文，并且要聘请相应的教师教授这些课，才给你上华文，但是我们的教师只能教华文。柬埔寨政府让你办华文学校，但是它通过自己的教员来影响学校，通过他们进行政策的宣传等。

我们在柬埔寨时比红色高棉时期要早。我父亲有红色背景，后来他教的学生有的进入当地政府体制内，变成侦探局的密探，揭发我父亲的底子。我父亲那时在柬埔寨搞了很多进步的东西，办学校当校长，中华人民共和国成立后聘请了很多国内老师到柬埔寨任教，传播进步思想。后来，我父亲被列入黑名单，不许离境，时常要去报到。我父亲当时之所以聘请带有“左”派思想的教师过去教书，是因为他自己原来也是搞革命的，虽然他退党以后没有参加革命活动，但革命思想还是有的。后来柬埔寨政局一直不稳定，先是朗诺政变赶走了西哈努克，后来又是红色高棉暴政。如果不是因为柬埔寨的政局发生变化，我们家族继续发展的话，现在也许能成为柬埔寨数得上的富豪家庭。那时红色高棉波尔布特宣扬建立无阶级差别、无城乡差别、无货币、无商品交易的超级社会主义，在柬华人的很多东西都被没收，逃出柬埔寨时我们家已经破产了。那时家里人把金条藏在钢琴里，但是有什么用呢，波尔布特把大家骗去荒郊野外，说是避免美国飞机轰炸，谁知道把我们都赶到农村那种荒凉的地方就不再让我们回家了，我四弟就在那里饿死了。

20 世纪 70 年代初，朗诺搞政变要抓进步人士，当时他们要抓我父亲，还没等他们的人来，我父亲就已经逃掉了。华侨总是这样的，把家眷先送出去，我母亲先到澳门，她当时还带着我很小的妹妹，然后其他人再接着跑。父亲后来待不住了，人家要抓他，他赶紧跑了，先跑到香港，再到澳门。我父亲从柬埔寨跑出来之后，在香港待了一段时间，因为香港当时有亲家伯张中畊先生。父亲在香港没有待多久就去了澳门，他在澳门当澳门归侨总会副主席，也是华侨领袖之一。

因为当时从柬埔寨逃难出来的华人很多都去不了香港，所以很多人先到澳门落脚。澳门那时还是比较开放的，接收这批难民，香港则不接收。我父亲在澳门买了房子，后来红色高棉上台，波尔布特搞那套极“左”的东西，我家里的兄弟姐妹都跑来澳门，住在父亲家。但澳门做生意不易发展，所以我大哥和三弟先后去了法国。一开始是以难民身份在法国，后来做生意，慢慢地就做大一点了。再后来大哥也成为法国华侨界的侨领之一。

大哥一家人和父母亲以及五妹，前排左起为大哥、父母亲、大嫂，后排左起为五妹、大哥的三个儿子和女儿，摄于柬埔寨金边

父亲当时是柬埔寨侨领，1958 年中国与柬埔寨建交，1959 年父亲还受中侨委的邀请回来参加过天安门国庆观礼。

1959 年国庆 10 周年，父亲受邀回国之际参加侨办组织的进步归侨探访哈尔滨幼儿园活动

1959 年父亲看望在天津念高中的四弟

回国至“文化大革命”时期

我是1952年回国的，实际上我是被迫回国的。我那时在金边的端华中学读初中，思想比较进步。我的革命思想传承于我父亲，他老给我们讲家史，讲他当年革命的光辉历程，使我深受影响。那时柬埔寨还没跟中国建交，国内左、右两派角力、分歧比较明显，国民党和共产党明争暗斗。那时端华中学是由台湾人管的，台湾人聘请的行政领导、端华中学的校长张珣是国民党员，我们念的公民课是灌输“三民主义”，灌输国民党那一套的。当时我当班长，那时叫班主席，在班里比较有号召力，我就组织学生反对国民党的校长，组织学生罢课，出墙报，搞了一两年，我就被学校开除了。

被开除以后，我没书念了，就跑到越南义安中学念书。当时，在西贡只有两所华侨学校比较有名，一所是南侨中学，一所是义安中学。那时端华中学有些高年级的同学也转去义安中学上学。在义安中学读书的时候，大家的回国热情高涨。1950年我本来是要回国的，但没能成行，因为当时我生了两次重病。

我回磅通调养了近两年。在磅通养病时，金边开始抓人。在端华中学时，我们跟着柬埔寨的一份华文进步报刊《现实日报》搞宣传，宣传中国国内怎么好，国民党怎么坏。那时柬埔寨的统治者跟国民党是有来往的，搞这些不利于国民党的宣传，是比较危险的。所以金边开始抓人的时候，我的同学陈南等人被抓到监狱里，陈南就通过他弟弟告诉我母亲叫我快逃。

逃跑经历也是很难忘的，我是一个人逃难的，从磅通跑到吴哥，开始了辗转回国之路。那时吴哥所在的暹粒省很荒凉，大吴哥、小吴哥都没什么人烟。接下来，我就从暹粒辗转到马德望省，住在父亲的一个朋友家里。但毕竟还是在柬埔寨境内，仍不安全。那时候金边有货车来来往往，于是我父亲叫我打扮成车夫，给钱让司机送我到越南堤岸去，那里也有我家的亲戚，过了境就抓不了我。那时候办手续、办护照都是通过贿赂官员办下来的。我于1951年底离开堤岸，1952年初到了香港。在香港时，在伯伯张中畊家里住了一个月。我父亲来信问我是要留在香港读书，还是想去法国念书。我说我想回内地。1952年三四月，我就起程回内地了。父亲交代我回去一定要去看爷爷，那时候爷爷家里很穷，没什么吃的，要靠侨批接济。所以，在香港时我买了很多东西，自行车、照相机什么的。当时的心情很激动，向往祖国很久了，能回来真的很高兴，所以过罗湖桥时一听到《歌唱祖国》就激动得不由自主地流下眼泪。就是因为这段一个人飞回祖国内地的经历，我后来就给自己改名叫“一飞”。

从香港是坐车回来的，经过了东莞樟木头桥，那时还没有深圳。从香港回到我老家普宁要走三天三夜。因为那时汽车是烧炭的，上坡的时候大家要下车来推，第一站在樟木头桥，第二站是海丰。海丰是当年彭湃搞革命的地方，我顺道去参观了彭湃建立的红色政权所建设的学校、食堂，看了红场，怀念先烈。那时候心中觉得自己是中国人真的很好。然后，从海丰到普宁，一个人带着行李，骑着自行车，雇一个人带路回老家，老家叫马公栅乡。我到的第二天，爷爷家就没米吃了，我拿了带来的钱给爷爷，爷爷就去老家的圩里弄一斗米来招待我这个“小番客”。我奶奶高兴得不得了，说：“你哥哥姐姐在这住了多少年都想出去，你还能回来，真是难得。”

当时老家除了爷爷奶奶外，还有四叔、四婶、七婶等，因为我们家在当地算是侨眷，虽说成分被定成中农，但没有被没收财产，日子还过得去。后来我就跟爷爷、叔叔、小弟种田去了。当时我嫂子的父亲是副县长，并在普宁县二中兼任副校长，他早年被国民党迫害，押送出境，回来参加革命后恢复了身份。他让我去学校听课。讲课的内容跟柬埔寨学的不一样，我觉得学问还挺深的，听起来觉得很生疏。听了一段时间之后，我们学生也要参加土改了，搞土改是分几批的，潮州那一带有些县先搞，有些县晚搞。我要去的地方是在老家旁边的一个县，比较偏僻，所以比较晚搞。那个队长是四野南下的干部，讲普通话的，不会讲潮州话，老乡都听不懂，我就当他的翻译。土改确实很辛苦，老百姓都没有东西吃，大家同吃同住同劳动，这几个月里，我的思想认识有了明显的提高。

黄一飞 18 岁时在汕头华侨中学的高中照

早期回来的同学有一些在土改运动中当队长了，我就去旁边的乡镇学习取经。大概搞了两个月土改后，就回来考高中了。老家的学校只办初中，没有高中，我便去汕头华侨中学念了三年高中。

20 世纪 50 年代黄一飞与回国读书的弟弟妹妹在长城留影，左起为黄一飞、三妹、二妹、四妹、四弟

在我的动员和影响下，二妹、三妹、四妹和四弟先后回国读书，几个妹妹都在国内读了大学并参加了工作。在“文化大革命”时期，她们因为海外关系受到牵连，20 世纪 70 年代初就先后离开内地，二妹、四妹去了香港，三妹去了美国，四弟“文化大革命”前已回柬埔寨，现在兄弟姐妹只有我一个人留在内地了。

20 世纪 60 年代初黄一飞父亲（右二）与二妹（左一）、三妹（左三）在南京，右一和左二为南京侨办接待人

母亲从柬埔寨回国看望子女，黄一飞与四弟南下会合，摄于南京中山陵，左起为四弟、黄一飞、母亲、二妹、三妹

那时我二妹、三妹都在南京上高中和大学，我父母曾多次回国到南京看望她们。父亲曾在中侨委领导的陪同下到南京的雨花台革命纪念馆参观，看到馆内陈列的烈士照片中有他早年在广州农讲所时的同学，他感慨万分。

1962 年黄一飞（右一）与许守慈（右二）南下看望母亲，在普宁华侨饭店合影，左起为四妹、三妹、二妹和母亲

我是1955年考进北京石油学院的，读的是地球物理测井专业，当时实行五年制，1960年毕业，留校任教也是教专业课。这个专业就是学习用气测、热测、电测、放射性测量等不同的测井方法来探测地下是否含油、含油层有多厚多深，提供井下的测井资料为地面地球物理勘探提供开发依据。那时候地球物理是很时髦的专业，很符合国家的发展需要。北京石油学院是1953年为支持新中国的经济建设和石油工业发展，以清华大学石油系、化工系为基础，汇聚北京大学、天津大学等高校的石油、石化等系科成立的新中国第一所石油高等院校，是现今中国石油大学（华东）东营校区的前身。北京石油学院当年培养了很多技术骨干，后来石油系统很多领导都是我们的同学或者校友，比如我们的前副总理吴仪，这位女中豪杰就是北京石油学院毕业的。

大学期间，最难忘的经历是参加大庆石油会战。因为我们都是读理工科的，毕业前都要实习，而1960年北京石油学院所有专业的毕业班同学全部要到大庆参加大会战。我们为什么去大庆？这要从时代背景说起。20世纪60年代初，我国还是一个贫油国，生产力很低，工业不发达，资本主义国家看不起我们。为了摘掉我国石油落后的帽子，石油部从全国各地抽调人员组成了一支石油大军开赴北大荒向大草原要油，前期石油勘探队已探知大庆的地下埋藏有油，但面积多大、油层多厚、油质如何都有待进一步探查。1959年下半年，石油部组织调动一切可以调动的力量，包括石油学院的师生和部队的战士开赴大庆进行石油大会战。当时石油战士的口号非常豪迈，如“石油工人一声吼，地球也要抖三抖”“革命加拼命，誓死拿下大油田”“战天斗地，一不怕苦，二不怕死”等。当时我们石油学院参战的是全校各专业（包括石油地球物理勘探、地球物理测井、石油开发和采油、石油机械自动化、石油储运、炼制和人造石油等）的毕业班学生，有上千人。可以说，在大会战中配套这样一支年轻有为、又红又专的青年技术生力军，这对大会战的胜利起到了非常重要的作用，对大庆油田的开发作出了重要的贡献。而我们这些年轻人在会战中也得到了极大的锻炼。

我们进入油田时已经是隆冬时节，天寒地冻，条件十分艰苦。住的是土坯房和帐篷，有时还得住地窖和羊圈。在辽阔的草原上分不清东南西北，晚上还能听到狼嚎，夜里出工必须带着指南针、手电和防身棍棒，我们是靠革命加拼命的信念和意志在那里干。因为我们这些大学生有一定的专业知识，所以我们到哪个队就是哪个队的技术骨干了。我当时作为战区测井小队长，带着我们年级的一支学生小分队，负责到大庆的杏树岗油田测量各口油井的井下相关数据。当时的苏联专家说，我们这些青年学生不简单，取得的井下资料很漂亮，有水平，达到齐、全、准的标准。专家的赞扬给了我很大的鼓舞和激励。那一年，我也被战区评为二级红旗手。在大庆，我们干了不到一年，1959年秋至1960年夏，就算完成了毕业实习，回北京母校了。

实际上我不仅参加了大庆油田会战，还参加了山东胜利油田的开发。胜利油田第一口井就是我带着学生去测的，测完后发现第一口井有油。我对石油是很有感情的，因为我在这方面进行了很多钻研，付出了很多努力。20 世纪 70 年代，胜利油田从美国用两千万元人民币引进一套测井仪器，美国人派了专家来给我们解释，但是，我问了几个技术问题，美国专家都回答不出来。那时候我们知识分子是“臭老九”，不派我们出国学习，而是派油田里面那些出身好的工人、技术人员出去，回来以后还得我们给他们讲课。

我 1960 年毕业，1961 年结婚。“文化大革命”初期，我们还在北京，我参加了“四清”。搞“四清”回来后，“文化大革命”已经开始了，有人说我在国外过得好好的，家里挺有钱的，为什么回来，回来就是有目的的，什么“炮轰黄一飞”“黄一飞抱着什么卑鄙目的和野心回国”之类的大字报也贴出来了。不过我也没有特别的把柄给他们抓住，他们只是莫须有地认为我从国外回来是抱有什么不可告人的目的，比如说怀疑我带回来的录音机就是为了搜集情报，怀疑我把油田的什么信息送出去了。当时我的录音机录的全部都是“四清”“忆苦思甜”的资料，因为整个学院就我有一台录音机，但在“文化大革命”中录音机也成了一个罪证。事实上，学生是很容易被煽动起来的，因为学生阅历比较浅，思想比较简单，当时我很想不通，心想在我参加革命的时候，他们还不知道在哪儿呢。

“文化大革命”时，毛主席曾有过“工科、农林大学办在大城市，见鬼去吧”“知识分子要与工农群众相结合”这样的批示。石油部当年被树为红旗部，所以贯彻毛主席的指示精神，行动很快。1969 年下半年，学校进行了搬迁总动员，学校整体搬迁到山东东营的胜利油田。学校的教工大部分迁到胜利油田，小部分迁到大庆支援大庆石油学院，还有些老弱病残的“困难户”则留在北京的学校留守处。我们全家与学校的大部分教工一起到了胜利油田，组建了华东石油学院。迁校造成了学校人财物的巨大损失，刚到山东时所有校舍就是 40 000 平方米的原油田技校“干打垒”土房，没有实验室、图书馆和运动场。面对困难，我们自力更生，艰苦创业，硬是在盐碱滩地上艰难地把学校再建了起来。

1969 年 11 月我们迁校的时候，北方已经转冷，迁校的队伍拖家带口的，能运走的东西都被运走了。我们乘专列转汽车到达东营的时候已经是深夜，大家拖着疲倦的身躯，抱着已入睡的小孩，带着随身的行李，打着手电先到一个小礼堂集中休息，那里是原来油田技校的礼堂。天亮后，先期抵达的同志为大家安排住进土坯房。那种房子是用黄泥砖砌成的，就是将黄泥搅拌沙子倒在模子里头，然后把模子翻过来就成了一块砖，晾晒干了，摞起来就是房子了。就这样，我们开始了一种新生活。

那个年代我们的师生都很能吃苦，当时这么多师生跑到胜利油田，所在地原来只是一所技校，技校的土坯房肯定不够住，所以刚到那里我们就自己动手脱土坯、建房子。吃的是玉米面、红薯面做的窝窝头，别看这些粗粮现在成了热销的健康食品，但在当时我们都吃怕了。大家从大城市来到这样的荒郊僻岭，住的吃的条件都很艰苦，很不适应，但大家都不会抱怨。迁校的头几年，全校教工的精力主要就是搞校园建设，胜利油田所在地是盐碱地，所以我们要开荒地、挖沟渠、修水库、植树造林来改造盐碱地，同时要建教室、实验室、幼儿园、小学、中学、校办炼油厂等。

到新校区后，华东石油学院的教材也要适应油田和厂矿的情况重新编写，当时要求从调查研究入手，到油田现场去收集资料，然后再编教材，那时候叫“教改”，即教学要改革，就是不要受苏联教学的影响，培养出来的学生要适应我们中国的需求。那时我就在那里搞“教改”，写教材，筹建实验室和系办实习工厂。“教改”完成后就开始招生了，先是工农兵学员进校，后来恢复了高考，学校才开始走上正轨。我一直在教书，而我妻子从毕业后干的一直是党务和行政管理工作。

1963 年，我们的第一个孩子出生了，4 年后有了第二个，两个孩子都是在北京出生的。迁校时老大 6 岁，老二才 2 岁。当时是迁校迁人不迁户口，在北京一直保留一个留守处，学校教工的户口也都保留在北京。

调到暨南大学

我们调到暨南大学的原因，说来话长，有主观的，有客观的，还有机遇等。主观原因，20 世纪 70 年代末虽然“文化大革命”已经结束，但我对“文化大革命”期间的遭遇记忆犹新，对极“左”思想的影响仍心有余悸。“文化大革命”中由于自己的海外关系，无论我表现多好，组织上也不敢重用我。就拿我申请入党一事来说，我从学生时代就已递交了入党申请，但一直到我留校当了多年的教师，组织上虽然也认可我的表现和业务水平，但就是不放心吸收我入党，也不敢选派我承担一些重要的工作。那时学校已经开始进行计算机在石油勘探中的应用工作，但这种先进技术在当时仍然多少带有保密性质，选派去学习的人都必须根正苗红，而不只看业务水平，所以就轮不到我，我很不服气。组织不派我学，我就自学，从那时开始，我的专业从搞石油勘探逐步转向了用计算机来进行勘探数据的处理和分析。但因为在石油学院归侨是少数，我担心一有什么风吹草动，又会先从我们这些“出身不好”的人开始，所以想早日离开这个是非之地，回到广东。广东是侨乡，华侨众多，出身问题不是那么显眼。

客观原因是我们石油学院从北京搬迁到山东东营的胜利油田，当时油田属于保密区，我的父母从国外来看儿孙，都不允许进入油田，我们只能到济南或者广州才能与我父母相见，这也让我父母亲很有意见，一再提出希望我们全家离开油田的想法。

另外一个原因就是身体因素。我刚毕业后留校工作时，去北京附近的农村参加“四清”运动，与当地的农民同吃同住同劳动。我有一次去水井挑水时，因为是冬天，井边的积水都结成了冰，结果我在井台边滑倒，摔伤了腰骨，伤得很厉害，医生叫我静卧3个月。但那时我是“四清”工作组组长，必须坚持工作。这样就影响了恢复，落下了病根，只要天气变冷，腰骨就立刻有反应，行动不便，这让我很苦恼，我觉得调到温暖的南方工作这种状况就会得到改善。

这些是主观和客观上的原因，但那个时代的人都是有固定单位的，不像现在能自由流动、自由择业，不是自己想调就能调的。我们在1977年提出调动申请时，原来的单位不批，我们的系领导这么说：“我们搬到油田，今后就要把尸骨都埋在油田。”意思就是说我们都应该立志在那里长期工作下去，要服从上级组织安排。如果要调离，除非上级下调令。如果只是我们自己主动提出调动，那没门。所以，后来能调来暨南大学，就有一个机遇的因素。

1978年，我们石油学院的一个同事去北京参加国家教委召开的全国高校工作会议，会议期间遇到了当时暨南大学的教务长李天庆（后来他成为暨南大学副校长），从他那里得知暨南大学复办，正请求教育部从全国选调一批教师支援暨南大学。这个同事是我妻子的好朋友，她把这个消息告诉了我们。于是，我们就通过我父亲与侨办的关系，向侨办反映了我们的情况，表达了希望调到暨南大学的愿望。因为我父亲的身份，当时有一个统一战线的问题，所以侨办就出面协调了。1979年10月，国家三个部委盖章的红头文件到了学校，指示要从全国各高校抽调300名骨干教师支援暨南大学，山东省有14个名额，其中包括石油学院的一个名额，并指明这个抽调的名额需要是归侨且是搞计算机的。这样石油学院只有我的条件符合这个要求。没多久，我们就收到暨南大学人事处发过来的调令，通知我们11月18日去报到。

在调离石油学院前夕，还发生了两件对我来说很重要的事。一件是石油学院党组织通过了我的入党申请，另一件是我被石油学院选派出国进修，并已通过了出国人员英语考试。调动工作单位和出国进修两难选择，怎么办？后来是暨南大学人事处出面向国家教委申请把这个名额转给了暨南大学。我和爱人1979年底来暨南大学报到。

那时暨南大学新进了很多教师，住房十分紧张。我们刚报到时，在暨南大学的招待所住了两个月，后来在系领导的帮助下，在苏州苑争取到了两户共住一套的居室。我把家安顿好就到北京报到，1980 年初我以访问学者的身份在美国伊利诺伊州立大学进修两年，学计算机软件工程，学习的重点是高等教育管理信息系统。当时国家刚刚经过“文化大革命”，百废待兴，各方面都迫切需要掌握现代技术的专业人才，国家选派人员赴发达国家进修也是希望能尽快赶上世界发展的潮流，我非常珍惜这次宝贵机会。但“文化大革命”耽误了很多时间，我们那批出国人员无论是知识结构，还是语言能力、身体精力都不能和当时那些出国留学的年轻人比，所以在国外的两年我面临了相当大的困难。我勤奋苦学，努力克服，总算圆满完成了学习任务。当时有些公派出国的人出国之后就留在国外了，我国外的亲戚也劝我说，好不容易出来就别回去了。但我觉得是国家派我出来的，学成总得回国作出些贡献才对得起国家，所以学完后马上就回暨南大学了。

1983 年，刚回国的黄一飞在原暨南大学主教学楼前留影

我是 1983 年学成回国的，还没正式报到，学校领导就安排我参与组建计算机系和计算中心。我担任了计算机系副主任兼计算中心主任，一干就是十几年。当时我们计算机系是从数学系分出来的，计算中心附属于计算机系，中心的教学则是面向全校。那时不像现在都是用微机，而是用小型机、中型机带终端。20 世纪 80 年代中期，学校拨款购买了一台功能中等的 VAX PDP44/11 小型机，可带 30～40 台终端机，可供一个班的学生上课使用，机房还配备了中央空调，这样的设备条件在当时广东的高校里算不错的了。为了提高计算中心工作人员为教学服务的能力，我设法联系了香港自动系统公司并多次分批派中心的工作人员赴

港学习。同时，为了尽快提升大家的业务水平和工作能力，争取获得外援经费支持教学与支付员工的加班费，我也很重视与校外单位合作搞项目开发，1984 年至 1987 年，计算中心先后与深圳蛇口开发区、汕头龙湖宾馆、北京工艺美术公司等单位合作进行了信息管理系统的开发，暨南大学的计算中心也逐渐在这个过程中闯出些名气。后来，计算中心逐渐壮大，中心的教工也很齐心，大家一起努力搞了很多项目。暨南大学的信息管理系统就是那时候起步的，包括学籍管理系统、教务系统、财务系统、人事系统、图书馆系统。那段时间，我本人也比较活跃，担任了广东省 VAX 机协会的理事长。那时计算中心在暨南大学是搞得比较好的单位，常有内宾和外宾来参观，英国前首相希思也到计算中心参观过。那时与现在有很大的不同，现在是微机联网时代，跟过去由大计算机拉线搞终端不一样。我们那时是从零开始，干得很辛苦。

在为学校图书馆开发信息管理系统时，正值“八九学潮”，形势比较紧张，学生的情绪也比较冲动，为了保证图书馆正常运作，不致成为不稳定的诱发因素，参与系统开发的人员都丝毫不敢松懈，没日没夜地加班，赶开发进度。我经常是深夜两三点才回家，搞得很疲劳。但没办法，不能休息，必须坚持。由于那段时间工作负担确实很重，连续加班，我最终劳累过度致突发心脏病，幸亏抢救及时。我的工作得到了学校和计算中心教工的肯定，多次获得省和学校的各种表彰，“先进个人”“优秀教师”“优秀教学成果奖”等奖状、证书一大摞。

我是暨南大学计算中心首届主任，对中心的创立和发展付出了很多努力和心血，对中心也有着很深的感情。现在计算中心已经换了几届领导。2014 年 1 月 16 日，计算中心开会的时候请我过去。过去后我说，你们这班人现在很幸福，新来的都是博士、博士后或者“海归”，现在引进的人才跟我们当初调进来的人才很不一样，当时我们硕士毕业已经是高学历了。你们很幸福，但是要保持计算中心的光荣传统，牢记我们是从艰苦年代走过来的。

20 世纪 80 年代，黄一飞担任广东省 VAX 机协会理事长期间在一次大会上发言

20 世纪 80 年代，黄一飞陪同英国前首相希思参观暨南大学计算中心

本来我 60 岁就可以退休，但是，那时我带的研究生还没有毕业，必须把研究生的指导工作做完，所以返聘两年。我在暨南大学一共工作了 13 年，这些年里我尽心尽力为学校的发展作出了自己的微薄贡献。

对于暨南大学，我是有感情的，我们家族与暨南大学也有一定的渊源。我大哥是暨南大学的海外顾问，我的弟弟、妹妹都曾在暨南大学的华侨补校（即现在的华文学院）读过书。我的四妹夫也是暨南大学毕业的，他的父亲去世前一直都是暨南大学的校董，他们家在国外的下一代人也有好几个先后在暨南大学就读。我的儿女也都曾先后在暨南大学就读或工作过，女婿现在是暨南大学的教授。我的太太也在暨南大学工作了十多年，她很能干，退休前是实验室与设备管理处处长，学校里面很多人都对她很熟悉。我们夫妻的后半生都会在暨南大学度过，这些年，我们看着学校在不断地发展壮大。我们现在都已是耄耋之年，没办法再为学校做些什么了，但我们都还关注着学校的发展。祝愿我们的学校坚持侨校的特色，扩大在海外的影响，越办越好，成为国家乃至世界的一流学府。

黄一飞与两位采访者合影

黄灼人[①]

在印尼

我于 1924 年 12 月 11 日出生，福建龙岩人。祖父很早就过世了。父亲黄文橙（即黄复康）到江西叔祖父店里做了三年学徒后，到厦门大学事务科做刻版等事务工作，在厦门大学的学潮事件后，离开厦门大学。当时在海外有亲戚的人，都试图通过各种途径离开中国，父亲为了谋生，于 1927 年前往印尼苏门答腊亚沙汗。当时亚沙汗的商务较为发达，父亲的堂哥在亚沙汗开了商店，父亲因略懂财务管理，便在商店帮忙。1932 年世界爆发经济危机，受其影响，父亲堂哥的商店倒闭了，父亲便到培善中学做事务主任。1930 年奶奶过世后，我随母亲彭君娇和弟弟以及姑姑黄薇一行四人，坐船赴荷属亚沙汗。当时姑姑在厦门集美念书。

当时在亚沙汗华人中，龙岩人较多，且勤奋团结，所以社会地位相对较高。但是，由于地位的差距，华人与荷印政府之间交往甚少。当时有个龙岩同乡会馆，专门接纳新来印尼暂时没有去处的同乡，以此互助生存下来。

由于当时祖国不够强大和富裕，所以我们在亚沙汗只能靠当地的华侨相互帮助来维持生存，靠勤劳经商来谋生。培善中学没有政府的资金支持，主要靠当地华侨的捐助，老师主要是从中国迁往印尼的华人。我在此中学一直念到 1939 年 6 月初中毕业，无须缴纳学费，主要学习华文教育。我的父亲待人真诚，工作认真负责，深得当地侨胞的赏识。当时他不仅管理学校的事务，还管理着亚沙汗中华商会、华侨进出口协会等各种协会，奔波于亚沙汗各地。我的姑姑在培善中学分校教书。我每晚给姑姑带饭，然后住在姑姑宿舍，在那里写日记、让姑姑辅导功课等。当时，为了对学生进行爱国思想教育，培善中学校长王志瑞还把《马赛

① 肖丹、彭莉莉（暨南大学国际关系学院/华侨华人研究院 2012 级硕士研究生）于 2013 年 7 月 2 日和 7 月 6 日在暨南大学采访黄灼人老师，并整理录音。黄灼人老师对访谈稿进行了修改，林颖（暨南大学国际关系学院/华侨华人研究院 2014 级硕士研究生）将修改稿录入电脑。

曲》谱为校歌，王校长因此被驱逐出境，张希石老师被流放至孤岛上，学生则被监视，每周到政治部报到。荷印政府在政治上严格控制，但是在商业上的政策相对宽松。

1937年，日本全面侵略中国，祖国处在水深火热之中，以陈嘉庚为首的爱国侨胞成立“南洋华侨筹赈祖国难民总会”，总部设在新加坡。亚沙汗也成立了分会，当时我的父亲担任该会的秘书兼宣传主任。他深知祖国的艰难处境，积极宣传动员，组织募捐。印尼的华侨是非常爱国的，因为弱国无外交，在政治上受荷印的歧视迫害，所以大家非常团结。在“有钱出钱”“有力出力”的口号下，印尼的华侨积极行动，尽自己的所能筹集资金。我也和同学每周在周末一起自愿拿着募捐箱去募捐钱财，然后上交给学校，为祖国贡献自己的力量。当地侨胞组织了大规模的募捐宣传活动，在学校的广场和网球场上开展义卖活动。当时我母亲的厨艺很好，常常做点心拿去卖，然后把钱捐出去。募捐活动引起了荷印政府的不满，而父亲是募捐的主要负责人，因此，荷印政府便派暗探到我家隔房居住来监视父亲的活动。表面上与我们正常交流，实质上暗中监视，汇报我父亲的活动。1939年，我的父亲因为过度劳累，患了肺病，吐血，被送到马达山上的疗养所治病。母亲和妹妹也随之到山上照顾他，一共住了两个月。然而荷印政府不顾父亲病情未愈，下令驱逐父亲，限在一个星期内离境。当时家里已无多少积蓄，父亲也婉言拒绝了其他侨胞的接济，于是开始变卖家产，合计筹得400多元，一部分作为父亲的回国旅费，另一部分作为母亲以及弟弟妹妹和我四人的生活费。自此以后，家里的生活十分拮据，母亲时常以给别人缝补衣服来补贴家用，侨胞也会给一些援助，没有桌子就拿包装箱当桌子用。

父亲离开印尼之后，暗探者也撤离了，亚沙汗的救亡爱国活动也随即停止。随后，姑姑从日本坐船回到上海，担任《星岛日报》的记者。之后转战重庆、陕甘宁边区，作为华侨记者报道战况及当地当时的生活状况，稿件刊登在《星岛日报》上。为接济我家，姑姑将其稿费由朋友寄到亚沙汗我家。

父亲回国后，当时抗战很激烈，他本以为可以迅速投身到祖国的抗战中，尽自己的一分力量，却目睹了国民党政府的腐败无能、民不聊生的情况，而海外侨胞为支持抗战所募捐的财物也落入国民党的私囊，他们在军事上则假抗日真反共，加之他在江西参加的抗日宣传活动也遭到国民党的反对和镇压，因此他对国内的情况非常失望。此外，他也不放心仍然身在海外的家人，于是又乘船到新加坡，这时改名为黄复康。在同乡的光华栈，先做会计，后来成为经理。经过努力，光华栈商务发展壮大，后改名为光华有限公司。

迁到新加坡

1939 年上半年，我初中毕业。因当地不办高中，父亲便通过亚沙汗的侨胞帮助，使我顺利到新加坡南洋女子中学免费就读高中。当时华侨中学是最好的男子学校，而南洋女子中学则是最好的女子学校，这样我从亚沙汗迁到了新加坡读书。因为经济原因，家人分三批迁入新加坡。我迁到新加坡后，母亲和妹妹随后迁入，弟弟最后才迁入。新加坡华文学校的老师大多是从国内聘请的，其中一部分是共产党员，但是中共是地下党的，马共则是半公开的。高中的每班中又分两类，一类是高中，读高中的学生一般会回到国内深造；另一类是高师，毕业后当教师。因为家庭条件一般，我选择了高师。进入南洋女子中学后，我住在学校。第二年，家里经济条件好转，才开始交学费，也开始在家里住。学校课外活动很多，例如时事座谈会、读书会、歌咏队等。放学后，我和其他同学一起捐书和其他用品给读不起书的孩子。学校有两个先进组织，即“抗敌后援会”和“民族先锋队”，前者受马共影响很深，后者则主要受中共的影响，虽有分派，但都是爱国团体。我当时参加了“民族先锋队”。“民族先锋队”每周都会到乡村去，一方面帮助农民做农务，另一方面进行抗战宣传工作，传达抗日战争的进展。当时由于经济状况和战争的原因，工人常常罢工。我们一行人则在晚上慰问工人，或做文艺节目的宣传演出。

1941 年 12 月 8 日，太平洋战争爆发，日军轰炸新加坡，当晚轰炸声将我们从梦中惊醒，我们随即跑到马路上、广场上了解情况，但谁也没想到日军不宣而战。第二天是我高中最后一次考试，非去不可。父亲不放心，不得不开车送我去上学，不敢走大马路，就从小路经植物园到学校，到学校才知道是日军轰炸，从马来半岛登陆的。校长通知我们不必考试了，马上回家，考试成绩以后与班主任联系。我的班主任叫郑明（原名郑楚云），原来他住怡和轩（即陈嘉庚办公地点对面）的宿舍，与蔡高岗同居一房。郑老师称分数尚未全部出来，要我过几天再去取。当时陈嘉庚与胡愈之决定组织抗敌后援会，动员大家为抗敌工作，地点设在爱同学校，我有时也去帮忙。但英军防御薄弱，节节败退，日军掠夺、轰炸新加坡周围大小船只，以便封锁岛国。陈嘉庚、胡愈之等见日军很快打到新加坡，星岛地方小，无法防备和保护大家的安全，决定雇小船带领爱国侨领、进步文化人士赴印尼小岛避难。郑老师征求我的意见，是否与他们一起撤退，我说要征求我父亲的意见。当时日军轰炸了许多船只，父亲不同意，说要死全家死在一起，我就没有同老师们一起撤退。随后，父亲要我们跟东家家人一起到郊外一友人家，他已搬去印尼小岛。这是一座洋楼，因新加坡气候潮湿，一楼是架空的。父亲买柴火、木炭将楼下围起来，让我们住在一楼，楼上天花板再开一口，必要时乘梯在天花板上避难。洋楼对面是一座小山坡，挖了一个简陋的防空洞，父亲就让大家安心住下来。他还带我回家将有关抗日内容的书和我的日记全部烧毁。1942 年 2 月 15 日，英军投降，日军的坦克驶入新加坡，臭名昭彰的“大检证”开始了。日军通知我们不管是病人、孕妇产妇、老人小孩，不论男女，当晚所有人必须到指定的广场集中。为防止意外，我摘掉近视眼镜，穿上母亲的黑衣裤，带着席子，席地而坐。大家都不知会发生什么事，但知道一定是凶多吉少。一场臭名昭彰的“大检证”降临了，日军展开了分区分段的大屠杀。当晚每个人都要到指定地点接受检验，没有问题的，则在衣服上、手上、脸上盖上“检”字，凭此以后再发良民证。据说凡身上有文身的都被扣下，其他被认为有问题的人都被挤在一堆，后来日军将这些人捆绑押至海边，然后用机关枪扫杀。而一些年轻力壮的则被绑去当劳力，建工事。据说新加坡河都被染红了。估计有 5 万华人遇难。我班一同学的父亲、哥哥都被绑去，再也不见了踪影。我们一家人幸而逃过一劫。战事平静后，我们搬回城里老家住。当时贩卖粮食者被处以死罪，城里每月只发给十斤碎米，许多人不得不找植物充饥，有钱人高价买木茨粉等物做成面吃。我家住在天后宫的对面，有时天后宫会施放稀饭，有些饥饿的人排队等候，但人多粥少，无法满足需要，经常有一些饥民死在天后宫或我家门口，因此我们不敢出门。人们一般不敢晚上出门。但有一次天后宫因海神妈祖诞辰日，也有一些人出来庆祝，结果日军开来两三部长车，将一些人抓走，据说抓这些人去做苦力，以后大家再也不敢晚上出来了。

1945 年 8 月 15 日，日军投降，印尼民族独立运动兴起。荷兰政府对印尼革命进行血腥镇压的同时，又野蛮袭击和扣押华侨的商船，这一行径激起了华侨的愤怒，从而掀起了抵制荷兰商船的浪潮。在这场斗争中，我父亲不但动员有关人员不给“KPM”船务公司运货和卸货，还向外界揭露荷兰殖民者的许多罪行。

由于马共在抗战中有了一定的军事基础，英国政府对马共采取怀柔政策，用武器换取议会的席位，诱使马共交出武器。

太平洋战争结束不久，我参加了马共领导的妇联工作。在工作中，我发现学校被封闭，很多老师也在抗战期间失去联络，很多孩子无法读书。因我曾就读高师，就在马共妇联的领导下开办平民学校。场所主要在“新世界”和“快乐世界”，这些是简陋的娱乐场所，一般在晚上营业使用。由于这些娱乐场所的所有者曾为殖民政府做过事，所以在新加坡解放后，这些所有者也较为配合此类人民教育活动。我利用这些场所进行教学工作，教材主要是我们自己编写。在战争刚刚结束的背景下，主要进行战争与和平的政治教育，是义务教学。学员达 2 000

多人，我担任副校长一职。太平洋战争结束后的半年，南洋女中校舍仍被英军霸占，无法复办，中学生无法就读。为此，我们组织太平洋战争前高二、高三为主的同学成立南中校友会，发动向侨胞筹款活动；当时，马共市委认识到新加坡政局政策逐步改变，要以地下活动保护自己，因此我们利用马共校友关系，争取到原马共市委办公地点作为校址，协助刘韶仙校长复办南中附属小学，组织还留在新加坡的老师复办小学。当时我没有教学经验，却因为社会关系被校长聘请，在新办的学校里担任教导主任兼三年级班主任。由于场地有限，教学分为上午、下午两个时段，以容纳更多的孩子，我负责上午的教学工作。

当时的民主同盟已经在香港设立总部，随后在新加坡也开始设立分部。在筹办时有部分成员是中共党员，但是由于政治因素，需要低调行事，于是借用民盟的名义，以利组织吸收更多青年人、爱国侨胞参加民盟。之后，民盟的分会在马来西亚等亚太地区逐渐兴起。当时中共和国民党已经开始内战，有一些在国内待不下去的人，开始转移前往政策相对宽松的新加坡。当时在新加坡，国共斗争激烈。陈嘉庚觉得在这种政治形势下加强宣传工作十分重要，因此创办了《南侨日报》，陈嘉庚任董事长，胡愈之任社长、主笔。当时，我也想参加《南侨日报》的工作，但是由于之前已答应教书工作，刘韶仙不同意我辞职，因此我只能上午教书，下午到报社资料室工作。当时蔡高岗（即蔡馥生）在《南侨日报》负责资料室的工作，我便负责采编以及书籍的采购等工作，必要时晚上也工作。之后，《南侨晚报》也开始发刊，主要侧重文艺性的报道。1948 年夏，《南侨日报》在经济上遇到困难，开始裁员，我家里的经济条件较好，便主动提出辞职，打算去香港达德学院念书。1948 年 7 月左右辞职后，我便在家中复习功课。

在香港

香港达德学院是南方分局主管，联合在港各民主党派共同创立的新型大学。1949 年元旦过后，经姑姑介绍，我考进香港达德学院主修政治经济学。达德学院由李济深任董事长。跑到香港的内地进步人士，大多数是知名学者、专家，他们从事写稿、教书等工作，也有一部分文人学士迁到新加坡。达德学院在这样的情况下容纳了很多有名望的文人。在学校里，国内的学生大部分是来自广东、广西、福建等省，海外大多来自印度尼西亚、新加坡、菲律宾等国。学校的学习气氛很浓厚，发扬艰苦朴素的作风，学习方法是建学习小组互相帮助，生活上多是由学生自己管理自己。当时，我担任学生会编委会，每周出壁报，学期出季报。同学们团结协作，工作进展很顺利。但是，由于工作量大，又不能影响学习，所以，我们常常深夜才能休息。

1949 年 2 月，解放军南下，准备解放南京、上海等地。由于我军击中英国军舰，与英军发生冲突，港英当局决定报复，而达德学院是中共主办的学校，港英当局便决定查封达德学院。达德学院被查封之后，中共南方分局马上决定新建一所学校——建中夜校，将达德学生吸收进去，进行金融、财政、税收、会计等专业的培训，培养新中国所需的财经人才，为解放广州做准备工作。当时，我参加了建中夜校金融专业的学习。

1949 年 4 月，我与蔡馥生结婚。之后，我便参加了南方人民银行的筹备工作。4 月 21 日，英国军舰向我军开炮，我军反击，英军舰受毁。英政府为了报复，对中共在香港的财经机构人员进行抓捕，我与蔡馥生等一二十人均被英政府抓获。由于我已经将相关资料销毁，后来又缴纳了押金，我们便在当日下午六点左右获得释放，但要求随叫随到。为了避免南方人民银行的筹备工作受到影响，南方分局要求蔡馥生迅速秘密离开香港，赶赴华南游击区，我亦随行。

回国参加银行接管工作

1949 年 4 月 28 日天未亮，交通员带我们到九龙渔港，乘坐帆船离港，到刚解放不久的沙角涌。次日，我们走在田埂上，田埂既狭小又滑，我们一天才走了 30 里路，脚都起泡了。晚上，同行同志帮我用针挑破脚泡，再用温水泡脚。到宝安县的王母圩后，我们的队伍增至六七十人，其中大都是从香港来的财经干部，也有少数来参加东江纵队的大学生。东江纵队发给我们每人一顶竹帽，一块近一米长的塑料布当雨衣用。在未行军时，我们每天早晨同解放军一起操练，一起跑步。经过国民党统治区时，我们只能晚上行军，不准用电筒，不准抽烟，一个紧跟一个，掉队是很危险的。一天下午，我们吃完饭后便坐船，傍晚才上岸。因是敌占区，上岸后也无法休息，继续行军，没有水喝，又饥又渴，大家都累得走不动了，连护送我们的解放军也认为宁愿同敌人打仗也不愿这么累。第二天中午一点，我们终于到了目的地——惠州的一个村庄，大家累得睡在草地上都不想动，这次行军对我们是一次很大的考验。经过海丰县的村庄时，该村因遭到国民党军的三次围剿和扫荡，村民死的死逃的逃，房屋被毁，田地丢荒。农民住房面积很小，我们晚上就睡在空地上，下着小雨，我们便用雨帽、雨伞遮挡着，睡在塑料布上。

在走过布吉镇后，我们翻过一山又一山，后来下起大雨，山路滑，雨又大，战士背的饭锅和电话机都滚下山了，幸好人还平安。当时，雨越下越大，山谷变成了河，过不去。解放军将绳抛到对岸，我们抓紧绳索蹚水走到对岸，全身都湿透了，大家只好烧大火烤干身子。这些地方的老百姓生活很艰苦，以吃红薯为主，有的抓一小把米连红薯一起煮。我们每天的伙食费是 7 分钱米，2 分钱菜，主要吃酸菜或者一餐一两条小咸鱼。我爱人胃不好吐酸水，便买一些花生米装在盒里，每餐拿几粒当菜吃。我们一直走到河田镇（现改称陆河），才发现有蔬菜，当地人称潮汕小白菜，吃起来很清甜，我们当时就像吃上大鱼大肉那样高兴，令我难忘。到河田镇后，一部分讲粤语的同志向北到东江纵队报到，我们则朝揭阳县棉湖圩方向走，到韩江纵队报到。这一带均已解放，一路平原多，安全，比较顺利。我们到达棉湖镇，在那儿举行财经委员会会议，会上推举蔡馥生任财委主任。随后我们再去揭阳县的灰寨，韩江纵队地委设在那里。最后，组织决定将南方人民银行总管理处和印币厂都设在河婆。不久，香港印币厂的设备、工人、干部，以及参加建中夜校的达德学院的同学，都乘船分批从甲子港上岸，来到河婆。随行的有一名英国海军，他因不满英政府的对华暴行，起义参加解放战争，在印币厂当技术师。中华人民共和国成立后，他留在中国，娶中国女子为妻，安家在广州。总管理处负责同志一方面制定管理规章制度，一方面开展南方人民币的印刷业务。与此同时，在河婆设立财经学校，招聘部分学员（主要来自汕头、潮州），与香港来的达德学院的同学，一起学习南方人民银行会计制度，以便分配到潮汕分行和东江分行开展业务。

9 月末，由于解放战争发展迅速，上级通知总管理处，将印制好的南方券运往东江纵队，我们也随行集中到东江纵队，以便迎接南下大军。在往东江纵队龙川（原叫老隆）的途中，10 月 1 日，我们听到毛主席在北京宣告中华人民共和国成立的消息，都非常喜悦、兴奋，这预示着全国的解放即将来临。我们到龙川后，原来从香港来的金融、商业人员和文工团，都从各地聚集于此。一到龙川，我们就接到命令，队伍继续北上，到刚解放不久的翁源县（原叫龙仙）集中。在途经紫金时，老百姓在道路两边迎接我们。见一些十来岁的孩子均无裤子穿，我感到心酸，说明当地老百姓生活很艰苦。我们到翁源集中，等待在江西赣州开会、以叶剑英为首的中央领导和南方分局领导回到翁源，布置广州解放后的工作。

广州解放的当天下午四五点，当获知广州解放时，大家欢呼、跳跃、抛帽子，首次见到南下同志跳秧歌舞，我们也跟着边学边跳。第二天天微亮，准备接管广州的领导同志先乘卡车出发，我也跟爱人一起出发。沿途道路被敌军破坏，车不能顺利行驶，时不时要下车修路。10 月中旬的粤北有些凉意，我们穿着单衣，下车烤火取暖。第二天傍晚，我们才到广州郊外沙河圩路边露宿。四野部队发给每人一套草绿色的军衣（不分男女、大小）。次日上午，整装进城到军委会报到。我爱人负责广州市财经接管委员会的领导工作，我则负责接管广州档案资料（其中一部分系地下党提供）的保管分发工作。1950 年 1 月，财经接管工作告一段落后，我与爱人随即来到中国人民银行华南分区行及广东省人民银行（一套班子两项管理工作）开展工作。

以上经历，虽然时间不长，却是我人生一大转折点。我原来是一个长年在城市长大，从未下过农村，五谷不分，出门即坐车，从不远行的青年。这次锻炼，使我成长为从最初一天走 30 里路脚就起泡，到后来一天可走一百二三十里路，逐步了解贫困、落后的农村，了解老百姓缺衣少粮、生活艰苦情况的革命青年。我把这些经历深深铭记于心。

1950 年 1 月后，我在中国人民银行华南分区行工作，先在广东省分行行长室任秘书，后任商业信贷科副科长。1956 年夏至 1957 年夏，我到总行干校学习政治与业务。结业后，回省行参加“反右”“反地方主义”运动。1958 年 8 月，我与爱人下放到广东高要县白土乡基层锻炼，当白土乡政府驻社干部。公社化后，我担任中岗村大队副队长，参加轰轰烈烈的“大跃进”运动，参加深耕改土、密植水稻、上山开采岩石取煤、下田挖运河等工作。与农民一起“战天斗地”，既当指挥员，又当战斗员，露宿田野，经受锻炼，在工作中我被评为“先进共产党员”。1960 年，我随爱人调入暨南大学。

在暨南大学

我们回国后，国内政治形势很不稳定，特务和反革命依旧很多，华侨归国还是受到一定的影响。我父亲在 1952 年 10 月回国后，被邀请到全国主要地方参观访问，回穗后积极发动华侨投资，帮助祖国建设，主要是轻工业。后来，我父亲成立一家华侨投资公司，因关系较广，成为副总经理。政府在华侨村给华侨一大块地，华侨在这块地上建房，也建了小学、中学。在此之后，中央才开始决定在广州复办暨南大学。不少华侨捐款支持，我父亲也捐款，担任暨南大学校董。“文化大革命”时期，华侨是被歧视的，因此那个时期的华侨很多逃到香港或者国外。我也因为犯了所谓的“资本主义反动路线”错误，被总务处工人大队专了政，上午到牛栏劳动，下午看大字报，随后开展所谓的“自己解放自己”，也参加了群众组织。1966 年，两个大的孩子下乡插队劳动，两个小的孩子留在广州学习，我则下放干校劳动，养猪种菜。“文化大革命”后期，我担任连队副政治指导员，分管专案工作。后来，我国的华侨归侨优惠政策逐渐形成，也有一些考试的优惠政策。在毛主席号召“复课闹革命”后，我于 1972 年调进广东化工学院担任财务科科长。1975 年 8 月，因照顾家庭，我又调到中山大学膳食科任科长及党支部书记。

1978 年，暨南大学复办。我调回暨南大学参加复办工作，负责后勤干部与全校工人的调回以及招聘工作。由于涉及面广、工作量大且紧急，招聘工作小组最多时达十几人。当时，暨南大学复办得到省委劳动局的大力支持，配给的招工指标达 500 名。1980 年，招聘工作结束后，我调回总务处，虽然担任后勤总支副书记，但实际上具体抓总务处人事组织与业务工作，兼顾后勤其他处的思想政治工作。1983 年 6 月，离休。离休后，一直发挥余热。

我有四个孩子，两个在内地，一个在香港，一个在加拿大。老二原在广东省社会科学院工作，后经公考到日本学习证券业务，毕业后外派香港粤海集团属下粤海投资公司，担任副总。粤海投资公司改组后，辞职留居香港。老四原在暨南大学念书，毕业不久，赴加拿大温哥华定居。

目前，除了堂妹还在新加坡居住，我们全家人都不在新加坡了，主要的关系只是一些当年的同学，但也有相当一部分已经不在人世。

在回国之后，我从来没有想过要再次迁回新加坡。我在祖国的危难之际选择留在中国，为中国的前途命运奋斗。尽管在新加坡可能会有相对优越的生活条件，但我还是心系祖国，毅然选择留在中国继续发挥余热。

李新华[①]

我父亲叫李班，亦名李碧山，原名裴公光，是越南人，1912 年 6 月 10 日出生于越南南方隆安省芹德县隆和乡（今属胡志明市）。父亲与母亲温碧珍（亦名陈凌）结婚后，养育了四个孩子。我于 1938 年出生。长弟李新国 1942 年出生，又名纪芸，后被转送亲戚钟友伯，但 1944 年病亡。二妹李念芸 1944 年出生，三弟李新越 1947 年出生，四弟李新穗 1955 年出生。我与妻子邓金娜育有两个儿子。

我的父亲李班

在早些时候，母亲曾经写过回忆录。前几年我回梅县老家的时候，到剑英公园参观了梅州市革命历史博物馆，在抗日战争展厅里，有对我父亲李班的介绍。这些素材，让我对父亲有了更深的认识，现简述如下。

一、从越南到中国参加革命

从越南隆安省到广东汕头

父亲早年丧父，我的祖母阮氏是一位勤劳刻苦、十分能干的妇女，对子女管教极严，生活很节俭。她的性格对我父亲的影响很大。

父亲从小生活在法国殖民主义统治下，目睹越南人民受剥削和压迫的惨状，幼年就萌发了爱国思想，13 岁在西贡读初中时便参加了越南人民的抗法斗争。他在越南堤岸法文中学读书，受到进步思想的熏陶，特别是受了一位老华侨（大

① 王趸兴、季鹏（暨南大学国际关系学院/华侨华人研究院 2012 级硕士研究生）于 2013 年 6 月 15 日和 7 月 3 日采访李新华老师，并整理录音。2018 年李新华老师希望再次访谈，普鹏飞（暨南大学国际关系学院/华侨华人研究院 2016 级硕士研究生）多次联系，但由于李老师身体状况不佳，一直未能启动。2019 年 3 月初，李老师提供了几份其父亲李班的相关材料，由普鹏飞转成 Word 文档。陈文将访谈记录和相关材料编辑整理成文稿。

革命时期的共产党员）革命思想的影响，信仰马列主义，积极参加学生运动。当时，“越南革命青年同志会”南方分会的负责人之一范文同是父亲的语文老师，也是引导父亲参加革命的启蒙者之一。1927 年，父亲加入了“越南革命青年同志会”，又于 1930 年 2 月 3 日加入“东洋共产党”（后改称越南共产党），他是越南最早参加革命活动的党员之一。

父亲曾两次被敌人逮捕，受迫害，所幸他的外祖父在社会上有些地位，所以先后两次均获保释。但他受到家庭软禁，因此与组织失去了联系。如果他不离开越南，法国殖民者可能会再次逮捕他。有一天，他偷跑出来，找到那位老华侨商量逃走的办法。老华侨说：“我们共产党人是国际主义者，要解放全人类，到什么地方都可以干革命。中国现在有红色政权，如果你愿意，我可以想办法介绍你去。”1932 年年末，通过这位与中共汕头地下党有联系的老华侨的引荐，我父亲冒充其弟弟的身份，化装成轮船上的伙夫，通过了敌人的检查，坐船从堤岸到香港，然后到广东汕头。在汕头，父亲找到了老华侨的同乡、共产党员黄近垣，同时结识了革命青年黄叔明、陈光等人，从此走上了中国革命斗争的道路。

到汕头不久，黄近垣又把我父亲介绍到该市的太原牙科医务所当杂工作掩护。同年冬，地下党陈仲平的老师、共产党员王建良去该所就医，因住院时间较长，结识了我父亲，双方有了深入的了解。王建良对我父亲说：“我们可以设法到红色首都瑞金去。”父亲极为高兴。于是，王建良出院时，便把我父亲领到他位于梅县松源的家里。陈仲平当时是松源中学的学生、党支部书记，经他请示上级，我父亲被批准前往苏区。陈仲平把他领到自己的家乡——福建省武平县象洞区，由中央领导的武南游击队护送前往苏区。我父亲一直生活在城市，从没有徒步走过远路。这一次，他居然一连几天夜里走崎岖山路（包括偷渡汀江），并多次通过了敌人的封锁线，终于在 1934 年 2 月初到达瑞金。

在中共中央苏区

1934 年 2 月，到中共中央苏区后，我父亲很快就被安排在中央党校马列主义学院学习。在党校，由陈潭秋和何叔衡两位同志恢复了父亲的党籍，他由此正式开始参与中国革命运动。同年 10 月红军长征时，父亲作为南方本地干部，奉命转到福建工作。当时每个人的身上都带有油布包好的党的文件。当队伍遭到白军袭击时，他们就泅水而过。碰巧父亲疟疾发作，昏迷了过去，当他醒来时，已被江水冲到沙滩上，掉了队。他爬起来，整理好材料，走到岸边的一个小村庄，发现有个放草和粪料的草棚，便把文件藏好。不久父亲被敌人发现，被枪打伤了左臂并关押到牢里。庆幸的是，敌人没发现党的文件，父亲的共产党党员身份没有暴露。

在狱中

关押我父亲的监狱，当时先后关押了几千位革命同志，每天都有人病死或被拉出去枪毙。这些病死的同志，狱吏并未及时把尸体埋葬，而是要多留几天，以便让他们多赚几天死者名额的饭钱。监狱里伙食十分恶劣，没有水喝，没有菜吃，每餐只有一小碗混有很多沙石的米饭，上面撒了几粒粗盐。犯人均戴着手镣脚铐，只好把饭放在脚盆上，把头低下去吃。大家口渴得很，就大声喊叫："要喝水！"喊得多了，狱吏就泼一桶水在地上，大家只好趴下用舌头舔水。就这样，吃饭、睡觉、大小便都在那里，尸体也被扔在那里，卫生状况可想而知。每个人从头到脚都长满了虱子，痒得无法入眠。狱中死亡率很高，不到三个月，牢里就剩下寥寥几十人了。父亲就是其中的幸存者之一。

在狱中父亲一口咬定自己只是个伙夫。适逢国民党两广地方政府与蒋介石闹矛盾，陈济棠想尽快结束那里的事务，便把剩下的犯人释放了。由于父亲口供称自己是广东人，且当时白军中有一个当营长的广东人，见父亲机灵，就想让父亲给他当勤务兵，但父亲以想念老母亲为由婉言谢绝了。最后，该营长答应了父亲的请求，还给了他一块光洋作遣散费。父亲就用这一块光洋买了一些米和火柴等，沿途乞食，走了近两个月才到汕头。

父亲到了汕头，没有熟人可找，晚上只能睡在一间新房子的屋檐下。因狗吠，屋主怀疑他是小偷，又把他捉去坐牢。这次是以小偷的罪名坐牢。那时他已经23岁了，但由于在监狱中受尽了折磨，再加上两个多月的乞讨跋涉，使得他瘦骨嶙峋，看上去只有十六七岁。后来黄近垣和黄叔明、陈光等人凑了些钱，才把父亲保释出来。

组建中共韩江工作委员会

出狱后，父亲从汕头来到梅县荷泗区，住在黄近垣的家里。由于严重缺乏营养，父亲身体瘦弱，两腿浮肿，不能行走。黄近垣、黄叔明、陈光都曾背着他去看病。父亲待身体稍微复原后，便回到汕头太原牙科医务所做工。父亲白天在医务所做工，晚上就化装成小学教师的模样，到图书馆去阅览书报、接触进步青年。他们逐渐组织起"读书会""世界语""新文字研究会"等团体。

1936年冬，李平奉中共南方临时工作委员会之命，恢复了我父亲的党籍（那时坐过牢的同志需履行这种手续），并委任父亲为中共汕头市工委和韩江工委负责人，父亲从此肩负恢复和重建兴梅（兴宁、梅县）党组织的使命。1937年年初，父亲两次来到松口，着手恢复发展组织。那时，松口是抗日救亡运动的中心地区，有"大众读书会""白燕剧社""民众歌咏团"三个最大的公开抗日团体，后来这些团体均被当局解散，转为地下活动。1936 年 12 月 12 日，“松口抗日救国会”在梅县松口元魁塔内正式成立，参加的人有陈仲平、林玉明、王勉、李显云、林汝舜、陈海萍、温汝尧、李瑟珍和后来成为我母亲的温碧珍等十多人。1937 年 2 月父亲首次到松口时，首先恢复了陈仲平的组织关系，并通过他顺利地恢复和发展了党组织，同时还建立了党的外围组织“抗日义勇军”。接着，还分别成立了中共松口支部、梅城支部和松源支部，同年 4 月又成立了中共梅县工委和各区区委。至此，梅县共产党的各级组织在父亲的艰苦努力下基本得到了恢复和发展。

在梅县中心县委时期

1937 年冬，父亲曾到福建省闽西龙岩参加中共闽粤赣省委的代表大会，被任命为中共闽粤赣省委宣传部部长。1938 年 4 月，父亲奉命到汕头，任中共潮汕中心县委书记。同年，我母亲也入了党，在汕头与父亲做假夫妻，担任他的秘书，后成真连理，在抗日时期生了我。同年 9 月，接到方方的调令，父亲担任梅县中心县委书记，直到 1939 年 6 月潮汕沦陷。

李班（李碧山）、温碧珍（陈凌）夫妇 1938 年摄于广东省梅县

1938 年 8 月，黄芸奉梅县中心县委之命到兴宁与李戈仑联系，在回来的途中被国民党警察搜查，以“汉奸”罪名被捕入狱，遭受酷刑，但其严词以对，骂得敌人哑口无言。后由方方指令我父亲到广州八路军驻穗办事处找云广英与国民党当局交涉，要求无条件释放黄芸。不久黄芸就恢复了自由。黄芸是父亲非常亲密的战友，这不仅是因为他们在一起工作的时间较长，更由于父亲钦佩黄芸的革命品质。1942 年 1 月黄芸在大埔牺牲，同志们都非常悲痛，我父母更是痛彻心扉。黄芸留有一张遗像，父亲一直保留着以作纪念。黄芸牺牲后不久，我母亲生下了一个儿子，取名“纪芸”（后送给亲戚当养子，3 岁时夭折）。1944 年母亲又生了一个女儿，则取名“念芸”。两个孩子的名字，均饱含着我父母对黄芸烈士的深切怀念！

从 1937 年“七七事变”到 1939 年 6 月潮汕失陷，梅县中心县委在中共闽粤赣省委的直接领导下，各方面的工作都开展得轰轰烈烈，党的建设工作也进展得相当顺利，骨干逐渐成长起来，这是革命的一个大发展时期。当时中共在梅县中心县委成立了一个支部，由父亲直接负责，并兼管“抗敌后援会”，下面设有“青抗会”“学抗会”等组织，这些组织的工作都做得十分出色，发展了不少党员。1939 年年初，母亲也曾在那里当过秘书。那时，在梅县国民党县政府机关附近的义化路，我党曾开设了一间“大众书店”。本地与外地到梅县订购进步书报或找寻组织的人都跑到这里，父亲和他的战友们也常出入于此地。该书店楼上还举办过一期“马列主义培训班”。这间书店曾为我党的隐蔽工作发挥了很大的作用。不久，他们又办了一个“启蒙书店”，售卖书报与来往方面做得比较隐蔽。梅县中心县委还十分注意统战工作。那时，梅县有个农工民主党（也被称为第三党），以陈晓凡为农工民主党县委书记，在梅城、南口、西阳一带做抗日救亡工作，当时他比较诚恳地要求与我党合作宣传抗日。父亲曾派黄芸加入他们的组织，双方合作得很好。1938 年年底，陈晓凡要求加入中国共产党，他在申请书上写道：“不管是从理论上或实践上说，都只有共产党才能领导中国革命。”因为他是民主党派的骨干分子，父亲就将他的情况、履历和申请书一并向中共中央作了汇报，中共中央批准了他的请求。

中共梅县中心县委除了抓党建与统战工作外，还注意抓武装斗争工作。凡是有可能打进国民党武装队伍的，或是可以通过合法方式组织自卫团或自卫队的机会，他们都没有放过。这一时期，以我父亲为领导的中共梅县中心县委运用党的建设、统一战线与武装斗争这“三大法宝”，将各项工作开展得卓有成效。

在闽粤赣边省委时期

1939 年 6 月，潮汕沦陷，兴梅危急。我父亲奉命到闽粤赣特区党委担任青年部长一职。随即，方方派他和姚铎一起到潮汕巡视和布置工作。具体任务是：根据抗日战争的新形势重新部署力量，尽量争取到国民党的军队里去开展各种形式的抗日武装斗争活动。同时，我母亲也由梅县中心县委机关调到闽粤赣特区党委机关工作。父亲的具体任务是协助大埔县委工作，确保中共南方工作委员会（简称“南委”）领导机关安全。当时黄芸担任大埔县委书记。

1940 年，党组织派我父亲到闽南地区与朱曼平、何俊等同志一起工作。父亲奉命在闽粤边区建立“南委”电台，母亲则在“南委”电台任政治指导员。此外，父亲还组织了一批红色交通员，如温仁宝、黎广可、刘旭、蓝汉华、巫少平等，分别负责递送“南委”与电台之间的信件。这些交通人员后来都成了党内的骨干。

坚决贯彻党在白区的工作方针

1942年6月2日，发生了陈鹤平叛变投敌，带领平和县保安团袭击电台的事件。6天后，因叛徒出卖，“南委”领导机关也遭受了严重的破坏，形势十分严峻。根据重庆南方局关于原“南委”辖下各级党组织应“埋藏隐蔽，积蓄力量，以待时机”的方针，组织上让我父亲协助“南委”领导人方方及工作人员安全撤离和转移。当时，我父亲在白色恐怖下全然不顾个人的安危，指示王立朝迅速护送方方转移到闽粤边境，同时，主动领导梅埔边党组织及广大党员进行隐蔽、转移。当时，埔南地区正下大雨，父亲在风雨交加、忍饥挨饿的情况下连续奋战三昼夜，出色地完成了组织上交给的艰巨任务。但是父亲由于得了重感冒却不能休息，后转为慢性鼻炎，直到20年后才在北京医院治好。1943年3月，方方批判了姚铎的“一走了之”“将来再卷土重来”的完全取消南方革命的错误思想，指示我父亲：要保留一部分骨干坚守阵地，埋藏隐蔽，等待时机。同年5月，方方赴延安前，指定我父亲为“南委”联络员，负责与闽西南和潮梅党的联络工作。根据中央和方方的指示，父亲结合当时的具体环境，作出如下决定：一是迅速撤走与疏散埔南已经暴露的同志，埔北地区能隐蔽下来的同志就地隐蔽，不能隐蔽的则各自到别处寻找职业隐蔽，暂时不与组织联系；二是把原在“南委”电台工作的同志以及长乐下村的一部分党员和青年暂时集中，交由张全福负责组成一支队伍。这支队伍历时数月，一直待到中央来电，电台负责疏散工作的同志回到桂林、重庆及延安之后才解散；三是与一些可靠的骨干保持紧密联系，大部分人都通过各种方式向组织缴纳党费，就地隐蔽，等待时机。

我父亲传达中央指示精神时，虽提到方方所说的“停止活动、解散组织”，但强调这只是暂时的措施，是为了保存力量，等待时机，本意是鼓励同志们站稳立场，坚定革命意志，相信将来的胜利是属于我们的。总的来说，那时期他们所遇到的困难是巨大的，但党的组织只有分散，没有解散。我们的党员就像红色的种子，不管撒在哪里，只要遇到阳光、雨露就会发芽，开花，茁壮成长！

恢复党的组织，建立韩江纵队

方方走后，我父亲经常思考如何才能把局势稳定下来，保存革命力量，等待时机到来。一天清晨，我父亲召集大家在一起，说：“长乐虽是老苏区，但范围很小。群众虽然相信党，但没有武装。且因陈鹤平叛变，这个地区已经暴露，敌人虽还未采取行动，但我们必须提高警惕，开辟新苏区，扩大我们的活动阵地。新苏区必须具备三个条件：第一，有利的地形，比如沿边地区，敌人统治力量比较薄弱的地方；第二，当地群众贫苦、纯洁，对我党有好感，比如过去红军活动的地方；第三，有党的组织力量和统战对象掩护我们的活动。”大家听后都非常赞同，并把这个即将开辟的新区称作“白皮红肉”地区。

从1943年起，我父亲在没有上级组织领导的情况下，审时度势，及时地以个别领导联系、个别审查的方式，开始恢复部分党员的组织关系，继续开展革命工作。

1944年秋冬，日军大举向粤北进军，我父亲与林美南在松口商议，决定立即恢复党的活动，开展武装斗争。梅县中共组织也转由我父亲领导。父亲在莲塘曾写过《当前形势与任务》和《惩办叛徒姚铎的教训》两篇文章。在父亲的主持下，抗日游击队韩江纵队宣告成立，共有150多人。韩江纵队虽人数不多，但每个人都抱着“星星之火，可以燎原”的信念，对开展武装斗争、建立新区充满了信心。他们活动的主要形式是以小股武装宣传队深入到群众中去进行宣传教育，宣传抗日与解放自己的道理。口号是：骨干要做到“三能”，即能做群众工作、能劳动生产、能打仗。韩江纵队成立那年，当地遭受了百年不遇的大旱，民众实在无法生活，而国民党政府的谷仓里却存放着隔年生虫的旧米不卖。韩江纵队立即在长乐组织群众打开谷仓分谷救灾。同年8月，又惩治了一个顽固不化的反共汉奸。当地群众被逐步发动起来，隐蔽在当地或附近地区的骨干和党员，也陆续接上了组织关系。

鉴于革命形势的发展，我父亲认为，必须迅速争取中央的领导。因此，他在筹备韩江纵队的同时亦开始筹建电台的工作。他首先集合了原“南委”电台留下的干部程严、饶德安等人，又派胡冠中到国民党内部去学习了几个月的报务工作，然后再抽调一部分适合做电台工作的同志（包括发电、译电、修理和保卫等人员）组成一个电台机构。电台最初是收听延安新华社新闻电讯，不久，三乡小都村的新区开辟成功，电台机构转移到小都新区来。父亲的驻地也从大麻的莲塘转移到小都，与电台在一起。1944年夏天，父亲派王立潮到东江纵队联系，请他们转报中央，迅速建立通信联系。中央接纳了这一要求。从此，与上级脱离了三年联系的闽粤边区党组织重新接受上级的直接领导。他们从延安新华社电讯中收听到中共第七次全国代表大会的内容，也听到日本政府宣布无条件投降的消息。党组织的恢复与电台的建立，使闽粤边区的革命进入了新的时期。他们共开辟了闽粤边区300多个据点纵横数百里的游击根据地，与东江潮汕闽西南的联系也打通了，建立了闽粤赣中心县委，领导着饶和埔、埔永梅、梅埔丰、杭武蕉梅和梅县县工委，直接沟通了与延安中共中央的通信联络。父亲这一时期的工作是卓有成效的，为后来兴梅地区的解放战争打下了坚实的基础。

临别赠言

1946年7月，我父亲认为，中国革命全面胜利在望，而自己的祖国越南已解放半壁江山，希望回到越南，用自己在中国参加革命斗争的经验和实践为祖国效力。于是，他提出回国申请，中共中央获悉后，正式批准他回越南工作。在中共梅县县委机关和电台举行的欢送大会上，父亲依依不舍地说："经中共中央批准，我就要回到我的祖国越南去，温碧珍同志把女儿念芸留给岳母抚养，仅带长子新华一起回越南。我们共同战斗了多年，真是很不愿意离开同志们！但是，这是革命的需要啊！"父亲流着热泪留下临别赠言："我坚信：今天我们在革命的旗帜下分别，将来我们一定能在革命的旗帜下再见。"

二、回到越南

20世纪50年代，李班在越南的越北解放区

1946年5月，我父母把妹妹留给外祖母抚养，带着我经水路到香港，住在方方家里。1946年7月，中共中央正式批准父亲回到越南工作。我们在1946年9月到达越南海防市。父亲按照中共中央指示，通过正常手续同越共方面接上联系。但一开始，越方以没有收到中共中央电文和周总理的介绍信为由，怀疑父亲是特务，没有重用他。好在后来父亲得到越共总书记长征的赏识，做了他的秘书，并担任翻译工作。父亲把毛主席的抗战理论介绍给长征，并建议在连队成立党支部和设立连司务长编制。母亲到越南后，在河内市郊河东市中央电台做报务员。1947年，父亲被任命为越南中央华侨工作委员会主任，母亲是副主任兼支部书记，负责华侨工作。两人的工作得到越共的认可，这算是父亲的"一落一起"。随后，父亲被任命为越南人民军总政治部副主任等。

1947年夏，我父母担任越南中央华侨工作委员会主任、副主任时，我们的生活才稍显安定，但是，还是像从前在梅县黄泥坑时一样，过着"战时共产主义”生活。所不同的是，机关里有中国同志、越南同志和在越南成长的华侨同志，此外还要经常跑防空洞躲避法国“老太婆”飞机的狂轰滥炸。不过大家都亲密无间，中国同志学越南话，越南同志学中国话，大家都有着共同的革命理想，对革命前途充满信心，坚信在中国共产党领导下的中国人民解放军一定会打倒国民党反动派及其帮凶，解放全中国；也坚信越南人民在越南独立同盟（越盟）中央（越南共产党当时并不公开）和越南民主共和国政府领导下的越南人民军和游击队一定能把法国侵略者赶出去，重建新越南。虽然在物质生活上非常艰苦，吃野菜，盖树皮，但同志们之间的关系很好，精神生活是非常充实和丰富多彩的，同人民群众的关系亦是“鱼水之情”。到今日，每当回忆起当时的岁月，都能唤起心中的激情。当时华侨工作开展得热火朝天，很有成绩，大家团结一致，都非常尊敬我父亲。由此可见，作为领导者，我父亲就是把国际主义和爱国主义结合得非常好的榜样，是既爱中国又爱越南的典范。直到今天，我仍铭刻于心。

中华人民共和国成立后，形势大变。在越南最困难的时候，中国送来了军队的训练官，派罗贵波当越南顾问团团长。当时越南的华侨参加革命的很多，父亲介绍了一些华侨党员到顾问团工作。1950 年年初，越共中央派我父亲带访问团当先遣队去中国，走水路经香港到广州，然后坐火车到北京。因为当时毛主席在苏联访问，便由周总理接见他。周总理讲：“1945 年，胡主席对外采取所谓公开解散共产党的策略有待商榷。”父亲可能是因为持同样想法，也可能是出于对周总理的尊敬，认同了他的话。可是父亲的这种认同被访问团副团长告知了越共中央，事后越南中央领导同志对我父亲有了猜忌，在不告知任何理由的情况下，撤销了我父亲的人民军总政治部副主任职务，解散了“中央华运工作委员会”机构，从而也撤销了我父亲的该机构主任职务。1951—1952 年，父亲在马列主义研究所挂个闲职。1951 年，他本来要在越共二大中竞选中央委员，却因故没有参加。直到 1960 年越共三大的时候，父亲才成为中央候补委员兼外贸部党组书记。当时，父亲在中央候补委员中排名第一，高票当选。

父亲当选之后，主要负责经济、财政方面的工作。他从零开始，兢兢业业地参加农业税工作，为越南培养和造就了一批经济工作干部。后来，父亲又参加了土改试点工作，颇有成绩，从未出现偏差过失。和平恢复时期，他负责主管国家进出口工作和海关工作，后成立外贸部，任第一副部长兼党组书记（因部长是党外人士）。不论是和平时期或抗美救国战争时期，他所主管的外贸部年年都完成国家计划并得到部长会议的表扬，这在其他部是少见的。特别是在抗美救国战争的艰苦岁月中，他还要负责各国援越物资的总收入调配，又经常到北京工作。难怪有些部队同志和各界同志常开玩笑地说“李班同志成了总后勤部的后台老板了”“李班同志是越南驻中国的特使”等，从中可见同志们是赞扬我父亲的。

母亲在 1965 年到中国北京，作为越南籍华侨代表参加会议，与宋庆龄握过手，回来大家都引以为荣。

中越“黄金时代”（1960—1966 年）中国驻越大使与越南华侨联合总会领导人的合影（左起：陈天水、廖胜、何伟、温碧珍、吴连、陈忠）

温碧珍（右二）在 1967 年欢迎中国东方歌舞团访越演出晚会上

1970年，越南第一次也是最后一次派员陪同中国对外贸易部部长李强率领的高级代表团到越南南方前线越老边境的“胡志明小道”考察有关铺设输油管和前线将士后勤供应的情况，我父亲是参与陪同的越方首席代表。此行既艰苦又危险，并曾遭美机轰炸，双方工作团都有同志受伤或牺牲。

1975年越南南方解放后，父亲以无比兴奋的心情回到了阔别44年的家乡，见到了年近九十的我祖母和其他亲人们。他视察工作结束回来，我们发现他去时“两袖清风”，回时亦是“两袖清风”。他婉言谢绝了人们的馈赠，只在视察多乐市时因气温低而买了一件短袖毛衣，难怪在中央会议上，中央领导人也称赞他“心灵美”。“南方太富饶啦！西贡市太漂亮啦！轻工业真发达呀！”他说要把西贡建设成像香港那样繁荣和开放的大都市。

本来以他的经验、资历和知识，正是大展宏图为建设家乡再作贡献、为人民立新功的时候，可是1976年越共中央“劝”他退出“中央委员会”，1978年又勒令他“退休”。他二话不说，率领全家返回南方。按理说“不在其位，不谋其政”，虽然他是越南南方为数不多还健在的革命元老之一，但他对越共中央有关越南南方的许多政治、经济政策也难以理解和接受。对于北方干部的作风和优越感问题，中央对南方的财政政策问题、对工商业改造问题、对伪军的改造和伪军家属的对待问题，对新经济区建设问题，对南方农业改造问题以及对华侨的态度和政策问题等，父亲平时在家中或亲朋来访时都有议论，也有亲戚前来责难，但他却没法解释。由于生活状况日益困难，或因对政治前途没有信心，西贡有一些人“投奔怒海”到第三国做难民。面对西贡市人民生活状况的每况愈下，父亲还想发挥“革命余热”，给市委提出要大力发展猪、鸭养殖和蔬菜种植的建议，却没有得到回应。当然，有关国际形势问题的讨论在我们家也属禁忌——其原因大家是心照不宣的。

在父亲逝世前的两年多里，父亲的心情是沉闷和孤独的，党的活动已不让参加了，家里又有公安人员日夜“保卫”着，所以基本上是一直待在家里，除了几位已退休的老战友外，大多数亲朋好友也不常来或不方便来探望了。父亲早有心脏病，并于20世纪70年代初去北京治疗过。为了不影响我们的情绪，他表面上很乐观，而且拼命劳动，如种香蕉或养猪等，但是这些体力活对年近七十又曾两次突发心肌梗死的他来说是太过量了。1981年年初，父亲心脏病复发，曾到医院治疗过。出院后，他以为自己的身体好了，没注意保养。后来，父亲再次发病时，警卫员本应该马上通知医院，但他们拖拖拉拉，喝完咖啡才去通知，等医护人员到来时，父亲已经不行了。1981年9月30日，父亲因心肌梗死去世。我爱人本来打算和我于10月1日回去看望父亲，给他包饺子吃的。父亲去世的时候，我爱人很伤心，送葬的时候还哭晕了。西贡市政府把他当作“老干部”，开了个还算得体的追悼会。

我父亲曾光荣地获得越南国家一级抗战勋章、一级胜利勋章。父亲病逝后，越南给他平反了两次：第一次平反是在 1994 年，胡志明市的市领导给父亲的无字碑刻上生平文字；第二次平反是在 2010 年，给父亲颁发最高勋章——胡志明勋章。父亲为中国革命和越南革命建设以及发展中越两国友好关系尽了最大的努力，贡献了毕生的精力，他永远是我们的楷模，值得我们永久思念！

《人民日报》是这样评价我父亲的：

李班同志在中国人民最艰难的日子里来到我国，同我们一起奋战了十四个春秋。当时的潮汕、兴梅、闽西南等国民党统治区，到处特务横行，宪警逞凶，环境十分险恶，生活条件非常艰苦，随时随地都有被捕、坐牢和杀头的危险。但他置生死于度外，在荆棘里穿行，在泥泞中奋战，经常忍饥挨冻而毫无怨言。无论是在长征路上，还是在敌人的监狱里，他都始终充满着革命的乐观主义精神。

李班同志为革命而刻苦学习的精神，十分感人。无论工作怎样忙、斗争如何艰苦，他都要挤出时间来学习。他孜孜不倦地攻读马列著作，学习党的方针政策。在初来中国时，他就懂得不少马列主义的基本原理。他有较高的理论素养，在瞬息万变的激烈斗争中，善于运用马列主义的立场、观点、方法，去分析和解决现实斗争中提出的问题。他还把多学习一种语言，看作是多掌握一种战斗的武器。人们经常看到，无论是在战斗的空隙，还是在行军路上，他都利用点滴时间背单词、念生字。刚到中国时语言不通，但他没有被困难吓倒，而是强迫自己刻苦学习，经过短短三五个月后，他就初步学会说中国话了。他走到哪里就学到哪里，除会说普通话外，还学会了客家话、广州话、潮州话、闽南话等多种地方语言。他还懂得英、法、俄、德、日以及世界语。1936 年底，我国处于重大历史转变关头，地处南疆、远离中央、消息闭塞的潮汕地下党，通过李班同志用法文写信直接与法国巴黎《救国时报》编辑部建立联系，得到《救国时报》的热情帮助和大力支持。他们经常寄来许多重要材料，包括共产国际第七次代表大会文件，对大家了解形势，开展斗争，有很大的帮助。

李班同志有魄力，有智慧，工作大刀阔斧，雷厉风行。他是解决困难问题的能手。每到一地，他总是从调查研究入手，深入发动群众，关心群众疾苦，生活在群众之中。他善于调动群众的积极性，把一批骨干分子紧紧团结在党的周围，因而总能很快打开局面。我们对他极为钦佩。

李班同志立场坚定，旗帜鲜明，胸怀坦白，待人诚恳。他极端厌恶搞两面派的人，从不背后论人长短，也从不背后整人。当然，在复杂的白区工作的条件下，他也有对同志处理错的时候，但一经发觉就立即纠正，从不文过饰非。李班同志的一生是光明磊落、胸怀坦荡的一生，是坚持真理、修正错误的一生。

中越两国人民在革命斗争历史上曾患难与共，人民间往来本很密切，正如胡志明同志所说的，是“同志加兄弟”的关系。李班同志在我国解放后，经常代表越南民主共和国来我国访问，作为两国人民的友好使者，对发展两国人民的经济往来和友好合作，作出了卓越的贡献。

我的故事

1938 年，我在广东汕头出生，在家中排行老大。由于父母要投身中国革命斗争，将我托给外祖母（人们叫她温若成伯姆）抚养。

1943 年，抚养我 5 年的外祖母把我从老家梅县松口带往我父母进行革命地下活动的住处——大埔县大麻镇郊莲塘亲戚陈明伯家。初次认识，我只肯呼父母为“叔叔”“姑姑”。当时我母亲以教书为掩护进行革命活动，我常跟她一起去钟兰小学（她教书的学校）听她上课。母亲在家里教我识字和写字。父亲在外活动奔波较多，没有时间在家里，但一旦他在家时，就严格要求我学习文化知识，一开始就让我做加、减、乘、除的算术，还要我自己学会运算，一有差错，少不了体罚我。为了此事，父母间有时也会闹分歧，母亲总是向着儿子，所以我喜欢母亲，对父亲则是敬畏多些。幸好我学习进步快，不到一年工夫，简单的加、减、乘、除算术我都能对付了，这使我还不到八周岁就插班读完小学三年级。父母还教育我对人要有礼貌，不能轻易接受老乡送的红薯，平时要有劳动观念，譬如要勤扫地、学会叠被子等。更有趣的是，晚上睡觉时我若把被子踢开，父亲总要把我叫醒，要求我重新盖好被子，所以我总是怕同他一起睡觉。我七八岁时，就学会了自己洗衣服、料理自己的起居和家务卫生。所有这些要求，开始时难免是强制性的，但稍长大后，我才体会到其中的好处。平时，父母教我唱抗日歌曲，讲革命者的故事和抗日故事。令我印象特别深刻的是：1944 年，母亲生下妹妹念芸时，父亲给我讲了黄芸叔叔的革命事迹，说给妹妹起名“念芸”就是为了纪念他。所以，我幼小的心灵不单憎恨日本强盗，也憎恨国民党反动派，至此我亦知道了父母的工作是冒着生命危险的秘密工作，一不小心给国民党捉去，是要被杀头的。后来，我随同外祖母返乡时，也懂得了要严守秘密，不同外人讲我父母的住处和其他情况。好在我外祖母本身就把家里当作地下交通站，两位舅母又都是支持革命的人，再加上全家人都识大体，心里明，没有告密者，尽管在新屋附近常有国民党士兵驻扎，也从未发生什么事情。

1945 年 8 月的一天，住在梅县丙村三乡黄泥坑的同志们欢天喜地聚在一堂，听王立朝叔叔读刊登日本无条件投降公告的报纸。起初我想：这可好啦，大家不用在山沟里了，我也可以回松口镇读书啦。然而，事实上大家的日子还是照旧。父亲告诉我，别忘了还有国民党反动派，他们要消灭共产党；别忘了黄芸叔叔是怎样死的，不打倒国民党反动派，老百姓是不会有安乐日子过的。

1946 年 5 月，我父母把妹妹留下让外祖母抚养，带着我经香港回越南。我们到达香港九龙后，住在方方伯伯家。到大城市见世面了，我心里直乐。闲时父亲带我们去看《民族魂》等苏联电影，又给我买了一些描写苏联卫国战争时期少年英雄的通俗书籍，电影和书中主人公洋溢的可歌可泣的革命英雄主义精神，使我深深感动。我暗下决心，要向英雄们学习。那时，父亲由于较有空，常同我讲革命道理，也讲苏联人民为反对德、日法西斯所作的贡献，这是我第一次听到革命导师列宁和斯大林的名字。父亲还告诉我，他是越南南方人。现在越南已经解放了，他得到上级的批准，要带我们一块儿回越南工作。他夸越南多么富饶，水果又是多么好吃。不过，他又说，现在法国侵略者重新占领了越南南方地区，我们一时还不能回到南方，只能去北方工作生活，他要我们做好思想准备。当时我还年少，所以也没想得那么远，只是不时想念着外祖母和妹妹，想念着还住在梅县黄泥坑的叔叔阿姨们。

1946 年 9 月的一天，我们乘船从香港到了越南海防市，当天，海防市市民正在热烈欢迎去巴黎同法国政府谈判归来的范文同副总理。父亲告诉我们，范文同是他在越南西贡市中学读书时的语文老师，亦是当时“越南革命青年同志会”南方分会的负责人之一，虽然大家都是同时期入党（1930 年建党日），但若认真说起来，他是引导父亲参加革命的启蒙者之一。我们是带着中共中央和周总理的介绍信，通过正常手续同越共方面接上关系的。起初越共领导并不信任我父亲，借故以没接到中共电文和介绍信“丢失”为由，没有安排我父亲参加工作。后来，父亲到越南团中央陶维其属下工作，母亲则到河内市郊河东市中央电台做报务员，可以说一切都是从零开始。

1946 年 12 月，法国侵略者攻陷河内，然后向西向北推进，当时父亲音讯全无，母亲拖着 5 个月的身孕，又要照顾刚满 8 岁的我，在举目无亲、语言不通的情况下随同机关同志日夜兼程往北撤退，有时还听到法军的枪炮声，真是又紧张又劳累。大家都带着随身行李，又时常顾不上吃饭，幸好当时还有两位从中国派来的干部同行，母亲心情还稍好些，就这样跑跑停停，一直到了河内才安顿下来。可是好景不长，母亲生下新越弟还不到一个月，法军就空降河内，我们只好又匆忙往太原省山区赶去。这次可真苦了母亲，从此母亲的身体也就垮了，而我却锻炼出一副脚力，可以同大人一样一天走上百里山路，也开始能同机关的同志们一样，在老乡家里住，并料理自己的生活了。回想起来，这要归功于父亲对我从小的严格要求。

1947—1948 年，我在山沟里学越南文，启蒙老师就是越共总书记长征的中文启蒙老师，是一位热爱民主、革命的华侨。看到我进步快，父亲提出要我天天读《救国报》（越南中央战时机关报），他说这有三个好处：一是要关心国家大事，多懂些革命道理；二是学用结合，可以使越文水平提升得更快；三是可以学到许多知识。平时一有机会见到父亲，他还要考查我呢。不光这样，越共还办了个中文（普通话）短期训练班，由文庄、叶星等中国同志任教，父亲也让我去学习，使我既提高了中文水平，又学会了普通话。

1948 年年初，越南中央华侨工作委员会成立了武工队和政工队，并在越北解放区和游击区开展宣传和组织工作。我虽年龄小，但父亲为了让我得到锻炼，让我参加了武工队的文艺宣传队，同大人们一起跋山涉水到山区少数民族和华侨群众中，宣传团结抗法、支援前线等活动。1948 年，我一边学习一边干活，并参加华侨文艺宣传队，带领孩子们唱歌、跳舞，向当地的华侨宣传共同抗法。1948 年 6 月，胡志明主席提出自力更生，我们也宣传这一理念。每天下午4 ~ 5 点休息的时候，58 岁的胡主席喜欢打排球，打累的时候就当裁判。我非常喜欢排球，但不能参加大人的比赛，就远观胡主席当裁判的情形。胡主席当时说的“good ball”“outside”，我一开始不明白是什么意思，后来问过其他人才知道是“好球”“界外球”的意思，为此我经常跟朋友说胡主席是我的英文启蒙老师。

我三弟于 1947 年出生。1948 年，他曾经在中央会议大厅把胡主席的一包烟丝从座位上弄到地板上，那烟丝是老挝货，但胡主席说“没事没事”，捡起来继续用。那时法国的“老太婆”飞机一来轰炸，为了躲避，我走得很快，躲到防空洞里。胡主席也进了防空洞。我与胡主席用广东话聊天，胡主席让我唱歌，我就给他唱《胡主席之歌》，唱得很响亮。胡主席很高兴，给了我两块姜糖。

1947 年，法国再次轰炸越南北圻，我们需要连夜北撤，过封锁线 1 ~ 2 公里。因为三弟没有哭，我们顺利通过。但当时母亲生了三弟还不到一个月，因没有好好调养身体，得了产后病。

在那时，父亲还要求我学会骑马。1948 年，因母亲的工作需要，我成了机关和电台的通讯员，经常骑马去给越共中央领导送信，甚至还在 1950 年送过文件给中国顾问团团长罗贵波呢。回想起来，如果不是当时全中国已解放，中越两党中央关心我母亲的病情，让她回中国治病，且考虑到我还年幼，应让我回中国念书，那么我也许就一直在越南参加革命工作了。所以说，除了当时的革命环境和条件外，父亲是促成我觉悟和参加革命工作的启蒙者。因为那些经历，1998 年我退休的时候，转为离休干部。

中越正式建交后，我母亲带着我和三弟于1950年秋一起来到中国。我们从越北山区走到广西龙州，后到南宁，参加了中华人民共和国国庆一周年庆祝活动。住了一段时间后，又坐汽车到柳州。后坐火车到广州，在市委党校住下。父亲那时候还在越南，1954年越南抗法胜利后，他才有机会来中国探望我们和战友们。四弟于1955年出生于广州，名字叫“李新穗”，他后来在水泥总局总公司任经理，今已退休。1957年春越南解放后，母亲带着四弟回到越南。

我是1956年入党的。1953年，我在梅县梅州中学上初三。未足15岁时，我报名当志愿兵，测试合格，而我母亲和外祖母此时并不知道。当时志愿兵的年龄差距很大，我算是最小的了。后来我到杭州的笕桥机场进行空军训练，每个月工资6元，星期天能吃饺子、喝点酒，在那边待了两三个月。1954年，我转到河南省开封市伞兵师当文化教员。后参加中华人民共和国国庆五周年阅兵，见到了毛主席、朱总司令、赫鲁晓夫、布尔加宁等。我在北京西郊机场训练了两个月才参加国庆阅兵，后调到长春的航校，学习地勤工作。1955年，越南派第一批人来中国学飞行和地勤技术。他们刚来的时候，虽然有越南翻译，但翻译得不好，就把我借调过去当翻译。1957年秋毕业后，我被调到广州白云机场，负责飞机的维修工作。随后因为西藏武装叛乱，我被调到湛江遂溪军事机场，后又调回。因为身体原因，1958年我转业去武汉电表厂。1959年，工厂派我到哈尔滨电表厂学习电镀分析，我在那边学习了半年后，回厂负责电镀工作。我当时每个月的工资是59元。在这期间我回过家乡，探望外祖母和妹妹，平时会给她们寄粮票和布票。1957年春，母亲带弟弟回越南的时候，我没来得及送他们。在武汉的时候，我在陶金读夜大。1960年，中央规定调干生考大学不用考外语，只考政治、文史，于是我考上了武汉大学。在读书期间，我既当党组长，又当团支书。父亲考虑到我最后还是要回越南，建议我转为留学生身份。1961年，我转学到北京大学，在那里待了四年半。当时的大学是五年制的。在北大的时候，我也当班长和党组长。我在航校入党的时候还未满18周岁，转正时后补期拖了9个月，等我满18周岁的时候才让我转正。1963年，越南驻中国大使陈子平帮我把党籍转到越南劳动党。留学生必须有一个中国的辅导员，于是我班里的一位同学成为我的辅导员。留学生有自己的宿舍和食堂。

在此期间，越共总书记长征的大儿子曾嘱咐我好好照顾长征的女儿，我便和她一起坐车回越南。1963年，我们一起回越南参加“反修”会议。在越南见面的时候，我会骑自行车带她出去玩。

留学生可以谈恋爱，但是越南规定，越南留学生不能和中国学生谈恋爱。我和我爱人邓金娜是在一个舞会上认识的，她当时在北京师范大学读书。越南驻中国大使知道我和邓金娜谈恋爱的事后，跟我们约法三章：第一要保密，第二不要出任何事情，第三要征得中国方面的同意。我的岳父邓发，广东云浮人，是“四八烈士”之一、中共中央保密局局长。岳母陈慧清，广东番禺人，是广东省总工会副主席。他们夫妇是1925年在香港加入共产党的，岳母还是长征女干部之一，一开始她不赞成我和她女儿谈恋爱，最后我们找陈毅部长和周总理帮忙，她才同意。萧三伯伯倒是很赞成。1965年，我们大学一毕业，大使馆就出钱让我们到广州，岳母在一个酒店给我们办了婚礼。结婚后，我们坐火车回越南。在越南，我在综合大学教书，我爱人在外贸大学教英文，我们相隔10多公里，我骑自行车翻山越岭去看她也要半天，很艰苦。我爱人学越南语很快，在越南，她的语言交流没有困难。

中越关系不好的时候，父亲被要求不能参加越共四大。父亲当时才60多岁，却被劝退。父亲退休后，回到家乡西贡。我跟随父亲回西贡，我的党组织关系本应该被转到南方，但两三个月后还没有转，那时我属于退党状态。当时父亲已经被软禁了。我在外贸部只是负责抄抄写写的工作。我那时闲着没事干就去书店租古龙、金庸的小说看。父亲也看我借的小说，说是有助于中文水平的维持，等以后中越关系好了，还可以利用自己的中文优势，为中越关系发挥自己的作用。同时，父亲也肯定小说主角的侠义精神。

1979年，中越边境自卫反击战开始后，我和父亲被分开软禁。当时一位越南官员到中国为我父亲说话，希望中方把我父亲接去，却使得越方加强了对我父亲的监视看管。1980年，我被放了出来。我爱人失去了工作，幸好我还有工作，一个人要养四口人。

父亲去世后，我被“政治退休”，退休金很低，只好借钱生活。岳母很关心我和爱人在越南的生活状况，通过各种渠道了解我们的情况。经中国外交部廖承志等同志的大力协助，并通过国际红十字会，岳母打听到我们在胡志明市，便与越南政府交涉。等到他们不得不放我们走的时候，胡志明市公安局副局长找我谈话，说让我爱人自己回中国，但我爱人不同意。后来他又退一步，说可以带孩子走，但我爱人还是不同意。最后，越南政府终于同意让我和爱人、两个儿子一起回中国。1983年，越南方面负责买飞机票，让我们从胡志明市飞到河内。中国驻越南大使王幼平在河内看到我们，很为我们高兴，免费让我们坐飞机经曼谷返回中国。遗憾的是，还没等我们回到国内，岳母就因病在香港去世。回到国内时，杨尚昆、宋任穷同志分别在人民大会堂接待我们。参加完廖承志的追悼会后，我们回到广州。

我在暨南大学东南亚研究所工作时，中央军委总参谋部曾来广州召开印度支那会议。我在会上提出，对柬埔寨、越南问题应该以和为贵，他们采纳了我的意见。事后罗贵波同志来广州见我，还表扬我呢。我爱人则被安排到暨南大学图书馆工作。我因为抽烟、喝酒比较多，患上慢性萎缩性胃炎，后又癌变，1984 年切掉 3/4 的胃。

1985 年，经邓小平、杨尚昆及外交部等领导同意并与越方交涉，我母亲带着三弟和二妹及家人来到中国。四弟因为不懂中文，并且已与越南姑娘结婚，就留在当地，这也算是我们家留在越南的根了。

李新华与邓金娜夫妇近照

李玉平[①]

我的父母于上世纪50年代就前往蒙古国了，因此，我出生在蒙古国的乌拉巴托，直到1983年我14岁的时候才回到中国。我的外公是在上世纪二三十年代的时候走西口到了蒙古国，于是就在那边定居下来。如同我外公一样，许多蒙古国华侨都是在那个时候前往蒙古国，并陆陆续续将国内的子女带到蒙古国生活。因为前往蒙古国的华侨越来越多，蒙古国当地由华侨协会和大使馆牵头兴办了华侨子弟学校，供当地的华侨子女在此就读小学与中学。

我的父亲在蒙古国做过司机，也做过建筑工人。在蒙古国的大多数华侨，祖籍都集中于河北、山西、内蒙古等地，绝大多数都是当地的农民，许多人迫于生活压力去了蒙古国谋生，因而蒙古国当地的华侨大多都以做工人和经商为生。在蒙古国的华侨家庭，一般都只有父亲外出工作，母亲大多都在家里照顾孩子。当时的蒙古国人口很少，资源相对比较丰富，再加上中国人崇尚勤劳奋斗，所以大多数华侨家庭生活都比较稳定。当时在蒙生活的华侨人数不多，可能还不过一万人，大家非常团结，遇到困难互相帮助，共同应对。

我的姨妈在华侨子弟学校做老师，有许多机会可以接触到中文书籍，这增加了我对中国的了解。在当时，不管是什么类型，只要是中文书籍，对我们来说都是非常珍贵的。比如我们在学校考试优异，一般都以中文书籍作为奖励。对于当时的我来说，能拿到奖励是一件非常荣幸与快乐的事情。在蒙生活的华侨，对于祖国和祖国的文化都是十分向往的。中国大使馆通过组织各种活动来满足这种需求，如逢年过节举办茶话会、电影招待会等。

1981年，国务院侨务办公室为了能给旅蒙华侨提供更多学习机会，批准福建集美华侨补习学校在蒙古国招生。我的姐姐和大哥都有幸参加了考试。我的大哥在1981年回国，第二年我的姐姐也回国了。由于家中有两个子女回国读书，我的父母在蒙古国也放不下心来。1983年6月，我们全家就从蒙古国回到了河北张家口定居。除了哥哥姐姐读书的原因以外，也因为当时中苏关系比较紧张，蒙古国政府针对生活在蒙古国的华侨出台了一些歧视政策。当时大部分华侨都居住

---

① 蒙晓云、柯世池（暨南大学国际关系学院/华侨华人研究院2013级硕士研究生）于2014年1月2日在暨南大学采访李玉平老师，并整理录音。

在乌兰巴托，当地政府就找了一些理由让华侨离开乌兰巴托，移居乡下，如果不愿意服从安排就只能回国。在当时，绝大部分华侨选择了从蒙古国回祖国发展。

1984 年，集美华侨补习学校还继续面向蒙古国归国华侨招生。我在河北张家口参加了考试，并顺利进入集美华侨补校学习。经过三年的高中学习后，考上了暨南大学。在暨南大学读完本科以后，就一直留校工作至今。我们家四个孩子，我和我的姐姐、大哥都是在暨南大学读本科的，二哥则在华侨大学完成了大学学业。应该说，我们兄弟姐妹四人能读大学，都是受了国家侨务政策的照顾，所以，我和我的家人一直都非常感激国家给予我们读大学的机会，给予我们改变人生的机会。

由于当时蒙古国华侨人数不多，华侨子弟学校只能办学到高中阶段。对我们华侨来说，大部分人还是希望自己能够以学习中文为主，但由于在华侨子弟学校和蒙古国本地学校所受教育是完全不同的，因此当地的华侨学生几乎无法进入蒙古国的大学学习，只能回国上大学。当时中国考虑了华侨的需求，并且兼顾蒙古国与国内教育程度的差距，安排许多华侨子女在上大学前用一两年时间就读大学先修班，再进入大学学习。

随着蒙古国华侨政策的转变及华侨观念的变化，现在在蒙古国的华侨有许多人从小就去当地的学校就读，甚至就读一些俄罗斯学校。近年回国就读的蒙古国华侨学生有的已经在当地大学毕业，再来国内高校读研，或进行其他专业的本科学习。

我们在国外的时候，和国内的亲朋好友联系比较密切，都有书信往来。我们在国外的生活条件还是比国内稍微好些的，国内的亲戚有什么困难，我们也会定期寄送一些衣物或其他生活用品回来，也包括现金。到现在为止，我们家的亲戚基本上都回来了。我父亲的兄弟里面只有他一个人曾到蒙古国生活，我母亲那边有两个姐妹曾在蒙古国定居过，不过目前也都先后回国。

我觉得我们这一代人还是比较幸运的，由于国家侨务政策的照拂，得以回到国内就读大学。我们家四个孩子都完成了大学学习。我的姐姐和大哥为了照顾家庭，在毕业以后都回到了北方发展。大哥现在在石家庄河北省总工会做编辑。姐姐去了北京以后，一开始是在北京旅游汽车公司工作，后来转到北京经济广播电台工作了一段时间，现在在中国建设银行报当副刊部主任。二哥从华侨大学毕业后，曾在厦门工作了一段时间，现今在广州与朋友合伙开了一家公司。

说到最难忘的回忆，我觉得还是在集美华侨补习学校三年的学习生活。因为那里的老师非常好。那时候我们都是从很远的地方到集美华侨补习学校读书的，主要是蒙古国和朝鲜的华侨学生，以及一些港澳台和东南亚地区的学生。蒙古国和朝鲜的华侨学生都是离家非常远的，生活很不习惯，集美华侨补习学校的老师们就把我们当作自己的子女看待，从各个方面无微不至地照顾我们。直到现在，集美华侨补习学校的同学都与老师保持着联系，等到明年我的小孩高考完毕，我还要找机会回去看一看。在集美华侨补习学校的时候，同学都是外地人，大家都很团结，那3年的学习生涯是我这一生中最难忘的回忆。

至于国家的侨务政策，由于海外的华侨众多，中国政府一直在尽力完善侨务工作的方方面面，尽可能提供条件和资源给各地的华侨。比如在印度尼西亚与越南的排华事件当中，国家给予了华侨最大的支持。当年我们回国以后，父亲被安排在张家口煤炭机械厂工作，母亲在张家口探矿机械厂工作，这两家机械厂是当地最好的国有企业，工薪和福利都是最好的。在华侨子女求学方面，国家也是最大程度提供了优惠，这点从暨南大学的办学方针可以充分体现，暨南大学100多年的办学历史，圆了许许多多海外学子的求学梦。

随着中国综合国力的不断增强，在面对一些地方的动荡事件时，中国都能以最快的速度将华侨安全送回国内。我觉得作为一个中国人是非常幸福的，也是非常幸运的。

李玉平与采访者蒙晓云合影

林淑英[①]

在印度尼西亚

我现在85岁，汉族，祖籍福建省龙溪县世林乡。听说它现在改名为龙海市，我们没去过那个地方，也不知道老祖宗是谁。我的外祖父、外祖母也是福建的。我们在印度尼西亚（简称“印尼”）的时候，在中国没有亲人，一个都没有。我回中国时真的没有亲人，现在中国的亲戚都是从印尼回来的。我的堂兄、堂姐都在中国上大学，抗战胜利后都去印尼了。这些亲戚现在都老了，大部分人都去世了。

我有九个兄弟姐妹，是同一个母亲生的。其中，有一个弟弟在1967年印尼排华的时候被印尼人打死了，剩下八个兄弟姐妹。我上面有一个大姐、一个哥哥，还有一个二姐，二姐比我大一岁多，我排行第四。我下面有个弟弟在印尼，也是做生意的。第六个就是在北京的妹妹。妹妹下面有三个弟弟。我哥哥原来是卖金、卖首饰什么的，比我大姐小两岁，现在他有很多病。2014年，大姐和大弟弟去世了，现在我剩下六个兄弟姐妹。

自从改革开放后，我回去过四五次，隔两三年我就回去看看，转一圈，看姐姐、哥哥，他们不在同一个城市，时常一来一回就一个月了。现在，最小的弟弟老九在雅加达，我过去非常方便，坐飞机到雅加达，他会来接我。我二姐在万隆，我就从雅加达到万隆。我有一个弟弟在荷兰，他很有钱，他在荷兰当口腔科医生，还做生意，在北京、上海有公司，听说他的公司现在搬到美国去了。他的生意做得很大，做汽车、装饰汽车什么的那种生意。

我在印尼出生，不知道老祖宗是因为什么去印尼的，可能是在中国没有钱了，怎么出去就不知道了。就是因为祖辈在那里，后来孩子都是在那边出生、生活，我们的老祖宗也不知道有什么亲戚在中国，都不回来了，就我们这一代才回

---

① 孙敏、周晓（暨南大学国际关系学院/华侨华人研究院2011级本科生）于2013年11月27日在暨南大学第二文科楼428室采访林淑英老师，并整理录音。

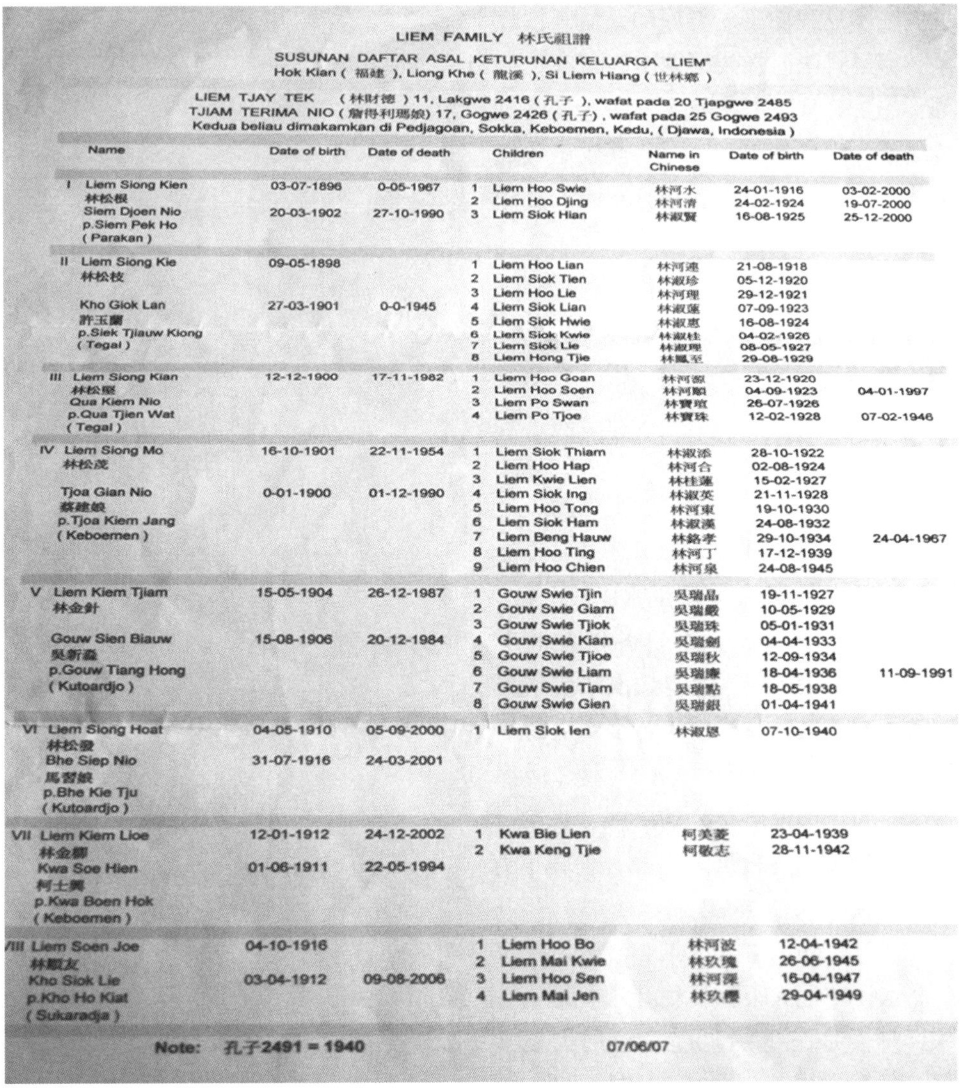

LIEM FAMILY 林氏組譜

SUSUNAN DAFTAR ASAL KETURUNAN KELUARGA "LIEM"
Hok Kian (福建), Liong Khe (龍溪), Si Liem Hiang (世林鄉)

LIEM TJAY TEK (林財德) 11, Lakgwe 2416 (孔子), wafat pada 20 Tjapgwe 2485
TJIAM TERIMA NIO (詹得利瑪娘) 17, Gogwe 2426 (孔子) , wafat pada 25 Gogwe 2493
Kedua beliau dimakamkan di Pedjagoan, Sokka, Keboemen, Kedu, (Djawa, Indonesia)

	Name	Date of birth	Date of death		Children	Name in Chinese	Date of birth	Date of death
I	Liem Siong Kien	03-07-1896	0-05-1967	1	Liem Hoo Swie	林河水	24-01-1916	03-02-2000
	林松根			2	Liem Hoo Djing	林河清	24-02-1924	19-07-2000
	Siem Djoen Nio	20-03-1902	27-10-1990	3	Liem Siok Hian	林淑賢	16-08-1925	25-12-2000
	p.Siem Pek Ho							
	(Parakan)							
II	Liem Siong Kie	09-05-1898		1	Liem Hoo Lian	林河連	21-08-1918	
	林松枝			2	Liem Siok Tien	林淑珍	05-12-1920	
				3	Liem Hoo Lie	林河理	29-12-1921	
	Kho Giok Lan	27-03-1901	0-0-1945	4	Liem Siok Lian	林淑蓮	07-09-1923	
	許玉蘭			5	Liem Siok Hwie	林淑惠	16-08-1924	
	p.Siek Tjiauw Kiong			6	Liem Siok Kwie	林淑桂	04-02-1926	
	(Tegal)			7	Liem Siok Lie	林淑理	08-05-1927	
				8	Liem Hong Tjie	林鳳至	29-08-1929	
III	Liem Siong Kian	12-12-1900	17-11-1982	1	Liem Hoo Goan	林河源	23-12-1920	
	林松堅			2	Liem Hoo Soen	林河順	04-09-1923	04-01-1997
	Qua Kiem Nio			3	Liem Po Swan	林寶瑄	26-07-1926	
	p.Qua Tjien Wat			4	Liem Po Tjoe	林寶珠	12-02-1928	07-02-1946
	(Tegal)							
IV	Liem Siong Mo	16-10-1901	22-11-1954	1	Liem Siok Thiam	林淑添	28-10-1922	
	林松茂			2	Liem Hoo Hap	林河合	02-08-1924	
				3	Liem Kwie Lien	林桂蓮	15-02-1927	
	Tjoa Gian Nio	0-01-1900	01-12-1990	4	Liem Siok Ing	林淑英	21-11-1928	
	蔡建娘			5	Liem Hoo Tong	林河東	19-10-1930	
	p.Tjoa Kiem Jang			6	Liem Siok Ham	林淑漢	24-08-1932	
	(Keboemen)			7	Liem Beng Hauw	林銘孝	29-10-1934	24-04-1967
				8	Liem Hoo Ting	林河丁	17-12-1939	
				9	Liem Hoo Chien	林河泉	24-08-1945	
V	Liem Kiem Tjiam	15-05-1904	26-12-1987	1	Gouw Swie Tjin	吳瑞晶	19-11-1927	
	林金針			2	Gouw Swie Giam	吳瑞嚴	10-05-1929	
				3	Gouw Swie Tjiok	吳瑞珠	05-01-1931	
	Gouw Sien Biauw	15-08-1906	20-12-1984	4	Gouw Swie Kiam	吳瑞劍	04-04-1933	
	吳新淼			5	Gouw Swie Tjioe	吳瑞秋	12-09-1934	
	p.Gouw Tiang Hong			6	Gouw Swie Liam	吳瑞廉	18-04-1936	11-09-1991
	(Kutoardjo)			7	Gouw Swie Tiam	吳瑞點	18-05-1938	
				8	Gouw Swie Gien	吳瑞銀	01-04-1941	
VI	Liem Siong Hoat	04-05-1910	05-09-2000	1	Liem Siok Ien	林淑恩	07-10-1940	
	林松發							
	Bhe Siep Nio	31-07-1916	24-03-2001					
	馬習娘							
	p.Bhe Kie Tju							
	(Kutoardjo)							
VII	Liem Kiem Lioe	12-01-1912	24-12-2002	1	Kwa Bie Lien	柯美菱	23-04-1939	
	林金柳			2	Kwa Keng Tjie	柯敬志	28-11-1942	
	Kwa Soe Hien	01-06-1911	22-05-1994					
	柯士興							
	p.Kwa Boen Hok							
	(Keboemen)							
VIII	Liem Soen Joe	04-10-1916		1	Liem Hoo Bo	林河波	12-04-1942	
	林順友			2	Liem Mai Kwie	林玫瑰	26-06-1945	
	Kho Siok Lie	03-04-1912	09-08-2006	3	Liem Hoo Sen	林河深	16-04-1947	
	p.Kho Ho Kiat			4	Liem Mai Jen	林玫櫻	29-04-1949	
	(Sukaradja)							

Note: 孔子2491 = 1940 07/06/07

林淑英家的族谱，从上至下依次为大伯家、二伯家、三伯家、自家、大姑家、叔叔家、二姑家、小叔家（小叔生前为印尼国家足球队教练）

来读书。还有我的叔叔回来读大学。

我的祖父祖母都是中国人，但是都在印尼出生。我的祖母是做生意的，各种各样的生意都做，卖虾片、牛肉干、点心啊这些东西。我在印尼的家人以前都是经商的。我的父亲母亲都是在印尼出生的，也都是做生意的，开商店。现在我在印尼的亲人也都是经商的。我在印尼是住在城镇，在中爪哇岛，叫嘉谱棉。我家在当地的收入水平算中等，也不是挺有钱，但是我父亲也能养活我们那么多人。

过去在印尼我们家还挺好的，后来被烧了，印尼排华时被烧了两次，现在他们都不想去修理。原来有个商店，是一栋两层楼，现在都盖起来了，就正房我们给修理了。院子很大，还有花园，院子里种了很多芒果树。

林淑英祖母詹得利玛娘

我们当时在印尼那边，国内没有亲人，那么多年我们都不知道亲戚在哪里，所以也就没有寄钱回来了。有亲戚在国内的华侨，他们都会寄钱回去，有时间还会回去看看。

我在印尼的家人都是做生意的。现在不像过去那样，比较少了。过去我父亲那一代比较团结，现在就比较分散，像我弟弟们在雅加达都是各做各的生意，互相不太了解。我身边的华侨华人朋友也是做各种各样的生意。印尼的华侨华人，有一半是做生意的。我邻居都做生意，比如说出花生的时候，大家就会收购花生。还有当医生的，现在也有许多白领。

林淑英父亲林松茂和母亲蔡建娘合影

我们住的地方，周围大部分都是华侨华人，印尼人很少。估计现在还有一些，过去是很少的，过去印尼人没有钱，现在慢慢有钱了。在印尼人眼中，华人是比较有钱的。我们家里有保姆，工人也有很多，有做饭的、带小孩的、打扫卫生的，还有生意上做体力劳动的，比如包装什么东西的。当时华侨华人在印尼的地位还是挺高的，现在大部分家庭也都有保姆。我五弟没有孩子，他家里也有一个保姆，可以做饭什么的。保姆是印尼人，华人是不做这一行的。

林淑英父亲和伯叔父们的合影（左起：二伯父、大伯父、三伯父、父亲、大叔父）

印尼政府对华人的政策，我也不太清楚。我们做生意，肯定要交税的，跟当地的印尼人相比，我们交税不会觉得有什么困难。

在我回国前，在印尼那边，有一个有组织的华侨总会，比如说哪家人死了，都会组织起来送葬。1954 年，我父亲去世的时候，我大姐给我寄了好多人来送葬的照片，因为我父亲是华侨总会的一员。华侨总会提倡互相帮助，比如对要上学的学生，他们会了解你家里是否有钱，收学费就不一样，不像这里学费全部一样。他们不一样的，按家里有多少钱来分 ABC 等级，没有钱的就不用交学费，有钱人家就多交学费。

过去印尼是荷兰殖民地，我在印尼时，有荷兰学校、印尼学校、中华学校。我们家里人都是上中华学校，因为我父亲比较爱国。我小时候是在外祖母那里住的，我们家里孩子多嘛，于是我从小就在她那里，后来她送我去了荷兰学校读学前班。之后，我父亲叫我回家，把我转到中华学校去了。所以我在荷兰人办的幼儿园学前班上了一年学，然后回家了，就不在外祖母家住了。

我读的小学、初中都是华侨学校，没有印尼人的。这些学校都是华侨出钱筹建的，我们交学费就行了，交多少学费忘记了。我在嘉谱棉中华学校上小学，后来日本人来了便停学了，我就在那个学校补习。我小学毕业后，在家里没什么事做，就去补习，补习初中的课程。1947 年，我到雅加达中华中学读中学。

排华时，印尼很不安全，一次又一次的，好几阵。当时就只抢华人的商店，明着抢。我家的商店被烧了两次，当时我已经回国。1947 年，我们还留在嘉谱棉，后来嘉谱棉政府把我们赶出来了，不准我们留在那里，我们便去了日惹。到这个地方以后，我就跟着我叔叔去雅加达，雅加达有我姨妈在那里。后来我家人又搬到了直葛，那里有好多华侨。搬到直葛几年以后，我家人再回到嘉谱棉的家，发现家里乱七八糟的。他们搬回那里时我已经回中国了。

林淑英在印尼中华学校的初中毕业照

20 世纪 40 年代左右，在中华学校学习时，林淑英成为学校童子军成员（后排左一为林淑英，右一为她的二姐，右二为她的堂妹）

我家人回到嘉谱棉的家后，房子又被烧了一次。这一次房子被烧得很厉害，只剩下地板，那些地板现在还有，但是没有以前漂亮，以前走路时可以看到自己的影子，现在因为日晒雨淋，就没有再换了。当地政府没有保护华侨的政策，不赔偿什么，也不会救济你什么。我家人以后通过做生意，慢慢恢复了。

我家人对排华的态度我也不清楚，反正赶走就走啊，人家叫你去哪里你就去哪里。听说他们都去乡下了，但是我没有经历过，因为我已经去雅加达了。我当时第一次被赶出去时，正在我外祖母跟祖母那里住。我外祖母跟祖母的家很大，她们的儿女都住在一起，也会一起吃饭，我们小孩觉得这样挺热闹的。

林淑英叔叔的婚礼照片（两侧为童子军）

在印尼排华的时候，我家人与印尼人基本上不接触。除了保姆以外，我们都跟当地的其他老百姓不太接触，因为我们都在中华学校读书。不过听说雅加达那个巴中已经开始建校，可以开学校了。

我从有记忆开始，一直觉得印尼人挺好的。最近我们几次回去，本地周围的印尼人还是挺好的。我们不太懂政治。

回中国

1948 年我回中国，可以说是稀里糊涂地回来的。我堂姐早在 1944 年就回国读书了，后来因为身体不好，就去印尼养病，1948 年病好了，就又回国读书了。我当时正好初中毕业，她的父亲，也就是我的伯父，跟我父亲说，让我到中国读书，在中国读书好。当时他的儿女几乎都回中国了，好像只有一个没回国，我堂姐、堂妹都在中国这边读书。我小学毕业以后，因为日本人来了，就休学了很长时间，学校都关门了。1948 年 8 月，我跟着堂姐回来了。我堂姐的两个妹妹本来都是在南京读书的，后来都到长沙来，我们就在一起了。

以前哪有飞机坐，只能坐大船。我们回来时也是坐船，那种船还是比较慢的。途经菲律宾马尼拉，但不能上去，就在那里停了，所以从雅加达到香港走了 10 天，我们就在船上待了 10 天。当时，很多人坐的船不经过马尼拉那个地方，直接从印尼到香港，在船上只待了 7 天。

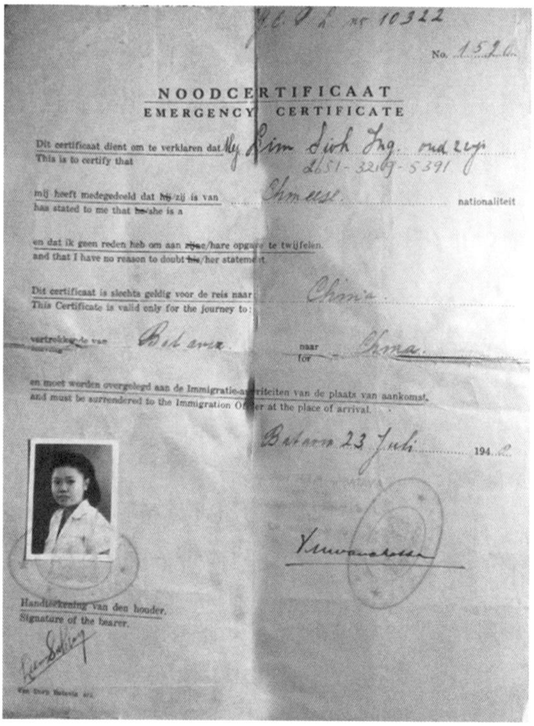
No. 1520

NOODCERTIFICAAT
EMERGENCY CERTIFICATE

Dit certificaat dient om te verklaren dat
This is to certify that

mij heeft medegedeeld dat ~~hij~~/zij is van Chinese nationaliteit
has stated to me that ~~he~~/she is a

en dat ik geen reden heb om aan ~~zijne~~/hare opgave te twijfelen.
and that I have no reason to doubt ~~his~~/her statement.

Dit certificaat is slechts geldig voor de reis naar China.
This Certificate is valid only for the journey to:

vertrekkende van naar China.
for

en moet worden overgelegd aan de Immigratie-autoriteiten van de plaats van aankomst.
and must be surrendered to the Immigration Officer at the place of arrival.

Batavia 23 Juli 194

Handteekening van den houder.
Signature of the bearer.

1948 年林淑英从印尼回国时坐船的船票

我到香港后，在香港待了一个月。我是和堂姐一起回来的，没想到她拿了金币藏在鞋底里面。以前不给带很多钱的，限制你一个人带多少钱，不给带金，首饰之类的东西可以戴在身上。堂姐那时好像带了 250 荷兰币，因为带太多钱了，所以被滞留在香港。堂哥去接我们，结果等她等了一个月。等我到长沙的时候，周南女中已经开学，学生都上课了。后来堂姐有同学是周南女中毕业的，就把我介绍到这个学校。也是先考试，考语文、英语、数学，考完就让我入学了。

我们入学后就住在学校、吃在学校。堂姐住在她的学校，我住在我的学校。这里要交很多钱的，60 块大洋一个学期，后来我们拿不出那么多钱，还把戴的那些首饰拿去卖了交学费。放假的时候，我好伤心的，人家都是当地的，都回家了，我只能留在学校。过去虽然是离开父母亲，但是都在雅加达，我可以去堂哥家、姨妈家，有很多亲戚。长沙这里就只有一个堂姐。什么春节、中秋节啊，同学们都回家了，只有很小一部分人是从外地来的。不是长沙本地人，就留在学校。那时候，学校也给开伙食，供我们吃饭。我想家啊，想着想着就流泪了。后来慢慢地习惯了，也就没事了。

1948 年我回国时中国还没完全解放。当时我们回来后，国家没有安排我们的生活，都靠我们自己，不像后来回国的华侨，都有华侨补习学校什么的。堂姐好像也读了两年书，在湘雅医学院（现在改为湖南医学院），所以她很熟悉那个地方，有很多同学。有时候放假了我就到堂姐那里去，跟她一起吃饭啊什么的。她们那里的饭菜不让随便打，我们就自己做菜，学校周边有很多菜市场。后来慢慢地，到寒假、暑假，我们就租房子，大家一起住，堂姐和她两个妹妹，还有一个在明德中学的表弟，我们一起住。

我是在湖南长沙读高中的。高三的第一学期，正轰轰烈烈地抗美援朝。我看到别人都参军了，也想跟着他们去，就这样去当兵了。当兵还有一个原因是，那时候印尼家里很难寄钱给我们。堂哥在香港，只能接济我们一点。后来我觉得学费太贵。正巧堂妹考上大学，到南京去了，只有一个堂姐在湖南。我就跟着同学们稀里糊涂地报名当兵了，后来也批了。我觉得很意外，竟然让我去参加抗美援朝。按理说归侨是可能不批的，因为归侨家庭背景复杂，中国没有办法了解情况，那时中国跟印度尼西亚还没有建立外交关系。读明德中学的表弟也去当兵了，参加抗美援朝。

我们参加抗美援朝，但是根本没有去朝鲜，被直接送到大连医学院学习，当时国家委托大连医学院为部队培养人才。还在湖南时，大连医学院的院长跟我们讲话，说要送我们去大连医学院学医，还说大连怎么好怎么好，下雨鞋子都不会弄湿，马路下水道特别好。去大连医学院也是参军，我们还有很多不穿军装的同学。我们那个班有 400 人，地方的 200 人，我们当兵的 200 人。我们吃饭不在一起，因为我们的伙食费很贵，当时是 17 元，地方的同学才交 12 元。我们是按部队学员待遇，不用自己出钱。

1950 年，我们穿着军装，上大连医学院去学习了。从 1950 年 12 月到 1956 年 9 月毕业，我们在那里待了差不多六年，就像读本科那样。我当兵期间，举行了朝鲜停战谈判。那个时候有各种各样的政治运动。我们有时候会下乡去反细菌战什么的。在大连医学院，我们学全科，属于医疗系，不是专科的，每个科都要学，内科、外科、妇产科、儿科、口腔科、眼科、耳鼻喉科、传染科，全部都学了。

毕业以后，我们被分配到部队，到海南岛部队当医生。我们从东北到海南岛前，先军训了一段时间，从大连到长春去，军训 3 个月，打枪啊什么的，学了部队的那一套东西。

反细菌战时，林淑英（第二排右二）按照“六二六指示”下乡为贫下中农看病

开始分配的时候，我是在内科。后来呢，解放军 185 医院，属于广州军区，那里缺儿科医生，就叫我去北京军区总医院进修了一年，在儿科上班。我回去以后，一直搞儿科。1955 年以后，我在南京军区总医院实习了一年。实习之后，又回大连授军衔。我们毕业的时候是中尉军衔，工作以后又升了上尉。后来，就取消军衔了。

我先到海南岛，后来被调到兵团。当时林彪要成立第二中央，可能准备在海南岛立，所以成立了兵团。1969 年，我到兵团去了，在海南岛的昌江县，还是穿军装，按照部队的待遇，每年都发军装。后来，林彪倒台，我们就回部队了。

部队派人到我们兵团四师医院告诉我们，现在要回部队了，一般是从哪里来回到哪里去，比如我是185医院的就回185医院，我们要回185医院的就两个人。但是，我不想回去，就跟派来的人说，我不想回185医院。我在海南岛已经17年了，想回内地去，而且我有个妹妹在北京。我不想在海南岛，从海南岛回内地好麻烦，碰到台风都过不去的。后来他就给我调了。当时，正好我们院长到军区开会，他对我特别好，说桂林军政干校缺一个儿科医生，就这样把我从兵团调到桂林军政干校，从海南岛调到桂林了。我在桂林军政干校门诊部工作，因为这里只有门诊部，没有住院部，有重病的人就转到部队的181医院。

1978年，我从桂林军政干校转业，脱了军装，到暨南大学华侨医院儿科。可能当时要调一批干部到地方去，后来又说大学生不属于这个范围，不用去了。当时我们政委跟我说现在有政策了，可以不用去，不用转业了。我说在部队待得太久，十多年了，想离开，我的两个孩子也说去广州好。正好1978年暨南大学复办，我有个在桂林的朋友也是华侨，跟我说："暨南大学复办开医学院了，你去那里最好。"就这样，我调来暨南大学了。那个时候，桂林军政干校的领导还叫我不要去，说我一个人带两个孩子，比较难呀。

我回国后，倒是没有受过打击或批斗，因为我当时工作特别忙。在儿科，一个病房才两个医生，今天我值班，明天她值班。她还身体不好，得了胆囊炎、胆结石啊，后来进行切除，切除后就成了胆管炎，一发高烧就引发黄疸，便住院去了。我得天天住在病房，回去吃了饭就又回病房，忙得不得了，连重要会议都没办法参加。

关于回国后的工作、生活，我觉得还可以，就是我丈夫死了以后觉得有点困难。在"文化大革命"期间，他因地主出身，受不了当时的政治氛围，1966年自杀了。他走后，我独自带着三个孩子。后来，有个孩子于1969年去世，在上学的时候给汽车撞了，就剩下两个孩子。还好，我在部队工资是比较高的，当时在海南岛每月可以拿120元，很多医生来暨南大学的时候每月才拿50多元，我调到暨南大学的时候拿100多元。有一个人工资比我高，他也是部队转业的，是老兵。我是新兵，没打过仗，一参军就学习，学习以后就分配工作。1986年我就退休了。

我经历过"文化大革命"，因工作很忙，很少参加会议。另外，因为我的普通话讲得不是很好，我很少发言，所以别人也没什么好说的。我们单位没有被批斗，在学校有"肃反"什么的，但是都没有我，这是非常幸运的。像堂姐还被游街、挂牌，所以她后来就去了香港，她原来是在桂林的。

你说"文化大革命"该不该呢？真是浪费时间，小孩真是可怜，像我女儿那样，从"文化大革命"开始到结束，她也高中毕业了，什么都没学到，书都是新的。她就会写字，她的字还写得不错。当时学校都停办了。后来又让一些读过初中、高中的护士给他们上数学、语文课。这一代人基本上没读过什么书。

我的家人

我丈夫是我的大学同学，一起参军，一起分配到海南岛。到海南岛以后，在“文化大革命”期间，他自杀死了。他是地主出身，其实也没什么问题，后来平反了。当时他心态不好，其实也没事，就是他自己心理压力很大，1966 年 11 月自杀了。那个时候，我们有三个孩子——两个儿子、一个女儿，我一个人养三个孩子。

现在我只有一个儿子和一个女儿。儿子在陶育路小学旁边开了一个牙科诊所，他是暨南大学口腔系第一届毕业生，学了六年后，就出国了 10 年。他先去德国柏林，后来又到芬兰，前前后后待了 10 年。后来他觉得我老了，需要有人照顾，就回来了。

女儿正好在“文化大革命”开始时读书，“文化大革命”后就高中毕业了，没有上大学。当时学工学农的，说是高中毕业，实际上没有高中文化程度，没学过什么东西，那些数学书、英语书都是新的。后来她学了电脑，在珠江医院图书馆做打字员。女儿现在 55 岁，已经退休了。我的小孩都是和中国人结婚，我的外孙女都结婚了，生了一个女儿，都六个月大了。

林淑英（右二）与一家人去印尼探亲

我在长沙读中学时，有印尼亲戚寄钱过来，现在没有了。我母亲在世的时候，那时我还在读书，不知道她通过什么方式寄了一次钱过来，后来我说，我在部队每个月都有钱，够用，吃饭和穿衣都不用花钱，每年都发军装，不用寄，她就不寄来了。

中国改革开放挺好的，要不然我们都去不了印尼，看不到我们的亲戚。我母亲曾经来过中国看我们，第一次是在 1972 年，第二次是在 1982 年她 80 多岁的时候。她有时候非常感慨地说，把小孩送到中国来读书，也不知道怎么就当医生了。没有养我，我都成医生了，她觉得挺好的。

1982 年林淑英母亲来北京探亲（左二为林淑英，中间是其母亲）

中国改革开放以后，我一般一两年回印尼探亲一次，去一个月，一个月就可以办落地签证，很方便。因为可以办落地签证，买张机票就可以去，去了以后在当地交 25 美金，现在是交 35 美金。我去过印尼很多地方。我去过日惹，因为我大姐现在就在那里，所以常去。还有我二姐在万隆，以前常去那。我每次去印尼都要转一圈，在这个亲戚家住几天，在那个亲戚处住几天。在荷兰的那个弟弟不住在印尼，但是他在雅加达有房，他有时候也回去。他们叫我每年都回去一趟。我说回去也没什么，但现在年纪大了，很累的，他们不在一个城市，在不同的地方，都要坐火车或汽车，要坐上几个小时。我去年 5 月份去过一次印尼。我儿子说："今年咋不去啊?"我说："我刚刚去过长春我同学那里，可能明年再去国外看看他们吧。"

我的儿女、孙女都去过印尼探亲。现在我的孩子和他们的堂姐、表妹之间有来往。我表弟和两个表妹的儿子都在广州，我们经常一起喝茶、聊天，我们很亲近的。有一个表妹在韶关，后来给单车撞了，腿不好了，而且有很多病，原来经常来这里。

我回国后，和印尼那边的亲人联系，以前是写信，现在就打电话。我孙女说教我学电脑，我说我眼睛有白内障，不能长时间看电脑，不学了。

我在中国的亲戚朋友的儿女都不是跨国婚姻，都是和中国人结婚的。在印尼的也大部分是跟中国人结婚。华侨过去很少跟印尼人通婚，现在可能有跨国婚姻，但是我离开印尼很长时间，对他们的情况不了解了。

我有一个同学是在福州的，她邀请我去那里玩了几天，有一次去厦门鼓浪屿玩，我没有去寻根，也不知道去哪里找。我们出国时间太长了，到我们这一代已经是第六代了，我的祖母是在印尼出生的，外祖父、外祖母也都是在印尼出生的，上面那个太公就不知道了，可能也是在印尼出生的。我小时候见过祖父祖母，外祖母就记不住了，外祖父大概是在我读小学的时候去世的。那时候小，也不知道去问这些事。

回国感受

我回国这么多年不后悔，我觉得在中国还好些，比较安全，在印尼那里每天都提心吊胆，虽然现在友好，但是有时候也会排华。另外，我在那里还有出生证，虽说现在可以移民，但是我不想去，我觉得在中国自由自在的，晚上出去都不怕。我在印尼就有点害怕，特别是晚上。

我原来想过移居到其他国家或地区，那时候很多人去香港，当时有点想去香港。但现在想起来不去也好，现在很多在香港的人不是做家庭工，就是当保姆。我是一个医生，没必要在那里做体力活，给人家当保姆什么的。在这里多好啊，可以从事专业工作，还有退休金，我觉得还是在中国好。在国外生活的家人也说中国挺好的，说我现在每个月退休金那么多，每年都可以回去一趟。

我的儿女的生活都还可以。我女儿也有退休金，她所在的珠江医院，原来是部队的，后来交回地方了，当时称第一军医大学第二附属医院。她在珠江医院图书馆当打字员，现在退休金也有3 000多元，生活还可以。现在她的女儿出嫁了，她就自己住。她的女儿挺能干的，因有个堂姐在德国，就自己做德国代购，在网上卖东西，生意还挺不错的。她有个小女儿很可爱，我现在是太婆了，四代同堂。

我回国后，周围的人都对我挺好的，他们对华侨的态度没有什么特别。我在中学有挺好的同学，在大学也有，有一个同学还经常叫我到她家去吃饭啊什么的。我现在有10多个同学在广州，每年都有一次聚会，每年春节初三或初四聚会，一起吃饭、聊天。

中国政府的归侨政策，我觉得挺好的，有侨联和我们联系，经常有活动。侨联在我们来广州前就有了，我在部队医院时没有，可能在我们医院归侨太少。好像有一个是年纪很小就来中国了，也是在印尼出生的，但是连印尼话都不会说，可能真正会讲印尼话的就我一个。后来我到广州后，在科里慢慢地认识了一些归侨。主要是英德华侨农场那批人，知青回城嘛，以前都下放到海南岛或其他地方，后来就安排到广州了。

林淑英与采访者孙敏合影

林淑英与采访者周晓合影

林伟农[①]

作为一代具有传奇色彩的爱国侨领，庄世平的一生有着许许多多的成就：抗日战争时期，他是泰国华侨抗日联合会的负责人之一，他撰写的讨日檄文激发了无数华侨的救国热情；中华人民共和国成立之初，他相继在香港、澳门创立南洋商业银行和南通银行，为海外华侨、港澳同胞与内地亲友之间的经济联系架起了一座坚实的桥梁；改革开放以后，庄世平成为特区的重要倡导者、组织者之一；晚年，他还积极支持香港回归，并为香港的政权建设作出了巨大的贡献……

外公去世整整十年了，我依然能时常回想起他的音容笑貌，但如果要我讲讲他的故事，我却只能想起零零星星的片段，因为他平时实在是太忙了，每天都要处理很多公务。尤其是改革开放以后，我们见面的机会就更少了。但是仔细想想，我人生中的每一个重要转折点都是由外公亲自把关，为我指明方向的。

我人生中的第一个转折点，是在我高中毕业后。1968 年我开始上小学，此后整整十年几乎都在搞“阶级斗争”，真正学到的知识很少。1978 年高中毕业时，我和大多数同龄人一样，未来可供选择的职业非常少。我可以去工作，但是只能当工人或者服务员，对于这样的职业前途我实在有点不甘心。我渴望能够继续学习，希望能够再得到一次高考的机会。

这时，恰好外公出差来广州开侨务工作会议。外公一向非常重视我们这些孙子辈的学习情况，他本身就是一个爱读书的人，平时家庭聚会时，总要询问我们的学习情况，鼓励我们好好学本领，将来才能更好地报效祖国。我趁此机会把自己的想法跟外公沟通了一下。思考片刻后，外公告诉我一个消息：“广州华侨补校今年刚刚复办，可以为学生提供一两年的补习时间。你可以尝试申请到那里去复读，然后再考大学。”

据我所知，归国华侨学生中等补习学校（简称“华侨补校”）的历史由来已久。中华人民共和国成立后，海外华侨掀起一阵回国升学热潮，不少青年子弟纷纷响应祖国的号召，摩拳擦掌准备回国学好本领，为祖国的美好未来添砖加瓦。为了使这一批回国升学的侨生能够顺利地进入正规中学、大学，北京、广州、厦门、昆明、武汉、南宁、汕头等地相继创办了华侨补校。可惜，“文化大革命”

① 本文为林伟农回忆其外公庄世平的故事。

的到来，严重影响了华侨补校的正常教学工作。至 1968 年，全国的华侨补校宣布停办。

1978 年，重新恢复教学工作的广州华侨补校主要有两个教学目的：一是为侨联系统工作人员的子女提供补习机会，二是为回国的侨生补习中文。这两个入学条件于我都不符合，但是我不愿意就这么放过这个机会。于是我请求外公替我写一封介绍信。

那时候的人们对书信特别看重，我至今还记得，那天晚上，外公端坐在华侨大厦的酒店客房里，戴着老花镜，亲自一笔一画，字斟句酌地为我写信，将我的经历和我对学习的渴望之情都写了进去，一写就是整整两个小时。

第二天一大早，我就兴冲冲地带着信骑着自行车出门了。那天的天气很好，广州的秋季凉风习习，我一路从沿江路赶到瘦狗岭，进了华侨补校的大门。学校教务处的主任一看到我，就问："你父母是在什么系统工作的？"我如实相告，老师立刻摇摇头。我连忙掏出介绍信，怀着一丝希望，忐忑不安地递给他。他很认真地把信读了两遍，感叹了一声，然后告诉我："你明天过来办理入学手续吧。"我顿时喜出望外，连忙点头道谢。

正因为知道这次学习机会来之不易，入学以后，我像发了疯一样地学习，从来没有一天是在 12 点前休息的。我天天看书、做题，恶补各科知识，发誓要把白白溜走的十年光阴补回来。

总算是皇天不负有心人，高考时，我考得还不错，被暨南大学数学系录取了。外公在得知这个消息之后也颇感欣慰。毕业后，我被分配到广东省粮油进出口公司，我的人生从此登上了一个新的台阶，而这一切，都得感谢外公当年亲手写的那封介绍信。

外公的远见卓识

1949 年 10 月 1 日，伟大领袖毛泽东主席在天安门城楼按动电钮，升起了第一面五星红旗。两个多月以后的 1949 年 12 月 14 日，在香港最繁华的中环区德辅道中 167 号，张灯结彩，喜气洋洋，"南洋商业银行"开张大喜，并悬挂起鲜艳夺目的五星红旗，这是香港升起的第一面五星红旗！而这一切，都源于中共中央驻香港代表方方的一句话。

1949 年仲夏，他找到外公。他表示，在香港，我们现在已拥有一些公司、钱庄、报刊。但这些远远不够，因为这些实体企业还难以担负起沟通华侨、打破封锁的重任。方方问外公："你认为什么行业才能担此重任？"

外公脱口而出："办一家银行吧，金融才是整个经济系统的核心！"

可是，一家新开张的小银行，如何能在香港立稳足跟？外公的经营理念可谓独树一帜。他发现由于连年战乱，海外侨胞寄往国内的侨汇得不到保障，这不仅严重影响着海内外同胞之间的经济往来，也给他们的心理带来极大的不安。于是，外公决心在香港打造独家经营全国侨汇的银行，他坚持"便利侨汇、服务侨胞"的宗旨，创业之初就迅速与国内各地区的中国银行和人民银行建立业务往来关系，拥有全国汇款网络，工作迅捷妥帖，不仅在侨汇业务上深得港澳同胞、海外侨胞的好评和信赖，而且对某些对中华人民共和国和中国共产党不够了解的华侨，也起到了沟通和宣传的桥梁作用。在当时的华侨群体中，不论是面对侨汇方法，或是国内外汇价格，或是国内物资流通情况，甚至是寻找战争年代失去联系的亲属等形形色色的问题，都会听到这么一句建议："找'南商'吧。"因此，香港德辅道中167号三楼，成了名副其实的"华侨之家"。

10年过去，南洋商业银行从默默无闻的小银行，逐渐成为可以和香港各家大银行齐头并进的金融新星，南洋商业银行的成长过程可谓是国家在港经济工作中的一个奇迹。

作为一位资深金融家，外公对香港和内地的经济联系有着我们无法企及的深度理解。从小时候起，外公就开始给我普及相关的金融知识。

"文化大革命"时期，与意识形态相关的问题占据了我们的头脑，但对于经济发展，我们的观念大多是片面而简单的。外公非常注意纠正我们的错误观念，他告诉我们，内地和香港的经济从来都不是隔绝的。我们一般认为香港的副食品都是从泰国、日本、新加坡等东南亚国家进口的。但是外公告诉我们，上世纪70年代，香港的鲜活产品、副食品有1/4是由内地供应的。我们听了感到非常惊讶，因为我们都认为内地的物资非常匮乏，自己都不够吃，怎么还会运到港澳去？外公就跟我们解释，其实当时内地专门定制了运输鲜活商品的船，从肇庆、佛山、南海、番禺、顺德等地把塘鱼、生猪运到港澳，另外还有专门的火车将湖南的生猪运输过去。从那时起，我意识到，在外公的心中，香港从来都是中国不可分割的一部分，外公对香港的回归始终抱有坚定的信心。

与此同时，和多数人不同，对于内地的经济发展，外公一直保持着乐观积极的态度。我有时真想不明白，外公怎能在那么多年前就预见到中国现在的高速发展？真是太不可思议了！

上世纪70年代末，内地的各项事业尚处在起步阶段，人民的生活水平普遍较低，香港的经济却开始腾飞，到80年代的时候更成为"亚洲四小龙"之一。改革开放让内地人大开眼界，同时也使很多人对内地的未来感到迷茫，转而艳羡起国外优越的生活。不少在港澳，或海外有关系的人都想方设法离开祖国，到大洋彼岸去谋求更广阔的发展空间。我的外婆和姨妈心疼我在内地的困难生活，也希望外公能够利用他在香港的人脉，让我获得香港籍贯，去香港工作生活。然而，外公却拒绝了这一请求，因为他一向希望儿孙能够留在内地。早在1955年，他就将自己的6个儿女全部送回内地，为祖国的社会主义建设事业发展做贡献。在上世纪70年代，外公就跟我说："中国一定会发展起来的，你就在内地上大学，然后在内地工作，最好能去北京工作，那里的精神面貌很好，你可以学习一下。你好好干，将来内地的发展机会肯定比香港多！"

那时候，其实我不太能够理解外公的看法。但40年后的今天，当全世界都在感叹中国的高速发展时，我为自己能够成为这一进程的参与者和见证人而感到自豪，更深深佩服外公当年的远见卓识。

要大胆去闯，做一个实践家

上世纪90年代末，由于国企的企业体制改革等各方面的原因，内地出现了大批国企倒闭、大量工人下岗的情况。我所在的广东省粮油进出口公司也出现了很大亏损。恰在此时，我在古巴发现了商机。

1991年，伴随着苏联解体，古巴与东欧原有的经济贸易被切断，美国趁此机会加强对古巴的经济封锁，古巴的经济一度陷入极度困境。与此同时，同为社会主义国家的中国向古巴伸出了援助之手。1991年上半年，来自中国的首批50万辆自行车抵达古巴，接着古巴又从中国进口了20万辆。从那时起，中国的永久牌、飞鸽牌和凤凰牌三大名牌自行车成为古巴人民日常生活中不可缺少的交通工具。2001年，百万台"熊猫"彩电从南京港起运至古巴，其中包括中国送给古巴的50台国礼彩电，中古两国的关系持续升温。

然而，对于当时的大多数内地人来说，古巴仍然是一个冷门、偏远而陌生的国度，充满了极大的不可预知性。另外，由于古巴的付款条件比较多，不了解实际情况的商家觉得风险大，不值得冒险。所以，大部分做进出口贸易的商家仍把目光投向美国、欧洲等热门地区。而当时国内跟古巴做生意的主要是央企，比如中粮集团有限公司跟古巴做原糖的进口生意，中国中化集团公司跟古巴做医药原料的出口生意，中国农业机械进出口集团跟古巴做农用机械的出口生意等，敢于跟古巴做生意的内地民营企业则少之又少。

然而对于我来说，与古巴做进出口贸易有很明显的优势：古巴的市场虽小，但由于是政府统一采购，所以竞争少，毛利润高。做生意的人都知道，没有一定的利润，企业做得再大，也只是一个数额的问题，所以关键还是要看利润。

在我家，外公就是我们的精神支柱，外公的意见对我们来说至关重要。所以，在决定下海经商之前，我专程就此事请教了外公。

我外公是一个很有开放心态的人。每当他听到一个新主意、新建议时，他的第一反应都不是拒绝和否定，而是会先接受下来，然后反复斟酌。在仔细思考后，外公以他纵横商场数十年的经历和眼光，肯定了我大胆的想法。他说古巴市场“有得做”。他大力支持我去闯一闯。

外公是个实践主义者，他一向欣赏我的头脑灵活，曾经几次称赞我是“醒目仔”。但他认为更重要的是一定要去实践，有了一个想法，就一定要想方设法去实现它。

就这样，我和小舅舅（外公的四儿子）在香港创立了东邦实业有限公司，并远赴古巴、西非安哥拉共和国、缅甸等多个鲜有人问津的新兴市场做生意。现在我名下的大部分资产都是通过在新兴市场做进出口贸易而获得的，虽然我的生意不大，但是发展得比较稳。现在回想起来，如果当年外公反对我的冒险计划，我的命运可能就要改写了。

2015 年林伟农与古巴军方企业胡里澳将军在古巴的合影

外公体贴入微的亲情

在我的记忆里，外公是一个很体贴的人，他对家人的关爱不是表现在口头上，而是体现在日常生活中的点点滴滴。

“文化大革命”时期，每当外公到广州开会，他总会选择住在我家。有人问他为什么不住酒店，酒店比家里舒服多了。他说："我跟子女合得来，和他们住在一起更开心。"那时候我家很小，我还经常跟外公挤在一张床上睡觉，现在想想，觉得很温馨。

即使有时他不住在家里，他也一定会抽空来我家坐一坐，探望一下大家。有一年，外公在广州珠江宾馆开完侨务工作会议之后，专程搭乘的士到我的新家。那时候广州的路比较乱，找个地方不容易。但是因为知道我妈妈身体不好，他还是坚持要来看望，足足找了一个小时才找到我家，还要登上六楼，当时他已经八十多岁了，真的很不容易。

外公虽然是德高望重的银行家，手握巨资，有着广泛的人脉资源，但对于子孙后代，他从不溺爱。我们在生活上、学习上必需的用品，外公是一定会提供给我们的，但是他心里一直有个尺度。我记得，刚开始学习英语时，在内地买不到英汉词典，还是外公专门托人从香港买回来送给我的。不仅如此，那时候内地的大部分服装样式都不好看，很臃肿，也没有那么多种类可选，当我在华侨补校读书需要一套运动服时，外公就从香港给我买了一套运动服。我至今还记得，那条运动裤的裤缝有三条竖纹，在那个年代算是很时髦了。

对于生活中一些容易被人忽视的小细节，外公也会尽力放在心上。以前我们过马路都不怎么注意，外公就会提醒我们，从巴士上下车后，应该绕过车尾再穿过马路，这样更安全。外公很少讲什么大道理，但是他的精神早已通过日常生活中的点点滴滴潜移默化地影响了我们。

2007 年春林伟农与外公庄世平等亲人在家里的生活照

外公质朴深厚的友情

外公一生中经历过无数大风大浪，在他的身边，总有那么一批忠实可靠的朋友。在我的记忆中，外公是一个非常念旧情的人。小时候，我经常跟着外公去探望他的老朋友。外公有一个老朋友，姓邱，曾任中国科学院南海海洋研究所的所长。邱所长家非常朴素，客厅只有一张四方的桌子，四把没有扶手的木头凳。我外公也从来不带贵重礼物，就拿着两包香烟去看望他，但是大家都聊得特别开心，那真的是一种很质朴的感情。

外公是一位真正无私的慈善家，从改革开放至逝世前，他无偿组织华侨捐资给国内卫生、教育事业超过30亿元。他生前把两家如今资产达2 000多亿港元的银行都无偿地捐给了国家，而他本人自始至终保持着清贫的生活。尽管如此，当外公听说老朋友周庆正因罹患肝病而需要换肝，但因巨额的医疗费用难住了一家人时，他还是慷慨地伸出了援手，帮助周庆正渡过难关。

外公是一个热心肠的人，别人找他帮忙，只要是他力所能及的，他几乎是来者不拒。这一点常常会让我们这些家人暗暗地感到心疼。平日里有很多人都来找外公帮忙，外公也都事无巨细地替他们筹划。我们经常能看到外公为了帮助来求助的人坐在客厅里写介绍信或方案，常常一写就是一两个小时。外公那么大年纪的人了，我们看着都觉得不忍心，因此我们这些小辈遇到问题都尽量自己解决，不去麻烦外公。

热心侨务事业

外公一生的事业始于泰国。青年时代，他曾在外国生活多年，因此对海外同胞和侨务事业有着特殊而深厚的感情。

孙中山先生曾赞誉“华侨乃革命之母”，然而中华人民共和国成立后的很长一段时间，因为“左”的政策，很多华侨同胞曾被打入另册。“文化大革命”时期，华侨更被视为洪水猛兽。一些爱国爱乡的华侨、港澳人士被当作阶级敌人进行批判，这严重挫伤了旅外乡亲爱国爱乡的感情。因此，改革开放之后，尽管广大华侨同胞对国内的发展形势表示赞赏，但是对回国投资、工作及生活仍心有余悸。而外公则成为海外同胞的一颗“定心丸”，有他同行和指导，安全就有了保障，投资的利益也有了保障。因此，在这期间，外公曾多次往返于内地和海外之间，一边拜访犹豫不决的侨领，悉心劝说他们回国看看，一边又频频向中央、省政府及有关部门提出有关改进对侨政策的意见和建议。在他的努力下，越来越多华侨同胞转变了想法，迈出了宝贵的第一步，开始向国内进行投资或捐赠。1985年，在外公的呼吁下，我国有关部门终于向来华投资的外商颁发多次性往返护照，而他们出入境时，各种手续也有所简化，办事效率有了明显提高。

另外，改革开放后，在落实侨产侨房政策时，外公曾多次强调："祖坟祖屋是华侨在祖国的根基。"他敦促各地维修保护侨胞坟墓，尽快归还侨产侨房。泰国盘谷银行董事长、著名侨领陈弼臣的祖坟，是在外公多次过问和督促之后得以维修的，这使陈弼臣在第一次回乡时非常激动，立即捐出巨款建设潮阳峡山中学及其他一些项目，又对汕头特区的工作提出了许多有益的建议。

从 1984 年开始，外公连续三届当选全国侨联副主席，这不仅体现了同胞们对他的认可，也体现了大家对他的期望。

外公对侨务事业的热爱也影响了我们这一代人。如今，我有幸成为暨南大学侨联名誉主席和广东省侨联常委。我十分感谢暨南大学侨联和省侨联能给我这样一个机会和舞台。"侨"是一项大事业，能够为侨胞做事、为侨胞服务，不仅是我纪念外公庄世平的独特方式，更是实现我人生价值的最佳途径。

2013 年时任暨南大学党委书记蒋述卓特聘林伟农为暨南大学侨联名誉主席

2013 年 9 月 15 日上午，暨大侨联副主席朱红英（中）、国际关系学院/华侨华人研究院陈文老师（左一）与两位研究生王趸兴、田丹丹到受访对象林伟农老师（右一）家听他讲其外公庄世平的故事

林锡星[1]

一

我爸爸那一代是从福建出去的。在20世纪20年代，他们的老乡出去，就把他们带出去了。我爷爷以前是在菲律宾。以前，菲律宾华侨在国内有老婆，在菲律宾也找当地人做老婆。我爷爷就是这样，在菲律宾找了一个菲律宾老婆，后来他带着这个菲律宾老婆和小孩回到福建。我爷爷在福建去世后，这个菲律宾老婆就带着孩子回菲律宾了。以前，从云南到缅甸北部的中国人，称为“山地华人”；从海上出去的，一般是先到菲律宾、马来西亚、新加坡，然后再到缅甸。

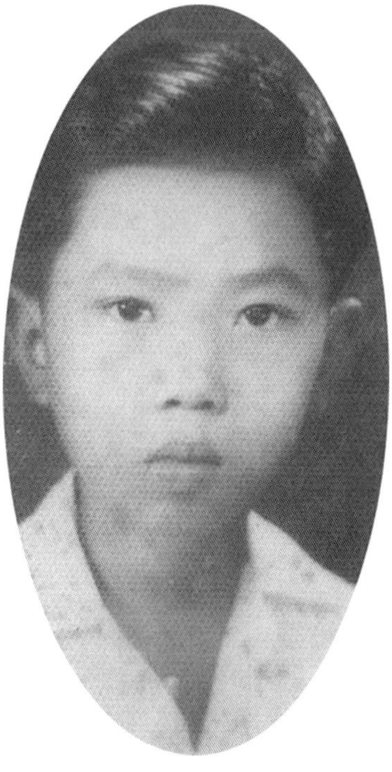

林锡星在缅甸卑谬（Prome）就读初中时的留影（摄于1959年）

我妈妈也是在国内出生的，而我是在缅甸出生的。到缅甸的华侨都自己创业，在缅甸创业很容易，生意也很容易做。我爸爸是做土特产交易。一般去缅甸的人，广东人被缅甸人叫作“短袖”“短袖华人”，他们主要是做木工、木匠，是手工艺人；福建人被缅甸人叫作“长袖”“长袖华人”，他们主要是做生意，像经营缅甸土特产之类。他们的生活还是很不错的。华侨从菲律宾去缅甸，其中一个原因是看上那里的物产。像以前的胡文虎，他在缅甸很有名，他原本是新马地区的，后来才转到缅甸发展。因为东南亚海岛资本主义国家或地区（如马来西亚）都是英联邦

① 王趸兴（暨南大学国际关系学院/华侨华人研究院2012级硕士研究生）于2013年5月10日和5月14日在暨南大学第二文科楼采访林锡星老师，并整理录音。

成员，所以他们很方便，可以随便来来往往。相对来说，缅甸华人要比新加坡、马来西亚华人少。

在回中国之前，我们家的生活还可以，几个人合伙做土特产生意，有面向缅甸的，也有搞出口的。有些人专门做橡胶生意，以华人为主。

可以这么说，在人家眼里，我们家算是可以的了。那时，我父母没有入缅籍，没有搞房地产。他们是一伙人参股做生意，这伙人共有 3 个人，我爸是其中一个；有一个姓苏，是比较缅甸化的，找了个缅甸当地人做媳妇，在我们以前那个比较大的县城很有权势，他是买卖房地产的；另外一个是李青山，他是国民党出身，带有手枪，是完全搞政治的，整天就在当地晃荡，不务正业，就像领导一样。这些是我们后来才知道的。我爸爸搞门市部，负责经营业务，主要是管理买卖什么的。他们三人在缅甸算是很不错的，在当地也算是比较有名的。但是事实上，我爸爸没有买地和房子，有钱就花，花得多，吃得好，就那么回事。

“二战”以前，缅甸的华文教育很发达。中国的一些名人，像康有为等人，都去过缅甸。民国时期，国民党要抓教育界名人的时候，周恩来就把他们送到缅甸，占领教育阵线，里面有很多老师。“二战”开始后，很多人去那边打仗，很多国民党士兵都是学外语的，包括少将也留在那边，不回来了。日本占领缅甸的时候，把华侨学校改成日本学校。“二战”胜利后，缅甸政府每收复一个地方，华侨就恢复先前的华侨学校，基本上每个县城都有华侨学校。高中一般只有在仰光等大城市才有，县城以下基本上是初中和小学。我读书都是在缅甸，我们学校

1962 年林锡星（右二）和朋友（右一现在澳门，左一至左三现在缅甸）在新建的缅甸仰光华侨中学办公楼前留影，雕塑形象是缅甸的狮子，典型的缅甸风格建筑

搞"一校两制"，一种是中文制，一种是英缅制。那时我刚读完高中，同年参加英缅制九年级即高中毕业考试，后年通过英缅制十年级即入大学考试，此后又到"恭文倪"（华侨学校）当了一年老师。但当时缅甸形势不好，我没有上大学就回国了。

林锡星在缅甸仰光华侨中学高中毕业班读书时，准备参加当年度的英缅制高考（九年级 High School Final），为便于补习，在学校附近租房子住，图为其当时身穿传统纱笼的留影（摄于 1962 年）

我们那小地方，周围的华侨还没那么多，华侨与当地人的关系很好，交流也比较多，一般不会有什么事。但是像大城市仰光，整条唐人街基本上都是华侨，在那边有叫"广东大街"的，都是广东人，所以很多华侨住到老，缅甸话都讲不好，当然这跟环境是有关系的。在小地方，像县城，一般华侨讲缅甸话还是不错的，他们在那边开商店，经常跟缅甸人做生意，不可能只跟中国人做生意。如果在仰光，他们可以长期不跟缅甸人打交道，只与华侨来往，而且有些人也看不起缅甸人。很多华侨学英语，但对缅甸语不重视。一般来说，华侨和缅甸人关系比较好。相对而言，印度人跟缅甸人关系不好。印度人宗教文化观念比较强。一般对于华侨而言，娶当地人做老婆的人都会发财，因为当地老婆都会做生意。我发现一些年纪比较大的华侨，他们什么事情也不做，在家里跷着脚闲着，都是老婆在做生意。而做生意，就容易跟当地人混熟。总之，华侨跟当地缅甸人的关系比较好。

一般而言，华侨和缅甸人通婚相对比较多的是在小地方，很多是在农村。缅甸有人说："跟缅甸人通婚的人比较容易发财。"在英国殖民时期，华侨男子家庭如果生女儿的话，就把女儿当作缅甸人，她没有姓；如果生儿子的话，他就跟着父亲姓，是中国人。一般中国男人娶缅甸老婆的比较多，而缅甸男人娶中国老婆的比较少，因为缅甸男人不会赚钱，比较懒，经济条件比较差。

华侨内部通婚的做生意，一般都没有问题，小地方就更没问题。华侨一般与缅甸人结婚后，都会入缅籍。缅甸政府对外国人有些限制，像外国人就不能买不动产什么的，但是政策一般都有变通，就是娶缅甸老婆。有些华侨会自己入缅籍，有些华侨是让子女入缅籍。有些人冒名顶替，用缅甸人的名字。因为那时缅甸的管理没有那么严，对华侨有些法律限制，但是一般也管不了什么，华侨还是生活得不错。

相比而言，华侨与缅甸人通婚，经商更方便些，一般在小地方华侨与缅甸人通婚的情况比较多，在仰光市内华侨与缅甸人通婚的比较少。一般地，缅甸女性跟外国人通婚有些吃亏。比如，分财产的时候，一般中国人就会有遗嘱，要给继承人，而缅甸人不是这样的，是男女都有份，而且缅甸女性社会地位更高些。华侨与缅甸女性通婚后，写下财产遗嘱，他不是按照当地的法律，而是按照中国人的习惯，是自己的遗嘱，分财产的时候就直接给继承人了，法律也管不了，所以缅甸女性比较吃亏。

那时候，在缅甸的华侨受中国国内情况的影响很大，他们有亲国民党的，也有亲共产党的。像亲国民党的，老是说国内没有什么吃的，要华侨捐赠。亲共产党的，却说国内情况好、好、好。从缅甸回来的华侨，他们没有说怎么样，也不敢说怎么样。实际上，他们回国肯定是很不习惯的，因为他们在缅甸是养尊处优的，赚钱相对容易，日子过得还可以。回国以后，有些去农场，当时刚好是“文化大革命”时期，国务院侨办等政府机构都瘫痪了，没办法安排，归国华侨基本上是向农业转移的，云南、广西、广东都有华侨农场。那时一般很难说安排你从事跟在缅甸一样的工作，像先前是会计的，就不再会让你去搞这个东西了，你先前是做生意的，也不会安排你做生意，一般都是下农场。所以，我们那个地方回来的华侨比较多，但是回来以后，随着国内政策放宽，就又去缅甸了，很多都走了。我们这些人就不一样，回国上大学，一般是在北京过日子。1970 年，我被分配到了广州外国语学院。我还好，我的同学基本上都分配到县城，后来他们基本上又都出国了，去哪的都有，到澳大利亚、美国、加拿大等。澳门的“小缅甸”聚集的就是从缅甸回来的华侨华人，最少有 5 万人，是从缅甸直接到澳门，因为 20 世纪 70 年代我们国内乱哄哄的。有些回来比较早的老华侨，后来又申请出国，或者到香港、澳门。

一般地，缅甸很少反华。在缅甸不承认你是“华人”，入了籍你就是缅甸人。1962 年奈温发动政变以后，他的 17 个政府高层，华人差不多就占了一半，而且都是当兵的。奈温本身也是华人。第二把手陈天旺是福建人，他的儿子在昆明读书。还有矿业部部长、教育部部长。特别是教育部部长，还有中文名字，后来缅甸要他改名字，他不愿意改，就不干了。所以，缅甸的情况是不承认“华人”身份，没有“华人”，你入了籍就是缅甸人，只有“缅甸人”跟“华侨”。所以你说它歧视，它也不算歧视。

在我回国前，缅甸政府一般没有什么专门的文件针对当地华侨，权宜之计倒是有。像批发零售，在县城以下就对华侨有限制，因为要让当地人在县城以下有就业的机会，不能都给华侨垄断了。相对而言，华侨都是比较会做生意的，缅甸人比较优哉游哉。所以，缅甸政府有一些限制，华侨在大城市可以做生意，在县城以下就限制你做。不是什么正式的法律，只是一些规定性文件，就像我们的一些政策，其他什么大限制，很明显的倒没有。一般即使有限制，华侨也总是有办法应对，比如，华侨不能买房产，但他们可以通过娶当地女性做老婆来买。有些华侨家里有人入缅籍，有人没有入。一般入了缅籍的可以从事任何行业。但是，到了奈温执政时期，即 1964 年以后就有一些限制，如读书。当时最吃香的是学医和学工程，而学这两科的以华侨和印度学生最多。缅甸医学水平还是很高的，缅甸曾是英国的殖民地，当时学校的教育一般都是由英国的教授来教学。1978 年以前毕业的学生，可以在英联邦国家找工作，美国毕业的还不能，还得到香港考，但是缅甸毕业的可以随便在英国、印度、马来西亚找工作。香港有一帮医生，是七八十年代从缅甸回去的，后来发展得很不错，还成立了自己的医生会。后来缅甸规定要入缅籍才能学医，有的时候规定更严，父母也要入籍。所以很多人就学不成医了，要不很多人可以学成了出国。

在回国以前，我没有去过别的国家。我在缅甸的同学没有回国的一般就去欧洲和美国，他们大学毕业以后移民比较容易，特别是后来缅甸搞军事独裁以后，华侨华人移民到国外特别容易。因为西方把缅甸当作一个独裁国家，不民主，所以申请出国比较容易。有一段时间，像已经在内地和澳门的归侨也有去缅甸报名申请移民的，如果你有缅甸的出生证，抽到了可以直接到美国去，一般给缅甸华侨华人名额比较多，给我们中国内地的名额不够。

在我回国之前，缅甸有很多华侨会回中国来看看，中缅两国来往不太方便的时候就比较少。中国改革开放以后，那些做生意的缅甸华人都会回中国老家看看，他们也喜欢跟中国官员打交道。

二

我是 1965 年 1 月回中国的，那时奈温政府搞国有化运动，商店什么的都收归国有，学校却私有化，在那边读书已经不方便了，所以我就准备回中国读书。

我们是坐飞机回来的，算是正式途径，通过领事馆、大使馆办护照，还有介绍信，不是走陆路边境回来的。我们的飞机票是买到广州的，后来在昆明下飞机。下飞机后航空公司把剩下的钱退给我们了，这样可以捞点外汇回来用。

1965 年昆明华侨补习学校第五届先修文科（1）班毕业留影（第四排右一为林锡星；第三排左一、左二是印度归侨；第二排左三和第四排右四是夫妻，现在美国；第三排右四现在缅甸）

1965 年 1 月我们到昆明后，在昆明华侨补习学校准备高考。那年高考是在 8 月还是 9 月，我考到北京外国语专科学校读大学，上大学没几个月就“文化大革命”了。所以说，我们基本上都是在国外读的书。当时中联部要我去当翻译，前后差不多一年时间。“文化大革命”期间，我陪同来访的缅甸共产党人去认识中国的土改、马列主义基本理论和社会主义革命，然后带他们去东北、山西和陕西延安等地参观和学习。陈永贵、郭凤莲等人接待我们，带我们看民兵打靶，还见到了部队司令。我当翻译一年后，就被分配到部队了，那个时候叫“接受工农兵再教育”。我到湖南长沙接受工农兵再教育，湖南长沙、岳阳洞庭湖那边都去过，从长沙坐船到岳阳、沅江县，在南湾湖部队农场待了两年（1969、1970 年），后来就被分配到广州了。

我毕业后被分配到广州外国语学院，就是现在的广东外语外贸大学，1980 年才到暨南大学，因为我喜欢这里。原来去广州外国语学院是部队分配的，因为我所在部队是属广州军区的。我在湖南省沅江县 6950 部队，归广州军区管（当时广州军区管广东、广西、湖南、湖北四省）。当时分配的时候我们有三个人来了广州外国语学院，我和一个印度尼西亚归侨、一个泰国归侨，是按规定来的，都有代表。有些就被分到省委组织部，再由省委组织部分配到各地的单位。

我的父母和妹妹也是 1965 年回国的，他们迟一点，是 8 月或 9 月。他们被安排在云南部队的华侨农场。他们在缅甸都是做生意的，可在农场的生活跟在缅甸不一样，所以不适应，一般来说华侨在国外很少搞农业。后来父亲去世，我妹妹全家就去了香港。他们走了以后，我在云南那边就基本上没有什么亲戚了。

1965 年 9 月，林锡星刚到北京时在天安门前留影

“文化大革命”以后，农场的归侨陆陆续续都出去了。反正符合条件都可以申请，去各种各样的地方，申请一次不行，就继续申请，一般都会批的。那个时候，华侨比较容易申请去香港、澳门，像在澳门，缅甸华侨最多的时候有 5 万人。“文化大革命”时期，有些人直接从缅甸去了澳门。

国务院侨办基本上都有管华侨，只是有些照顾你是看不到的。以前是中侨委，后来是国务院侨办，他们就专门管华侨这一块。国务院侨办有国外司、国内司，国外司专门管学校。侨生碰到比较严重的问题时，他们就出来帮忙，一般情况下也没什么好管的。他们有时候出来帮忙讲讲话，照顾一下，还是有的，不过没有很明显。当时会给归侨侨汇券，按照你汇钱多少给你配侨汇券，就是一张纸，可以换成多少个鸡蛋、多少斤猪肉、多少斤油，这是生活上的照顾，其他就没什么照顾了。

在“文化大革命”期间，我们是学生，没有受到批斗。“文化大革命”对于学生一般影响不大，主要是针对老师，学生之间很少发现互相批斗的，主要是贴大字报、贴告示的多。北京有个华侨补习学校，有学生说你们这些华侨（归侨）带这么多大箱，比我们还富啊。后来，那里的华侨（归侨）被送到了东北。

“文化大革命”期间，我正好去中联部当翻译。我在中联部的工作地点是北京的京西宾馆，我们就在二楼。二楼是会场，全国的军区司令正在那开会，中联部把二楼包下来，给外来的共产党同志住，我们就在那边上课。

我回国的经历还比较顺利，在昆明参加完高考后，就去北京读书，那个时候“文化大革命”还没开始。我下农场就比较辛苦点，在湖南洞庭湖那个地方，走路都够你累的，裤脚上都沾满了泥巴。我们干的活就是挑泥巴、种水稻、耕田。耕田的牛不够，就让我们拉，背的物资都有两百斤。就劳动辛苦点，“文化大革

1973年，林锡星从广州外国语学院调至北京大学任教，因当时北京大学的教师力量被打压，缺少缅甸语教师

命”的批斗倒是没有。

我回国后，早期我是一两年去一次缅甸，现在是经常去。去缅甸的时候，我一般会去调查一下，到处走走。像我们华侨中学上次搞六十周年纪念活动，我见到了很多老同学，我以前去的时候没有时间找他们。我一般都住在亲戚家里，他们在仰光有房子，我到了以后就去玩。

全世界范围内建立了一些缅甸华侨中学校友会的组织，如美国的北加州、纽约，澳大利亚，以及中国的香港、澳门。我们很多同学都在澳门那边。这个校友会，好像每年都有周年纪念活动，像六十周年办得比较大，各地的人都会去。

一般华侨都有会馆，缅甸的会馆很多，有福建的九龙堂，有姓林的、姓杨的宗亲会。我没有加入这种会馆，也不懂，这个是年纪大点的人加入的。会馆都搞自己的活动。

三

中华人民共和国的侨务政策，以前对归侨是“一视同仁，适当照顾”。一般较困难的华侨回来，他们都会给糖券、猪肉券、油券等生活方面的特别照顾。我们在学校的学生，这些东西也用不上。我们当学生的日子过得还可以，伙食费15.5元一个月，当时一个月15.5元可以吃得很好了。后来有些女孩子不满意，说她们太吃亏了，因为她们吃得少嘛，后来就搞餐票了，各买各的。“文化大革命”爆发以后，就没什么政策了，特别是缅甸排华以后，回来的华侨太多，中国侨务部门也瘫痪了，就没法照顾了，只能安排他们下农场。如果是早期的话，还是会根据你的情况适当照顾，一般都会安排在城市里。

后来，针对被下放到农场的华侨，政府有一些政策予以弥补，主要是针对他们的子女，读完书就被安排到县城里，不去农场了。你要申请出国或去港澳，一般都会批准，批准去香港、澳门的多。所以对于归国华侨子女的安排，一种是安排出国，一种是安排工作。而老归国华侨一般年纪大了就很难安排了，他们的子女则通过读书、各种关系到县城生活。如果你有本事，可通过考试上大学。关于“适当照顾”，我们暨南大学很多老师都是从各地回来的，当时每年都有 10 户人家，像印尼归侨很多是从农场过来，来这里种种花草，不搞教学的。

在朝鲜战争以前，周恩来等老领导在世的时候，侨务政策运用得最多的是“一视同仁，适当照顾”，“文化大革命”后就基本没有这种情况了。像那些侨领回来，都是在北京，本来在国外是很有名的，回来以后被安排个科长职务，在单位待着。而在国外他们都是呼风唤雨的，跟中国领导人见面是常事。到 1970 年以后，相关落实政策出台，政府允许你出国了。“文化大革命”期间，也有些国内的归国华侨去缅甸参加共产党，有的死了。后来，中国的政策变了，他们就回来了，回来以后，在国内已经很难安排了。基本上很多比较有名的人物（归侨）都出国了。

中国政府的侨务政策总体上还可以。在五六十年代，中国跟东南亚国家的关系比较密切，周总理经常去那边访问。当时东南亚国家很担忧，对华侨政策比较敏感，最主要的就是双重国籍，周总理在缅甸、印度尼西亚都会讲不搞双重国籍。那时对归国华侨都有适当照顾，相对来说，他们的生活水平比其他人好些。他们在国外都是接受正规教育的，回来以后适应一下，就可以上大学了。很多回来比较早的华侨，没听说下农场的，他们回来后都上了大学，最起码成了工程师、老革命。“文化大革命”以后，差不多是 1968 年、1969 年那个时候，海外排华事件多了，回来的人也多了，就没办法安排了，华侨机构也瘫痪了，出现各种各样的情况。那时比较乱，乱了以后，根据形势的发展，侨务政策重点都不一样。现在归侨也没有什么特别的，与其他人基本上都一样了，很多老人已经去世了，年轻人的适应能力也提高了，以前下农场的都进城了，靠的是他们的本事。以前比较重视生活方面，因为那个时候中国的物资比较缺乏，现在就没有这些问题了。

四

我的太太也是缅甸归侨，祖籍是福建永定。她家在缅甸是比较大的家族，算是比较有名的。她哥哥现在美国，先前在缅甸的时候是学医的，毕业以后，依照缅甸的规定，要到军队里面服役，服役三年后才能自己决定做什么。

我和我太太是校友。我们在缅甸华侨中学的时候，她比我小两届，我是 19 届，她是 21 届。现在我们都是暨南大学退休人员。

在我认识的归侨中，归侨间结婚的相对比较多，印尼归侨就找印尼的，找缅甸归侨的也有；缅甸归侨找缅甸的比较多。我们下农场的时候，也有个别归侨与当地贫下中农子女结婚，他们可能觉得当地人比较可靠，那个时候“文化大革命”嘛。改革开放以后，政策变了，与当地人结婚的归侨离婚的比较多，有很多回城市了。

归侨都喜欢找归侨，是因为有过相同的经历、文化，一般他们在一起的机会比较多。像有些学校，比如我们暨南大学，归侨在一起的时间多些，机会也比较多。归侨回来后在广东的很多，在其他地方的相对少些。

我妹妹她们在香港什么都做，一般是打工，现在都已经退休了，子女都大了。我们归侨也有发了大财的，像有个客家归侨的子女后来去了香港，然后到澳门打工，搞手表什么的，现在很有名。现在在香港、澳门很有钱的归侨，主要是靠子女的勤劳。而我们不一样，在国内教书当教授，生活比较优越一点，就没有出去了。一般来说，我们的同学在县城以下的都出国了，生活比较差的都出去了。

现在能上网了，我和我妹妹她们联系就更方便了。我太太会跟她在缅甸、美国的兄弟姐妹通信，还有很多在澳大利亚以及香港、澳门地区的朋友，差不多都是网上通话，电话费都少了，甚至还不用花钱。

我有两个孩子，都是男孩。

2013 年 5 月 14 日，林锡星老师接受暨南大学国际关系学院/华侨华人研究院 2012 级硕士研究生王趸兴访谈并与其合影

林锡星，男，汉族，1944 年 3 月 14 日出生于缅甸卑谬，祖籍福建厦门。1963 年，缅甸仰光华侨中学高中毕业。同年，英缅制九年制毕业。1964 年，十年级毕业，加入“缅甸华侨教师联合会”，由该会介绍到恭文倪（Kyonmange）

华侨学校教书，任英缅文教研室主任。1965 年 1 月回国，经昆明华侨补习学校考入北京外国语专科学校（学制 3 年），1968 年 9 月毕业。1968 年底到 1970 年底，在湖南省沅江县 6950 部队农场接受劳动锻炼。1966 年至 1980 年，先后在中共中央对外联络部、广东省外经局外国实习生培训办公室当翻译，在广州外国语学院（广东外语外贸大学前身之一）东语系、北京大学东语系当助教。1980 年底，从广州外国语学院外事处调到暨南大学东南亚研究所，从事东南亚政治、经济、文教和华侨华人问题研究。直至退休，均为暨南大学东南亚研究所副教授。著有《中缅友好关系研究》《揭开缅甸神秘的面纱》等书。1989 年至今，一直在香港《亚洲周刊》“新思维”专栏发表评论文章。兼任云南省德宏州经济研究所特约研究员、中国民主同盟广东省委员会委员、中国民主同盟广东省委员会暨南大学总支副主委、广东缅甸归侨联谊会理事、广东统战研究会理事、广东华侨历史学会理事。1991 年 3 月，被评为中国民主同盟广东省优秀盟员。

刘　誉[1]

留学美国

我去美国的时候是 1994 年 10 月，当时是以访问学者的身份前往纽约州立大学古西堡学院做研究。我还想在美国读博士，因为那时我只有硕士学位，而且当时我国很少人念博士，也很少老师招博士生，想读博士也不知道该去哪里读。到了美国以后，我发现那边的高校一般都有招收博士生，并且高校教师大多数都有博士学位，思考科研问题都会比我们深入一点，读过博士的人科研思路相对还是有所不同的。我出国前就曾想去美国读博士，考了托福、GRE，成绩都比较好，超过了美国很多大学的录取线，比如托福我考了 607 分（那时托福 600 分就算优秀），因此较容易拿到奖学金。但是，当时我去美国的时候拿的是 J 签证，就是访问学者签证，用这个签证在美国念书就很难。多数人的做法是，先去加拿大，然后再改签 F 学生签证去美国念博士，但是原来 J 签证附有的回国居住两年的条件仍然有效，要想读完书留在美国工作必须申请豁免才能改为 H 工作签证。

一般来说，外国人要想留在美国高校工作必须具有博士学位，很多人进入美国后都想读个博士学位。并且，到了美国的人读书机会也相对比其他人多，因为在美国可以申请很多学校，也可以直接联系美国的教授。我当时就是在这种天时地利的条件下争取在美国读博士。但是，由于我在美国拿的是 J 签证，不能改为 F 学生签证，就只好考虑先移民去加拿大，然后再回到美国读书。

我是 1994—1996 年在美国做访问研究，属于公派自费出国，就是学校保留我的职位，即我还是学校的教职工，但去了外国后原单位什么都不管了，包括工资、福利什么都没有了，我什么时候回来，都可以恢复工作。这在那个年代我国高校很普遍，几乎所有的高校都有老师通过这种方式出国，原单位保留职位，在国外做完研究就回来。1996 年 7 月，我在古西堡学院的访问研究结束，同时被纽

① 田丹丹、陈慧（暨南大学国际关系学院/华侨华人研究院 2012 级硕士研究生）于 2013 年 9 月 24 日在暨南大学医学院大楼 715 室采访刘誉老师，并整理录音。

约州立大学石溪分校（State University of New York at Stony Brook）研究生院录取。由于当时存在J签证的问题，我来不及在秋季入学，只好先申请移民去再到美国很方便的加拿大。当时加拿大有一种技术移民计划，会对申请者的资格进行打分，打分项包括年龄、工作职位、教育状况等，如果八九十分的话就能很快获得批准。当时我的分数比较高，所以我完成了美国的访问研究工作后就获得批准去加拿大。我是1996年8月去加拿大的，第一周住在一个朋友家里，这个加拿大朋友是我在纽约的一位香港朋友介绍认识的，也是从香港移民过去的。他们一家人都在多伦多，我去加拿大的时候，是他们去机场接我，并带我到他们家暂住。加拿大这家人很好，有时候还来中国做生意，曾来过我们家几次，我们一直都保持联系。因为距离春季入学还有半年时间，我到加拿大后就马上找工作。非常幸运，我在第二个星期就找到了工作，是多伦多一家生物技术公司，受聘为副研究员。从1996年8月到加拿大至次年1月离开，也就是说，在加拿大工作还不到半年。1997年1月我辞去多伦多公司的工作，持F学生签证返回美国纽约州立大学，在位于长岛的医学院念博士。从1997年1月入学到2002年5月毕业，念了五年多时间（在美国，理学博士平均要念五年）。2002年博士毕业后，我做了一年的博士后。

到了2003年5月我完成博士后的学习后面临两个选择：一是回加拿大，因为我持有加拿大绿卡，拿到绿卡就是加拿大的永久居民，在那边待多长时间都没问题，可以在那边工作、生活。二是回中国，回中国的话就是回暨南大学做教授。当时家里人希望我留在美国。若留在美国工作的话就存在一个签证上的问题，即要申请中国政府的豁免。拿了J签证去美国读书也好，做访问研究也好，在那边待够了时间或完成了任务之后，得回原来的国家生活两年或以上，才能获得美国的移民签证或工作签证，这是两国之间的协议。豁免就是原来的国家同意持J签证学生或学者可以不用回国居住两年。我当时还是办理了这个事情，考虑留在美国工作，但是后来因为豁免申请过程要等很长时间，所以就干脆不等了，觉得回国也不错。我曾在1999年回国探亲，发现国内的环境变化很大，暨南大学的研究条件也有很大改善，所以不等豁免批准就回暨南大学了。回国两个月后，豁免也批准了，这个时候可以留在美国，但是我已经恢复了暨南大学的工作，也不想再折腾。假如把这条路算上，我有第三条路选择，就是留在美国，但是要等豁免通过了我才能在美国找工作，可是我觉得没必要在美国等下去。我回来时，就带着一个曾经的加拿大永久居民身份，这身份就相当于华侨。因此回来后，我成了归侨，加入了暨南大学的侨联会。

我1994年出国时36岁，觉得还算年轻，有的事情也没考虑那么多，就出国了。那个时代，特别是80年代末90年代初，生活是比较苦的，不少年轻人出国是为了改善生活条件，比如赚点外汇可以买家电等。我在 1982 年到暨南大学读研究生，1985 年念完研究生后留校，1989 年被破格提升为副教授。尽管升了副教授，但拿的钱很少，当时甚至买台冰箱还要借钱。我在 1994 年出国的时候要填一张表，美国那边问我每个月的收入多少，按当时美金对人民币汇率1∶9来算，我每个月 700 人民币，折算成美金不到 100 美元，也就七八十美金。但现在不同了，现在的人很难想象大学教师出国是为了改善生活，但是那个年代就是这个样子，很多人出国回来就带回了电视、冰箱，都是进口的，让其他年轻人很羡慕。

在美国攻读博士期间，我十分珍惜这次学习机会，把全部时间和精力都投入到学习和科研中，生活几乎是每天在宿舍和课室或实验室两点之间重复，尤其是研究生课程，压力非常大。可以想象，我们要和美国研究生一起上课，语言方面就是一个弱项，必须花大量时间复习功课，才能保证每门课程成绩在 B 以上。据我所知，同班的中国留学生学习成绩都算不错，我的课程平均绩点（GPA）是 3.96（满分是 4），有一位同学竟然得到 4 分，即全 A，可见大家的学习有多拼命。完成研究生课程后，我通过了博士资格考试，开始博士论文的研究工作。当时我的实验成果还成功申请到纽约州 4 万美元的研究基金，这对于一个在读博士生来说是极大的鼓舞，因为很少在读研究生能拿到政府的研究基金。因为我出国前就有八年多的研究经验，我的论文研究工作倒是比较顺利，发表了三篇论文，还获得一项国际发明专利授权。这样，我在 2002 年 5 月毕业并获得博士学位。博士毕业后我被留在学校做博士后，或者说博士后训练。在美国，博士毕业后一般接着做博士后，时间为一年到几年不等。有的人没有找到正式工作就一直做博士后，我见过一个阿根廷人做了五年博士后才找到工作。实际上，博士后是美国教授们很喜欢使用的廉价劳动力，工资低又容易出成果，我那时的年薪也只有 4 万美元。

周末是很多留学生各显神通寻乐的时间，但也有不少人基本上没有周末，因为他们怕研究实验完成不了会耽误毕业时间。我的中国朋友很多都是教会的基督徒，他们热心于发展中国留学生加入教会，所以我有时也到教堂去看看。实际上有不少华侨华人都是靠教会建立联系的。比如，在纽约长岛有个香港华人基督教会，主要是香港人，有一部分台湾人，也有一些大陆新移民。他们每个星期都去做祈祷，这个时候他们就会在教堂集中，进行交流，约时间出去活动，甚至帮忙找工作。所以，美国人相互交流的一个重要场所就是教堂。有的不信教的人也去，主要是想体验基督教文化。因为我出国之前从来没有去过教堂，所以也想去感受一下教会的文化。此外，就是亲戚朋友之间的互访，有点像串门，规模比较小，影响也较小。

学校还有各种华人社团、留学生会。比如，在我当时读书的学校就有中国留学生联谊会，每年都会举办一次活动，在那里吃饭、唱歌、跳舞，有点像老乡会，通常都会请一两位著名的华人科学家作主题发言，如杨振宁、何大一等。除了中国留学生联谊会，还有亚洲留学生联谊会。亚洲留学生联谊会的场面更为壮观，其中包括中国、韩国、日本等国家的留学生，大家聚在一起，用英语交流，每个国家的留学生出几个节目表演给大家欣赏。这些活动我都有参加，算是枯燥学习生活中的一点乐趣吧。

那时从中国去美国的留学生，回国的很少，留在美国的比较多。通常读过博士或者硕士的毕业生都愿意在那边找工作待下去。因为当时去美国留学的主要目的就是改善生活，换个环境，到一个比较先进、生活水平高的地方去。就好比我国内地人到沿海地区，就因为沿海地区的生活和工作条件好些，一样的道理。很多留学生在那边念完书以后，就在那边定下来，这些人一般比较年轻，他们出国拿的是学生签证，跟政府没有关系，只要找到工作，留在那边是比较顺利的。

我在美国的时候，美国当地人对我是怎样的态度？有没有歧视？这个问题应该分开来讲。美国对中国人有没有歧视？肯定是有的，就好像北上广的一些人看不起其他地方的人一样，这是处于优越状态的人的一种潜意识，是歧视的根源。像我们这样的留学生，碰到这种情况较少，因为我们学习的环境基本在高校，很单纯，周围的人基本上不是学生就是老师，我们做的事都是学术的事，基本上不会与别人有什么冲突。倒是有一次，我开车过马路，赶上了黄灯想冲过去，这时交叉路那边有一个开车很急的白人，可能是中学生或大学生吧，很年轻，还没等绿灯亮就开过来了，我们差点撞上。按理说是他错，但他从我后边通过时，大声骂道："你这个中国人，滚回中国去！"虽不知道他是怎么判断我是中国人，但我听了很不好受。

至于美国政府方面，我较少有机会跟他们接触。但在美国待了那么久，做了五年半的学生和三年的研究人员，我可以很坦率、不带任何偏见地说，美国政府应该说是比较开明的，没有怎么刁难你，要你送钱什么的，该做的事情一定会做，不然你投诉它了，它会很麻烦的。比如，我办驾驶证、银行卡、免税申请、留学生登记等，涉及的政府部门一点都不难打交道或者说对我不友好。总的来说，美国人的文明程度较高，我猜是与宗教有关，他们很多人都信奉着不同的宗教，所以他们的精神文明就很不错。比如有公德心，不随便吐痰或乱丢东西，看到别人有困难会主动帮助，比较有爱心。

选择回国

对于回国的考量，实际上，我当年是有经历过思想斗争的。人肯定要找一个更适合他发展的地方，特别是当你处于一个有三个选择的三岔路口的时候，不能随便选择，那就肯定会经过思想斗争。何况那个时候我也结婚了，我夫人在国内，还没出去。我就这个问题跟家人商量，他们问我能不能留在美国，因为他们知道很多人都希望留在美国工作。但是，要留在美国，就要办理那个豁免才行，从暨南大学开始，一直办到中国领事馆，流程很长。虽然我有加拿大的永久居民身份（绿卡），当时却没有考虑去加拿大。去加拿大本来是最方便的，而且我也可以把家属带去。但是，根据我在加拿大的工作生活经历，觉得那里不太适合我。我刚去加拿大时，即 1996 年 8 月，我曾考虑去高校工作，但当时加拿大的工作比美国难找，去高校就更难。所以我后来找到在公司的研究工作，虽然工资还不错，一年可以拿到 6 万加币，但在那里每天需工作八小时，从上午到晚上。经历了那半年，我感觉没办法做其他事，下班回来什么事都做不了，这样的工作生活不太理想，我还是更适合在高校工作。考虑到回加拿大找高校的工作很难，可能又要到公司去，所以我就回暨南大学了。这就是当时的一个动机，想法也很简单。假如说当时的暨南大学像以前一样没什么改变，我可能也会留在美国等豁免。但是 1999 年我回来看了以后，发现暨南大学变化很大，各级领导、管理都是很现代的，很多东西都分开管理，例如党政分开，充分考虑到教师的切身利益问题，比较人性化。不像在以前，领导说做什么就做什么，有什么事都找领导，甚至家里打架也找领导。暨南大学教师的待遇也不错，我出国时每月工资 700 元，刚回国的时候是 6 000 多元，差不多十倍了。所以说生活条件提高了，管理机制也现代化了，再加上工作的自由度增加了，特别是做科研方面更自由了，可以做自己想做的事，回来工作有这些好处。

回国后，环境适应是个非常大的问题。说句实话，我回国的时候，由于国内的各方面与以前相比有很大的变化，我甚至连街道都找不到。假如我一直在国内生活肯定没问题，但是在国外生活了九年再回来，感觉到的差别是很大的。比如，回来感觉环境比较脏，学院的大楼因多年没有粉刷显得又脏又暗，刚从国外回来有点忍受不了，但过了一段时间又不觉得有什么问题了。没办法，除非你自己去装修，要不然就这个样子。存在很多落差，最明显的一个就是环境落差。在美国，可以说住的地方就像公园。我住的那个地方是纽约长岛，四周都是海，绿化是天然的，这个没办法比，也是事实，因为那边地广人稀。还有人文方面，就是人的文明、人与人之间的友善关系，或者说彼此之间的理解程度，这些方面美国都是很不错的。国内相比美国差距较大，我回来时问路别人是不理的，这种情况在美国也有，但是较少见。所以回来后第一个感觉是轻飘飘的，走路也好，见到人也好，脚不着地一样。这个就是差别，回来以后感觉不太踏实，但过了一段时间就适应了，毕竟是自己的国家。

当时去美国不需要适应。我去美国的第一天，有一个老师去接我，他也是大学教授，中国人。他在机场出口举了一块写着我名字的牌子，我从机场出来很快就找到他。我走上去跟他讲英文，他却跟我讲中文，我们就一路讲中文，感觉很亲切。在肯尼迪机场一出来，首先看到高速公路又宽又直，路灯很亮，我从来没有见过这么好的公路。现在国内已经看惯了不觉得新奇，但是那时我刚出国的时候就感觉到了新世界一样。我出国的时候是 1994 年，那个时候国内没有高速公路，所有的路都是水泥马路，车子开不快的，也很少车，都是货车、公交车，私家车很少。所以，那个时候到美国的第一个印象就是他们的高速公路。第二个印象是第二天我们实验室的一个教授带我去超市买东西。他是我的美国老师，白人。当时国内是没有超市的，我去的超市就跟现在的家乐福一样，摆了很多东西，也不贵，你在那里挑你要的东西，放到篮子或推车里，推出去付款，几十美金就买了一大篮，可以吃一个星期。超市也是我从来没见过的，那么多东西那么好又便宜，随便挑，没人盯着你，有种被信任的感觉。倘若在国内商店的话，人家看得紧紧的，感觉不被信任。在那超市是我第一次感觉到被商店的人信任，这是一种被尊重的感觉。第三个印象就是我住的那个地方。我们教授带我去那个房子，外面很普通，只有一层，但进到里面发现，厨房很干净，用的是电炉而不是煤气炉，有地毯，整个房间亮堂堂的，还有暖气和空调设备。我一直生活在南方，到美国觉得有暖气是很享受的，虽然说南方温度不会很低，但是没有暖气还是很冷。到了美国，开暖气，在房间里面穿背心都没问题。住得也好，学校的所有设施都很好，就像星级酒店一样，干净整齐，人走过的时候很小心，爱护环境卫生。我们当时的图书馆和美国的图书馆最大的差别是人家的图书馆很安静，很多学生在图书馆自修或复习功课，连走动都怕吵了别人。但我们暨南大学过去的图书馆显得有点乱，师生去图书馆只是借书，却没有阅读的地方，比较嘈杂。我在广州待了那么久，刚到美国那时就好像见识到的比待在广州时还多，觉得国内外的差距很大。但目前来说，我们与国外的差距又小了很多，比如现在出国的人会觉得差别不是很大，但是我们那个时候就好像刘姥姥到了大观园。

我与不少在美国留学的同学现在还有联系，曾有好几个同学回来，我还带他们去广州景点参观。比如有一个同学，我比他高一年级，他是协和医科大学派去的留学生，他在美国读完博士后就留在美国，现在在加州一个大学做副教授。去年他回来，我就带他去看广州塔、亚运会场馆，去一些广州特色餐馆吃饭。两天的时间，他很享受，觉得广州很不错，这说明国内的发展情况也确实不差。

我觉得，人活着不单单是为了一个工作环境，最重要的是让自己的思想和技术能比较自由地发展。打个比方，我有科研思路，我想做我的科研。但我这个科研思路在美国不太可能实现，因为刚读完博士的留学生只能跟着教授做别人的课题。至于去加拿大可能更实现不了，因为在加拿大我只能到公司去研究公司的产品，那样就完全没有自己科研的自由度了。我回到暨南大学做教授，有自己的科研设想，可以自由发挥。我觉得自己回国得到最多的就是科研自由，我的一些研究成果最终也会证实我回来的价值。所以说，我不后悔放弃国外绿卡回国工作。

我最近没有出国，因为我已经在美国待了九年，很多地方都已经去过了，对我来说，美国和加拿大已经没有那么新鲜了。从美国的学校生活到它的社会生活，我都经历过了，有时还跟社区的人互动。比如说一起去教堂，可以认识不同群体的人，或者去访问美国的家庭，参加家庭晚会、烧烤、野炊等，基本上能感受到美国的社会和私人的生活方式。

谈到美国人的教育问题，因为大学教育比较普及，多数美国人都通过专业学习获得高等教育文凭，但无论是文科还是理科，他们都读了很多书，普遍的教育程度真的不低。高中毕业没有读大学的人，也常常读在职的专科学校或普通大学，修满学分就能拿到专业文凭。所以，美国修路的工人拥有大学文凭不奇怪。但是，美国的大学对于博士生的培养还是比较严格的，一方面他们要接纳国外留学生，在奖学金的分配上必须体现大致公平，另一方面他们设立了一个机制淘汰学生，首先是研究生课程的成绩要合格（GPA 在 3.0 以上），其次是通过博士资格考试。前者注重研究生的基础知识，后者注重科研能力。所以，被淘汰的博士研究生通常被授予硕士学位离开。相比之下，我国培养硕士生的要求比较严格。美国一般两年，我们一般需要三年才能拿到硕士学位。由于高等教育比较普及，美国人的整体文化水平比较高，加上有社会教育（如教堂）和社会保障系统，他们的社会问题相对较少。

我没有信仰基督教。出国之前我是党员，还是支部书记，曾被评为“广东省优秀基层党员干部”，还得过奖。出国的时候我是交了党费的，让我们一个老师代我交了一年的党费，当时预想，很快就回来。没想到后来因为要读书需要在美国待下去，因此很长时间没交党费。按照党的规章制度，就算自动脱党了。因此，我在美国期间，经常有朋友要带我去参加基督教教堂活动，但考虑到自己是党员身份，我还是比较小心言行。出于了解基督教文化和美国人的一种生活方式的目的，我没有排斥到教堂去体验一下生活。同时，我还曾参加天主教堂、摩门教堂和佛教堂的活动，这是我在国内没有的经历。对于我来说，我是在补习不同的宗教文化，我认为人生不能不了解这些主要宗教的基本知识。但是，直到我离开美国，我还是没有成为哪一种宗教信徒，尽管我非常尊敬这些宗教信仰。这可能与我从小接受的教育有关。

回国后的生活

我刚回国时基本没有感觉到中国侨务政策对我生活的影响。我回来虽然是以归侨身份，但是我没有想到要加入侨联会，因为我当时还不知道学校有这个群众组织。后来暨南大学统战部发现我曾经在加拿大工作生活过，希望我加入暨南大学侨联会，并担任副主席。我很感激当时的学校统战部和侨联的领导，虽然那职位权力不大，也没有什么实质性待遇，但这是我第一次感觉被学校认可我的归侨身份，并被寄予了某种希望。所以，我很希望能为学校侨联做点实在的事情，尽管个人的能力很有限。现在学校每年都有不少学成归国的海归教师，我能理解他们希望被肯定和尽量发挥自己所长的愿望，所以我提议学校侨联会成立海归小组，为海归教师提供一个交流合作平台，我也因此成为首任小组长。目前学校的海归小组已发展到 20 多人，为本科生开设了一门中英文通识教育课程“科学新视野”，还在校内外组织了多场公益讲座，影响比较大，获得了广东省侨联的高度肯定。现在看来，学校成立海归小组在全国侨联中是首创的做法，既解决了新老华侨的融合问题，又很好地满足了新华侨的需要，同时也发掘了一批优秀的人才，对学校的科教工作有促进作用。

至于我的家庭生活，我爱人现在是广州一家公司的财务总监，她是浙江绍兴人。我们 2002 年结婚，我回国之后她就来了广州。我 1994 年出国的时候是单身，从 1994 年到 1996 年在美国做访问学者，那个时候很不稳定，不知道会去哪里，所以没有想到结婚的问题。后来读博士相对稳定，按理说除了读书之外应该还会谈恋爱的，但是我没有。到了 2001 年的时候，我才认识了我现在的妻子。我曾经很长一段时间处于单身状态，连美国的朋友都觉得不可思议。但是我本人比较传统，对婚姻比较谨慎，虽有过机会，但很难成事，因为需要考虑的问题比较多。在美国留学时，曾经有人问我会不会娶一个白人女孩，因为那个时候有过这样的机会。当时跟我一起在实验室的有好几个人，他们都知道我单身，于是有一个同事介绍一个德国女孩给我。那个德国女孩比较高，挺苗条的，金黄色头发。我们曾经见过一次面，实际上就是大家安排一起活动，但后来也没有想再见的冲动了，因为考虑到文化和生活习惯等的巨大差别，所以就没有主动去发展。这是唯一的一次机会。我一直想找中国的女孩，哪怕是华侨也行，这样比较容易稳定地在一起。人们常说，白人男性娶中国女性容易，中国男性娶白人女性很难，是有一定道理的。

在我的同学中，华人跟外族通婚的很少。有一些男孩真的找不到对象，就让家里人帮他在国内找，多是找那些还没有毕业的大学生或刚出国的同学，因为他们也是大学刚毕业出国，差不多年纪。还有些中国同学到那边以后，互相认识了成为朋友，再发展成恋人。

我的父母都很普通。我父亲是我的校友，“文化大革命”前就在暨南大学新闻系念书，毕业后遇上“文化大革命”，到韶关那边下乡，后来回广州，先后到《广州日报》和《羊城晚报》做记者。我母亲是一位农村妇女，曾经做过幼儿园老师和大队妇女主任，现在和我们一起生活。所以，我的家庭保留了一些农村特色，比如朴素简单的生活和农家菜。相比之下，我在美国的生活更加简单。我们当时是三个留学生租一套房子，一人一间，有公共厨房和厕所。我每天都做米饭，第二天一早把米饭热一下，吃了就去学校，晚上回来吃了饭又去学校。有时会和同学在外面吃快餐或自助餐，但在宿舍都是炒菜或煮水饺，或蒸、焖、炖食物。有时候因为鸡蛋便宜，9 毛 9 美分一打，买了好多，但很快就吃怕了。所以，回国后又吃上农家菜，感觉好多了。

我有一个女儿，今年读小学二年级，我的生活也因此有了根本性变化。我只能向前看，因为以后怎么发展是我们没有办法预测的。比如，我们那个时候出国很困难，但 9 年后国内的变化非常大，连中学生都出国读书了。所以，假如我的小孩要去美国或其他国家读书，我会支持她。假如她不想出国，我也一样支持，因为将来国内的条件可能比国外好也说不定，我不能给她设定一个未来的人生。

现在我对女儿的教育有点像美国的那种教育方式，也就是说，对小孩的学习不强迫或压制，不会让她只按照家长的意志和方法去做，因为每个人的兴趣点不同。有时候小孩的行为可能不是我们能够接受的，但对小孩来说可能是好的。比如小孩要玩，有的家长可能认为不如多读一点书。但如果小孩只知道读书，并不是一件好事，这样的小孩容易变成书呆子，不够灵活，对社会的适应能力也可能不够好。我的看法是，小孩在玩的时候，他的体力、智力等多方面都会提高，人也会机灵一些。还有就是小孩休息的时间要够长，这有助于长高。再有就是放开让小孩成长，自由自在地成长，这样小孩也会更加阳光。在这方面我觉得要吸取国外一些好的经验，这也是我留学美国得到的另一种收获。

刘誉与采访者田丹丹、陈慧合影

刘誉，男，汉族，1957 年出生于广东惠州。1994—1996 年，在美国做访问学者。1997—2002 年，在美国纽约州立大学攻读医学博士学位。2003 年回国，现为暨南大学医学院教授。

阮秀兰[①]

长辈的出国历史

据我所知，我的舅公、外公等都是第一代移民到印度尼西亚（以下简称“印尼”）的。我爸是广东南海南庄人。爷爷曾娶过两个妻子，生育有八男八女，多是续弦后所生。我在1957年回国时，只见到一个叔叔、一个姑妈、一个姑姐，其他叔伯、姑妈都已过世。据我爸说，爷爷是秀才，清末上京赶考没考上，后来家道中落，他们的生活环境不是很好，男孩子年轻时都在郊县打过工。我亲奶奶是广州人，她有个哥哥，早年去了印尼，在雅加达定居，并在班芝兰附近的唐人区开了一间卖食品的干货店。他曾数次回广州办货，因此我爸几兄弟和他都有联系。我爸在家按男性排行第六，因为他和他的五哥两兄弟准备投靠舅舅，申请出洋谋生，为此舅舅认了他俩为儿子并改用自己的姓。舅舅姓黄，故我爸在印尼的姓名为黄阮图，我五伯父则为黄阮苏。舅舅就这样以团聚为名将他们带到了印尼。到印尼雅加达后，我爸跟舅舅学做生意，五伯父则跟他表姐夫（舅舅的女婿）学做盖房子的工作，他们都在班芝兰附近的唐人区定居并成家立业。

阮秀兰（左三）年幼时与堂姐、堂妹们在一起

太平洋战争前（约1941年），

---

① 黄连英、杨燕利（暨南大学国际关系学院/华侨华人研究院2011级本科生）于2013年11月29日和12月8日在阮秀兰老师家采访。

我爸第一次回国探亲。在印尼时，他们两兄弟商量，准备此次由我爸将我奶奶带到印尼一起生活，让她安度晚年。但在我爸和我奶奶到了香港，准备坐船去印尼时，太平洋战争爆发了，香港没有船开，只能返回广州。

我爸在回国探亲之前，已经在印尼结婚，并有了我和妹妹，当时妈妈正怀着身孕。在我爸滞留国内那几年，日本也南侵印尼了，爸爸音讯全无，在印尼的亲戚都自顾不暇。当时，我们三姐弟全靠妈妈养活，生活之困难可想而知，后来妈妈就改嫁了。

日本投降之后，我爸重回印尼，但他没把我奶奶带到印尼。回印尼后，他把我们三个孩子接走并再婚。

我亲妈是第二代侨生，是我爸表姐的继女（丈夫前妻所生，我爸年纪不大但辈分高，等于娶了外甥女但无血缘关系）。我爸再婚娶的是顺德人。那时顺德有很多自梳女，自梳女是指发誓终身不嫁的女性，她们靠打工自食其力，并像已婚妇女一样将发辫改扎为发髻。“髻”又称“结”，是黄花闺女时期终结的标志。她们自力更生，独身终老。后来珠江三角洲一带她们赖以生存的缫丝业衰退了，不少自梳女到海外谋生，如到新加坡、泰国、马来西亚、印度尼西亚等地，给有钱华人当管家，带孩子，或从事厨师等较高级的家政工作，工资所得汇回国内家乡，赡养家人和买房置地，为将来告老返乡做准备。我后妈是由自梳女带着一起出洋谋生的少女，有的自梳女已在国外立足，回国探亲时，往往会帮带同乡女孩子出外谋生。她们这些人在国外以姐妹相称，互相关心，互相照顾，所以我也就有很多某某姑、某某姐的所谓亲人的长辈朋友。后来同到印尼的几个女孩子，各个都通过介绍与当地华人结婚成家，在印尼定居了。

父亲带阮秀兰（右一）姐弟三人和亲戚一起去郊游

因为我后妈到印尼后在当时中国驻印度尼西亚领事家中当厨师（顺德自梳女有些厨艺很好，很受雇主欢迎，我后妈厨艺也不错），她经常要到唐人区市场采购，我爸在市场做生意，所以他们俩就这样认识而结婚了。后来我得知她是通过中介过去当厨师的。

回国前的学习生活情况

我是在印尼出生的。我在印尼时，我们家在班芝兰唐人街附近，那一带是华侨华人聚居区，我的邻居全是华侨华人，有广府人、客家人、福建人、侨生（已是几代华裔）等。在家我与父母讲话不可以讲印尼话，要讲广州话（因我后妈是中国来的，她只会讲一点点印尼话），所以我回到广州与广州亲戚们会话没问题，还受到他们称赞呢！还有受邻居影响，我的客家话也讲得很好。

印尼的其他人另有他们的住宅区，少数住在唐人街边缘的印尼人，多是卖糕点的，或做其他劳动，生活水平及生活环境不如华人。我们不跟他们来往，只跟家里的印尼佣人来往。当时在华侨华人聚居地，中国人很勤劳节俭，在印尼城市、县镇的华侨华人生活都比一般印尼人好，家家几乎都请有一两个印尼佣人。她们的工资很低，所以有的家庭有几个印尼佣人。我爸在班芝兰草埔市场内贩卖食品干货等，只是一个小摊贩，也算是小康人家吧，家里都请了两个印尼佣人，一个煮饭洗衣，一个搞卫生，家家都这样。还有一些粗活重活都是请印尼工人做。但是，就是在华侨华人聚居地，也有一些较穷的人，他们多是从中国来的第一代中老年人，说话都带方言口音，他们有的当商店的伙计，有的在寺庙里当庙祝，有的甚至没有成家，只能在印尼孤独终老。

在 1957 年回国之前，我没听说过有地方发生排华事件，后来有传闻说华侨都是富翁，华侨控制了印尼 70% 的经济等，引起印尼人妒忌华侨，就发生了排华事件。

我在印尼生活的那个年代，华侨子弟大都在华文学校读书。但是，那些是几代侨生的家庭已经洋化了，对于中国的事他们好像一无所知，有的孩子是在荷兰学校读书的，因印尼独立前荷兰曾取代日本统治印尼，如我家邻居的孩子，还有一位亲戚也是这样，我还因此学会了一两句称呼人和骂人的荷兰语。

我从小学到高中毕业，都是在雅加达中华中学读的书。中华中学在雅加达是有名的华校之一，校长、副校长等创办学校的元老大都是从国内出来的，他们全靠华侨捐款，逐步建设教室、礼堂、图书馆、科学馆、运动场、学生宿舍、饭堂等，成为规模较大的华侨学校。学校招的学生都是华侨华人子弟，除了本地生，还有不少是外岛来的。我曾看过一篇文章说，1956 年联合国教科文组织委员会顾问参观中华中学后说：“你们这间学校是我在远东各地所见最大的一所中学，你们甚至可以把它扩建为大学。”可惜 1966 年印尼苏哈托总统下令禁办华文学校、华文报刊，华侨学校被当地政府关闭，中华中学也不能幸免。后来学校归谁

印尼雅加达中华中学校园一角，楼房为教学楼，四周平房是教室，一片水洼以前是草地（摄于 2009 年 5 月）

了？我不清楚。1993 年我回印尼探亲，特意回去看看，但只从外围观看，只见空落的教学楼外观，已今非昔比，心中无限感慨！

当时，印尼所有华校都是用普通话教学，同时有印尼语和英语课程，高中时还有印尼历史课。不同的学校教学有所偏重，从偏重英语教学的学校出来的学生英语比较好，而偏重中文教学的则学生中文比较好。我所在学校的教学与国内的教学方针相衔接，着重培养建设祖国的人才，因为一切面向祖国，学的东西没有为毕业后留在当地就业或深造做准备，所以大多数学生印尼语程度不高，印尼史地知识不足，想毕业后留在当地的学生就不如偏重英语教学的学校学生出路好。因为偏重中文教学的学校英语教学大都只强调语法，没有强调会话，所以在校的学生英语口语能力好的很少。

1956 年高中三年级时阮秀兰（左一）和同学丘月英一组在中华中学科学馆物理实验室做实验

回国之后，不论是在华侨补校，还是在后来工作的工厂里，都有很多印尼归侨，相见时大家会讲印尼语，觉得很亲切。但是“文化大革命”时期，我们都不敢讲了，时间一久就有点忘了，后来去印尼探亲才重温印尼语。现在我的印尼语，一般的会话还可以吧，但是很多不常用的词也会忘记，我给在印尼的妹妹发短信，有些词语还要查字典才行。

中华人民共和国成立后，在印尼的华侨分成两派，华校也分两派，即亲大陆的和亲台湾的，我们叫亲大陆的为进步学校，叫亲台湾的为反动派学校。中华中学是进步学校，老师向我们介绍祖国的情况，说祖国建设得很好，变得越来越强大，我们学生个个都是思想进步的热血青年，热爱祖国，加上学校实行的是面向中国的教育方针，即在办学宗旨、培养目标、课程设置及学制等方面都向中国看齐，学生回中国升学或考大学都没有问题。因此，当时的学生把回中国升学和高中毕业后回中国考大学当作唯一出路，不然没有前途，大家都想将来毕业后参加祖国的建设。虽然有些学生的父母是亲台湾的，但其孩子思想进步，他们不去台湾读书，而是背着父母偷偷办了手续回大陆。

1954 年阮秀兰（前排右一）与中华中学同学在印尼雅加达班芝兰中山照相馆合影

因为我爸只是一个小商人，他当时有十个孩子要养，不可能有钱给我到外国或印尼各地旅游。回国前我只参加过学校组织的每届高中生毕业前的假期旅游，到过万隆参观天文台和火山口，参观过三宝垄的三宝庙、日惹的印尼旧皇宫等，住宿则在当地华校的校舍，旅费是我后妈给的零用钱，我从高一就开始积攒。1993 年，我第一次去印尼探亲，家里弟妹们皆已成家立业，他们请我到各地旅游，那时我才去了巴厘岛和苏门答腊的楠榜等一些地区，但也没有去其他国家。

1967 年在印尼阮家的全家福（父亲把已经回国读书的四个孩子的相片挂上墙一起照）

回国的原因和求学经历

我当时回国纯粹是为了要考大学继续读书，然后为建设祖国作贡献。因为当时我是在进步学校上学，老师经常向我们介绍祖国的情况，而且我们华校的教育方针是面向祖国，教学教材、课程设置等都与国内衔接，回国升学不成问题。

当时学校、报刊都有宣传中国的情况，要不然我们怎么会回国呢？我们学校是进步学校，当时和中国驻印度尼西亚大使馆关系很密切，从 1951 年起中华侨团总会庆祝祖国国庆运动会就在我们学校运动场举行。我们学校的老师有不少是本校高中毕业后留校教书的。到了 60 年代，印尼排华，禁办华校、华文报刊，所有华校停办了，老师们都没有工作了。早年回国的老师，有些运气好的被安排到文史馆之类的地方工作，华中创校人之一的张国基老师还当了北京华侨补校校长。有的赶上“文化大革命”时期回国的，没有被安排工作，只能投靠子女，如我们的李春鸣校长和陈章基老师都是中华中学创办人，他们都是投靠子女的，其中陈老师被分配到番禺南沙珠江万顷沙农场，投靠女儿生活，他女儿是从海南岛回广州的知青，被分到那里。

其实，当时我后妈劝过我，不想让我回国，因为她是从中国出来的，说中国很穷、很苦，没有饭吃。我说：“没饭吃我也要去。”她说：“如果你是我亲生女儿，我绝对不会让你返回中国的。”但是，由于我不是她亲生的，再加上我已经高中毕业，是有文化的人了，她说：“如果不让你回国读书，到时误了你的前程，你将来可能会怪我。”所以，她不敢阻拦我，就让我回国了。

我们在办回中国的手续时，印尼政府的有关机构要我们在保证永远不回印尼的证件上签字，我们都签了。1967 年中国与印度尼西亚断交，我们就连探亲都不可以了。直到 1990 年 8 月中国与印度尼西亚复交，1993 年我才第一次去印尼探亲。

但是，那时有些人还是能再回去的。我有个堂妹是在 60 年代因印尼排华、华校停办，没有中文读了，想读书而回国的，我第二个弟弟也是排华时回来的，回国时是 16 岁多，当时有政策，未满 13 岁者可以投亲靠友，可惜他已超龄，不能到北京投靠我了。他们跟我们回国的情况不一样，那时没有排华，是我们自己要回国的。他们两人回来后，先到广州华侨补校（现在的暨南大学华文学院），然后就被分到武汉华侨补校去了。当时正值“文化大革命”时期，他们一天书都没念，还跟随造反派大干“革命”（当时武汉有造反派组织抢解放军的枪支等事发生，我们都很担心）。后来，我后妈特意回来，把弟弟转到香港去了。而堂妹则按政策先回南海乡下当知青，因会拉手风琴，当了宣传队员，每天到各村宣传演出，不用干农活。后来，印尼家里也把她转到香港，再后来她与在印尼的同学结婚，又去印尼了。

印尼也有大学，但对在偏重中文教学的华校读书的学生来说录取率很低，而且我们大部分都选择回国升学。印尼各岛要回国的华侨学生要到雅加达海口（地名）集中坐船回国，至于回国要办的手续、要买的船票等，也是学校组织帮忙办的，好像不用我们亲自去，详情我不记得了。

1957 年 6 月 3 日，阮秀兰乘坐芝利华轮船回中国，父亲送她，等到船快开时才离开

1957 年 6 月 3 日下午，我们要乘芝利华轮船回国了，那天我爸特意歇业一天，和我后妈一起送我回国，并上船待到快开船了才下船离开。当时码头周围来送行的人非常多，船上和码头相连的一条条彩旗带子，随着船的离开而断裂，船上靠边站满了学生，一直不停地向岸上送行的亲人、同学、朋友们挥手道别，也有不少人哭了，场面很感人。

我们学生一般是被安排住在船舱，没有床，席地而睡。但也有同学家长买了三等舱的船票，有房间睡。当时回国学生多，船舱也满了，很热闹。

船行驶了7天才到香港，在香港上岸，经过深圳，最后到了广州华侨补校。在补校有人帮我们安排一切，包括住宿、行李存放、高考报名等，我们听从安排照做就行了。那年7月份我们考大学，考场在华南师范学院（今华南师范大学），放榜后，我们这批学生被录取的很少，印尼的华文报纸甚至有报道称之“全军覆没”。我也没考上，大家都准备明年再考。当时有广州、北京、集美三个华侨补校可选，我选了北京。其实我在广州有很多亲戚，有奶奶、叔叔、堂姐等，也有不少学生留在广州华侨补校，当时补校在郊区，周围还有菜田。因为奶奶太关心我了，隔三岔五地叫堂兄接我到广州市内的家喝汤。由于我跟他们不熟悉，觉得不自在，不去又不好，所以就想早点去北京。那时，补校有专人管我们，想去哪里都可以，报名就行了。于是，9月间，大部分人去了北京华侨补校。

1957年高考后的9月，阮秀兰（前排右一）和一同回国的同班同学到广州越秀公园游玩

在北京华侨补校学习时期，我很积极，那时就已提出入团申请，但不够条件，没批。1958年4月，因要开垦西双版纳，发展农业，云南农垦局来北京华侨补校招人，要招200人。当时北京华侨补校有不少华侨学生多次参加高考仍没考上，他们只能继续补习再考。学校本希望他们报名，后来踊跃报名要去的却是那些刚刚回国的热血青年学生，尤其是女同学特别积极，他们都是在那种“大跃进”的形势

1958年在北京华侨补校，阮秀兰（前排中）和424宿舍全体室友在校园合影留念

下，在“党的需要就是我们的志愿”感召下纷纷报名的。不过那时候也不是想去就能去，要经过审批。我家人不同意我去云南农村，而我也不想去，觉得去垦荒当农民是一辈子的事，与其这样还不如留在印尼，根本就不用回国了。在当时那种形势下，考大学也是为将来建设祖国服务，去垦荒发展农业也是为建设祖国服务，那我可以通过考大学来为祖国建设作贡献，而且这也是我回国的目的。于是我决定再考一次大学，如果再考不上，第二年再去云南也可以。

1958 年 6 月，阮秀兰被分到北京西郊清华园分厂工作，图为她穿上工作服照相留念

1958 年“大跃进”时期，工农业生产“大跃进”，大学教育也要“大跃进”，大学扩招，成立了很多新学院，大专院校变成本科院校，中专学校变成大专院校等，但生源欠缺。那时候各个华侨学生都表现得很好，而且那些去云南农村的都是高中毕业生，是有文化的人，有的学习成绩还很优秀，后来根据各自的情况，去云南的学生，有的通过考试，有的被保送，都上本科或大专院校学习去了。据我所知，在他们之中，后来有的当了水利工程师，有的当了医院院长。

到了 1958 年 6 月，距离高考还有一个多月，北京电子管厂和北京化工厂也来补校招工，有不少人报名，这次我也报名进化工厂了，并表现得很坚决，谁劝都不听。因为那时我觉得当工人很好，去了工厂即可留在首都，首都是大家向往的地方；而且招工的人宣传，化工厂与苏联有合作关系，厂里也有苏联专家，我们到工厂后会有机会被送到苏联培训，我觉得这个机会不错。但是，后来不到一年，中苏关系恶化，工厂唯一的苏联女专家也被撤走了。

由于学校“大跃进”扩大，各校生源不足，补校校长在作报告时劝说：即使去了工厂的同学，到时候也可再回补校参加高考。当时有同学回去了，但我没回去。谁知 1959 年考大学的录取率很高，归侨学生基本都考上了，最差的也能考上大专或中专院校。

进厂后，我被分到北京西郊清华园分厂，一个简陋的平房小厂，老工人不多，新工人全是考不上大学的高中生，因为工厂在科学院化学所，在北京大学、清华大学附近。厂里曾安排我们到化学所学习，到清华大学成人教育班进行业余学习，但不到半年，厂方“大跃进”，在北京东郊新建的大厂完工可以用了，就把我们调过去，这样在西郊的学习机会就全没有了。

在北京化工厂上班时，化工局批准成立化工厂化工学院，并给我们年轻工人安排“六三制”，即六小时工作三小时学习，一学期安排两门功课，所有课程学完，通过考试就发合格证书。由于“文化大革命”，还没等学完课程，“六三制”就停办了，不过，1987 年原化工厂化工学院的领导给我补发了 1963 届大专毕业证书。

回国后的工作与生活

我是 1958 年 6 月参加工作的，在北京化工厂当工人。开始三年是学徒工，第一年月工资 13 元，第二年 16 元，第三年 18 元，三年后转正月工资 33 元，过几年后评级为三级工。而后直到我结婚、生子，到 1974 年调到广州之前，月工资都是 38. 61 元，从没变过。调到广州后，补了地区差，月工资 45 元。因为当时生活水平很低，也没有什么消费，工资低也不觉得怎样。

我 1957 年回来后觉得一切都挺好的。但到了 1960 年就不好了。1959 年至 1961 年正是“三年困难时期”，我的粮食定量从 39 斤降到 31 斤，后来又降到 26 斤，我肚子一直很饿。回看我当时的日记写道：那天我“两脚无力，脚都抬不起来了”，才又想起那个时候我是这样度过的。

我在北京时一样积极要求进步，不会向家里诉苦，我还很积极宣传共产主义，因为那时农村正在搞人民公社，人民公社好，吃大锅饭，吃饭是不要钱的。我写信时就告诉我爸让他们放心，跟他们说我们这边吃饭都不要钱。我们家经济并不是很好，因此我爸没寄过钱给我，他又见我这边这么好，吃饭不要钱，而且我也工作了，也很放心。

但是他们后来知道了国内的情况。一些家长通过来往印尼—香港的船员带东西给国内亲人（这些船员专做这个生意的），东西先到香港，然后再从香港送过来，我爸就托人给我带过花生、砂糖等食物。当时我想，早知道让他带饼干多好，因为饼干可以充饥呀。后来他也没再托人带了。

在“三年困难时期”，农民就算有地，也不允许种番薯，因为种了番薯可以拿去卖，经商是不可以的，这样是走资本主义道路。不过，那时还是有自由市场可以买到吃的，我就因为肚子太饿，在自由市场买过一次枣吃。为了买枣吃这件事，我在团小组会上检讨了很多次，检讨自己立场不坚定，禁不住考验，毕竟不是没有饭吃，只是少一点而已，国家有困难都不能克服，总之，上纲上线自我批评才过关。

现在我吃饭，一天吃半斤都不到，但是以前吃两斤都不够，因为那时的饭叫双蒸饭，饭堂的饭蒸了第一次之后再蒸第二次，米粒就会变得很大一颗，粒粒分明，很饱满，一大碗有很多，但是吃下去感觉一点都不饱。

1960 年阮秀兰大弟弟（后排中）回国读书，阮秀兰（后排右一）从北京回广州探亲，和奶奶（前排中）、叔叔、姑妈、两个堂弟合影

我们进厂时，工厂条件很差，基本上是人工操作，在化工厂工作确实存在一定的危险性，化学品有毒性，会中毒、会爆炸等。所以当时在众多工厂招工中，北京当地人不希望子女到化工厂工作。我们进厂后要“三班倒”，生产工具就是一口大缸，缸上面靠边放一个有下口的玻璃瓶做加料用，然后靠人工搅拌进行化学反应。如果反应过程中产生有毒气体，就要戴上防毒面罩。因为我们厂是生产化学试剂的工厂，产品品种多，但各种产品产量都不大，才几百斤，因此不能像工业化生产那样有固定的机器设备。可是，那个时候，我们这些年轻工人不怕脏、不怕累，尤其是那些党团员和积极分子，更是哪里最脏、哪里有危险就在哪里干，大家都很服他们的。就拿那些到工厂来的归侨青年工人来说吧，在印尼是少爷、小姐，连家务都不用自己做，但在工厂的表现也毫不逊色，工厂评先进，很多归侨工人都榜上有名。有时积极过头了，不太注意安全，有些人往往觉得毒气不太厉害时，用不着那么怕死要戴防毒面罩，加上当时工厂的生产环境也很差，中毒的事也发生过，所以厂里有些人年纪轻轻的就得了高血压病。我当时也中过铅毒，不只是我一人，而是整个组的人都中毒了，都要去医院分疗程排毒。我那时还担心如果毒排不干净，将来生出来的孩子会不会有问题，还好后来生的两个孩子都没有傻。但是，我们有一位工友，她的大女儿就是傻的，不知道是不是和中毒有关。此外，我还发生过一次烫伤事故，是由于突然发生化学反应，我躲避不及，背部被烫伤了，要住院。与此同时，还有一位生产硫酸的青工也被硫酸烫伤了，也要住院。记得“文化大革命”时，在化学试剂研究所（也是在厂内），一个大学生和一个工人不知搞什么项目，突

1966 年 4 月阮秀兰与黄昆章在北京的结婚照

然发生爆炸，两人都被炸死了，手脚都被炸断，听说惨相极为恐怖。

1966 年我结婚了，我爱人黄昆章是我在印尼读书时的高中同学。他回国之后考上了南开大学历史系，研究生毕业后分到暨南大学东南亚研究所。我俩结婚后，两人两地分居八年。

1967 年 8 月，我住院生了大儿子。我虽已结婚，但没有房住，一直住在集体宿舍，生了孩子坐月子时，可借住临时房。56 天产假休完要上班了，就得搬到厂内的妈妈宿舍，与其他同我一样情况的妈妈们住在一起。由于工厂对归侨职工有所照顾，归侨都被集中安排在一栋宿舍。我们归侨之间感情都很好，同宿舍的归侨亲如姐妹，她们不让我住到条件很差的妈妈宿舍，所以我带着孩子还与她们住在一起，并得到了她们的多方照顾。后来工厂分房，我分到了一间 9 平方米的房，总算有了一个家。

在我们夫妻两地分居期间，因为要调到北京在当时是不可能的，只好是我调回广州了。我堂妹在广州自来水厂工作，她曾介绍我到厂里的化验室工作，但由于我是归侨，他们不要。我知道后很难过，我又不是特务，为什么不能去？

“文化大革命”时，我正好赶上生孩子，产后 56 天就抱着孩子到工厂上班，把孩子放在工厂托婴室。那时托婴室只有两三个孩子，一个大妈负责照看他们，外面的和厂里的造反派都去市里静坐，或者去看大字报，都在忙着干“革命”去了，工厂生产没什么人管。我 10 点钟去喂奶，喂完了，我们几个妈妈们都不走，泡在托婴室照看孩子，一直到吃中午饭时才走，吃完饭就回小组了，到了 4 点钟又去喂奶，直到差不多快下班时间，回小组转一转就下班了。这段时间，我是乘机偷懒了，没有“斗私批修”。

我当时没参加派系，因为我带着孩子，孩子还很小。1969 年时，林彪提出要备战，那时有“深挖洞，广积粮”的口号，大家要去挖防空洞备战，我们不用挖洞，但都要去拉练，拉练就是组织厂里工人分批分期去走路行军。那时要实行军事化，工厂按解放军的方式编制，如车间叫“连”，高级一点的部门是“营”，一车间叫第一连，下面是班。拉练时要背着行李行军到很远的郊区，因为要时刻准备打仗，所有人都要去，但可轮流去，生产、拉练两不误。但是，有孩子的妈妈怎么办呢？轮到你去时，孩子就交给我看管；等到我要去，就让你帮我看管孩子，总之大家都要去。拉练时每个连互相竞赛，很累人，而且要走路去走路回，绝不可半路退出，有人走路走得脚都起泡，也有患高血压、心脏病者病发的事发生。但轻伤不下火线，坚持就是胜利，那时真是苦不堪言。我原本是被排在第四批的，因我带着孩子，所以就把我安排在最后一批。结果快轮到我去时，发生林彪叛逃坠机事件，文件传达说拉练是林彪要篡党夺权才搞的，所以停止进行，我就不用去了。

还有一件可讲的事。我记得是在60年代初的“备战备荒为人民”年代，各行各业都要组织民兵。当时要当民兵须先提出申请，批准后才行，我们厂的归侨工人不一定都能当上民兵，但党团员都要当民兵，我是团的积极分子，于是就申请当民兵了。当时的归侨积极分子都认为物质上的享受可以不要，但当民兵是我们的政治生命，必须争取。其实，民兵就是早上7点钟出来站队正步走，排练喊口号，每人发一支木枪，由厂里当过兵的工友指挥喊口令，我们就“突、刺、刺”地刺杀“敌人”。排练约一小时后解散。和我同宿舍的归侨没有申请当民兵，说要睡觉，她一看到我们回来就说：“嘿，民兵们回来了。”一点都不羡慕我们。但那时我觉得一定要当上民兵，因为这是政治待遇问题，即使我们是归侨，也一定要争取。

那个时候要申请入团，资产阶级出身的人一定要从思想上和家庭划清界限，我爸在印尼做小生意，商人属资产阶级，所以我写申请书时也要写对家庭的认识，为此我也批判我爸了，说我爸是个商人，为了赚钱不诚实，骗人，明明商品质量并不是很好，却对客人说保证优质的话，用的都是上纲上线的词语。我由于对家庭出身有一定的认识，在工厂的表现又很积极，在1959年被批准入团了。入团后我又马上申请入党，一直是在组织的考验和培养之下。后来“文化大革命”了，书记都自身难保，就没人管我了。

我1958年6月到化工厂当工人，直到1974年调回广州，在化工厂工作了16年。虽然条件艰苦，但是我们很多同事都是一批一起进厂、思想单纯的高中毕业生，有共同的语言、共同的理想，大家一起学习、一起劳动、一起搞技术革命，干劲十足。总之我们那个年代的干劲，现代的青年人是想象不到的，真是“纯真的年代”，一件件、一桩桩的事，回味无穷。

1974年，我和北京一营长级军官在广州的家属对调成功，我和儿子落户到了广州。那营长的家属是在广州纺织品公司属下的布店当店员，但我去报到时，公司把我留在公司当业务员“以工代干”，这在“文化大革命”时期是常有的事。有些机关、事业单位往往聘用一些工人身份的人来从事干部的工作，叫“掺沙子”，我好像是最后一批，后来没有“以工代干”的事了。

我在广州纺织品公司（在广州市文化公园对面）上班时，住在广东化工学院（现在的华南理工大学），因我爱人在暨南大学停办后调到广东化工学院当干事。我天天要转两次车从东到西去上班。我 1976 年在第一军医大学南方医院（现在的暨南大学，因暨南大学停办，部队南方医院进驻）生了老二，56 天产假后上班，天天早出晚归，孩子还小，由同事家属帮忙照看，家中一切事务全靠我爱人管了。那时候，除了上班，一个星期还要有一次政治学习，住在附近的同事下班先回家，7 点再来，学习到晚上 9 点才散会。而我只能一直等到散会才走。记得有一年我后妈从印尼来探亲，住在我们家，她早上随我一起到市区，自己再去探亲访友，下午又跟随我一起回家。如果我要参加政治学习，她就坐在一边，等政治学习散会后，再跟我一起回家。当时我不敢请假，领导见有一华侨老太太坐着等，也不叫我先走，他也不敢呀！

后来暨南大学复办，我爱人也调回暨南大学了。再后来他到澳大利亚国立大学进修两年，他单位领导很关心我们的困难，特意到公司解决我的工作调动问题，1982 年把我调到暨南大学化学系当实验员。

我调到暨南大学之后，纺织品公司给我补发了一个“以工代干”的证明，1983 年 12 月暨南大学人事处通知，经上报中共广东省委宣传部，批准我为干部。在学校里面工人有工人的编制，干部有干部的编制，正是这个干部编制，给了我在学校教辅人员中可以参评职称的机会，1987 年，我从实验员评上了实验师。

我没有上过正规大学，所以我很珍惜能在大学工作的机会，很庆幸自己在工作期间可以自我安排重新学习，我把化学系学生学习的课程跟班学习一遍，去听课，做实验，甚至参加考试。我并不要求拿什么文凭，只是为了充实自己。

此外，我争取参加老师的科研工作，跟其他老师合作得了一个饮料类的科技创新三等奖，我还把自己的实验室工作经验写成文字给北京《化学教育》杂志投稿。由于我认真努力工作，曾荣获暨南大学从 1984 年至 1987 年每学年的“先进工作者”称号，1985 年被评为“高教战线先进工作者”，1986 年 7 月荣获“广东省高等学校实验室工作先进个人”称号，1991 年还获“暨南大学优秀科技工作者”称号。1993 年 5 月，我评上高级实验师。之后，我还教过外系学生的实验课。

1999 年 5 月，我领了退休证，退休了，那年我 60 岁。

周围的人是否歧视归侨

我周围的人不会歧视归侨。但是，我在北京的时候，感觉北京的政治气氛跟广州很不一样。北京的政治气氛很浓，尤其是在“文化大革命”期间，不管什么事都要讲阶级成分，有海外关系的，有香港、台湾关系的，都不能在重要岗位上工作。1974年，我调到广州商业局属下的纺织品公司工作，一进公司就觉得奇怪，管理整个广州市人民的布票计划的人竟然是个香港出生、从香港回来的干部。我当时很好奇：为什么将这么重大的事交给这么一个人去做？如果在北京，这是根本不可能的。后来经了解后方知，在广州的居民大都有海外关系，很多人都有亲属在海外，本人从香港回来的也不少，如果要找有工作能力而又无海外关系的不容易，何况本地人根本不觉得这会有什么问题。

爱人黄昆章

我爱人黄昆章是我在雅加达中华中学读高中时的同班同学。他的祖籍是广东梅县，1937年10月出生于印尼苏门答腊岛南部楠榜省的一个小山村，父母均为中国移民。因早年双亲去世，10岁时移居雅加达，由堂兄抚养长大。我和他同班三年，他一直是班长，又常在华文报刊副刊投稿发表习作，积极参与学校出板报、编写班史、出版毕业刊等工作，也曾在课余当家庭教师攒点零用钱。他一向学习勤奋，生活朴素，待人真诚。

我们学校在当时的印尼华社是亲大陆的进步学校，在那里我们受到爱国主义思想的熏陶，大部分毕业生都想回国深造。他在海外没有接济的条件下，毅然选择了回国，他回国的船票是班上同学捐赠的，当时班上同学发动捐款，资助几位有困难的同学回国。

1957年6月，我们与一批华侨学生乘坐芝利华轮船回到祖国，在广州华侨补校补习一个月后，到对面的华南师范学院参加三天高考，8月下旬放榜。当时，在广州参加高考的印尼华侨学生有400多人，被录取的不过20多人，而中华中学同校的考生有70多人，只录取2人，他就是其中一个，他以第一志愿考上南开大学历史系。

黄昆章于1962年、1965年先后在南开大学历史系本科及研究生毕业。1966年被分配至暨南大学工作。“文化大革命”开始后，1969年初和所有教职工一起到五七干校锻炼3年，因1970年暨南大学被撤销，1972年至1978年在广东化工学院教革组任干事。1978年，在暨南大学复办后归队。1981年至1983年，被公派至澳大利亚国立大学进修。1988年后，在暨南大学华侨华人研究所工作。1991年，晋升为研究员。1992年，任华侨华人研究所所长。该所2000年12月被评为教育部人文社会科学重点研究基地，他于2001年1月至2002年4月担任所长兼基地主任职务，还担任暨南大学学术委员会委员和暨南大学文经类高级职称评审委员会委员以及硕士生导师。1991年被国家教委、人事部评为“有突出贡献的回国留学人员”，享受国务院特殊津贴。1992 年 9 月至 1993 年 3 月，以高级访问学者身份在美国伯克利加州大学从事研究工作。曾应邀赴亚、美、欧、非、大洋洲的一些国家和地区，参加国际学术会议或讲学。

1992 年 11 月 28 日黄昆章在美国旧金山的学术研讨会上发言

2003 年 3 月，他办理了退休手续，后因工作需要，返聘继续工作。在此期间，他仍承担了多项科研项目，到广东华侨农场调研，撰写咨询报告，多次应邀到国外参加国际学术会议。他勤于笔耕，每年都发表多篇论文，并经常投稿到香港、澳门、台北、雅加达等地的报纸杂志，还为大型工具书《百科全书 · 历史卷》撰写译文等。2010 年，为抢救性收集印尼华侨华人史料，他参加印尼《生活报》查报团并被聘为顾问，至 2011 年，两次赴北京国家图书馆查找印尼华文报刊，每天早出晚归，收获颇丰。

他已出版的著作有《印尼华侨史》（合著）、《加拿大华侨华人史》（合著）、《澳大利亚华侨华人史》《风雨沧桑五十年——第二次世界大战后印尼华侨华人社会的变化》《从落叶归根到落地生根——世界华人研究文集》；主编《华侨华人百科全书 · 教育科技卷》。发表论文百余篇，撰写研究报告十余篇，一些报告获有关部门高度评价。

他还担任中国华侨历史学会和中国东南亚研究会常务理事、广东华侨华人研究会副秘书长等职务。其生平事迹被收入英国剑桥《世界名人录》《中国当代历史学学者辞典》等辞书。

由于他青少年时代是在印尼度过，自身的“归侨情结”使他的专业兴趣与爱好主要在印尼历史、现状及印尼华侨华人问题方面。“文化大革命”时期，他被迫放弃了自己热爱的专业，也曾痛苦过、失望过。在此期间，他得到研究生导师黎国彬教授的来信鼓励：“改行也不放弃专业，总有一天会有用的。”这给了他很大的鼓舞，也使他很快从迷惘中解脱出来，增强了他不放弃专业的信心。后来，我虽然已在1974年调来广州，但在市内上班，每天早出晚归，家务、孩子全要靠他，他在白天工作后，仍坚持在晚上复习外语，看一些专业书籍，当时他的辛苦可想而知。这也为他1978年重返暨南大学，三年后考取公费出国留学奠定了基础。

2008年5月24—25日黄昆章在香港的学术研讨会上发言

黄昆章在印尼是苦孩子出身，回国后全靠国家助学金上了大学，直至研究生毕业。一个海外孤儿，在祖国的关怀下，终于成长为一位颇有成就的归侨学者。他曾在一篇《祖国，我为你歌唱》的文章里写道：“回想我成长的过程，无不渗透着国家对我的关怀和培养，每每想到这一切，我就要在心中歌唱激励我前进的《歌唱祖国》，歌唱祖国美好的今天和灿烂的明天。”他说：“只有搞好我的研究工作来回报国家。”这个报效国家的信念牢记在他心里，当年我们夫妻分居两地，团聚无期，有些夫妻为了解决分居问题，只好在国家政策允许的情况下，申请到香港团聚。但我们两人都没有这种想法，他是绝对不会离开内地的。在分居八年之后，我们终于在广州团聚了。1983年底，当他在澳大利亚学成准备返回暨南大学时，有人曾劝他想办法留下来，不要回去了，理由是中国太穷太落后，但他想到的是祖国培养了他，正因为祖国穷，才需要中华儿女去改变落后面貌。他对朋友说：“我的根在中国，我的事业也在中国。”他谢绝了亲朋好友的劝说，如期回国。

不幸的是，2012年底，他突患心梗离开了我们。那之前一个多月，他刚从印尼探亲访友归来，当月他还为此写了3篇报道，投稿在印尼《国际日报》上发表。他就是这样的人，生活上简单朴实，工作上勤勤恳恳，作为一个教师是退休了，但作为一个学者他还没有退休，一直在为不辜负党和人民对他的培养和期望努力地工作着。

2011年3月22日在家拍摄的全家福（由左至右依次是女儿黄晓涓、儿子黄勇翔、阮秀兰、黄昆章，两个孩子都已在广州工作）

回国后的出国经历与感受

我们夫妻在1993年7月，第一次到印尼探亲，那时到印尼还要我弟弟写来担保信，才能申请去。我们到印尼后，先在雅加达扫墓祭拜先人，后才与众多亲友同学重逢叙旧，并到一些地区旅游。此外，我们还回到我爱人在印尼出生及度过儿童时代的地方。他妈妈在他四岁时就已去世，葬在苏门答腊岛一小县城，他爸爸则在万隆去世，墓地在万隆，此次我们也是专为扫墓去的。

1993 年 7 月，阮秀兰（前排中）、黄昆章（后排左五）夫妻回印尼探亲时和部分留在印尼的同班同学聚会留影

1993 年 7 月，阮秀兰（左一）到印尼探亲时，去探访在唐人街附近金德院旁摆档卖拜神用品的初中同学

因印尼对华人实行强迫同化政策，印尼亲人家里也发生了变化。弟妹们因没经过华校教育，不懂中文，不会讲普通话，广州话也不怎么会讲了，每人都取了印尼名字，这让我感到很陌生。

我爱人是在印尼苏门答腊岛楠榜省南部的拉务完村出生的，那是一座偏僻的小山村，只有几十户华侨，以经营小生意为生。当时没有华侨社团，却有一间只办小学的中华学校。他爸爸以前就是那间小学的董事长。校舍是一间大房子，不同年级的学生也才几个人，坐在同一间房，老师上完一年级的课后，给二年级的学生上课，上完二年级的课，再上三年级的课。20 世纪 60 年代，印尼苏哈托颁布总统令，不准华侨在县以下从事商业，这个村的华侨便都撤离到别的城市了。1993 年，我们到那里时，只有一家华侨住在那里，女主人是几代侨生，他们的生活习惯、住房情况都已与当地印尼人一样，睡竹床，房子里面的地面没有铺砖，是黑色的泥土地。他们开了一间亚弄店（杂货店），就是前面是店后面是住房，店里摆卖一些生活用品和油盐酱醋之类的小东西，印尼人会来光顾。一些郊县也有华侨，他们有些人生活仍很艰苦，不要以为在国外的华侨生活都很好，其实不全是那样。

当年我在印尼时，因为父母孩子多，负担重，没有钱让我们出去旅游，平时我们下了课，回到家还要帮忙带弟弟们，如果要出去看电影或玩，就和妹妹两人轮流去。1993 年我们探亲回家，我后妈就让我弟弟们出钱，请我们夫妻去巴厘岛旅游，而且他们每个人都送我红包，说我们在中国很可怜。但是，现在是我们给他们红包了。2002 年，我第二次回印尼探亲时，他们不送我红包了，反过来是我给弟妹们的孩子派红包，他们都说现在中国人很有钱。确实我们现在的生活很好，我们虽退休了，但还有退休金和医疗保险。在印尼和我国香港的亲朋同学都很羡慕我们。

我回国后与国外亲人朋友联系都是写信，没有重大的事不会打电报。1981 年，我爸爸去世我都没回去，因为不能回去。一直到 1993 年，才第一次回去。后来我后妈中风瘫痪了，2002 年我回去看望过她一次，后来她也去世了。我在印尼的弟妹们只有一家没来过中国，其他都来过。老人都不在了，我也就没那么想回去了。后来，印尼政府实行了多元民族、多元文化政策，取消了一些对华人的禁令，允许华人办学、组织社团、办华文报刊等，于是印尼各地过去的华校纷纷复办校友会，举办庆祝各自学校创办 × × 周年纪念大会。我过去的母校中华中学校友们自 1994 年起在香港、广

2002 年阮秀兰（左一）和同去探亲的弟弟（左二）在班芝兰唐人街弟妹（左三）卖面的小摊档吃汤面

州、雅加达举办纪念建校55周年、60周年、70周年、75周年大会，参加大会的是从世界各地来的校友。而各年届的校友，也纷纷举办纪念毕业周年聚会，如我们1957年毕业的，已经在新加坡举办两次聚会、在广州举办一次聚会。可惜我腰腿不便，只参加过在香港和广州的纪念大会，雅加达和新加坡的聚会我都没去。

2007年印尼中华中学1957年毕业班同学在新加坡聚会，纪念毕业50周年（前排就座的男同学是大会赞助者，后排左四是黄昆章）

我不后悔回国

我不后悔回国。那时不像现在，拿着高工资可以住旅馆，以前不论国内外的来访者，我们都让他们住在我家里。70年代初，我住在化工学院，一房一厅，厨房是在房门外走廊对面。那时正出现归侨出境潮，不少人纷纷申请出境，最后停留在香港。化工厂的归侨或北方的华中同学，申请出境要到香港的一定会路经广州，有些人就会在广州停留，在我家住一两天。我们归侨彼此都很简单热情，都是好朋友。我们见他们人生地不熟，要奔向未知的未来，怎样都要帮助的，不管是谁来，只要有求，都会接待，没有地方睡，就在厅里地上铺个褥子睡。

他们出境后，在香港立足了，孩子也一个个地被送到外国读书。我们华侨中有不少同学发财了，所以组织校友会时，他们负责出钱，我们内地的不用出。

他们刚去香港时，多数是在打工，但他们的生活条件比我们好，有人来信告诉我们说，“我现在正在给你写信，旁边洗衣机正在咕噜咕噜地响，我的电饭煲正在煮饭，我下班回来就有饭吃了”，“我下班回来到菜市场，什么都有，但我爱买豆腐”等。要知道那时什么洗衣机、电饭煲，什么菜市场买豆腐，我们都没有的，我当时很羡慕他们。但是，现在是他们羡慕我们了，他们每个回来都说：“现在你们退休了多好，但是我们要靠孩子了。”以前，每次他们来，准是他们请客，我们都很高兴，现在呢，是我们请客了。我们现在的确是好，即使这个月钱用完了也不怕，下个月还有新的钱。但他们有的就不是这样，他们退休时是一次性给钱，用完了就没了。而且你看暨南大学，让我们退休的老人到进修学院学这学那，想学什么都有，让我们老有所学，过年给我们开联欢会，一年去旅游两次，把我们当宝贝似的来照顾，退休工作处的工作搞得很好，所以我们现在正过着幸福的晚年。我爱人 2007 年曾写过一篇文章说“五十年回归不言悔”，我也不后悔。

我从华侨补校出来就到工厂当工人，“四清”“三反”“五反”这些运动与我无关，没影响到我。以我本身的经历来说，在国内生活，各种政治运动不断，但对归侨工人好像没有什么影响。但是“文化大革命”时期就不同了，那是触及灵魂的“大革命”。我虽然是工人阶级，但是那时候的“工宣队”也不会有我的份。

对中国政府归侨政策的看法和建议

我记得当时的归侨政策是“一视同仁，适当照顾”。我觉得中国政府是做到了这一点的，对归侨还是很照顾的。我在工厂时，厂方有专门的书记管我们的思想和生活，宿舍也是安排我们住在一栋楼内。暨南大学集资分房时，归侨还有加分呢。

我回国后，工作和生活方面都比较顺畅，没有被分到农场，没有别人的经历那么坎坷，而且当时我在工厂当工人时，正是工人阶级最吃香的时候，那时连到厂劳动的大学老师都师傅长师傅短地称呼我们，我还收了徒弟。但后来，我们就被人贴大字报了，因为我们这些归侨都很热情，有什么好东西都想与人分享，于是就被说成我们想通过小恩小惠、用资产阶级思想来拉拢年轻人。

我们回国时，因都已在保证永不回印尼的证件上签名，父母都觉得我们是不会再回印尼了，就用大藤篮、大木箱，把缝纫机、锅碗瓢勺之类的物品，以及罐头食品，能塞的都塞进去，让我们带回来。不论在华侨补校还是在工厂，都有专门的仓库给归侨们放这些大件物品。困难时期没有东西吃，我们就把回国带的一罐罐食品拿出来分享，谁有吃的大家都来分享。但是，在“文化大革命”时期，就有人说我们归侨有资产阶级思想，导致后来我们连饭都不敢随便请人家吃，免得被说成要拉拢、有什么思想动机之类。但我们归侨之间不会这样，都是热情又单纯，一见面知道彼此是归侨，就会立即亲近起来，并会互相帮助。

我觉得现在中国对各国华侨的政策，是要他们在当地落地生根，为当地人民、为居留国作贡献。如果你已入印尼籍，当了印尼人，就要为印尼的建设尽义务。中国只是华人的祖籍国，我们不应该说一定要为中国怎么样怎么样，这样的华侨政策就不妥。但在外国的华人都很热情，一听说中国方面来人了，华人就会热情欢迎，接待很隆重，导致当地官员和民众有意见。中国政府在这方面的政策要开导这些华人，虽说你是有中国血统的人，但不要忘记你现在已是印尼人，没有一个国家希望自己国民的心是向外的。你是这个国家的人，但你的心是向着中国的，你说这个国家还会对你好吗？这是不可能的。所以，现在的政策希望华人要安心为自己的国家和人民作贡献，是很对的。

至于对中国的归侨政策，我提不出什么好建议。现在各地的老归侨已越来越少，侨联应多接收年轻的第二代侨眷补充为新会员。此外，还有海归也加入侨联了，如何发挥他们的作用，我想全国侨联肯定会有好的决策。

沈新忠[①]

我的名字叫沈新忠，1944 年 11 月出生于印度尼西亚（简称“印尼”）东爪哇省的一个贫困家庭，汉族，祖籍福建省安溪县。

我离开印尼回中国时还不满 20 岁，知道的情况不多，我只能点滴地回忆叙述。印尼是热带雨林气候，一年只分雨季和旱季，是多民族、多岛屿、多宗教和多政党的国家。有很多外国人在印尼居住。印尼的华侨华人多数经商，而且多数信仰佛教、基督教和天主教。印尼人多数信仰伊斯兰教，但在巴厘（Bali）岛，印尼人多数信仰印度教。

对于当时全印尼华侨华人的情况我不清楚，我只以我居住的爪哇岛为例。爪哇岛是印尼的政治、经济和文化中心，其交通比其他岛屿发达，只有爪哇岛有火车。华侨华人遍布各地，小地方易谋生，他们就在那里居住。有些人在印尼政府部门工作，有些人在农村山地以种菜和养猪为生。那时各行各业都有华侨华人。

在华侨华人聚居人数较多的地方才有中华总会，在较大的城市（如县级以上地区）里，除了中华总会，还有同乡会，如漳泉公会、广肇会馆等。这些侨团的共性是团结广大华侨华人、救济华侨华人中的困难户，是为华侨华人服务的社团。

那时华侨华人在日常生活中会用普通话或祖籍方言沟通。由于荷兰殖民主义者统治了印尼 350 年，华侨华人中有不少受过荷兰文教育，所以他们除了讲印尼语和爪哇语外，还讲荷兰语。当时华侨华人中有中国籍、印尼籍、双重国籍和荷兰籍。

当时印尼华侨华人会开办华文学校，生源和经费则决定华校的开办。在华侨华人聚居人数较多的地方，有了生源，再由热心的华商捐助才能办校，华校都是民办的董事制学校。

那时爪哇岛的大中城市几乎都办了华校。由于华文教育的兴旺，华侨华人社会里多少还能听到有人用较流利的普通话沟通。有了华文读者，市面上就有华文图书报刊出售。

---

① 王趸兴（暨南大学国际关系学院/华侨华人研究院 2012 级硕士研究生）于 2013 年 5 月 23 日在暨南大学国际关系学院/华侨华人研究院办公室采访沈新忠老师。沈老师后来对采访稿作了较大修改，修改稿由林颖（暨南大学国际关系学院/华侨华人研究院 2014 级硕士研究生）录入电脑。

华校的师资主要是土生土长的华侨华人，极少数任课老师是由从中国（大陆或台湾）移民到印尼的学者担任。印尼文、印尼历史、印尼地理才由印尼原住民教师教学。

华裔青少年也有些在印尼公立学校念小学、中学和大学，或出国留学。

约在1960年至1964年间，印尼文教部（P. P. & K）规定凡在华校执教者，其印尼语程度必须达标才准许上岗。

关于华侨华人和原住民的关系，我用居住在爪哇岛的生活体验来回答，也许观点会片面些。我认为在没有任何政治因素影响时，华侨华人和印尼原住民的关系是很融洽的。我回国前，在我居住的村子里，华侨华人的子女和当地人的孩子们一起玩，成人间的相处彼此也没什么矛盾纠纷，大家可用爪哇语和印尼语沟通。华侨华人青壮年自愿加入村治安队，和村里印尼原住民组成足球队，双方家有丧事彼此都会慰问、吊唁和送葬，是朋友关系。在我读小学时，我班有两个印尼原住民同学，男同学叫Narso（拿梭），女同学叫Kulfa（古尔发）。2010年我去印尼时，还拜访了这个男同学，和他叙旧。

由于在当地居住的时间长了，所受的教育不同，为了生存入乡随俗，文化背景发生了变化。有些华侨华人已不晓得自己的祖籍地在哪里，不会讲祖籍方言，不会讲普通话，只会讲当地方言和印尼语，已在当地“落地生根”。有些人和印尼人通婚，自然同化，融入当地社会。

至于当时中国和印度尼西亚的外交关系，我是生活在印尼苏加诺（Sukarno）总统执政的年代，中国和印度尼西亚之间的关系最初还处于良好的阶段，各地华侨社团的存在、华校的开办、中文图书报刊和中国电影的流通、中文招牌的使用就是很好的证明。1955年，在印尼万隆（Bandung）召开亚非会议，产生了“和平共处五项原则”，周恩来总理率代表团到会。我在印尼时，印尼曾举办亚运会，中国的体育健儿参加了运动会。

20世纪60年代初，印尼政府向华侨征收人头税，我不记得此政策的起止时间和征收额度。

1959年，印尼总统颁布了第十号法令（P. P. NO. 10/1959），禁止华裔在县以下地区经商。我爸所开的商店就无法经营了，我被迫辍学。许多华侨也因此分几批搭乘接侨船回国，被中国政府安置在广东、广西和福建等地的国营华侨农场。为了要在当地生存，我哥加入了印尼籍，以他的名义重新把商店经营下去，我才能复学。

1964年6月，我在东爪哇玛琅（Malang）市中学（简称“玛中”）高中毕业，母校和中华总会保送我回国深造。1964年8月5日，我和印尼各地的307名华侨学生，由印尼雅加达丹戎不碌（Tanjung Priok）港口搭乘光华轮起航，8月

13日经广州黄埔港上岸回国。经安顿后，我被分配在广州归国华侨学生中等补习学校（以下简称“广州华侨补校”）。

1959年至1961年，中国经历了“三年困难时期”，中国和苏联两国关系恶化，苏联撤走在华专家，向中国逼债。蒋介石往大陆派遣了几批特务。1964年，中国经济尚未复苏。

1964年，广州华侨补校的老师们正搞“四清”运动，中侨委派来专员和工作组，老师们白天教学，晚上搞运动，校方要求严查海外关系和混在学生队伍中的特务。

当时广州华侨补校贯彻的是“教育为无产阶级政治服务，教育与生产劳动相结合”的教育指导方针，要求归侨学生树立无产阶级思想，批判资产阶级思想和资产阶级生活方式，批判崇洋媚外，要求和资产阶级家庭划清界限，努力改造世界观，树立“一颗红心，两种准备”（上大学或“上山下乡”）的信念。老师们和广东省侨委向归侨学生宣扬“为国家争取侨汇是爱国的表现”。在这种氛围下，校园里出现了一种奇景：学生们披头散发，赤脚上课，新的衣裤上加补丁，国外带回的发膏不敢用，皮鞋、牛仔裤和百褶裙不敢穿。为了改造世界观，学习曾被刘少奇主席接见过的全国劳动模范清粪工人时传祥，我班同学在老师的带领下，晚上徒步到中山四路大塘街挨家挨户清粪，平时在校园里劳动或到附近农村帮农民干活。学校号召学生学习“上山下乡”知识青年典范董加耕的事迹，为考不上大学做思想准备；组织学生们上街示威游行，将高喊“打倒美帝国主义！支援刚果（利）！”作为政治教育课。

我被保送回国前，保送方说保送生可在国内申请助学金，但是我的助学金是第二个学期才获批的。我没有侨汇，国家尚穷，我深知上大学不是一件容易的事，深感郁闷，已无心求学了。

1965年我高考落榜，被分配到广东省国营英德华侨农场，当一名农场职工，也可说成为一名“上山下乡”的归国华侨知识青年了。

初下农场时，我们1965年的“上山下乡”知青被编入1964年的知青队里，编成青年队，总人数108名。若干年后，才把青年队拆散，安插到老职工的生产队里。期间，我们经历过各种生产体制变革，如学新疆生产建设兵团军事化管理，评工记分，政治评分，农业学大寨，及后来的包产到户。

1965年，农场搞“四清”运动。1966年至1976年，搞“文化大革命”。农场的“文化大革命”情况和全国大致一样，群众中也分两派，即“革命派”和“保守派”。我们晚上抓“革命”，白天促生产。具体做法是晚上学习政治，写大字报，开批判会，学习毛泽东思想，“宣传毛主席最新最高指示不过夜”。举起《毛主席语录》早请示，晚汇报。晚上学唱语录歌、看样板戏。“以阶级斗争为纲”，“深挖洞、广积粮，不称霸”，以“备战、备荒、为人民”的精神，“革命”加拼命地干。提倡8小时内拼命干，8小时外多作贡献。

1970年，我和全英德县各公社的民工一起建英德大桥。

农村是缺医少药的地方，在70年代至80年代盛行“赤脚医生”，农场的医疗条件很差。1980年，我遭遇了医疗事故，险些丧命。

我在农场干了17年半的纯体力农活，具体是当饲养员（养羊、马、牛、猪），拉车（马车、牛车），积肥（羊、马、猪粪），种水稻、桑树、玉米、花生、木薯、甘薯、黄豆等农作物以及各种蔬菜。

暨南大学于1978年复办，暨南大学医学院办起了广州华侨医院，医院招聘蒸汽锅炉工。经国务院侨办批准，按落实归国华侨“上山下乡”知识青年政策，1982年8月，我被调回暨南大学，在广州华侨医院当蒸汽锅炉工。

一开始我没有烧锅炉的技术，是调来后才学的。当时的锅炉是旧式、落后的人工操作烧煤锅炉。我一边向原班师傅们（指原在锅炉房的军医大锅炉工）学操作，一边到广州第二工人文化宫学习并通过考核。这高温高压的技术工种，真像炼钢工人般辛苦。我干了两年半之久。“文化大革命”时，暨南大学停办，原址由中国人民解放军医科大学（简称“军医大”）使用。1982年，广州华侨医院还没有用空调，锅炉烧出的蒸汽是供医院的手术室升温、消毒被服和针头以及煮开水用的。

1984年，暨南大学东南亚研究所向全校招聘资料员，我应聘到该所资料室工作。我从最简单的活做起，边干边学边进修。我的工作职责是：报刊的装订，图书报刊的保管、流通、采购、分类编目，为读者服务。

由于工作有成绩，我于1993年获得馆员职称和相应的待遇。

我于2004年办理了退休手续。因原工作单位需要，我被返聘两年，直到2006年正式放下工作，在家颐养天年。

沈新忠与采访者王趸兴合影

汤明楷[①]

家族出洋历史及发展

我的家族是我父亲那一代出国的，我父亲叫汤镛裔，大概在1900年前后出去吧。那时应该是清末，清政府腐败无能，国内民不聊生。父亲是广东新会人，出生在农村，幼年时，只读过几年私塾。为了生计和找出路，16岁便跟着一些同乡，随大流跑到越南西贡“揾食”。刚到越南时，人生地不熟，又没有钱，艰难可想而知。但他凭从小就不认输的坚强性格，以及刻苦耐劳、好学的精神，从学徒做起，一步一个台阶进入管理阶层，从职员、买手、帮办、协理、经理、副总经理到总经理的位置，仅用了十多年时间，并积攒了一笔钱，于是就自己出来经营大米生意。当时西贡是世界三大米市之一，越南的经济很大程度上依赖出口大米。父亲很有生意头脑，又有很好的人脉关系，经过多年的奋斗，到20世纪30年代初，已拥有德国机器、德国工程师和翻译，生意规模很大，包括“同吉”“同兴”“同泰”的生产基地，还拥有自己的外贸公司和船队，成为当时当地数一数二的米商。父亲因出身贫苦，经历坎坷，所以深知广大侨胞在国外寄人篱下的生活不易，必须组织团结起来，他热心公益事业，先后参与策划和组建了“广府同乡会馆”“新会小学”“穗城中学”“广肇善堂”等，并担任董事或理事，

汤明楷父亲汤镛裔

① 蒙晓云、姜瑞民（暨南大学国际关系学院/华侨华人研究院2013级硕士研究生）于2014年采访汤明楷老师，并整理录音。2015年12月，汤老师对采访稿作了较大修改，修改稿由关乐怡（暨南大学国际关系学院/华侨华人研究院2015级硕士研究生）录入电脑。

帮助部分有困难的侨胞，为解决小孩上学、孤寡老人和残疾人的抚养问题，以及维护他们的合法权益出一份力。人们都称他为“善长仁翁”。他心怀家乡，热爱祖国，关心支持家乡的慈善事业，并帮助到越南的同乡解决就业问题。抗日战争期间，他不但自己捐钱，还不遗余力地发动广大侨胞捐钱捐物。他常说：“有国才有家，‘皮之不存，毛将焉附？’”

在国外的家庭情况

在越南时，我全家住在西贡市，即现在的胡志明市。西贡分西贡特区和堤岸区，那时是法属殖民地。法国人大多住在西贡特区，华人大都集中住在堤岸区。那时西贡市有一百多万人口，而华人大概占一半，以广东人和福建人居多，光华文中学就有十来所，粤语在当地广泛流行，可见华人的势力。我家在当地应居于上层社会了。我有一个和睦的大家庭，有五个哥哥和五个姐姐。我们的家是个大宅院，院子很大，里面有洋楼、庭院，还有花园。值得一提的是，父亲精心设计了藏书阅览室、音乐厅和健身房，很多中外名著都是整套整套从香港买回来的，还有各种乐器和健身器材。父亲特别注重对子女的教育，他常教导我们说：“家有黄金百万，不如一技在身。”为此，他聘请了中文、法语和音乐的家庭老师，每逢节假日都到家里来教我们兄弟姐妹们学习，我们都有机会受到良好的教育，还有相当一部分人留过洋，我的兄弟姐妹大都在国外，分布在美国、加拿大、法国、意大利和澳大利亚，他们在各个领域都有不错的发展和建树。如我的四哥汤明毅是法国科学院资深科学家，曾任法中科技交流协会副主席，多次应邀率代表团来中国访问，当时还受到周恩来总理和方毅副总理的亲切接见，在促进法中科技交流方面作出了贡献。现在父亲的直系亲人已有第五代了，也发展到一百来人，故而在世界各地分布就更广了，每年广州“秋交会”“春交会”和“留交会”，都有亲属回来，所以每年都有不少亲友回来看望我们。我们亦有出去探望他们。

1952 年汤明楷在越南头顿海滩

越南西贡堤岸的汤明楷故居

1955 年汤明楷归国时与两个姐姐在广州团聚

1980年时任暨南大学副校长王越邀请汤明楷四哥汤明毅博士（前排左一）来访

1997年汤明楷四哥汤明毅博士（左一）在中山大学黑石屋同汤明楷（右二）及其亲人合影

母亲欧阳带

我母亲叫欧阳带。家里当时由我母亲当家，一大家子人，还有十来个勤杂工。她温柔优雅，又很有爱心。她很喜欢看书，家里的所有古典名著，像《东周列国志》《隋唐演义》《红楼梦》《三国演义》《水浒传》《白蛇传》《西游记》《清宫秘史》等，她都读得很熟。在我小的时候，每个晚上她都给我讲故事。她为人豪放，有很多朋友；她亦很能干，把家庭对内对外之事都操持得井井有条。我受母亲的影响也是比较深的。

由于我是最小的孩子，所以我回国时，母亲也随我一起回国。回国后，母亲一直从事跟侨务有关的工作。她曾任广州市侨联委员，是越秀区侨联副主席和越秀区政协副主席，还是中国致公党的老党员。国家“三年困难时期”，她还亲自到香港，向亲友募捐大量化肥（当时国内很缺化肥）支援家乡的生产建设。1960年，她作为致公党的一名代表，参加了在北京举行的全国八个民主党派代表大会。大会期间，与会全体代表受到毛泽东、刘少奇、朱德、周恩来、陈云、邓小平等党和国家领导人的亲切接见并合影留念。她热爱侨务工作，和华侨有天然的感情。她广泛联系广大归侨、侨眷，认真细致倾听他们的诉求，并向相关部门反映，帮助他们解决实际问题。她又凭着与海外千丝万缕的关系，宣传我国的侨务政策，鼓励亲友们支持祖国的建设，受到海内外华侨的欢迎。母亲口才很好，人缘也很好，又有一定见识，在归侨中很有代表性。很多场合都请她出来讲话，有时主办方为她准备了讲稿，她说到一半便抛开讲稿，以自身经历现场发挥起来。她口若悬河，引经据典，时而又妙语连珠，常常博得群情激昂，掌声雷动。这是后来陪同她参加讲话的侨务干部告诉我的。之后，请她讲话的主办方都不为她准备讲稿了。由于有侨联、政协、民主党派等多重身份，她经常有机会参加省、市为社会上层进步人士举办的各种研讨班、学习班之类的活动，因此也结识了许多政府官员、侨领和上层人士，她利用自己在侨界的影响，对侨胞们施以关怀，也为党做了许多实事。在我的成长过程中，她也起到了一定的引导作用。

20 世纪 40 年代的汤明楷家人合影（前排左一为汤明楷母亲欧阳带，右一为汤明楷）

决定回国的原因

我当初之所以决定回国，主要是受家庭爱国爱乡的教育和当地华侨地下进步组织的影响。大革命年代，不少中共党员流落到东南亚华侨聚居的地方，像马来西亚、印度尼西亚、越南等地。在越南，他们成立了一个组织，叫越南解放联合会，简称“解联”。该组织成员接受共产党的领导，从事反殖民统治的革命运动。他们还秘密出版了《解放报》，宣传国际共运、马列主义和中华人民共和国日新月异的变化，在当地华侨社会中非常活跃。我上初中时，就开始接触并参加“解联”，受到他们进步思潮的影响和共产主义教育的熏陶。当时我在越南岭南中学读书，该中学是广州岭南大学的分支，岭南大学当时在香港、澳门地区及马来西亚、新加坡、越南西贡设有分校。岭南中学虽是名校，又是贵族和教会学校，但是其受殖民教育的影响比较深，所以在意识形态上不符合要求进步的我的需求。那时中华人民共和国刚成立没几年，可谓百废待兴，我向往祖国，祈盼着有一天能回到祖国，建设自己的国家，报效自己的祖国。经过深思，我于 18 岁那年，在母亲的支持下，离开了优越的生活环境，怀着建设祖国的梦想，毅然决定回国。

回国后的经历与感受

我是 1955 年底从越南西贡回国的，当时就读于广州归国华侨学生中等补习学校。1956 年暑假，我转入广州市广东华侨中学读高中，通过高考，考入暨南大学化学系。当时暨南大学是华侨的最高学府，党中央和政府非常重视，特委任时任中南局第一书记的陶铸兼任暨南大学校长，政府也给予暨南大学很多支持，学校对我们这些侨生非常关怀和照顾。当年暨南大学只有十来个系，有数学、物理、化学、生物、水产、矿冶、地质、中文、历史、经济等系。我在读大学时，学习比较努力，积极参加挖明湖及学校农场的劳动，靠拢组织，要求进步，也热衷于参加学校的各项活动，还当选过化学系的学生会主席。我们这些表现比较好的学生也就有较多的机会，我曾多次参加“五好学生”夏令营之类的活动，1960 年还代表学校加入全国优秀青年归侨代表团，有幸参加了五一国际劳动节的国宴，并与其他代表登上天安门观礼台看烟花会演。在京期间，我们代表团全体成员分别受到周恩来、陈毅、何香凝、廖承志及时任团中央书记的胡耀邦等国家官员的亲切接见。陈毅副总理及胡耀邦书记分别在全国政协礼堂及团中央礼堂给我们作了形势报告。那时是国家“三年困难时期”，他们给我们分析了当时的国内外形势，谆谆教导我们要坚定信念，克服困难，努力工作，报效祖国。接下来的一个月时间里，国务院华侨事务委员会还组织我们到全国六个省市参观学习。我们参观了北京的十大建筑，以及北京大学、清华大学、武汉大学、华中理工大学等名校，还参观了洛阳拖拉机厂、三门峡水力发电站、国棉一厂、武钢、第一重型机械厂等大型工矿企业，人民公社还请劳模给我们作报告，还带我们参观了卢沟桥、全国“二七”大罢工纪念馆、韶山毛主席故居等，接受爱国主义教育。通过学习，我们开阔了视野，树立了信心，更坚定了建设美好祖国的决心。

1960 年汤明楷（左一）与暨南大学出席全国优秀归侨代表大会的成员在天安门前合影

回校后，虽然我的学业耽误了一个多月的时间，但我以更大的热情投入学习中去。在老师们的关怀和帮助下，我的学习成绩比以往更加优秀，思想觉悟也有了很大的提高，并加入了共青团。大学期间，我还向党组织提出了申请入党的要求，可能因为自己还不符合入党条件，或者由于华侨的“海外关系”，当时并没有批准。我没有气馁，仍然保持着乐观、积极上进的心态，准备经受党组织的长期考验。

大学毕业时，因国家需要，我和很多同学都被分配到地质系统工作。我们为了寻找矿藏，工作流动性很大，经常风餐露宿，被称为和平时期的游击队。我当时被分配到河北地质系统工作，辗转在燕山山脉及太行山山脉的崇山峻岭及京津冀的广袤原野。当我们遇到困苦时，会唱起“战斗在太行山上”及“我为祖国找矿藏”，一切艰难险阻都会迎刃而解，大家又充满了青春的激情和自豪。

1961 年就读暨南大学时，汤明楷和爱人熊冠兰在校门前合影

1965 年，我被派往河北省参加“四清”工作团，到承德市隆化县董存瑞烈士牺牲的荒地公社榆树底大队，在那与内蒙古交界的一个山村，搞“四清”运动。荒地公社，顾名思义就让人有悲凉之感，那里已是塞外了。我们在承德市区集训了 10 天，便分赴各地。当我到达荒地公社时，眼前只有茫茫连片的荒山野岭。然后，由驻点村子里的一个贫农牵着一头小毛驴来公社接我回村，那里没有真正的路，只有走的人多了踩出来的山沟里的羊肠小道，我们要跨越两座大山梁，还要走四五十里的山间小路。我们从中午出发，走了四个多小时，眼前总算出现一个大山坳，远远望去，在山坡上零星散落着数十户院落，院落上露出茅草屋顶，袅袅炊烟升起，还有大大小小不规则的层层梯田分布在各处山坡上，时值黄昏，夕阳西照，犹如一幅山村美景画。但我那时哪有这闲情野趣，拖着疲倦的双腿，总算到达生产队。生产队安排我驻点在唯一的一户雇农家庭，我受到这家农民的热情欢迎，他们为能被选上接待“四清”工作队员而感到无上光荣。我们工作队员当时肩负三大任务：第一，接受贫下中农的再教育，在思想认识上来一次脱胎换骨的改造；第二，访贫问苦，扎根串联，清理村干部的“四不清”问题，宣传中央的“23 条”；第三，开展大生产运动，帮助农民脱贫。那里没有电灯，没有通信设施，山地贫瘠，水源紧缺，村民大都是文盲，唯一的一个所谓小学班，是由一个在公社读过小学、担任生产队会计的农民兼任教师。所以在我入村之前，他们基本上过着日出而作、日落而息的原生态生活。有的家庭还衣不蔽体，食不果腹。但这里民风非常纯朴，人们非常勤劳。他们第一次见到我这个来自南方的大学生干部，既感到陌生又感到惊

奇。通过和贫下中农同吃同住同劳动，我们之间逐步消除了隔阂，我和他们打成一片，并建立了深厚的感情。我每天轮流到一户贫下中农家吃派饭时，他们都倾尽所有，除了他们顿顿吃的荞麦面、棒子粥之外，还加上玉米面贴的饼子或红薯等干粮，这些干粮对他们来说是不常吃的。很多农民都患有“心口痛”，即胃病。

当时我们“四清”工作队大队部设在荒地公社，那里同时又驻有天津医疗队。大队部有交通员常来往于各生产队与队员联系。我除了经常写汇报材料，接受上级指示外，还请医疗队的医生到山里来给农民看病。生产队在山脚下有一个大羊圈，养着两百多头羊，这应该算是这个生产队里最大的集体财产。偶尔遇到晚上山上的野狼来偷吃羊，夜深人静时听到大山的狼嚎和远处的牧马悲鸣之声，亦感毛骨悚然，但慢慢也就适应了。我白天和社员们上山劳作，挑肥、挑水、开荒种地，有时还和他们到很远的地方打柴草，往返就是十几里路。他们总是把最小的那担给我挑，派最轻的活让我干。但我坚持和社员一样，不怕苦，不怕脏，不怕累，样样争着干。尽管开始时手和脚都磨出了血泡，腰酸背痛，但经过一个多月的磨炼，我这个手不能提、肩不能挑的文弱书生，也变成了一个比较像样的农民了。

这个过去日落而息的山村，因为我的到来而出现了一些新气象。每到晚上，生产队部都点燃煤气灯，因为我要给社员上政治课了。按规定每户必须有人到场听讲，否则就要扣工分。开始时也就只有几十个人，我宣讲中央的“23 条”，教他们背毛主席语录、唱“革命歌曲”，还讲大山外我的见闻及国内外大事。这一发不可收拾，一下触动了他们的灵魂和迫切求知的欲望。此后，每天晚上，便有很多人扶老携幼，全家出动去占位听我上课了。当我到达会场时，场内场外都已坐满了人，他们欢快的面容和眼神已表达出他们对我到来的欢迎和期望。我受宠若惊，这完全出乎我意料。这是一种对“精神食粮”的渴望。从此，我又肩负了一个重任——“认真备课”，我每天都挤出时间，较系统地研读毛主席著作，不断提高自己的政治觉悟和思想水平。在和他们相处的日日夜夜里，他们都把我当成了亲人，无微不至地关心和爱护着我。尤其是塞外的寒冬腊月，千里冰封，万里雪飘，茅檐边上挂着串串冰凌，我的手脚都裂开很大的口子，此时他们都要我睡热炕头，还到山上采一些不知名的草药给我敷。我住的这户人家是村里唯一的雇农成分，一家四口人，一个老太太和两男一女。两个男丁都三四十岁，其中一个还是哑巴，女儿也有二十来岁了，由于穷都没能成家。可能由于生活的艰辛，他们看起来都比实际年龄显得苍老。老太太和她女儿住东房，我便和两个光棍住西房，睡在同一个炕上。由于他们从未洗过澡，也从未换洗过衣服（他们确实没有什么衣服可替换的），因此炕上及身上都有很多虱子，身上也有股难闻的味道。开始时，我是十分难受的，每晚都被虱子咬醒，要起来打着手电筒捉虱子，全身都被咬得起了很多红疙瘩，痒得难忍，而他们却早已进入梦乡，好像这些虱子只欺负我这个外来的异乡人。同样，在这一年多的时间里，我也没有条件洗一次澡，这对于从小生活在国外、爱干净的我来说，是个多么严峻的考验。面对困难，我唯一的办法就是忍受、克服、适应和使自己融入这样的生活。事实上，困难总是欺压那些意志薄弱者，慢慢地我的皮肤也产生了耐受性，和虱子们和平共处已不再是当地社员的“专利”了。

从到生产队的第一天起，我就成了这里的战斗员和指挥员，既要发动群众，揭发基层干部的“四不清”问题，又要分清敌我，正确处理人民内部矛盾问题。在这穷乡僻壤的山村里，阶级成分应该是比较单纯的，解放初期划成分时这村里有一户地主和一户富农。当我深入访贫问苦的调研时得知，当时曾雇过一个长工的农户可定为地主，曾雇过一个短工的为富农，可能还要有个比例，几十户的村，总要有一两个地主或富农。据了解，他们当时也只有十来亩山坡地，由于缺少劳力雇过几年长工或短工，生活也并不富裕，他们本人亦要劳动。若在富庶的平原地区，最多也只够划为富裕中农。这两户人家当时已经很破落，也非常贫苦，并且背负这个包袱，享受不到同等待遇。我根据调查得到的第一手资料进行阶层分析，并给上级写了为他们改为富裕中农成分的报告，得到上级批准，也得到社员的理解，为他们及后代卸下了沉重的包袱。生产队的班子就四个人，一个队长、一个副队长、一个妇女委员、一个会计兼出纳，都出身贫下中农，比较纯洁，队长和副队长都是生产的好手。我刚进村时，他们都抱着挨整的心态，大概他们以为“四清”工作队就是要来整干部的，所以他们既配合我的工作，又和我保持一定的距离。从群众揭发的材料来看，主要是他们工作方法的问题，如分配工作不公，对群众态度不好，给自己多记工分、多分点粮食等。于是我主动对他们进行家访，和他们促膝谈心。他们也倾吐自己的苦衷：他们起早摸黑，比一般社员付出更多，而且分派任务时，个别社员也挑肥拣瘦不服从分配，意见多多，众口难调。所以，他们有时也发火骂人扣工分，得罪了一些人。他们原本也不想干，是大伙选出来的。我还得知，他们都不是党员，这个村唯一的一个党员是从朝鲜复员回来的副连级军人，他立过战功，左眼被流弹炸瞎了，右手也残废了，身上还有没取出的弹片，是二级残废军人，每月领取国家发给他的几十元抚恤金和口粮，所以他不用劳动，生活也过得比山里村民好。他不过问生产队的事，置之度外，由于这里没有党组织，他每月都要去公社那边过党组织生活，在村里没能起到一个共产党员的作用。于是，我把他和其他干部组成学习组，帮助他们学习毛主席著作，学习如何为人民服务，帮助他们正确认识自己和正确对待群众。到运动中期，我提前让干部在社员大会作检讨，使他们得到了社员的谅解，并推荐那名党员参与生产队的领导班子，毕竟他见过世面，有一定文化，又是党员，有一定觉悟，也得到大家认同。班子提前整顿后，干部放下了包袱，干群关系大大改善，大家的积极性和生产热情空前高涨，当年得到了增产的收获。

时光不知不觉地流逝，运动即将结束，工作队的任务完成了，我即将离开这个让我一生难忘的山村及这里的人和事。我还清晰地记得在我离开那天早上全村老少饱含深情在山口依依不舍相送的情景。经过这一年多的历练，我的世界观、人生观、价值观都得到很大程度的升华，我不但被评为“活学活用毛主席著作”的积极分子，还为后来经受住十年暴风骤雨“文化大革命”的冲击打下了坚实的思想基础。

回单位后，“文化大革命”运动已席卷全国，一时极“左”思潮和唯成分论甚嚣尘上，我这个出身华侨商人家庭、从国外回来的知识分子，无疑成为不可依靠的对象，甚至有时感到被怀疑。但我坚信清者自清，以咬定青山不放松的意志，坚持真理，不随波逐流。在这十年极其艰难而漫长的岁月里，我并没有虚度年华，而是全身心投入钻研业务和技术工作。粉碎“四人帮”后，祖国迎来了科技的春天。尊重知识、尊重人才的观念重新被各级领导重视，广大知识分子重新得到了重用，因而也重新点燃我对祖国、对前途的希望。我在北方整整工作了16 年，经历了艰辛的生活磨炼和考验，饱览了长城内外北国的锦绣山河及春色，亦阅尽了人间的沧桑。

到 1978 年党中央决定复办暨南大学，1979 年中央组织发文从全国抽调 300 名骨干教师以加强复办暨南大学的教学力量，我和爱人有幸入选。虽有中组部调令，但我当时是研究单位的项目负责人，所以调动时还是颇费一些周折。直到 1980 年底相关项目完成后，我们才终于如愿以偿回到阔别多年、培养过我们的亲爱的母校。

调回来后，我在化学系任教多年，满怀激情投入教书育人和科研工作，教过许多学生，如今不少学生在国内或国外各个领域也作出了成绩。他们青出于蓝而胜于蓝，有在大学当教授博导的，有当各级领导的，亦有成功的企业家。他们感恩母校，又怀念师生昔日情谊，便组织了校友会。凡入读暨南大学的化学系学生，不论身在何方，只要有可能，都会在每年校庆日前后齐聚暨南园和老师们团聚话旧，至今已举办了四届。大家追忆往事，尽在笑谈中，回想他们当年风华正茂，师生关系非常融洽。每当我看到历届学生们意气风发的面容，内心便感到无限欣慰，很有成就感，不觉想起少年入读暨南园时，亦受过不少恩师的教诲和培养，思念之情油然而生，可惜他们大都已逝，留给我们的只有美好的回忆。在这个浮躁的时代，历届暨南学子仍心系母校，尊师感恩的光荣传统仍薪火相传，真乃暨南人值得引以为荣的事情。

到 80 年代初，在时任中国致公党中央副主席、广东省致公党主委伍觉天前辈的亲切关怀和鼓励下，为实现家母“致力为公”的遗志，我加入中国致公党，为致公党在暨南大学的组建和发展尽了绵薄之力。80 年代后期，我又被批准加入中国共产党，成为一名光荣的中国共产党党员，实现了我多年来争取入党的愿望。

1982 年，时任中国致公党中央副主席伍觉天（后排左四）和汤明楷（后排左五）及其在广州的亲人合影

到 1989 年，因工作需要，我从教学岗位调到科研处，分管科技的领导工作，成为一个双肩挑的干部。科研处是一个团结友爱、特别能战斗的集体，在老领导及同事们的悉心帮助和全力支持下，我很快熟悉了业务并顺利开展各项工作。1992 年，我有幸被教育部指派参加教育部组织的科技考察团，到日本进行为期一个月的考察、学习和交流。考察团是由全国 80 所重点大学的人员组成，成员主要都是各高校的科研处处长（广东省只有中山大学、华南理工大学和暨南大学），团长是由教育部科技司左司长亲自担任。我们先前往青岛海洋大学（今中国海洋大学前身）集训一周，学习外事纪律、礼仪及考察任务等，然后到青岛军港码头，乘坐由我国自行设计、为海洋大学建造的科学考察船。这是艘崭新的船，是新下水的，设备比较先进和齐全，旗杆上和船尾上鲜艳的五星红旗迎风招展，专程迎候着我们这些来自全国各地的团员，大家为能享受到“头啖汤”而无比兴奋和自豪。在跨越黄海和日本海两天两夜的航行中，大家大都在甲板上凭栏眺望，近看波涛翻滚，远看水天一色，朝暮看日出日落，感受大自然恩赐的美

景。我们终于到达第一站东京港，受到当地使领馆、中国留学生、日本友好人士的热烈欢迎。我们在东京逗留了10天，访问了著名高校及研究院所，进行了较深入的考察与交流。随后我们又开赴横滨、神户、大阪、京都、名古屋及长崎等城市，继续参观访问，同样受到各地中国留学生和日本学者的热情接待与帮助。我们深感祖国日渐强盛，作为一个中国人感到无上光荣。经过一个月多方位的考察、学习，我们大大开阔了视野，增长了见识，达到了预期的效果。我还抓住一切机会，和全国80所名校的科研处处长交流，初步建立了良好的关系和友谊，为后来工作的开展奠定了基础。

1992年，汤明楷作为教育部科技考察团成员出访日本

回校后，我积极推动科研体制改革，参与制定了《暨南大学科技工作管理办法》《暨南大学社科工作管理办法》《科研工作奖励条例》等，完善了我校的科研工作激励体制，大大调动了教师和科研人员的积极性，促进了科研工作的发展。学校的科研工作年年上新台阶。由于工作任务越来越重，我不得不放弃心爱的讲台，一心扑在行政工作上。我还经常力所能及地想方设法为科研人员多层次、纵横向、多渠道地争取项目和经费，对成果的推介也尽心尽力。为了我校能争取到主持国家级重大项目的资格，我还多次和专家们一起到北京多个部委汇报工作，争取支持，多取得良好效果。比如“冠昊生物”已成功在创业板上市，并不断发展壮大，它已作为全国高校在科技成果转化方面有标志性意义的成功典型之一。暨南大学应为有这样的专家和成果而感到骄傲。

我在暨南大学科研处任职时间较长，一共经历了三任校长。我从科研管理的新兵成长为主持全面工作的处长，与老领导悉心传帮带及处里同事们同心协力的支持和帮助分不开。我为自己多年来能为母校在科研发展、学科建设、人才培养和学校进入“211 工程”重点建设大学行列贡献自己的一分力量而欣慰。我亦多次荣获暨南大学颁发的“先进工作者”和“优秀共产党员”称号，并于 1998 年荣获国务院侨务办公室颁发的“优秀教育工作者”称号。

我 65 岁退休时，学校领导还想返聘我，但我考虑到应当多给年轻人一些机会，坚持彻底退下来了。退休后，校外有些单位想聘请我，我都婉言谢绝了。我偶尔也参加一些鉴定或者评审工作和校友会，以及一些社团或侨联的活动。我曾被选为退休办学校机关第一支部的两届组织委员，亦参加民主党派致公党的组织生活。今年适逢中国致公党建党 90 周年盛庆，致公党广东省委员会给我颁发了“参加致公党逾卅年，致力为公，笃行不移”的荣誉状。

总之，我的整个成长过程和取得的点滴成绩，跟国家的培养、各级组织的关心和同事们的多年鼎力支持、帮助是分不开的。回国后，我除了在北方工作的那段时间，其余时间主要都在暨南大学这片土地上读书、工作和生活，我对暨南大学怀有诚挚的感情，这大半生可谓名副其实的“暨南人”了，我为自己能成为“暨南人”的一员而感到自豪。

我今年已 78 岁，弹指一挥间，经历了多少风风雨雨，终于迎来了漫天彩云。我热爱祖国的山山水水，也热爱祖国伟大的中华传统文化。尽管我亦曾笼罩在“海外关系”的阴影之中，但热爱祖国之心是矢志不移的。我坚信只要有正确的信仰和理想，就能保持心态常青，人生就会过得充实和有意义。愿与同仁共勉。

温北炎[①]

1940 年 3 月 10 日，我出生于印度尼西亚（简称“印尼”）万隆市一个穷苦木匠家庭。父母清朝末期出生在广东新会双水镇农村，20 世纪 20 年代下南洋（东南亚）谋生。新会人多数以木工为生，我父亲在印尼以传统手艺当了一名木匠。我在战争动乱中度过童年。1945 年一场水灾夺去了我父亲和大姐的生命。我在艰难的环境中半工半读度过了青少年时期，在学校是一位品学兼优的学生。高中毕业后，我被分配到万隆南化学校任初中教师。1959 年，中国驻印度尼西亚大使馆保送我回国升学。

1960 年印尼排华，大批华侨学生归国，我服从分配到福建厦门集美，在集美华侨学生补习学校工作了三年。1963 年，我参加高考，被录取到泉州华侨大学外语系印尼语专业念书。1968 年，我大学毕业后，到安徽城西湖部队农场锻炼了两年，后被分配到广州外国语学院任印尼语教师 12 年。1985 年，我被调到暨南大学东南亚研究所，从事教学和科研工作。我在广阔的教学与科研平台上作出了一点贡献，体现了我的个人价值，中国东南亚研究学术界公认我为国内研究印尼国情和华侨华人的一流学者。在人生拼搏的道路上，我把一生贡献给祖国的教育事业，65 岁退休，后来又返聘，直到 68 岁。

在印尼万隆的日子

母亲对我的重大影响

母亲在 1910 年即辛亥革命前夕出生于广东新会双水镇富美村一个穷苦家庭，这个村算是个大村。由于家庭贫困，母亲从小就被卖给人家当婢女。她小时候没钱读私塾，几乎是个文盲。家里人给她取了一个很好的名字——张顺意，寓意顺顺利利、万事如意。但是，母亲没读过书，连自己的名字都写不出来。母亲小时候很聪明，经常在私塾外面听别的小孩读书，还能认得几个简单的字。到了印

① 本文为作者自撰稿。

尼，她还能听懂印尼话，说出乡音很重的印尼话。在国外的19年中，母亲对我的影响是非常大的。父亲也在辛亥革命前夕出生于广东新会双水镇沙路乡王井厚里村，从小学艺，是个手艺很好的木匠。20世纪20年代，经老乡介绍，他跟乡亲漂洋过海下南洋。他到了印尼万隆后，给新会人老板打工，养活一家人。母亲是个贤妻良母，勤俭持家。母亲连续生了几个孩子：大姐阿霞、二姐温金、哥哥温锦福和我。在印尼华侨社会，当时生几个孩子是很普遍的，很难想象生活在那么艰苦的年代，他们是怎么养活一家人的。这也反映出中华民族的家庭观念很强，有勤劳勇敢、勤俭持家和艰苦朴素的精神。

温北炎和母亲张顺意（已故）合影（摄于1985年）

1941年日本发动太平洋战争，打着“大东亚共荣圈”的旗号，军事占领南洋。1942年日本占领印尼，军事统治印尼3年多，给印尼带来深重的灾难。我们一家在战争中流离失所，住过难民营。后来日本投降，1945年8月17日印尼独立后，英国、荷兰殖民者重新入侵印尼，发动2次军事警卫行动，给印尼带来新的灾难。据说，1945年底重返印尼的英国荷兰联军在万隆打开一条大河的水闸，引起的一场大水灾夺去了我父亲和大姐的生命，大姐当时先把哥哥和我送到高地，回家拿东西时被大水冲走了。我们永远不会忘记大姐的恩情。我母亲当时带着二姐温金到雅加达做小买卖，返回万隆时看到灾情，得知大姐被冲走、父亲被倒塌的房子压死，悲伤得昏了过去。我还朦朦胧胧记得，我们一家逃难到难民营，吃野菜，如番薯叶等，一些老乡给我们送饭菜，如腐乳等，吃起来特别香。

水灾之后，我们一家搬到万隆火车站南边的贫民区小巷里。长途汽车公司就在小巷里，人口流动性很大，整天吵吵嚷嚷，空气污染很严重。我们一家四口人住在20多平方米的房子里，是个地地道道的贫民窟。母亲以编织藤椅为生，三个孩子帮忙。我们三个兄弟姐妹半工半读，读完小学再读初中。母亲知道没有文化的苦处，再苦也要供养孩子读书。二姐温金为了让两个弟弟读书，初中毕业后就到清华小学工作，我和哥哥一直念到高中毕业。

母亲生活穷苦，到南洋后得到乡亲们的帮助，做好事、助人为乐是她一辈子爱做的事。乡亲们有婚丧喜庆都叫她帮忙。母亲做事很认真和卖力，乡亲们都很喜欢她。母亲助人为乐的精神对我一生影响很大，我从小以她为榜样，也经常助人为乐，做义工，做好事。

穷人的孩子早当家

我生长在一个贫困的家庭，穷人的孩子早当家。我五六岁时和哥哥读过私塾，7 岁开始读小学，比哥哥和姐姐早，算很幸运了。我小学在万隆华侨小学读书，学习成绩好。记得我 10 岁的时候就开始学煮饭。我初中在南化学校读书，成绩排在前 3 名。我初中二年级就开始当木工学徒，上午读书，下午做木工，学了近 2 年，会做简单的坐椅和小橱具。我高中在华侨中学读书，也是半工半读，上午读书，下午或晚上当家庭教师。我高中三年级在侨众夜校教书，给没有文化或文化水平较低的华侨青年和家庭妇女上课，当时是担任数学课老师，我的数理化课程学得比较好。

在读初中和高中时，我除了半工半读外，还做了许多社会工作，学校和同学都认为我是一个品学兼优的好学生。高中毕业后，我留在万隆华文学校（南化学校）担任初中数学和物理教师一年多，后来被中国驻印度尼西亚大使馆保送回国升学。当时由于工作繁忙，营养不足，加上住家小巷空气污染，我染上了轻度肺结核病。

回国时的印尼国情

美丽富饶的“千岛之国”——印度尼西亚共和国（Republik Indonesia，简称印尼），位于亚洲的东南部，地跨赤道，像一串碧绿的翡翠宝石从西到东撒在赤道上。印尼全国有 1.7 万多个大小岛屿，其中约 6 000 个有人居住。陆地面积约 190 万平方公里，居世界第 15 位，相当于中国的 1/5，相当于 47 个殖民统治过它的荷兰。印尼是世界第四大人口大国，爪哇族占 60%，其次是巽他族，还有华侨华人等。印尼是世界最大的伊斯兰国家，80% 的人口信奉伊斯兰教。

荷兰曾经殖民统治过印尼 350 年。“二战”期间，日军占领印尼三年多。1945 年 8 月 17 日，印尼独立。之后，英国荷兰联军又两次入侵印尼，直到 1950 年印尼才完全独立。

1950 年 4 月，中国与印度尼西亚正式建立外交关系，两国成为友好国家。1955 年，在印尼万隆召开世界著名的亚非会议，中国总理周恩来出席了会议并作了重要的演讲。会议期间，周总理代表中国政府与印度尼西亚政府签订了《中华人民共和国和印度尼西亚共和国关于双重国籍问题的条约》，为解决东南亚国家华侨华人问题创造了良好的范例。当时，中国驻印度尼西亚的领事馆为了华侨长期生存与发展，奉劝华侨加入印尼国籍。从后来的发展和实践情况来看，当时的奉劝是明智和有远见的。

印尼独立后，国家进入建设时期，政治上要消除殖民主义统治遗留下来的影响，经济上要发展民族经济。这个时候，印尼的华侨社会逐步转变为华侨华人社会。首先是保留中国国籍的人数减少，归化为印尼国籍的人数增加。据统计，1965 年印尼有华侨华人 350 万人，加入印尼国籍的为 200 万人，保留中国国籍的有 113 万人，此外，还有一些未登记的无国籍者。其次，印尼经济民族化对华侨华人社会造成了巨大的冲击。50 年代，印尼政府制定了一系列限制和排斥华侨华人经济的政策。华侨华人社会受最大冲击的是 1959 年 11 月 18 日颁布的总统第 10 号法令，禁止外侨零售商在县以下地区营业。据政府统计，印尼外侨商店约有 10 万家，华商占 9 万家。受这个法令影响的有 10 多万华侨，他们被迫离开印尼返回中国。结果，印尼乡镇地区的经济出现混乱和衰退，各种生活必需品奇缺，物价飞涨，印尼排华法令造成了灾难性的后果。

值得一提的是 50 年代初期印尼华侨华人民族主义情绪的高涨。

“二战”结束，日军投降，华侨华人与印尼人民一样，成为战胜国的一分子，感到无比自豪。中国与印度尼西亚建交后，中国支持印尼的反对西方殖民主义斗争。尤其是 1955 年在印尼万隆召开的亚非会议，把中国和印度尼西亚的友好关系推向新高潮，两国领导人和民间友好往来，使印尼朝野和华侨华人社会出现“中国热”。华侨华人社会的华文教育、华文报刊和华人社团空前活跃。

受华侨华人民族主义情绪的影响，50 年代，印尼华侨华人社会出现一些过激的民主爱国活动。一些华校开设政治常识、社会发展史等课程，采用中国出版的课本作为教材。有些学校挂着马克思、恩格斯、列宁和斯大林的画像，镰刀、斧头和红旗经常出现在文娱节目中。一些华校成立学生会，开展民主爱国活动等。到了 50 年代中期，由于印尼政府的限制和禁止，这些过激的民主爱国活动才慢慢停下来。这种华侨华人民族主义情绪高涨的表现，客观上刺激了印尼政府和原住民的民族主义情绪，对华人的效忠问题产生了怀疑。

归国后的学习、工作和生活

保送回国读书，留在集美华侨补习学校

1959 年 7 月，我受到中国驻印度尼西亚大使馆的保送回国升学。当时中国社

会主义建设热火朝天，第一批选送的学生有福建华侨子女代表陈秀容、客家华侨子女代表王群珍，我是广府华侨子女代表。回国升学改变了我一生的命运，也改变了我的前途。

1959年我回到祖国，原可以留在广州华侨补校学习，因服从分配，到厦门集美华侨学生补习学校念书。当时福建前线局势很紧张，大陆炮轰金门岛刚过去一年，火药味还很浓。加上印尼大规模排华，成千上万的华侨学生归国念书。在教师非常紧缺的情况下，我们一批50多位品学兼优的印度尼西亚、泰国、马来西亚等国归侨学生留校担任行政工作和教师。我被分配在校长办公室任文书，负责文件和书信收发工作，掌管学校大印——钢印和杨校长的私章，这是学校对我的信任。1962年，印尼排华形势缓和，我们许多留校工作且有条件的年轻教师参加了全国高考。1963年，我以超过重点线的优秀成绩考上大学。本来厦门大学要录取我念英文，但我服从分配到泉州华侨大学念印尼语专业，这又一次改变了我的前途命运。从此，我一辈子从事印尼语教学与印尼研究工作，为促进中国和印度尼西亚的友好关系发展贡献力量。

艰苦奋斗的大学生活与部队农场锻炼

1963年，我被分配到华侨大学印尼语专业念书，学制五年。应当时形势发展需要，一批东南亚归国华侨学生念小语种，如印尼语、泰国语、缅甸语等。华侨大学外语系有英语专业、日语专业和印尼语专业。我们印尼语班是第一批，学校非常重视。我在大学也是品学兼优的学生，头两年学习成绩每门都是优秀。第三年，全班同学参加国务院侨办和福建省侨办组织的“四清”运动工作队，到福建常山华侨农场搞运动一年。1966年“文化大革命”爆发，我们回校参加运动。

1968年底，国家教育部宣布1966届至1968届大学生毕业后，要到农村、工厂或部队锻炼一到两年。我们班到安徽省霍邱县城西湖解放军部队农场锻炼，这个农场集中了许多高等院校外语系毕业生，据说是为国家储备外语人才，将来有用处。我在连队里是普通一员，兼任业余理发员。由于我表现积极，后来当上了部队团和师一级“毛主席著作学习积极分子”，参加了多次讲用会，获得了荣誉，也受到了同学们的好评。

广州外国语学院和暨南大学提供广阔教学科研平台

到部队农场锻炼两年后，1971年初，我被分配到广州外国语学院任印尼语教师，到 1985 年，一共当了近 15 年的印尼语教师。当时印尼语教师奇缺，都是由英语专业中懂得印尼语的印尼归侨教师担任。我们几位印尼语专业毕业的教师填补了这个空白。一开始我担任专业课教师兼班主任，三年后担任印尼语专业教研室主任，1980 年晋升为讲师。

1985 年 1 月，我从广州外国语学院调到暨南大学东南亚研究所工作，我的优势是：掌握印尼语这个语言工具从事印尼国情研究，自己是归侨，在印尼出生和长大，了解印尼，又有广泛的海外联系，可直接与印尼华人和官员学者打交道。调到暨南大学东南亚研究所后，我担任副所长。我对工作认真负责，积极投入。

温北炎（左）与曹云华（右）访问印尼时与印尼孩子在一起

东南亚研究所的教学与科研在改革开放大潮中蒸蒸日上，成绩显著。水涨船高，我在这个大集体中，科研也获得显著成绩，表现在：

一是科研成果方面。我在 10 年中先后承担了国务院侨办 5 项关于印尼国情与华人的研究课题。1998 年 5 月，印尼苏哈托政权垮台，标志着一个时代的结束，中国非常关注印尼局势与华人的处境。国务院侨办政策研究司开始以世界华人变化的研究课题面向全国招标，因为我在 1997 年底印尼处在大变化的前夕曾访问印尼，我的申请课题中标。在 2000 年，我应邀到国务院侨办给司长和处长等干部作“印尼形势与华人”的专题讲座，受到了重视。此后，每两年国务院侨办华人研究课题招标一次，关于印尼国情与华人问题的课题我都中标，确立了我在印尼研究问题上的领先地位。

二是教学工作方面。1985 年我到东南亚研究所工作之前，已经在广州外国语学院从事印尼语本科生教学工作十多年。在东南亚研究所，我的教龄最长、教学经验最丰富。我主讲了“中国外交与侨务”和印尼语等课程，并长期从事印尼国情和印尼华侨华人研究。1997 年，我晋升为教授（研究员）。

三是对外学术交流方面。1987 年 6 月底至 7 月底，我受到美国驻华大使馆新闻处的邀请，以国际访问者（International Visitor）的身份访问美国一个月。美国希望通过国际访问者这个项目，培养世界上各个领域的精英将来成为亲美派。当时中国改革开放不久，1987 年广东受邀请的有四位：广东省邮电总局的副总工程师、东莞市副市长、某报社副社长和我这个东南亚研究所副所长。广东省迟迟未批准，后来美国大使访问广东省时过问此事，才很快批下来，可见事情的复杂性和敏感性。四位访问者专业不同，每个人各自出发。我到达美国时，由美国一位退休的外交部翻译陪同，访问和参观地点由我自由选择。美国满足国际访问者的各种要求，我主要访问美国几个东南亚研究中心。我从旧金山入境，飞美国首都华盛顿，参观各种博物馆，7 月 4 日在纽约过美国国庆，再到伊利诺伊大学东南亚研究所访问，并到一家农业专业户访问两天，后到加州大学伯克利分校东南亚研究所访问，最后到夏威夷东西方研究中心访问。绕了美国一个大圈，估计整个过程的经费需要 4 万 ~5 万人民币，有人说我像中了一次大奖。

1997 年 10 月我到印尼访问，对我研究印尼问题产生了巨大的影响。当时，苏哈托政权到了末期，处于风雨飘摇之中。《印尼东协》主编邓先生和万隆西伊斯兰协会主席慕·阿敏邀请中国学者北京大学梁立基、厦门大学吴文华、暨南大学黄昆章和我四位教授到印尼雅加达、万隆等地作学术交流，访问印尼一些大学和华人社团，在印尼华人社会和文化界引起很大的反响。这次访问给我留下了难忘的印象，也为我后来长期承担国务院侨办印尼问题研究课题创造了有利条件。印尼进入后苏哈托时代，我在 2000 年、2002 年、2006 年先后多次访问印尼，包括雅加达、日惹、泗水等地，有时候长达两个月。我的访问比较深入，并参加各种研讨会，在首都雅加达打下比较好的基础。

温北炎访问印尼时与印尼青少年在一起

2004 年我访问祖国宝岛台湾，也是一生难忘。暨南大学东南亚研究所招收台湾学生最多，他们对国际关系专业很感兴趣，多数是国民党派系背景的学生。他们定期来暨南大学上课，最后一次会邀请老师到台湾上课并访问。我们在台北上课，并参观了花莲、台东，还到太平洋边游泳。台湾美丽的风光和高素质的人文，给我们留下了难忘的印象。

我研究印尼的主要著作有《印度尼西亚经济与社会》（暨南大学出版社，1997 年），《后苏哈托时代的印度尼西亚》（与郑一省合著，世界知识出版社，2006 年），《战后东南亚华人经济》（与黄滋生共同主编，广东人民出版社，1999 年），并在各种核心期刊上发表学术论文百来篇。

热心社会工作

我从青少年开始就热心于社会工作。在南化学校念初中和在华侨中学（简称“侨中”）念高中时，都担任了全校学生会副主席。归国后，1963—1968 年在泉州华侨大学外语系印尼语专业念书时，一开始担任班级共青团支部书记，后来担任全校学生会副主席。在广州外国语学院，我经常为学院和老师们做好事，每周有一个下午下班后为教工业余理发，并为单身教工住的大楼一楼打扫卫生，有时带着扁担为老师搬家，这样做好事坚持了十多年，1980 年广州《羊城晚报》还报道了我学雷锋做好事的事迹。到暨南大学东南亚研究所工作后，我业余担任广州万隆华校校友会秘书长达 12 年之久，后来担任了一届暨南大学侨联主席，现在担任暨南大学侨联顾问。

我热心于社会工作，用现在的话来说是担任义工，这主要是受到母亲助人为乐精神的影响。她是穷苦出身，吃苦耐劳，愿意帮助别人。乡亲们有婚丧喜庆都叫母亲帮忙，包一点红包给她，有时送一些好吃的东西，我们全家都很高兴。此外，我念中学和大学时是品学兼优的学生，除了半工半读外，还有时间和精力做点社会工作。能为大家做事，为大家服务，我的精神得到了满足。

体会与感言

坚持教书育人，为社会培养人才

归国前，我在印尼华文学校担任初中教师一年多。归国后，在华侨大学学习了五年印尼语，决定以后从事印尼语专业工作。大学毕业后在广州外国语学院任教近15年，并担任专业工作负责人。培养的学生虽然不多，但都是国家需要的外语（小语种）人才，有的已经成为广东外语外贸大学印尼语专业的教授，有的担任中央人民广播电台印尼语播音员，有的成为中国驻印度尼西亚的外交官或从事中国与印度尼西亚的经济贸易工作等。我到暨南大学后，仍然从事教育工作。可以说，我这一辈子都贡献给了教育事业。

搞好科研工作，为国家和社会贡献绵薄之力

1985年，我被调到暨南大学东南亚研究所工作后，科研平台更加宽广。我以印尼语为工具，从事印尼国情和华侨华人研究工作，在10年里先后主持国务院侨办五项重点课题，并获得了一些奖项。我已成为研究印尼国情和华侨华人领域的一流学者，体现了自己的价值。

我到暨南大学东南亚研究所工作后，一直从事印尼国情和华侨华人问题的研究工作。退休后，应研究所领导的要求，我着力培养研究印尼问题的接班人。这是研究所的工作需要，也是我的一份责任，只要自己的健康允许，我会努力做到。

为促进中国与印度尼西亚的友好关系而努力奋斗

我从事这方面的工作有许多优势：出生在印尼，印尼是我的第二故乡，我对印尼有着深厚的感情。归国后又从事印尼语专业工作，经常回印尼，有许多机会接触印尼官员、学者和华侨华人。与印尼驻广州总领事馆来往多，交了一些朋友。90年代，我帮助印尼驻广州总领事馆开展业务，获得他们的多次表扬。2006年5月，我在东南亚研究所负责接待印尼前国家领导人、印尼议会议长阿敏·赖斯（Amien Rais）教授，并担任翻译。他在印尼广大穆斯林青年学生中很有影响力。此外，我还参与接待来暨南大学参观的印尼官员（包括印尼的部长和大学校长）。

温北炎（左）和其同班同学、印尼首届羽毛球世界冠军陈友福（中）合影（摄于1980年）

温北炎与印尼万隆校友欢聚（摄于2005年）

热爱社会主义祖国

热爱祖国是归侨的一大特点。华侨热爱自己的祖国，把中国看成自己的母亲。很多归侨在革命时期回国参加抗日和解放战争，解放后参加社会主义建设。60年代初，他们在国家困难时期与全国人民共患难。他们在改革开放时期享受成果。不管是在城市还是在华侨农场的归侨，他们都为祖国的革命和建设流血流汗。

热爱祖国也体现在我身上。归国后，我服从分配，带头到福建前线的厦门集美华侨补习学校，后来因印尼排华又带头留校工作和任教。我报考大学服从分配到华侨大学学印尼语专业，大学毕业后又服从分配到广州外国语学院当印尼语教师，后被调到暨南大学东南亚研究所并工作至退休。值得一提的是，1987 年我作为国际访问者到美国访问一个月，由美国出资。据美国称，大部分访问者都接受美国的价值观，归国后成为亲美派，可我是民族主义者和爱国主义者，坚定为自己的祖国服务。

我一辈子忠于祖国的教育事业，退休后享受改革开放的成果：住上暨南大学的福利房，获得公费医疗和单位的退休金。

为暨南大学归侨服务

暨南大学是中国著名的华侨最高学府，在全国高校中归侨人数最多。暨南大学侨联是学校联系广大归侨侨眷教工的重要纽带，会员约有 560 人。我在暨南大学东南亚研究所工作期间，担任了一届暨南大学侨联主席（1988—1993 年），每周花 1/3 的时间为暨南大学归侨服务，没有报酬，是义工。退休后，我为东南亚研究所培养研究印尼国情和华侨华人问题的接班人，也是义工；又连续担任几届暨南大学侨联顾问，为广大归侨服务。我认为为归侨服务和培养年轻人是一项很有意义的工作，只要我身体条件允许，我就会坚持下去。

星　晨[1]

我的父亲

我的父亲名昭璋，号达明，系广西北流六麻昇平人，出身于一个贫苦的农民家庭。他小学毕业，略懂中医，会些武术。清末民初，我国正处于多灾多难时期，人民也处于困苦之中。为摆脱贫困和苦难，父亲于1915年首次只身到马来亚当劳工。后几经磨难，三次渡洋，三次回国，三次结婚。最后，为了逃脱英殖民主义者的抓捕迫害，在亲友的支持、帮助下，于1949年10月带着妻儿历尽千辛万苦，终于回到了祖国的怀抱。

我父亲为人忠厚诚实，勤奋好学，吃苦耐劳，仗义疏财，乐善好施，爱憎分明。1942年至1945年，日军占领了马来亚，所到之处烧杀抢掠，奸淫妇女，无恶不作，给马来亚人民（包括华侨）带来深重灾难。当时，我父亲出于正义，为了抗日，积极参加了马来亚共产党的外围组织，在华人社会为抗日联军进行筹款募捐活动，经常给抗日游击队送粮送药，传递情报，发展组织，成为马共的积极分子和党外布尔什维克。

抗日战争胜利后，英殖民主义者卷土重来，开始围歼马共领导的军队，于1948年颁布紧急状态令，重赏捉拿马共总书记陈平，参加抗日的共产党人及积极分子都受到通缉或被逮捕入狱。因此，为了保存“后代”和“中国的根”，父亲委托亲戚先期把我和大哥送回了祖国。随后形势越来越不妙，情况危急，父亲已被英殖民主义者通缉。为了逃脱此劫，同时也看到了祖国的曙光，父亲毅然决定举家出逃，返回故乡。就这样，父亲三渡重洋，劳碌一生，也因穷困和迫害潦倒一生，真是光着身子去闯荡，两手空空返家来。可幸的是，他生养并留下5个儿子，在共产党的领导下，在祖国的阳光雨露滋润下，个个成长，人人成才，在各自的工作岗位上，为国争光，为社会出力，作出了贡献。父亲落叶归根，在九泉之下，欣慰安息。

---

① 本文为作者自撰稿，作者名为化名。

苦难的童年

1942 年至 1945 年，日军占领了马来亚。在那战火纷飞、兵荒马乱的年代，我出生于马来亚彭亨文冬埠一个穷苦的华侨家庭。当时，为躲避日寇的烧杀掳掠，我的父母和兄长逃离村镇，跑到深山密林中搭建草棚茅舍，开荒种地，生活艰辛，苦不堪言。我就是在这样恶劣的环境、危急的情势下，来到了这个世界。听妈妈说，我小时候没奶吃、没衣穿，在哭声中煎熬。家人靠吃山果蔬菜度日。更惨的是，日军还时不时进入深山扫荡，见东西就抢，见房子就烧，见女人就奸，见男人就抓，不服者就杀，真是无恶不作，灭绝人性。

中国解放前夕，我年仅六岁，就与大哥随亲戚逃难回到了家乡。当时无论城镇还是农村，都缺吃少穿，生活相当困苦。我小小年纪就帮父母做起了家务。我七八岁时，一边上学，一边放牛、砍柴、挑肥种菜、烧水做饭、照顾弟弟。有时跟随父亲挑柴去卖，筹些小钱。不到 10 岁，便帮忙养鸡喂猪、插秧收稻，俨然成了家里的一个劳动力。真是穷人的孩子早当家呀！

磨炼的青年

我从小学到初中，历经艰辛，吃了很多苦，受了不少累。青少年时期，我见证了许多政治运动，经历了大炼钢铁、“大跃进”、人民公社，战天斗地。正是吃得苦中苦，方能磨砺人，我凭借着坚强毅力和吃苦精神，勤奋苦读，功夫不负有心人，终于在 1959 年考上了北流第二高级中学。高中三年，生活、学习都非常艰苦。由于父亲病逝，家庭的重担便落在了母亲和二哥的身上。为了生计和承担家庭的责任，二哥放弃上学，16 岁便到六万大山里打工，17 岁（虚报 18 岁）就去参军当兵，省吃俭用，支持我读书和偿还债务。开学没钱交学费，家人就东拼西借，筹足学费。我没钱吃学校食堂的饭，只好每月步行几十里，花上三四个钟头，回家取些大米、红薯之类的粮食到学校煮蒸，没油没菜就以咸菜萝卜送饭。母亲可怜我，母鸡下的蛋，自己舍不得吃，留下待我回家时取，或托同学带到学校，当时能吃上一个蛋、尝到一点肉是十分奢侈和幸福的事。寒窗苦读，孜孜不倦，在“三年困难时期”，我竟幸运地考上了暨南大学。一个海外游子，终于读上了自己国家的最高华侨学府。我高兴，我激动，对自己的未来充满了憧憬和希望。大学期间，我勤奋好学，刻苦努力，与来自世界各地，特别是东南亚各国的侨生朝夕相处，友好互助。我曾担任班团支部宣传委员，向刚入学的师弟师妹介绍学习的方法和心得体会。为了更好地将理论与实践结合，1964年，我们又下厂实习，接受再教育，接受实践的锻炼和考验。

1965年7月至1966年上半年，我们响应党的号召，参加了“四清”运动，与贫下中农同吃同住同劳动（简称“三同”），白天下地干活，晚上开会或者访贫问苦。我们发动群众查找线索（包括查账），揭发干部中的“四不清”问题。“四清”工作要求严格，纪律严明，我们深入细致，认真负责，每天都要汇报工作情况，力求身心都与贫下中农打成一片。在这场没有硝烟的运动中，贫下中农那朴素而深厚的阶级感情，爱憎分明的立场，诚实忠厚、艰苦朴素的品质，勤劳勇敢、吃苦耐劳的精神深深地教育了我。我不仅磨炼了意志，还懂得了做人的道理。这是一笔不可多得的精神财富，是课堂上永远学不到的真知。

由于经受了“四清”运动的锻炼和考验，表现突出，1966年4月，我光荣地加入了中国共产党。时至今日，我的党龄是51年，我是一个老党员了。

史无前例的“文化大革命”开始后，凭着对党和毛主席无限深厚的感情，我也狂热地投入其中。起先是写大字报，贴标语，破“四旧”，参加辩论会、批斗会。后来乘车到全国大串联，徒步长征。原先是文斗，后来形势一发不可收拾，出现了大规模的武斗。工人停工，学生停课，商业停商，部队停训，派系对立，地方一片乱象。“文化大革命”期间，我们经历了风雨，眼见国家受灾，人民受苦，经济受损。我们这代青年身临其境，生不逢时，是受蒙蔽的一代，也是深受其害的一代。我在青年时期虽经历千辛万苦，但收获了锻炼，收获了成长，更收获了对今后的希望。

成就的壮年

粉碎“四人帮”之后，祖国迎来了明媚的春天。“文化大革命”结束后，百废待兴。首先是拨乱反正，落实各项政策，把人民从噩梦中唤醒。其次是发展生产力，把国民经济和人民生活水平搞上去。适逢暨南大学复办，1980年，我荣幸地被调回了母校。38岁的我，朝气蓬勃，血气方刚，组织分配啥就干啥。先是在经济系当政治辅导员，负责管理学生，包括招生和分配。两年后转入教学工作，在会计系当助教，到讲师，再到晋升副教授。1985年，担任会计系副主任。1988年至1990年，担任会计系党总支书记兼经济学院党委委员。虽然党政教学双肩挑，但我尽职尽责，任劳任怨，工作认真负责，积极肯干，专心备课，认真教书，以人为本，与人为善，不但给学生传授专业知识，还教他们如何做人。我对学生，生活上关心照顾，为其排忧解难；思想上严格要求，帮助其进步。我与学生关系和谐融洽，受到学生的尊重和好评。为此，我先后被学校和广东省评为“优秀党务工作者”。

我从教数十年，桃李满园。毕业的学生求知若渴，与时俱进，不断深造，他们通过自身努力、拼搏奋斗，许多人已经成为各行业中经济管理方面的栋梁，有的当了行长、局长、处长和公司老总，成为专业人才。我由衷地为他们感到高兴和自豪，内心感到极大欣慰。

1995 年，我受学校委派，前往广州市侨联与我校经济学院会计系合办的广州市华侨会计师事务所工作，担任法人代表，兼任广州市侨联党委委员。我为密切校侨关系，解决学生实习问题尽了自己的责任，贡献了力量，受到广州市侨联和院系的好评。期间，为适应工作需要，我继续学习，更新知识，不断充实自己。我当时年过半百有余，还勇敢地参加了全国注册税务师统一考试，并取得了注册税务师的执业资格。随着公司改制，我又成为广东公认会计师事务所有限公司的法人代表，担任了总经理等职务。我先后在会计师事务所工作 8 年，带领职工为工商企业、各方客户提供咨询与服务，如设章建制、查账审计、清产核资、破产清算、管理咨询和税务代理等。工作中，我始终遵章守法，执行准则，规范业务，把控报告，严守职业操守，使客户满意、主管单位满意、自己满意。我们服务客户千万，收到可观的效益，口碑也很好。我将自己的壮年献身于教育领域和经济战线，为教书育人和会计师事务所作出了应有的贡献。

幸福的晚年

2002 年，我退休了。我想，退了总还得有点事做，不能急刹车，还要为社会做些什么，继续发挥些光和热。于是，我又受聘于广东新华会计师事务所，担任顾问和注册会计师工作，随后又担任广东正诚税务师事务所所长、法人代表，再后又受聘于四川君和会计师事务所和广东信开税务师事务所。

2004 年，我们夫妇俩到北京和儿子生活，带孙辈，理家务，一住四年，共享天伦之乐，畅游北京的名胜古迹，了解北方的风土人情。夕阳之年，趁着身体还健康，我与老伴又到全国各地旅游，饱览祖国的大好河山，偶尔有机会也到国外去走走看看，开开眼界，增加见识，拓宽视野，了却心愿，不枉此生。

我有两个孩子，均已成家立业，孙子、孙女齐全。一家八口，有六个大学生，有的出过国，有的读过研究生。大儿子先后就职于 ICI、壳牌、戴尔、微软、甲骨文等大公司，担任过业务代表、销售经理、高级客户经理、销售总监、销售总经理等职务。二儿子先后任职于香港风光旅行社、南洋商业银行、浦东发展银行、南粤银行和华润银行。他们正值而立之年，事业有成，家庭幸福，有车有房，早已步入小康之家行列。

我在晚年除了旅游，还参加学校的老人进修大学，学学摄影，练练书法。时而打打门球，玩玩手机微信，听听音乐，上网看看新闻，注重养生保健，坚持徒步锻炼。我每天的生活很充实，始终保持平和乐观心态，不争，不贪，不求，心静如水，淡定从容。我这辈子知足了，只愿在人生的路上，享受生活，珍惜友谊，善待生命，快乐地过好每一天，让自己慢慢地老去，欢度幸福的晚年时光。

薛声荣[1]

在越南

就我的家庭来讲，从抗日战争开始过去越南的最多，应该是从我们曾祖父那一代就过去越南了。我的祖辈很多都是在农村，一抓当兵就逃，祖辈就因这样逃到越南的。

我的祖籍是广东潮汕地区。历史上潮汕人逃到越南一定要坐船，而且大多逃到南越。因为当时越南分南北越，它的地图形状中间瘦长，所以越南人自己形容为“两担稻谷”，北越有红河三角洲，南越有湄公河三角洲，都是出海口，形成了冲积平原，特别富饶。潮汕位于粤东地带，居民要逃难就到南越。越南华侨华人来自我们祖国不同地方，南越以潮汕人居多，北越则以湛江、广西人居多，以至于形成了不同的风格，经商、谋生的手段也不同。潮汕人特别重男轻女，又特别拼搏，男的一出去拼搏就不得了。他们出去就带着一包稻谷，买了船票，坐上木头船去越南。我的曾祖父那个时候是个“烂仔”，游手好闲，家人巴不得把他推出去当兵。但是他害怕当兵，怕死，请求家人将他送上木头船，当时他还没结婚，只身一人上木头船漂到了南越，这就是我们家族在越南的开始。

南越土地很肥沃，冲积平原很富饶，在岸边一脚踩下去就有鱼有虾，所以过去不愁吃。但是没有粮食，整天吃这个也不行。还好我曾祖父带了一袋稻谷。在南越稻谷撒下去就长，根本不用插秧。北越就和我们两广一样，必须播种插秧。这样子很快就能收成，一年能收获三次。本来他是一个“烂仔”，一下子他感觉生活很有奔头，鱼虾蟹都有得吃，还有粮食收成。慢慢地他就在思考这土地归谁所有，想让土地归自己所有。没钱买，但是把粮食收成卖了可以慢慢地存钱买土地。当时越南是保大王统治，不会将土地卖给外国人，必须娶越南老婆才能注册拥有土地。曾祖父就在那里娶了一个勤奋又漂亮的越南老婆，注册土地，慢慢地

---

① 陈慧、田丹丹（暨南大学国际关系学院/华侨华人研究院2012级硕士研究生）于2013年7月3日和7月16日在暨南大学第二文科楼425室采访薛声荣老师，并整理录音。

成了地主。但是，曾祖父娶的这个越南老婆不能生，他又到中国潮汕地区娶了一个老婆过来。中国老婆就生下我祖父。我们家人丁不是很兴旺，曾祖父在祖父出生之后也不管他，让他回潮汕。后来祖父娶老婆了再带过去。祖母生了我伯父、爸爸和叔叔。由于曾祖父在越南发了财，而中国却困于内战，所以老家那边的人基本上都去越南谋生，我堂姑她们也成了地主。我基本上不回潮汕老家，因为潮汕都没亲人了。我会讲潮汕话，因为在家只能讲潮汕话，不讲潮汕话是不给饭吃的，不在家就讲越南话、法语、广东话等。

因为当时家境很富有，祖父就送伯父和我爸爸去法国留学，叔叔因为学习不好就没送出去。我爸爸的六个孩子都是大学生，伯父只有一个孩子，而且有点智障，叔叔家的孩子都不太聪明。伯父在法国勤工俭学，早早参加了胡志明领导的"救国同盟会"，并参加了革命，是中央委员。当时越南已经是法国的殖民地，伯父在法国书也没读完，就被驱逐出境，他就回到越南与胡志明等老一辈革命家打法国佬了。我爸爸就很听祖母的话，老老实实地读书。

伯父回到南越，因我们一家人都在南越。那时候，胡志明从外国回来是到北越，好像党小组一部分到南越、一部分到北越，我伯父是属南越这一部分的。当时我们家很富有，我曾经回越南老家看过，他们在南越发家致富，建的粮仓很大，有500米长。越南老鼠多，华人很聪明，他们买了蟒蛇来防止老鼠糟蹋粮食。在这么富有的环境下，我伯父来这么一招，投奔革命，四处奔走去搞革命，回家拿枪指着祖父母，要他们开仓库把钱粮捐献给革命党，把家里的金银珠宝拿去捐给革命党，叛逆到这个地步，搞得家里鸡飞狗跳，家人很生气。那时我爸爸还在法国继续念书，他学孙中山，倾向中国，说学医才能救国家，于是他学医。

当时为什么留在越南这个社会主义国家？就是因为伯父是中央委员。因为革命，伯父把家搞砸了。毕竟是地主家境嘛，还是有些家底，家人就把剩余家当卖光了，去西贡。

当时越南的高中是十年制，我爸爸高中毕业就到法国读医学，本来要读七年的，因为我伯父的事情，再加上我祖父去世得早（那时候男的很短命，老祖父这一代都很短命，我祖父37岁就死了），祖母就一定要我爸爸快点回老家娶老婆，于是我爸爸读了两年医学就改读商学了，读了商学很快就回来了。我爸23岁结婚。因为有家底，就开创了越南进出口公司，他当总经理，又和法国人做生意，说得不好听就是"买办"，贩运缝纫机、罐头、摩托车、电单车等，是很大的进出口公司。我爸爸开进出口公司能挣到钱，所以我一出生，家里已经有冰箱、汽车。在我小的时候，因为伯父的原因，法国佬不断过来抓人。他们抓不到我伯父，又不敢抓我爸爸（因为他从法国回来，又有钱），但也搞得我家很动荡。那时我爸爸的亲弟弟在越南和泰国之间跑来跑去，帮我爸爸做买卖，进货什么的，也抓不到他。他们就抓我家的养叔，让他坐老虎凳，逼他说出我伯父在哪，搞得我家不得安宁。我家花了很多钱把养叔保出来，让他进家的时候跳火盆，辟掉身上的邪气。后来家人觉得再住下去不行，那时我们才知道伯父杀了很多法国佬，他们追得很厉害。他已经是大官，很有名，所以动不动法国佬就来我们家搜人，搞得我们没办法，就卖掉南越西贡的家当，去北越，所以我既了解南越又了解北越。

在河内，我爸爸照样开进出口公司，因为有家底在那里。做买卖就撇掉南越那边，到香港进货，因为我家很多人在香港。现在我的亲戚在香港的也很多，就是在那里做买卖。华人都像我伯父那样，参加革命就一心一意。到1954年奠边府战役大捷以后，突然从家的门缝里塞进一封信，是我伯父的信，叫我爸爸不要走，说留下来政府会安排工作，不需要再东奔西跑。当时去北越的时候，我爸爸的亲弟弟从泰国回来不敢住在原来的家，就另立门户，所以当时在南越有我的一个亲叔叔和我祖母。我爸爸这边就养着我外祖母。外祖母是从唐山（中国）接过来的，每一家人养一个老人。我伯父不让我爸爸走，他对我爸爸说："你上过大学，又讲得一口法语、英语，还怕找不到工作？你老婆又是读师范的，教书都养得起。"我爸爸说："我有六个孩子，怎么养啊？"他说："你还有这么多金银珠宝呀。"后来大家没想到越南也搞工商业改造，学我们中国，我记得我们家十三两黄金全部被政府没收了，我家整栋房子，五层楼，只给我们住，但不是我们家的了。当时我伯父也没办法救我们，北越解放，他去北越了，当了中央委员，后来当越南党校校长。我记得，我考上越南大学后，周六日时，他就开车载着我和我弟弟去逛、去吃。他至今没有孩子在身边，曾娶了个老婆，去革命的时候，孩子还在老婆肚子里，他没见过。20年后南北越才统一，他就这样牺牲了自己的亲情。所以，他和我们家很亲密，把我们当成他的孩子。对于越南来讲，华人有参加革命，有成为它的中央委员的。1954年北越解放，华人是非常高兴的。胡志明活着时，对华侨华人还是很好的，华侨华人也没遭到区别对待，有自己的华侨中学、小学，都是自成一体，像现在的马来西亚一样。但是，现在越南反倒一所华文学校都没有了。

我在越南时，读的都是华文学校，读到高中毕业。当时是两种语言、两套书本，越文是强制学的。越文由越南老师教，中文由华侨老师教。1955年我们中国派去越南两个专家团，一个专家团住在河内，一个专家团住在海防，这是北越两个最大的城市了。两个专家团扶持了两间华侨中学。当时我没读完小学就参加统考，考上了刚成立的华侨中学。我进入初一后，就由中国专家教，所以我的中文基础比较好。现在我的班主任还在北京呢。那些专家，有些回国后就在国务院侨办。回国之后，我曾经被借调到国务院侨办。我不是一直都当老师，是在越南读完大学以后才留校的。当时，华侨华人考大学是非常难的，中国大使馆又不给我们回来。当时我爸爸想让我回国读大学，但中国大使馆不批。中国大使馆说，你们华侨要热爱越南的一山一水、一草一木，必须留在越南，要把越南当作第二故乡。特别是周恩来总理去越南，刘少奇、陈毅他们去越南，我们都见过的，那时候是50年代。我是1961年上大学的。中国和越南关系好的话，华侨的生活就特别好，有华人书店、华人街，但是胡志明一去世就不好了。

我爸爸去西贡的时候，是地主，家在农村，那个地方叫薄辽。我们刚到越南时住在芹苴，后来伯父这么一弄就离开了，也没再回去，不敢回去，谁都知道我们家是搞越共的嘛。

在芹苴的时候，我们家旁边住的基本上是华侨华人，芹苴和薄辽，华侨华人多得不得了，都是从唐山过去的，都是这样子耕作、发家的。现在还是很多啊！那时，我们家旁边的华侨华人都蛮富裕的。在南越的华侨华人也是很富裕的，现在起码还有百万人。当时西贡有百万华侨华人，但排华以后就跑掉很多了，起码跑掉五十万人，剩下的还在农村。后来都已经同化了，不太会讲中国话了。在南越，能够保持华侨华人生活习惯的就是在原来西贡和现在胡志明市第五郡和第十一郡地区，这些地方基本上还是有华侨华人。我现在还有个姐姐在越南，她没走，因为她老公不肯走。

我爸爸和祖父都是回潮汕娶的老婆，那附近的华侨华人很多都是回老家娶的，相互之间介绍，拿照片看，同时寄钱回来，乡里乡亲都知道，姑娘们都愿意嫁出去。嫁出去一般是做少奶奶的，不用那么辛苦。潮汕特别重男轻女。越南就没那么厉害，在南越，很多女人当家，越南女人是很能干的。

我的曾祖父就只有我祖父一个孩子，我祖母活了88岁，女的都长寿，男的都短命。我爸爸是在越南去世的，57岁就去世了。现在我们一有空就申请到越南那边去扫坟，上一次我是和我们学校代表团一起过去的。我和叶勤书记说："你让我留下来吧！"他说："你留下干吗？"我当翻译的嘛，我一离开，他们就会遇到不便之处。我说："我送你们到飞机场，你让我留下来一个礼拜。"当时叶勤书记吓了一跳。我就说："我爸的坟上面全部都塌掉了，我去修坟呐！"他听了也感动了。华人那块坟地有三座山，埋有很多人。祖祖辈辈都在那里，那时北越相对比较穷。

我在越南读大学时，28门课，26门五分满分，2门四分。毕业后，我留校任教，在越南财经大学当老师。我弟弟是全满分，进越南最高学府——越南综合大学。他从小就是第一名，是我们家最聪明的一个。我家第二聪明的是我姐姐。

越南有华人同乡会，我爸爸本身是潮汕同乡会的会长，很多从潮汕过去的人都是找我爸爸，让我爸爸帮他们安排，救济他们。我记得，我爸爸会问："你从潮汕过来会不会做豆腐？会不会发豆芽？”因为潮汕人过去一开始大多是做豆腐、发豆芽。有些说，懂得缝补衣服啊，做衣服啊，修鞋啊，都是这样子。当时在南越有很多会馆，有广东会馆、福建会馆、潮州会馆、海南会馆，本身是会馆，但里面有开办学堂，让华侨子弟在那里学中文。所以说，当时南越比北越强多了，南越华人都是从中国直接到南越的，华人在南越奠定了基础产业，基地都在那里建起来。现在基本没有了。

南越对华人不太敢动，认为只要动了这些华人，一夜之间他们就会跑光。因为越南人知道它的海岸线太长了，没法守，一条条船、小艇，你哪里知道它是捕鱼的，还是带着人去逃难的。当时华人逃难的时候啊，可以一个晚上 300 多条船全部出动，向香港那边逼过去，有很多去了香港难民营。

我在越南的姐姐的三个儿子现在还经常回来，和我们联系比较密切。她的小儿子在银行干活，那个银行好像是华人开的，因为业务对象是华人，所以必须要懂得中文。大儿子自己开工厂。老二呢，做买卖，经常跑来跑去。我问他现在越南人对华人怎么样？他说反正不动我们，我们就是越南人，入越南籍，不允许像以前一样有双重国籍，写的是华族，他们越南人正统是京族。以前华人在越南很自由自在，现在这样的生活没有了。六七十年代时，美国为了防止北越打南越，不断派飞机炸北越，炸了 10 年。当时我们整个班的学生都要去当翻译。没办法，中国派过来这么多军队，没人当翻译，中国军队不就瞎抓，所以我很多同学是当翻译的，还有接受中国的援越物资。后来我到中国访问，才知道中国援助越南有 220 亿（人民币）。

回中国

南越是 1975 年解放的。那时我们在北越读完书刚工作，我便跟着越南财政部到南越接管西贡财政部。我丈夫老早就参军了，去接管他们的商业部。我伯父是中央委员，到 1977 年还是 1978 年时，他有脑溢血，再加上年纪也大了，知道华人处境严峻，就让卫兵来叫我，说：“华人的血白流了，你必须离开，往北去吧，不能再待在越南财政部和越南大学了。”我说：“让我回北越吗？”他说：“不是回北越，还得再北。”那时，我和我丈夫整个人都呆住了，华人的血白流了。看着伯父躺着老泪横流的样子，回想起他当初意气风发地用枪指着父母把家中的钱粮捐献给革命、奔走在杀敌的战场上，我也忍不住泪流满面，自知走是不可避免的了。但当要走时，我丈夫变卦了，我去意已决，就只得想法子“调虎离山”，把孩子都带走，一个都不留下。尽管 1975 年西贡刚解放，由于我是军属，丈夫已随军队占领了西贡，所以我在政府的保护下，坐了五天五夜的汽车进入南越胡志明市（这时西贡已更名）。虽然辛劳，但可以带着一双儿女，期望着夫妻团聚。可惜好景不长，只度过三年时间又要走了！因为随后开始排华了，清算，我连换三次钱，一麻袋钱去换，最多只能领200元（当时的币值与现在的人民币差不多）。华人的钱经过三次兑换都已“弹尽粮绝”！看清了当局的意图后，我就开始筹划偷渡逃离。我当时有个表叔是开毛纺厂的，用三百两黄金雇一艘铁皮船准备全家偷渡。他走时来找我，要我们全家跟他走，还说他雇的船直走到澳大利亚，并说我是学财经的，他到澳大利亚后继续开厂，让我帮他家管理就好。我说：“我只想回归祖国，当华侨当怕了！”据说，他的大女儿在临走前哭哭啼啼，割舍不下情人，我表叔认为太晦气，就让她留下看家。后来，我见到她时已是疯疯癫癫的，很可怜！

薛声荣丈夫麦先生进入越南南方战区参加革命，为校尉级军官

当时西贡的私人经济80%是掌握在华人手里的，可他们一批批地出走了。我堂叔也弃下纺织厂走了，堂姑一家是做进出口和仓储业的，也弃下11个亿（越币）的财产，偷渡到美国夏威夷，现都住在旧金山。越南当局当时自认为很有创意地只针对工商业资本家进行所谓的工商业改造，连商店老板都不能幸免，因为商店主要是华人开的。越南当局不进行工业改造，因为虽然工业老板大多是华人，华人也都是厂里的技术骨干，基本上都是留洋回来的工程师、技师，但怕

他们破坏工厂，不敢动他们，怕影响在工厂就业的越南人。我亲叔是开商店的，要接受改造，被赶到新经济区去，在动乱的时局下惊吓过度晕死过去，当时市面很乱，缺医少药，就这样去世了！奶奶也跟着走了！我婶婶变卖家当，带着六个孩子坐船（联合国救难船）途经怒海，漂到公海，被一些国际组织的船救了。婶婶较大的三个孩子到了美国，现定居在洛杉矶；她和三个小一点的孩子到了加拿大，现定居在多伦多。

越南当局还把华人捆绑扔到新经济区，去开荒，让你自生自灭。当时，华人的所有财产都被没收了，封条都贴了，房屋也没收，房屋钥匙给以后从北越回来的越南人，所以现在原来位于南越西贡的很多房子都是当时华人的。

我妈妈没有到南越，一直在北越，因为我还有弟弟嘛！我有三个弟弟、一个姐姐和一个哥哥都在北越，只有我一个随军南下，因为我丈夫参军了。后来他们是从北越回国的，我是从南越回国的。他们的所有财产都被没收了，没有剩什么东西。我们现在把财产看得很淡，你说我们四代人奋斗下来，到最后只有两个包裹带回来，只有几套衣服呀，很心酸的，都得从头开始啊！

西贡一解放，就开始清算西贡的华侨了。北越胡志明在时，华侨过得好好的。中国专家来了，又有自己的华文学校读书。可胡志明一去世，中国专家回国了，华文学校全部被解散，学生全部读越文。那时我姐姐高中毕业后读师范学校，后留在华文学校当老师，我哥哥也在华文学校当老师，他们都是读书成绩很好的。到后来，中小学全部用越文教材，不给你用中文教学。越南从文化下手，不给学中文，慢慢地，这些华人的子弟成为越南仔。在经济方面，越南也和中国断了往来。所以，现在北越基本上是没有华人的。南越因为比较远，华人财力比较雄厚，华人还在，开华人的私人学校。

我在北越时，大学毕业后留下当老师。一当老师，正好发生北部湾事件，美国飞机开始轰炸越南。我经历了整个抗美救国战争，整整10年！我们当时恨美国人。像我们财经大学兵源是给总后勤的，后来呢，越南百科大学，其实就是越南理工科大学和越南医科大学，也专门提供兵源。美国就专门炸这三所大学，炸得我们没办法，在河内的大学都给炸掉了，学校都要迁到山区去。在山区，我们挖地三尺照样上课。那么多年战争，我们都在山区，起初是没有床睡觉的，条件恶劣，没东西吃，就靠着中国援助的大米、面粉以及苏联的面粉。后来没想到越南当局将手伸向华人，华人流离失所了，才大批地逃跑。

1978年，我一人带着三个孩子回到中国。回国时，因为我是政府官员，不能坐船。我因为四处讲课，有些介绍信，要有介绍信才可以买飞机票。我在南越，没办法走到北越，越南南北地形是瘦长的，2 000多公里，怎么走？我就想办法趁他们不注意，偷偷买了飞机票到北越，把三个孩子一起带走。到了北越，就由我弟弟把我们藏起来，我们不敢上街，因为南越人是要被抓的，回中国是犯法的。我们这些比较高层次的华人，中国大使馆都有名单。我弟弟到中国大使馆，大使馆工作人员说："你有个姐姐在越南财政部。"我弟弟说："她不在南越，现在在北越，想向您要护照。"他说："不用护照了，快点走，今天晚上立刻上火车。"原来，我们若再晚两天，就要被抓了。当晚，我们立刻上火车，到广西。我那时三个孩子很小，一个大女儿和两个儿子，一个才 18 个月，一个三岁，一个五岁。我丈夫不肯走，我也不理他，就先带孩子走。我弟弟没有过来，他们送我到边境谅山就不敢走了，当时也是因为要用钱。我从南越出来时，带了金戒指。给人一个金戒指帮我挑一公里，很惨，一直这样子走了三四公里。过了边界，一到凭祥那里，看到中国解放军，我们就大哭起来，中国女兵把我们扶过去。那时我的孩子一个个又拉又吐，过去后立刻给打吊针，给吃的。我就这样逃过来了，还是很顺当的。在越南排华的过程中，我们得到中国大使馆的帮忙，他们帮着指路，过来后，中国政府一直都很好地接待。当时其实也有点害怕，越南排华后，听说中国那边有接待难民的，于是大批北越的华侨华人，基本上倾巢出动，逃到中国来，没人留下。

其实，我哥哥当时是不想走的，后来对越自卫反击战一开始，华人走在路上，越南人认出你是华人就开枪，逼得我哥哥坐小木舟偷渡。很多人都回不了中国内地，被迫到香港难民营。我弟弟他们全到那了。

我是 1978 年回国的，其他亲人是后来才回来的。对越自卫反击战发生在 1979 年，他们进不了中国，两边打起来了！我哥哥为什么到美国、加拿大？就是因为他们先到了香港难民营，联合国难民署就站出来让世界各国收留他们。就这样，我的整个家族分布在世界上 14 个国家，甚至南美巴拉圭都有，包括我丈夫这边的人，还有我姐姐这边的，他们个个都结婚了，这些亲戚有的我都讲不清楚了。后来，大家就没办法聚在一起，连我们六个兄弟姐妹都没有聚过，只能够在他们一两个回中国旅游时聚聚了。我在广州还好办，相聚还多。其他人都没回来，我哥都没回来过，他年纪大了嘛。我的儿女与他们的联系都断掉了，不认识了。美国的亲戚还回来玩过，就有认识，都是至亲，堂兄弟还相认，其他的都叫不出来了。

关于我们家的家谱，那时越南战乱时间长，从抗法到抗美，炸得你什么东西都没了，后来又是逃难，活命最重要了。美国飞机在天上炸，都麻木了，就看着它炸。我记得最清楚，当时我带着我女儿回河内开会，虽然当时都已经疏散到山区，但偶尔还会被召集回去开会。我女儿当时没人带，我去哪儿都带着她。在回河内的途中有一座桥，四米长，美军可以把它准确地炸掉。有一天我们刚刚从河内出来，乘小船渡河过去，就有一架飞机飞过来把它炸掉了，我们母女刚上岸，摔了个狗啃泥，回头看那条船上的人，都落到水里了。美军炸得厉害，每次回河内都惨不忍睹，什么肠、头发啊都挂在电线杆上。我现在怎么有心脏病呢？就是吓出来的。我经常要去医院，曾在课堂上晕过两次。

我回国后到广西，国家分配我进大学教书，我说自己是教会计的，财务会计没有实践怎么行啊？所以我提出做财务会计，有了实践经验之后，才去当会计教师。我在广西侨办华侨企业管理局当过会计，当时国家接了很多华侨回来嘛。我弟弟薛声家在广西大学教过书。我们申请了职称才回来的，1984 年回到暨南大学。我在广西那边做了 7 年财务会计，并被评为会计师。我于 2008 年 66 岁时退休，那时候 MBA 没人上课，我就超龄上课，去教 MBA 这个系列。我为什么能镇得住 MBA 学生呢？就是因为有实践经验。1974 年，我在越南考取了高级会计师，当时越南财政部人事处官员对我说："你可能是越南唯一一个取得这个文凭的华人。"当时我认为自己是幸运的，脱产 6 个月，挺着个大肚子读书考试（我丈夫参军后，准备走胡志明小道进入南越参战前，因来过节，就留给我这个肚子又走了）。因为有了这个文凭，1975 年西贡解放，越南南北统一后，就把我调入刚接管的南越财政部。在接管过程中，我接触到德国厂、日本厂、美国厂等形形色色的会计账目，专业知识增长了不少，知道了各种形式的会计核算方法，通晓了专业技术是没有边界线的道理，为后期难度较大的课程教学奠定了基础。

应该说，祖国确实对我有很大的照顾，所以我生活得较好，不像人家要到华侨农场。国家从来没说要我去农场，我一回来就被安排在广西侨办华侨企业管理局当会计。我 1978 年回来，1981 年就评上中国的会计中级职称了，单位立刻就给我升正科级。考上会计师以后，我准备回广东，可广西不给走，区里说广西所有的大学都对你敞开，你想去哪所大学就去哪所大学。我说我是广东人，我亲人飞回来都是到广州，我还得去广州见亲人。我当时生活困难，一个月工资只有 50 块人民币，后来升到 78 块，四个人怎么生活呀，家人都是寄钱回来给我养孩子的。他们当时从香港出去，个个都有文凭，有活干。当时香港的伯父等亲人寄钱给我，知道我一个人带着三个小孩，有谁过来都带点钱给我。但是他们回来大部分都是去广州，我在广西很不方便，所以我一定要回广州。趁着有一次来广州取经怎么建立一个归侨奖学基金（最先建立归侨奖学基金的是广东侨办），我就到暨南大学毛遂自荐，说明自己是会计师，在越南当过 13 年大学老师。经济学院的领导就让我试讲，我试讲的内容是会计原理的总论。他们觉得讲总论的不是一般人，就要定我了。我刚返回广西调令就下来了，但是广西又不放，我努力了好久，差不多用了三年才调走，1984 年 12 月 12 日才到广州。我调到暨南大学后一直到现在，哪里都不去了。会计师收入高，但忙。对我而言，最重要的就是收入高，能养得起三个孩子。

到暨南大学后，我经常出国，每个暑假差不多都出去，因为我妈妈在加拿大。我经常去加拿大，顺路去美国，我哥家人主要在美国洛杉矶和旧金山。越南华人有两次出走的机会，其中一次是1975年南越解放，很多人怕共产党，怕清算有钱人，加上北越那时候对有钱人进行工商业改造，一改造什么都没有了，所以在1975年跑了一批。那时候我家人是比较有钱的，很多跑去了美国旧金山。

我回国赶上了祖国好时期。在外面知道“四人帮”倒了，我们才敢回来，不然真的不敢回来。因为当时我很多同学先回国，后来他们中很多人到中国香港、美国，他们说自己是被祖国扫出去的，这伤了他们的心，他们这些人是不会再回来的。当时他们还年轻，也没有太多的经历，你让他们讲他们也讲不出来。中国以前过“左”的这些东西啊，伤了很多华侨的心。但是，“文化大革命”结束以后，中国就恢复了很多政策，华侨慢慢地对祖国有了新的认识，新生代嘛。而对国家有很多怨恨、疙瘩的老一辈，很多都去世了。

早年回来的华侨，肯定经过那个时期。那时我不在国内，回来的时候“文化大革命”已经结束了，我是1978年回来的，正好十一届三中全会召开，很多很明朗的政策出台，加上我们是学财经的，听到十一届三中全会的政策，心里面都很开心。所以说，我是碰上祖国比较好的时光，国家让我们充分发挥才干，加上我们学得比较扎实，回来后就放手给你干。我们回国时，联合国难民署说：“广东、广西接待那么多难民，我们、国际红十字会、欧洲共同体都给钱，世界粮食计划署也给钱，你们却不知道怎么花这些钱，要求是专款专用，专户存储，还要单独报账。”这一道账吓得一个个财务人员都说不会弄，让我这个洋学生负责。我1979年就挑起很多担子了，在广西侨务办公室算很年轻，我在大学教了13年书，一听就明白。甚至联合国难民署还派了审计专员来审我的账，他们看了很满意。我把在越南学的那些比较先进的东西，回来后结合中国当时的国情改账。先前的出纳账一塌糊涂，他们很多人经历过“文化大革命”，也没有读多少书，专业知识不扎实，我这个难侨反倒来教他们怎么做账。我把广西侨办的整个账都建得比较严谨，后来在华侨农场管理局管36个农场的财务。我在广西干得很出色，这么多工作我都干得井井有条，评上了全国侨联的“归侨先进分子”，还到北京人民大会堂开会呢，受到邓小平、胡耀邦接见。他们都说我们是归侨里面的特殊人才，得到国家的重视。

我觉得做人、做研究真的要勤奋。有一次，我跟我弟弟讲，我是很努力的，没在中国念一天书，却当上了中国的教授。我当时写文章写得很辛苦，甚至到华南师范大学中文系读函授，去学写作、汉语语法，重新自学。因为我怕错，我讲越南语太多了，又讲俄语，小的时候又学法语，我读那么多种语言，脑袋里都是外语，中文讲错还是讲对，连自己都搞混了。我1984年到暨南大学，被聘为讲师。讲师这张纸墨水还没干，1987 年我就调副高了，当时会计系像我这种资历的很少，而且我写了很多文章，还与人合写教科书。因我在越南财政部待过一段时间，回国后自己写了《会计制度设计》，人家评价说这本书难度高，我评正高就凭这本书。评正高就辛苦了，受到了一些排挤，有人觉得我占得太多了，好处也享受得多了（出国机会很多）。但是我无所谓，表现勤奋，人家教不了的学科我来，难的就推给我。特别是那些串讲，一天要把整本书讲下来，难度比较大，要求你对课本非常熟。后来发展到整天要我去串讲，周六日我就像空中飞人一样，飞汕头、湛江、梅县，飞来飞去，四处去讲学。因为当时中国需要很多会计，很多老会计慢慢地退下来了，新的一代又接手不了，接手需要新的知识，所以我当时觉得自己责无旁贷，努力吧。

在暨南大学，我与时任校长刘人怀接触最多。正好当时刘校长刚调来，他对海外特别是东南亚的关系很看重。刘校长认为我们来的学生多是东南亚的，你要是对他们不了解，怎么知己知彼呢？他说："哪个国家我们都要和他们搞好关系，我们多走走多看看，就可以更好地管理我们的学生。"这一点是比较开明的。当时有几个团去越南，都带着我做翻译，因为越南从南到北到处都是我的朋友、学生，什么都是畅通无阻的，去到哪里都是中央委员接待。一般没有这样子，一个学校的团去是中央委员接待，但因为我的同学很多都是当到中央委员的。

我不回来也不一定能做到中央委员。越南政府知道你有才干，也看好你，但是具体会不会给你一个职务还是不确定的。我算是幸运的，1974 年，越南财政部开办几期高级会计师培训班，由于我丈夫被派去前线，到南越打仗，我就申请并获批全脱产参加高级会计师培训班，并考取了越南第三届高级会计师文凭。在越南，他们叫我"活字典"。当时很多越南老师到中国大学留学，毕业回去时，从中国带了很多材料。为什么我说自己专业知识比人家扎实呢？就是因为我在学习时经常给那些老师做翻译，他们把中国那些财务会计杂志拿给我翻译。你说当时像我们这些学生哪里能接触到这些杂志，他们从中国留学回来就带很多材料回越南，因为他们也要写文章，但是他们当时没学几年中文，理解不透，就叫我帮他们翻译，我拿着一本杂志看着中文念着越文，他们就在一旁打字。就这样，我帮了很多老师，他们后期留校任教得到职称的，都说很多是我的功劳，他们根据我翻译的材料，结合越南的实际发表文章。后来跟刘校长还有其他老师过去越南，我也是不断地帮助这些老师，有时候晚上很累了，他们还把杂志、重要的文章塞来，他们怕理解错误，让我翻译。我把这些杂志刊登的当时中国改革开放比较新潮的东西，特别是中国会计改革方面的内容翻译给他们，后来他们很多都评到教授、副教授了。我到越南，他们就招待我到酒店吃住。

在政治方面，刚回来的时候，有个难侨干部学习班，我学了一周还是十天，此后就没有谁要我学什么，因为我起初是一个干部，后来到这边是当老师。虽然没有几个钱，但是我订杂志、报纸，一直订《人民日报》和《参考消息》。有些人就笑我，你不是党员，整天看《人民日报》。我说这是党报，是红旗杂志，我整天就看这些。我没有入党，不敢入党。大概是 1984 年还是 1986 年，我参加了民主建国会，经济界的，我是上一届民建党广东省委员。当时很多老师就说："哎呀，你这个人，那么积极努力，完全可以参加共产党。"我说："我不敢参加共产党。"她说："为什么？"我说："我是有产阶级出身的。"她说："现在不讲这些了嘛。"我说："我不参加，我就参加民主党派。"

我不后悔回国。我到加拿大、美国时，每次到那些移民局，他们说："你怎么不移民？你是一类移民，我们很欢迎你啊。"我就说："我在那边干得很开心，为什么要来这里打工啊？"我讲不好英语，因为我讲太多种语言以后，英语永远讲不好，所以没办法。

我跟我弟弟回到祖国，很多人现在很羡慕。当我返回越南时，以前的同事说："你要是在越南，什么时候才能当上教授呀？"他们都直讲："你回到祖国好，你是那么聪明的人，所以你就拼出来了，你在越南是得不到这些的。"我回国时，中国那些会计很落后，我在广西侨办做会计，要向联合国难民署、国际红十字会、欧洲共同体、世界粮食计划署四个国际机构报账，我爱看书爱思考，充分发挥了自己的智慧，干得很痛快。在暨南大学也很顺利，得了副高职称，就拼命地干，后来又得了正高职称。我总是觉得，在祖国的大地上，我在人生道路上走得最开心，干得最好。

说实在的，现在我已经满足了，有吃有喝，想玩就玩，老有所养，老有所医，我可以报销 90% 的医疗费。每个月国家都给我报销上千元的医药费，因为我有糖尿病、心脏病，都是给我最好的药。在专业方面，我觉得自己还是很充实的。

家人与同学

我妈妈是潮汕人。我祖母压着我爸爸娶老婆，我爸爸就回潮汕娶了我妈妈。我妈妈出身于书香门第，其中有个姨丈是在翰林书院的，这一门现在泰国出了七个教授。我妈妈毕业于汕头海滨师范学院，毕业留校，又没嫁人，当时已经 22 岁，那时候算年龄大了，嫁给我爸爸后，就去越南了。

我排老三，我妈妈生了四个孩子后停了 10 年，后来又生了两个弟弟，现在在加拿大，他们都是电子工程师。我是 1978 年回中国的，我妈妈回国后，和我住过一段时间，在中国停留了几年，后来因为一个小弟老五总不结婚，1983年她又回加拿大了。不过现在老五结婚了，都有两个女儿了。加拿大的冬天会降到零下30多度，我妈妈一到冬天就给我写信。我妈妈2006年去世，以前我经常一到暑假就去加拿大、美国，我大哥在美国。我的家族比较大，又有钱，他们的孩子去美国的居多，其中又以旧金山、洛杉矶居多。我的叔叔不大争气，后来我祖父母又养了个越南叔叔。现在北京广播电台越语广播有个叫薛声什么的人，就是那个养叔的孩子。排华之后，养叔跑到福建去了。堂弟他们夫妻俩能讲一口流利的越南语，所以就进了北京广播电台。

右起分别是薛声荣哥哥（现居美国）、薛声荣姐姐（现居越南胡志明市）、薛声荣（中国广州暨南大学）、薛声荣弟弟薛声家（中国广州暨南大学）

越南排华时，我那些兄弟都四分五散的，坐着难民船到处乱漂，当时联合国难民署要求世界上很多国家本着人道主义收留这些难民。其实我之前的身份是难侨、难民，逃离原来的国家，到另一个国家即接收国，因为我和弟弟有知识有文化，国家就安排，重新加入中国国籍。我们六兄弟姐妹都是大学毕业，分布在四个国家，那两个小弟是加拿大国籍，他们都是高工，最小的弟弟是搞电脑编程的，老五是搞电子音响的，他乐理特别好，很喜欢电子乐器。大哥在美国洛杉矶，姐姐在越南，一个弟弟在中国。我的几个弟弟都是在越南娶的老婆。

在外面的弟弟都回来过，他们的孩子没回来过，而且都不会讲中国话。我那个最小的弟弟的小儿子在加拿大读书读得很好，考上了多伦多的学校，学习精算师之类的专业，现在好像是审计，工资很高。但是他不会讲中国话，我过去加拿大他只会叫我“姑妈”，都没办法跟他交流的，有时候我讲广东话他还会听懂一些。他们更不会讲越南语，我那些弟弟都讲不好，因为他们待在加拿大、美国二十几年，就像本地人了。

我姐姐与弟弟薛声家是家里读书最优秀的，很聪明。姐姐在华文学校毕业后，就留在那儿教书，她也经常回来，一回来就受到她那些学生的热情招待。美国轰炸越南时，当时华文学校派了好多翻译去支持抗战，后来华侨却遭到排挤。我姐姐嫁的也是华侨。当时排华时，我姐姐一家还在胡志明市，后来她也进了南越，她丈夫不走，她也就不走。我姐姐说：“我没有你那么大的胆量，你老公不走你就自己走。”她就留下来了。她原来是当一个华文学校的校长，排华的时候把她从学校撵出去，不给她住在学校，她就在学校旁边的公厕旁搭个草房住。现在越南不给教中文，我姐姐就在华文中心做事，但没有退休金，她现在一老什么钱都没有。她每次过来，弟弟薛声家就把整万整万的钱给她。上次她做心脏搭桥手术，很危险，不搭桥就会死的，她一打电话过来，我们马上凑钱汇给她。她的子女收入也一般般，他们都有家庭，不容易。

我大哥原是中学物理老师，他有两个女儿、两个外孙。他到美国后，用安置费搞了一个店铺，修录音机、电视机什么的，做个修理工。

现在洛杉矶还有我的很多亲戚，我丈夫这边也是一大帮亲戚都在洛杉矶。因为很分散，他们的后辈跟我的后辈联系很困难。

现在可以说，在中国的这个弟弟薛声家的收入最高了，他是博导，退休后又被返聘，他的成就可在“百度”搜索到。他有一儿一女，都是学电子工程的，女儿在暨南大学华侨医院电脑室，好像还是个小领导，儿子在中国银行。我们姐弟俩感情最好，他经常帮我解决经济上的困难。

现在，我跟外面四个兄弟姐妹只能电话联系。最小的弟弟（在北越生的那个）回过几次，他隔一年回来，一方面来旅游、看望我们，一方面经中国到越南去扫墓。我爸爸的坟仍在那里，很可怜的。我那次去越南，叶勤书记同意我留下来去修坟。你要是不去修，可能这块坟会被挖掉再卖地。

我姐姐在南越。说实在，我跟我姐姐是截然不同的两种性格，我姐姐读书很聪明，但是对外没有我的泼辣劲。当时排华时，她的丈夫在越南说不走她就不走了，我说我手头上够钱可以买飞机票，我们姐妹俩一起走吧，她说我没有丈夫不行的，我自己弄不了一个家。我就不是，我丈夫从来都是在外打仗，我第二个儿子在我肚子里只有两个月时，我丈夫就跟我伯父去南越前线打美军了，我一直没有丈夫在身边，也就习惯了。

我丈夫和我在越南一起读财经大学，他是老革命的儿子。越南槟椥省有个双枪老太太，特别厉害，法军恨死她了，我家公就在双枪老太太属下搞物资供应，是中央局的。

因为我这位家公有肺痨病，法军最怕这种病，只得放他进去给越共送药，所以立了大功，家里有张大大的奖状，祖国记功。北越一解放，分开南北，我家公也是为躲避追捕，把儿子送出北越读书，所以他在华文中学读书，是华人后代。华人在南越为抗法付出很多。我丈夫那一家，老父亲因趁着有肺痨病贩运盘尼西林，所以他一直是国家养着的。当时北越把所有的华人子弟放在一个学校，叫作“第十七学校”，我丈夫就是被送到这。那里都是南越华人老革命的孩子，全部由国家养育着，以后就可以到华文中学读书。在华文中学时我就认识他了，后来在北越读大学时再见到他，他比我低年级，因为他是老革命的后代，很迟才读书，我高中毕业时他才初中毕业，但是他比我大一岁。大家都是老革命的孩子，当时一大帮都是越南政府养大的，家里全部是闹革命的。当时有人把我抓住，说你必须提供一些你伯父的消息，因为后来我伯父去世以后躺在越南的烈士陵园，就在胡志明市郊区一个很大的烈士陵园。我说我不懂多少，因为毕竟他们是大人，那时我们还小。我们得到的好处倒是不少，之所以能读大学，除了成绩好外，还有我伯父的原因。北越解放，南、北越分开以后，他不是当那个党校校长嘛，本来我们在南越，后来就都聚在北越了。我们是正宗的南越人，但因为我在北越长大，一口的北越口音，不像我丈夫一口的南越口音，因为他从小在南越，到后来是由政府养大，保送上大学的。

华人对越南革命的贡献是很大的，后来的排华，也没有排我们。胡志明去世以后，是黎笋当政，就对华人不好了，很惨的。老一辈在中央局争吵，我之所以回来，是因为我伯父在中央吵架，得了脑溢血，倒在医院里。那时候，西贡解放后，我伯父是中央级首长，带着一大帮年轻人去打仗，当时我丈夫正好在北越读完书，就被政府抽调进南越打仗，后来把美军赶走了。我伯父有功，但排华时，他已经老了，别人不听他的。华人在越南留下好多悲哀，他们在越南出生入死，可是到头来，没有多少人有好结果。

当时打美国，越共的根据地都是在柬埔寨，打仗一紧张，就全到柬埔寨了，所以美军很气西哈努克。为什么那么气？因为西哈努克让了六个省给越南当根据地。可到现在两国整天吵架，不还柬埔寨了。

1978 年，我带着三个孩子回来，我丈夫没回来，直到现在他还在越南。当时因为他父母老了，所以他不愿意走。我说不走拉倒，我一个人带孩子回来。他家人是老革命，自己又参军，一直有工作，当了几十年的副处长，也不给他升。他还经常带团到中国，当翻译。他说，虽然越南排华，但跟着他有吃有喝不就行了嘛。我说，不是有吃有喝的问题，我们这一代人参加革命，你、我伯父都参军了，多少华人参加革命了，最后都流离失所，也是很惨，没办法。

现在三个孩子跟他们的爸爸有联系，但是不太亲了。因为我丈夫后来因为工作，被逼着必须跟我离婚，那就离婚了嘛。他在那边又娶了一个越南老婆。他还整天到处提我的这些孩子，在外面说我是他的老婆，因为我没再嫁，就这样过了几十年。从感情上来讲，这样的伤口，是难以愈合的。当时我们学校的校长还说，只要你申请，我们都会同意让他回来的，你们家人就团聚了。我说，算了。再团聚，我不愿意，他可能也不一定愿意，我也懒得问他，所以就这样子，一个革命家庭就散了。我的孩子都叫他爸爸老革命，年纪轻轻就参加革命，所以他不愿意走，可能想越南人拿他没有什么办法，确实越南人没有怎么排挤他，他算是有功之臣吧。

现在我的小孩都 30 多岁了，都成家立业，个个都有孩子了。我都 70 岁了。他们全部都入了中国国籍。原来在越南有一个双重国籍的阶段，华人是双重国籍的，说中国国籍也行，说越南国籍也行，但是我们都不承认自己是越南国籍。去另外一个国家两年后，就自动放弃原来的国籍。

我这三个孩子读书不是很好，一个本科、两个专科，他们现在都在中国工作生活。大儿子本来在广州一个体育用品公司工作，后来调到四川那边去开辟西南市场，因为他是读商学的，到那里十几年，都在四川成都。现在他又调回广州了，与我同住。

我女儿在广州，我以前跟她住，现在与大儿子住。她大专毕业以后，本来在我们学校图书馆工作，后来有人说要跟她一起合伙做生意，她就去港口打工，跑单，在海关点货什么的。那人和我女儿做了三年生意后，就说她的钱总是凑不够，叫我女儿帮忙借，货出以后很快会把钱还给她，结果那人拿钱跑路了。而我女儿就惨了，我们整个家倾家荡产，那时候我过得最惨，整天帮她还债，30 多万元，大概是 2002 年到 2006 年的时候。因债务问题，她丈夫与她离婚了。我 1998 年就调去教 MBA，收入高，也累，每天都在干，一周七天我都在上课，有正常的研究生课，还有串讲，报酬还是比较高的。医生说我身体不太好就是因为透支，长期透支体力。

我女儿现在再婚了，有了第二个小孩，丈夫是江西人，在广州这边做律师。她生了第二个孩子之后就不干活了，只跑单，她爸爸介绍一些越南人到这边来进货什么的，她帮人家翻译结账。她爸爸参军后在后勤部负责接收中国、苏联的援助物资，与很多人打交道，后来一直在商业厅工作，有很多商业上的朋友。我女儿能讲一口越南话，三个孩子只有她能讲一口越南话，因为那时候她回来时比较大了，在中国读五年级，而我回家都讲越南话，她也就学着讲越南话。

在三个小孩中，就小儿子继承了我的专业，得到我的传授比较多。当时暨南大学一些退下来的教授组建了一个天河区会计师事务所，后来要求政企分开。我这个儿子当时18岁毕业就进了大专班，一到假期，我就叫他去天河区会计师事务所倒茶倒水，帮那些老教授提提包，去当复印工。慢慢地他就悟出来了，加上回家有不明白的我就给他解释。这个家伙后来毕业就到一个会计师事务所去干，又读了研究生。他现在被一个国有公司老总看中，在广州市城市建设投资集团有限公司当财务总监。这个家伙干得最好了。但是，当时在会计师事务所很辛苦的，经常天南地北地出差。他有一个女儿，今年读五年级了。他不和我一起住，他住在君紫花园，自己买了房子。

我的小儿媳是广东潮汕人，她和我小儿子是同班同学，读会计的。我记得她好像在天河北一个公司里面，我教MBA班的一个学生在那当老总，我介绍她过去的。

我的大儿媳其实年纪还小。我大儿子在四川老是不结婚，我说你老不结婚，等你老了怎么办？最后他回广州娶了个当售货员的安徽人，白白嫩嫩的。他说我就要一个漂亮的，肯跟我去四川就行了。他现在有一个儿子。他现已从四川调回广州工作，在一个国有单位任营运总监。

就家庭来讲，我们现在都稳定下来了，要说那么多归国难侨回来，我们姐弟俩在其中算是出了名的。他们很多被安置到华侨农场，很苦的，又读不成书，没办法，影响后代，很多人就拼命往国外跑。人家对我说："你们不要走，你们在国内比在国外好。"其实在国外，我看到很多华人就住在地下室，受别人歧视，很苦。所以说，祖国要是强盛，我们就可以过安稳的日子。要是说本着安稳，那当然是在中国好了。我看到很多人到了国外，有的当时在越南小学、中学当老师的，现在在屠宰场工作，每天重复着烫鸡、宰鸡的动作，一天下来胳膊都要断了；有的年轻的时候是篮球运动员，看起来高高大大的，现在整天就坐在那里检验那些药，坐得那个脚啊，走起路来好像脚被缠着一样。你到国外不懂人家的话只能干这些活，你必须语言表达得很好，才能干一些很体面的活。

说实在的，我最遗憾的是我没有同学在中国，我的同学基本上都在国外。现在联系的同学都是大学的，都是越南人，我跟他们很亲啦，所以我一回越南都是进中央委员的家，他们当中央委员的一大堆，很热情的，因为大家一起度过美国轰炸那个时期。当时大家都很年轻，一起被炸，挨饿。最惨的、我们都忘不了的是，有学生饿了，去森林里面采蘑菇，煮着吃，吃了中毒，死了六个人，一女五男，都是大学生。停战以后，我们回首都，看到六座坟山，觉得他们很可怜，这些学生就这样死去了。所以，讲起对越南的感情，这些事永远抹不掉，他们也是人，也是很无辜的。

对中国侨务政策的看法

应该说，如果没有中国新的侨务政策，很多华人当时就不敢回来了。所以说，中国的侨务政策救了很多越南华侨华人。回来后接待安置，你没有文凭，没有一技之长，在城市很多华侨华人都是做小商小贩的，那小商小贩怎么安排？有文凭的基本上当干部了，没文凭的到农场去。所以，为什么有那么多华侨农场，中国接待了28万人啊！美国接收了整百万从越南跑出去的人，他们就一种方式，那些工厂、农场啊，业主愿意接收难民的，就务工安置。不像我们中国的安置方式——建立很多华侨农场。我姐姐不回国，老了一分退休金都拿不到。为了生活，她七十多岁还要每周在胡志明市华文中心上两个晚上的高中语文课。

当时人家都羡慕我，因为刚回来时中国还是很困难的，我一天却有四五块钱的伙食费。人家就说我文凭太多了，所以国家就好好接待。侨务工作者对我说："你放心吧，有专业知识，有本事的，祖国会好好接待你的。"确实是这样，先把我放在招待所，还不是到农场，给我饭吃，有病就医，医好了让我参加一个难侨干部学习班，了解中国的方针政策特别是侨务政策。了解以后呢，还问我愿意干什么。

最近我前夫还有一些同学打电话来，都争着跟我讲话。昨天晚上我们还有通电话，他说："哎呀，我们中国都飞天了，上月球了，反正我们现在是扬眉吐气了。""反正中国就是要强大，强大了别人就不敢欺负我们。"中国梦就是永远强盛。反正人家能做到的，我们中国人那么多，又不笨，够智慧，定能赶超人家。我们现在有一个梦想，就是希望中国能够永远强盛。因为我们是受过排挤的，越南统一了，就不把华人当一回事。上次我和刘校长还有另外一位校长一起去马来西亚，我一看到马来西亚华人的势力，就和刘校长他们说："这就像原来的越南，有华文学校，升旗时就敲锣打鼓，白衣白裤、白衣白裙，很气派的。"马来西亚这次选举，华人的票数好像太高，就又有人开始砸华人店铺。很惨的，过得心惊胆跳。在南越那时候，南北一统一，胡志明一去世，黎笋就把华人赶出家，在华人的房子上贴一个封条，把华人赶到新经济区。北越的干部一来，就开封条让他们住进去，简直就是霸占财产。我那个时候好伤心，没想到在南越连一个咸鸭蛋、酸菜都没得吃。那种景象啊，抓到华人，就把他们赶到新经济区去，不肯去就绑住扛上货车扔进去，这些我都看到了。财产没有了，人身安全没有了，那些华人被扔到荒野，都没房子没水，什么都没有，自己去砍柴，自己去拔草，自己去弄房子住，很不公平的。我的家族也是这样，多少代人啊，四五代人，到头来提着两个包袱就回来了，什么都没了，从头来过。像我这代人回到祖国都有自己的房产了。有时候望着这个房产证心里有讲不出的滋味。确实对于归侨，政策还是不同的，我的孩子进幼儿园、上学读书待遇都是完全不同的，对我真的好得没话说。这就是我不愿意待在国外的原因。现在一叫我出去干活，当研究生督导员，我说："好，好，好，你们需要我就来吧。"真的是无怨无悔，死而无憾。我这辈子就这么干吧，现在什么也都有了，有时候真的比原本国内的人得到的照顾要多很多。当时我在广西侨办工作，每次代表广西去北京国务院侨办申请经费，人家就说广西侨办那个华侨会计师来了，他们知道我嘴巴伶俐，每次我不拿到一百万是不回去的。我确实在国内活得比较痛快，国家比较照顾我。但是，人家照顾我，我就要有值得照顾的本事，所以我什么都拿得起，叫我干什么我都干，就是要冲出一条路来。到我的孩子这一代，就过得一般般了，但是孙辈都读书特别优秀，我看到希望了。

我们现在享受着国家侨务政策的优待，比很多人都要优越很多。但是，我们从来都是规规矩矩的，不乱来，我的孩子也是这样。我的孩子全是在越南出生的，也都是归侨，他们的子女都是归侨子女，也得到照顾。很多归侨当时上大学都是有减免照顾的，上大学加 30 分，要不我的孩子读书没有人家努力，怎么上得了大学呢？后来才减到加 20 分。现在中国的归侨慢慢地少了，少很多了。

薛声荣，女，汉族，祖籍广东汕头，教授。1943 年出生于越南。因越南排华，1978 年从南越辗转至北越回到中国广西。1978—1984 年，在广西壮族自治区侨办华侨企业管理局担任会计。1984 年，调入暨南大学经济学院，任讲师。曾被全国侨联评为"归侨先进分子"，并任全国侨联第三届委员。曾任暨南大学侨联主席，广东省第八、九届政协委员。

叶瑞华[①]

我叫叶瑞华，是越南归侨。我的丈夫是印尼归侨，在新加坡长大，他在四年前因病走了。我今天主要想谈谈我家的五代侨情。

首先要从第一代我的爷爷说起。他叫叶滟光，他去世的时候44岁，我爸爸那时不到一岁，而我爸爸到2015年时110岁，按这个推算，我爷爷应该生于1860年左右。因为我们家乡在新会县杜阮的一个小山区，当时的人非常穷，耕地非常少，所以我们家唯一的出路是“卖猪仔”，漂洋过海。我爷爷就这样跟他的同族兄弟去了美国的旧金山，听我奶奶讲，他们曾经在那里修铁路。铁路很快就完工了，他们又去采矿，反正都是做最苦最累的工作。这次我比较清楚的是，今年5月份，我去了旧金山我弟弟家，参观了美国最大的铁路博物馆，在里面看到了有几张照片是华人工作的情况，我当时心里一震，觉得里面可能有我爷爷。美国的铁路呢，是从东至西的大铁路，东边比较平坦，当地白人愿意干，西边也比较平坦，那一小段当地的白人就能干好了，但是中间内华达山那一段落差大约有7 000英尺，加上当时冬天天气又特别冷，白人不愿意干，所以就招华工。招工时，华工一个个盘着小辫子，看身子最壮的不到110磅，白人个个嘲笑他们，觉得华人好像怪物一样。后来，干两天发现这些华人既能吃苦又耐劳，他们只用最简单的工具也就是铁镐来铲。他们是怎么挖山的呢？因为铁路需要过洞，于是在靠边的那个矿底下，十几个华人拉着矿绳，吊了三个人在那里凿洞，凿完洞就埋炸药，然后炸开一个大洞，最艰苦的那一段基本上是华人干的，这是贯穿美国东西的大动脉。修完铁路后，我爷爷他们就去开矿，听我奶奶讲，一直干了七八年，还不落叶归根，后来因病给带回家乡来了。但是，在我爸爸出生后不到一岁时，我爷爷就去世了。

我奶奶是个农村妇女，要养两个女儿和一个儿子，由于我们一些同族人在香港做生意，她就把我的大姑（当时她虚岁也就16岁，周岁15岁左右）嫁给香港一个补鞋匠，也是为了活命。过两年，她又把我的二姑嫁去新加坡。这样就只剩下我爸爸跟我奶奶生活。我爸爸叫叶清余，身体比较瘦弱。后来别人发现我爸爸

① 姜瑞民、蒙晓云（暨南大学国际关系学院/华侨华人研究院2013级硕士研究生）于2013年11月27日在暨南大学第二文科楼425室采访叶瑞华老师，并整理录音。叶老师于2016年修订过访谈稿。

读书很聪明，我爷爷的弟弟就把我爸爸带到了香港。当时我爸爸13岁，白天当学徒，晚上有时间就读夜校。后来，我爸爸读了个会计专业，读完出来十六七岁了，就在香港的一家银行上班。1931年“九·一八”事变爆发，日本侵华开始，因为银行的资产要保护，我爸爸所在的银行就搬到了现在广西的钦州，他是职员，也就跟着走了，然后在那里跟我妈妈认识了。他们在钦州结婚，就有了我们兄弟姐妹六个。后来战事越来越紧张，没办法，为了保护银行财产，我们就从钦州搬到了越南。

我是1938年7月生的，我三个月大时被带去了越南芒街。当时越南是法国殖民地。我们在越南好几年，我的妹妹也是在越南出生的。后来日军也侵略越南，为了保护财产，我们于1943年回国，到了昆明。后来，我们全家又搬到贵阳，1945年才回到广州。我爸爸在广东省银行的一个支行工作，当时广东省银行的头头是宋子文。我们就这样跟着爸爸搬迁。解放之后，我爸爸在中国人民银行工作，旧职员接着录用，因为他本身不是个什么人物。当时各行各业进行所谓军管，但基本上是原来干嘛还干嘛，只是名称改了，叫作中国人民银行了。我爸爸一直在银行工作，但是那时候的银行和现在的银行不一样，赚钱很少，工作很苦。所以我爸爸告诉我们这些儿女，不要再考银行。

1939年叶瑞华与亲人合影

1946 年叶瑞华与家人在广州合影（后排左边为叶瑞华，中间为父亲，右边为二妹；前排左边为三妹，右边为弟弟）

我的两位姑姑，一个嫁到了香港，一个嫁到了新加坡，那时候是为了活命，婚姻解决的是生存问题，就没有什么爱情可言啦。这是我家的第二代侨情。

接下来讲的第三代，就是我和妹妹韶华、弟弟兴华等这一代啦。我与家人于 1938 年 10 月到越南，在那住了好几年，1943 年到了昆明，后来又到了贵阳。日本投降后，广东人就琢磨着往回调，我们也从贵阳调到广州来了。然后，我就读大学，在工作中认识了我丈夫，他也是广州人，是从印尼回来的，学医，他的工作单位也是我们暨南大学医学院，我这一代跟我丈夫都属于归侨啦。我的弟弟、妹妹都属于我这一代，他们的学业都非常好，到了“文化大革命”时，他们高三学生一律要插队，要下调。在插队的过程中，知识青年就开始偷渡逃港，我的弟弟兴华、妹妹韶华都去了香港。我在北方读书的时候听人说社会关系复杂的，以为嫁到外面就是嫁好了，其实过的日子都很辛苦。我大姑出去就帮人家缝补袜子，她的老公是做鞋的，我妹妹是给人家织毛衣的，都是属于下层人的生活。后来，我妹妹韶华从香港又到了美国纽约，我们家又出了一个漂洋过海到美国的。我妹妹到美国之后，就把我弟弟兴华带到了美国，兴华是清华建筑系毕业的，他当时已经在华南理工大学工作了。后来他到了美国，在一所著名大学读研究生，之后就留在了旧金山。在纽约的妹妹韶华，原来是执信中学毕业的，到美国后，经营生意，日子过得不错。

我们回国后，在越南没有亲戚了，因为就我们家去了越南。我有一个堂叔在新加坡，但是很惨，因为他是个知识分子，是个文员，被日军扫射死了。我们家族，当时就剩我爸爸一条根。所以我们跟日军确实仇深。我的童年，在我记忆中在昆明也是逃难，动不动就是飞机轰炸啊、躲山洞啊，我的童年就是这么过的。

1957 年叶瑞华在广州家里与小弟和小妹合影

1960 年叶瑞华一家在广州合影（前排左起：五妹、母亲、父亲、六弟，后排左起：三妹、二妹、叶瑞华、四弟）

我丈夫叫蔡奕翰，他出生在印尼苏门答腊，后来被其叔叔带到了新加坡读书。他爸爸原来是个商人，印尼的华商是很会经商的，遭到了当地人的嫉妒，一个晚上就把商铺全烧了。他妈妈带着五个孩子，没办法，就回来了，所以他在1948年就回国了。回来之后，当时得到农会的照顾，农会跟他们蔡氏宗祠，每个月拨款并指派他的一个大姨还是大姑照顾他们兄弟姐妹五个人的生活。他呢，在潮州的重点中学金山中学读书，这所中学很出名的。后来抗美援朝时，爱国热情使他报名参军，参加了志愿军医疗队，他考的是医师班。等他到了东北，因为板门店谈判，停战了，所以他没出国门，就留在了吉林医专当教师，那里后改为吉林医学院了。我在吉林师范大学一毕业，我们就认识了，因为都是广东人，很自然就成家了，就这样一个过程。他呢，一直在暨南大学，任医学院教务处处长、护士学校校长。后来他病了，没办法，就这样走了。过去的事我都看开了，人早晚都要走那条路。

叶瑞华在吉林师范大学上学时留影

1960年叶瑞华夫妇结婚照

1994年叶瑞华夫妇在白宫留影

第四代要讲的是我的两个女儿，以及我在美国的弟弟妹妹的儿女。

首先我要讲的是我的大女儿，叫蔡璟，英文名Shari，读书比较聪明。她在高一的时候，邓小平说学生可以跳级，77 级是“文化大革命”后恢复高考的第一届，是春季班，78 级是秋季班，是 4 年制的，她居然就跳级考上了 78 级。后来她在东北师范大学读外语系，因为我们那时候在北方工作。当时她是全校最小的学生，为这个，他们学校还专门做了一个录像，那时她才 15 岁半，要到 19 岁才有选举权。她其实还是一个小孩。她毕业之后呢，正好我妹妹到了美国纽约，你知道华人一出去，恨不得把全家都带出去，我弟弟正好顺了她这个想法，因为我弟弟是清华大学毕业的，很自然就去了美国，读了加州大学伯克利分校建筑系。我这个女儿就是靠她姨妈做的担保，到了美国的纽约大学。当时她申请读商科没批，后来申请第二国语言教育，因为她原来是师范大学英语系出来的，对口嘛，结果就批了。她是 1983 年或 1984 年这个时候出国的。她读书比较聪明，在美国读了三个硕士：第一个是教育学硕士；第二个是多媒体硕士，那时候多媒体还不是很流行，因为有了多媒体才方便教学嘛；第三个是特殊儿童教育硕士，关于智力障碍、自闭症的。她就读特殊儿童教育这个专业。在她实习的时候，有一个美国大学的行政人员好像有点什么事需要暂时离开，就让她代理这个行政工作几天。后来他们发现她做事很有条理，于是就让她留下，聘用了她。开始是工作签证，后来就给她办了绿卡，于是她就留在了那里，不到两年就给她提升到副院长。她 28 岁就当了美国杜鲁大学培训学院的副院长，当时那么年轻的副院长是不多的。当时香港报纸报道，《海外文摘》也报道，是别人告诉我的，要不我都不知道。有一个老师说：“蔡璟不是你们那个小璟吗?”我说：“对啊。”他说：“《羊城晚报》那个海外版有她哎，你快看呐!”后来《汕头日报》也登了，因为她是汕头女孩，我丈夫是汕头人，这样一下子就把她弄得有一定名气了。后来她就想，既然是这样，不如跳出来自己干，跟别人开了一个华埠康华教育中心，其实就是幼儿园，时间越开越长。另外，她还是纽约州教育委员会委员，经常要去开会，有点名气。她在美国中文电视台主持节目已经有 3 年了，节目在每周二的晚间播出。她应该算资深儿童教育专家，他们这个康华教育中心现在比较出名，在纽约个个都知道。2014 年，她被评为纽约 50 位作出杰出贡献的优秀华人之一。《羊城晚报》（海外版）、《汕头日报》、《海外文摘》、香港《明报》、美国《侨报》等报刊都登了她的事迹，如 1992 年 12 月 21 日刊登的《梅花香自苦寒来——访杜鲁大学专业培训副院长蔡璟》、《羊城晚报》（海外版）刊登的《奋斗出辉煌》。最近《明报》整理的《杰出贡献有成就的美国华裔》就有我的女儿 Shari。

我的小女儿叫蔡擎，是我们暨南大学毕业的。她被姐姐带到美国后，也办了一家幼儿园，在纽约又开了一间分校。

我那个在加州的大弟弟兴华，他的儿子是哈佛大学毕业的，是医学博士，现在做医生；他的女儿是斯坦福大学毕业的，也是个医生，现在也过得不错。有时候我就感慨，我爷爷绝对不会想到他的孙子和曾孙到美国后会这么优秀。两个曾孙在美国，都被厦门大学、汕头大学邀请过来讲课。这就是我们家的第四代侨情了。

1964 年叶瑞华一家在广州合影（前排左起：叶瑞华、母亲、父亲、丈夫，后排左起：六弟、二妹、四弟、三妹、五妹）

1986 年全家福

我讲的第五代呢，是我家的孙辈，他们是华裔，都出生在美国。我的大孙子蒙蒙在常春藤名校布朗大学读书，现在华尔街从事金融行业工作。我的小孙子可可5岁时，参加2012年美国中文演讲比赛，获得第一名。我的小孙女爱爱参加2015年全美少儿舞蹈大赛，获得冠军，也是唯一的华裔获奖者。虽然他们是在美国生，美国长，但在家里坚持讲普通话。我的小女婿是台湾人，台湾人是很重视传统的，特别重视中文教育。我的孙子、孙女，我妹妹的孙子、孙女，就构成了叶家的第五代。

2001年9月叶瑞华和亲人在美国纽约大女儿家门前留影［右一是叶瑞华，右二至四是其三个女儿，左一是大孙子蒙蒙（现已大学毕业工作），左二是大女婿］)

现在，我半年在中国，半年去美国，很感慨。中国一百多年来由弱变强，分分钟都联系着华侨的命运。我爷爷漂洋过海，漂了两个多月才到了旧金山，而且坐的船很差。祖辈是华工，他们干的是最苦的工作。到我父辈这一代，我的姑姑嫁出去时，对方怎么样并不知道。到了我们这代“洋插队”，包括我的弟弟、妹妹，有的到了香港，有的到了美国，又是另一种生活了。到了现在，我是比较感慨的。我现在完全不用讲英文，因为和我联系的都是中国人，外国人对着我们，都要找个台湾人和我讲普通话，找个香港人和我讲广州话，所以我觉得特扬眉吐气。比如有一次到瑞士那个最高的山——阿尔卑斯山，山底的指示图都有中文标识，我们说祖国强大啊，华侨就自豪了，腰也直了。很多老华侨现在80多岁，他们说，你们根本不知道，以前人家根本不让你进啊，现在我们中国人多好啊，现在的中国人厉害。我就跟他们讲，这就是祖国强大了。中国绝对不会亡，中国很强大，中国百年由弱到强，华侨的地位也就越来越高，越活越有自信，扬眉吐气，腰杆挺直，这是一点。第二点呢，我觉得，现在即使我们的孙子，甚至再往下一辈，都是美国籍，受美国教育，但是他们有一个特点是共同的，即中华儿女的智慧、聪明。现在所有考名校的，排前面的华人占了很多啊。我觉得这是我们中华民族血脉的传承。还有，虽然生活在美国，但是我们中国的家长时时刻刻提醒他们，不要忘了中国这个根。就好像我那个小孙子说我是 Chinese，他是 American，我还是会跟他解释他的中国血统：你是妈妈生出来的，妈妈、爸爸都是中国人，我是你妈妈的妈妈，我是你的外婆。另外，我们过年过节会给红包，五月节自己包粽子，八月节吃月饼。过八月节时，我不但要讲月饼，还要讲这个节的来历。所以我觉得呢，虽然我们到了那边，但我们中华民族的那种智慧、聪明、勤劳、勇敢的传统要保持。虽然是说落地生根，开枝散叶，但是始终都忘不了中国这个根。

叶瑞华与亲人合影（前排左起：母亲、父亲，后排左起：三妹、二妹、三妹夫、叶瑞华、四弟）

当年在越南的时候，当地的越南人对我们华人很好。为什么呢？因为越南的姑娘都要嫁中国人，当时的广西人那么穷，可是从以前到现在，她们都要找广西人。她们认为，中国的男子勤奋，越南的男子就懒一点。我最近去了两次越南，一次去了胡志明市，一次去了美拖。我现在还有个寻根之旅没开展，打算从防城去芒街，当年我们家在芒街，那里属北越嘛。那里很穷，我听我外婆说过。她从我出生就照顾我，给我讲了很多关于越南的事，也教我越南话。我回到中国是

1943 年，就是说我在越南生活了五六年，尽管那时我很小，但是我很想回去寻根。钦州我已经去了，我从南宁找了一辆车就去了，寻访了钦州，还找到了我妈妈小时候生活的那个地方——五马路，很旧很破啊。可钦州建的那个深水港好漂亮啊，这里发展了。到了越南，我就很有感慨，现在广西的啤酒也在这里卖了，广西的手电筒等中国的东西，他们特欢迎，另外，他们喜欢中国人。但是我到柬埔寨就不太愉快，很多炸断腿的人向我们要钱。我觉得国家的强弱，从这些方面来看确实是很不一样的。

2008 年叶家六兄弟姐妹在广州聚会留影（前排右一为叶瑞华）

中国强大了，中国人在外国的地位提升了，是非常好的。有些东西，你要是不仔细观察是不知道的。我在美国时，所在城市的唐人街有一个中华商会。那个商会原来是亲台的，过“双十”节比过“十一”节热闹。现在大陆强大了，其中有些商号就开始挂五星红旗了。而且呢，我参加的那个社区活动，是父亲节、母亲节一顿饭，中秋节一顿饭，春节一顿饭。让我们每个人只是象征性地交 10 美金，就连开一二十席，真的像千叟宴似的。这些老人在美国生活得也很好，其实他们很快乐，美国对老人照顾得非常好。我们平时那个老人中心呐，你读不懂的英文信送到那里，专门有人给你读，告诉你这个银行存款要到期啦，这个医保卡有什么问题啊，专门有人这么来服务。另外，中心里面还有英语初级班、中级班、高级班，电脑班以及中文班。中心曾想让我过去当中文班的老师，因为我的广州话、普通话都说得很好，而且我本身就是华文学院预科部的中文老师。但是我说不行，因为一年中有半年我要回国玩。

我们都不住唐人街。唐人街，都是老华侨那一代人多，比较杂乱。我们住在长岛，因为我那个小女儿在那。长岛也有华人社区，这个华人社区我听说每个春节还有活动。听说波士顿也有，我有个学生在波士顿的哈佛大学，她的姐弟都是我的学生。每年春节，他们华人都有聚会活动的。

2013 年 4 月 20 日叶瑞华参观旧金山美国火车博物馆

美国有一个台湾会馆，在纽约有两个华人组织，一个叫台湾文教中心，一个叫台湾老人中心，这是以台湾人为主的。我在美国参加了两个老人中心，一个就是我们的福寿老人中心，是我们这边华策会的，是亲大陆的人办的。要是你生活困难，中心可以送饭到家，每天提供午餐。如果你身体不行，也会有人送饭到家的。要是有病呢，打个证明就可以免费得到护理。就好比我的腰扭了一下，马上就有四小时服务、六小时服务，都是免费的。台湾人也渐渐来我们这个中心了。台湾会馆也经常有活动。像我们的合唱啦，听王洛宾的歌啦，教授国画、书法啦，反正在那里不寂寞。问题是我们有些人只是短期探亲，找不到这种门路。YMCA（基督教青年会）那个组织，他们对华人的服务也很好的。其实就是这些活动。另外，还有一个王子街老人中心，跟犹太老人中心合并了。那里的工作人员，不管中国人有什么事，一定会帮忙解决，还有人带你去办事。比如说我不清楚要到哪去为医疗卡缴费，或者我的绿卡到期要换了，他们就会派工作人员跟你约好哪天去办，带你去跟人家沟通。台湾那边的组织也一样。

我们陆侨和台侨之间的关系很好。我现在最好的朋友就是一个台湾的华侨，他平时会开车送我到公园等地方。还有一个河源的老兵，是解放前抓丁被抓到台湾的，上了船就送到台湾，后来因为他是个高中生，就当了台湾空军的飞机师。他今年已经 83 岁，他夫人是台湾人，我们叫他们肖先生、肖太太。肖先生每次见到我就说起万绿湖，我说，听说河源很漂亮啊，他说，我的家乡已经被淹了，因为万绿湖放水嘛。他回去过一次。去年我专门跑了一趟河源，在河源几个景点都给他拍了照片，然后我又买了河源的五指毛桃、炒米饼给他。那个肖先生跟我特别亲，就是对家乡的那种亲。虽然他在台湾退休，有退休工资，现在美国，但是心系家乡啊。

我的外孙们从幼儿园到小学，在外面全讲英文，他们学英文学得很快。但是现在我们就逼他们在家里必须讲中文，而且让他们都上中文学校，不但学文字，还学发音，学中国风俗。我有个朋友，她嫁的是犹太人，但是，暑假她把孙子送到一个佛堂的中文学校学《弟子规》。我的那两个孙子，是在台湾人办的慈济中文学校学习，学打中国结，学跳中国舞，这些中华文化都是华人家长非常重视的，怕孩子忘记。端午节包粽子时我要求孙子一起包，不管包成什么样，哪怕拿根绳一系就煮上，我就是要他们一起参与。

叶瑞华与大小女儿及孙儿合影

尽管加入了美国国籍，但是美国人还以为你是刚到美国的呢。这个我的小孙子特别有感受，他在美国出生，读小学、中学、大学，而且都是名牌学校，中学是当地的重点学校，大学就在布朗大学，他还是纽约市奥林匹克数学队的队长，应该说条件是比较好的。但是他去求职的时候，人家问了他很多。美国公司面试的时候提的问题很怪，头回就问："你会下象棋吗？"他用英文说："国际象棋会下一点。""你会打扑克吗？""会。""你打几副？""我打四副。"面试官就知道他有这个应变能力。面试官让他拧魔方，不是 9 方，是 15 方，五个五个一排的那种魔方，这些都是考察他的反应能力。我的小孙子拧魔方噼里啪啦的，不到三秒钟就拧好了。最后美国公司在 200 多个人中挑了两个，其中就有他。他们还问一句："要不要给你办绿卡？"我的小孙子说："我是美国出生的美国公民。"

为什么我们家 2015 年要聚呢？那是我妈妈的 100 周岁、我爸爸的 110 周岁。我们几个兄弟姐妹每年都有联系，回来一起拜山等。我们六兄弟姐妹，这个家族联系还是很紧密的。我做了一个叶家的照片集，可惜有的照片在"文化大革命"的时候都烧了，我妈妈讲那时候有人来抄家，都烧没了。到 2015 年，我要出一本《叶氏文集》，其中就有回忆我爷爷、奶奶的文章，奶奶 93 岁时还跟着我们从云南回来。我妹妹写我奶奶，我弟弟写怎么偷渡到香港。每个人分配好，这样我们就有自己的族谱，记录我们的来源了，每个人都要写童年生活回忆录。

2013 年 12 月 11 日，叶瑞华与采访者蒙晓云合影

张泰汉[①]

我在1952年由祖母从马来西亚带回中国，当时已是13岁的小男孩。40多年后，在1990年，我再次踏上马来西亚时，已有今非昔比的感慨。现简单讲述我对中国与马来西亚的情怀。

张泰汉家族合影

回国前家人在马来西亚的情况

19世纪在中国沿海地区，有大量居民被当作“猪仔”卖到东南亚各国。当时的马来西亚只是英国的一个殖民地，它盛产锡矿，为了开采锡矿，需要大量劳工。我的祖辈们大约在1890年就这样来到了马来西亚，至今已有一百多年了。

① 尹昱、柴丽芳（暨南大学国际关系学院/华侨华人研究院2013级硕士研究生）和方欢（暨南大学管理学院2011级本科生）于2013年11月采访张泰汉老师。

最初他们做矿工，家属则在家种地、割橡胶养家。后来有了点积蓄，便购置了一些土地用来种菜和养猪，然后再到城市里出售猪肉、蔬菜。我家在马来西亚彭亨州，最初住在林明。后来因无锡矿开采以及家庭的发展，我们全部迁至彭亨州首府关丹，当然这都是后话了。

马来西亚地处热带，雨水充足，动植物繁盛，自然资源丰富。在黑土地上，热带水果丰盛，油棕、胡椒、椰子、菠萝蜜、木耳等植物极易生长。菠萝蜜生长得很快，可长到三四十斤重，就连地瓜也有五六斤重。在马来西亚的土地上，动物也是数不胜数，那里栖息着众多异兽珍禽，如鸟类、蛇类等，又如狐猴、猩猩、乌龟、四脚蛇（蜥蜴）、老虎、黑熊、山猪等。山猪鬼点子很多，一个窝有四个洞门，甚至能在树上筑窝，连老虎也难攻击到它。猴子也有很多鬼点子，当我们割橡胶时，经常与它斗玩。这些动植物对人们来说真是宝贝，不但给人们带来财富，还供人们享用。但有些动物也常侵害我们，山猪、老虎、黑熊经常闯到平民家中，造成平民的损失，甚至伤害平民的生命。为了自我保护，我们在家门口堆了石块、小刀具之类的物品，再装上易拉罐等易响的器具，当动物来侵时，那些器具产生响声，我们就起来驱赶。

华人在马来西亚约占 30%。华人多数按不同地方（祖籍不同）分布在不同的乡村居住，便于交流和发展。有什么困难的时候，他们可以互相帮助。第一、二代华人都比较勤劳，割胶、开矿、养猪、种菜，各种农活都参与。在马来西亚的华人都比较团结，能互相帮助。

1941 年太平洋战争爆发，日本南侵并且占领了马来西亚的城镇，马来西亚又成了日本的殖民地。日本的到来严重影响到我们的生活。记得当时我们全家人与其他华人、马来人、印度人一样，都躲藏在深山密林中过自耕自给的生活。在日本占领了马来西亚后，华人与英军、马来人、印度人一起反击日本侵略者。号称“日不落”的英军在日军面前溃不成军，不堪一击。当时有几十万民众被虏。华人组织义勇军、游击队在深山老林与日军周旋，所以日军也不敢深入到大山之中。抗日战争时期，马来西亚的生存条件极为艰苦，人们经常出现病痛而不能得到及时治疗，加上日军的横行霸道，华人的生活更是雪上加霜。就在这个艰难困苦的时候，我的母亲病重，因无钱医治而逝世！这是我人生中最悲痛的时刻。

回国后的经历

1949 年中华人民共和国成立后，土改分田，中国生气勃勃，生活蒸蒸日上。中国扫除文盲，兴办科学，吸引了大批华侨华人纷纷回国。

我祖母为了能在中国留下一条根，加上当时儿孙众多，家中生活有些困难，就把我带回了中国。这样，我们的家族在中国和马来西亚都有了“龙的传人”。因为我祖母更愿待在马来西亚，所以她 1957 年回去马来西亚，并把我在马来西亚的“出生纸”一并带走了。没有了“出生纸”的我，也就不能再回马来西亚，只好在中国安居立足。

我回到中国后，分有田地，踏上了上学求知之路，在家乡梅州读完小学、初中和高中。1960 年，我高中毕业后考上广东师范学院，成为一名真正的大学生，也是我们家有史以来的第一个大学生！

在广东师范学院求学的三年里，我因身体状况发生变化而未能完成大学学业。在上大学那段时间，我由于营养不良而水肿，体质大大改变了。加上当时不顾艰难困苦，用脑过度，晚上睡不好觉，白天也非常紧张。在 1963 年，我患上神经衰弱，身体更加支持不住，就在这一年休学了。我在一年后复学，可是身体仍未恢复，便到市十四中学任教。可惜神经衰弱又纠缠我，令我无法坚持教学。这样我便选择了另一条路：到英德华侨农场的英华茶场劳动锻炼。我在英华茶场度过 21 年时光，在那里娶妻生子，任生产队副队长、指导员之职，做基层工作。

回城后的工作与生活

华侨子弟到农场劳动，久久不能回城工作，很多在海外的归侨家属对此有很大的意见，他们说：“我们的子女回到中国，怎么老是在乡下，不给回城市?”国务院很重视，专门制定归侨子弟回城政策，拨款修建住房、寻找接收单位，并且切实执行。我是 1984 年才离开农场的，后到暨南大学华侨医院工作，直至 1999 年退休。

在华侨医院，我开始在职工饭堂做采购工作，六年后被调到华侨医院污水处理站，直至退休。我在暨南大学工作出色，被评为“工作标兵”，其中一次工作汇报，省长、市长都有参加，对此我感到十分荣幸。

我是一个比较老实的归侨子弟，不争名，不争利。当时人事科问我要干部身份还是工人身份，我只要了工人身份。现在看来是吃了一点亏的。但幸好，退休初期身体尚好，医院组织离退休人员到祖国各地旅游，我基本上都参加了。据不完全统计，我参加了到新疆、甘肃、西安、郑州、洛阳、开封等地的旅游，还到过华东各地如上海、杭州、苏州、无锡、南京等旅游。可以说，我安度晚年，感到夕阳无限好！

1996 年，张泰汉（左）与回国探亲的弟弟在暨南大学合影

中马两国亲人现状

我还有 14 个弟妹及他们的子孙在马来西亚生活，我一家及我叔叔一家都在中国。从我祖辈算起，我们家族现在在中国生活的有近 30 个人，在马来西亚生活的则有 100 多人了！

在马来西亚的弟妹中，值得一提的是瑞汉、锦汉、辉汉、德汉、裕汉和秋霞。他们都各自有自己开设的公司、作坊、商店，虽然规模小，但都能有所作为。至于其他弟妹，也勤劳致富，生活美满幸福。

我父亲在 1980 年回国旅游和探亲，这是我们分别多年后的第一次重逢，大家都很高兴！接着我弟弟、弟媳亦相继回国旅游和探亲，有些还专门到广州学手艺，然后回马来西亚开店。今年 3 月，我的侄孙女带着她的三个姑姑以及她先生家人共 19 人回广州游玩，并专程前来我家探望。

我自回国后，都与祖母、父亲、弟妹保持着密切的联系。当时只是书信来往，现在则可用手机互通视频聊天。随着改革开放的深入，“一带一路”宏伟建设的不断发展，我们一家的联系更加密切。

张泰汉青年时期父亲来华时的家人合影

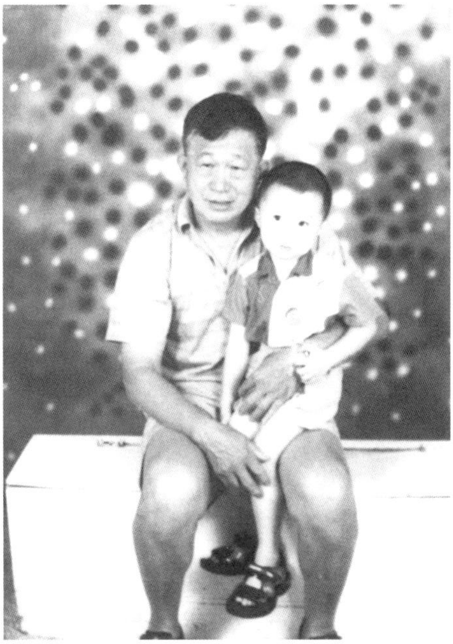

张泰汉与孙子的合影

对中马两国关系的期望

我希望中马共同发展友好关系，使两国之间的友谊进一步加深。广大海外华侨华人都希望自己的祖（籍）国繁荣富强，人民安居乐业，祖（籍）国是他们的强大靠山、坚强后盾。今天的中国正朝着振兴中华的伟大梦想奋勇前进!。

习近平主席倡导的“一带一路”建设得到世界的广泛赞扬和积极参与。马来西亚同样也坚定支持，参与实践。在相同目标的指引下，我相信中马关系会有更大的发展，进一步增加中马两国人民福祉。

赵叔锦[①]

一

我的曾祖父大概是什么时候出去的，我不是很清楚。我到墨西哥以后，听那边的老华侨讲，我的曾祖父一开始是到巴拿马修运河。那边的条件很差，可能听说墨西哥那边好，他和几个人就一起往北方走，走到了墨西哥最南部的小城。那时那里不是城市，是个小农村，中文叫塔埠市（Tapachula，即塔帕丘拉）。到那以后，他们几个中国人在当地开了一个小杂货店，就在那边生存下来了。

我估计他当时是那种被“卖猪仔”的华工，或是以“自由华工”的名义去的。没有人告诉我，是我猜的，因为他原来是在广州番禺的农村，那时他已经有子女了。也可能那个时候他是跟别人签合同，拿了钱去那边的。这个根本没有记录了，别人这样讲，我就这样猜测。至于他是怎么去的，别人也不知道。我也不知道和我曾祖父一起去的是什么人，他可能是去了那边以后才结识朋友和同乡。我曾祖父去巴拿马估计是为了钱，没有钱谁愿意去呢，因为以前有很多人都是这样的。我外祖母的祖先也到了南美的秘鲁，也是这样去的，都是那个时代，那时候很多广东人去那边。但是，怎么去的，是被“卖猪仔”还是跟别人签合同去的，谁也不知道。

那边的华侨做的工作，大部分是开小杂货店。那时候一般都是有人先去外国，再鼓动在中国的亲人去。我在墨西哥住的那个地方原来是很小的农村，等我去的时候已经发展成有几十万人的城镇了。在那个小镇上，我曾祖父他们是最早的华侨。至于其他同伴，就没有听说了。

祖父跟我说，他去过那里多次。为什么我祖父要过去呢？听别人说，我曾祖父在那边有一次喝酒后，与当地人发生了冲突，被人用砖头之类的东西给打死了。他被打死后，他的同伴马上通知他在番禺的家属，叫我祖父立即过去继承股

---

① 王逵兴（暨南大学国际关系学院/华侨华人研究院2012级硕士研究生）于2013年6月17日和6月20日在暨南大学苏州苑采访赵叔锦老师，并整理录音。

份，于是我祖父就过去了。那个时候去是不需要办什么证件的，不需要护照，买张船票就行了。

那时候那里当地人很少，你去了那边，随便找个地方圈起来就可以住了，那是墨西哥南端的小地方，没有什么人。那个时候还没有土地限制。当时，圈地最多的是西班牙人，后来我去的时候，他们说整条街都是他们的。他们圈了以后，可能到了一定时期，政府就用法律把它固定下来了，给他们发了文件。也就是谁围了某个地方，登记了，那就是谁的了，谁就拥有该片土地的所有权。

那时，我们家族在那边占有的土地不多，就只是圈了个地方在那里住，当时没有这个意识。我祖父去那边后，在一个西班牙人开的咖啡园里开杂货店。当地出产咖啡，咖啡园离小城市比较远。那个西班牙人请很多工人在那边做工，因为交通不方便，为了让他们安心在那里，他就在咖啡园里留下个小商店给我祖父，这样就可以使在咖啡园里做工的人有东西可以买，安定点。我祖父在咖啡园里做小生意，做了很长时间。

当时周围的华侨基本上都和我祖父一样，经营着杂货生意。我刚去到那边时是在亲戚店里打工，因为中国人跟当地人是不一样的，当地人挣到钱后马上花掉，中国人很节省，会把那些钱积起来，有了些小本钱后离开这个地方，再到别的较远的地方开个小杂货店，慢慢地把生意做起来，都是这样。

至于咖啡园里的工人，纯正的土著不是很多，很多都是西班牙人跟当地人所生的混血儿，只有少数是当地的印第安人，还有从危地马拉来的农民工。

我曾祖父有四个子女，包括我祖父在内，是三男一女，我祖父是老大，他们都在番禺农村出生长大。

我祖父出国时应该是20世纪初期，1963年他回来时跟我说，他是剪了辫子以后的第二年出去的，剪辫子是在1911年辛亥革命时，我推算他是1912年去墨西哥，且当时是一个人过去的。他的生意不大，没有带他的弟弟过去。他去了以后，就跟当地人结婚。我祖母是当地人，应该是当地有混血血缘关系的人。我父亲在1917年出生。当时中国有这样的观点，希望自己或儿子能够回到国内，不要把这个根都拔掉了。所以，1920年，我祖父就托一个回国的老华侨把我父亲带到广州我叔公家，我父亲从很小就在我叔公家里长大。我祖父会寄钱回来，一般都不会寄东西，因为那个时候交通不方便，飞机可能还没有，只能靠船。我祖父给我父亲寄钱时，会附带一些信件。我没有看过，因为已经过了这么多年，那个时候我还没有出生。

1937年，墨西哥推行土地和公司国有化政策，我祖父他们倒没有受影响，因为他是在西班牙人的咖啡园里开店，就相当于有庇护了，是庄园主提供地方给他做生意，跟他没有关系。反倒是在第二次世界大战期间，墨西哥和日本开战后，墨西哥政府把日本人全部关进集中营，把他们的商店也全部封起来。1945年以后，墨西哥政府也没有把商店返还日本人，很多被政府封掉的商店都被政府拍卖了，好像有华侨还买了被拍卖的日本资产。

我祖父的生意不是很大，是咖啡园中的杂货店。后来，他离开了这个咖啡园，原因是我大姑姑在墨西哥跟一个中国人结婚了，大姑父在当地有个比较好的生意，做得比较大，于是我祖父就把那个小店关了，到市中心住。

日本人入侵广州以前，祖父同家里人的联系还比较方便。日本人来了广州以后，这个联系就很难维持了。我听老华侨说，我父亲有段时间没有跟我祖父联系，就是日本人侵占广州这段时间，因为墨西哥也跟日本开战了，那个时候什么通信都没有了。到1945年抗战胜利后，墨西哥和中国才恢复通信联系。

1948年，父亲又去墨西哥，那时我已经出生了，我妹妹还没有出生，所以我妹妹从来没有见过他。父亲到墨西哥以后，先在当地一个中国人开的店里打工，过了几年以后，就到我大姑姑、大姑父那里。后来，我去了墨西哥也是在他们那里。

父亲在国外有给我写过信，信的内容一般是叫我们听话，学习他不怎么管，主要是问问家里的情况，报平安，都是这样。后来我写信回家也是强调这些，儿女学习我都不管的。那个时候和现在不一样，父亲、母亲对我们的学习不怎么管，你读书也好，做工也好，随你的便，也不一定要求你读大学，没有这样的想法。现在我对我女儿也是这样，我原来也不想她读大学，希望她读中专，不过她要读就让她读了。因为我的经历嘛，怕读了书以后，被分配到很远的地方。

赵叔锦去墨西哥时所在的小城（左边是教堂，中间三层建筑是大姑父的商店，右边五层建筑是大姑父的物业，他在这里住了很多年；公园的雕塑是墨西哥的国父 Miguel Hidalgo）

我大姑父是1942年去墨西哥的，他跟我讲，如果太平洋战争早点爆发的话，他就不能去了。他是一个人过去的，属于开拓者。他原来是在香港的，因为有点文化，就在当地一个很大的侨商企业里面做账房。他的工资比较高，差不多十年八年，积累了一笔钱，就开始建立自己的事业。大姑父在那边开了一个比较大的杂货店，有批发，有零售。因为在当地他的生意比较好，所以后来中国大使要找墨西哥南方的代表就找到他，有什么事情也找他。20世纪80年代初，他回过中国参加国庆观礼，还见过邓小平。

我大姑父是广东南海九江人，他们九江很多人都过去了，有一批人是和我父亲一起过去的。我父亲过去，就相当于帮忙。后来大姑父有了钱，就买了个住宅给他，我父亲就在那边定居了。

我二叔也在我大姑父的杂货店里做事，一直在那里待着。我大叔在另一个镇做事，我去的时候也只见了他一面。家里人只有我祖父、大姑父和我父亲会说中国话，其他人都不会。我们家族只有三个是从中国去的，其他人都是在那边出生的。除大姑姑外，那一辈人从来没有到过中国。

我二姑姑的丈夫也在那边开了个小的杂货店，我去的时候他还经营着，但是可能开得不怎么成功，后来他就把那个小店给关了，跟我一起在我大姑父家打工，大概是20世纪70年代末期1979年的样子。

20世纪60年代赵叔锦祖父一家合影（前排左起：祖母、祖父，后排左起：父亲、大叔、大姑姑、二叔、二姑姑）

当地的舞龙舞狮队（后排左三是赵叔锦）

当地有个很松散的华侨社团组织，也不是很正式的组织，有什么大的节日大家就聚集在一起，吃吃饭，谈谈话。组织的活动就是舞龙舞狮，每几年有一次，我也去参加过。参加舞龙舞狮活动的人很多，但是很多都不是中国人，而是当地人，都是年轻人。现在到墨西哥去的华侨很少，因为当地华侨少，有一部分是中国人的后代，有的已经和当地人通婚，很难和当地人区分开了，有的则要看姓才能知道，有些姓陈，有些姓赵，姓还世世代代保留下去。

我大姑父在那边做生意，没有成立一个华商性质的组织。那些做生意比较大的华人，他们会定期聚集在一起开会，因为他们那边贪污很严重，每一个新接管经济事务的官员来到这里，都要想办法给这些大官钱，先打通关系，跟他们谈判，希望他们不要给华裔制造太多麻烦。不过现在已经没有了，因为他们那一代都不在了，而下一代的华人基本上也不会做这个生意了。那边也有很多日本人定居，他们的后代基本上也不会做上一代人做过的工作，很多都是读了大学，做会计、工程师、医生，做白领，成为中产阶级。华人的后代，以及日本人的后代，一般都是很厉害的。

这些华商对他们的祖（籍）国捐赠、投资的可能性都很小。一般中国大使馆派人来找华侨华人谈话的时候，会叫我一起去。我在那边的时候，有个领事来了两次，每次来都是我开车带他到处转。向当地华侨华人招商引资？我觉得不太可能，太远了，不方便。

中华人民共和国是在1972年跟墨西哥建交的。在1972年以前，台湾有些国民党的支部在那边，还挂了牌的，在1972年2月14日中墨宣布建交那天晚上就把牌子给撤了。在那边，我看到有个被别人叫“秘书”的，他是国民党以前在海外支部的秘书，到处宣传台湾怎么好、大陆怎么差。后来，中国大陆的领事去了以后，我把这个事跟他说。领事说警告他，如果他继续这样做，就通知墨西哥政府把他赶走。后来他就不敢这么说话了。但是，他也不想回台湾，觉得回台湾没有什么前途。他一个人生活，没有结婚，住在一个以前好像是会馆性质的地方。他在那边除了靠嘴巴讨生活以外，自己用绿豆发点芽菜卖给餐馆。他也问我：“你从大陆来，大陆情况怎么样?”我没跟他说什么，我知道这个是不能跟他说的，因为那个时候大陆的问题也比较多。

中国与墨西哥建交以后，中国政府在那边的华侨华人工作以宣传为主，有时候国庆节会邀请我们去，我也参加过一次。大使馆派了一个领事来过两次，跟华侨华人介绍中国的情况，不过那个时候中国还困难，跟现在不一样。

还有，其实华侨华人是爱中国的。以前中国人在那边，总被别人看不起，他们说我们中国人是马。为什么是马?因为我们中国人喜欢吃菜，他们当地人吃菜比较少。有华侨华人跟我说，在几个事件以后，中国的地位就逐步提高了。第一个是朝鲜战争，中国能够把美国打败；第二个是我们的原子弹试爆成功，卫星上天，这以后他们就不敢再说中国的坏话了。现在更不得了，中国人这么富。所以，在外的华侨华人都很爱中国。如果国家不强大，在外面的人肯定被欺负，国家强大以后，别人才会瞧得起你，不敢欺负你。

土著基本上都在那种很偏远的山区，我去过一些。没有欧洲人血统的，都是在比较偏远的地区，他们对城镇的生活不怎么了解。在那边的华侨华人更多的是跟一些混血的移民在一起，相处得比较融洽。真正的印第安人在城镇的很少，偶尔来一下，买点东西就走了。

在 1937 年，墨西哥整个政府偏向于右翼，他们推行过一次排华运动，从 1937 年到 60 年代。当时我父亲去那边的时候，我祖父跟他说，这是最后一次机会了。我听老华侨讲，如果那次不去的话，以后就很难去了。结果从我父亲去的时候，一直到 20 世纪 70 年代我去的时候，中间几乎没有中国人去。大使跟华侨华人谈话的时候，有人就跟他说了这个情况，20 多年没有中国人去那边了。不是我们中国的问题，是墨西哥排华的问题，不让中国人去，我估计是这个原因。我应该是那个时期去的第一或第二个中国人。

1948 年排华期间，我父亲没有受到干扰，因为他是在那边出生的，他有那边的国籍了嘛，就像回老家一样。对于已经入了国籍的华人没有歧视政策，当地化了嘛。不过当时墨西哥有个政策是这样的，如果不是墨西哥籍的人，是不能够在那里买房子的，也不能买土地。针对排华的浪潮，在那边还没有入籍的人可以通过入籍来应对。我想是有人用这个办法的，这个办法行得通，因为虽然排华，但从上到下的贪官很多，你要办这些东西是很容易的，只要有钱，什么都可以办得到。我估计也是可以用钱买通的。

二

我是1945年出生的，1973年去墨西哥，在国内待了28年。

我母亲在中国，等我妹妹将要出生的时候父亲才走。20世纪50年代，我父亲要我母亲一起去，她不想去。我跟我妹妹两兄妹，还有我母亲、外祖父、外祖母和舅舅在国内。

在墨西哥的亲人，只有我大姑父、大姑姑、祖父和大姑姑的3个子女在1963年回过国，他们是回来探亲的，来看望我，也看望我大姑父在南海九江的亲人。大姑父说他离开中国21年了，那个时候他在经济上已经没有困难。“文化大革命”时期，大姑父也回来过，1970年还是1971年时，当时是由于中国进出口商品交易会发给他一个邀请函，邀他回国来看看。交易会是通过大使馆发给侨领和侨商的，其实他也不是华侨，他是买了别人的墨西哥“出生纸”过去的。他原姓李，在墨西哥改姓陈，变成了墨西哥人。他也是回来走走看看，那次就只有他一个人回来。

1982年，赵叔锦宗族成员及其他亲属在一个咖啡园聚会时合影［后排左起：赵叔锦、二姑父、大姑父、二叔、二婶、大姑父儿子的妻子（日本人）、大姑父儿子、两位祖母外家亲人、二姑姑；中排左起：第四位为大姑姑，其余是祖母外家亲人；前排：二叔和二姑姑的子女］

1982 年，赵叔锦祖母（左三）和外家亲人在一个咖啡园聚会时合影

我的外祖父在中药店里做店员。我父亲那个时候有钱寄回来，但是不是光靠这个，父亲养不起这么多人，只养得起母亲、我和妹妹。

1949 年以后，中国寄侨汇很方便，是通过澳门南通银行转过来的，后来我在外面打工，也是这样寄钱回来的。首先把钱存到银行，银行给我个编号，然后我写封信给银行，跟它说钱要寄到哪里，就这样子。

我在广州读小学、中学，然后读大学。小学在海珠区河南第一中心小学读，初中在第二十六中学读，高中在南武中学读。我还很小就开始读书了，1950 年五岁多就读了。从小学到大学，中间没有断过，1962 年就读大学了，在华南工学院，就是现在的华南理工大学。1967 年，我大学毕业，由于政治运动就推迟了一年，那个时候大学是五年制的。“文化大革命”对我读书基本上没有什么影响，最后一年没有读书，是毕业实习期，就是在玩了，没有什么影响的。那个时候，如果有困难可以申请助学金，但是不用交什么费用。学校一个月的伙食费就 15 元多，很便宜的。其他的费用就几块钱，没有多少钱。大学不用交学费的。

我于 1968 年工作，在天津 4688 部队，工作时间是 1968 年 9 月到 1970 年 1 月。后来去了湖北黄石纺织机械厂，有三年多吧，从 1970 年至 1973 年。在部队时，周边环境有的时候很紧张，主要是在珍宝岛打了一仗，气氛很紧张，在部队里面也都是要求做好作战的准备。我们的消息来源只有报告，没有小道消息，有点滞后，就是领导有什么事情才跟我们说。我们在八一盐场，位于天津的塘沽区北塘。说实话，那个时候，我们还是比较好的，因为是在部队农场，解放军对我们还是比较尊重的。我们算是半军事化的训练，晚上我们也需要紧急集合、出列，子弹射击也有做过。那个时候，部队的生活还是比较好的，条件好，我们觉得不错。但是有些地方的部队农场比我们艰苦，特别在广东海边，在潮汕地区，有一个叫“牛田洋”的农场。有一次台风来了，为了保护海堤，学生跟解放军就跳到水里，牺牲了一些人。那个时候，大家背诵毛主席的话：“下定决心，不怕牺牲，排除万难，去争取胜利。”他们跳下去护堤，虽然精神是好的，但是人员牺牲代价太大。

在黄石纺织机械厂期间，厂里对我们还是蛮好的，过去我们基本上都是在搞技术工作。那个时候没有多大的政治运动，后来发生了“林彪事件”，那个事件对我们也没有多大的影响。我只记得，那个时候我们厂里有个女的，说是林彪的侄女，她刚开始还是挺积极参加活动的，林彪出事后，就跑了。

“上山下乡”运动跟我也没有什么关系，我们不用“上山下乡”。因为“上山下乡”主要是针对中学毕业生，对部分大学毕业生只要求到部队锻炼一段时间。国家已经定了我到黄石纺织机械厂工作，到天津去锻炼时还是照样有工资发。

我在湖北的时候，当时很少有人出国。我申请回广州工作，但是很难批准。有人说不如出国转一圈再回来。我是不敢申请的，因为我怕别人说我叛国。

三

1973 年我出去的时候不需要办什么手续，就是户口注销，没有什么注销国籍的。我出去的时候，审查也不是很严，因为我有个人特殊情况。1972 年尼克松来中国访问，同一年，墨西哥总统也来中国访问，很快墨西哥就和中国建立了外交关系，中国就派了大使去墨西哥。首任大使是熊向晖。他去了那边，就主动找当地的华侨谈话，我大姑父在那边有点声望，就把他找去了。大使问华侨有什么要求，需要中国政府帮忙干点什么事情。大姑父说很多年了没有中国人去那边，那边的华侨已经老了，老华侨开的商店很需要中国人帮忙维持下去。很多老华侨的子女都不愿意做这个，因为他们读了大学，做工程师，做医生，都不愿意把父辈的家业继承下去。大使也觉得这是个问题，就问是不是需要安排人过来，可以把这个名单报上来。大姑父就把我的名字给报上去了。之后大姑父写信给我，说大使馆告诉他已经通知了湖北省公安厅，我才敢申请。那边的工作先做好，我一申请就马上批了。黄石市公安局找我谈话，说本来你是不能走的，但是有些爱国华侨要求你去帮他们做点事情，所以就同意你了。那个时候我不敢随便申请出国，怕万一不批准的话，说我卖国。

到墨西哥后，我加入了墨西哥国籍，因为如果我不加入的话，就不能长期在那边居住，以亲属团聚的名义办不了。后来，父亲去了当地一个小市镇，跟那个管出生登记的官员谈好，说我是在墨西哥出生的，就办了一个出生证，给点钱就可以了，就在原来的出生登记本上加上我的名字。我就在那边领了护照，变了身份，不是我原来的身份了。所以，我从墨西哥回来的时候拿的是墨西哥护照，不是原来的那个，我的中国护照早已经过期。

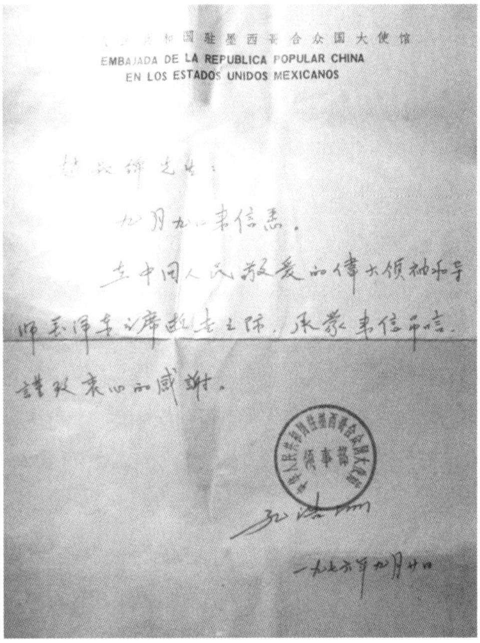
中华人民共和国驻墨西哥合众国大使馆
EMBAJADA DE LA REPUBLICA POPULAR CHINA
EN LOS ESTADOS UNIDOS MEXICANOS

赵叔锦先生：

九月九日来信悉。

在中国人民敬爱的伟大领袖和导师毛泽东主席逝世之际，承蒙来信吊唁，谨致衷心的感谢。

领事部

一九七六年九月廿日

1976 年中国驻墨西哥大使馆给赵叔锦的回信

给点钱就可以上户口，大多数拉丁美洲国家都是这样的。所以，虽说现在中国有贪污现象，但那个地方比这里还严重得多。现在好办点，现在中国强大了，它就没有那么怕，先前它就怕我们中国人去了不走。现在基本上很少有中国人去那个地方定居。

在墨西哥期间，我比较有印象的有两件事。一是唐山大地震，感到很震惊，死了这么多人，损失这么大。当时，墨西哥侨领侨商都捐款了，但是大使馆好像没有这样的活动。那个时候好像很多国家都提出要帮助中国，好像我们都拒绝了，那时的口号就是“自力更生，不依赖别人”，大使馆也没有组织我们捐款，没有多大动静。二是毛主席去世，我也写了一封信给大使馆，表示哀悼。信的内容大概是，我心里感到很难受，我们心爱的领袖毛主席去世了，我感到很悲痛。大使馆也给我回了封信，表示感谢。

在墨西哥期间，对当地华侨华人印象比较深的是，当地大部分华侨华人觉得中国大使馆建立以后，他们的地位提高了很多，所以我说华侨华人都是爱中国的。以前是被人瞧不起的，中华人民共和国成立以后，地位一步一步提高了。还有一点，就是很少有华侨华人回中国，因为离中国太远了。

四

1973 年我出国是申请去探亲，实际上走的时候也没有办理离职手续。后来我回国，申请回来定居。原单位的厂长是跟我到部队一起锻炼的战友，他说可以恢复我的工作。但是，我还不能马上工作，因为我还没有办好定居手续。直到1988年我才办好定居手续，重新变成广州市民。其实，我那个时候已经到暨南大学电子厂工作了。

1984年我回来时不用审查，国内已经很开放了，跟我原来走的时候已完全不一样。回国后，找工作是很复杂的，刚开始我在华南自动化工程公司工作，后来到了联城电子厂，里面的几个工程师跟我很熟，都是以前的同学，后来我又与他们一起到华芳公司工作。他们跟暨南大学电子厂的何厂长很熟，何厂长要我们几个人一起调来，结果他们能调来，我不能调，只能够暂时聘用。直到1988年我办好定居手续，原单位把我的工作恢复以后，又办了一个手续，才把我调到暨南大学电子厂。先是把我借用给暨南大学，在这个借用期间，我就办理了调动工作的手续。到1992年，我才正式通过省人事批准，从黄石纺织机械厂调到暨南大学来。

我爱人是广州人，她在广州出生长大。我们原来不认识，由于我母亲跟她母亲认识了很多年，她们俩谈好，我们才相识的，并于20世纪70年代初结婚。

我爱人家族也有很多人移民。她共有十个兄弟姐妹，有三个在香港，包括一个哥哥和两个姐姐。她在广州的大哥的两个女儿现在都在澳大利亚，是20世纪80年代到澳大利亚读语言学校的，她们在澳大利亚能够定居有点巧合。1989年政治风波后，一些国家给中国留学生提供申请长期居留的便利，她们两人去读语言学校的目的是移民，所以也申请在那边长期居留。那个时候很多中国留学生都很容易获准定居。我爱人另一个哥哥的女儿在美国，是以和美国人结婚的途径去的。那个哥哥的儿子也去了加拿大。所以，现在我们的海外关系很复杂。我有两个表弟，一个在英国，一个在美国，他们是从香港去的，就是我母亲的姐姐一家在香港。我母亲的堂姐，她的子女两个在美国、一个在英国。这个关系很复杂的。

我母亲是1995年去世的，我父亲2009年去世时90多岁。我母亲晚年患脑萎缩，慢慢地跟小孩一样，不会再说什么了。我估计她平时身体不怎么好，可能跟我父亲不在身边也有点关系。本来她有两次机会见到我父亲：一次是上世纪50年代的时候，我父亲曾经叫我母亲带我们全家都过去，可她没有去。另一次是1976年，我父亲本来要回来看她的，最后也回不来，因为我们国家的问题，很多老华侨都是这样，条件好的可以回来看一两次，条件不好的就没法回来。所以，我过去的时候，有人就担心我会不会跟我父亲一样，去了不回来。我说，我去的目的就是回广州工作。

我父亲去世的时候在那边，他的坟墓和祖父的坟墓应该是在同一个坟场，可没有亲友拍照片给我寄来。我父亲被安葬的场面，他们也没有拍相关的视频发给我。有一个墨西哥的朋友通过网络给我写信，说考虑这几年来中国一次，他问了我的地址，我也给了他，如果他回来，我会跟他说的。

我妹妹没有见过我父亲，因为父亲走的时候她还没有出生。她生活得很平静。她是1968年高中毕业后就“上山下乡”了，待在增城附近。在1979年我回来探亲时，她就调回广州工作了，在广州第六染织厂，后来又调到广州铁路局的饭堂，当普通工人。她的经历很平凡，但是生活很安定。比较遗憾的是，1976年我父亲本来准备回来看她，但没有实现，造成她这一辈子都没有见过父亲。现在，我妹妹已经退休了，在广州居住。她有一个儿子和一个女儿，他们比我女儿小几岁。她的大儿子也是大学毕业，现在从事广告行业。女儿是大专毕业，在一个服装公司的广州办事处工作，这个公司是法国人当老板。

我和妹妹、母亲是在外祖父、外祖母家生活的。像这样的例子很多，很多人一辈子都没有见过亲人。我认识一个老华侨，他在广州有个女儿，他是跟我父亲同一个时候去的，也是一辈子都没有回来过。他是上世纪80年代死的，我回来的时候他还托我去看他的女儿。他的女儿来我家里，我就跟她说了她父亲的情况。他的女儿在广州市的生活还可以，也是一辈子没有见过自己的父亲。上世纪80年代很难去，因为那时候墨西哥的签证很难取得。我去墨西哥时，也先在香港待了好几个月，因为墨西哥不给我签证。后来我大姑父就回来找墨西哥驻香港的领事，给他点钱就可以了。他不给中国人签证，他的国家政策就是这样，所以好多年都没有中国人去了。另外，相距也远，如果一年只有几千块钱的收入，可能还不够买机票，没有这么多钱去。

我只有一个女儿，不过她也变成外国人了，加入了澳大利亚籍。我的女婿现在也加入澳大利亚籍了，我的两个外孙辈也是拿澳大利亚护照的。我跟女儿说，我是第四代，她是第五代，我的外孙辈是第六代，都是在中国出生或成长，后来又出去了。我女儿于1973年在国内出生，就是我出国那年出生的，我走了以后两三个月，她就出生了。她在暨南大学会计系读书，1996年毕业。她毕业以后，在好几个单位工作，后来认识了她的丈夫。

我女婿是河南郑州人，他是中国人民大学毕业的，毕业以后分配到广州工作，跟我女儿同一个单位，就这样认识了。他们在2000年结婚。2001年，我女婿到澳大利亚自费留学，在新南威尔士大学读MBA，读完书以后就留在那边了。我女儿是2002年过去的，当时他还没有读完书。我女儿后来找到工作，是在澳大利亚悉尼雀巢公司亚太总部做财务，但不是纯粹的财务工作，是做那个ERP，就是负责重新整顿公司的架构。这个计划里面包括很多人才，有财务的，有行政管理的，她是负责财务这方面的。她是自己找的工作，没有通过华人朋友亲戚的关系。那时候，我们中国有很多人出国留学，我跟她说，她们这一代人跟我们上一代人出国的情况不一样：第一代最艰难，是做苦工的；第二代、第三代稍微好点，做点生意；第四代，可以读完书再去；第五代，他们是最好的了，一去就能找到好的工作，高收入。他们在澳大利亚那边的工资还是蛮高的。

我女婿毕业以后，在澳大利亚没有找到什么好的工作。2006 年，我女儿的公司派她到北京雀巢公司中国区，用 ERP 方式整顿公司。她跟一个小组去到那里帮助公司清算债务，整顿财务。她去北京工作一年，我也到北京住了一年。她去了以后，我女婿也跟着去了，在北京普华永道会计师事务所工作，这是世界四大会计师事务所之一。2006 年，他在那边工作了一年。2007 年，我女婿在网上看到新加坡华侨银行招人，因为他是人大金融系毕业，也是搞银行这一块的，所以他就去报名。电话面试通过后，华侨银行给他旅费去新加坡面试，面试成功以后，就要求他在新加坡培训一年。2008 年，新加坡华侨银行把他派回上海，在上海华侨银行工作。我女儿原来的工作流动性很大，全世界到处去的，如果她不辞掉工作，下一站就要被派到阿联酋迪拜去了。她不愿意跟我们分离，就辞职了，找到了上海惠氏制药的工作，结果也到上海去了。大概是 2006 年，我女婿申请澳大利亚国籍获批，因为之前他已经有了永久居留权嘛。我的大外孙女是在澳大利亚出生的，按出生地原则，她自然是澳大利亚人。我的小外孙是在北京出生的，出生以后帮他到澳大利亚大使馆申请，他也变成了澳大利亚人，给他护照了。他们现在是在上海，属于拿着外国护照在中国工作。他们有两个小孩，一个读小学，另外一个今年也要读小学了，在上海的国际学校读书。他们很忙，我经常要过去帮忙，这几年我很少在广州。

五

据我所知，墨西哥那边没有华文学校，主要是生源太少。墨西哥的华人不多，特别是我住的那个地方，北边靠近美国的地方稍微多点。我祖父认为他的子女学西班牙语是很自然的，因为我祖母也不是中国人，她肯定不讲中国话，自然地就讲西班牙语了，墨西哥是讲西班牙语的。一般去了那边好几十年、没有文化的人，在那个环境里要学语言也是很容易的。但是有个问题，就是你要读它的书就比较麻烦，因为西班牙语的文法很复杂。

我原来西班牙语讲得很好，但现在回来约 30 年了，差不多都忘了。不过一般的对话还可以应付。

我们家，国内的人讲华语，国外的人大多讲西班牙语，交流起来障碍很大。现在没办法，只有我一个人能交流，通过电脑跟我的亲戚和朋友交流，老一辈的都不懂华语了，下一代的有时候通过电子邮件来交往，其他的就没有办法了。像我妹妹就没办法和他们交流。另外，我女儿也通过电脑跟他们交流，用英文，没办法的，大熔炉了。

我们聚会时用西班牙语交流，不过聚会的机会不多，难了。因为现在这么多年过去，他们老一辈都不在了，我们也老了。在墨西哥的家人中，只有我大姑姑的三个子女回过中国，1963 年，我大姑父和大姑姑跟他们几个子女和祖父回国来探过亲。本来在 1976 年，中国大使馆邀请他们来北京参加国庆观礼，我父亲也要跟回来。后来发生很多事情，一个唐山大地震，一个毛主席去世，结果就取消了。以后都没有回来了。到 1981 年，我大姑父和大姑姑回来，作为一个代表团的成员，参加北京国庆观礼。

现在我没有去墨西哥的打算了，如我刚才说的，我们上一辈的人都不在了，我大姑父和大姑姑年纪大了，都不在了，如果在的话都 80 多岁了，我父亲是 90 岁以上了。1978 年我在墨西哥的时候，是经常跟他们几个见面的，我大姑父带着他们来跟我家人见过面。1979 年我从墨西哥回来过一次，1981 年回来过一次。我的下一代和他们的子女都没有见过面，只有我大姑姑的三个子女和我家人见过面。这样的关系断了，没办法，因为语言、工作和钱的问题。我在电脑上跟他们聊过，他们都没有回来中国发展的想法，主要看他们的下一代吧，我女儿跟他们有电子邮件来往。

他们在墨西哥的经济状况不是很好，不过还是安定的，相当于那种中产阶级家庭，因为他们都读了书。大姑父的三个孩子都没有继承他的家业，他的生意早就结束不做了。不只是我大姑父，其他中国人都是这样子。据我了解，其他中国人的后代也都不做了。因为做这个工作真的很辛苦，从星期一做到星期天。

我们的大家族很难聚在一起，他们的子女有的在美国、加拿大、澳大利亚，以后都很难聚在一起了，现在这么方便都很少聚会。以前的老观念是大家庭要维系，到现在都不可能了。

我认为，年轻人要随着潮流发展，我们老一辈就不愿意到外国去。我女儿曾叫我爱人到澳大利亚去定居，她不愿意，我也不去，就留在这里算了。年轻人爱到处跑，不管他们了。像我的两个外孙辈，以后去什么地方都不知道，很难说的，他们大了以后，也不一定在澳大利亚定居。家庭分散，很自然的，所有人都是一样的。以前不一样，大家住在同一个地方，经常见面。现在是全世界到处跑，没办法的。

我祖父的墓碑上有十字架，因为那边主要信仰天主教，所以我那边的家人基本上都信天主教。特别是元旦前夕，我们会叫齐所有人在家里吃饭，然后坐着一直等到晚上快 12 点，就到教堂去，相互问候新年好。过了 12 点，教堂的神父就会跟大家说很多话。天主教，我倒是不信，我是无神论者。不过我觉得宗教有个好处——安定人心。我们星期天如果有空，尤其是女眷，会去教堂里听听神父念祷词，圣诞节我们也会到那边去。

赵叔锦在祖父的坟墓前

我父亲去墨西哥的时候，跟姑姑们应该没有很大的差异和分歧，因为我父亲是中国人。我过去以后，吃饭都是一样的，家里还请了一个老华侨做厨师，专门给我们做中国菜。我们家虽然信仰天主教，但在吃饭、穿着等方面仍维持中国的习惯，就是中西结合。那里有很多国家的人，日本人、德国人、阿拉伯人都有，他们的后代都在那边。要找出一个血统纯粹的人也不容易。西班牙人去了很长时间，现在大部分墨西哥人都是西班牙人跟当地人所生的混血儿。真正很纯的白种人不多，我所碰见的百分之八九十都是混血的。那个时候没有大民族主义，你也说不清楚自己是什么人。

赵叔锦 1981 年元旦在墨西哥的一个庄园庆祝新年，这里没有冬天，四季都是夏天

要区分墨西哥人的祖籍，主要是从他/她的姓来区分，因为这个可以永远保留下来。华人就是靠姓来保留印记，如果是男的话，他就不会改变姓。一般外国人是带有两个姓的，第一个是父亲的姓，第二个是母亲的姓。如果是华人男性，其中第一个姓还是中国姓。如果是华人女性，若与非华人结婚，出嫁后她的名字后边第一个姓是丈夫的姓，第二个姓是她原来的第一个姓。她的子女结婚后，她的这一中国姓就没有了。如果华人男性结婚后妻子生的都是男孩，那就永远保留了中国姓。

2013 年 6 月 20 日，赵叔锦老师接受暨南大学国际关系学院/华侨华人研究院 2012 级硕士研究生王趸兴访谈并与其合影

钟海泉①

我出生于泰国和马来西亚交界的地方，父母以挖锡矿为生。在解放前，父亲因为家里穷，没办法养活自己，国民党又抓壮丁，而那时马来西亚需要劳动力，他便通过水客“卖猪仔”，19 岁时就到了马来西亚。后来，我父亲年纪大了，还没有结婚，就通过水客把照片带回国内，母亲看了父亲的照片，就嫁给了父亲。

记得在马来西亚时，我们在乡下生活，童年还是很快乐的。有一次，英国士兵在哨所站岗，他把电池随手一扔，扔到了我的头上，把我的头砸出了很多血。当时我正在河边玩，便掉了下去，还好被军官捞了上来，才捡回了一条命。

我总共有九个兄弟姐妹，现在所有兄弟姐妹都在马来西亚，只有我一个人回来。

在我九岁时，我大伯回国内省亲，家里的兄弟姐妹都不愿意陪他，我便陪他回来了。回到中国之后，大伯喝酒中风去世，而我又没有马来西亚护照，就被留在了中国。

那时，我们都是坐船回来的，坐了 7 天 7 夜。我们是夏天回来的，冬天在中国都没有衣服穿。伯父国内的家很穷，又有好多孩子，生活很困难，没有钱送我上学，我得去放牛，也没怎么读书，就一直在放牛。我没有分到土地，只能在广东连南瑶族自治县大队所在的乡下放牛，平时还需要干些农活。有一次，我得了急性腹泻，都快病死了，被抬去祠堂等死。但是我外婆来看我的时候，说我还有救，就让人把我抬回镇里，把我给医好了。

后来，我在广东连南瑶族自治县读书，我父亲给我寄钱让我上学。我读到初三，因家里困难，就没能继续读书了。

我那时候在农村，也经历过“三反”“五反”“反右”、人民公社，在农村耙田、插秧。1964 年，我还没有毕业就出来了，在镇里生产队的企业做肠粉，做了一段时间，因为我有海外关系，不能当兵，做什么都受限制。我的一个小学老师就被错误地划成右派，因为他出身地主家庭，又在“反右”期间说了一些发泄不满的话。很多事情现在回想起来真是很荒唐。我当时是农村户口，每年都要

① 尹昱、柴丽芳（暨南大学国际关系学院/华侨华人研究院 2013 级硕士研究生）和方欢（暨南大学管理学院 2011 级本科生）于 2013 年 12 月采访钟海泉老师。

上缴半头猪、一只鸡，还有油。那时国家穷，就依靠农村供应食物。那时候，农村的生活真是很辛苦，没有东西吃，自己种的东西不能吃，要先上缴生产队，再由生产队统一分配，否则就要“割资本主义尾巴”。那时候买什么东西都要排队，很难想象。那时，县里面只有一辆解放牌汽车，是用来拉东西的。

那时的政治运动，要是你父母是地主，你是地主仔，人家就会歧视你，欺负你。很多事情都要你去做，每次运动来你还会被斗。农村每次搞运动，右派就会被斗，跪在地上的瓦片上，跪到出血，还被打。读书哪有你的份呀，没有资格，有钱都没有办法读书。当时我父母都很穷，所以我没有受到批斗。

在国外谋生比较容易，毕竟人口没有那么多。中国人口多。国外的亲人都不理解我们为什么买东西要用票。60 年代的时候，死掉很多人，主要是因为自然灾害，人没有吃的，水肿啊。一个月只有五斤谷，不是米，也没有油，很多人水肿。我还好，父母寄钱来，有侨汇票。而马来西亚什么东西都大把，种东西很容易，气候条件好，物产丰富。

后来，我又去了农场，因为去哪里都受到限制，就只能去华侨农场。当时，有个从马来西亚回来的当地汽车站站长在看报纸时知道了广州有英德华侨农场的消息，就告诉了我。我就想办法写信给国侨办和广东省侨办，又写信给我哥哥，让他们写信给国侨办。过了几个月，县里的侨务工作组派人调查我的情况。后来，我就去了英德华侨农场，直到 1982 年。

后来我们回过农场，发现农场变了。因为体制改革，国侨办拨了一笔钱，农场老职工全部买断工龄，自给自养。广东省财政厅拨了两个亿，把十多个农场的职工工龄买断。农场现在更好了，包产到户。在华侨农场，有的归侨因海外没有什么亲人，回来就是靠自己，生活困难一点。现在，他们的孩子大了，就出来打工，他们留在家里。

我们暨南大学教职工在“文化大革命”的时候被遣散了，把老师遣散到各个大学去，暨南大学不存在了。暨南大学取消的时候，只用了三天啊，如果不搬走，就把家具都丢到外面，放火烧掉。那时候来不及找地方，又下大雨。后来被遣散的老师中有很多人又回来了。

1982 年，我调来暨南大学，一直待到现在，待了 30 多年。一开始，我在医学院，后来转到车队，开垃圾车，开了八年，之后再开其他车，如面包车、小车。

中国变化很大呀！80 年代改革开放开始的时候，邓小平南方谈话后，我们去珠海，开车都要一天，过渡要排队，那马路太窄了。我们现在住的地方以前是菜地，种西洋菜。我们这里属郊区，以前打的士，要加 3 块钱郊区费。广州东站那边以前也是菜地，是农村。华景新城以前是动物所。以前暨南大学学生宿舍每间住八个人，条件很差的。

其实，我的父母还有兄弟姐妹在马来西亚也很辛苦。但是，他们在马来西亚比在中国好谋生，因为马来西亚人安于享乐，和我们中国人不一样，中国人勤劳致富，乐于积蓄财产。我的好几个兄弟有的在马来西亚，有的在新加坡。有个妹妹病死了，还有个妹妹在马来西亚被杀害了，是因为60年代的排华事件。那个时候的排华，是什么原因我也不太清楚，我不是因为排华回来的，而是伯父带我回来探亲，我那时也只有九岁。

钟海泉的大儿子和儿媳妇

2001年，我们回过马来西亚一次，当警官的弟弟跟上司申请，担保我去。那时候很难申请的。现在去很方便，拿个护照就可以过去了。你要是到马来西亚吉隆坡，讲广州话、客家话、普通话都可以。那边的印度人都会讲普通话，因为中国人和印度人在那里都是少数民族，受歧视，所以团结起来。公务员以马来人居多，中国人很少，很多职位不对中国人开放，在政府各部门工作的全部是马来人，正职的都是马来人，我那弟弟担任的是副职。中国人比较勤劳，在马来西亚不管做什么都能够生活下去。

钟海泉的二儿子和儿媳妇

我去马来西亚跟新加坡那会儿，曾跟我夫人一起去看我的兄弟姐妹，刚好有个侄儿在马来西亚吉隆坡那边结婚。

我的三个弟弟都在当警察，两个在新加坡当警察，一个在马来西亚当警察。小弟弟在新加坡的监狱当警察，经常要对犯人实施鞭刑，新加坡的法律非常严格。我的兄弟在新加坡没有遭到排斥，因为新加坡的华人多，而且新加坡的领导人李光耀就是华人，所以新加坡不会排华。我也去过新加坡看哥哥、弟弟，他们在新加坡都发展得不错，有很大的房子，福利非常好。

我的几个兄弟都没有回来过，只有一个小妹妹回来过，小妹的儿子在澳门赌场工作，所以她就顺便过来了。

我们算很幸运，住的是福利房，暨南大学分的，80 多平方米，这是最后一批福利房。我夫人的哥哥、姐姐去了香港，在香港没有退休金。现在回过头来看，还是我们这边好，他们住的房子很小。

我不想去马来西亚，因为我已经有了家，兄弟姐妹也有了他们的家。两个国家的生活习惯不一样，去到那边要重新开始。以后最多是有事的话让他们帮一下忙。

朱红英[①]

我的祖籍是广东省梅县，海外定居的梅县客家人很大一部分都去了印度尼西亚（简称“印尼”），我爷爷也是其中的一个。爷爷在家乡与奶奶结婚后，独自一人先是漂洋过海到英国，在一九一几年（具体时间已经记不得了）的时候又从英国转去印尼经商。1931 年，我父亲（18 岁）在梅县与我母亲（17 岁）结婚后，也一同去了印尼。他们在印尼生活，生了我们兄弟姐妹九个，三男六女，老大和老七因病夭折。1994 年，母亲因我大姐去世伤心过度，心脏病发作，抢救无效，与世长辞，享年 80 岁。1997 年，父亲因病去世，享年 84 岁。

朱红英与父母、二姐、四姐、弟弟的合影

我父亲是经商的，母亲是家庭妇女，在家带孩子，那时生活还可以。太平洋战争爆发后，印尼一片纷乱，1945 年印尼才独立。我是 1950 年出生的。在我不到三岁时，我父亲在一次拉货中被车撞伤了脑袋，在医院躺了三个多月，一直昏迷不醒。我母亲就独自一人担起了家庭的重任，租个房子，雇了几个印尼佣人，开起了小作坊做糕点，有时候糕点批发不出去，就推个小三轮车到一公里外的一间学校旁卖糕点和炒面。后来父亲终于醒了，但是因脑受伤，身体非常虚弱，没有精力干活，度日如年，就只懂得

① 陈慧、田丹丹（暨南大学国际关系学院/华侨华人研究院 2012 级硕士研究生）于 2013 年 10 月 13 日和 10 月 24 日在暨南大学第二文科楼和南湖苑采访朱红英老师，并整理录音。朱老师后来对采访稿作了修改、补充，修改稿由林颖（暨南大学国际关系学院/华侨华人研究院 2014 级硕士研究生）录入电脑。

打麻将赌钱，使家中的生活穷上加穷。到了1953年，家中又添了个小弟弟，家境更加困难。无奈之下，大姐、二姐都在16岁时嫁人了，三姐、四姐分别送给了舅舅、表哥收养，家中就靠年仅15岁的哥哥帮母亲干活，那时的我不到8岁就没有书读，开始帮家里做家务了，生活真的好窘迫！

朱红英在印尼的家庭照

上世纪50年代，印尼有不少进步的华文学校，但不久也被关闭了。我还小，没念过中文。有那么一年的时间，几家华人将我们小孩集中起来，请一位华人老人偷偷摸摸在树底下摆几条板凳，教我们学一点中文。我没有享受过小学校园生活。当时战乱，再加上印尼政府与华人关系紧张，从中国出去的人不可能像当地印尼人一样好事优先。华人是靠自己勤劳的双手发家致富，可以说当时印尼的经济建设实际上是靠华人发展起来的，华人也因此相对当地人较为富有。这引起了当地人的不满，有种族歧视，对华人另眼看待，不准华人学中文，不准开办华文学校。从1957年起，印尼政府开始对华人经济来源进行堵截，很多华人商店不准开了，还各种刁难。一些华人只好用钱收买当地警察，商店才能勉强维持下去。而对我们家庭来讲，经济状况本来就不如意，遇上这种情况更是雪上加霜。后来，华文学校被关闭，商店也不给开了，印尼掀起了排华浪潮，华人所在地区经常遭到或大或小的袭击，很多华人还因住所被破坏或被政府收回而无家可归。1959年底，我们也被要求限期搬离原本一直居住的房屋。

幸好，处于困难时期的祖国并没有忘记我们这些在海外落难的华人，派了多艘苏联船到印尼接载华人回国。当地侨领先是组织登记希望回国的华人，之后又想尽办法解决在等船到达期间华人的生活问题。一大批华人，包括我们一家六口被安排到一间米轮厂让出的厂房暂住。三个多月之后，在1960年初，大家才终于登上了归国的轮船，同船同期回国的，还有我大姐一家五口和她的公婆。而我的二姐和三姐，因种种原因，继续留在了印尼。

我们在海上整整漂泊了七天七夜，在广东湛江港上了岸，再坐车前往广西武鸣华侨农场。经过一路颠簸，到达目的地后，我们看到的是山脚下荒野中的一片低矮破旧的土房。当时是3月中旬，印象中天还下着雨，又冷又湿，这样的环境对我们这些自小在赤道热带高脚木楼中长大的人来说，真是一下子难以接受，很多人抱团大哭一场，不愿下车，挺凄凉的感觉。后来我才知道，因为当时祖国处于困难时期，农场还没来得及建房给我们，所以动员当地老百姓让出了这些房屋，虽然条件艰苦，但是总算有个栖身的地方。

归侨当时的生活费是国家给的。当地搞了一个大饭堂，供应每人每餐定量式的一份饭菜，让我们免费吃了三个月的大锅饭。因为当时还是人民公社时期，住的是当地人自己用土坯垒出来的土房。在那里住了三个多月后，国家号召我们自力更生，开荒种地，这样可以得到一点收入。当时受影响最大的是小孩子们，当时我才九岁，在印尼没学到什么中文，怎么能跟得上当地小学的教学进度呢？连说个“你、我、他”都非常不容易，何况你要跟人家交流？所以，刚回国时，生活是很糟糕的。几个月里，因吃不惯饭堂的饭菜，我天天凭着回国时带回来的一些食品，如罐头、肉松、饼干、黄油等，补充伙食。当时有些人外面有亲戚较富裕，寄一些侨汇回来，可以买一点面粉、糖、油之类，可大部分侨民并不富裕，生活很艰苦。因水土不服，我的四姐患上肾炎，父亲本来身体就不好，又患了钩虫病。当时我也才十多岁，全靠母亲和哥哥两人劳动来维持全家六口人的生活，最后只能把回国时从印尼带回来的一些较有价

当年从印尼带回来的印尼造“Fatmah”（也是当地女性常用名）牌缝纫机，成了朱红英家的老古董，历经半个多世纪还能用

值的东西一点一点地变卖给当地村民，如铁床、单车、照相机、缝纫机等，来补贴家用。

回国一年多后，国家陆陆续续安排我们搬到用红砖建的房子里，离开了原先借住村民的土房，我们的生活才慢慢好了一些。后来中国与苏联老大哥闹僵了，要还苏联一笔债。1964 年，国内又搞“四清”运动，家里有事没事都被抄一翻，特别是与海外的来往书信，看是否“里通外国”，家中有人字形的拖鞋，就说是资产阶级思想。我家里有我二姐结婚时自己缝的婚纱，八米长，都被剪成一段一段的，连姐姐们在国外所照的婚纱照都给剪掉。我姐夫在印尼是一个侨领，回国后免不了有些人送他侨汇券以表示感恩之情。就因为收了他人的恩惠，姐夫在“四清”运动中也被揪出来批斗，住过牛棚，常常在各种“运动”中挨批，成了老“运动员”。对这种运动，归侨想不通，也不理解，当时部分归侨的思想就有些动摇了。那时我才 12 岁，什么政治、资产阶级都不懂，只懂得家境困难，母亲工资每月 18 元，父亲半个劳动力 9 元，哥哥不读书也劳动，工资 18 元，总共是 45 元，读书的有四姐、我和弟弟，人均生活费用是每月 7 元 5 角，家中经常到了下半月就要跟人家借钱或借米。刚到农场的时候，靠的是到地里面到处翻锄队里未收干净的红薯、木薯、花生、芋头的头尾等来充饥。我 13 岁离开家，到八公里以外的学校上初中，四姐也在同一所初中上学，每周星期一至星期六在学校吃住，星期天可以回家一天。我和姐姐两人的生活费是每月 14 元，每人 7 元，每天 0. 27 元。我非常节俭，经常不吃早餐，每个星期用剩下的早餐钱买馒头带回家，给父母和哥哥、弟弟。我有时从家里带点豆瓣酱，加点葱、蒜，带回学校当菜吃。因缺营养，我有几次做操或上体育课时晕倒了。

当时书没读几年，又组织参加什么“红卫兵”，1966 年又去“串联”，走上“大串联”的漫漫征途，我们组成了 24 人的“串联队”。

当时，我们从广西走到广东广州，1 000 多公里，整整走了一个月。学着红军长征，背着背包、棉被、衣服、水壶，沿着红色足迹，意气风发地走着，每天要走 45 公里。我有一天走了 56 公里。刚走那几天我的脚都肿了，但当时有一股红军精神，有坚强的毅力，那个时候的口号是“走路光荣，坐车可耻”。我们走了一个月的“长征路”，终于走到了广州。在某院校刚住下三天，学校就来个电报，要我们赶回去，复课闹“革命”。

回到学校，又有什么工宣队，每天让我们写大字报，批斗老师们，上课就是开会，没有学文化。记得其中有两位归侨老师，因原来在国外教过书，就被说是成分不好，有资产阶级思想。白天经常要我们学校的“红卫兵”到街上去参加批斗会。那些被斗的，会被戴高帽、挂黑板、挂纸皮、挂锣等。那个时候的“红卫兵”，其实也是被利用了。全国掀起组织“红卫兵”的浪潮一浪高过一浪，

1966 年，朱红英参加广西武鸣华侨农场红专学校的“红军长征队串联”（摄于桂林）

1966 年我们学校也有八个人作为学生代表，到北京接受毛主席检阅。学生代表的家庭成分一定要是贫下中农，其中两个名额一定要给贫穷的归侨子女，于是我成为学校派去的八人之一。我们在北京参加整整一个星期的训练，20 人一队。因为太累，我还发烧了，但渴望见到毛主席，还是坚持着参加检阅。我们从北京的朝阳广场东边走到南边，边走边喊着“毛主席万岁”，当时激动得热泪盈眶，这给我留下了很深的印象。就是这样所谓的“思想红”情结也在“文化大革命”中被利用了，充当了“靶子”。“文化大革命”时期的极“左”思潮和行为，给国家和人民带来了极大的损失。

1967 年初中毕业后，我选择了插队。插队要“三同”，同吃、同住、同劳动。我在一个有残疾人的家庭里接受贫下中农再教育，跟我一起插队的有六个女生。当时生活各方面条件非常差，我睡的是用四块木板和两张长凳搭起的床，板上垫的是干稻草。每天下农田回来，洗澡是到河里或水渠里洗，到草丛较茂盛的草堆里换衣服；没有卫生间，要上厕所，每家专门有茅草房，里面堆有草木灰，大小便后用草木灰一盖就可以了。插秧期间，每天天蒙蒙亮，我们就提着油灯到田里拔秧，拔完了秧就插秧，各人搞各人的。到中午吃饭时，和房东一起吃，吃的是粥，把粥当水喝，没有另外再带什么开水。我们天天吃的是黄豆、红薯叶、芝麻叶，晚餐稍微能吃到一些干饭。让我难以接受的是吃老鼠肉，我一看到白白的肉就反胃，经常饿着肚子半夜独自流泪。特别是冬天，天寒地冻，还得下到膝盖深的水田里耕田，有时还要下到河边捞沙、挑沙、搬沙，八个人装一辆大拖拉机，搬上搬下都是八个人，一天要装四辆大拖拉机。那段经历，对知青们来说是

广西武鸣华侨农场红专学校 1968 年毕业生甲班全体学生合影

1971 年 7 月，广西武鸣华侨高中首届毕业班全体师生合影

不可磨灭的记忆。知青的生活是艰难的，结下的情谊却是真挚的；知青的经历是苦痛的，却也是宝贵的。

插队不到一年，1968 年我就考上了高中，1971 年高中毕业。

高中毕业后，我没有上大学的机会，又回到场部，被分配到农科站。当时，正赶上全国掀起学大寨的浪潮，搞试验田，土地改良，口号是“学大寨人，出大汗，流大汗，三翻五翻翻出个新天地”。我们搞了一片试验田，新土换旧土，新土靠肩膀一担一担地从山洞里挑来，再往一尺深的土地里填满，每人每天要到山洞来回挑十五六担，半年锻炼出我挑担的好本领。

后来，又把我抽到场部，当了一年多秘书。我的领导参加过抗战，半边脸被炸弹炸伤，留下一片伤疤。他对我要求特别严格，我每写一张证明、盖一个章，他都要检查，审批又审批，要求我工作一定要认真负责。他的精神感染了我，使我在人生道路上深受启迪。

1973 年，我和我先生结婚了。他是 1959 年自费求学到集美中学的，是 1962 级暨南大学数学系的本科生，1968 年毕业，后被分配到山西大同机车工厂（简称“428 厂”）。

1973 年我们结婚后，异地分居了一年多。山西大同机车工厂根据“对华侨一视同仁、适当照顾”的政策，经过铁道部批准，破格把我从农场调到了该厂。到工厂后，因没有单间房子住，我和先生暂时各自住在单身宿舍。当时，正好有一对归侨到香港探亲半年，我们便借他们的单间房子半年。后来，工厂又盖了新房，也给我们分配了一个单间。我被安排到工厂里的锅炉车间工作，厂里有十多个车间，2 万多人，单锅炉车间就有 458 人。我从务农转为务工，样样都要重新学，不仅要和钉钉锤锤打交道，更重要的是和机床打交道，都要有技术。当时我还年轻，经过刻苦学习和师父耐心的传帮带，可以在铅眼床独立操作了，干了两年多。有一天，不幸的意外发生了，我正要取工具修车床时，在工具箱处有一条煤气管漏气了，我中毒晕倒。工友们及时将我送医院抢救，我才脱离了生命危险。但是，从此我得了后遗症，只要闻到煤气，就会晕、恶心、呕吐。1977 年，车间照顾我，调我到办公室以工代干，做事务员、统计员和出纳员。在此期间，我有机会参加了铁道部的算盘比赛，得了个合格证。我又参加转干考试，考试合格。经过将近 5 年的以工代干，1982 年，我成为铁道部下的一名正式干部，职位是出纳员。1985 年，工厂职业高中缺一名出纳，调我过去。我原先在初中、高中都是学校篮球队的，在农场也参加过比赛，有一定的打篮球基础，所以在职高又当起了女子篮球教练。

当时，每天早晨我们都要跑几千米，即使是冬天冰天雪地，我们也坚持训练。我们在山西大同时，吃的粮食 70% 是白面，30% 是粗粮玉米面，没有一点大米，天天就啃个馒头和窝窝头，这对我们归侨来说是很大的问题。政府也想到了这一点，对所有归侨给予优待。我们每月可以到市民政局开证明，每个归侨定量换 10 斤大米，我和我先生都是归侨，每月可以换 20 斤。另外，我们想办法从南方带一点大米和油，这样就可以保证全家每天都能有米饭吃。我在山西大同度过了13个春秋，生有一男一女。因为对北方的气候和生活太不适应，又牵挂父母，于是我们申请调到广州来。

我当时想要调动，原因是两边的老人家要经常过来。我们从位于赤道热带的印尼回来，而北方一年12个月，只有两个多月较为暖和，有九个多月要穿厚衣，所以我要找一个气候暖和、适合老人安度晚年的地方。在大同工作，生活各方面都能得到领导、组织上的照顾和关怀。当我们提出要调动时，领导以为是组织上照顾不周，怕我们有看法，想尽办法挽留我们，调的时候拖了我们一年，不发档案，但我们还是坚持要求调动。1987年，我们终于调成了，当时要离开大同机车工厂时，工厂的宣传部部长、组织部部长、职高校长等来为我们送行，我们真的感动不已。

朱红英先生当年在印尼居住地附近的市场

1987年5月，我们调到了广州暨南大学。我先生1988年到学校预科实验室当实验员，我到科技服务公司当出纳员。我知道到了一所高等学府，没有很高的文化水平，恐怕是较难发展的，所以调来的第二年，我就报了华南师范大学金融系财务管理大专班，从1988年一直学到1990年毕业，一共学了11门课，拿到了一个大专文凭。我几年的努力没有白费，1992年我当了科技服务公司的副经理，1993年正式下任命书。1994年，公司会计退休，又让我兼任会计。1999年，我辞了会计工作，学习管理商场百货，管过一年工厂的定型水、洗洁精、化学胶片、洗发精等的试验，也管过做尿得学酶的试验。从到暨南大学后，我就在科技服务公司当过出纳、会计和副经理，搞过科技转让，管理过商场和工厂，一做就是17年，在这17年里，酸甜苦辣都尝过。到了后来，因为觉得公司办不下去了，我要求调到学校行政部门，但非常困难。为了能调到学校行政部门工作，我辞去了科长职务，到学生处当一名普通的管理人员，后来在学生处学生档案室干了一年。2006年元月正式退休。

我们20世纪50年代出生的人，可以说是最不寻常、最折腾也是最乐观的一代人。这些人经历了各种磨难，参与了各种“运动”，推动了时代的剧变，也被时代所改变，这些人将生命最黄金的几十年化成了国家及儿女发展最需要的土壤。“三年自然灾害”时期，正是“50后”的幼年或童年时期，正是长身体的时候，因此，饥饿是“50后”共同的深刻记忆。该读书时学校却停课闹“革命”，初中、高中人生最重要的学习期被中断了学业，成了“红卫兵”，在校成天抄写大字报。求知识长才干的青春岁月，却到了农村扛起铁锹和锄头，接受贫下中农再教育……这些人把青春留在了广大农村，没有现代人的浪漫，绝大多数人也没有花前月下的爱情，但正是这“上山下乡”的经历，使这批有着“知青”这一共同名称的一代人成了中国最有担当、最能吃苦耐劳、最有奉献精神和广阔胸襟的一代。

2006年我退休了，身体健康，精力充足，无论生理还是心理似乎都还不是真正意义上的老年人。我在暨南大学工作生活了20多年，回顾人生的酸甜苦辣，五味俱全，折腾了大半生，好日子开始啦，成了中国最潇洒的老年队伍成员。退休后，我根据自己的爱好，老有所爱，老有所乐，参加各项活动。我对“侨”有一种特殊的情怀，所以从山西大同一直到广东广州，参与涉侨工作从未断过。2014年，我当了暨南大学侨联副主席，工作稍微忙了点。暨南大学侨联中华文学院侨联会员就有500多人，我们纯属群众，不是在编人员，是义务的。暨南大学侨联就是归侨的家，参与侨联工作也就是我对侨务工作的一点点贡献吧。暨南大学侨联文艺队很出色，在冯冰冰当人事处处长的时候，就已活跃了“侨”的文艺生活。

社会在前进，一个民主、富强、文明、和谐的国家，是百姓安居乐业的大环境，收入在不断增加，生活水平也逐渐提高。我牢记爱国、敬业、诚信、友善的价值观，想做点有意义的事情回报社会。我有时候会组织暨南大学侨联部委员搞搞活动，出去走走，领略一下祖国的大好河山。外面的世界很精彩，走出国门，走向世界各国，我既看到国外的发达和先进，也体会到中国的强大与富强。身为中国人，我感到骄傲和自豪。

我们这些“50后”的人，没读多少书却无师自通，历经生活的磨难却始终认为生活没有亏待自己。回望今生，感觉遗憾极多，只希望子孙后代能超越自己，而我，已近黄昏也还在试图呼吸清晨的空气。

蔡少兰[①]

基本情况

我于1931年10月24日出生于菲律宾马尼拉。1934年3月，父母携我和大弟抱着教育救国的思想回中国武昌，我的五舅父张资珙把父亲介绍到博文中学当校长（即现今的武汉市第十五中学）。任职的四年期间，他的工作成绩获得校董会嘉奖，他积极、认真、严格、爱生的作风得到学生的好评。当时该校是外国的教会学校，但他从不献媚于外国人，常于周一早晨操练时在训话中公开指责外国派军舰进入我国内海，订立不平等条约。

1937年卢沟桥事变后，我们离开武昌移居香港，父亲受聘于岭南中学。1941年“珍珠港事件”发生，接着日本侵占香港，岭南中学停课，父亲在元朗坪山置了一个木瓜果园，我和大弟帮助父母打理果园。

蔡少兰与母亲

青年时代的蔡少兰

① 王晓宁、王趸兴、张震宇（暨南大学国际关系学院/华侨华人研究院2012级硕士研究生）于2013年10月16日和10月22日在暨南大学明湖苑对蔡少兰老师进行采访。蔡老师修改稿由李玮莉（暨南大学国际关系学院/华侨华人研究院2015级硕士研究生）录入电脑，林颖（暨南大学国际关系学院/华侨华人研究院2014级硕士研究生）校对。

1946 年蔡少兰（前排右二）初中毕业合影

我的小学阶段没有接受系统的学校教育，而是受教育于家庭。父母闲时教我古文、数学、英语，所以当岭南中学 1942 年迁到澳门后，我本应进入协和女中读初一，可是因为小学全面基础知识不够，廖奉灵校长建议我从六年级读起，之后一直读到初三上学期结束。1945 年日本投降，岭南中学迁入广州康乐，我进入岭南中学初三下学期，直到 1949 年高中毕业。

蔡少兰（第二排左三）高中毕业合影

1947年夏，我父亲不幸去世。这时我已有四个弟弟了，母亲还怀着一个孩子，至1947年11月才出生，那便是我的妹妹少萍。我母亲信仰基督教，坚信上帝与她同在，没有克服不了的困难，中年丧夫的她以常人难以想象的毅力，把我们培育成了对社会有用的人，为国家作出贡献。

1949年我考进岭南大学生物系，大学三年级（1951年10月至1952年5月）时，中央从金陵大学、山东大学、岭南大学等高校中抽调部分师生参加华南垦殖局工作，到雷州半岛和海南岛勘测橡胶宜林地，我参加了这项工作。1952年院系大调整，岭南大学取消了，1953年我成为中山大学的毕业生，毕业后留校工作，从事植物形态解剖、系统分类的教学。1954年至1956年我连任植物专业三届班主任工作。

1955—1956年间，我曾数次参加学校、广州市、广东省的自行车比赛，成绩突出，获得国家三级和二级运动员、广东省工人运动会一级运动员称号。在三千、五千公尺（米）竞赛中，竞争非常激烈，因有运输工人、邮电工人、教师编排在同一组里（教师就是我），比赛结果令人瞩目，我们组成员分别获得“运动健将”和“一级运动员”称号。

1957年“反右”后，毛主席号召知识分子到农村去当一辈子农民，接受贫下中农的再教育。我积极响应，于1958年1月到广东省高明县崇南社和农民“三同”（同吃、同住、同劳动）。我爱人也跟我一起去当农民，当时主要是筑堤坝。头一次挑泥上湿漉漉的斜坡，上坡还可以，下坡不免会滑倒。7月，正当我准备给农业中学学员上课时，接到通知让我回广州到暨南大学水产系报到，我才知道暨南大学在筹办啦。当时此系只有6人（系主任2人、秘书2人、办事员2人），我是第七位来报到的。那时是政治挂帅，三面红旗的年代（“大跃进”、“大炼钢铁”、人民公社化）。水产系下设养殖、捕捞和加工三个专业。1958年，养殖专业招了上百名学生，师生全部到芳村挑泥修筑铁路，两地距离很远。我负责挑中间路段，第一路段是一位大个子男生，我负责接他的重担，然后分别交给第三路段的两位女老师。我还和学生组织“穆桂英突击队”，口号是“多装（泥）快跑，奋战干到东方红（天亮）”。回校后，养殖专业师生又拉队伍到广东北海一带搞现场教学，如珍珠贝养殖，我带的学生是出海养海带。从1958年到1966年，我们是一边建校，为教学建了不少基本设施；一边劳动，例如挖明湖、到磨碟沙挖鱼塘，夏季到农村夏收夏种，冬季帮助农村兴修水利。为了适应养殖专业教学，1959年到1960年，我到武昌学习淡水藻。同时，每年还参加各式各样的政治运动。“文化大革命”期间，暨南大学停办两年（1966—1967年），1968年，我去位于三水南边的暨南大学干校劳动，那里的水稻田一望无际，我成天弯着腰在稻田里干活，插秧、中耕、除草、收割，真是忙得不亦乐乎，还要饱受蚂蟥的袭击。不瞒你说，我还是插秧能手之一呢，插得又快又整齐。

1952 年 2 月蔡少兰（后排中）与华南垦殖局勘查工作队队员们在一起

在南边干校锻炼还不够，因为干校是知识分子成堆的地方，领导还抽调我和一些人到附近的关家村和农民一起劳动，口号是“向农民学习”。次年，暨南大学彻底解散，我们便转到中山大学干校，在英德红桥茶场锻炼。我负责猪饲料的发酵，每天到山冈上采一些桃金娘浆果掺进米糠里一起发酵，那香甜的口味猪很爱吃。我一个人拖着大板车载上饲料上斜坡运到猪圈里，这时期我的体力挺棒的，能挑起上百斤的谷子。整整 3 年的干校生活确实锻炼了我的意志，对生活不怕苦、不怕累，对工作勤勤恳恳、任劳任怨。

从干校回来之后，1971 年我们重回中山大学生物系工作。有一年，我和学生去学军，从广州步行到英德，那时是冬天，我们背着各自的行李铺盖，徒步行走了 11 天，其艰苦程度可想而知。这期间招收的学生是工农兵学员，他们的口号是“上大学、管大学、改造大学”，用毛主席语录来评论教师的教学。我所在的专业是药用植物，经常带学生到制药厂劳动和学习。1978 年我和另一位老师应广东省药品检验所之邀，到潮州制药厂对他们所制的一百多种中成药作显微鉴别，历时一个多月。

世事难预料，1978 年中央提出要复办暨南大学，很不幸的是我爱人于 1979 年 1 月因车祸去世，未能重回暨南大学。我则再次离开中山大学，服从调动回到暨南大学当第二次的“开荒牛”。我们以前（1958—1966 年）所做的一切，如挂图、干湿标本、模型等教具当时全被销毁了，此时不得不重新再来，确实浪费了青春光阴。

自从邓小平提出改革开放以后，工作、生活渐趋稳定。1985 年我加入了致公党，1984 年至 1986 年我在暨南大学又当了 3 年的班主任，在中山大学、暨南大学一共担任了 6 年班主任工作，尽心尽责，关心学生的学习和生活，有困难的给予帮助解决，有因病因伤住院、做手术的给予关怀。岁月不饶人，1987 年人事科通知我退休，不久又告诉我可以继续工作，至 1992 年正式退休。

在我 40 年的教学生涯中，我开设过植物形态解剖、植物分类、药材与粉末鉴定、专业英语等专业课，还有花卉与插花、植物与人类生活选修课。我今年（2015 年）84 岁了，直到现在还有学生到我家里学习兴趣英语。我爱学生，更热爱教学，我对教学兢兢业业，极度负责和认真，学生给我的评分达 95 分以上。我曾在全系介绍如何讲好一堂课、如何带学生做实验，两次被评为“课堂上的好老师”、先进工作者。回顾过去的几十年，我为暨南大学奉献了青春与激情，一生听从党的安排，弹指一挥间，学农、学工、学军我都经历了，真是一个七彩的人生。

我爱人韩祥初，广西合浦人，在廉州中学就读时，思想进步。新中国成立前，他曾带领同学进行反恶霸地主斗争活动。新中国成立后，就读于南方大学（现华南师范大学）政治系，那是干部培养所在地，后他改为攻读俄语。大学毕业后，被分配到中山大学外语系任教。我们于 1956 年夏结婚，是年秋，他到哈尔滨外国语学院进修俄语一年。1958 年初，他与我一起到广东省高明县去当农民。同年 7 月，我们一起调回广州参加暨南大学的筹建工作，他在外语系，除教俄语外，还担任系办公室主任。“文化大革命”中被一些受蒙蔽的学生剃了“牛”字头，他并没有受此冲击而气馁，而是冷静客观地分析问题的是非，和一些志同道合的群众处理派系斗争问题。他也曾到三水南边干校，一年后被调到广州外国语学院任教革组（即教务处）组长。1979 年初因车祸去世。

我的外祖父母

我的外祖父张淑皋，字仪徵，别名陶予，广东梅县三坑乡留余堂人，光绪二十二年（1896年）考进粤垣广雅书院（即现今广州广雅中学），后该校改为高等学校，光绪三十年（1904年）外祖父作为广雅书院特等第一名毕业。经清政府两广总督向教育部门推荐，被选送官费留学日本。经过一年的日语预科学习，于1907年考入日本广岛东京高等师范学院，因为当时该校闹学潮，后改读东京早稻田大学。教育部门因为他擅自更改学校而取消他的官费资格，改为勤工俭学，从事口头、书面翻译工作。宣统二年（1910年），外祖父毕业于早稻田大学并取得法学学士学位，教育部门要求留学生毕业回国，应学部要求参加学业考试。外祖父获钦授政法科举人，第二年参加清政府皇帝保和殿殿试，荣膺一等第三名，取得公务员资格，随后被派外交部，授官驻日使署通译官，历任东京使署、横滨总领署、神户领署襄理译务。民国二年（1913年），外交部调整外交阵容，将外祖父升为驻神户随习领事，民国五年（1916年）代理神户正领事，授任中华民国驻日本东京大使馆、考察日本宪政随员、外交部候补主事。外祖父在日本工作期间，曾资助过孙中山先生的革命活动。在他正发挥才能时，由于积劳成疾，不幸于民国五年年底因患胃癌大出血而病逝于日本，时年48岁。外祖父在异国为官数年，逝后两袖清风，身后萧条。

外祖父张淑皋

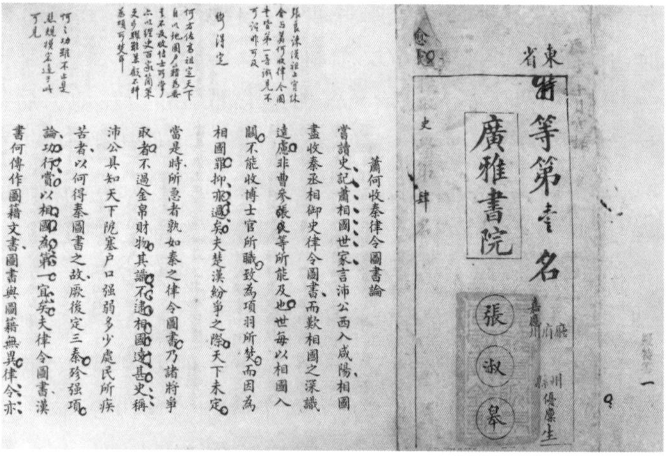

東省

特等第壹名

廣雅書院

張淑皋

蕭何收秦律令圖書論

嘗讀史記蕭相國世家言沛公西入咸陽相國盡收秦丞相御史律令圖書而歎相國之深識遠慮非曹參張良等所能及也世每以相國入關不能收博士官所職致為項羽所焚而因為相國罪抑知遇夫楚漢紛爭之際天下未定當是時所急者孰如秦之律令圖書乃諸將爭取者不過金帛財物其識不逮相國遠甚史稱沛公具知天下阨塞户口强弱多少處民所疾苦者以何得秦圖書之故厥後定三秦殄强項論功行賞以相國為第一宜矣夫律令圖書漢書何傳作圖籍文書圖書與圖籍無異律令亦

外祖父张淑皋在广雅书院的考卷

家人合影，前排右一为蔡少兰，后排为父母，中为外祖母

外祖母侯锦云，1864 年在梅县出生，18 岁时与外祖父结婚，是个农村妇女，她侍奉高堂，抚儿育女，勤劳刻苦，令外祖父无内顾之忧，得以安心读书。当外祖父考得官费留日时，她已是九个孩子的母亲，子女年幼嗷嗷待哺，家无常产，外祖父难下决心是否赴日，但外祖母毫不迟疑地鼓励他前往，外祖父深为感动。为了支持外祖父的学业，外祖母以缝衣、刺绣等补贴生计，节俭成为家风，在外祖父留学期间艰苦负债，勤俭清贫度日，担负着一家十数口人的生活。她性格刚强，对子孙要求严格，尤其在礼教方面，使后代受益匪浅。我们在武昌时，外祖母曾与我们生活在一起，在我印象中，外祖母还有她的另外一面，即非常好学。外祖母不识字，未进过学校，但花甲之年仍在儿子的帮助下启蒙学习，以图识字，专心研习，不到半年，竟能阅读古典长篇小说《封神演义》《西游记》《三国演义》《红楼梦》《水浒传》等，可见她先天聪慧。她读起书来孜孜不倦，凭着一股毅力，夜以继日，眼力不好时，就用放大镜一行一行、一本一本地看下去，深夜也不释手。她曾说书中别有天地、其乐无穷，一切不如意的事情均可借此淡然忘怀，她以此为乐以度晚年，外祖母这种顽强学习的精神也深深感染了我母亲。

我的五舅张资珙

我的五舅张资珙先生，1904 年 1 月出生于广东省梅县三坑村，他是著名化学教育家和科学史家，还是一位爱国志士，“文化大革命”中于 1968 年 3 月受残酷迫害致死，享年 64 岁。

蔡少兰五舅张资珙先生

张资珙1924年毕业于上海沪江大学化学系，1927年至1930年在美国约翰·霍普金斯大学研究生院攻读哲学博士学位。他被邀留美工作，但他说我的国家需要建设，需要培养人才，我要回去。回国后，他先后在厦门大学、华中大学、岭南大学和武汉大学等高校执教，培养了大批科技人才。曾任中国科学院院长和全国人大常委会副委员长的卢嘉锡称张资珙是他在厦门大学读书时的恩师。张资珙用形象生动的语言培养学生素质，强调化学家的元素组成应是 C_3H_3，它不是碳氢化合物，而是指由Clear Head（清醒的头脑）、Clever Hands（灵巧的双手）、Clean Habit（洁净的习惯）三个英文短语中每个单词的词头字母组合而成的“化学家分子式”。我觉得这真是意义深刻，这不单是对科学家，也是对医生乃至各行各业从业人员的基本要求，因此我在教学中也以此培育学生。

张资珙讲授多门课程，但他从不用现有教材，而是参考国外文献最新内容自编教材，他在讲授时告诉学生参考资料，以培养学生查阅资料的技巧和分析问题的能力。他讲课内容新颖，语言生动，中英文交替，板书清晰工整。由于他教学认真，教学方法生动，安排严谨，因此教学效果极好，他的课学生听得津津有味，一些没选修他的课的学生也慕名前来旁听。他还十分重视实验课，他认为实验是引导学生进入科学研究领域的最好途径，他讲的课深受学生欢迎。1952年他被评为首批武汉大学和武汉市甲级教工，他为祖国的教育事业奉献了一生，创下了不可磨灭的业绩。

1932年在南京召开的全国化学讨论会上，除了研讨一些规定的问题之外，张资珙对教学改革还提出两个提案，一是高中化学课主要目的的提案，二是高中化学课应注意事项的提案。他还常到化学夏令营和化学教师进修班授课，可见他不单对大学还对中学的化学教育非常关心，而且很有研究，他不愧为中国杰出的化学教育家。

张资珙从20世纪20年代开始研究科学史，30年代后对中国科学史产生了浓厚兴趣。他学识渊博，有深厚的中国古汉语、古文学修养，在中国历史、诗词、哲学、宗教、天文等方面有很深的造诣。他又精通多国文字，这对他研究科学史非常有利。1937 年，张资珙二次赴美，曾去哈佛大学与著名科学家萨顿教授共同磋谈科学史的研究，萨顿教授对张资珙近十年的研究深表赞许。

1943 年 2 月，李约瑟（1900—1995 年）作为英国文化科学使团成员来到中国，他对中国科学史产生了兴趣，开始搜集有关资料，当他得知张资珙已对此长期潜心研究后表示准备亲自拜访求教，约定于同年 4 月到重庆南温泉与张资珙会面。二人相逢，共同探讨科学史，畅谈甚欢，李约瑟对张资珙的藏书、资料进行翻阅、抄写等，原来计划只待一天，结果住了多天才离开，收获颇大。

1944 年 8 月至 1946 年底，张资珙和殷宏章（植物生理教授）等五人应英国文化委员会邀请到剑桥大学、牛津大学和伦敦大学讲学，张资珙主讲中国科学史，讲述了中国许多不为人知而且比国外要早的发明创造和技术，其中一个重要的内容便是讲中国的炼丹术。后来他又被邀请去法国巴黎大学和比利时布鲁塞尔大学演讲，也引起很大反响，很多外国人这才知道中华民族有过光辉的科学文化，认为中国古代科学技术在很多方面都是世界第一。1944 年张资珙还在英国利物浦对华人作了一次充满爱国激情的报告，他声泪俱下地讲述苦难的祖国和抗日战争形势，听众深受感动和鼓舞。1937 年抗日战争全面爆发，日军施放毒气，张资珙再次赴美，先后在耶鲁大学和明尼苏达大学做访问学者，研究毒气防护问题。1941 年张资珙在香港岭南大学任教时，香港被日军占领，日军威迫张资珙为他们服务，他没有屈服，带领全家仓促逃到重庆。

新中国成立后，张资珙以更大的热情投入科研和教学工作中，他热爱中国共产党，热爱新中国。1955 年，他发表了一篇题为“反对美蒋条约，坚决解放台湾”的文章，旗帜鲜明地阐述：“这是对中国的挑战、颠覆的行径。台湾是中国的领土，不容侵犯。我们必须努力加速国家工业化，加强国防力量。作为教育工作者要努力培养更多的国家建设人才。”

20 世纪 30 年代，才华横溢的张资珙是我国当代最年轻的理学院院长和化学系主任；40 年代，张资珙赴欧洲讲学成为世界知名学者；50 年代后却历尽坎坷，遭遇了各种劫难。在历次运动，如思想改造、“三反”、“五反”、肃反运动中，有人捕捉他的只言片语，歪曲放大、上纲上线进行批判。1957 年“反右”时把张资珙错划为右派分子，批斗后先在学校劳动，后到农场、酱油厂劳动改造。在岁末晚上，大雪纷飞，天寒地冻，他却还要拉着大板车去送酱油。他白天干活，晚上还在油灯下看书，研究科学史。直到 1961 年返校，1962 年摘掉“右派”的帽子，但降级使用，被调到化学系图书馆，尽管如此，他仍致力于振兴祖国化学教育事业，培养化学人才，编写了一本《英汉化学专业常用词汇》，1965 年印刷出版，该书质量高、实用性强，深受欢迎。

张资珙毕生奉献于祖国的科学教育事业，培养了不少优秀科技人才。张资珙那种诲人不倦的精神，严格要求的学风深深印在后人的记忆中。卢嘉锡特别钦佩恩师张资珙那种循循善诱、别具一格的才华和情趣，“化学家分子式”的教导使他终身受益，他还多次把这些思想传授给学生和青年人。

自从1943年张资珙与李约瑟见面后，两人交往密切，不论是亲自见面还是书信往来都是惺惺相惜，因为他们对研究中国科学史都有执着的追求，探讨得津津有味。在李约瑟的《中国科学技术史》巨著中，有不少是张资珙提供的第一手资料。李约瑟的著作出版后，张资珙的心情很矛盾，一方面为著作的出版而高兴，另一方面为中国的科学技术史不是由中国人来写感到惭愧。他原本准备整理历年来在各种讨论会议上的讲话以及在各种刊物上发表的系列文章，撰写《中国科学史》，但由于晚年遭受各种迫害而未能实现。

1964年底，张资珙的夫人王苏榛患癌症，次年到上海治疗康复，1965年12月到武汉医学院复查，由于年轻医生用药不当引起再生障碍性贫血致死。与张资珙同甘苦共命运的妻子去世后，儿女又不在身边，他极为悲痛。半年后，“文化大革命”开始，厄运又降临到他头上。造反派将1957年“反右”的账又翻出来，指责其为“翻案右派”并对其进行批斗，加上1968年1月武汉出现反对共产党、反对“文化大革命”的传单，他被列为重点怀疑对象而遭关押和严刑拷打。张资珙一身正气，光明磊落，决不屈打成招。1968年3月2日，武汉大学“打砸抢”分子黎××等用弹簧钢鞭把张资珙活活打死（当时伤不给治疗、不给喝水，被关在厕所里），时年64岁。一代杰出教育家、科学史大师，一位满腔热血的爱国者竟在“文化大革命”中惨死在造反派的钢鞭之下，这实在是那个时代的悲剧，令人痛心疾首。

李约瑟对张资珙先生非常敬重，在他的书房里一直挂着张资珙的照片，那是1946年张资珙在剑桥大学讲学时送给李约瑟的一张照片，李约瑟将它放大镶上镜框悬挂在书房达50年之久，直到1995年李约瑟去世。1982年，李约瑟得知张资珙在“文化大革命”中被迫害致死的消息后，极为悲痛，他特意找回1943年在重庆南温泉为张资珙夫妇拍的珍贵照片底片洗印寄给张资珙的家属，表示他对张资珙先生的无限敬仰和怀念。

“文化大革命”结束后，很长一段时间张资珙的问题得不到平反。1981年，张资珙的学生刘道玉出任武汉大学校长，一次在北京开会时见到卢嘉锡先生，刘道玉邀请卢先生到武汉大学讲学，卢先生说：“张资珙先生是一位非常有才华的学者，他是我的恩师，没有他就没有我今天的成就。此外，他又是一位历经磨难的科学家，吃了不少苦头，武汉大学应给他彻底平反，否则我不会去武大。”刘校长回校后，积极做工作，落实政策，为张资珙洗雪不白之冤做准备。1982年底，武大给张资珙举行追悼会，为他恢复名誉，全国60多个单位和个人发去唁电，送了挽联和花圈。卢嘉锡书写挽联，深表对恩师的沉痛哀悼和崇敬之情：

忆早岁喜聆教诲嘱改主修化学今日言犹在耳
赞毕生苦钻学术未忘忠爱祖国何期死竟含冤

学生卢嘉锡敬挽

在安葬张资珙教授及其夫人骨灰时，卢嘉锡又亲自为其墓碑题词，寄托他对恩师永久的怀念，题词写道："杰出的科学家，忠诚的爱国者，受业卢嘉锡敬题。"2014 年初，我与少龄弟、少萍妹专程到武汉，在武汉大学化学系进门大厅的墙壁上看到五舅张资珙先生的浮雕头像（他的浮雕挂在武大著名学者中首位）。我们到墓地拜祭了五舅、舅母，深深鞠躬致哀。武大还为张资珙设立一展览馆，当时因下雨，路泥泞，我们没去。

我母亲亲属不少，除居住在中国大陆的外，还有分布在毛里求斯、印度尼西亚、泰国、加拿大、美国以及中国香港、台湾等地者。母亲在家中排行最小，有四姐五兄，张资珙排行第九，是她的五哥，我们在武昌居住时与五舅一家常往来。我为五舅张资珙先生生前所作出的贡献感到无比高兴和骄傲，也为他在晚年受尽折磨含冤而死感到惋惜和痛心。他为了发展祖国的科学教育事业鞠躬尽瘁、呕心沥血，他严谨的治学精神和诲人不倦的育才精神令人崇敬，他永远是我们学习的楷模。

我的父亲

我的父亲蔡辉甫先生 1901 年 10 月出生于广东揭阳县河婆镇的一个贫苦家庭，幼年丧父，母亲改嫁。父亲日间为地主放牛，晚上服侍患病的曾祖母。他的外祖父是个裁缝，但他对此不感兴趣，外祖父只好教他读书识字。发现他天资聪颖，1913 年送他入小学，1918 年小学毕业，因成绩优异，学校资助保送到梅县广益中学，1922 年毕业，学校又保送他到上海沪江大学半工半读。1927 年大学毕业后，在母校任物理助教两年，1929 年至 1934 年在菲律宾马尼拉一面在华侨中学任教务主任与科学主任，一面在菲律宾大学攻读研究生，1931 年获化学硕士学位，这时父亲与母亲张碧兰结婚。

蔡少兰父母结婚十五周年纪念照

1934年，正值国难当头之际，日本帝国主义侵占我国东北三省之后，又以大兵压境企图占我华北，父亲身在异国心系祖国，他知道作为中国知识分子对祖国和民族所肩负的责任，于是抱着教育救国的理想，怀着一颗忠贞报国的赤子之心，放弃在国外优越的生活条件，携一家四口回国，在武昌博文中学任校长，历时4年，他的工作和教学成绩接连几次获得校董会的嘉奖。父亲禀性刚直，做事果断，待人真诚，生活俭朴，虽身处外国教会控制之中，但他从不献媚于外国人，反而利用各种机会启发学生的民族意识和爱国思想。他经常利用星期一早上操练及晨训的机会，当着外国人的面公开指责帝国主义的侵略行径，如订立各种不平等条约，派军舰进入我国内海内沙等。他的爱国言行得到学生的拥护，同时也惹恼了一些人。由于环境所迫，他不得不在1938年春提前离开博文中学南下，学生们舍不得父亲的离去，在仓促中写下了一本非常感人肺腑的言辞集赠送给他。1938年到香港后，父亲转入青山岭南中学，受聘于杨重光先生，任科学系主任等职。香港沦陷后，他于1942年8月又率全家随学校迁往澳门，这时他除在岭大附中任教并任教务主任等职外，还在协和女中兼课。1945年抗日战争胜利后，父亲又带领家人从澳门随学校回迁广州康乐，可惜非常不幸在1947年6月29日晚9时30分在广州康乐岭南大学附中（即现在中山大学南校中区所在地）以身殉职，时年仅45岁。父亲没有留下一句完整的话便匆匆地走了，永远地离开了这个世界。

“为爱诸生宁甘一死，遂殇贤友更失吾师”，这是父亲生前好友周贯明医生给他赠送的挽联。母亲一直把它挂在家中的小客厅里，历经几十年，它早已旧黄、残破，但这两行字却深深地印在我们六兄弟姐妹的脑海里。

七十年前的突发事件历历在目，当时我读完高一，大考刚过，我在附中教务处工读，帮忙抄写学生成绩单。1947 年 6 月 29 日早上，父亲没有像往常那样和我们共进早餐，问及母亲才知道父亲昨晚呕吐、头痛、感觉不适，只好让他多睡一会儿。事后才知道 28 日晚父亲参加初三级的谢师宴后到教学楼为高三班学生上化学复习辅导，10 时许下课后刚要下楼梯事故突然发生，负了重伤，从教室回家不到两三分钟的小路竟然走了一个多小时，于深夜 12 时许才跌跌撞撞地回到家，踏入房间呕吐不止，眼镜已被打破，说是由于拒绝了学生的无理要求，学生打他、踢他，致使他在黑暗中滚下楼梯平台。他频呼头痛不已，彻夜不能安眠。上午 10 时许，有人急忙到教务处，告知我父亲已昏迷，要我立即随车护送他到长堤博济医院救治（即现今中山大学附属第二医院），附中主任杨重光先生、训育主任黎寿彬、事务主任温耀斌及一些老师先后前来探视。父亲一直昏迷，在偶尔的苏醒中喃喃断续说道：“在黑暗中有人从背后踢我，从三楼铁楼梯跌落到水泥平台……他们要求我划出考试范围甚至暗示题目……我没有答应。”到了下午，医生认为我父亲负伤太重，背部有大块红肿伤痕（被踢），颈部严重受损，特别是延脑部分（延脑主管呼吸及心脏跳动），病情已急转直下，便调了我母亲出来，并将我送回家中，因为家里还有四个弟弟要照顾。我们一直在家中焦急地等待，晚上 10 时许，远远听到母亲悲痛欲绝的哭声，才知道世上最不幸最痛苦的事情还是发生了，一瞬间，仿佛晴天霹雳。父亲入殓时，我们都跪在他的灵柩前，可是不管我们如何哭喊，父亲也永远不会醒了。

父亲的一生是短暂的，在他一生近二十年的教育生涯中，无论在哪里，他都会给学生传播知识，还经常以读书、做人、正义、公理教导学生，他不仅要求学生这样做，自己也在身体力行。他始终把唤醒学生的民族意识和激发他们的爱国热情贯穿于教育事业中，人们不难看出他对教育事业的忠诚与责任心以及他对学生前途和学校荣誉的悉心爱护。他为人正直，明辨是非，对不正当不合理的要求绝不妥协，一种高度的责任感使他临危不惧，他十分清楚什么事应该做什么事不能做。当年杨重光主任在追悼会上说：“蔡先生的死足以证明他对教育事业的努力和认真，他如果愿意马马虎虎，那么他一定不会死。”父亲就是这样以对教育事业的虔诚去教育学生，去感化社会，他为自己的理想献出了生命，倒在学生的手中，倒在他所热爱的教学岗位上，他短暂的一生可以用六个字来概括：爱国、敬业、献身。他的一生虽短暂，但他对教育事业的忠诚、执着和献身精神却成为留给我们的无限财富。

为了进一步弘扬父亲为维护教育事业的庄严与神圣而甘于献身的精神，为了纪念他爱护学生的前途无私地奉献出了他短促的人生，同时也为了宣扬尊师重教的新风尚，鼓励青年学生努力学习，健康成长，1996 年，我与弟弟妹妹商量以父亲的名义设立纪念奖学金，随后发起奖学金筹款活动，以纪念父亲为岭南教育事业鞠躬尽瘁的高尚品质。筹集款项工作于 2000 年底基本告一段落，款项是一点一滴以集腋成裘的精神凝聚而成。

中山大学对我们的工作和微薄的贡献给予充分肯定，在 2007 年曾为捐赠单位、团体和个人举行答谢晚会，我与妹夫黄家修（广东外语外贸大学英语教授）应邀参加。奖学金的发放自 2001 年以来至 2017 年进行了 17 届，运作良好。

除了设立纪念奖学金外，我们还在 2003 年编写出版了一本小册子，名为《半个世纪的怀念》。小册子的内容有：亲朋好友的缅怀文章、筹款倡议及回应、款项移交、奖学金实施、捐赠人芳名及捐赠数目。从小册子可以看到父亲的为人与治学精神，也表达了学生、朋友、儿女对他的怀念及敬意。

我的母亲和我的兄弟姐妹

先母张碧兰女士，1907 年出生在梅县的一个书香门第之家，母亲在十个兄弟姐妹中排行最末，上面有四个姐姐五个哥哥，挨着她的第九位是她的五哥，就是我的五舅张资珙先生。母亲先后在梅县广益女中和上海沪江大学就读，后因经济困难停学返乡，在梅县广益中学任教员。1929 年春至 1930 年夏在印尼苏门答腊培善小学任教，后在菲律宾学习钢琴。音乐是和谐之音，能净化人的身心。我母亲一生离不开钢琴，她晚年时无论住在哪个子女的家中，都有钢琴供她弹奏。1931 年初父母在菲律宾结婚，母亲便把整个爱奉献给了这个家庭。我和少辉先后于 1931 年、1933 年出生在菲律宾马尼拉市，弟弟少甫、少龄和少华分别在 1936 年、1942 年和 1944 年出生于武昌、

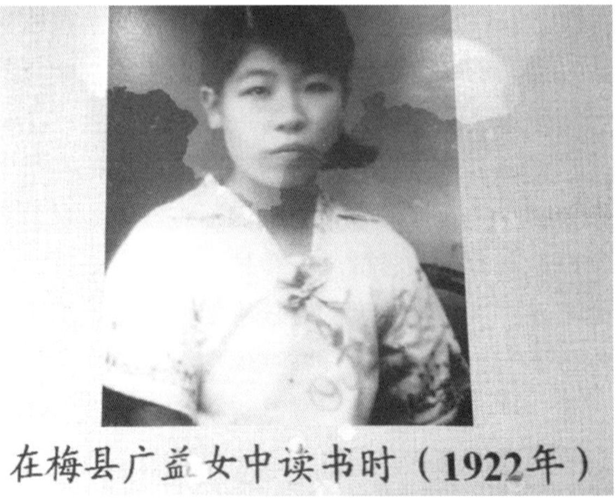

蔡少兰母亲张碧兰中学时代

香港和澳门。1945 年抗战胜利后，父亲又带领全家从澳门随校回到广州康乐，不到两年，不幸于 1947 年 6 月底无辜身亡。妹妹少萍于同年 11 月才降临人世。父亲走后，母亲含着极大的悲痛毅然挑起一家七口的生活重担，在她的身上充分体现了客家妇女坚韧不拔的毅力和吃苦耐劳的精神。她包揽了家中一切粗细活，给弟弟理发，亲自缝制全家冬夏衣裳。她的缝衣手工高超，参加居委会缝纫组时，大学总务长伍锐麟太太专门指定母亲为她量身裁布缝制外套。除此之外，为了我们，她自己过着十分节俭的生活。在那些困难的日子里，为了节省开支，每次进城办事她都是徒步往返康乐园和市区，练得一副硬朗脚板。为了补贴家中零星开支，每晚夜深人静时她在昏暗的 25 瓦灯泡下替学校教材组刻写钢版，以换取每张五分钱的报酬。除此之外，母亲还监督我们学习，教育我们做人。母亲真不愧为一位伟大的女性。她曾于 2009 年参加岭南学院（大学）珠海校区颁发蔡辉甫先生纪念奖学金大会，还简短对学生说了鼓励的话。母亲于 2012 年去世，享年 105 岁。

蔡少兰的大弟少辉与二弟少甫在北京

蔡少甫夫妇与蔡少龄夫人同游长城，中为其母亲

父亲走后，我们一家陷入极度的悲痛与困难之中，家庭经济情况发生变化，几年来节衣缩食不在话下。我当时 15 岁，下面有四个弟弟，最小的妹妹是遗腹女，幸好我们都继承了双亲的优良品德。父亲的精神激励我们前进，母亲的哺育把我们教育成人。努力读书、严谨做事、认真做人成为我们前进的座右铭。中学毕业后，我和大弟先后考上岭南大学，二弟考上北京师范大学，三弟考上南开大学，四弟考上北京大学，四个弟弟两个从事物理、两个从事化学学习和研究，他们继承了父亲的专长，毕业后在高校或科研单位担任教授或研究员，均在各自的工作岗位上兢兢业业，培养人才，做出成就。小妹中学毕业时恰逢“文化大革

命”，未能上大学，在海南岛农场当了近8年知青，后来凭着自己的努力成为广东外语外贸大学附小的教学骨干，她所任教的班级历届升学成绩均为最优秀。有两点特别值得提出，首先是她退休后编写了几本独特的识字课本及字典，得到广州教育局的重视并展开交流推广，还被聘为广州市重点小学语文识字教学顾问；其次，她有一片爱心，乐于助人，积极参加扶贫工作，她将揭阳县河婆镇一个面临辍学的小学生带到广州，资助其读书，在她的教育培养下，该学生成长为一位能独当一面的商业工作者。

1977年母亲与兄弟姐妹六人合影于广州

费存仁[①]

我父亲费起鹤，家住北京市通州区。祖父是农民，又是中医，给人看病，家中比较贫穷。父亲自幼勤奋，努力求学，成绩是全班第一名。我祖父母都是基督教徒，美国传教士 Luella Miner 便帮助我父亲到美国去读书，先在俄亥俄州欧伯林大学（Oberlin College）攻读教育学，1906 年毕业后又到耶鲁大学读研究生，1908 年获硕士学位。因为家中没钱供他读书，所以这 6 年学费、生活费全靠资助和他自己半工半读。父亲回来后仍是清朝末期，为了反抗清朝统治，他便从北京到南京参加孙中山领导的革命，先后任南京临时政府的外交部次长和教育部次长（相当于副部长）。清政府通缉他，后来他看不惯当时政府官员钩心斗角和贪污腐败，便辞了职，回北京从事教育工作，创办了北京财政商业专科学校，任校长。后来又从事财经工作。

1937 年全面抗战开始，日本人查封了我们的家，为了不做汉奸，我们全家逃到天津英租界居住。后来我父亲又经青岛、上海、香港转到重庆工作，抗战胜利后我们先后回到北京。1953 年 3 月，父亲因病去世。父亲担任过许多职务，如 1952 年高校院系调整前，他是北京燕京大学董事会副董事长，日本投降后担任北京育英中学（即二十五中）校董会董事长等。我们费氏家族共有 10 个燕京人。我母亲王玉蓉出生在一个比较富裕的家庭，和我父亲结婚后一直养育我们八个子女，奉献了她的一生。我父亲还是天津仁立公司（工商业公私合营后改为天津第二毛纺织厂）的股东和董事，朝鲜战争开始，仁立公司带头捐了一架飞机（旧币 15 亿元）。《天津日报》报道时，还说总经理朱继圣专程到北京争得费起鹤的坚定支持。有一本书名为 *Who's Who*（《世界名人录》），还有一本为 *Who's Who in China*（《中国名人录》），后者收录了 4 000 多人，我父亲也在其中。

我的兄弟姐妹，大姐费艾丝曾嫁给印尼华侨，后离异，再后来与一医生结婚。她的大女儿江南和林则徐第四代孙林兴结婚，小女儿沈元和一个日本人结婚，定居大阪，从事教育工作。三姐费克里，丈夫是工程师，居住在上海。四姐

① 王晓宁、王趸兴、张震宇（暨南大学国际关系学院/华侨华人研究院 2012 级硕士研究生）于 2013 年 7 月 13 日和 7 月 19 日在暨南大学羊城苑采访费存仁老师，并将采访录音转换为文字。费老师对采访文稿进行了修改补充，由林颖（暨南大学国际关系学院/华侨华人研究院 2014 级硕士研究生）录入修改稿。

费弟雅，中学英语教师，离异，居住在青岛。大哥费宅仁，大嫂杨达贤，均为中国人民银行总行离休干部。二哥费近仁也是美国欧伯林大学和保陵格林大学硕士，1950 年回国任中国银行总行经济研究所研究员，二嫂赵英琪也是美国欧伯林大学硕士，1950 年回国后任新华通讯社编审，他们的两个女儿均定居美国。妹妹费乐瑞和丈夫均为美籍华人。

全家合影，后排右一为费存仁

当时我父亲在教会学校读书，外国在中国的基督教和天主教有很多教派，建了许多教会大学，如湖南湘雅大学、上海圣约翰大学、北京燕京大学和辅仁大学、上海震旦大学、广州岭南大学、济南齐鲁大学等，一共是 14 所。现在北大那块地方就是原来燕京大学的。这 14 个教会大学在 1952 年高校院系调整时，或被撤销，或改为国立大学。

我原在北京育英小学读书。1937 年抗日战争全面爆发，日本人查封了我们的家，我们便逃到天津英租界读书，直到在耀华中学毕业。1941 年太平洋战争爆发，日本人占领了英租界和法租界，并征兵。我们兄弟三人正好是 18 至 22 岁，我母亲考虑到这一点，认为如果被日本人拉去当兵，将来的历史可怎么写呀！于是在 1943 年初我们全家便从天津经徐州、洛阳、宝鸡、成都到重庆，旅程两个月。到重庆后，我又一人返回成都，考取了燕京大学经济系，在成都读了三年书。抗战胜利后，又回到北京读了一年便毕业了。这一年里，学生运动、罢课游行很多。我们抱着抗日的希望和决心到重庆去，但是国民党政府的贪污腐败让我们十分失望，我们亲眼看到国民党抓壮丁，都用绳子捆着，农业税也很重。毕业后，我二哥和我决定到美国去读研究生。

新中国成立前出国留学，大多去美国和英国，有公费和自费。公费录取的人很少，1947 年去英国公费留学的名额只有两个，自费留学相对比较容易。程序一般是：大学毕业后向想去的学校提出申请，同时提交毕业证明书（或文凭），四年的成绩单，2 至 3 名教授的推荐信等；在接到国外学校的录取通知书后，便可以持有关文件和证明到教育部申请，教育部审核同意后再转到外交部审批，得到批准后便可持护照到有关国家（总）领事馆申请签证；领事馆要求体检合格，有一定外汇（或其他资产）保证，基本同意后便可去订船票。那时机票很贵，大多数学生都是买美国总统轮船公司的三等舱船票，一般要 2 至 3 周到达旧金山或洛杉矶，途经香港、横滨、马尼拉、夏威夷等地。在美国领事馆同意后还要随着领事举手宣誓，表明自己所写和所说的都是事实。那时还没有托福、GRE 等考试，如果领事怀疑你的外语水平，就会念一段英文让你口译成中文，旁边有一个美国领事馆的中国工作人员来听，如果译得不合格便得不到签证。

我是 1948 年去美国的，在俄亥俄州保陵格林大学研究院（Bowling Green State University，Graduate School）读书，他们正在扩大研究生招生。我是燕京大学毕业的，在中学和大学的成绩都比较好，燕京大学是美国教会办的大学，有许多美国教授和中国知名教授任教。我父亲又是美国耶鲁大学（Yale University）硕士毕业生。所以，我不仅被录取，还得到吃、住、学的全额奖学金。

费存仁 1950 年途经美国夏威夷时留影

我在美国的经济来源有以下五个部分：①父母给的，除去用来报名、体检和买船票外，上船时还有几百元美金。②国民党政府对已经在国外读书的留学生，每人每半年可以按官价买900 美元的外汇，当时官价和（黑）市价相差很多，10 倍都不止。后来国民党政府败退到台湾，驻外使领馆通知说，如果回国，可再按官价汇率买900 美元的外汇，如果不回来，以后就停止了。③我得到学校给我吃、住、学的全额奖学金直到我毕业为止，这是最多最有保障的经济来源，当然成绩不好是拿不到的。④那几年我一直是半工半读。当时美国政府规定：外国学生在美国每周可以做不超过 20 小时的工作。我在读书期间，每周都在一个餐馆端盘子、搞卫生，除工资外，可免费吃一餐饭，此外还有小费收入。我还在图书馆搬过书，给人刷过房子，帮人开车兜风等。每到暑假，我都在一家西红柿工厂打工，每天做十一二个小时的体力劳动，十分辛苦，但挣钱不少，足够半年的零用。⑤美国政府的援助。国民党退到台湾，不再供应官价外汇，这使得一些学生陷入困境，美国政府有一笔援助国民党政府的钱，400 万美元，一时用不出去，于是美国国会就通过一项法案，将其中一部分钱用于帮助中国留学生，条件是家在中国大陆。学校很高兴，要我申请，这样学校便可省下给我的奖学金。美国政府给的钱不仅包括吃、住、学的费用，每月还有 15 美元零用钱。如果要回国，还给船票费和从学校到码头的车费、旅馆费和饭费。有以上五项收入，我生活得比较好，我在美国时买了一辆二手车，经常出去旅游，当时不仅二手车便宜，汽油也便宜。

由于看到了国民党政府的腐败，本来我哥哥和我都不想回国，打算待毕业找到工作后便接父母到美国去。后大陆解放，我父亲和二姐都称赞共产党好。父亲写信说："共产党政府取之于民，用之于民，中国前途大有希望。至于回来或不回来的问题，由你们自己决定。"我二哥和我都有爱国和报效祖国的热情，所以毅然回国。

因为美国政府原则上是不希望留学生回中国大陆的，因此，我们回国也不是一帆风顺。在办妥一切回国手续后，不巧，1950 年 6 月 25 日朝鲜战争开始了，回国轮船不再停靠上海，只停靠香港。路断了，我们只好暂时在美国工作。我本来想读博士，而且已经联系好了，但后来一想中美之间在制度和思维方法上都相差很远，在美国读书越久，思想上和共产党的差距就越大，经过考虑，我们还是决定回国。我哥哥先回来，我再乘下一班船回来。我上船的那天，正是我哥哥到香港的那天。在我临行的前一天，有个同学来找我，问我为什么要回去，为什么不等我哥哥到北京了解了情况后再决定是否回去。我讲了我的想法，并说一切手续都办妥了。他说，如果我说一声不走了，留在美国，什么船票、签证都可以帮我解决，而且还可以帮我找工作。这个人的背景我不了解，只知道他是美籍华人。

在到美国移民局申请回国时，首先要预订船票，轮船公司说现在船不停靠上海，只停靠香港，而香港不让你们入境。我通过在香港的亲戚查问，回答是中国内地不允许你们进去。我不相信，便写信给我在北京的姐姐，她找到教育部高等教育司留学生处，那位处长写了封信说："我们欢迎费存仁和其他同学回来。"这件事办妥一共花了半年。我们在香港下船，两旁有警察监视，直接到罗湖，有中国旅行社的人欢迎我们，我们看到五星红旗无比兴奋和激动。

回来以后，由北京教育部接待并介绍工作，我被介绍到中国人民银行总行国外业务处国际情报科工作。后来，我被调到中国人民银行总行的营业部，负责我国向苏联和东欧国家购买军火、各种军用物资和专家费用的支付前的承兑工作，

部分家庭成员合影，后排左一为费存仁

费存仁一家四口

具体是将国外各中央银行的账单分送到各有关部门，主要是军委各部门，在各部门确认承兑后，退还给我，再由中国人民银行记账定期结算。这是一项绝密工作，账单的内容绝对不允许对任何人讲。为什么让我做这个工作呢？后来我想，一是我刚从国外回来，一直是学生，没有做过一天工作，历史比较清楚。二是我那时思想比较进步，工作积极努力，要求入党，也参加过党小组活动，在镇压反革命运动中是积极分子，领导对我是信任的。

1955 年，又一次肃反运动，即肃清在中央机关内暗藏的反革命分子。最初我是积极分子，多次参加审查小组，夜里看管“老虎”。有一天，公安部突然来人搜查了我、我的家和我母亲的家，我变成了肃反对象，停止了工作，每天写交代材料，同时接受小组斗争、批判。那段时间，我断绝了和家人、朋友、同学、同事的一切交往，接受审查。我感到很委屈，因为我满腔热情回到祖国建设社会主义，却被怀疑是特务，但我心中又十分坦然，因为我没做过坏事，没加入过反动组织。经过组织内查外调后，给我做了结论，即“没有发现政治历史问题”。这前后一共 9 个月，滋味实在不好受，后来我才知道一共审查了 30 多人，只有我一个人是没有问题的。审查结束后，又调动了我的工作。在组织外出旅游时，领导又热情和我打招呼交谈，以消除影响。

1958 年，全国开展了一次干部下放到农村以了解农民生活的运动。中国人民银行下放了 300 多人到山东德县劳动锻炼，和农民“三同”，即同吃、同住、同劳动。那时正是农村“大炼钢铁”“亩产 13 万斤”“超英赶美”的时候，我们看到农民吃苦耐劳、勤俭朴实的优良品质，也看到了他们愚昧无知的一面，这当然不能怪他们。那段时间还存在浮夸、强迫命令、生活特殊化甚至贪污现象。我们最初是计划在农村安家落户，但因为国民经济的发展，11 个月后我们便结束下放回到北京，等待重新分配工作。

1959 年，我和妻子被分配到南宁广西医学院外语教研室教英语，一干就是 22 年，先是一般教师，后来做副主任及主任。教研室有英、俄两个语种，我不仅负责本科学生和研究生的外语教学工作，还负责全校包括附属医院的医生、护士的英语教学工作，任务很重。我每周要上 16 到 24 节课。因为当时许多老师、医生原来学的是俄语，现在要改学英语，所以我们又办了多期脱产学习班。

我在广西医学院教英语，深得学生、教师和医生、护士的欢迎。我曾在一天内给上百名医生、教师包括教授、科主任做了 8 个小时的学术报告，在多次脱产学习班上得到“送功”（即表扬）。“文化大革命”开始，先是贴校领导的大字报，后来发展为对老师也贴了许多大字报。针对我的大字报也不少，内容多是谩骂与侮辱。我当时很害怕，有四五天不吃不睡，有一个党员主任对我说，不必怕，领导知道你教学效果好、威信高，只是想压一压你的风头，也不会有什么处分。“文化大革命”后期，革命委员会一个负责同志对我说：“你没有什么问题，将来还要做领导。”后来，又有一次“三反”运动，在一次学习会上突然要我进行检讨，然后小组批判，后来草草收兵。过了几个月，一个支部书记到我家道歉。以后我再没受过批判。

我在广西医学院工作了 22 年，可以负责任地说，我工作十分努力，教学效果好，和领导、同事、同学们的关系也好。广西壮族自治区教卫办领导曾想调我到广西大学外语系，后又想调我到新成立的中国银行广西分行任副行长，我都没有同意。

这么多年来，特别在那个“左”的时期，和我关系比较近的人都问过我：“你为什么回来？在美国那么好，回来了这么苦，还拿你当特务，你回来干吗呀？”在美国生活各方面是比较好，当然现在咱们中国好了，甚至有的美国人还羡慕我回中国了，慢慢反过来了。可是在四五十年代，我们国家真的很穷，很落后。我是真的爱国，特别是我姐姐又在解放区，加上我父亲给我们写信说共产党大有希望。我有机会到美国读书，不能忘本，我有责任回国工作，使祖国富强。

改革开放后，各行各业下放人员大多归队，即回到原单位，从事本专业的工作，我也希望归队，学以致用。北京财经大学、上海财经大学和暨南大学都和我联系，但广西医学院校长坚决不同意。他是美国哈佛大学博士，广西人大常委会副委员长，又是广西本地人。我经过两年半的请求与交涉，找了广西物资局局长、广西人事局局长和广西壮族自治区教卫办主任帮助我，最后校长才有条件地同意。条件是我可以先到暨南大学，我妻子要继续在学校教书一年。这样，我们全家才先后来到广州。尽管如此，我们仍感谢广西医学院和广西壮族自治区的有关领导。

1981 年广西医学院师生欢送费存仁副教授

1986 年 11 月广西医学院广州校友聚会合影

回国后，我曾在中国人民银行总行工作了7年，改革开放后我原来的处长已经升为副行长，负责我国参加国际货币基金组织的准备工作，他希望我回北京，以后派我到国际货币基金组织任中国的常任理事，考虑到种种因素我没有去。我还是喜欢教学工作，最后我来到了暨南大学。

暨南大学经济学院张元元教授，和我一样本来也是中国人民银行总行的干部，1958年下放山东劳动锻炼时我们又在同一个村里，劳动结束后他辗转到暨南大学经济学院任教，经济学院要创办金融系，由他负责，他首要的工作是招兵买马，他在北京听到我想归队，便到南宁找我，我同意到暨南大学来。因广西医学院校长不放人，所以拖了近两年。1981年，我来到暨南大学金融系，当时系里只有我们二人是副教授，张元元老师是经济学院院长兼金融系主任，我到金融系后向他提了一个条件，即我不当系主任，他同意了。1982年6月的一天早晨，他到我家里来要我做系主任。我说："还是维持咱们原来的约定吧，我不做行政职务。什么事儿你都可以让我干，只是不做系主任。"过了一段时间，他对我说，你是没有系主任头衔的系主任。1986年，我们都评了教授。我到了退休年龄，因为工作需要，改为延聘（即一切待遇不变），后来又改为返聘，我一直工作到75岁才完全退休。

我在教学中对学生要求很严格，考试时绝对不允许作弊，平时上课也不许迟到，我认为能教出好的学生来是我最大的幸福。我关心我的学生，他们对我也有较好的评价，有一年教务处要学生给老师评分，我在金融系里得到95.5分的最高分。我喜欢"雏凤清于老凤声"的格言，如果学生的成就不比老师高，那社会就没有进步了。多年来，许多学生毕业后回来看我，除在国内的学生外，还有从美国、英国、澳大利亚和欧洲其他国家回来的，这是我退休后得到的最大安慰。

我妻子张珠联，原籍浙江宁波，在上海长大，1950年毕业于杭州之江大学英语系，毕业后被分配到中国人民银行总行国外业务处国际情报科，和我是同事。我们1952年在北京结婚。我们结婚很简单，上午到民政局登记领结婚证，下午在科室开个会，我们买了20元钱糖，同事们送了一个毛主席像和一本《毛主席语录》，连个结婚戒指也没有。为了划清和资产阶级家庭的界限，我们没要家里的一分钱，结婚次日才回家告诉我的父母，父母并没有责怪我们，但我到现在回想起来仍觉得十分内疚。

我妻子大学毕业，每月工资24元，我因为留学归国，每月工资40元。我妻子的祖父张申之是宁波知名士绅，抗战胜利后蒋介石回到奉化还召见他，后又宴请几位士绅，其中又有张申之。我岳父张伯谨曾留学日本，新中国成立后历任鄞县（即宁波）副县长和政协副主席一类的职务。我妻子的大弟张则谅是上海海运学院业务副院长，在上海市政府连任三届参事，并任国际海事仲裁委员会委员（每国一人）；二弟张则诚很早参军，后来任上海航空学校校长；堂妹夫曹春晓是中国科学院院士。我妻子身体不太好，1955 年因支气管扩张症做了左肺下叶摘除手术，医生曾对我说她活不过 30 岁，最后她活到了 80 岁，2005 年因病去世，医生的话不可不听，也不可全听。

我有个堂侄费景汉，也是燕京大学经济系毕业，后来到美国读了博士。他是耶鲁大学的终身教授，在台湾他是“中央研究院”院士。

我二姐费路路，抗战前和刘仁术结婚，抗战和解放战争期间，因为受到进步思想的影响，二人一直做地下工作，和日本侵略者及国民党做斗争。他们在北京做皮货加工和销售生意，皮革加工是要用硫酸的，硫酸是战略物资，不许持有，但他家存了 20 多缸。有一天，有地下工作者通知他们说日本人知道了要来检查，刘仁术决定每缸吸出一半硫酸到下水道中，再加入一些其他东西就不是硫酸了，也没有用了，那次损失很大。还有一次，日本人要抓一个地下党员，此人已无处可逃，费路路长期居住在北京，认识的人很多，她有一个朋友是妇产医院的院长，费路路便将这个地下工作者带到妇产医院化装成临产孕妇，围着头巾躺在床上，蒙混过去。抗战胜利后，又有内战，国民党、共产党和美国在北京成立了一个军事调处执行部，共产党从张家口运黄金和羊毛等物资到北京出售，作为经费。在党的领导下，费路路开了一间贸易公司存放羊毛等物资。抗战开始，日本人查封了我们的家，供日本顾问和司令官住，房子旧了也不修，改由处长和科长住，最后沦为住兵养马场所。抗战胜利后，房子归还给我们，费路路便利用这房子来工作。有一次运来的羊毛中夹有《新华日报》，在当时是犯法的，国民党特务半夜便来抓人。这个公司的职工中确有一人是地下党员，他听到叫门声便跳墙逃跑了，经理被抓，无法隐瞒，便交代了一切。我二姐逃到天津外国朋友家，她自己的房子后来也被国民党没收了，给当时北京市长何思源住。

抗战胜利后，国民党特务更不好对付，姐夫刘仁术便到解放区张家口任察哈尔省实业厅厅长，费路路几次化装成农村妇女来往于北京和张家口之间，国民党特务自然注意到了他们。刘仁术知道事发便化装到北京我们家，我二哥到天津将费路路接回，由我护送他们到石景山钢铁厂，住在一个亲戚家，次日他们从钢铁厂的后门离开，出了后门便是解放区。

刘仁术后来任国务院参事室参事，90 岁入党，不久病故。费路路一直在天津、北京法院任审判员，96 岁时病故。

我大哥费宅仁，抗战时曾在北京辅仁大学和内迁重庆的复旦大学读书，抗战胜利后回到北京，在中国人民银行工作，妻子杨达贤在天津中国银行工作。北京解放后，由于受到父亲和二姐的影响，夫妇二人放弃了优越的生活，参加了解放军四野的随军银行，当时银行只有他一个干部和两个工友参加。他们从北京乘火车到洛阳，领导宣布：①参加随军银行的人自动成为解放军；②他们将步行到重庆，解放大西南（他获得了一块解放大西南的勋章）。一路上自然很辛苦，重庆刚刚解放，他们就进了城，他们参观了渣滓洞，还看到杨虎城将军和其他烈士的遗体。在重庆时，他担任中国人民银行西南区行下属房地产公司的营业科长，负责重庆市区及郊区房地产买卖的审批工作，权力很大。由于有人诬告他贪污和勾结反革命分子，在批斗后被判了两年劳动改造。由于妻子杨达贤上诉和西南检察署的介入，后调查证明这是一桩错案，检察署要求立即放人，并退还旧币2 300万的所谓贪污款。西南区行感到没面子，虽然执行了检察署的决定，却说费宅仁工作上有错误，改判为一年机关管制，因已坐牢一年半，因此立即释放。这个机关管制也是错判的，后来费宅仁回到北京后，仍受到不公平待遇。最后，时任总书记胡耀邦实行平反冤假错案政策，中国人民银行总行和西南区行的领导都亲笔写了“费宅仁同志在重庆工作时没有贪污行为”的证明，这才还了他的清白。由于其时费宅仁已 59 岁，经协商作退休处理。后来，费宅仁在重庆工作时的战友对他说，我们都是中华人民共和国成立前参加工作的，应为离休干部，中国人民银行总行也同意费宅仁和杨达贤转为离休干部。

2013 年初，我大哥已 93 岁，感染了肺炎，住在医院久治不愈，医院提出在喉部做切口插管子吸痰，因此时我大嫂已去世，他们又无子女，保姆便打电话请医生征求我的意见。在医生回答我说吸出痰来还会生，手术成功率仅约 10% 之后，我当即提出不做创伤性的手术，只做常规抢救，这是我们决定的原则，目的是让患者不受罪、少受罪，这样做对患者本人、对家属、对医院和国家都是有好处的。

我对我目前的退休生活非常满意，比如说在住房、医疗和子女教育等方面，和以前不同了，完全没有压力。我年纪大了，退休了不仅有退休工资，而且还逐年增加，这是政策好，是社会主义的优越性。我的子女、儿媳、女婿、孙女都很孝顺，我感到很幸福。另外，我的亲友、同事、同学、学生都对我很好，暨南大学离退休工作处也对我很好，我很感谢。不是我好，主要是大家对我好，有现在的生活我知足、感恩，我相信“知足常乐”、“助人为乐”和“自得其乐”，我也喜欢“老牛自知夕阳晚，不待扬鞭自奋蹄”的格言。

有一件事我始终感到遗憾：我小时候家中为我请了一位乳母，后来失去联系。中国素有“七父八母”之称，我父亲对我说，等我长大成人、成家立业后要找到我的乳母，为她养老送终。因为多年战乱，这个愿望始终未能实现。

关于入党问题，我回国后在中国人民银行总行工作很努力，也要求进步，组织上也很相信我，让我参加党小组活动。我曾申请入党，但因我是资产阶级家庭出身，一直受西方教育，许多亲友在国外，所以没有可能。后来，我在广西医学院和暨南大学工作时，几次有党员找我谈关于入党的问题，我认为一方面我还不够资格，另一方面有许多事我都不够理解。我虽然很爱国，爱社会主义，但我经历过“肃反”运动的审查和“文化大革命”中被区别对待的境遇，我深知我的地位和处境，所以我吸取了教训，处处事事小心，低调做人，于是我割断了和一部分亲友、同学、同事及美国学校的联系。当然，和很近的亲友还是保持联系的，我们通信有时用中文，有时用英文。

2003 年在广州家中的合影，左起为费洁、张珠联、费佳、费存仁、傅红亚，其后为费云

我曾经有机会被派到国际货币基金组织任中国的常任理事，最后我没有去；曾经联系好去日本教学一年，我也没有去；美国国会的富布赖特基金会通过了我做一年访问学者的申请，后因减少了名额没去成，我也丝毫不感到遗憾，我变成了一个谨小慎微、不求有功但求无过的人。还有一次，美国俄亥俄州想扩大和中国的文化教育交流，他们在香港设立了一个机构，来信要我参加他们的工作，我很慎重，问了暨南大学外事处和北京有关机构，都说不了解，我就没有和他们联系，考虑到过去，我是“惊弓之鸟伤曲木”。

最后，感谢侨联组织给我这个机会，对过去一生做了一个简单的回顾，我没有为侨联做什么工作，实感愧疚。

费存仁老师与采访者合影

费存仁，男，汉族，现年90岁，美国归国华侨费起鹤之子，早年留学美国，归国后先后在北京、广西、广东等地从事银行金融业、教育教学工作，现为暨南大学经济学院退休老师。

黄旭辉[①]

从印尼回国

我出生在印尼苏门答腊的明古鲁，现在也算是个省会。先前听父母说，那是个很小的地方。我父亲出生的准确时间不记得了，大概是一九零几年，我母亲1905年出生，我1940年出生。

我父亲去印尼时，我还没有出生。根据我知道的情况，应该是20世纪20年代。当时去的时候没什么本钱，但是我们同村去的人都在那一带，大家在那里做些小生意。我父亲于1929年回国娶了我母亲，之后把我母亲也接了出去。所以，我们兄弟三个都是在印尼出生的，我大哥是1930年生的。我父母在那里做小生意，开一家小商店，仅够维持生活。在我大哥5岁的时候，我父亲就把他送回国内外婆那里。

到了1941年初，太平洋战争还未爆发，但是香港、澳门都被日本占领了。华侨怕一旦仗打起来回不了老家，所以，在动乱的情况下，我母亲和同屋的老乡都带小孩回了老家。我们回来的时候，交通已经受阻了，就坐船到香港，香港也没有车通到广州。后来我听我母亲讲，我们是从香港坐小船到沙鱼涌，再从沙鱼涌辗转回家的。当时不知道沙鱼涌是什么地方，一直到前几年，我去参观东江纵队的展览，去到沙鱼涌那个地方，才知道就在宝安大鹏湾附近。那时候我二哥8岁，我1岁多，我是我母亲抱着，租了轿子抬着走的。和二哥同岁的小孩，他们则是用箩筐挑着走一段，然后又坐一段路的车，就像逃难一样，最后回到我们老家梅州，背景大概是这样的。

当时父亲没有一起回来，他把妻儿送回国内，自己留在那里照顾生意。我们回来以后，因为抗战和父亲就断了联系，一直到抗战胜利才重新联系上。他后来

---

① 王趸兴（暨南大学国际关系学院/华侨华人研究院2012级硕士研究生）于2013年9月25日和10月9日在暨南大学羊城苑采访黄旭辉老师，普鹏飞（暨南大学国际关系学院/华侨华人研究院2016级硕士研究生）于2017年6月补充访谈。

说，他被日本人抓去做苦工，包括修路。他说："好在留了一条命。"四五年音讯全无，我母亲带着我们三兄弟在国内乡下种田，我母亲实际上是城里人，她会做衣服，我们家里有部手摇的衣车，我们就这样艰难度日。我母亲回来的时候带了点金饰，后来就卖掉来维持生计。

我对父亲没有多少认知，他一直在海外，没有回来过，我们也没有再出去。抗战胜利后，我父亲继续做生意，他想叫我母亲带着我重新出去。记得我们已经在办护照，后来没有办下来，就没有去，我、大哥和母亲也就再也没有见过父亲。我大学毕业出来工作之后，曾经要他回来，他说："我几十年都在海外生活，回来我不会习惯，你也养不起。"加上那时候国内还很困难，他就没有回来。1965 年，他在拔牙的时候因高血压去世了。

当时我们办护照的具体情况，我现在也不是很清楚，大概是在新中国成立前夕，我八九岁的时候。那个时候，我二哥 16 岁左右，他可以出去，所以二哥就出去了。

读　书

抗战胜利以后，我父亲生意稍微好点，所以会寄钱回来，改善我们的生活。后来，我二哥在 1949 年去了那边，帮忙做生意。我大哥没有出去，不到 20 岁就参加了游击队，以后就在政府部门工作，当干部。新中国成立后我母亲本来也是在农村做农村干部，可是到 1952 年土改的时候，我家的家庭成分被划错了，我家本来就一亩多田，竟然被划为华侨地主。我母亲从农村干部一夜之间变成了地主婆，那时我 12 岁，我大哥在外地，也是在搞土改，当时不敢提意见。主要是因为那个时候我父亲寄回的侨汇稍微多点，我听他们说，一个生产队要划出一个地主，硬性划的。

这个成分错划，对我一生影响也很大。过去读书、工作都要看你的出身和成分，虽然我家只被错划了半年，是从 1952 年四五月被划为"地主"，到了年底就改为"小土地经营者"，但是因为背了这样一个包袱，我读书一直受到影响。我当时刚小学毕业，组织叫我同我母亲划清界限，我也不懂什么，但是当时上面是这么要求的，我也只好跟她脱离关系。这半年我和母亲划清界限，还好有哥哥在。我能考上中学大概是我表现得好，我小学读书在班里不是第一名，就是第二名。然而中学考试放榜，我却是最后几名，根本没有按成绩来排，我估计也是受到落实政策的影响，沾点边，最后几名。因为这个事影响我一生。

这件事也有积极的一面。我没有好的出身，不是贫下中农，所以我要表现得比人家好，成绩要比人家好，我得靠自己的本事，因为我没有后台和好的家庭背景，我家虽然已经摘了帽子，可人家还是说我是华侨地主的子女。另外，我有华侨关系，以前这个问题也是个大问题。所以，我只好加倍努力读书。那时乡下小学还没有少先队。读中学以后，才进少先队，我 14 岁就进了共青团，是通过少先队推荐进去的。15 岁读高中的时候，还当了少先队的辅导员。在读中学、大学时“三好”“五好”就不用讲，曾得过多次。比如大学读书时代，1962 年全校学生受共青团广东省委表彰的就两个人，而我是其中一个，所以 1962 年我就加入了共产党。另外，我的学习成绩也比较好，我大学五年一共学了四十几门课，其中考试的有二十几门，考查的有二十几门，除了语言学两门课程和哲学不是五分外，其他考试科目全部是五分，应该说学习成绩是优秀的。

考大学报志愿的时候，我第一志愿是北京外贸学院，第二志愿是中山大学外语系。但是，以前的外贸和外语都是机密专业，以我的家庭出身是不能报考的。我记得我报考的时候，我的班主任就跟我说：“你的第一、二志愿是不是改一改?”我当时就悟到这个了，但是我说：“我不改，考不上就算了。”当时我有点赌气。当时暨南大学是我的第九志愿，那年是暨南大学在广州重建后第一年招生，没有名气，但是，我最后还是来到这里。我知道我的成绩不错，我们县还把我的试卷拿到县文化馆去展览，就像现在的高考状元一样。但是就是因为出身这个问题，其他学校都没录取我，除了暨南大学。但是，也可以说是歪打正着，我这样的家庭和出身如果去北方的大学，可能又会碰到很多问题。而暨南大学毕竟是个华侨学校，我一来就让我当团支部书记，我是在这样的环境和条件下才有今天，所以我说是暨南大学培养了我，没有暨南大学就没有我的今天。我从 1963 年毕业留校到现在，都没有离开过暨南大学（除了暨南大学停办的那几年我到华南理工大学工作外）。我从 18 岁考进暨南大学开始，一直到 60 岁退休都在暨南大学。我觉得暨南大学的环境和条件更适合我这种情况，从读书、成长，到后来就业、成家，直到最后当暨南大学党委副书记、副校长，是暨南大学培养了我，我也把自己的一生献给了暨南大学。

工　作

1963 年我大学毕业，留在暨南大学中文系做学生工作。1966 年“文化大革命”开始以后，我受到一点影响，我不是“红五类”，不能参加“红卫兵”，但是因我各方面表现好，人家也整不倒我。那个时候我刚毕业，被一些派系整了一下，但都是很小的，也有贴大字报，但是贴我的不多。老实讲，我跟学生关系相

1966 年冬暨南大学师生串联在工厂

当好。“文化大革命”时期，虽然我不能上北京，不能受到毛主席接见，但整体上我没有受到大的冲击。

1969 年，我正带着两届学生在农村接受贫下中农的再教育，中途被抽调回来搞教育革命。当时暨南大学要搞教育革命的试点，我负责文科的，当时叫作大文科，包括文、史、哲、经，大文科试点班。从 1969 年开始我就组织了一批老师到惠州博罗县石坝公社黄山洞大队，这个地方当时是学习毛主席著作的先进典型，那里出了个田华贵，后来被选进中央委员。我就去那里办了一个试点班，担任负责人，每个公社派一个人来学习。那时是一起学习，上中文、历史、经济、毛泽东思想等几门课，是在茅棚里上课，课室在那里，吃住也在那里。饭是自己做的，老师轮流上课、做饭。

试点工作从 1969 年底搞到 1970 年初，当时是正儿八经，省里有人管的，省里还开过大会。但是，等第二期开办的时候，暨南大学就被撤销了。在“文化大革命”前，我的工作主要在中文系。“文化大革命”期间值得怀念的是 1966 年冬到 1967 年春，大家停课闹革命，我组织了中文系二十几位学生，都是些学生干部，带着他们步行“串联”。当时有些人很喜欢煽风点火，但我不搞这些，我们是去接受传统教育的。当时我们是以二万五千里长征的路线来走的，我们从广州出发走到瑞金，然后沿着长征路线走，可是走到贵州的时候，就已经要复课闹革命了，所以就停了。我们一边接受传统教育，一边锻炼意志。我们这二三十人后来大部分都在深圳，而且有相当一部分人做了厅级、处级干部，厅级干部就有五六个，这几十年里大家都还有联系。

可以说我这一辈子都在暨南大学。18 岁到中文系读本科，1963 年毕业，毕业后就留在中文系工作。我担任中文系的团总支书记，其实说白了就是管学生。当时中文系有 500 多名学生，刚开始的时候就我自己一个人管，后来人手逐渐增加，基本上一个年级有一个人负责学生工作，我就做总的负责人，专门处理学生工作。1969 年，我被调到机关工作，一直做到 1970 年暨南大学撤销。暨南大学撤销后我就随暨南大学的机关到华南工学院工作。当时华工一分为二，一边叫工学院，一边叫化工学院，我们当时就办了化工学院。我在那里工作了 8 年，直到暨南大学复办又回来。我被安排在学生处，还是负责学生工作，但这个是在学校层面的。我大部分的时间是集中力量搞招生工作，所以暨南大学的招生情况可以说是我跟其他一些同志，一步一个脚印地开拓出来的。

一、招生工作

暨南大学 1978 年复办后，开始对外招收港澳生，那个时候我们去不了港澳地区，只能靠《大公报》《文汇报》还有澳门的报纸登一些广告。我记得在 1978、1979 这两年，港澳学生报考暨大也要参加全国的统考。一开始，我们没办法出去开展招生工作，需要他们回来报名，为了方便他们，我们就跟有关部门联系，在深圳罗湖桥桥头设报名点。当时内地跟香港就隔着一座罗湖桥，罗湖桥据我估计可能就只有 50 米左右的长度，我们就在那儿设报名点，也就是说他们还没有进关，就到我们这里报了名，然后就可以直接回去，这样就方便他们。我们这个对外招生，为了适应港澳台的情况，为了招收更多的港澳台学生，在教育部、侨办的指导下，做了大量的改革。

第一年和第二年就采取这种办法，而且第一年和第二年，因为他们要回来参加统考，但是他们学习的内容跟内地不完全一样，所以我们就在华侨补校（即现在暨南大学华文学院）给他们补课，补上个把月，把最主要的东西再给他们补一补。所以我们这个招生啊，最开始是参加内地的统考。但到了 1981 年，我们就跟上面提出，我们要单独对外招生考试。因为考虑到他们的课程内容与内地不一样，完全按照内地的统考会使他们不适应。我们就根据香港、澳门的教学大纲来编我们的考试大纲，然后发到香港澳门去。这个是第一步，从参加统一考试到暨南大学、华侨大学联合单独开设招生考试。

第二步，我们考虑，几千名学生要回到内地考试也有很多麻烦，所以从 1983 年开始，我们就把报名委托给香港中旅社、澳门中旅社代办，让他们帮我们代理报名工作，而且从 1983 年开始我们就把考场从内地搬到香港、澳门，这样就方便了学生。因此我们是根据实际情况，一步一步进行招生改革的，从参加统招到单独招生，从在内地考试到去香港、澳门考试。而且我们的招生办跟其他学校的招生办不一样，我们要自己编写考试大纲、自己命题、自己印试卷、组织考试、自己评检、自己录取，整个招生工作要经过很多关卡，这个工作在当时来说还是比较大胆的。当时我们为了提高学校的知名度，整天跑香港、澳门的学校，我经常都是一间一间学校做宣传，介绍学校的情况。另外，我每年都会举行记者招待会，这个其他学校一般都不敢举办的，因为上面没有批，但我跟记者建立了比较好的关系，每年记者招待会大概有三五家，多的时候甚至有十家八家媒体来参加，我们还曾上电视台介绍暨南大学的情况，比如香港亚视，这个就是“走出去”。另外就是“请进来”，我们也请过一些港澳的记者，还有港澳的一些校长来学校参观。当时为了扩大影响，提高知名度，一步一步进行改革、开拓。实际上当时内地其他学校对外招生也都要委托我们来进行，80 年代初，包括清华北大招生都要委托我们。后来，到了 1985、1986 年左右，清华、北大等院校也开始联合搞对外招生，就和我们暨南大学、华侨大学单独招生分开了。

后来，我们又进一步承认当地的考试成绩。香港有中学会考、高等程度会考、高级程度会考。他们采用的是英国的学制，中学五年，预科两年，大学三年。开始招生的时候我们就招中五的学生，后来觉得这样不行，学历好像比别人低了一等，就改成了中五的学生只能读我们的预科，中六、中七的学生才能读我们的本科。刚开始的时候，他们要参加我们的考试，后来只要他们在香港的高等、高级程度会考的成绩能达到我们的要求，就可以直接用他们的成绩来申请我们的学位，我们承认当地的考试成绩。最后，我们又更进一步，优秀学生可以直接由学校推荐过来。

招生改革一步一步走过来，可以说我们做了大量的工作，而且这种改革是没有先例的，都是我们在了解当地教育情况、结合自身的情况后做的改革。这样既提高了学校的质量，也方便了港澳的学生，所以这种改革一直延续至今。

我从 1978 年暨南大学复办就开始在招生办工作，当时我是一般工作人员，后来成为负责人。刚开始招生办只是临时机构，是学生处与教务处两边派人，共同完成招生工作。后来我认为这样不行，就向学校提出要成立一个专门的机构，即招生办，一个独立的处级单位。大概在 1985 年，学校同意成立招生办，我就担任了招生办主任。到了 1991 年之后，我被提为学校的副校长、副书记，分管招生工作，所以从 1978 年开始一直到 1996 年我都是在管招生，管了将近 20 年。1992 年，当时广东省高教局、广东省招生委员会评我为“广东省普通高考招生考试先进个人”，同年国家教委也评我为“全国普通高校招生工作先进个人”。

二、学生工作

在学生的就业方面，我们也是做得比较早的。过去大学生就业都是国家统一分配，后来叫作供需见面，像现在的招聘会，我们学校做得比较早。从 1986 年开始，我在学生处的时候就开始做这些工作。另外，不但针对内地学生工作，对港澳学生工作也比较早地提出意见应该怎么做，因为我当时搞招生工作或者其他工作，会经常接触港澳的学生。1989 年，由我参与组织策划，在深圳开了一次有关暨南大学、华侨大学港澳学生就业的专门会议，国务院侨办、香港新华社的有关部门、香港的中资机构，像华润、招商、中银、广东的粤海，还有香港中旅人事部都派了负责人参加。我们介绍了暨南大学毕业生的情况，希望他们在招聘员工时，首先考虑暨南大学、华大的港澳生。在学生管理方面，主要抓学生工作秘书的培养、提高，以及相关政策的落实，所以现在有相当一部分学生工作秘书都当中层干部了。当时一方面对他们要求比较严格，另一方面也注意提高他们的素质，这些都可以帮他们解决一些实际问题。

三、董事会和校友会工作

我还有一个做得比较多的工作是学校的董事会和校友会这一块，因为我当时是分管董事会工作的学校领导，叫作董事会副秘书长。当时在中国港澳地区和东南亚地区招生经常需要到处跑，而我们的董事也基本都在这些地方，所以我负责跟这些董事联系，这样比较方便。当学校有困难的时候董事们总是能够给学校一些支持。最明显的就是曾宪梓科学馆的建设，我跟廖德粲同志长期以来跟曾宪梓关系都比较密切，来往差不多 10 年。不仅如此，我跟曾宪梓还是老乡，都是梅州的，每逢他有项目在梅州落成，我都会去捧场，就是平时注意做好工作。另外，当香港一些别有用心的人攻击他们时，我都会写信去慰问他们。所以，当 1996 年学校要建一批楼时，没有钱，我记得当时学校基建处有一些草图，就带着草图过去，找到曾宪梓，后来他提出捐建科学馆，他说："那好，我捐 1 000 万。"那时是 20 世纪 90 年代，1 000 万元还是比较多的，支票都是我去拿的。还有些校内建筑，像万家乐楼、裕华楼、南海楼等，都是通过我们的努力建成的。

我同时分管校友会的工作。我本身也是校友，在还没有当副校长的时候，我就当了暨南大学广州校友会的会长，当了副校长以后，我又负责分管校友会的工作。关于校友会的工作，可以说我也投入了很大的力量。现在我们有将近 30 万校友分布在世界各地，几乎"有海水的地方都有暨南人"。现在全世界有 110 个校友会，这些都是后面由校友办组织发展起来的，但是开头我做了基础工作，一个就是建校友楼，这个楼是校友捐款建起来的，经过大量的组织工作，变成今天校史展览的地方，校友办也在那。另外就是很多校友会的成立，我可以说都是亲力亲为，亲自去参加。我记得我参加过的成立大会就有十来个，像天津校友会、汕头校友会、新会（江门）校友会等。更主要的是在 1992 年，在马有恒会长的支持下，经过一系列的串联、策划，成立了暨南大学校友总会，马有恒担任会长，我担任理事长。暨南大学校友总会的成立，对于促进暨南大学校友工作起了很大作用，期间还出了一份《暨南校友》的刊物，这是我一手把它办起来的。对于校友会的工作我自认为尽心尽力。暨南大学校友总会有四次比较大的活动我都参加了，像校友总会的成立，预备会议是在澳门举行的，在澳门开了两天，后来回到学校正式成立；2010 年上海世博会期间，“世界暨南校友相聚世博”，我也参加了；2013 年美国南加州校友会成立 35 周年，我也应邀参加。如果再加上去年（2016 年）暨南大学 110 周年校庆“世界暨南校友聚濠江”，连续参加这四次大型活动的恐怕只有我一个人。

家　人

我和我爱人是老乡，都是梅州的。我们直到大学毕业以后才有来往，我是 1963 年毕业的，她是 1969 年广州中医学院毕业的，她也是毕业留校，留校后大家就有联系了。我们 1969 年认识，1971 年结婚。

我们有两个男孩，都是暨南大学会计专业毕业的，现在都在广州外资企业做财务工作。他们所在外企是搞营销策划的，不算是很大的公司，和日本有点合作，老板是广东顺德的。他们毕业后都是自己找的工作，工作一段时间后有了一定经验和资历，猎头公司就把他们挖到现公司。在外资公司一般是三年五年就跳槽了，跳一次槽就升一级。现在他们都成家了，成家以后跟我们分开住，大孙女都读中学了。

我二哥在印尼做生意，开始还可以，后来跟人家合伙做得不是很好。当时是合资，后来不是很合拍，就自己跳出来做。我二哥的一个孩子跟着我舅父回来了，现在在梅州。二哥的小儿子在印尼帮人家做生意。二哥一家现在分居两地，大儿子在国内，小儿子在印尼。

我父亲在印尼大规模排华前就去世了，我舅舅和表哥、表妹、表弟，还有我二哥的大儿子都是在 1967 年印尼排华时回到国内的，也还有很多表弟、表妹留在印尼。后来我去探望他们，他们生意做得不错，尤其我姨妈那边的两个表妹生意做得很好。我二哥 80 多岁了，也还在印尼。现在，我在印尼的亲戚都已经入了印尼籍，因为这样才可以做生意，包括置业等。我表弟表妹他们都是在茂物，靠近雅加达，现在做鞋子材料批发生意，在那里生活都还可以。

左起大表哥、大哥、黄旭辉、四表弟（2000 年摄于印尼茂物）

1997 年，有次公务出差到印尼，我顺道去探访他们。那次我们主要是跟印尼的一个大学合作，推广暨南大学。那时印尼刚刚开始允许用中文，我们是跟一个中文报的老板合作，他自己办了一所大学，就跟他建立合作关系，也是通过我的一些关系跟他联系的，当时中文系的杨启光也一同去。2000 年，我正式出去探亲，去了一个月，在我哥哥、表妹他们那里住。在我姨妈家里，我找到 1941 年回国前我妈妈抱着我的照片。我第一次去姨妈还在，第二次去她已经过世了。

我姨妈的孩子也就是我表弟表妹一代还会讲中文、客家话，但是到他们的孩子，因为“六・三〇”事件苏哈托上台以后，华文教育被取消了，他们的中文就不行了。像我二哥，他一个儿子在中国，一个儿子在印尼，两兄弟对话都困难。不过现在慢慢好了，我的印尼侄子能听一些中文，以前是不会的。姨妈的几个孙女都曾回来学中文，到暨南大学华文学院学习。

二哥的大儿子是 1967 年回来的，那时他 9 岁，我舅父带着他回来的。当时他印尼语讲得很好，可以跟印尼侨生交流，现在已经忘得一干二净了，因为没有环境。他回国后，二哥基本上没有照顾他，而是靠我大哥照顾，跟着我母亲和我大哥。当然，我二哥有时会有些接济，但是后来他的生意不怎么样，所以这个侄子主要靠我大哥抚养。因为后来印尼比较难回去，另外他已经在这里成家立业，就没有回印尼了。

我舅妈早就在印尼去世了，我舅父有六个孩子，原来只有一个孩子在国内，五个在海外，1960年前后有三个孩子回来国内读书，一个在暨南大学，一个在华侨大学，一个在北京第二外国语大学，现都在国内工作，我舅父也回到了老家。

现在，我跟印尼的亲戚有时会通电话，但较少用视频，那是年轻人用得多点。广州一下大雨，在印尼的二哥就会打电话问："怎么样，广州又下雨了，暨南大学有没有给水浸了？""文化大革命"前后我们靠写信联系，没有电话。现在主要靠电话联系了。

我同印尼的晚辈亲戚现在联系不多，大家都不太认得了。像我表妹的几个孩子，有的在美国读书，有的在印尼读书，虽然有的也回来过，但都是一面之交，没什么联系。

左起二嫂、二哥、大哥、黄旭辉（2000年摄于印尼雅加达）

梅县是我老家，我从海外回来就在那里长大，所以经常会回去。我在印尼的亲戚没有回梅县投资，因为我二哥后来生意不怎么好，我表妹她们公司不是做什么大生意的，她在我们要修祖屋的时候会捐点钱，或者给慈善机构捐点，但没有什么大项目。

我二哥生活在雅加达，那里有个华人社团，平常有聚会，也不是很正式，是客家人的一个小团体。他们有些活动，我二哥那时候参加过，好像是2011年辛亥革命一百周年的时候，他们组团到台湾去。他们参加政治活动不多，但乡亲活动还是很多的，每个礼拜都会有一次活动。

除了东南亚外，我没有去过其他国家，那时招生主要是面向东南亚。

对侨务政策的感想

我觉得侨务工作应该通过侨教、文化这个途径传播，不能像以前。以前把人家当作中国人，现在不行，人家是外国人，你说爱国是不行的，你只能通过灌输一些中华文化的道德观念来教他们一些国家概念。我早期找国务院侨办的负责人谈过这个，我说："侨教现在很重要，如果中华文化传播得比较好，他自然对你这个国家的历史文化、道德观念有所接受，可以融会贯通，他对咱们国家就会有好感，毕竟是血脉相承。"这个是非常重要的，现在香港的一些人反对"国民教育"，这是很糟糕的殖民主义的奴化思想。本来香港是中国的，要认同祖国，但是，有一批人专门来反对这个，想要被西方思想奴化。我跑过那么多国家，马来西亚的华文教育做得最好，我跑了东马和西马，我一个个城市，一个个华校地跑。马来西亚华文教育的董教总叶新田先找到我，然后再联系学校，十几年前我就见过他，所以他现在还认识我。我们跟他们建立关系，那时我们一年招几百名马来西亚学生。

印尼在苏哈托时期把华文教育废止了，过去印尼侨生回来，和我们内地学生的程度是差不多的，现在不行，连华文都不懂，只能回来从 b、p、m 学起。不过，马来西亚有 60 多所华文独立中学，每年有五六万名高中毕业生，他们都在找出路。20 世纪 90 年代，马来西亚大学也就三四所，大专也是三四所，而且政府规定华人进去的比例大概是 20%，这是因为华人比较会读书，所以政府担心学校名额都被华人占了。以前马来西亚华裔学生没有出路只能到台湾，所以，台湾有一段时间也不欢迎马华学生，因为台湾本身地方小，怕挤占了他们的学位。我们这里一打开国门，尽管当时我国和马来西亚政府还没有签订文化协议，马来西亚不承认中国大陆的学历，但是还是有大批学生涌回来。"文化大革命"前，印度尼西亚、马来西亚、新加坡的华人都会讲中文，但是很多人不懂中国字，只会说不会写。现在菲律宾、泰国政治开放，但是华文学校不多，所以华文学校的整体水平不高。这些年，我们逐步推出去了，华文教育发展得不错。菲律宾我去过，它那边的华文学校也不多，较好的只有几间，都是福建人办的，因为在菲律宾的华人中福建人比较多。

现在办孔子学院，是一件好事。现在是我们"走出去"，以前我们说"美国文化中心”，现在我们说孔子学院，学中文一定要结合中华文化，文化交流多了，人家对你就会有更深入的了解。现在能搞成这样子，也要国家强大，有经济实力。过去我们对外宣传投资很少，大陆的侨报少之又少，现在不同了，暨南大学出版的华文教科书，全世界都可以发行。

过去我们的华侨只会赚钱，就是经商、做买卖，不管政治，所以经常被人家边缘化，这个是不好的。现在华人要融入他们的社会中去，参政议政，因为你已经是当地的居民了，这样才能更好地保护自己的权益，进一步扩大我们国家的影响力。现在我们华侨华人年青一代比较清楚这一点，他们中有不少参政议政的。

2013 年 9 月 25 日，黄旭晖副校长与访谈者暨南大学国际关系学院/华侨华人研究院 2012 级硕士研究生王趸兴合影

黄旭辉，1940 年生于印度尼西亚苏门答腊，广东梅县人。幼年回到祖居地梅县，1958 年从联合中学高中毕业，同年考入暨南大学中文系。在暨南大学历任中文系团总支部书记、学生处副处长、招生办公室主任等职，1991 年担任暨南大学副校长、党委副书记，并兼任学校董事会副秘书长、教育工会主席等职，2000 年退休。

李恩顺[①]

我的祖先是泰国的皇亲国戚，祖籍是福建漳州，我外曾祖母的姑姑是拉玛二世的皇后拉玛林。祖父李世平在中国出生，在国内与祖母杜氏结婚，然后独自出国。外曾祖母是祖母许氏的母亲，祖母许氏是祖父李世平在泰国娶的老婆。我父亲李广福在香港读书，不懂中国字。后来回内地家乡娶了我母亲陈御香后，两人一起去泰国。我祖父在泰国管理 13 间碾米厂，生活比较富裕。我 3 岁左右，母亲带着几斤金子，领着我和二叔父一起回潮州了，大概是 1930 年回国的。我父亲在泰国又娶了二妈。现在泰国还有两个妹妹和一个弟弟，是二妈生的，都是朱拉隆功大学毕业的。大妹是泰国皇家管财政事务的七人之一，二妹从事水产事务管理工作，弟弟在医院当医生。在泰国的弟弟、妹妹们都不会中文，我们与他们之间的交流，以前都由两个姑姑做翻译。

我老伴陈秀君家在泰国也是大家族。她的爷爷也在泰国做生意，娶了三个老婆。她的爸爸最大，是她爷爷在国内娶的老婆生的。现在在泰国她有六个叔叔。几个叔叔现在都没有通信，不知道情况了。

我小学是在潮州乡下读的。初中、高中在澄海中学，其间因为日本侵略，所以读得断断续续。读初一的时候，日本人来了，就暂停了。初二在私立学校读。初三的时候原来所读的学校复办了，就又回去读书，中间还停了一学期没有读书，在家里种田。刚解放的时候，我到潮安县乡下教小学。

1952 年，我考上华南师范学院，就是现在的华南师范大学。当时想读本科，因为我程度不够，所以只给读专科。大学毕业以后，1954—1958 年，在中山大学附设工农速成中学工作。1958 年暨南大学重建，我们整个中山大学附设工农速成中学就合并过来。我负责招预科的学生。当时暨南大学由于教职工多，大概有一百多人，教职工的子女也多，没有学校能够容纳，因此暨南大学校长梁奇达就决定自己办附小，于是以借用方式调我过来筹办附小。附小的规模扩大之后，领导要求我留在附小当校长。暨南大学停办之后，我被调到广州市东山区共和路小学工作。1978 年暨南大学复办，我又被调回来了，复办小学，再办暨南大学

---

① 陆晓玟、王趸兴（暨南大学国际关系学院/华侨华人研究院 2012 级硕士研究生）于 2013 年 9 月 13 日、10 月 15 日在暨南花园采访李恩顺老师，陆晓玟将录音转换为文字。

附中，在附中当副校长。我 64 岁退休，当时是 1994 年左右。

我的妻子陈秀君于 1958 年调入暨南大学，在图书馆工作。“文化大革命”期间，暨南大学停办了，她就被调到工厂去。暨南大学复办之后，她也没有回来，继续在工厂工作。

我们有三个儿女，两个儿子，一个女儿。在“文化大革命”时期，教师的子女都要插队去农村，我大儿子李远志去了海南岛 5 年，回来后在曙光无线电厂工作，退休前是这个工厂的厂长。大儿媳妇是汕头人，退休前在省委幼儿园当老师。我女儿也是下农村锻炼，后来调到暨南大学新闻系办公室工作，现在已经退休。女婿在香港工作。小儿子一直在身边读书，后来去北京做生意。小儿子结过两次婚，第一个老婆是广州人，育有一女，在中山大学南方学院毕业，已工作；第二个老婆是辽宁人。三个子女都没有去泰国探过亲。大儿子生了个男孩，已经在工作了；女儿生了一个男孩，在暨南大学毕业，也工作了。

李恩顺与弟弟妹妹合影，左起为大胞妹、三胞弟、李恩顺、二胞妹，摄于 1981 年 5 月

当年，我爸爸在泰国管理轮船，走香港、厦门、汕头等航线。他每个月寄 400～800 块大洋回来，供我们生活。我父亲去世之后，我的两个姑姑希望接我回泰国继承我父亲的遗产，但是因为出生纸不见了，而且我在国内也已成家，所

以我就没有回泰国。几十年前，泰国生活环境比中国好，现在中国比泰国好了。我的母亲104岁过世的，30多年前，她来广州帮我们带过孩子。我跟泰国的弟弟、妹妹已经没有联系了。我们每年都要回潮汕探亲，而我的子女跟潮汕老家的亲戚来往不多。

李恩顺夫妇回泰国探亲时与家人留影，后排左起为大妹夫、三胞弟、李恩顺；中排左起为陈秀君、母亲、二妈；前排左起为外甥女、二胞妹、大胞妹，摄于1981年5月

我去泰国探过三次亲。第一次是三个人去，我们夫妇俩，还有我母亲。当时弟弟、妹妹还在泰国，但爸爸已经去世了。最后一次去泰国，应该是1988年左右。泰国的弟弟、妹妹跟我们语言不通，过去都是由两个姑姑做翻译，现在因为语言不通，所以我们也基本没有通过电话了。两个姑姑都终身未嫁，在泰国靠父亲留下的遗产维持生活，日常生活都是在拜佛。两个姑姑会说潮州话，都来过中国，两三年前她们也相继去世了。

左起为李恩顺大姑妈、母亲、二胞妹、二姑妈，摄于 1981 年 5 月

在泰国的二妹来过中国几次，因语言不通，所以没有跟我们联络。二妹从事渔业工作。二妹夫是公路工程师，他祖籍海南，懂得一些潮州话。她们三姐妹分别叫 mu，gai，cai，泰国俗话就是猪、鸡、狗，当地人认为这代表命好。

二叔父十几岁时跟我母亲回国之后，在中国娶了二婶母陈惠芳，在国内生了一个儿子，就是我堂弟。二叔父在国内生了儿子之后，由于他读书不多，没多少文化，在国内生活一般，所以又去泰国生活，在泰国又娶了一个老婆。他们通过两个姑妈的帮助及我父亲留下来的遗产，从事农业养殖，养鹌鹑、水鱼、鸡之类的。

2013 年 9 月 13 日李恩顺夫妇和采访者陆晓玟同学合影

林钦宏[①]

一

1937年我出生于马来西亚马六甲。1945年我母亲把我带回中国，当时住的地方现在叫大埔县湖寮镇新村。为什么要带我回来呢？因为我是长子，所以带回来“做种”（延续香火）。我跟着我奶奶长大，因为我母亲又回去马来西亚了。我母亲在1975年、1980年、1984年三次回来看望过我。2001年，我带着我太太回到我的出生地，看望马来西亚的弟弟妹妹。当时看到我在马来西亚马六甲的出生地，我有点心寒。我的出生地人去楼空，那个地方房子还在，但是里面没有人住了。

回来之后，我跟奶奶生活，目睹了社会的变化，感触非常深。在我懂事的时候，大概是小学三四年级，当时是解放前，我懵懵懂懂知道国家很乱。我们家是贫农华侨。为什么是贫农华侨呢？因为我父母在外面，生育有八个子女，包括我一共有六个男孩、两个女孩。那个时候，我父母在马来西亚从事小手工业，裁剪衣服，做零工，母亲还卖点菜。一个妹妹早就给马来西亚人收养了，一个妹妹在1958年去世了，还有五个弟弟需要养活，生活很艰苦，所以他们不可能有很多钱

1959年的老家大门，名曰“八角门楼”

① 王逄兴、肖丹（暨南大学国际关系学院/华侨华人研究院2012级硕士研究生）于2013年7月19日和8月3日在暨南大学第二文科楼采访林钦宏老师，由肖丹、彭莉莉（暨南大学国际关系学院/华侨华人研究院2012级硕士研究生）整理录音。林老师于2015年12月8日和12月9日对采访稿进行二次修改，修改稿由李玮莉（暨南大学国际关系学院/华侨华人研究院2015级硕士研究生）录入电脑。

寄回国给我，最多也就过年的时候寄点钱做衣服。衣服我都穿得很差，差到烂了没有布来补，于是我奶奶把她衣箱里剩的里布补在我外穿的衣服上，我穿上别人就笑我，我就把它撕掉了。那个时候很苦，我和一个姓刘的同学一起睡，现在他在华南师范大学。那个时候床铺不够，我们两个人睡一个床铺，小学、中学都一起睡。

现在我的兄弟，一个在美国，三个在马来西亚，一个在泰国，加上我就是六兄弟。还有一个妹妹在马来西亚，因为我们家重男轻女，她从小就被送给了马来人家，我在2001年见她的时候，同她讲话就像鸡同鸭讲。她稍微懂点粤语，我稍微懂点英语，就这样子勉强交谈，一般用粤语交谈，她有时用马来语、英语。她的情况还可以，我去看她的时候，她家可以用金碧辉煌来形容，但是我的妹夫长相很一般。

二

我在乡下成长，1956年离开家到二十里外的百侯中学念高中（我们家乡当时只有初中）。因为我小时候非常喜欢音乐，读高中时，正好碰上土地改革，我就参加了宣传队，经常都要深更半夜一两点才睡。我也喜欢作曲，在小学时我就能看简谱，一直都担任文娱干部，高中毕业时我很想从事音乐工作，但是鉴于我家的经济状况，我父母没有这么大的能力，都是靠做小手工生存，所以后来我选择了师范学院化学专业。

当时我们考上大学不像现在这么紧张，我们不用交学费，有伙食费补贴，毕业就可以就业，不像现在毕业要自己找工作，搞不好还会失业。我上大学的时候，父母虽然过得很苦，但是还是尽力帮助我，从马来西亚寄三夹粉之类的食物给我。那个时候寄食物，海关查得比较严，都是通过水客带的。侨汇也是托人带回来的，我们那边水客挺多的，每年都有好几拨。我们当时很苦，在1961年、1962年这段时间，配饭的菜就只有一大碗酱油。我也吃过所谓的营养餐。不少人因为严重的营养不良而水肿，都吃过营养餐，熬过了大学最后一年。我是在1963年大学毕业的，在1962年底到1963年，国家经济就好转许多了。

我从小受到党的教育，解放军部队经过我们那个村，我会到菜园里摘一大把菜送给他们，我的想法就是共产党领导下的解放军是救我们穷人的。大学毕业后，国家包分配，党的需要就是我的志愿。当时我们老师很关心我，把我和同班同学一起分配到湖南的冶金地质勘探检验所，是一个搞矿石分析的单位。我热衷文娱，喜欢唱歌，喜欢拉琴，于是参加了毛泽东思想文艺宣传队，在长沙市职工合唱团获得过二等奖。我在宣传队任指挥的时候，把湖南各个县都走遍了。大概在 1966 年底，我被调到湖南攸县冶金地质勘探二一四队，一直待到 1984 年调到暨南大学。

我在二一四队做矿石分析时，政治信仰发生了巨大转变。我刚才提到我是相信共产主义的，我从来不骂共产党，到现在为止我也拥护共产党，我正视每一届政府的丰功伟绩，正面看待我们的政府，绝对不会挑共产党的一点小毛病，说它坏话，我不会。在湖南攸县时期，我的政治信仰之所以发生了巨大变化，就是因为“文化大革命”给我非常不好的印象，错误地将部分领导人打成“走资派”，在这一点上我极不爽，所以一直以来我都不写入党申请书，我现在也不是共产党员。虽然有很多人以为我是共产党员，甚至在暨南大学有人推选我做党代表，有人做工作要我入党，我都很坦然地拒绝了。

我在湖南的时候，常利用平时休息时间和假日搞科研。我在二一四队工作的时候，发表了一篇文章，在中南地区得到了一等奖，奖品是一个景德镇茶杯，这个茶杯后来被我送给了我弟弟。因为我扎实地搞科研，积极写论文，并投到杂志或协会发表，而且我参加过全国的会议，所以我那时很红，曾任省级县级的人大代表、省里的先进劳动工作者、队里的劳动模范。1978 年，我晋升为化学分析工程师。我太太由于大部分亲戚在广州，所以要求调回广州，我当时并不想调走，因为单位对我很好。1978 年第一次提工资的时候，2% 的人提工资，我有份，所以我的工资还是很不错的。当时我不同意，她就以眼泪来威胁我，还带着女儿回到了广州。我女儿对我说，暨南大学像花园一样，很漂亮。在女儿和太太的要求下，我松口了，1984 年 8 月到广州暨南大学医学院工作。当时单位领导也说：“林工，我知道我们这个小塘养不起你这条大鱼。”我母亲 1975 年回国来湖南，我的归国华侨身份很受重视，连公安局都曾出动，在广东就不会，因为那边归侨很多。

1986 年，我在暨南大学晋升为高级实验师（高级工程师）。在“百度”中输入我的名字，还可以搜索到我上世纪 70 年代至今的几十篇论文，最近的文章有我在《广东老科联》杂志发表的《漫谈空气和广州市空气质量》一文（3 500多字）。到了暨南大学，我参加了很多活动，特别是侨联的活动。前几年我都是活跃在舞台上的人，我喜欢音乐，会拉手风琴、吹笛子、指挥。我在暨南大学侨联里当过委员，即使没当委员我也同样参加侨联活动。我在 2009 年才正式退休，那时已经 72 岁，现在 76 岁。现在的医学院新大楼设计方案是由我起草的，而后的设计、建筑、安装，我是用户代表。我 1999 年从美国探亲回来（我女儿在美国毕业），陆大祥副校长跟我说：“林工，你现在什么都不要搞，把我们医学院这个新大楼的设计方案拟一下。”我是学化学的，但是我喜欢钻研，用一个星期就写出了这个医学院新大楼的设计方案。真正施工是在2000年，交付使用是在2004年。在这个新大楼建筑工作中，我没有吃过客户一顿饭。我非常重视这个，我说过："只要查出我吃过客户一顿饭，就可以在我银行户头扣一万。"因为知道我们大楼要买很多东西，很多客户在我办公室排队。这栋大楼花了我很多心血。

林钦宏和京剧《唱脸谱》导演及演员们的合影

其实，1999年我退休关系就转上去了，但是过了很多年才真正退。退休后的五六年，我过得非常充实。我有三大爱好：第一喜欢摄影，我用数码单反，有三个镜头：长、宽、广角镜头；第二爱好旅游，从2001年起，我每年都组织1～3次长途旅游；第三是电脑，我每天都会抽出两三个小时用电脑。2012年，我在暨南大学的退休干部协会担任常务理事。我在医学院当会长的时候，2008年做了一场政治报告，大概20分钟，会场鸦雀无声。我从拿破仑的一句话讲起："中国是一头睡狮，一旦醒来将震撼世界。"会场里的人都很认真地听。2009年是国庆六十周年，我组织了一个大型庆祝会，叶勤副校长都来了，请了很多头头。全校21个退协分会就医学院退协有钱，医学院退协多次被评为"暨南大学优秀退休协会"。我当过广东省老科技工作者联合会理事，今年又被推上去，被评为"先进个人"。暨南大学西门口那里展出的照片很多都是我拍的。我自得其乐，现在还是广东省老科联的通讯员，那边还给我稿费。我是非常快乐的人，我无不可告人之事，所以活得很快乐。这几年，我看见祖国的变化很欣慰。祖国由弱变强，人民由贫变富，这种巨大的变化最好。

2009 年 6 月 29 日广东省老科联第六次代表大会暨表彰先进大会留影（后排左二为“先进个人”林钦宏）

三

我现在很幸福。我母亲曾经这么讲，这么多兄弟姐妹中，就我的生活最稳定、最舒适。我第四个弟弟在美国，是个司机，他有四个女儿。美国每年轮流针对好几个国家都有抽中移民的指标，像抽奖一样，我的弟弟就是被抽中移民美国的，大概是 80 年代，比较早，至于大背景不记得了。他的生活一般，因为他原来是司机，过去那边务工，开货车，待遇不是很高，后来遇到美国好政策，就入了美国国籍。

我在马来西亚的三个弟弟，一个在吉隆坡，我在外面的弟弟中数他的生活最好，育有两个男孩、一个女孩，都在英国留学，读了博士。他的女儿常常回国，一回到国内就会给我打电话。他的家庭比较健全。我最小的弟弟 1958 年出生，到现在还单身。他年轻的时候很活跃，一直担任《中国报》马来西亚马六甲区的经理，去年又兼《南洋商报》马六甲区的经理，月收入早就过万（马币）了。他收入最高但家庭不完整。我们也搞不清楚他为什么一直单身，我去过他家，没有女的打理，真的不像样，乱七八糟，家里只有一条狗。他所在的报社很气派。他以前跟我们很亲近，每次出书都会寄给我们。本来我和最小的弟弟来往很多，最近不知怎么联络少了。我在马来西亚还有一个弟弟，精神上有点障碍，他生活最困难，没法和我们比，我们去看他的时候给了他 1 000 块，他高兴得不得了。

第五个弟弟去了泰国当和尚。我被我母亲批评过，说我把祖宗忘掉了，因为我的儿子和女儿都不会讲客家话，但是我的弟弟、妹妹及他们的子女全都会讲客家话（那个从小被抱养的妹妹除外）。

我一直都在国内生活。父亲出去之后就没有回来过，他讲过不发财不回家，结果他一辈子没发财，所以就没回来。1963 年，我父亲曾经要我去他们那边，但是当时我受毛泽东思想的教育很深，信仰共产主义，就没有去。我现在唯一敬佩的伟人是毛泽东，这个人真的是不简单，凡是关于他的电视剧我都一部不落地看完。我感觉毛泽东真是了不起，要不是“文化大革命”的影响，他就真的是完美了，我非常敬佩他。那个时候，我一点都不羡慕外国，再加上父母当时的生活很苦，所以虽然他们要我出去，但是我没答应。我的弟弟们都眼红我，因为父母都寄吃的穿的给我。美国虽然好，但是住一个月就厌了，饭菜做不出我们中国的味道，城市化、工业化，大批量生产，吃起来味道一般。2014 年，美国、马来西亚的三个弟弟及家人回来看我，我和太太花了 4 万元，请他们回乡下祭拜祖宗，行程食宿我们全包（共 11 人）。我还以他们的名义请客 11 围（百余人），给亲戚 500 元/户、小孩 50 元/人红包，为的是让他们亲眼看看：当年中国贫穷落后时期的贫困大哥，已不是过去的样子，长长中国的志气；在家“做种”的大哥也是很不错的，不再是贫穷的中国人。弟弟们也做了一件让我欣慰的事，在家里的后花园挖了一小袋故土带回马来西亚，放在父母的坟上，告慰故去的先人：你们的乡土回到你们身边了。

2014 年林家四兄弟在林钦宏家大团聚留影（前排左二是林钦宏，左三为太太，左五为女儿林英姿；后排左一为孙女林雪儿，左二为儿子林海涛，左三为六弟林钦为，左四为四弟林钦政，左五为三弟林钦庭，左六至九为三弟子女、孙辈）

上世纪60年代到80年代，我的思想转变很大。开始的时候我是信仰共产主义的，印象里共产党是救穷人的。我们那里华侨很多，不像湖南，去了一个华侨就十分特别，我们家乡几乎家家都有华侨，所以不会有什么另眼看待。但是，我们的生活确实很辛苦，如果不是中国解放，我肯定读不了书。我的爱好是音乐，我当时很想考音乐，但是要到汕头去考，我们那里都没有办法考。而读师范呢，吃饭不要钱，学费不要钱，毕业了国家会分配，所以在这种情况下我读了师范。“文化大革命”对我的工作影响不是很大，因为我们生产还是没有停，而且我对科研比较有兴趣，我深更半夜两点钟起床做科研，还做出了成果。但是，在信仰方面我受的冲击很大，再怎么动员我都不入党。下放的时候，他们想让我当党代表，我都没资格当。“文化大革命”主要是对我思想转变的影响。

虽然过去生活很苦，但我现在有三乐：知足常乐，自得其乐，助人为乐。我现在的生活就围绕着这三个“乐”，所以我整天都很快乐。

当然，我也有不如意的地方。我儿子是个非常虔诚的佛教徒，为此也影响了生活，我对此很生气。我对我儿子信佛教这件事是最不满意的，因为我这个人不信神不信鬼，我认为人的认知是从无知到科学的，无知的时候是神化，信日月，之后是神学，后来变成玄学，最后进化为科学。我对我儿子停留在神学，也就是最原始的认知，真是没办法理解。他的生活并不富裕，一份很差的工作他都愿意干，只是因为这份工作是佛门弟子介绍的。他房子里贴满了佛像，桌子上摆了佛龛。

我之所以对我儿子一点好感都没有，是因为孙女的问题。作为父亲他没有责任感，他和太太结婚没几年就离婚，孩子判给了我儿子，但是他经济条件不好，没有足够能力养大。然后我们老两口接手带孙女，他就不闻不问了，经济上不负担，也不怎么关心孩子。2015年，他到外面闯荡（打工）了几个月之后，10月份回来，情绪好了很多，对我们及他的姐姐、女儿都从精神和物质上有关心的表示。我问他为何转变，他回答“尽孝是不能等的”。但愿他尽快走出“啃老”局面，好好生活吧！现在孙女还是和我们一起住，成绩一般，每到假期都到安徽找她妈妈。我前儿媳是很能干的，很会做生意，现在安徽合肥做生意，生意做得很不错。我们到现在都还当她是自己人，没把她看作外人，她回广州都会来这里看望我们二老，还是喊我们“爸爸妈妈”。

我女儿去美国待了19年。当时她是以陪读的身份去美国的，结果过去后男方提出离婚，那个男的也是利用我的归侨身份作为跳板出去的。她现在写一部中篇小说，已经写了大半部分。由广东人民出版社出版的《留美就该这样活》是她回国后写的。她不是严格意义上的作家，但是她确实比较喜欢写作，她的网站点击率上百万，在国际上也得过写作方面的奖项，如2011年获得美国亚洲文化协会主办的“温馨亲情文化活动奖”。她曾经访问过汪国真，所写文章发表在《语文月报》里。她在《羊城晚报》《南方日报》上经常发表文章，1989年发表在《南方日报》的《崇高的理想》一文，虽然没有点名，但是写的都是我的故事。我之所以不愿出国而留在这里，就是因为我热爱我的祖国。现在我女儿还是单身，她工作很开心，之前在留学中介机构工作，上司很信任她。经过近两年的努力，她获得了一定的经验，现在开办了取父母名字组成的广州宏美教育信息咨询有限公司以及留学移民公司。

女儿开办的“宏美教育”

我兄弟姐妹的孩子和我的孩子以前是有网上书信来往的，跟我们呢，过年过节都有打电话问候。我和太太在2001年的时候去过马来西亚，他们那边对儒家文化保留得比较好，对长辈都很尊敬。我儿女都不会讲客家话，讲的是湖南话，所以我母亲批评我说祖宗都被我忘掉了。到外国我觉得不太舒服，我们总被当成“二等公民”。他们那边基本上华人都聚在一起，所以我弟弟妹妹都还会讲正宗的客家话，因为都是客家人住在一起嘛，他们也都会讲马来语。

在这样的大家庭里面，交往越来越少，我觉得不在一起生活，感情难以维持。经济是基础，没有经济往来，又不在一起生活，就没有什么共同话题交流，所以感情比较淡。我们和美国的弟弟，还有最小的弟弟见面比较多，最小的弟弟经常带商团回国，都会来看望我们。他们的儿女回国都会给我们打电话问候，很有礼貌。

我的弟弟们在外面，对祖先的概念很淡。2014年，其中三个弟弟曾回过乡下，到祖母坟前祭拜。但他们没有“家乡”这个概念，都在国外出生和生活。以前我们的祖屋要检修一下，想叫他们出点钱，他们都不管，还是很久以前我父亲出过500新马币修过这个房子。这几年，在乡下的两个侄儿，经他们努力奋斗有所成就，已将祖屋旧貌换新颜。先是盖了占地面积100多平方米的三层混合结构楼房，今年6月又在祖屋基地上加盖了100多平方米的六层框架结构楼房，框架已封顶，待安装内墙等工程了。

林钦宏乡下的新家

我在马来西亚的弟弟妹妹都居住在华人社区里，就是华人跟华人住在一起，邻居都是华裔。那里分布着各种会馆，如大埔会馆、惠州会馆、福州会馆等。在马六甲的弟弟是其中的会员，而且都投资在会馆里。他对社会工作很热心，就是没有家庭，一个人吃饱全家不饿。他是政治活跃分子，我不太清楚他的政治倾向，也没问过。他被马来人排挤过，不知道他是什么时候入马来西亚籍的。

马来西亚华人对中国的强大是很高兴的，现在也还是这样。我第四个弟弟看见我们现在有“神九”上天，“蛟龙”入海，很是自豪。我那些弟弟还保留有给广东华人的身份证，有太太是福建人的，也有福建的身份证。他们对普通话、广州话、客家话、英语、马来语都非常精通，回来后穿着也很随意，压根就像正宗的中国人。不过他们这些证件都是老的，二代身份证就不可能有了。他们都上年纪了，退休了，也不是要回国经商。那个在报社供职的弟弟，比较倾向正面报道中国。

以前包括我弟弟妹妹在内的一些东南亚华人，都讲我们被洗脑。随着社会的进步，他们看到中国的强大，相信中国只有在共产党的领导下才能取得伟大胜利，对毛主席的丰功伟绩也给予了肯定。毛泽东是我最崇拜的世界伟人。我是坚信中国特色社会主义的，从来不骂共产党，毕竟没有共产党就没有新中国啊！

我那些弟弟妹妹们没有想过老了回国，他们的子女也没有。他们来中国旅游的很多，三弟的子女每年都回来好几次，就旅游，其他的不做。我都搞不清楚我们国家这么强大，为什么他们不向往。他们也知道中国的强大对他们有好处。2014年他们来过我们乡下。2015年他们凑足17人团，由我操办，委托旅行社带他们游览了江西的婺源、景德镇、庐山、三清山。明年又准备去九寨沟呢！他们很喜欢中国的山山水水。

我对社会主义价值观的看法是，富强、民主、文明、和谐体现国家的面貌，自由、平等、公正、法治体现了社会氛围，爱国、敬业、诚信、友善是中国人民的道德追求。

我热爱祖国，热爱社会，热爱生活，对“十三五”发展理念的理解是：只有不断地在各个领域创新，才能实现全面发展。只有各个部门协调发展，才能提高效率。只有全民维护大自然的环境，才能让自然回归绿色。深度的开放让世界与中国广泛接触，包括贸易、金融、科技、军事等方面，让世人看出“中国梦”就是“世界之梦”！我们所取得的成就，要让全国人民共享。2020 年让 7 000 多万人口脱贫，这将成为世界奇迹！我坚信在以习近平为总书记的党中央领导下，中华民族伟大复兴之梦一定会实现！

2013 年 8 月 3 日，林钦宏与采访者肖丹合影

谭达彰[①]

祖辈去美国的情况

以前去美国的人，多是因为家乡那边的土地较差，经济也不是特别好，去美国打一份工就可以有一份收入。当时汇价也比较高，邮10美金回来可以换成中国几十块钱了，所以都往那边走，而且那边因为是移民国家，就容易把子孙兄弟带过去。你跟哪个侨胞有一定关系的话，就血统关系啊，便可以过去了。所以，在这种情况下，很多人就过去了。当时，台山、开平、新会、恩平四邑，这几个县有比较多的人往那边走，尤其是台山、开平，这些地方的人往美国的比较多，往东南亚的比较少。我们家乡把东南亚叫作南洋，到那边去连厚点的衣服都没有，因为那边一年四季都是热的。到美国去，最起码还有一件好的衣服，就是说美国的经济条件比较好，所以去那边的比较多。但是，那个时候到那边去很艰苦。像我的外曾祖父，他们是怎么去的呢？是坐船到美国，沿着海往北面走，然后经过白令海峡到阿拉斯加，绕了一个弧形的圈过去，到那边谋生。现在不同啦，现在有飞机。抗战胜利以后，最好的那个“空中霸王”，是由B25改装的，那个时候我的姑母就是坐“空中霸王”去美国的。后来呢，就是747，747以后又有了777。现在呢，就是那个A380，那就更快更好了，飞机更大了。那时，美国有个政策，就是你每回来一次，可以报生了一个孩子。比如我在美国谋生，一定时间后我就会回家，然后就可以说我回去后有了一个儿子（大多数都是报儿子而不报女儿），这样这个儿子就可以去美国，他就叫“出生子”，就是我回中国的家后生的一个小孩。这个儿子长大以后，到了一定年龄，就可以把他带到那边去了，没有什么条件，就是这一个条件，血缘。另外还有一个途径就是做生意过去的，从四邑那边去美国的人很多就是靠这个关系。我家乡台山，有好多人到美国那边去，到我们这一代已经很多代了。

---

① 叶靖、王瑟（暨南大学国际关系学院/华侨华人研究院2010级本科生）于2013年12月21日采访谭达彰老师，并整理录音。

到美国的见闻与感受

其实，我也不算什么归侨，只是去了约七年，去了以后就把我当作归侨了。我一直在国内工作，是退休后才去的。我1951年就参加工作了，到1989年退休，1991年就去了美国，1997年才回来，是去跟我女儿团聚的。我的祖辈去的是美国西海岸洛杉矶和旧金山那边。我的姑母是1946年出去的，因为我们亲戚很多，姑母啊叔父啊，那边人比较多。

在1991年以前，我没有去过美国，那次我去的时间不长，但是了解了一些事情，有些感受。我女儿是1985年出去的，因为有着这个关系，她在那边结了婚，我的女婿是在美国那边出生长大的，也是华人，是第二代华裔，也是广东裔。因为有着许多关系，就有人介绍我女儿到那边结婚。我女儿结婚以后，生了孩子。我们刚好也退休了，退休后没有什么事，就休息了一年，1991年去了美国，帮她照顾孩子。

我女儿定居在亚利桑那州凤凰城，我们也是去到那里。那时候，虽然她的小孩比较小，但我们去了以后，她想到小孩有人照顾了，不久就又生个男孩，这个小孩今年19岁了。那些在美国出生的人，我们都叫他们“ABC”（American Born Chinese）。我是独子，没有兄弟和姐妹，因为我爸爸在好久以前就去世了。1991年我们去美国以后，就剩我妈妈和我一个女儿在广州的家，我爱人就说，一定要回去照顾妈妈，现在美国他们这边已经照顾过了，而且又生了第二个孩子。我妈妈呢，那时候已经80多将近90岁了，所以，我们就回来了，回来照顾她老人家。我1997年回来，她2004年去世，我们也能够尽到自己的孝心。对老一辈照顾她到终老，对年轻一辈也照顾她的孩子。

我女儿现在一直在美国定居，她在那边开了一个中餐馆，中国人到那边去都是做那些。我的女婿，他是所谓的“ABC”，他能够整个融入这个社会，就像西方人一样，对整个社会风土人情啊语言啊都非常了解，所以就能找到好工作，到公司、政府机关里面去。像那个骆家辉，他就是我们家乡的人，是台山人。就是说你能够融入那个社会，像我女婿那样对那边比较了解，在那边生活，在那边受教育，才有希望找个好工作。如果你作为一个华人成婚以后再去，因为语言生活习惯问题，不是那么容易跟那边接轨的，也只能做些服务类的工作，以前是旅馆，现在来说做餐馆的比较多。

我有三个女儿，大女儿和二女儿都只有一个儿子，三女儿有一儿一女。在美国的三女儿结婚以后，她爱人没有回来探过亲。华人到那边只能做餐馆，虽然也辛苦，但也赚了一点钱。怎么赚钱呢，其实很简单，比如炸春卷，面皮里面放一些野菜、蔬菜、猪油渣卷起来，其实不值两毛钱，但卖一美金。其他的就更不用说了，所以说还是有点钱赚的。工作也是这样了，反正我女儿的外语到那边已经说得很好了，在这边有一点基础，到那边跟她爱人在一起，说得更好一点。

我们在那边的时候，外孙女已经念小学了，我们同外孙女的同学及他们的家长有些交往。华人到那边去，大家见了面都非常友好，有什么困难互相帮忙。给我印象很深的是一个从新加坡过去美国的女士，她是美籍华人，名字叫 Nancy，对我们很好，我们对她也很好。我们之所以认识，是因为有一天，我们在马路边走，她开着车经过停下，用广东话问我们要去哪里、走多远，我说了要去的地方，她马上说带我们过去。她还告诉我们，她爱人是美国人，他到新加坡时跟她认识了，把她带到美国去，她就加入了美国籍。后来，我与 Nancy 一直有来往，她每年都给我写信，我也会简单地给她写封信，有时候也打个电话。我不太懂电脑，还没有跟她视频聊过。我才学电脑，听说很好，试了一下尝了甜头也觉得很好，就在电脑上装了 Skype，装了之后通信很方便，因为我写信也写不了多少，外语不用就像刀一样，不磨就钝了。我还是和她打电话多。差不多到圣诞节的时候，她就会寄贺卡过来，到现在还寄，已经十几年了都是这样。她也来过我家，她回新加坡的时候，专门到广州来，就像亲戚一样专门来住上几天。另外，还有一个姓陈的华人也是跟我关系很好。我们觉得到国外去，华人之间都像亲人一样，有他乡遇故知的感觉，都很亲切的。

那边跟国内相比，我觉得是这样子：在那边，科技、交通都很进步，但问题就是很寂寞。住我们隔壁那些人，见了面都很有礼貌，老的讲“Hello”，年轻的就是“Hi”，但跟他们也没有深入交谈。在我家，我的女婿与亲人，他们在美国土生土长，没有我们中国人这么融洽，关系也没有那么好。来了一个兄弟，他要什么，比如一本书，让他站在门口等一等，没有招呼进来坐一坐、喝杯水什么的。文化有差异，虽然一般交往见面时很好，但是没有怎么深入交流。

那边人与人之间讲礼貌是很好的，比如进一个超市，我进门一定看看后面有没有人，后面有人我就把门拉住让人进来，不会任由门挡到你的面前。如果是我进来时对方就拉好门，我从这一点就会觉得这个人品质很好。教育方面，那边人的素质比较高。其实像毁坏公物啊，那边也有，不是没有，天下乌鸦一般黑，那边也有扒手。我们住在凤凰城，有一次，我的表弟带着我们去旧金山，那里有一条华人街，很多人去那边参观。我们都下车了，把车子停在那边，结果呢，车里面的提包被人家拿走了，我们都很着急。到了晚上，我们接到了我女儿的电话，她说：“你们是不是丢了东西啊?”我说：“是啊，我在这里丢东西你怎么知道?”因为我们在旧金山，她在凤凰城，坐飞机都需要两个钟头。她说有人通知她，说有东西在那人那里。原来小偷偷了包以后，就把里面的钱等他值得拿的东西都拿了，但是把我们的绿卡、护照等全部放到一个公共场所那里。有一个人捡到这些东西以后就电话通知我小女儿，因为我留了一个我小女儿家的电话号码在包里。第二天我们就去把包拿回来了。那个小偷把他需要的东西拿走，但没有把我的护照、绿卡拿走，说明他还是有一点良知的。虽然他偷了我的东西，但是他能做到这一点，我觉得还是比较难得的，他只是拿走了现金和一些红包（到了一个新的地方一般要给人家红包），其他东西都没有动。这个我觉得还是有区别的，如果在中国的话我想就是整个都没有了。

我女儿的那些孩子与美国的小孩打成了一片，我那个外孙女还和美国人结婚了。至于中文，他们只会说两三句，并不多，大概听得懂一点。外孙女大概 10 岁的时候回过国内一次，回来一个礼拜，她讲我们家乡话讲得很好，跟他的表兄弟讲。但长大后就不行了，我女儿用中文和我外孙女说话，外孙女就用英文跟她讲。其实孙辈听中文也并不是十分明白，就是大概意思听得懂。我讲个笑话，我女儿骂她儿子“衰仔”，他却说：“妈，你说我是‘water boy’。”“衰仔”是广东话，是坏家伙、坏孩子的意思，他却说成“water boy”，太好笑了。

我跟孙辈交流会有障碍，大的那个外孙女也会叫我外公，但是讲不出其他，只是听得懂。她很喜欢中国的食物。在美国，我们都是自己煮饭。什么东西都是冷藏，一盘一盘地冷藏，没有味的。以前那个白鸡我都不吃，但是到那边没有东西吃也只好吃了。

对于中美两国教育孩子的方法，我的看法是：我们国家的家长把小孩当成宝，不让他们受什么风雨；但是那边的家长呢，对于孩子，从小就锻炼他们独立。比方说到餐馆去，对那些还不怎么会吃东西的孩子，就给他个小孩座位，任由他自己怎么吃，让他独立，不会喂他。走路呢，也一直让他自己走，不会像中国家长那样抱啊背啊的。我在那边看到有孩子摔倒，父母就用脚把他勾起来，我们都看得很心疼。但我女儿没有这样教育孩子，我女婿开放一点。有时我们跟外孙女讲多一些中文，我女婿会说这不行，一定要讲英文。我们去的时候，她长到三岁，全都和我们讲中文。

我的孙辈基本上都认同自己是美国人，他们是在美国土生土长的。我女儿是从这边过去的，经常想起家里，但是多少都有一点西化，已变成她的习惯了，她已经基本融入那边的社会。我女婿是在那边出生的，会给我女儿一些影响。我女儿 1985 年去美国，现在也快 30 年了。

海外关系对国内工作生活的影响

我 1951 年到 1958 年都在武汉工作，1958 年以后就到暨南大学这边。我在武汉是一边学习一边工作。武汉那边呢，对有海外关系的人比较敏感。我觉得我没有做什么对不住国家的事情，一向都会说我有海外关系。在填个人履历表的时候，我都是照实填上去，没有隐瞒。1951 年，我一参加工作就要接受一个思想改造。解放初期，在高校里面都有思想改造，怎么做呢，就是要把你自己心里觉得对的、不对的，尤其是对美国，有没有恐美（害怕它）、崇美（崇拜它），一定要把它说出来。我是有什么说什么，对我有什么影响我就说什么，对它有什么看法我就说什么，我不怕，我是光明正大的。这个思想改造没有后来的“文化大革命”那么残酷。经过思想改造、自我检查后，要求“倒马桶”，就是说交代情况要像倒马桶一样，不要像挤牙膏一样，你的材料要拿出来在小组上面读，然后呢，由大家评判你是否把这些东西都彻底讲出来了，以“没有通过”“基本通过”和“通过”表示。到我讲的时候，大家都觉得比较合理。我和国外的亲戚是有书信来往的，那些国外的亲人都很记挂家里的人、家乡的人，他们在一定的时间比如春节的时候，都会汇些钱回来。这些东西我都不怕讲，我光明正大，不怕你查我什么东西，我又没有做错什么事情，所以我不会隐瞒这些，一就是一，二就是二，我怕什么呢。但也会招来一些非议和麻烦。

“文化大革命”的时候，我没有受到冲击。我爱人出身很好，那时候就是讲出身的。她家不是大地主大资本家，她是珠海人，在香港出生。珠海很靠近香港，以前那里的人都要到外面谋生，因为家里没有什么田地。她没有什么东西，我也没有什么东西，因此，我们在“文化大革命”的时候没有受到冲击。

讲起来呢，我还有一段光荣的历史。我家是革命家庭，我叔叔是个烈士，他不是老革命，就是因为命不好牺牲了。30 年代抗战的时候，他到延安去参加革命，在抗大（中国人民抗日军政大学）读书，毕业后在日本飞机第一次炸延安的时候死了，后来被追认为革命烈士。因为我爸爸很早就去世了，我叔叔对我来讲是一个监护人，我从小就受他的影响，他对我的影响是很大的。共产党等广大爱国者，都要为人民服务，那时候叫作抗日救亡。我一直都受他的思想影响，所以对国家、对共产党也有了感情。现在我讲的这些事情是我后来才知道的，我叔叔去了延安以后就没有消息了，一直到解放那时候，我祖母跟司徒美堂打听消息才知道。毛主席在中华人民共和国成立后把这些华侨领袖邀请过来参加庆典，司徒美堂也回来了。我祖母也姓司徒，跟他同乡，都是开平人。我祖母托他找共产党问找不找得到这个人，因为那个时候不知道我叔叔牺牲了。然后中央组织部就写了一封信给司徒美堂，说我叔叔曾在抗大学习，后来就不知道了，对他生死的情况也不知道。在 80 年代时，因为我叔叔同去的那些人证明他是这样牺牲的，县里就发回一个烈士证。以前暨南大学的副校长李云扬，就是他介绍我叔叔去延安的。家里有这样一个为国家牺牲的亲人，我也感到很光荣。

我是怎么开始工作的呢？武汉解放以后，与我叔叔同去的一位同志回来后，担任武汉中华大学的秘书长，是党派他进去的。他知道我在家，也知道我的情况，于是找到我。我祖母这才知道我叔叔牺牲了，就叫我到武汉去，以一个烈士遗属的身份，我就这样参加工作了。所以，我对党什么东西都敢讲。海外侨胞还是很支持共产党的，我叔叔到了延安以后，我姑母在美国知道他到那边去后生活遇到困难，特地把钱汇到延安去。他收到那 100 美金之后不要，寄去给我祖父祖母，因为那时家里很需要钱。这也说明我姑母是很支持他的。

我是 1958 年从武汉来广州的。我在武汉对气候不适应，得了关节炎，整个人像瘫痪一样，第一次好了，第二次又发作。我工作很努力，组织对我比较关心，领导对我也很好，还帮我联系去处。他问我去昆明怎么样，昆明四季如春。我说去广东吧，因为我有很多关系在广东，就在那边比较好一点。那时暨南大学刚刚成立，领导和暨南大学一联系，暨南大学就要我了。

对国家现在的归侨政策我的看法是：回来以后国家对我们很不错，退休金也够用，也不会缺什么东西，生活上都很好，现在最担心的就是身体上有什么不适。特别是这个房子很不错，回来之后，学校按照政策分给了我房子，我是排得比较前的，上百套房子我排在第十几位。我的女儿们经常回来，有什么方便生活上的东西都会带回来。去也方便，但我是不想去了，要坐十几个钟头的飞机。我打算在祖国终老，不打算再去哪里了。

唐书泽[①]

我是湖南人，湖南农业大学 77 级，1977 年恢复高考的第一届大学生。我在社办工厂当了一年的翻砂（铸造）工人，在农村做了四年的农民。那时候，上大学靠推荐，我没有机会。1977 年恢复高考后，我才有了参加高考的机会，结果考上了，还是首届。

我现在担任广东海外留学人才联合会会长。这个组织成立于 2013 年，是在广东省民政厅注册登记的一个一级社团组织，也是一个社会民间组织，业务归广东省归国华侨联合会（简称“省侨联”）指导。我们暨南大学有学校侨联，这个组织为什么要挂靠到省侨联呢？侨联的主要作用是为归侨服务，暨南大学侨联是一个很大的组织，有 500 多名会员，但主要成员是老归侨。现在国家重视新侨工作，即新生代华侨。新侨无论从历史还是从其所处的环境或背景来说都与老侨大不一样，大多数都是以留学或者在国外发展为目的。老侨主要是生活所迫，当时中国还较为落后，生活非常艰难，于是国人想到外面世界去挣钱养家，所以老侨的这一批人回国以后就不再走了，与国外的联系少，与国内的联系多。但新侨呢，与国外的联系多，与国内的联系反而少。所以啊，侨联希望更重视新侨工作。新侨主要指的是 80 年代改革开放以后出国留学或者工作，然后回国内发展的华侨，他们拥有居住国的永久居留权，但没有入居住国国籍。我们广东海外留学人才联合会（简称“海才会”）这个组织就是主要做新侨工作的，但范围更广。海才会在广东成立，最关注的是留学人才，但不限地域。你可以在暨南大学，也可以在其他大学；可以在广东，

① 蒙晓云、姜瑞民（暨南大学国际关系学院/华侨华人研究院 2013 级硕士研究生）于 2014 年 1 月 3 日在暨南大学国际学院办公室采访唐书泽老师，并整理录音。

也可以在外省；可以在国内，也可以在国外。只要是留学人才，都属于这个组织的成员或服务对象。所以说呢，我们可以通过这个组织联系到海内外的留学人才，不管你现在的国籍，只要你是华裔就可以了。这个组织的发起人是几个已经在事业上有所作为的老海归，但是指定的会长单位是我们暨南大学，因为我们暨南大学的归侨特别多。当时经胡军校长推荐，蒋述卓书记、学校侨联、学校统战部批示，推举我担任会长。会长必须具备较长时间的海外留学经历，有些资历和影响。我早在 1987 年出国留学，先后在加拿大、泰国、爱尔兰留学七年多，获得爱尔兰国立科克大学食品科学博士学位和博士后研究经验，属于引进的留学归国人才，目前担任全英语授课的国际学院院长、食品科学专业教授和博士生导师，还兼任广东省人民政府应急管理专家组成员、中国畜产品加工研究会肉品安全分会副会长，正好符合会长的人选要求。海才会是为海内外留学人才回国服务提供信息交流的一个平台。很多留学人员在海外生活时间久了，回到国内后因不了解情况，时常会遇到问题或困难，但这些人又不太愿意找政府部门，因此容易产生误解。我们是个民间组织，成员都是留学人员，有相似的经历，沟通服务更为便利，正好可以满足海归人员或者华侨的需求。

刚才谈的是我们海才会，现在谈一下我作为新侨的留学经历。我第一次出国留学是 1987 年 1 月，是当时的农业部选派的，去了加拿大的阿尔伯塔大学（Alberta University），在那里进修食品加工专业，由加拿大政府资助，一年后按时回国，回到我原来在湖南工作的湖南农业大学。当时我们出去的目的非常明确，出去学什么回来就干什么。回校后，我创建了一个粮油食品加工学科和教研室，当时在农业院校还没有食品学科，此后我就一直从事食品科学专业的教学科研工作。这是我的第一次出国回国经历。

我第二次出国留学是 1991 年到 1992 年去泰国农业大学，从事食品加工研究工作一年。这是当时的国家教育委员会即教委选派的，全国就 7 个人，我是其中之一，虽是公派，但资助者是泰国的一个华侨。在那里一年以后，我也按期回来了。我回来后，这个学科就更加提升了，我还担任了食品系的副主任。

我第三次出国留学是 1997 年到 2002 年去爱尔兰国立科克大学，所在城市叫“科克（Cork）”，我在那里一待就是五年，攻读博士，还做了一年的博士后。这次我是自己去的，算是自费出国，但是取得了对方资助。当时我就认为未来的中国高校应该会跟西方大学差不多，站在高校讲台上的教师，应该具有博士学位。虽然当时中国高校具有博士学位的教师很少，但是我认为 10 年、20 年以后博士学位应该是对高校教师的基本要求。我尽管有较丰富的教学和科研经历，但如果没有博士学位，未来难以成为一个合格的或者说被国际同行认可的大学教师，因此我毅然决定再次出国。那年我已经 38 岁了，有家有小孩，还是系主任、学院副院长、校办企业的副董事长，家庭经济不错。当时，我也有机会读国内在职博士，但是我没有接受，我说要读博士必须读全职的，必须去国外名校，还必须有全额奖学金，这是我的基本要求。只有这样才能专心做学问，如果在职的话，你又要想这又要想那，很难专心学习。拿到博士学位后，我又做了一年博士后，博士后合同期是三年，但是我提前回来了，回到我国内的母校湖南农业大学食品科技学院。我是当时湖南省食品科学领域的第一个海归博士。后来因为暨南大学急需食品科学领域的带头人，我就这样被引过来了，那是 2002 年 8 月。来到暨南大学以后，我就把自己过去的所有留学所得经验全部应用于工作，奉献给暨南大学了。

2005 年，我再次出国留学，是在暨南大学工作以来的首次出国，去了加拿大一个月，这次是由加拿大外交部选派资助的，我到加拿大奎尔夫大学的国家食品安全研究所做了一个月的食品安全研究工作。

我一共出国留学四次，总共 7 年多时间，每次都按期回国服务，每次都是对方资助，没花费中国政府一分钱。这就是我作为新侨的留学经历，学的都是食品加工技术，在爱尔兰读的是肉类食品安全，现在从事的是肉类食品安全监控和食品安全应急预警方向的研究工作。

我去爱尔兰留学的时候，我爱人和孩子也去了，但前面两次都没有去。前面两次都是我一个人，但是后面这次就一定要去啦，因为攻读博士要五年啊。我去爱尔兰的第二年就把她们都带过去了。那时候我的小孩、爱人就要为我作出牺牲，因为我爱人要放弃国内的工作去陪读，她陪了我四年。我女儿也陪了我四年，她自己以后在那边发展。我女儿 14 岁出去，在那里念了高中，后又上了大学，读了研究生。她研究生毕业以后，在爱尔兰银行工作。她现在是地地道道的新侨啦，因为她在国外的时间比我长很多，已经 14 年啦。她后来去了美国，在那边结了婚，生了孩子。她住在美国，但没有入籍，还是中国人，所以说是典型的新侨。我女儿的小孩在美国出生，属于华人。我们全家现在都跟“侨”联系起来了，而且是三代了。我这一代，我女儿一代，我女儿的孩子一代，三代都是“侨”了，是典型的新侨家庭。所以，我有这个义务去为新侨服务。

我应该说是老的新侨，最早出国留学，然后回国，走过的国家也比较多。我去了发展中国家泰国，去的时候觉得泰国比中国发达多了，现在则差不多。那时的加拿大应该说是另外一个世界了，爱尔兰应该说也是另外一个世界了。在国外求学的过程中，我喜欢旅游，“读万卷书，行万里路”啊。我在爱尔兰和加拿大留学的时候，会利用假期去其他国家，如美国和欧洲其他国家。美国的很多城市我都跑过了，每个城市的很多大学我也去了。在加拿大的时候，我也利用假期，得到对方的资助参加国际会议。所以，那里的每个城市和很多大学我都非常熟悉。我比本地人走过的城市和大学都多呢。这其实是一笔宝贵的财富，现在都奉献给了暨南大学。暨南大学很多外教都是我过来这边以后引进来的，还有很多项目也是我引过来的，因为没有语言障碍。比如说我2005年在加拿大访学，每到一个地方都有人接待，都让我做presentation（报告），宣传推广暨南大学及其全英语授课的国际学院，因此吸引了很多人到我们这个地方来访问、求职、短期访学。现在这里很多的专业外教，都是我通过这种方式引进来的。我因为发挥了桥梁作用，已经成为爱尔兰和加拿大大使馆的常邀嘉宾。无论在广州，还是在香港，他们一有活动都会邀请我参加。

在走过多个国家之后，我对当地的华人社区有了较多的了解。当然我出国的目的非常明确，就是求学，去国外学习，了解当地社会，看看外国人是如何做的。我出国留学四次，选的导师全都是以英语为母语的著名外国教授。为什么呢？因为对方的语言、文化背景、行为习惯都很地道，我所学到的东西会更加地道，我的英语语言也会更加地道，这就是我每次出国都选择外国人做导师的原因。我现在也鼓励我的学生出国留学尽可能选外国人做导师，但是，在平时生活中应该积极主动参加华人社区活动。我在国外留学时，就参加过华人社区很多活动，认识了很多华人朋友。比如，我在加拿大的时候加入了华人社团，经常做一些volunteer（志愿者）的事情。在泰国和爱尔兰留学时，我还是当地学联（学生学者联合会）主席，有了更多的机会与留学生、当地华人以及大使馆人员联系。我还应邀负责当地华人社团的一些翻译工作，为华侨华人提供帮助。比如国内部分偷渡的年轻人去到当地被抓后，因不会当地语言难以沟通，我就去当地法院为他们担任翻译。这也是接触华人社会的一种方式。

我的家族以前没有人出过国，就从我这一代起才有，这也是新侨跟老侨不同的一点。80年代以后的出国人员，当然也有小部分有家庭背景，但是绝大多数都是通过自己的努力和拼搏，通过留学走出国门的。我在上大学之前，连县城都没有去过，怎么能知道国外是什么样子的呢？当步入城市后，突然发现，这里的天真的不一样，外面的世界更不一样，这就是所谓的扩大眼界。眼界或者说视野扩大了，思维和思想也会改变，至少会扩展。原来对事物的认识比较狭隘，现在就更加宽广了。现在我不再出去留学，但我一有机会，都愿意去新的地方走走，因为任何一个地方都会有值得我学习的东西。我总是鼓励我的学生争取机会出去多走多看，我也鼓励他们全球就业，到任何一个国家或地区去找到自己发展的位置。

关于现在海归人才急剧增加、“海归”变“海待”的问题，我认为“海待”如同“待业人员”，不能将其视为一个特殊群体，待业是很自然的一个现象。“海归”也是如此，没有必要将其视为一个特殊群体，“海归”就是出国留学的回国人员嘛，是正常人群。比如说，我出生在农村，到长沙市读书，不就是离开家乡到了一个大城市吗？如果回到家乡就业或待业，是否就叫“城归”“城待”呢？其实这只是距离远近而已，从一个国家到另一个国家去留学，然后回国待业和就业，是一样的道理。到国外去留学了，眼界应该比留在国内的广，但并不代表此人就一定得有单位录用。求职与招聘需要双方认可才行。从国外留学回来的，不应该把自身看成一个优越的特殊群体中的一员。应该说，你在海外会有更开阔的眼界，有自己的优势，有自己的期望和要求，但要看到你在海外时，人家也在不断学习、提高和发展，有更丰富的工作经历。如果能够正确认识自我，虚心补缺，发挥自己的优势，这样的 match（匹配）不就可以满足用人单位的要求了吗？不就没有“海待”了吗？我一直持这种看法，“海归”不应把自己看成一个特殊群体而有特殊要求。我被引进时，没有向学校提出特殊要求，因为我没有把自己当作特殊人员，而认为自己只是一个比别人多了一些出国留学经历的普通人而已。有国外留学经历的优势更有利于教书和科研，便于工作，学生也受益。但是如果一开始就要一笔钱，对其他人来说其实是不公平的。当然，现在单位为了吸引“海归”人才，出台了好多经济优惠政策，我没有异议，但是我本人没有提出这样的特殊要求，工作反而顺畅，因为没有过大的“还债”压力。我没有要启动经费，没有要安家费，完全靠自己的本事去申请课题，去带研究生。当时来暨南大学的时候，我这个教授和四五个年轻人挤在一个狭小的房子里，实验室就是 workroom（工作室）。当然现在很好啦，条件都改善了，是靠自己的双手去改善的。

关于“海待”，我觉得主要是个人因素，没有必要去扩大为一个特殊问题，我也不认为这是个问题。你们研究生毕业以后，一下子没有找到工作，很奇怪吗？这是一个很自然的现象对吧？本科生也一样啊，是不是？没有出国就该找不到工作，出了国就必须要找到工作？去国外读过书的人，也不一定每个人都能立即找到工作，因为人家读书的目标非常明确，有的为了学技术、学知识，有的只是混个文凭。很多人毕业后回到家里自己做贸易，开公司，办农场，这难道不是工作吗？为什么非得要政府给你安排工作才算工作呢？所以，不要认为“海待”很特殊。出国留学，有了真才实学，又有语言优势和多元文化背景，还有广阔的视野，其实都会有工作的，无论做什么，对社会、对个人都会有贡献的。千万不要因为所谓的“海待”表象，就否定出国留学和“海归”。

我觉得中国政府对华侨的关爱应该是非常多的，从以前到现在都非常多。当然，“文化大革命”时期除外。比如说我们暨南大学（前身暨南学堂）1906 年成立时，第一个班的 24 名学生全部都是印尼的华侨子弟，学校就是为“侨”设立的。当时的皇帝派遣特使到东南亚各国考察，发现华侨子弟很艰难，生活在最底层，也不能融入当地社会，大人没有读书，小孩子也没有机会在当地上学。那个年代的人出国是为生计所迫，不是去留学，因为国内很穷，所以漂洋过海跑到国外，又因为没有知识，到了国外也只能过着最底层的生活，不可能受到当地人重视，小孩子没有机会读书。特使回来后给皇帝报告，建议新建一所学校，帮助这些华侨子弟，得到了皇帝的恩准。由此可见那个时候国家就对华侨有特殊的关爱政策。现在就更好了，国家和地方都有侨办和侨联，其中一个主要职责就是为侨服务。国家对华侨子弟都有些优惠政策，比如说归侨子女的入学、落户等。华侨群体大，历史上和现在对国家的贡献都非常大，是国家建设的重要力量。我国华侨华人有几千万，其中广东就占大部分，据说我国海外投资的 80% 来自华侨华人，每次在国家出现困难需要帮助时，首先站出来的也是华侨华人，比如说我当年去泰国留学就是华侨资助的。华侨为国家建设、发展和荣誉作出了不可替代的贡献，国家当然也有义务和责任关爱这个群体。我们都是带着“华”字的，理应相互关爱。假如说你是重庆的到广州来了，重庆还会关爱你呀。比如说重庆同乡会，一看你是重庆的，马上就会关心你了，这很自然是不是？国外还有个学联组织，一看你是华人留学生，就会主动为你提供各种帮助，让你很快适应陌生的环境。

我现在还一直跟以前在国外留学时的同学保持着联系，包括从 1987 年到现在的。我为什么说自己对暨南大学作出了很大贡献，因为我与国外的导师（都是名师）、同学和同事都一直保持联系，这些其实都是宝贵的潜在人脉资源。

1997 年到 2002 年，我在爱尔兰国立科克大学读书。我毕业后，回到了湖南农业大学。当时我是停薪留职留学的，因为是自费出国。学校为了让我回来，采取停薪留职的办法，就是保留户口、编制什么的，但是工资没了，系主任、副院长、副董事长的职位也没了，全部归零了。

对于留学的低龄化，我是不赞成的，而且是坚决反对的。当然如果像我家这种情况，父母都在那边，就不属于这种情况了。如果说父母都不在那边，也没有亲戚在那边，就把很小的孩子或者说没有满 18 岁的孩子送到那边，这是一个很大的风险。此时出国，留学目的不明确，孩子还不成熟，让他们过去干什么？我们当时出国的目的非常明确，我学这门课，回来就做这个事。我出国攻读博士学位，就是要回来当大学教授，要做一个合格的大学教授，简单明了清晰。因为有这个博士学位，我现在可以跟国际同行进行平等交流，我们都有着类似或者相同的教育经历。但是低龄化留学生不可能有这个效果，所以我不赞成。我主张年轻人要到国外多走走，多看看，但是不一定非得去留学。我个人认为去国外读研究生比较好。比如说你读了本科，然后到国外去读研究生，是一个好的选择。因为读研究生时比较成熟了，而且知道自己要做什么。至于出国留学读本科，我不太赞成。当然，如果你不满意在国内读的这个本科大学或者专业，或者觉得跟你的梦想有很大差距，这个时候你想出去读是可以的。但是如果你在国内读的是一所好大学，为何要放弃？比如像暨南大学的学生，去国外读什么“3 +1”“2 +2”的很少，我们国际学院的学生更是没有，四年全部都在这里读，为什么呢？因为暨南大学的文凭含金量高，世界各国都认可，为什么要花那么多钱到国外去拿一个文凭？当然，我并不是说学生不需要到国外去留学，相反，我总是鼓励我的学生留学。为此，我们国际学院会提供去国外交换学习、暑期出国短期留学、自主出国游学、参加国际志愿者组织、参加国际创新项目大赛的机会，目的都是扩大视野，获得留学经历，而不是非得去国外拿文凭。如果你是硕士生、博士生，就不一样了，到国外读硕士或博士，选一个自己喜欢的专业和非常好的导师，毕业后对你成为国际化人才大有裨益，因为那时候你有资本选择留在当地发展，也可以回到国内发展，还可以到任何一个国家去发展。所以，我不赞成低龄化盲目出国。我在国外留学时，目睹了许多低龄化孩子在国外的不幸经历，这些孩子到了国外后，语言不通，没有目标，举目无亲，没有人关爱，极易误入歧途，导致悲剧。

我认为本科毕业生应该对自己以后的发展有一个规划和初步判断，在选择去国外读硕士之前，应该有明确的目标。硕士教育体制，国内和国外是不一样的。国内读硕士一般都是两年以上，很少有一年制的硕士。但是在英国还有澳大利亚，基本上都是一年制的硕士，当然也有读两年、三年的。一年制的硕士基本上是授课型的（by course）。在英国，本科读三年，四年制的本科叫 honour degree。四年可以拿到本科和硕士学位，但是拿这个学位的目的不是做学术研究，而是方便工作，一年制的硕士属于专业学位，为了某一个职业而学习。如果要做研究工作，必须读研究型（by research）硕士，一般是两年以上。因此，如果出国读硕士只是为了专业工作，不是看重学位含金量，选一年制的硕士当然可以，既省时间又省钱，很好啊。但是，如果你想从事研究工作或者是学术工作，这个一年制的硕士就不太被认可了，应该选择去读两年或者三年制的研究型硕士才可以。当然，英国正规大学一年制的硕士并不是“烂硕士”，你只要看看其核心课程就可以判断了。世界各大学在比较和转换学分时，只看核心课程，其他课程如通识课不太看。我感觉我们国内的硕士学分太多，但核心课程的学分又太少，非学位学分过多，我们两年制的硕士，核心课程的学分还不一定有国外一年制的多，这是一个值得改进的问题。

王立伟[①]

出国与回国

我是1994年出国的，真正意义上说，我是留学生身份。

我是广东医学院78级临床医学学生，1983年本科毕业，1986年在中山医科大学念研究生，1989年研究生毕业后，回故乡湛江广东医学院工作。1994年，我到英国利物浦大学做访问学者，出去之前是一个讲师。

我出去的时候是拿中英友好奖学金的。当时撒切尔夫人来北京与邓小平谈判，谈判完成以后，就成立了一个中英友好奖学金，由中国政府、英国政府和香港富商包玉刚三方出钱，资助10年。每年会有100多个中国学生申请，1987年到1997年连续送了10届这样的学生，到1997年香港回归以后就没有了。它的挑选程序是这样的：首先是我们国家挑，然后参加英国的雅思考试。当时我们出国的时候要参加国家的一个英语水平考试，就是EPT考试，现在改成了每年针对留学生的考试，主要考英语，因此叫英语水平考试。考过分数线以后，国家就会叫你写科研计划。大概会请七个专家评审你所写的科研计划，专家评审后，觉得这个科研计划很好，值得出国做，国内目前做不了，或者说这方面国内是比较落后的，这样就可以出去。我当时英语过了，科研计划也通过了，就拿到了公派名额。广东省当时是两三个人，后来突然通知我们几个人到北京开会。到北京后，教育部专门开了个会，说你们被挑出来

① 王趸兴（暨南大学国际关系学院/华侨华人研究院2012级硕士研究生）和姜瑞民、蒙晓云、尹昱（暨南大学国际关系学院/华侨华人研究院2013级硕士研究生）和方欢（暨南大学医学院口腔学专业2012级本科）于2013年11月1日在暨南大学第二文科楼采访王立伟老师，并整理录音。

去争取中英友好奖学金，要考英国的雅思，这是英方的挑选，就是从公派人员里面挑出一部分人来考雅思，考上了就拿中英友好奖学金，它的资助金额比中国当时的国家奖学金高很多，高一两倍的样子。但是我们说，我们不要那个中英友好奖学金，我们只要公派，因为我们没听说过这个雅思，不知道怎么考，怕考不过丢脸，都不敢去考。教育部方面说："没问题，你们考不上，国家也会保证你们的国家奖学金，国家资助是会留给你们的，肯定可以的。"但是很多人还是不想要，因为当时挑出来的我们那批人都在各个部门有一定的地位，有国务院政策研究室的一些主任，有台湾研究所的所长，另外还有一些专门负责外语工作的人员，这些人当时在自己的行业里都是有一定地位的，大家怕考不过丢脸。比如说英语系的主任，如果过不了，这老脸往哪搁呢？整天进行英语教学工作，说起考雅思没考过，丢脸丢大了，就怕这个事情。所以一开始大家不肯去考，经过国家动员以后才肯。第一次考雅思，很多人没有过，负责英语教学工作的那个主任就没过，他英语呱呱叫竟没过，好几个英语系主任都没过，都觉得很丢脸。因为当时全国还没开考雅思，所以英国大使馆就组织我们在北京语言学院那边考，也不存在什么考点，就说让我们一起考雅思，我们就这样去考了。那些 interview（面试）啊，都是大使馆的官员来考，当时可能考得比较严，第一批没过。最后就是英国专门派人来，告诉你雅思是怎么回事，因为我们不知道雅思是怎么回事，突然考的话都考不过。后来又召集培训，大概两个月后再考雅思，我们基本上都过了，大概 100 人出去，是中英友好奖学金项目的。

我们出去留学是三方负责，被三个地方管，三个地方都要报到，出去以后真正是英国大使馆里面的文化处来管我们。我们出去之前，国家还组织了专门的培训，当时国家对我们这批人的期望比较大。因为公务派出都是拿因公护照，就是你去国外是一定要按期回国的，不回国就算违约，国家是不允许的。另外，你要想在外面留下来很难，转为读学位基本是不可能的。当时国家的管理情况就是这样。但是，从我们出国那年开始，邓小平就作了指示，说让拿中英友好奖学金的这批人全部拿因私护照，鼓励这批人尽量长时间留在外面，最好是读完学位再回来。然后，召集我们到北京去培训了一个多月。当时各个部委派人给我们讲解国家的政策，解释为什么今年要给你们因私护照。他们说，不是国家不要你们，而是真正要学东西，一年半载短时间内是学不到的，别人的核心技术你们是学不到的，所以希望你们能在外面尽量留长点时间，采取什么办法都可以，国家会帮助你们，大使馆会全力协助你们，你们需要办任何手续，我们帮你，但是你们不要跟单位说，因为持因私护照到外面是自由的。我们很感动。当时邓小平是顶着很大压力的，一帮老同志骂得很厉害，说国家那么多年公派出国的人回来的很少，你现在再搞一个因私护照，就把所有优秀的人全放走了，把精英放走了，你是国家的罪人呀。邓小平说，我坚持要搞改革开放，要发展，一定要这样干。所以那一年就是办因私护照。中间还发生了一段小插曲：我是湛江人，当时在广东医学院工作，要办因私护照的时候，就怕我办不到，公安部、教育部还有安全部三个部联合发文给我一封证明信，这封证明信上盖了三个红公章，大意是这个同志拿了这个通知，在一周之内你们当地一定要帮他办好因私护照。当时我到湛江市公安局出示证明信，因为上面盖着三个公章，别人都不敢信。你一个普通人怎么会拿着这样一封信，要求一周之内一定要办好因私护照，不能拖延？他们查一下内部消息，终于看到一个内部发的文件说这段时间会有人拿着这样一个东西到你当地去办因私护照，你看到这个就要给他办。这样他们才信我，大概两三天我就拿到了因私护照。

我拿到因私护照之后，几天之内又赶回去再接受培训。当时还有一段小插曲：我在车站买不到车票，人很多，排队的话赶不及。我当时不知道怎么办了，因为限时间我一定要赶到。后来我就拿着那封证明信给车站的警察看。警察看了这个东西，立即让所有排队的人往后一挪，说："让这位同志先上。"又对我说："你不用排队，直接到窗口去。"窗口的人一看这个东西，让我不用买票，直接上车，卧铺。然后他又直接带我上车，让我赶去报到。这段小插曲当时搞得我也挺惊讶的。

到真正开始培训的时候，国家做了好多安排。首先，我们先学了一个星期的《圣经》。教我们的人说："你们为什么要学《圣经》呢？因为你们要到西方去，要融入那个社会，你们不了解《圣经》，不知道当地的情况，就很难跟当地人打成一片。"其他部门也进行了相关培训。国家当时还让我们学习了其他相关的工作，方便我们学习尖端技术。

国家考虑得非常周到，我们出去的时候，对我们的要求是：你们的任务不是要留在那边，能为国服务那就最好，也不要求你们现在就回来，你们应该是留在外面时间越长越好，这样学得更多。所以，去那边几个月后，我想把夫人、孩子带出去。但我所在学校党委通不过，说夫人不能去，夫人一去呢，你可能就不回来了。我力争以后，夫人能去，孩子不能去，是党委表决的。后来我就跟大使馆的人说碰到这样的情况。大使馆的人说，我们不能直接命令你单位，你单位会觉得是我们干涉它。那怎么办呢？他说，你们这批人的家属是肯定让带出来的，不可能不让出来。大使馆的人就以他的名义，给我写了封信，上面说："王立伟同志，根据你的情况，你是可以自由带你的夫人和孩子到英国来的，这是国家政策允许的。"拿到这样一封信以后呢，我拿给单位一看，单位就没得说了，虽然不是写给单位的，但大使馆都说可以了。后来重新开党委会才通过，我夫人和孩子就这样去了英国。这就是当时出国的情况。

去了那边以后，我们的大使馆肯定要管我们，英国方面也是要管我们的，香港方面也要跟我们联系。一年以后，三方将给我们一个毕业证，上面有中国教育部部长、英国教育部部长、香港资助者签名，我们将领这样一个毕业证回来。但是一年以后呢，我没有回来，因为我申请读学位，这个就不涉及单位了，因为它管不了我，大使馆帮我，让我很快就在英国读学位，大概是这么过来的。

在我读书期间，也遇到一些小插曲。当时我去的时候，不知道我导师那么出名。1994 年的时候，国内还没有信息高速公路，就是互联网，基本上大学里面都没有，还没有上网的概念。当时我去的时候，联系导师是很困难的，也不知道什么学校比较好。没办法，我就到英国大使馆去查，最后查到了我的导师。本来我学的那个技术就比较尖端，是 1992 年获得诺贝尔奖的一个技术。那个技术是专门记录细胞的电活动的，很先进。我看他参与撰写了获诺贝尔奖的那个人的那本书，并且是主要作者，所以觉得他应该是这个领域里很牛的人，他发表的文章等材料大使馆都有。我就跟他联系了，并把我的整个研究计划寄给他。大概一个星期后，他就给我回信，用特快专递，说我要你。我同时也联系了牛津、剑桥，还有几个大学，都要我。后来我比来比去，结合我在大使馆查的材料，好像就这个人的描述是最牛的，我就去他那了。去那边以后，我跟美国的同学通信。我同学问："你去了哪里？"我说："我去的是利物浦大学生理系，系主任是我的导师。"然后把名字写上。我同学写信回来说："不可能，那人不可能是你的导师。你知道那个人是谁？那个人是我们这个领域的三巨头之一，是很牛的一个人。"他说："这个人从来不指导学生，不可能指导你。"我说："真是我的导师，并且是直接指导的，没有第二导师。"后来我进去以后才发现，我是真正由他直接指导的学生，其他人是通过第二导师来指导。我也不知道他当时怎么会突然感兴趣招我这么一个人，我确实很幸运，可以到那里去。

过了一段时间，我跟导师说："老师，我还想拿个博士学位。"他说："你不是 medical doctor 吗？" Medical doctor 在国外地位是很高的。我说："我是 medical doctor，可我没有 Ph. D。" Ph. D，我们叫 Doctor of Philosophy，国外所有搞研究的就叫 Ph. D。他说："你已经是 medical doctor 了，还读那个 Ph. D？我看你这个水平绝对是超过那个 Ph. D，你不可能再去当学生。"我说："我真要读，我回中国以后没人认那个 medical doctor，我没博士学位。在中国，医生不叫博士的，我还是要博士学位。"说了半天，他说："你还是不要读，我介绍你做博士后，就不要再读博士，你再读就太亏了。我目前暂时没有博士后的名额，但是我知道卡迪夫大学那边有个老师有个位置要博士后，你去那。"我说："不行，我没博士学位，怎么做博士后？"他说："我说你行不就行了呗。"我说："你说行就行？"他说："真是这样。"后来我去那边面试，并没有那么正式，我们聊来聊去，就聊我导师，说他做了些什么，我聊着聊着，就聊到他家里的情况。其实他聊这些是看你的导师是真了解你还是假了解你。他了解我导师家里的情况，因为他和我导师关系比较好。我导师家里的情况我非常清楚，他母亲做什么我都知道，因为他经常叫我去他家里吃饭。一去，就从早上吃到晚上。别人一听我这样了解，肯定我是导师很看重的，二话不说就要了。我就这样在卡迪夫大学做了博士后。卡迪夫大学是威尔士最好的大学，威尔士的首府就叫卡迪夫。喜欢足球的人就知道，每年英超联赛都在那举办。卡迪夫那个足球场是全英国最好的，叫千年球场，2000 年建的。

一做博士后，我就跟英国大使馆说："我现在没读博士，在做博士后。"大使馆说："不可能吧？我没听说过这样的，你怎么做博士后了？"我说："是啊，我的导师说可以，并且对方接受了。"后来，学校还给我申请了 work permit（工作许可证）。做博士后，在英国来说是真正的工作，它要有工作许可，需要有劳工部和教育部的批文，批文的上面还有合约，写明你的工资是多少。签约是跟大学而不是跟导师，不是个人聘你，是大学聘你，而且在这期间，大学无任何理由解雇你，除非你犯法，没犯法是不能解雇你的。但是，提前三个月通知大学，你可以离开，没问题。我看了，挺高兴的。就这样，我先做博士后。

做了大概一年以后，我跟我导师说，我还是想读博士。我导师非常爽快地答应了，因为当时他一直问我将来的打算，不是我说假话，我从心底里对他说："我将来是一定要回中国的，我真想回中国。我肯定不会在这里多待，只要我把技术学会，我就想回去。"他觉得很奇怪，说："现在中国人出来，都想尽量留下来，没有哪个说想尽快走的。"我说："我就是想回去。"我导师怕我不做了，所以很爽快就答应我读博士。

读博士期间，学校答应我工资照发，一分都不少，说你照样按原来的课题计划来做，这个课题就是你读博士的课题，研究一点不能更改，这也是你博士论文的一部分。我非常幸运，博士学位拿到了，工资也拿到了。接着不到三个月，那边也给我夫人提供了一个博士后的岗位。我夫人做博士后的工资比我还高，因为我是 78 级的，她是 77 级的，她出去前已经是副教授，职称比我高一级，在那边她的地位比我还高。我心里有点不平衡，我辛苦先来，你后来的还比我工资高。(笑)

我的博士学位大概是两年就拿到了，读博士的学费大学给我免掉，答辩的费用一分钱也不用出，包括印刷费什么的，真的是一分钱都不用出，都是大学给我包了。我取得博士学位后就参加工作。到 2005 年，我就回来了。每年大使馆会派人来学校和我们谈话，在我们出去之前，大使馆对我们说："大使馆会和你们联系，你们最好不要经常跑大使馆。"所以我们和大使馆一直都有联系。

其实大概在1997—1998年，我就非常想回来了，因为我的博士论文很快就完成，1996年注册，1998年就答辩了，拿到了博士学位。大使馆叫我最好不要那么快回来，还是再工作长点时间，能有多点经验。我好不容易熬了一阵，还是想回来。大使馆说："看来你确实想回去，中国那边有什么联系呢？你可以采取一个办法，就是向中国申请课题，跟国内联合做实验。"后来大使馆在1998年底推荐我参加中国"第三届青年科技大会"，我在会上还作了一个发言。之后各个部委代表起来发言，教育部、科技部等代表轮番讲话，就是说怎么为国服务。大会规格很高，我没想过会那么高规格，从住的宾馆到人民大会堂，当时是警车鸣笛开道，整个长安街是封闭的。我们出宾馆的时候，外面的警车就响起，把所有的路封好，载我们的车直开到大会堂门口停下。我说，国家怎么这么高规格地接待我们这批人？本来有安排江泽民等领导人接见的，但是那时候长江突然发大水，他们都上前线去了，就没有接见，但是各部委都来人，动员我们这批人为国服务。我说："我们这批人是搞科技的，也做不了其他，那我就在英国申请基金，在国内建实验室。"我很快就回英国，申请一个基金项目，讲清楚在中国建实验室，英国那边很快就批准了。我们研究广东癌，就是鼻咽癌，广东人是鼻咽癌高发人群，在北方很少，在白人中基本上没有，英国这边是不会研究这个病的。后来我就在那边买了仪器，整个带回了中国，并把资金转过来，从英镑换算过来有100多万人民币。国内很重视，大使馆人员找我说："你拿这笔钱回来要去哪呢，去北京？"我说："我想在广东。"他说："你应该去北京、上海这些大地方。你如果要去中科院、北大、清华，选好了，我们给你联系。"我说："我还是想回广东。"说来说去，最后还是回了广东，在广东医学院建实验室。

后来，我在英国又工作了一段时间，但我还是想回国。大使馆人员这时候就说，也差不多了，2005年了，可以回去了。他还是想帮我联系北京，要我到中科院或者北大。我想来想去，还是想回广东。他说："那退一步，你到广东就去中山大学。"中山大学那边也准备帮我办手续。后来，暨南大学有个老教授特地给我写信请我来这边。那个老教授其实原来也不认识我，只是在开会的时候见过我一面。他说，暨南大学是个华侨大学，政策比较开放。我后来了解了一下暨南大学，觉得暨南大学这个环境很适合我，所以我就来暨南大学了。当时中山大学那边还不知道，因为我在中山医科大学（现在的中山大学中山医学院）念的硕士，我不敢让导师知道，也不敢让中山大学知道。我顺利来暨南大学报到，过了一段时间稳定下来之后，我就很不好意思地跟中山医科大学的导师说："老师，不好意思，我不来这边了。"他当时还对我很有意见："叫你来，你不肯来，还跑到暨南大学去。"（笑）但是，我来暨南大学，一点没后悔，我觉得是选对了，因为我喜欢暨南大学这个国际化的环境。

我是广东医学院临床医学本科毕业的，硕士在中山医科大学读。我在中山医科大学那边有很多熟人，因为当时我的导师是校长。当时是双导师制，我另外一个导师是生理学界很出名的一个老教授。别人都笑我当时没去中山大学，但是我的导师是理解的，因为我把英国的实验室设备带过来以后，让导师过来看，他也确实很满意。为什么我可以来暨南大学？因为我来暨南大学的时候没谈任何条件，我只是说，我能尽快工作就行。生活条件我没谈，住房我也没谈，我什么都没谈，也没说要多少钱启动。中山大学那时候说给我 100 万元启动，那时候 100 万元很高了。暨南大学呢，听说是 5 万元还是 10 万元左右的启动经费，我也没问，反正我就来了，我看这边比较合适。另外，我为什么不怕启动经费不够？因为我把英国的实验室设备搬回来了，只要给我一个地方，只要我那个制药箱一开箱，我就能工作。我把仪器全带回来了，当时我买的每一套设备都是 100 多万元，我带了 3 套回来；除了这些，电子生物学、细胞生物学等大批仪器，我都带回来了。所以，去哪里我都不担心，我都可以继续工作，很快就能立足，关键是暨南大学这个环境我喜欢。

我一开始是暨南大学医学院的老师，我的实验室就在医学院。我当过生理系的主任，是博导、硕导，我的博士生、硕士生都是在医学院时招收的。2011 年，学校换届后，我就到了国际学院，因为这边也有医学和药学。当时在医学院教了几年书以后，那些学生经常去找我，我中午从来不休息，都在办公室，学生知道我中午不休息，也从来不跟我约，中午就敲我的门跑进来找我，有些毕业了也来找我。我是教基础学科的，他们学到临床也回来找我，什么事情都找我。有学生经常跟我说："老师，我觉得现在的课程安排不合理。"国际学院同时有个印度班，印度班跟另外一个临床医学班的课程完全不一样，那个临床医学班里有的学生就觉得印度班特好，比他们的课程安排还好，希望我能为他们做点事情，改变一下方案。我确实觉得不合理，但也只能说："怎么改变？我最多在开会时提个意见。我只是一个教授，最多也就是生理系的主任，我就管那么多，其他的我管不了。"学生很想我出面，他们说："你能理解我们，知道怎么安排，什么是好的。"所以我一直觉得，我只有在管理岗位的时候，才能做点事情。后来我就到国际学院这边，觉得这个岗位很适合我。当时排好印度班课程，虽然真正的教学效果如何还不知道，但是我自信印度班的教学效果肯定会好。现在结果出来了，印度班的教学效果非常好，教育部的评估结果是非常满意，希望把我们的经验推广出去。在我们这里读医学的印度学生，是在本国考不上医学专业才来的。印度属于英联邦国家，他们最好的学生是去读医的，所以读医分数最高。在英国那边，读牛津、剑桥不是最牛，最牛是什么？读医。当医学学生是最自豪的，在印度那边也是。但有的学生想读医读不了，退一步就到中国来读，也就是说，他们挑剩的学生来我们这边读医。印度那边的毕业生考医生执照，第一次的通过率大概是不到20%，最多也就20%多。但经过我们的培训，毕业以后回去考他们的医生执照，通过率是90%多，30个人考有29个通过，基本上都能通过。这太让人惊讶了，我们就想到是这个印度班课程安排很好，所以其他学生一直求着我，希望我能帮他们进这个班，或者说让他们原来那个班改变方案，参考一下这边的经验。我要想真正做点事情，就只有到国际学院管理岗位上来，所以后来我就到这边来了。我现在主要是管国际学院的教学，教学科研本来就是我的长处，我主要管医学、药学，其他专业虽然不熟，但管起来也还算可以。

我跟英国的第一个导师是非常有缘的。现在逢年过节，他会主动给我写信，告知家里人的情况，用E-mail给我发过来：我儿子现在做什么，我孙子现在做什么，我今年又去哪里开会了……他把他一年参加的主要活动做成一张非常好的大明信片发给我。我非常感动，这个老师那么有心，把他一年的活动、家里的私事全都告诉我。英国人是这样，一般来说，请你到外面餐馆吃一餐饭已经是非常隆重的事情，能请到家里去是最隆重的。那时，我去了以后，大概第一个月的第二个还是第三个星期，我的导师就把我请到家里，从早上吃到晚上，晚上10点钟才送我回来，令我非常惊讶。导师为什么会那么喜欢我，到现在我也没搞清楚。大概过了三个月，我夫人去了，他又请我们全家到他家里去，还请了几个同事来陪，也是从早上到晚上。所以，我对他家是很熟悉的。我最后离开那个实验室时，他很依依不舍，去外面专门定做了一个银杯，上面刻有他的名字，写上“送给我的好同事王立伟”，他不说我是他的学生，而说是他的同事。他一直说是我的同事，令我很感动。其实他那个实验室是个“联合国”，因为他很出名，聚集了很多国家的人。其中有几个英国人特眼红我，因为他们请他写推荐信的时候，他或者说不愿意写，或者搪塞几句，因为他觉得这些学生不怎么好。无论是英国人还是美国人，都很讲究真实。就是说，写得不好，可能影响这个学生找工作；写得好，他觉得违心，又不肯，所以他基本上不肯写。但是，我的推荐信，他不但写了，还写得很好。把推荐信拿到那边以后，那边的人看了，导师下面的人也看了，说就没见过有人写那么好的推荐信，并且导师亲自打电话给对方说“我向你推荐一个人”。那是从来没有过的。所以那边的人就说，以后你去哪里应聘，把这个杯子摆在桌子上，就是你的一张名片，你肯定成。这个可能也是空前绝后的，后来就没看到他给谁送过。那个杯子后来我还带着，一直放在我办公室的柜子上。我不知道我的导师为什么那么喜欢我，虽然我就在那边做了一年，但是我们一直没断过联系。后来我在卡迪夫大学做完博士后，2005年底我就回暨南大学。在利物浦大学的时候，我导师曾经找我谈话，我说我想读博士，他说你不用再读博士，我要把你培养为将来当系主任的人选。在英国，系主任是最强的了，校长当官不算什么，系主任才是最牛的，因为以前的大学里面，只有系主任叫教授，其他的都不叫教授，最高级的叫 Reader，Reader 相当于我们中国教授的地位，但是不叫 Professor，Professor 只有一个，就是系主任。因为他有这样的希望，所以暨南大学一任命我当系主任，我就写信告诉他。他高兴得不得了，一收到这封信就回说："我告诉你一个秘密，我很快就要去卡迪夫大学当院长，我到那第一件事就是要到暨南大学去，跟你们大学合作，跟你们实验室合作。"他上任的第一个月，就来我们暨南大学，签了合约，很快就和这边合作培养研究生和科研。然后，就是让我的学生出国。校长和研究生部、医学院相关人员都在场，与我导师坐在一起谈合作事宜，所有事情他就听我说。不管我提出什么要求，我导师都说"Yes"。我说："这学生我给你挑好。"他说："Yes。""免考英语?""Yes，英语不用考。"当时英国所有的研究生都要先考试，但是他说"Yes"。后来办签证的时候就遇到麻烦，因为英国签证要求所有人到英国读书，无论你大学录不录取，都需要雅思成绩，你要是没雅思成绩是不能入学的。但是我当时提出来是免考雅思的。英国人要讲信用，他说："我答应了你，就要做到这条。"我的学生就没考雅思。入不了境怎么办呢？我导师牛，直接联合他那个大学一起写信给内政部说："这个学生我在中国面试过，又有大学的视频面试，我认为达到这个水平，你们应该给他发签证。"英国内政部居然就让这个学生免雅思考试，直接在英国读注册学位，在暨南大学也算在读。去年这个学生毕业了，卡迪夫大学那边一个学位，暨南大学这边一个学位，是双硕士。我又送他到英国去读双博士学位。我导师当时回去，英国卡迪夫大学还发了条新闻，说卡迪夫大学要和暨南大学合作。这个学生很快就在那边发文章，那边还专门开了个新闻发布会，新闻单位在报道之前还给我来信："卡迪夫大学要发布新闻发布会消息，说你是其中一个合作者，你看看这个新闻稿合不合适?"我受宠若惊啊，我那导师，拿我和他平起平坐，那么大的人物！我快乐得不得了，他确实很看重我。他在卡迪夫大学当院长时已经超过 65 岁了，卡迪夫大学要求他当院长最少干到 75 岁，跟他订立合约。今年 3 月他 70 岁，英国科学院、欧洲科学院、美国科学院、英国《生理学报》、美国生理学会、英国生理学会共同给他举行了一个祝寿会，期间专门办了一个学术活动，邀请一些世界名流。他邀请了我，我作了一个关于我们国家工作的报告。我导师太看得起我了，搞得我都很不好意思。后来，我慢慢才知道我导师的地位。2007 年，世界生理学会和中国生理学会联合在北京开会，中国、美国、澳大利亚、新西兰、加拿大等国学者与会，我导师是主席。开会完要吃饭的时候，大会有专人陪送他，安排他第二天的出行活动。我导师说："我什么地方都不去，我要跟我这同事一起去。"然后他就叫我给他安排，后来我就打了个出租车，包了一天，1 000 多块钱吧，带着他到处走，他高兴得不得了。

美国生理学会主席怎么和我导师说话的呢？我导师坐在那，不用起立，那美国生理学会主席站在旁边毕恭毕敬地跟他说话，不敢坐。我才知道我导师的地位。他生日的时候，连美国生理学会主席也专门赶过来向他祝贺。我才知道我太幸运了，找了这么一个导师，所以人与人之间有时候也是缘分。本来我是一个学生，他整天说我是朋友、是同事，搞得我都很不好意思。后来别人也说：“他是那么出名的一个教授，怎么你说什么他都说‘Yes’呢？”

亲　人

我夫人也是湛江人，跟我同是广东医学院临床医学本科学生，她是77级的，我是78级的。她是1977年3月入学，我们78级是同年9月入学，仅差半年。现在，她是暨南大学医学院药理系主任。

我爸也是个读书人，在解放前读的书，也是大学毕业，好像是在杨林学院毕业的。大学毕业后，他先在农科所里做了一段时间，很快湛江行署还是专署抽调他到农机所做管理去了。1957年还是1958年搞干部农场嘛，把那些干部轮流下放到干部农场去，就把我爸派到农场去当领导，所以我有一段时间被送到农村去了。我小学一年级是在市里面读的，“文化大革命”期间，我爸被打倒以后，我就不能待在城市里了。大概是1968年或1969年吧，我被送到农村有三四年。我小学那几年是在农村读的，大概读到四年级还是五年级。当时中小学是9年制，我中学毕业以后，1976年下乡，1978年才考取大学的。下乡时，我是到农业科学研究所的知青队，其实还是干我爸的老本行，我爸是学林业的，他在林业科学研究所。后来我很快被分到工程队，分配我当一个工程师的助手，搞了两年农业科学研究：水稻育种。因为有那两年的经历，我对后来考大学读书特别珍惜，当时唯一回城市的希望就是考大学，所以我就参加了高考。77级考试我上了重点线，但没有人通知我。后来多亏师父很照顾我，78级考试我又考上了，我激动得不得了，那个激动真的没法形容。

我们77级和78级学生真的非常努力读书，那种拼命是没有办法理解的，所有的老师都对77级、78级学生印象特深。上两个星期，刚好是我们毕业30周年大庆，我们把老师请过来了，所有老师还能叫出我的名字。那时，我们这批人是拼了命在学习，因为我们都经历过下乡，中间10年没有高考，那么多学生考，学校又少，能考上是非常幸运的，上大学简直像到了天堂的感觉，所以我拼命学。到毕业时，我拿了连续五年的“三好学生”，连续五年在班上的平均成绩是第一名，在医学全国统考时我又拿了第三名。毕业时我选择当老师，没当医生，因为当时最光荣的就是能在大学里面当助教，当助教简直光荣得不得了，所以我就留下来当助教了。

我爸曾任科长，在改革开放以前当科长是很威风的，以前是没“处长”这个叫法的，只有“局长”，但不多，“科长”也不多。改革开放以后，他就去煤气公司当经理，就是老总。在过去一些运动中，我爸受过冲击，说我爸解放前怎么就有那么多钱读书，这是一个很大的问题。我祖父那辈呢，确实有点钱，但不是地主恶霸，我祖父被划为中农。我祖父为什么被划为中农呢？其实他有那些钱，可以被划为富农的，但是他人缘特好，队里不忍心把他划为富农，就划为中农。在解放前他是做生意的，到处去，虽然他在农村长大，但是他经商，进城市贩牛、贩盐啊，贩盐利润很高，他做生意赚了不少钱。解放后，我们作为中农本来不属于反对的对象，但是因为整体来说家里有点钱，别人说为什么你的三个儿子都能读大学？所以我们家肯定受冲击，我祖父每次都受冲击。

我爸处境特艰难的那段时期是在林业局，他是副局长，被斗得很惨。后来，好在我爸周围的那些农民对他特好，那些农民就说：“谁敢把我的兄弟怎么样就死定了。”有一次，有人来批斗我爸，那些农民就把他们绑在路上，说：“你们要是再敢弄我的兄弟，我就弄死你们。”后来他们就不敢再搞了。我爸非常感激这帮农民兄弟，一直到了我读大学时，他们跟我家就像亲戚一样，经常到我家来。

所以，我觉得人缘要好啊。我爸是这样，我祖父那一辈也是这样，因为他人缘很好，所以当时没被划作富农，只被划作中农。我觉得做人嘛，你起码人际关系要搞好，对自己的工作也好，做任何事情都会有帮助的。有些时候，我对学生说：“你做人不要怕吃亏，多做好事，肯定会有好报的。”这是我的一个信条，无论到哪里，我从来不计较。在英国为什么导师对我那么好？因为我在实验室里做任何事情从来没想过要得到什么回报。比如说，我刚到那边时，我导师就问过我：“你的生活怎么样，需不需要帮助？要不要给你一点津贴？”我说：“不需要，国家给的钱还够。”他说：“听说中国给的很少。”因为在那个大学曾经有一个中国学生说过：“哎呀，国家给的钱不够，面包都不够吃，行动也不自由，又不给我们到其他地方旅游。”把国家说得一无是处。最后，我的导师给他钱，没有再提起这件事。我当时不知道这个情况，是过后才知道。当时我导师问起我，我很自然地说：“国家给我的钱足够，我的夫人、孩子都可以养活，没有问题，生活足够了。大使馆从来不限制我，我任何时候都能出去，是自由的，国家对我很好。我不要你的钱，我不需要帮助，我够。”就是这个事情让他特感动，觉得我有骨气。他每次问我将来怎么打算，我都明确告诉他绝对会回中国的。所以，他一直很看重我，说你这人有骨气，做事情又不计较。那个实验室的任何账目，我从来都不计较，我不会看。而且，我做实验很快，刚刚讲的技术那么难，我第二天就能拿出结果。我去的时候，大概隔一天就拿结果出来了，可能因为在国内我锻炼比较多吧。就是这个做人很关键。到了后来，我无论离开哪个实验室，基本上都会把所有的东西清理好，我把冰箱里面的冰都化掉，把所有的试剂清理掉，把它标记清楚，列个清单交给导师。其实，我离开后，把这些东西列出来对我没有任何好处，只是对后面的师弟们可能有好处，但我做了，也没觉得亏，反而觉得很高兴，我做完一个事情，有头有尾。我每次都这样，我觉得做研究要这样，帮别人我也会很高兴。在暨南大学，我一天24小时开机。我告诉我的学生："我只有一个号码，你打电话肯定能找到我。"所以有时凌晨3点多，学生会突然给我拨电话说肚子疼得不得了，或者说头疼，或者说家里又怎么样，问我怎么办。他们经常找我，有时候毕业很久也会回来找我。我付出我也很高兴，因为我的付出，现在给我的回报也挺多的，我也得到很多。我觉得人就是这样，不要太计较，反而会有收获。你看看我那个导师，我确实没有多优秀，但是他很喜欢我，也很帮我，我去哪里都很帮我，所以我觉得我很快乐。

我们那个村是个侨乡，几乎家家户户都有人到南洋去，我家里有好几个亲戚都在南洋，后来到新加坡了，有的还在吉隆坡，现在还在外面。我妈当年差点就到南洋去了。我爸家里是五兄弟，当时没去，我爸说去南洋很苦。当时国民党抓壮丁，说你们家最少要出两到三个壮丁，但读书可以抵消做壮丁，我祖父就把我爸、一个伯父和一个叔父三个人都送去读书，这样就免去了当兵。解放前，我爸在广州读书，解放那年毕业，分到湛江专署还是行署。后来他一直从事行政工作，业务方面只做了很短一段时间。

我姑姑那边的亲戚更多人到南洋，她的老公好像也去了，她的公公也去了，她家里去了好几个。之前因生活很苦，听说南洋那边生活好，就往南洋走了。他们刚去的时候也不怎么样，有些开始到橡胶园做工，后来慢慢地有点积蓄以后，就开了小作坊，然后就到城市里做生意开公司，做得也好。但是，慢慢地老一辈去世以后，年轻一辈基本上就没联系了，一般到表兄弟就不怎么联系了。我伯母的家人全出去了，只有她一人留在国内，她就嫁给我伯父。我们村里有几个人是"文化大革命"以后回来了，当时他们基本上什么东西都没有带就回来了。后来才听说，他们是参加了那边的共产党，那边共产党失败后，他们就跑回来了，有两三个这样的人。

那边的亲戚一直要求我去，我都没去。"文化大革命"期间，我是不敢跟他们联系的，一跟他们联系就被称作"通敌"了。后来，一般老人也不便去，年轻人都有事干，没事干的要读书。我爸后来去过新马泰，我没去过。现在我和表兄弟基本上没有联系，他们也极少回来祭祖、探亲，因为早期我们这边没开放，他们想回来还回不来。到后来开放了，有些人在那边又娶了老婆，不好意思回来了。我们邻居就有一家人都等着男人回来，但他没有办法回来，因为他在那边再娶了一个老婆，那边又有一家子，回来怎么面对这边？不过，他逢年过节会寄很多钱回来，但人不回来。

我有一个弟弟和一个妹妹。弟弟现在湛江，是个四星级宾馆的经理。妹妹现在广州，她原来是会计，如今在她小姑的大公司里当高管。她小姑移民美国了，在国内有十几二十个店和工厂，都是我妹妹在帮她管理。

说起我儿子，他属调皮类，在国内老师是不喜欢的。他小学一年级在国内上，老师说我儿子不听课，有时候把他的桌子搬到走廊去不给他听课，我就特怕去开家长会。到了英国以后，我首先就跟他的老师说："我儿子很调皮的，可能会给你添麻烦。"过了一个星期以后，那个老师找我说："你怎么把你儿子说得特不好，你儿子我特喜欢。"原来我儿子敢在课堂上跟老师顶嘴，说老师哪里不对，也特喜欢提问，可老师特高兴，高兴得不得了。所以，他的学习成绩非常好，每门课的成绩都是 A。在英国，高考成绩分两部分，一个叫 O-level，一个叫 A-level。那个 O-level 现在叫 GCE，我儿子考了A +。高考那个 O-level 和 A-level，要求读大学最少要考两门，皇子考生是考两门，普通学生考三门一般来说够了，我儿子一下子考了五门，都是 A，我挺骄傲的。他读大学时问我的意见，我说："你读医。"他说："我肯定不读医，看你们那么累。"我说那就读法律，因为英国医生和律师的社会地位都很高。他说："法律我也不干，黑的也说成白的。"我说："行，那你自己挑吧，我也不管了。"他很喜欢理工，修的五门课里边主要都是理工的，因为他数学特别好。最后他报的是伦敦政治经济学院经济数学专业，那个学院是很好的，居然把他录取了。读上以后第二年，很多银行就会找上门来，要资助他，让他到他们公司见习。我儿子想去瑞士银行总部，真的就去了。第一学期，好像给他 100 多还是 200 英镑，他把他赚的第一笔钱给了他妈。后来，他连续几个学期都到瑞士银行实习。毕业以后，瑞士银行总部就叫他去上班了，开始是管证券，后来又搞外汇、债券业务，直到现在。他现在 26 岁，是个小主管。英国的本科是三年嘛，所以他很快就毕业工作了。

到目前为止，我拿的是中国护照，但是我是英国永久居民，我是不肯加入英国国籍的。因为我觉得我们国家的华侨政策完善了，你一旦加入了外国国籍，你就是外国人，回不来了。我一直在想，我肯定是做中国人的，所以我不加入英国国籍。我 1999 年到英国外交部申请永久居留权时，工作人员就跟我说："明年你就可以加入英国国籍，办英国护照。"我说："我不可能加入英国国籍。"他说："为什么？所有我办过的人都是一到期就马上来办英国护照，加入英国国籍，为什么你不要？"我说："每个人有自己的想法，每个人有自己的意志。"我很理解他的想法，但我觉得还是中国好，我还是想回中国。我越说不要，他就越是动员，说在英国好啊，多好多好，他说办啦办啦，我说不办不办。当时我前面有两个中国人都被拒了，我还很担心。嘿，没想到居然还挺顺利的，他还动员你加入英国国籍。有时候我觉得英国人也是挺奇怪的，你越是不想要他的，他就越觉得你好、越要你。我一直保留着中国国籍，但是我有英国永久居留权。英国永久居留权是这样，就是说你是英国的永久居民，你享受它所有的待遇和福利，所有的待遇和福利都跟别人一样，唯一的不同就是你没有选举权和被选举权。我儿子也是这样。我跟儿子说："18 岁以后你是自由的，你可以自己选择你的出路。"但儿子到现在为止还是说："爸，我还是再看看吧。"他直到现在都没有加入英国国籍。我说："你要在英国工作，现在很不方便啊。"他说："没问题，所有的出国手续都是公司帮我办的，都不需要我办，他们现在已经帮我办了很多国家的手续，一些大国都是五年有效的，随便进出没事。"我儿子到现在为止还是跟我一样，保留中国国籍。有时候说爱国，大家会笑，但是我在外面感受就特深，有时候真是连我自己都没有意识到我那么爱国。我刚才讲，我去了英国五年后，是真想回来。英国是这样，你越看得起自己的国家，他就越看得起你。去那边，当地华侨对我非常好，我会跟他们讲广东话。有华侨说："你们现在很幸运，早期的华侨，乘公共汽车是不能坐前面的，只能坐后面，上面顶层的好位子也不能坐。"一个华侨举了一个例子。有一次，在华侨开的餐馆，一些洋人进来，骂中国人是"清"，清朝是最腐败的，他们觉得骂"清"是最侮辱人的话。有个中国人"啪啪"就打了那几个洋人几个耳光，那帮洋人气得在路上挑衅，他又把那几个洋人的肋骨打断了，还得送急救。后来他们上了法庭，开庭时，那帮洋人说："华人有武器，打人有预谋，他拿着双节棍。"那个中国人说："这是筷子，不是武器。我是厨师，这个是长长的筷子。"辩护律师就说："怎么可能是中国的一个小个子去挑衅你们七个洋人呢？七个人牛高马大，你说他打得赢？谁也不信啊。"最后判那个中国人一点事情也没有，还让那帮洋人道歉说是自己攻击他的。到外面你可能会抱怨中国很多事，但是不能让人骂中国，一被骂心里就会来气，会干仗，拼命都可以。你不到外面还真不知道自己如此爱国。

我很想我儿子回来，但是目前也不勉强他，因为要尊重年轻人的思想。我说："你是自由的，你可以自由选择，你在外面也行，回来也行，当然回来我很高兴，因为我只有你一个儿子。"虽然我们夫妻可以生很多个，但是当时在英国我们就没打算生，因为我们两个都在大学里面，不想放弃学业，所以生一个就算了。我说："儿子，现在的情况就摆在你面前，你爱怎么样就怎么样。"他其实很有中国心，我们每年都会带他回来，尤其后来跟国内合作的时候，回来两三个月，每次都会把他带回来。当时，广东医学院和湛江市市长、市委书记特好，我给他们写一封信，问我儿子回来后能不能送到中学去学中文，因为他不能全读，我只是想让他回来跟着那些学生一起学。市长的意思是，我儿子要读书，肯定要去最好的中学读，一分钱不收，随时到随时学，今天到明天就可以学，随时都可以走，不用任何手续。所以，我儿子每年就到那个学校去，有时候待一两个星期，有时候待两三个星期。那时候他的中文很好，中国传统也有学，他回来还有中国的同学，很高兴。现在他不怎么说普通话，基本上写中文家信还可以，就停留在小学四五年级的水平。我每年带他回来，他在我面前也会评价中国，但是在洋人面前他是绝对不会抱怨中国的。

对暨南大学留学生教学的建议

我们国家的留学生政策，我发自内心地说确实挺好，现在没有发现很明显不好的地方。但是，就像前面讲的医学课程和教学方案，我们国内的跟国外的相比，还是有很大的差距。我们学校的医学留学生毕业后要回国考执照，假如说还是按照国内的教学方案，通过率是很低的，尤其是前几年，学生毕业后去香港考，基本上没几个考过，近几年有几个考得好一点。但是，印度班的教学方案，我们全搬英国的，效果就非常好，通过率非常高，学生的基本功很强。所以说，我们国家的政策很好，整个大学的政策也很好，但是具体的教学方案和培养方案还有待改善。

全世界发达国家都承认暨南大学的学历，不承认的可能是那种小国，越小的国家就越不知道，欧美肯定承认，越发达的国家就越承认。暨南大学的学历是这样的，比如说暨南大学医学专业是在世界卫生组织注册的，所有国家都承认，就是说到任何国家都有考试资格。有些小国家不承认就没有办法了。像马来西亚，以前不承认中国内地的学校，现在只要从中国学校毕业的学生都认，只是回去还要在当地培训几个月，然后才能考执照。后来，马来西亚开放我国第一批 7 所学校，暨南大学就是其中一所，就是说我们的毕业生回去以后就直接可以考执照，跟当地学生一样。现在我们正在进一步推进，干脆让我们的学生回去可以不考执照，直接当医生。现在，马来西亚准备承认我们国家的 11 所大学，暨南大学是其中之一。又如，我们大学的中医学毕业生到美国，跟美国的毕业生享受同等待遇，他们的学生毕业后可以考美国执照，我们的学生也可以考，在中国就可以考。我的牌子在英国也很吃香，我没有受到任何歧视。当时我为什么两年就能毕业？一个原因是我的论文很快就做完，另一个原因是看到我中山医科大学的硕士学位，中山医科大学在外边名声很响的。我原来担心我的本科学校是广东医学院，广东医学院以前叫湛江医学院，那个医学院那么小，那边认吗？结果那边认啊，不歧视。所以，我们国家的大学欧美是完全承认的，不会看不起暨南大学。前几年，我们在暨南大学推荐本科学生申请美国奖学金，我说："你们不要读硕士，直接申请读博士，在美国、英国这些发达国家本科生可以直接读博士的。"一开始那些学生申请的都是些不太好的学校，没有人愿意录取他们。我跟一个学生说："你申请不太好的学校怎么会要你呢？招博士一定要有资金才行，没有资金是不能招博士的，最多要你自费，自费你又不肯去。要申请哈佛、耶鲁这些好大学，你肯定有优势，我们中国的医学他们是很看得起的，尤其是我们国际学院全英教学很厉害的。"他说："老师真敢啊？"我说："敢！我给你写推荐信。"结果，好几所大学都同时给他发了通知书，让他去面试，给他出包含机票的路费。一个大学给的钱可能不怎么够花，但是同时几个大学都给，去面试花不完那些钱。还有几个是电话面试，电话打过来跟我说："能不能跟你谈谈，你给推荐学生。"后来我推荐的那两个学生都拿了全额奖学金。被几所好大学同时录取的那个学生选了其中一所，后来，那个学生没去的一所大学还打电话问我："你还有没有好的学生给我推荐一个，我还是想要你的学生。"所以说，我们暨南大学的学生真的不差。实验室都是洋人开的，我不推荐学生跟着中国人做，都推荐他们跟着洋人做，因为在洋人的指导下才是真正接触西方，无论是习惯还是语言环境，都是比较好的。

2013 年 11 月 1 日，暨南大学国际关系学院/华侨华人研究院几位研究生与选修"华侨华人概论"课程的部分同学采访王立伟老师。图为王立伟老师（中）与 2013 级硕士研究生尹昱（右一）、蒙晓云（右二），2012 级硕士研究生王趸兴（左二），医学院口腔学专业 2012 级本科生方欢（左一）合影

王立伟，1983 年获广东医学院学士学位并留校任教。1986—1989 年，在中山医科大学读研究生并获硕士学位。1994—2005 年，在英国利物浦大学和卡迪夫大学学习及工作，于 1999 年获英国卡迪夫大学博士学位。2005 年底，被暨南大学作为重点人才引进回国工作。现为暨南大学国际学院副院长、博士生导师。

翁锡辉[①]

远赴印尼　艰难求存

1934年，我两岁时，日本军国主义已对中国发动了侵略战争。日本飞机不时在龙岩上空盘旋。警报声一响，母亲就急忙拉着我往祖屋西侧的菜地里跑，躲到临时搭起来的“防空棚”里。棚顶盖上了旧棉被，以防从飞机上扫射下来的子弹。母亲把我搂在怀里，再裹上一条小棉被，多盖层棉被更安全嘛。然而，她却没有往自己身上再加盖一层棉被。母爱多感人肺腑，催人泪下。母爱是最无私的！

还有一件事给我幼小的心灵留下不可磨灭的阴影。那时我们翁厝大厅住满了国民党的军队，大厅两侧所有的侧门都给钉死了，只留大门进出，还有两个哨兵站岗。一天早晨，我听到从大厅里传出一阵阵惨叫声，吓得我涕泪齐流，躲入母亲怀中，真恐怖呀！后来，听说是一个新征的士兵昨夜逃跑，被抓回来后受严刑拷打。

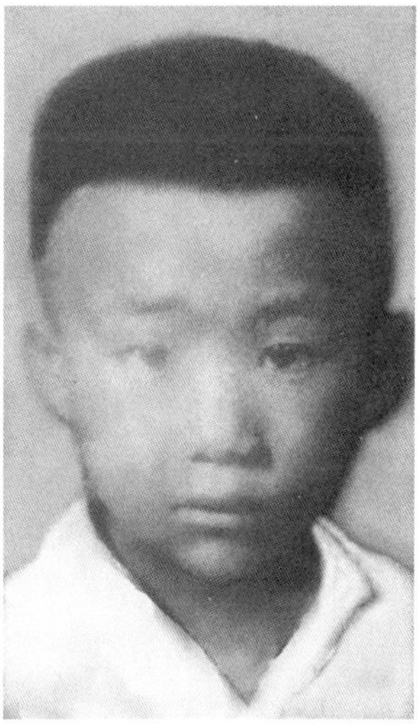

四岁的翁锡辉

1936年3月，我四周岁时，中日战争即将全面爆发，太平洋战争已是不可避免的了。为了家眷的安全，三叔父专程从印尼回来接我们去南洋。动身的那一天早晨，我们雇了三顶轿子，我与曾祖母坐一顶，小燕表妹与母亲坐一顶，月英堂妹与三叔母坐一顶。三顶轿子从祖屋大门口动身，三叔父随轿步行。怪哉，才两岁的小燕怎会离开亲生父母跟着我们横渡重洋去印尼避难呢？

这就得从故事的源头说起。由于祖父与祖母早

① 本文是在翁锡辉自传《人生回眸》和王趸兴（暨南大学国际关系学院/华侨华人研究院2012级硕士研究生）于2013年5月27日、6月4日采访翁锡辉老师的录音文字记录的基础上整理而成。

逝，小姑年幼就失去了双亲，而后就跟着大哥、大嫂一起过日子。母亲每次回月山乡娘家，总是领着小姑做伴同行。这就为小姑与二舅的相识提供了机会。小姑翁贞梅（1917 年农历六月二十七日生）和二舅邱煌照（1913 年农历九月二日生）有情人终成眷属，大哥与大嫂便成了小姑与二舅的媒人。当大舅与二舅婚后都各育有一女后，外祖父决定若两个儿媳妇再生女孩，就必须送人。两个儿媳妇又先后生了女孩。有话在先，只能遵命照办。大舅母将第二个女儿笑琴送给了苏溪头蒋家。小姑舍不得将第二个女儿小莺送给别人，便给我母亲做女儿。当我们即将动身去印尼时，母亲考虑到要横渡重洋，路途艰难，带着一个不满一岁的小孩（小莺）有困难，便提出换两岁的小燕（1934 年农历二月三日生）同行。就这样，小燕跟着我们去了印尼。

我们在火车上突然听到空袭警报响起。车厢里的乘客乱成一团，争先恐后地往车门口涌去，争着下车，直奔火车道两侧的橘子园里躲藏。临时应急停车没站台，我身材矮小，需由大人把我抱上抱下。

从我们住的香港一家旅店的天台上俯望，马路上行驶的小型卡车就像火柴盒一样大。这是我第一次看到汽车。

由以上记忆，我分析，当时我们的避难路线是从龙岩老家坐轿子到江西赣州，再改乘火车往广州，然后出境去香港，再搭邮轮去印尼。

我们抵达印尼西爪哇丹绒不碌港时已是夜晚，灯光灿烂。二叔翁福林、二叔母肖玉梅和父亲翁福仁来接我们。就在这异国他乡的码头上，我才认识了自己的亲生父亲和二叔、二叔母。我们到印尼后，就跟二叔一家人同住在孟加勿刹 79 号宅院。由于我们刚从老家来到异国他乡，人生地不熟，语言又不通，不能独立生活，全靠二叔母为我们张罗安排。次年，我五岁了，二叔母就把我和小燕送进幼儿园。见到两位身材高大又是男式短发型的女老师，恐惧加陌生感促使我们没完没了地哭泣。

1938 年，我六岁那年，一家四口搬到班芝兰大街 12 号父亲工作的南岛照相馆楼上居住。班芝兰大街就像西方国家的唐人街，是华侨聚居的区域，也是繁华的商业街。我与小燕每晚总不肯先回房睡觉，要等到照相馆关门后，让父亲带着母亲和我们两个小孩去饭馆吃夜宵。

还有一件事让我至今记忆犹新。一天晚上，我一人先回楼上房里睡觉。大舅邱洪波在楼下暗房里冲洗照片，听到楼上发出“嘭”的一声，不知是什么声音。母亲知道我在房里睡觉，就上楼进房里一看，发现我没在床上睡觉，不知去哪儿了。于是全家人到处寻找，最后还是母亲在床底下找到了我。我睡得正香哩！大家虚惊一场。

翁锡辉与家人的合影（左起：小燕、翁锡麟、母亲、翁锡忠、翁锡辉）

我当时就在附近的日新学校上学。1938 年农历七月二十九日午时，二弟锡麟出生了。两年后的 1940 年农历八月五日丑时，三弟锡忠降生了。到了 1941 年，我九岁时，日本军国主义发动了太平洋战争。这时，印尼各大城市的居民都在挖防空洞，以防日军狂轰滥炸。社会上流传着日军占领新加坡后残杀无辜、强奸妇女的消息和照片。巴达维亚（今雅加达）华侨人心惶惶。二叔将家眷、店员偕家属及邻居朋友，共有百多人，一起迁移到西爪哇山区芝得勒与新棠拉雅一带避难。由于当地生活不稳定，各方面条件又差，不少老人和小孩都染上了腹泻或发烧等疾病。在那兵荒马乱的年代，缺医短药，人员又众多，真是狼狈不堪。日军占领巴达维亚后，未见有什么动静，二叔便开始安排各家返回巴达维亚，并通过当地居民找来几部卡车、马车和牛车，先送走病号、老人和小孩。我家六口又回到孟加勿刹 79 号宅院，与二叔、三叔全家住在了一起。

1942 年 3 月 5 日，我已十岁了，日军占领巴达维亚后，便开始以“敌国公民”“敌性华侨”的罪名，大肆逮捕抗日进步人士。二叔因曾积极参加反对侵略及支持祖国抗日募捐活动，于同年 10 月被日本宪兵部逮捕。次年 2 月，日本军事法庭判处二叔七年牢刑，将他押往西爪哇芝槟榔中央监狱。逮捕二叔的那一天早上，一群日本宪兵冲进了班芝兰大街的南岛照相馆，一个当头模样的日本宪兵把枪口直对着父亲的胸口，气势汹汹地问道：“翁福林来过？”父亲回答：“没有。”他们便匆匆地撤走了。没过多久，这群日本宪兵又回来了。刚才那个当头模样的宪兵咬牙切齿地怒吼着：“你敢骗我们，说他没有来！”接着就疯狂地左右开弓殴打父亲。待父亲被打得支持不住躺倒在地上后，他们才撤走。事情是这样的，二叔早晨的确来过照相馆，但父亲刚好有事外出，兄弟俩没有碰面。父亲并非有意骗他们，但你向谁说理去呀！父亲被打伤后，在家疗养了一个多月，南岛照相馆也就倒闭了。

日军没收家产，在汽车上贴“大日本军接收”封条（翁锡辉在后排右二）

二叔被日军逮捕后，接着就被封家产，看来一定会牵连家眷。三叔一家五口就先搬走，在新巴刹租了房子。我们一家六口随后也搬走了，寄住在大南门 67 号（记不太清楚了）一位同乡章白华家里。待我们都搬出来不久，孟加勿刹 79 号宅院就被日军没收了。二叔母领着老少一家人被扫地出门，幸亏有友人相助，找到一个临时安身处。

日军占领了巴达维亚后，我没再回日新学校读书，而转学到福建会馆办的福建小学。当时同住在南岛照相馆楼上的龙岩同乡廖南鸥是该校校长，我每天跟着廖校长及其儿子性豪、女儿性琴，四人共坐一辆马车去学校。当时是日本人统治着印尼，即使是华人办的小学也得由日本老师教授日语。因强迫学生学日语，还引发了学生打日本老师的事件。

1944 年，父亲为了全家人的生活，就在班芝兰大街 12 号原南岛照相馆的店址开了憩园饮冰室。那年，我刚满十二岁，因学校发生学生打日本老师的事件而辍学在家。父亲就让我到饮冰室当个小服务员，端送茶点。母亲在家做家乡糯米团子拿到饮冰室去卖。小燕当送货员，一趟一趟地往店里送糯米团子，可说是全家都在为生存忙活。

举家回国前夕与二叔全家留影［阿婆（二叔母的母亲，前排左三）、三叔翁福星（二排右一）、三叔母杜生凉（二排左二）、翁锡辉（后排最高者）］

1945年8月15日，我十三岁那一年，日本无条件投降了。荷兰殖民军又尾随着联军重回印尼。一天，饮冰室来了一位荷兰军官，挽着太太，他们不是来喝咖啡的，而是双眼直盯着父亲要卖的原照相馆使用过的那台德国产照相机。那位荷兰军官伸手拿下了照相机，严厉地说："这是敌货，要没收！"说罢，他拿着照相机转身就想走。这时刚从日军牢狱里出来的二叔怒不可遏，冲过去就夺回那台照相机怒吼道："怎么？要抢东西是吗？"那荷兰军官啃上了硬骨头，拉着太太灰溜溜地走了。祸不单行。没过几天，饮冰室又闯进了两个持枪的英军，其中一个英军举着冲锋枪对准父亲，用英语喊道："不许动！"另一个英军就忙着抢钱柜里的现金，连同父亲裤袋里的钱包都给抢走了。光天化日之下把钱财抢到手后，这两个强盗就溜走了。待宪兵接到报警赶来时，这两个英军早已逃之夭夭了。父亲接二连三地遭到洋人的欺凌打骂后，对这世道已心灰意冷，不想继续在这儿待下去了，决定回国返乡度余生。同时，他也考虑到曾祖母已八十岁高龄，她老人家平时也常提及想回老家入土为安。草木有灵，叶落归根。父亲拿定主意后，就将憩园饮冰室关门结业，准备举家归国定居。

回归故里　叶落归根

1946 年 8 月，我已经十四岁了，我们一家六口、三叔一家七口、大舅一家四口，再加上曾祖母，一共十八人，登上荷兰的芝加连加邮轮离开了印尼，航行了 20 天左右才抵达祖国的厦门港。在友人的帮助下，我们租了两条内河货运船从漳州逆水北上至水头（漳州船只到这里起货），再改乘汽车。我们一行近二十人，加上行李又多，便包租了一部大客车，翻越连绵不断的崇山峻岭，沿着碧水潺潺的峡谷西行。一路上，车在溪边走，人在画中行。当听到长辈们高兴地喊："到厝啦！到厝啦！"我睁大双眼好奇地往左边车窗外眺望，只见一片水稻田中有座古色古香的大平房。这就是我们的祖屋——翁厝，是我们的家。

龙岩地处福建西南部，九龙江上游，西靠赣南，南俯粤东，东临闽南金三角，是闽粤赣三省边区交通要道和物资集散地。这里气候宜人，风景秀丽，人杰地灵，物产丰富，简称"闽西"。闽西还是全国著名的革命根据地，是中央苏区的重要组成部分，有"二十多年红旗不倒"之美称。1929 年 3 月至 1930 年 6 月，毛泽东、刘少奇、周恩来、朱德、邓小平、陈毅等老一辈革命家都曾在这里生活、战斗过。龙岩还是世界客家人的祖地，又是中原人南下百越故地传播河洛文化、树立"龙"的标志的人文圣地。如今的龙岩市容市貌亮眼，被称为全福建省县级市里最漂亮的一个市。贯穿市区中心的龙津河，被称为"闽西的母亲河"，为美丽的山城增添了光彩。

1947 年春，我十五岁，考上了白土镇溪兜初级中学（今东肖中学）。父亲就去上海捷克申庄当会计。溪兜初级中学创办于 1941 年 8 月，由溪兜村海外华侨张景崧先生发起创办，是一所私立中学。我刚从海外回来，小学也未毕业，担心学业会跟不上，于是寒窗苦读。初一上学期，我的成绩位列全班第二名。按照学校的规定：学期考试成绩第一名者，可免交学杂费，第二名者只需交一半的学杂费。于是，我就交了一半的学杂费。而后几年的学杂费，我都全免了，因我每学期考试成绩都是班上第一名。我由于学习成绩优秀，便当上了班长。初三时，又当上了学校学生自治会主席，每天早晨在操场领着全校同学做早操，以及每学期快结束时催同学们交老师慰问米（每人 20 斤）。当时学校办学条件很差（原是一所农村小学的校址），学生宿舍的墙面连灰水都没刷。我是寄宿生，每周六下午步行回家，周日下午返校，单行一趟需一个多小时，每周日返校时还要挑一周食用的大米和一竹筒干菜，以及简单的衣物。1949 年初三下学期时，因训导老师殴打我班一同学而引发学潮，我们毕业班的同学联合了初三上学期的同学集体罢考，以示抗议。紧接着就将放暑假，于是大家都纷纷回家去了。

就在我十六岁时，有一天，保长来家里对母亲说：“你的儿子已到应征当兵的年龄了。如果不愿去当兵，可花点钱，我帮你雇人去顶替。”母亲当然不会让我去当兵，只好拿钱雇人去顶替（我不知道保长向母亲索要了多少钱）。抽壮丁当兵的事，就这样解决了。

1949 年 5 月间，我跟着外祖父去厦门市，想在捷克百货公司（二舅有股份）找个工作，同时也帮着外祖母照顾表妹邱小凤（才一岁多）。由于国内战争形势急变，捷克百货公司跟厦门其他几家大公司一样都忙着搬迁去台湾的事宜。小燕与小莺两姐妹从上海来厦门随同捷克百货公司去了台湾，我们就返回龙岩。

1949 年 9 月 1 日，我十七岁，家乡解放了。那时正逢暑假结束，新学期就要开始，龙岩高中正在招生，我很顺利地就来到虎岭山下、松涛中，就读于龙岩高中（今与龙岩一中合并）。进校的第一学期，主要是进行思想改造的学习，我因学习认真，还积极参加中山公园活报戏表演、街头宣传、下乡访贫问苦等一些社会活动，所以当了学习小组长。1950 年 2 月，我参加了龙岩青年寒假学习班。同年 6 月，我十八岁时，学校开始组建新民主主义青年团，我是学校第一批被吸收为团员的。当时的校长是马来亚归侨、龙岩作家邱士珍，她平易近人，常跟同学们一起做活动。后来，听说漳州市龙溪中学各方面条件都较好，师资强，团员多，我便跟志同道合的张南山同学约定，念完高中一年级后，就一起转学到漳州市龙溪中学。

龙岩青年寒假学习班全体成员合影（摄于 1950 年）

1950年9月，我顺利地转学到龙溪中学插班高中二年级。我的学业成绩还不错，特别是代数、几何、物理、绘图等几门功课成绩优良。在校期间，我当过寄宿生宿室室长、室长会议生活干事、室长会议主席、学校招生服务团团长、学习小组长等，并积极参加一些社会政治宣传活动。我曾加入学校体育代表队，参加过第一届漳州市运动会。1951年4月间，我和同班同学魏宝明被学校选为出席漳州市学生第一届代表大会的代表（龙溪中学有两个名额）。

漳州市学生第一届代表大会全体成员合影（摄于1951年）

1951年9月，我十九岁时，新学期刚开学，学校青年团组织就要保送我到上海华东人民革命大学去学习。但此时月英堂妹按二叔母的意见，随我来漳州刚考入龙溪中学不久。经学校与华东人民革命大学联系后，答应了我提出带月英（尚未入团）一起去的要求。我们先去厦门与其他新招来的学员集合，然后由上海来的干部领我们一起去上海。他们对我们说："华东人民革命大学是革命熔炉，大家都享受供给制（后改为包干制）待遇，衣食住行全由国家包了。你们只需带毛巾、牙刷、牙膏等简单日用品就可以了，不用带其他行李。学校会给你们发棉被等床上用品，每年两套单衣、帽和军鞋，两年一套棉衣、棉帽和棉鞋，每个月还有一些日用品和几块钱的零用钱。"我们一行近百人的队伍乘火车途经南昌，直奔上海。我从十九岁参加革命起，经济就独立了，不再向家里要钱，一切都由国家包了。在人生的道路上会面对很多选择，你选择了其中一条，就意味着放弃了其他的选择。我选择了进华东人民革命大学学习，而放弃了报考其他大学的意愿。

1949年底，陈毅任上海市市长时倡议创建华东人民革命大学附设上海俄文学校（后改为华东人民革命大学附设外文专修学校，今为上海外国语大学）。1950 年 1 月在上海宝山路原暨南大学大礼堂举行开学典礼。1952 年，学校增加了东语系，从云南、广东、福建招来一批归国华侨子弟，开设了印度尼西亚语班（分一、二班）、缅甸语班、越南语班。到校后，我们才知道是来学习外语的。我被分配在印尼语一班当班长。月英在印尼语二班。开学后的第一学期主要是系统理论学习和思想改造，让我们确立革命的人生观和世界观。在校期间，我表现积极、勤奋，担任过学校团总支宣传委员、团第八支部副书记兼组织委员、印尼语两个班的学习小组长、团课学习小组长、东语系学习委员、副室长等工作。在华东革大外专学习时，每逢周日休息，我和月英星期六下午就去在上海定居的二舅和小姑家，同表弟、表妹们一起过周末。小姑忙忙碌碌地给我们做美味佳肴。星期天吃过晚饭后，我们兄妹俩才返校，每周都是这样。

翁锡辉在华东人民革命大学附设外文专修学校门口留影

第一学期放寒假时，学校组织东语系的同学去吴淞口旅游。冬天寒冷，同学们穿上新发的灰色棉衣、棉裤、棉帽和绿色的军棉鞋，既暖和又时尚，个个既兴奋又自豪。关于学历问题，经教育部批准，上海外国语大学专门印制公函给要求证明的校友：第一，进华东革大外专，享受供给制、包干制，即参加革命，计算工龄；第二，承认为大学本科学历，按此评定职称。

翁锡辉与东语系同学在吴淞口旅游时合影

1952年春，印尼代表团赴柏林参加第三届世界青年与学生联欢节后，转道来中国访问，其中有几位有名的羽毛球运动员和几位华侨青年（其中有许友年、郭德观等）留在中国。那几位羽毛球运动员后来成了中国羽毛球队的骨干力量，频频为中国夺取世界冠军。当他们从北京来上海访问时，我被调去当生活翻译。

1952年8月，全国高等学校院系调整，华东革大外专东语系四个班的同学由外交部委托北京大学东语系代培，那里的师资力量较强。从此，我就北上到了祖国首都北京，过着北方的生活，并插班到大学二年级印尼语高级班学习。当时，我在北京只有从印尼回国的堂弟乃强在北京市二十五中上学，别无其他亲戚。我们刚到北京大学不久，就参加了“十一”国庆节游行，非常兴奋。全校同学深夜三点钟就在南池子集合整队。游行队伍还没有走到天安门前就开始沸腾起来了，“毛主席万岁”的口号声一浪高过一浪。队伍行进到天安门前时，同学们的嗓子都喊哑了，脚步也不往前移动了，队伍几乎停止前进。同学们个个伸长着脖子往天安门城楼看毛主席，游行队伍走到西单才解散。当天晚上，我们又来到天安门广场，整个广场人山人海，水泄不通。各单位都圈占了活动场地，中间空出个“大舞台”。同学们在音乐声的伴奏下尽情地跳起集体舞，狂欢到下半夜才散场回校休息。

1952年华东革大外专东语系全体干部学员合影（翁锡辉在后排右七，翁月英在前排左四）

在北京大学学习期间，除学习印尼语、印尼概况外，还学习唯物论、辩证法、政治经济学、中国历史和联共党史。这期间，我曾担任过团支部组织委员、团总支组织干事、学校团委会组织部发展组干事、团支部书记、外国留学生辅导员、党课学习小组长等工作。1953年暑假，学校组织学生从天津搭船到旅顺、大连、长春、沈阳、哈尔滨参观旅游。这次旅游费用是我平日省下来的钱。1954

年 6 月，我二十二岁时，北京大学党组织批准我加入中国共产党（预备期一年），1955 年 6 月 23 日转为中国共产党正式党员。

1954 年 9 月，学校放暑假，二叔母让我和月英回龙岩老家看看曾祖母和父母，回北京时顺路去厦门李流芳姨家，将乃勇和乃明两位堂弟回国的行李托运到北京。他们兄弟俩已决定在北京求学。我自 1951 年离家参加革命后，已有三年没有回家看看曾祖母（88 岁）和父母了。

翁锡辉与曾祖母、父母及兄弟合影（摄于 1954 年）

1955 年 7 月，我二十三岁，从北京大学东语系印尼语专业毕业。在毕业典礼上，我还和几位同学演出了一场印尼独幕剧，是用印尼语对话的。由于战争，时局动荡，风云变幻，我在小学、初中、高中各阶段都是念到毕业班而没有当过毕业生，从未领过毕业证书。北京大学这张由马寅初校长签名颁发的大学本科毕业证书，是我有生以来仅有的一张学习毕业证书。

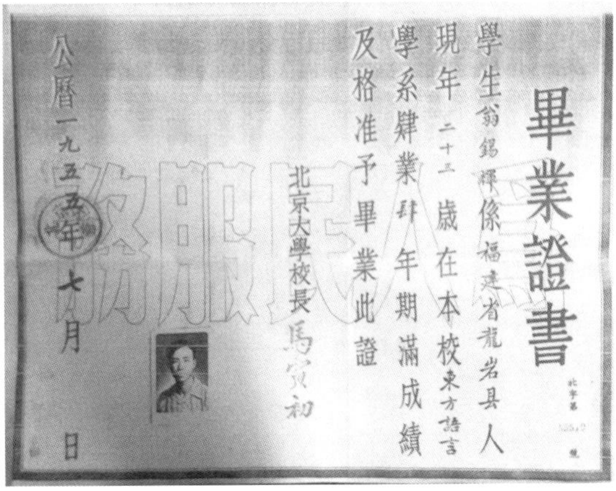
畢業證書

學生翁錫輝係福建省龍岩县人
現年二十三歲在本校東方語言
學系肄業肆年期滿成績
及格准予畢業此證

北京大學校長馬寅初

公曆一九五五年七月　日

翁锡辉的北京大学本科毕业证书

投入工作　发挥所长

从北京大学毕业后，我被分配到北京外文出版社印尼文组工作。头两年没搞业务，被调去搞政治运动，经常到全国各地去外调。我去佳木斯市时，特地去看抗日战争时期很流行的歌曲中描述的松花江。因河床比两岸地面要高很多，只有爬上河堤才能见到松花江面的景色。有一次，我去苏州外调时，突然发高烧，需住院治疗。我让医生打了葡萄糖就回北京，住进了天坛医院，医生诊断为二尖瓣关闭不全，心脏有杂音。第三年我才回翻译组搞业务，从校对、通联、编排到翻译，还兼做印尼专家的生活翻译和安保工作。我的工作单位也调动了好几个，从人民画报社、外文出版社，直到《人民中国》杂志社。《人民中国》（印尼文版）月刊每期的编排设计工作是我负责的，短篇小说是我翻译的。在业余时间里，我译配了三首印尼歌曲，发表在 1957 年、1958 年的《世界人民歌曲集》和《印度尼西亚歌曲集》上，还翻译了印尼短篇小说《墨拉比山谷的红石》，发表在《世界文学》1964 年第 4 期上。我的业余处女译作是翻译印尼女作家鲁吉娅的短篇小说集《荒地》，于 1964 年（我三十二岁时）由上海作家出版社出版，并于次年重印（用笔名“雪飞”发表）。1965 年“9·30”事件发生后不久，我在北京外文局院里有幸遇到《荒地》作者鲁吉娅。她是来找印尼专家阿蒂宁西的，当她知道我是《荒地》的译者时，表示想将她的稿酬转交给她的丈夫（正随印尼共产党代表团在上海访问）。我将她的意愿转达给上海作家出版社后，她如愿以偿了。分别时，我还为他们照相留念。

外文出版社印尼文组部分人员合影（翁锡辉在前排左一）

1958年，全国掀起高举“三面红旗”运动，即“社会主义建设总路线”“大跃进”“人民公社”，是“左”的指导思想的体现，给我国经济建设和人民生活带来了困难，还损害了党的建设。1959—1961年，我国处于三年困难时期，粮食严重不足，物资奇缺。1959年中央召开的庐山会议没有纠正极“左”路线错误，而是大张旗鼓地批判彭德怀的右倾主义。1957年开始的反右派斗争尚未结束，紧跟着又开始了反对右倾主义的斗争。人生在世，一切难以预料。在党支部会议上，有人突如其来地批判我的“得不偿失论”，并与彭德怀的“得不偿失论”挂上钩。我是在一次党内会议上谈到全民大炼钢铁时，说把伙房里的大铁锅和机关单位的铁栏杆围墙拆下来砸碎，然后放进土炉里炼钢，烧掉了大量的煤，结果也炼不出真正的钢铁来，而是炼成了一个个铁疙瘩，真是得不偿失。我对报纸上关于粮食大丰收的报道有所怀疑：为什么每人每天的口粮定量这么少？我每月的粮食定量只有24斤，主要是玉米面，不够就掺点榆树叶充饥，又没有什么副食，由于营养不良而全身浮肿。为什么市面上物资这么缺乏，买什么都得凭票证？外文局轻音乐队是由六七位爱好音乐的归侨青年组成的（在单位工会的领导下），经常活跃在北京团中央礼堂、新疆驻京办事处大厅，丰富职工周末文化生活，很受欢迎。我弹夏威夷电吉他，还有人拉手风琴、吹萨克斯管、吹黑管、摇沙球、击鼓，演奏一些国内外流行的轻音乐（为跳交际舞伴奏），大家推举我当乐队队长。因此，会上又有人批判我领导的乐队尽是演奏些“靡靡之音”。会后，还让我去学习班学习。没隔多久，各报上开始批判虚报和浮夸风，党支部又让我从学习班回到原单位。人生在世，注定要受许多委屈。面对不期而至的遗憾，要学会接受生活中的无奈，安然对之。我是受了委屈，但总算还是个幸运儿，没有被扣上“右倾主义分子”的帽子。我不沮丧，更没有耿耿于怀。

1961年夏（即婚后的第二年），我和妻子杨桂茹双双把家返（在上海定居的二舅和小姑陪同回老家）。老家的曾祖母、父母首次见到翁家的第一位儿媳妇，格外高兴。曾祖母（95岁）已双目失明，看不到曾孙媳的模样，就用双手不停地从头、脸摸到身子，口中喃喃自语：“很好，很好，不矮，也不瘦。身材挺高大的。”然而，就在我们离开几个月后，她老人家于11月26日午后，以95岁高龄寿终正寝。我们这次的重逢，竟成了永远的离别！回想起1956年冬，二叔离开老家30年后，首次返乡为曾祖母做90周岁寿庆，非常热闹，拜寿者络绎不绝，我没请假回老家给曾祖母拜寿；1961年11月她老人家仙逝，我也没有回去为她送终。曾祖母特别疼爱我这个大曾孙，而我两次都没能尽孝，深感内疚！

翁锡辉家族合影（二叔翁福林在二排左五，父亲翁福仁在二排左六，三叔翁福星在二排左七）

1962年3月4日，我的长子翁杰出生了。我30岁做爸爸啦！那时国家经济还未完全复苏，物资供应还很紧张，买东西仍需凭票供应，除了给产妇供应一点配额的鸡蛋、小米、红糖外，市面上是买不到食品的。桂茹坐月子只吃上一只小公鸡和一只小白兔，这还是姥姥跑到远郊从农民手中买来的。到1964年4月15日第二个儿子翁彬出生时，国家经济情况开始好转了。这两兄弟幼年时，都是由其外祖父、外祖母带大的。真如古话说，“家有一老，堪比一宝”，两位老人帮了大忙。两兄弟到两岁半进幼儿园年龄时，先后被送进外文局办的幼儿园（幼儿园园长吴淑爱是印尼归侨）。我每周星期一早晨上班前送，星期六下午下班后接。那时政治学习、搞政治运动和党、团组织生活都是利用晚上下班后的业余时间，而且是“雷打不动”的，所以小孩放幼儿园都得全托。

1963年夏，《人民中国》（日文版）编辑部图片组正缺摄影记者，我向图片组组长黄祥坤（印尼归侨）推荐堂弟翁乃强。他刚从中央美术学院油画系吴作人工作室毕业。1964年，乃强被正式分配到《人民中国》杂志社日文版图片组上班。

我每年都会被别的单位借调去为印尼访华代表团当全程翻译，如印尼妇女、作家、工会、青年等访华代表团。《苏加诺总统藏画集》在我国出版的整个商谈过程的翻译是由我担任的。在我的翻译生涯中，最有意义、印象最为深刻的两次借调担任全程翻译工作是：

1964年1月（我三十二岁），随团中央王照华同志任团长的中国青年代表团赴印尼出席世界青年大会，担任代表团的印尼语翻译。其间，最具历史意义的时刻就是，印度尼西亚共产党中央几位主要领导同志接见中国青年代表团全体成员时，我不仅有机会近距离接触到印度尼西亚共产党中央的几位主要领导人和人民青年团中央总书记，还能担任这次会见的翻译。当时在印尼定居的二叔母还亲自动手做了几道印尼菜肴，设家宴欢迎代表团。她为我请了一天假，给我定做了一套西装，还领我重游十八年前曾度过童年生活的地方。代表团是从北京搭机到缅甸仰光中国大使馆，然后再飞往印尼雅加达，途中还在柬埔寨金边机场加油。大会结束后，代表团一行六人仍按来时的航线飞返北京。

翁锡辉（右二）参加印尼世界青年大会（摄于 1964 年）

翁锡辉（右）在印尼世界青年大会现场担任翻译（摄于 1964 年）

1965 年国庆节前后（我三十三岁），应中华人民共和国全国人民代表大会常务委员会的邀请，印尼国会议员代表团来华访问。这个国会议员代表团规模庞大，是我最后一次（后印尼发生“9·30”事件）担任全程翻译的印尼访华代表团，也是我的译员生涯巅峰。当毛泽东主席和朱德委员长会见印尼国会议员代表团全体成员时，我很荣幸有机会在场，并为朱德委员长当翻译。我还在李雪峰、邓小平等领导会见印尼外宾时当过翻译。我从事译员工作十多年来，第一次登上天安门城楼与中央领导和外国重要来宾一起观看烟火（以往都只能在观礼台上观看）。我几乎年年都有机会以译员身份出席在人民大会堂举行的国宴。从1965年印尼局势发生巨变，中印（尼）两国关系恶化后，我的印尼语翻译生涯也就坠入谷底。我工作的《人民中国》（印尼文版）杂志也停刊了。

劳动锻炼　服从安排

1965年底，我加入了外文局派往河北省衡水县（今属衡水市）的“四清”工作队，要求每个队员都要做到跟当地农民同吃、同住、同劳动。当时，国内经济还处于困难时期，农村缺粮情况严重。我们工作队员住在民房里，但与农民分开。队员都到农民家里吃派饭（要按每日定量交粮票）。农民家里没粮食可供工作队员吃，生产队就给提供派饭的农民发点玉米面。老乡就往玉米面里掺些磨碎了的棉花籽，和在一起蒸窝窝头或贴饼给队员们吃。因棉花籽不好消化，我们吃了几顿派饭后，个个便秘。我原患有痔疮，于是旧病复发了。

工作队员白天访贫问苦，了解情况，找干部谈话，晚上查账至深夜，个个疲惫不堪。原来抽烟的人，就一支接一支地抽烟提神。每个工作队员每月可得十小包杂牌烟，我只给自己留下一包天津大前门烟，其他九包就支持老烟民。我一开始是上厕所时抽烟除臭味，一天一支烟，后来常熬夜查账，便抽烟提提神。就这样一抽就抽了三十年。女儿出于孝心把烟藏了起来，我还对她发火，直到2001年患了冠心病后才把烟戒了。

1966年初，衡水县的“四清”工作结束了。原以为可以回北京了，没想到领导却决定，我们这支工作队还要去冀县（今属衡水市冀州区）继续搞“四清”。我们只好“唯上是听”“唯上是从”了。待冀县的“四清”工作结束后，外文局的“四清”工作队这才撤回北京。

翁锡辉所在的“四清”工作对象单位全体职工合影

同年5月间，“文化大革命”开始了。虽然我们都有一颗爱国爱党的心，但都早已被烙上“有海外关系”的印记，所以我们都谨言慎行。“五七”干校是在“文化大革命”时期由各单位兴办的农场，是集中容纳党政机关干部、科研文教部门的知识分子，对他们进行劳动改造、接受贫下中农再教育的地方。“五七”干校一般都选址在偏远、贫穷的农村，去干校的人称为学员。

北京外文局办的“五七”干校原先选址在江西省。我是1968年底第一批去干校的学员。全体学员都集中住在一座大平房里。男女学员分住两间大房，房内摆了两排双层木架床，成了上下两层长太平铺。有间大伙房可供应全校学员的伙食。江西省地处南方，农村都是种水稻，学员们每天清晨都要光着双脚下水田干活，不像北方可穿着鞋袜下地干活。入秋后，清晨水田里的水是冰冷的，怪难受。白天大家在水田里干活时，不时会传来女学员受惊的尖叫声，这是水田里的蚂蟥咬了某女学员的脚，或者是女学员遇见蛇了。此外，我们还要淘粪、挑水、种菜、施肥、插秧、搓草绳……劳动改造是下干校的主要任务。干校领导还组织我们去安源煤矿和湘潭毛主席故居参观，进行革命思想教育。

翁锡辉所在“五七”干校学员在搓草绳

翁锡辉所在“五七”干校部分学员在安源煤矿合影（翁锡辉在后排左四）

翁锡辉在湘潭毛主席故居前留影

为保障学员的人身安全，干校组织学员轮流通宵守夜。两位守夜学员手中各握一根长棍，在我们住的房子周围巡逻。1969 年秋天的某个晚上，正当大家准备睡觉时，突然从女学员宿舍里传出惊叫声，大家拼命地往外冲。原来是那位受惊的女学员打开棉被准备上床睡觉时，发现棉被下盘着一条蛇。这次发生的事件轰动了全校，当晚所有男女学员都不敢进宿舍睡觉，担心那条蛇还藏在屋里。这件事成了强烈要求干校北迁的导火线。外文局领导很快就作出果断决定，将“五七”干校迁到河南省汲县（今属卫辉市）。

全校学员陆续从江西返回北京，等待外文局领导做进一步安排。就在等待“五七”干校搬迁的时候，国家政治情况突然发生了变化。1969 年 10 月中上旬，虽然国际紧张局势有所缓和，但林彪、黄永胜等人仍认为大战在即，北京市要疏散人口。1969 年 10 月 17 日，林彪突然抛出一个“关于加强战备，防止敌人突然袭击的紧急指示”，全军进入紧急战备状态。为此，外文局领导决定将汲县庞寨“五七”干校作为疏散地。一部分干部下干校劳动锻炼，一部分干部则全家老少到庞寨老乡家里安家落户。我家是属于需安家落户的。安家落户的人连同行李乘火车离开北京去汲县，到指定的庞寨老乡家里落户。当时，我妻子的工作单位天坛医院已同意让她随我们去庞寨安家落户，行李已运到庞寨。然而，还没等我们全家动身，情况又发生变化。为落实中央三线建设的战略布局，北京市天坛医院要搬迁到甘肃省，因而反过来要求我随妻子到大西北三线安家落户。为此，我又去庞寨将行李运回北京，再装到天坛医院安排的去甘肃省天水市的火车上。1979

年 2 月，国务院发出《关于停办“五七”干校有关问题的通知》后，各地“五七”干校才陆续宣告正式撤销。在庞寨安家落户的同事也陆续搬回北京市，而我在九年前就已在天水市安家落户了。

翁锡辉所在“五七”干校部分学员留影（翁锡辉在前排左二）

翁锡辉一家告别北京留影

备战西北　入乡随俗

从20世纪60年代初起，中苏关系恶化、破裂，中印边境的武装挑衅，美国侵略越南的战争，威胁着中国的安全，于是中央提出把全国划分为一、二、三线的战略布局。甘肃省被划为三线省份，不少具有战略意义的单位、厂矿已陆续搬到那里。

1970年1月5日，载有支援三线建设的北京天坛医院人员的火车徐徐在天水站停下。天坛医院人员被一分为六，即分到甘肃省内的六个医院，为当地的医院充实力量，改善条件，提高医疗质量。桂茹被分配在天水市地区医院。作为随迁家属的我，当然也在天水市落户了。我们被安排在医院对面原天主教堂东侧一个大院里的后院。我家的住房是有一大一小套间、坐南朝北、西北特有的一边斜的土墙平房，房子简陋破旧，地板是砖头铺的。住在东、西、北面平房的人，大部分是一起从北京来的天坛医院职工，相互都认识，相处也很融洽。

我们到天水市不久，就开始闹地震，大家都睡在院子里应急搭的塑料棚子里。西北地区是很少下雨的，可那时天气反常，天天下雨，而且还不小。我两个儿子睡的一间小土墙房，夜里突然倒塌了，幸亏没人睡在里面。

我的工作原先是按我的意愿安排在天水地区汽车修配厂。我想学点修车的本事，还买了几本有关汽车修理的书籍，但还没来得及看，领导又把我调到天水地区交通局政工组工作。具体工作是抓全局职工的政治学习，编写局里的宣传栏（每月一期），还经常下乡（天水地区12个县我已去了10个），有需要时还要搞外调。

说起搞外调，曾有过两次非常艰苦的外调工作让我印象特别深刻，至今记忆犹新。一次是跟组内袁桂卿二人坐长途班车出差，汽车半途出毛病动弹不了了。这已是中午时分，离我们的目的地还有70里路程。我们决定继续步行，七个小时后即可到达。我们二人沿着公路埋头直往前走，没吃午饭，也没水喝，连话都不敢多说，想着在天黑前一定要赶到目的地。可能是老天爷发慈心帮了我们一把，拖着夕阳不让它落山，我们终于在天黑前到达。我们二人到了目的地后才松了一口气。我的两条腿都走麻了，加上原本就患有二尖瓣关闭不全的心脏病，真有点支持不住了，便躺在门房里的小床上休息。

还有一次是去新疆、青海搞外调，也是跟袁桂卿做伴，我们坐火车先到青海的西宁，办完事后接着就去新疆的乌鲁木齐。那里天气非常寒冷，我们虽穿着老羊皮长大衣，仍感到衣着不够厚。我们要去的地方是南疆的喀什市。为了省点路费，我们决定不坐飞机，而坐长途班车，路程需七天。白天乘车奔驰在一望无际的戈壁滩上，路很深远，没有人烟，傍晚就在小旅店里过夜。这小旅店真可怕，一个大房间里摆了好几张单人床。白床单、白枕套和白被套都像泡过黄油似的（缺水没有洗），更可怕的是像蚂蚁般的虱子在床上到处乱爬。坐了一天硬板条椅的汽车，我实在太累了，一躺下就一觉睡到天亮。次日清晨，又坐原车原位上路。一天复一天，天天如此。但汽车一过了天山进入南疆后，寒冷的天气很快就变暖了，乘客都纷纷脱下冬装穿上夏装。当时，在新疆出差还要过吃饭关，那里饭馆的饭菜都是清真的，全是羊肉和羊油（如今汉族的饭馆比比皆是）。你若不吃羊肉和羊油，就只有挨饿了。作为上海知青支持边疆建设，在新疆八一钢铁厂当工人的表妹小鹃，还特地领我们去吃了顿可口的汉族餐。从喀什市返程时，我们在阿克苏半途下车，搭生产建设兵团的卡车去农场办事。在新疆待了十几天后，回到家里身上仍有一股羊油和莫合烟味。

我还曾跟司机张森做伴去陕西农村外调。我们到了村里，只见一望无边的平原麦地，却见不到房子。后来，在村干部的指引下，才发现当地农民都住在窑洞里。他们往地下深挖个大方洞，既是天井又是院子，可种树、栽花、晒东西。院子四面是他们居住的窑洞，冬暖夏凉。每个地下四合院都有条斜坡作为出入通道。

在天水地区交通局工作十年间，我曾于 1974 年 9 月上过天水地委党校首届理论学习班，下过干校学习马克思、恩格斯和毛泽东的著作，也曾作为工交系统代表出席天水地区马克思主义理论代表会，还担任过天水地区交通局党支部委员。

既然来到西北安家落户，就要入乡随俗，融入当地社会。天水是个经济不太发达的小城市，不像北京那样繁华。这里的人憨厚诚实、热情好客、勤俭持家。家里的活，都是自己动手干。环境造就人，我在天水生活了十年，变得更勤快、更能干、更能吃苦了，不仅学会了拉平板车、做蜂窝煤、砌砖墙、挡炉子、用缝纫机做裁缝活、理发，就连盖厨房、砌炉灶、拉水管或电线、简单木工活、喂鸡养兔、生炉子做饭炒菜，样样都行。

这里居民的生活方式跟北京不同，购买食品量很大，如买猪肉，一次就买几斤，若像北京人图新鲜，买几两半斤的，会让人笑话的。尤其是冬天，单位为职工搞福利，去农村采购，每人可分到量大价廉的食品，如整个猪头、四分之一的整块冻猪肉、一大麻袋的土豆、一大捆的蒜薹。那时，天水的东西很便宜，一只母鸡只要 3 ~5 元，一个鸡蛋也才 6 ~8 分。

1972 年春节前夕，我领到当月工资（80 多元）后，又接到桂茹的同事送来她的工资（50 多元，因她正下乡巡回医疗）。我们已经二十多年没涨工资了，要用这点工资来支撑一个家庭，需要勤俭持家、精打细算、量入为出，才能勉强维

天水地委党校首届理论学习班学员留影（翁锡辉在前排中间位置）

天水地区马克思主义理论代表会工交系统留影（翁锡辉在二排左二）

持一家七口人的生活开支，日子过得捉襟见肘，可说是名副其实的“月光族”。次日是星期天，上午，我去新华书店为单位买几张年画。当我拿出钱包付款时，让小偷看到了钱包里有不少钱。在我举起双臂卷年画时，小偷就从我的衣袋里偷走了钱包。这是我有生以来唯一的遭劫。钱全部丢了，没钱全家就过不了年！我工作单位的工会同事知道后，主动送上补助金，让我们能过好年。人生中有很多“唯一”，有的被渐渐淡忘，有的却铭记终身，而我的这次有生以来唯一的遭劫，是属于后者。

1972 年 4 月 22 日，小女翁杨在天水诞生了。当时家中没人照料，只好将她锁在屋里，桂茹按喂奶时间回家喂奶。几个月后，才从秦安农村找了个保姆来照料她。家中增添了个女儿，两个哥哥也有了个小妹妹，全家其乐融融。

翁锡辉女儿翁杨

同年秋，我一家四口（翁杨因太小留天水）回龙岩老家探亲。父亲年迈，体弱多病，我们又不能久留，于是桂茹及两个儿子先返回天水，我多住两三天。当我向卧床的父亲告别时，心潮起伏，泪水盈眶，心情非常沉重。我预感此次分别后可能不会再有重逢的时候了，这是永诀呀！我们这次回来，父亲很高兴，我特意为他拍了一张照片。次年 11 月 14 日，他老人家永远离开了我们。

1973 年父亲病故后，我将 72 岁的老母亲接来天水一起生活。我这个刚来天水时只有四口人的小家庭，一下子猛增到七口人，收获真是不小。另一收获则是结交了许多天水的朋友。我于 1979 年 12 月离开天水后，与那里的朋友一直保持联系，经常写信或打电话互相问候。他们当中有人来广州时，也会来探望我们。

翁锡辉龙岩老家的全家福（摄于 1972 年）

1975年三四月间，三弟媳魏笑珍领着女儿翁丽来天水，因她即将生育，老家无人照料（母亲跟我们在天水）。同年4月13日，侄儿翁海在天水出生了。翁丽与翁杨同龄，只比翁杨小一个月。笑珍坐满月后，就抱着刚满月的婴儿，领着翁丽，跟随来天水出差的表妹夫返回了龙岩老家。

天水市名胜古迹众多，风景之优美，艺术之瑰丽，首推麦积山石窟。它位于天水市东南45公里的小陇山林海之中，因状如农家积麦之垛（垛高142米）而得名。它是我国四大著名石窟之一，1961年被国务院列入第一批全国重点文物保护单位。我们全家有幸能游览这处名胜古迹。我也曾去河西走廊的酒泉、张掖、武威等地出差，游览了依山而筑的万里长城的西端起点——嘉峪关。它坐落在祁连山和合黎山之间，有“天下雄关”之称，是扼守河西走廊的第一要隘。

翁锡辉全家在甘肃麦积山石窟合影（摄于1976年）

1978年4月，北京大学东语系借调我去参与《新印度尼西亚语汉语词典》编写工作。不到半年，天水地区交通局给北大来函，要我速返天水，9月底以前要去兰州大学西语系报到。我马上离京返抵天水，并向领导表示，省里的决定不符合中央文件的精神，我不去兰州大学。这是我参加革命28年来，首次违背自己的诺言：听党的话，党叫干啥就干啥，哪里需要去哪里。

1978年“四人帮”被打倒后，国内形势起了翻天覆地的变化，开始进入改革开放新时代。我从有记忆起就过着颠沛流离的生活，可以说，我是生在战火纷飞的年代（“九一八”事变后），长在艰苦困难的时代。新的时代将改变人一生的轨迹。中央发文速将“文化大革命”期间流散的外语干部召回归队，甘肃省组织部门认为将我调到兰州大学西语系工作，就算是落实了中央文件。他们认为，虽然目前暂时用不上印尼语，但等以后甘肃省开放，会有印尼外宾前来，省里只有我这么一个印尼语译员，要留着备用。然而，我已是近五十岁的人了，已过了“天高任鸟飞”的时节，可再继续工作的时间不多了。我走访了兰州大学西语系，他们说：“系里用不上印尼语，你来了也只能给你安排一些行政工作。”为了能从事本专业的工作，我没有服从组织调动去兰州大学西语系报到。我一方面分别给中央人事部门和甘肃省委王平书记写信申述；另一方面分别给厦门大学南洋研究所和广州暨南大学东南亚研究所写信，自荐落实调动工作问题。其间，我仍在交通局上班等待消息，兰州和天水地区组织部门也没有催我去兰州大学报到。中央人事部门在我的信上的批语是：若本人反映的情况属实，应尊重本人的意见。

没隔多久，暨南大学就来公函调档案要人了，紧跟着厦门大学也来公函要调档案，但晚了一步。暨南大学在“文化大革命”中被解散，1976 年刚复办，急需人才，将把我安排在东南亚研究所工作，而桂茹将被安排在医学院筹办附属医院。我们两人的工作都有了着落，调动工作就很顺利地办成了。我们决定全家六口分两批走，我和母亲先走，桂茹把医院的工作安排好后，再和三个孩子出发，交通局较年轻的同事还帮我去火车站托运行李。我动身前夕，部分同事还在饭店为我设宴饯行。

生命未到尽头，没有人知道我这次选择的真正意义，但可以肯定的是，它又将改变我的人生轨迹。

侨心相印　暨南奇缘

我 81 年的人生，可以说，绝大部分的时光是在华侨、华人、归侨、侨眷扎堆的环境中度过的（除了在甘肃天水生活的十年外）。我的老家（出生地）是侨乡，童年在印尼生活，初中是华侨办的学校，高中在老家，校长是马来亚归侨作家邱士珍，大学同学与工作同事也都是归侨或归侨子女，平日常来往的亲朋好友也绝大多数是华侨、华人、归侨及港澳台同胞，因而我与他们有着特殊的感情，侨心相印，时刻关注他们、理解他们。

1979 年 12 月，我和母亲二人乘火车离开了天水，当天晚上抵达郑州，次晨再搭火车去广州。那时，天水到广州还没有开通直达火车。清晨抵达广州后，人生地不熟，我就叫了辆人力三轮车把我们母子拉到暨南大学。那时，天河这一带还是郊区，只有一条狭窄的马路，两旁都是稻田和菜地。走了好长时间，三轮车才进了暨大北门，把我们拉到办公楼前。我到东南亚研究所报到后，被暂时安排在一栋教授楼的大房间里，另外两间小房间已住着新调来的老师，厨房、卫生间和客厅共用。

天下竟会有如此巧合的事！我十九岁在上海华东人民革命大学参加革命时，就是住在东体育会路原暨南大学的校址，而从东边北上，又从西边南下，在神州大地上转了一大圈，经历二十九个春秋后，又回到暨南大学的校园里来了。我的革命人生起点与终点都落在暨南园，这是巧合，还是奇缘？

翁锡辉夫妇携女回龙岩老家时合影（摄于 1981 年）

1980 年过了元旦后，桂茹和三个孩子也来广州了。真不巧，他们抵达广州时，我生病了，不能去火车站接他们。研究所的几位年轻同事跟我家人相互不认识，只凭我的描述就把他们接来了，我激动得热泪盈眶。研究所的同事真是热情，前后两批行李，都是他们去火车站帮我们搬运回校的。在教授楼暂住了一段时间后，新盖的大板结构房落成了，我们就搬进了分配的房子。三个孩子的上学问题解决了，桂茹也忙于医院的筹办工作和护士学校的教学工作，我们的生活终于安定下来。

翁锡辉全家在暨南大学明湖畔合影

我在东南亚研究所开始从事印尼问题的研究工作。我先向一些老专家请教，刻苦学习，经过一段时间的打基础工作后，收集资料，做索引卡片，定选题，开始酝酿写文章。1981 年 5 月，我写的第一篇研究文章《印度尼西亚巴淡岛工业区》（1.7 万多字）发表了。我在东南亚研究所工作 6 年期间，一共发表了 12 篇研究文章（14 万多字）和 12 篇译文（9.7 万多字），编译了 22 篇小文章和若干信息（8 000 多字）。我发表的论文中有六篇因题材新颖、内容较充实，为社会有关方面所欢迎，全国总工会来函索取，后来被《世界经济与政治》内参编辑部编入其内部资料目录索引。《人口研究》与《中国东南亚研究会通讯》编辑部也先后来函约稿。我为他们撰写了《印度尼西亚人口》和《在印度尼西亚的外国投资初探》。《印度尼西亚的劳务输出》一文发表后，省里有关部门来人跟我共同研讨广东如何开展劳务输出工作。我在 1981 年被评为暨南大学先进工作者，1982 年成为助理研究员。我与友人合译、由印度尼西亚国籍协商会主席肖玉灿所著的《五个时代》一书于 1982 年 6 月由香港地平线出版社出版。我于 1983 年 7 月任副所长，主持所里工作，花费了很多精力稳定队伍，并采取措施充实科研队伍，优化年龄结构，还探索科研工作面向社会、为社会服务的门路。1984 年 7 月我创办了四开小报《东南亚信息》（半月刊），面向国内侨务界、经贸界和归侨、侨眷发行，颇受欢迎，收到良好社会效益。这份办了一年多、共出版 42 期的小报，后因经费日渐枯竭而不得不停刊。为了补充研究所的经费，我还通过在香港定居的二叔母肖细妹（肖玉梅）牵头，偕同在香港定居的原印度尼西亚爱国华侨，给我校捐赠了一台价值三万元的日产复印机，这成了当时我校唯一的日产复印机，既方便了全校师生复印资料、论文等文稿，又可收点复印费以补充研究所经费之短缺。

1984 年春节东南亚研究所全体同事合影（原副所长吴楚在二排左四、胡一声在二排右四，翁锡辉在二排左三）

境外统战工作要广泛团结港澳台同胞和海外侨胞，以拥护祖国统一为政治基础。为此，我起草了暨南大学海外联谊会章程，酝酿设立联谊会的组织机构，聘请校内和境外党外人士加入理事会，内设名誉会长、会长、副会长、秘书长、理事，还聘请海外著名人士当名誉顾问。暨南大学海外联谊会于1987年7月11日正式成立（广东省第一个），理事会推选我任会长（连任两届，1990年7月11日联谊会换届，吴章云任第三届会长，我为名誉会长）。

归国生活感受及对侨务政策的理解

我回来中国就是念书，念书对我来说并不是很难，因为我成绩都还好，初中三年基本上都是班里前两名，没有什么压力，升学也挺顺利的，就是在我念书时期有些动荡。读大学以前我没有真正毕业过，小学、初中、高中都是念到毕业班，但从未领过毕业证书，唯一的毕业证书是北京大学本科毕业证书。我在1951年进入华东人民革命大学读书，是国家培养的。那时候也比较简单，把自己交给国家，学习什么都是组织安排的。后来在工作上也很顺利，业务上自己抓得比较紧，所以还能赶得上。主要的影响就是新中国成立后的一些运动，在整个运动时期，总体来说我还是不错的，虽然过程有些曲折。

翁锡辉在印尼多巴湖酒店阳台上留影

整体来说，我没有虚度年华。我以前没有当过领导，来到暨南大学东南亚研究所后，虽然那时候已超过五十岁，仍被要求去做所里的领导工作。我当时的想法就是：我是党和国家培养出来的，应该听党的话，党需要我干什么我就干什么。所以我接到通知后，就定下心来踏踏实实地把工作做好。

我没有想过再去印尼居住，我不愿意出国，所以我的子女都没有出国的。如果他们想要出去也容易，因为我在外面还有些关系，特别是美国、加拿大、澳大利亚，亲戚就更多了。对于出国这个问题，我觉得还是本国好，当然我也不反对现在的人把子女送出去，只是我不喜欢。

对于中国的侨务政策，我的看法是，在新中国成立前是很少谈侨务的，谁也不管你。现在我们的使领馆都很关心华侨华人，有什么事情都会过问，我们国家在这方面做得还是可以的。

在印尼"反华"的时候，接回来的华侨被安置在农场，海南岛、韶关英德安置了一些。对于这些在农场的归侨，政府的投入可以再多一些。咱们还是做了一些事，比如从农场抽一些归侨来暨大，从英德过来的归侨也给安排工作。但是毕竟工作岗位没有那么多，留在农场的归侨日子过得还是挺苦的，他们没有办法谋生，在国外也没有什么关系，亦没有侨汇。后来他们很多人都去了香港，没有去印尼，因为从印尼出来的华侨都是签过"我不再回来"这一保证书的，所以想再回去不太可能了，印尼不给签证。光我的同学就有 50 多人到了香港，年龄都大了，不断有人去世。所以我觉得应该多花精力做他们的工作。

新中国成立以后，我二叔在印尼为大使馆做了不少工作，就认识了一些人，中央的领导也知道了他，在"五一""十一"会邀请他回来观礼。何香凝是广东人，二叔和她原本就比较熟，她画了只老虎送给我二叔母，还给我二叔题词"为广大华侨服务"。与二叔来往比较多的是廖承志、何香凝，另有在中央职务比较高级别的人也与他略有往来，因为他较多接触华侨这方面的工作。

今后国内华侨人数会越来越少，现在都是新华侨了，留学的人不算，现在在外面的真正华侨很少回来。

出去的人，如果他们没有那边的国籍，还是保留中国国籍，他们的身份是华侨。如果是入了那边的国籍，拿了绿卡，就是华人了。现在全球化，无所谓你在哪个国家，你就算是华人也可以回来，中国是你的祖籍国。对于华侨华人，关键是国际关系的问题，他可以爱祖（籍）国，也可以爱住在国。华侨说"我的祖国"，华人也可以说"我的祖国"，但是华人的"祖国"的解释是"我的祖籍国"。"我在外国居住，中国是我的祖籍国，我是中华儿女。"以前有一段时间太过于强调国籍问题，把华人纯粹看作外国人，我觉得没有这个必要，反倒是让对方感到不舒服，好像是我们在疏远他们。我觉得既要做好华侨的工作，也要做好华人的工作，既然是回到中国来，就不要那么强调到底是外国籍还是中国籍，不要分得那么清楚，大家都是中华儿女。华侨加入外国国籍，他的初衷和动机不是说不愿意当中国人而愿意当外国人，有时只是为了生存或做生意，假如不加入外国国籍，有些福利就享受不了，有些事情也办不成，在这种情况下只能加入外国国籍。所以说，对于国籍问题要有比较理性的理解。关于国籍问题，我觉得在法律上应该有所区别，但是从人情和感情方面就不要分得太细了。华人在国外入了那边的国籍，回到中国来就不要太强调他是外国人，因为他的"根"还是在这里的。如果老觉得他是外国人，那就会有些鸿沟了。

另外我们做得比较好的就是孔子学院，可让我们的文化得以延续。华人到孔子学院学习，其初衷、动机肯定是各种各样的。当然有的人只是为了学会中文，掌握一门语言，这对于他而言，无论是和中国做生意，或是搞外交，懂得中文总归是有优势的。你不能要求到孔子学院学习的人都必须喜欢中国，我觉得中文的影响会通过孔子学院得以扩大。既然外国同意办孔子学院，咱们就得利用好这个机会，把它办好。孔子学院是会慢慢发生作用的，原来对中国没有好感的人，也会在潜移默化中慢慢改变。海外华人的下一代，难免会对中国疏远，我的一些朋友的子女都不会讲中文，他们只会讲印尼话和英文。就像亲戚一样，一代以后如果不来往就生疏了，生疏就是先生分，然后就疏远了嘛。不要说国外，就是国内兄弟姐妹的下一代，他们之间都不见得有多亲密。

现在国家针对海外侨胞在搞民间交流或者“寻根之旅”，邀请了一些年轻华裔来中国访问交流，这个很好。习近平主席出访时也提到这样的问题，鼓励留学生、华裔青年利用假期来中国旅游，年轻人互相交往很有好处，不然感情就慢慢淡薄了。现在印尼华裔都延续好几代了，他们很多不知道自己的祖籍地，自然就没办法再“寻根”了。

翁锡辉，印度尼西亚归侨，1932 年 3 月 15 日（农历二月初九）出生于福建龙岩西安村的翁家院里。抗日战争时期，与家人逃难到印尼西爪哇丹绒不碌港，在印尼生活了 10 年。1946 年全家又回到了老家龙岩，1951 年从中学保送到上海华东人民革命大学东语系学习印尼语。1952 年，随所在的东语系转到北京大学。1955 年大学毕业后，曾在人民画报社、外文出版社、《人民中国》杂志社工作过；还为朱德、邓小平等国家领导人做过翻译，担任外国访问团的翻译工作。1970 年曾被下放到江西、甘肃，在西北居住 9 年。1979 年 11 月，调到广州暨南大学东南亚研究所从事印尼问题研究，在 1983—1985 年任暨南大学东南亚研究所副所长，主持研究所工作。在任期间，他花了很多精力做好队伍建设工作，充实科研队伍，优化年龄结构，还探索科研工作面向社会、为社会服务的门路，创办了四开小报《东南亚信息》（半月刊），收到了良好的社会效益。1964 年翻译印尼女作家鲁吉娅的短篇小说集《荒地》，1982 年与人合译《五个时代》（该书的作者是印度尼西亚国籍协商会主席肖玉灿）。2013 年出版的“印尼《生活报》纪念丛书”之一的《生活报的回忆》采用了翁锡辉所写的《印尼爱国侨领翁福林传记》（翁福林是印尼《生活报》的创始人之一）。夫人杨桂茹，侨眷，退休前就职于暨南大学第一附属医院。

周小兵[1]

我不是归侨，没有经历过像许多华侨那样的国外生活。然而，由于外公、外婆、父母都是归侨，我从小就受到华侨家庭的熏陶，在与外公、外婆、父母以及他们的朋友接触中，深知他们与其他大多数华侨一样，经历了战争，为家庭脱贫出国谋生，为改变祖国落后面貌、参加中华人民共和国建设毅然回国。长辈们的这些经历，都给我留下深深的印象。

我的外公、外婆

1900 年 4 月，我的外公出生于福建省厦门市海沧区锦里村的一个贫农家庭，家里共有兄弟五人和一个大姐。由于家庭贫困，他 14 岁的四弟因患疾病缺钱医治而夭折，大姐跟随姑父、姑母到新加坡出嫁了。身为长子的外公，从小就帮助父母挑起家庭生活的重担。他起早摸黑辛勤劳动，半农半读，从小养成刻苦耐劳、勤奋好学的习惯。他小学毕业后，由于学业成绩优良，留校任教，过着边教边耕的生活。他认识到：中国人只有提高文化素质，才能摆脱愚昧落后。他立志发展家乡文化教育事业，故把名字改为林启文。他看见校舍简陋，雨天漏水，夏天闷热，就写信给新加坡经商的乡亲，请求他们捐款扩建课室，改善教学条件，但得到的回音是："有心无力""暂难捐助"。愿望虽然落空，但外公并不气馁，他明白了要改变家庭贫困现状，兴建家乡，发展教育，必须自己发愤图强，努力拼搏，于是亲自到南洋谋生挣钱去。

1936 年，我的外公、外婆、舅舅和母亲远渡南洋，在印度尼西亚（简称"印尼"）苏门答腊巨港埠安家谋生。刚开始，外公在一个同乡经营的商行里当伙计，由于勤劳能干，得老板器重，被提升为经理。这段时间，家里粗茶淡饭度日。为了帮补家用，外婆也搞点副业，每天还让年仅六岁的舅舅和五岁的母亲赤着脚、顶着烈日到穆西河边捡铁钉，敲直去锈，卖点小钱来维持生活。外公每月工资 40 盾荷币，70% 寄回家乡给他的父母，余下 30% 交给外婆安排家用。家里

① 本文为作者自撰稿。

周小兵母亲投给《广州老照片的故事》栏目的照片（在周小兵母亲三岁时，周小兵外公、外婆带着她和周小兵舅舅一起到南洋谋生，为了办通行证，一家人拍下了这张合影）

的生计由外婆省吃俭用支撑起来，有剩余就积蓄起来。

过了一年，舅舅七岁、母亲六岁，他们该入学念书了。因为要供他们读书，家庭费用增加了，那时又碰到外公工作的商行老板要压缩业务，外公被辞退了。为了生计，他想到矿山开发区的丹绒芸林去做日用杂货生意，那里有几千名矿工，是经营的有利条件。外公的想法得到外婆的支持，她拿出积蓄了多年的2 000盾荷币给外公作资本。外公下定决心，到矿山去艰苦经营。

外公为人厚道，讲究信用，做生意货真价实，薄利多销，服务优质。经过几年的勤俭创业，经营有方，生意越做越旺，积蓄的资本越来越多，社会地位也越来越高，成了当时芸林的“大头家”。外公带头捐款，并发动当地华侨，资助兴办了第一间侨校——爱群小学，使当地几百个华侨子弟有了接受华文教育的机会。外公就这样在异国实现了人生起步的宏愿。但在他心里，还念念不忘有朝一日要在祖国、在家乡兴办学校，发展教育事业。

1937 年 7 月 7 日，爆发了震惊中外的卢沟桥事变，抗日战争爆发了。作为“海外孤儿”的侨胞，和祖国人民一样，同仇敌忾。外公天天看报纸，密切关注着祖国抗战的局势，积极投入到“有钱出钱，有力出力”的保家卫国热潮中，成为当地“抗日救赈会”的主持人之一。

随着经营的生意逐步发展，外公又请来了几个乡亲帮忙，并把自己最小的弟弟也从唐山带来，由外婆和叔公掌管门市，自己则到各山芭开拓，组织土产货源，做批发生意。他不顾长途跋涉、身体劳累，有时甚至坚持带病工作。有一次，他乘帆船到棉兰收集土产甘蜜，在归途中，突然遇到狂风骤雨的袭击，船在惊涛骇浪中颠簸航行，经过两天一夜的搏斗，幸而人货保住，安然靠港。可是，在两天中滴水未进的外公却患上了伤寒病，生命垂危。医生劝外公住院，外公为使这批货物尽早上市，卖个好价钱，不肯住院，只打了针，吃了点药，又乘着货船把甘蜜押回丹绒芸林。又有一次，外公乘火车到巨港采购货物，火车行驶不久，突然来了两个彪形大汉，吆喝外公到另一个车厢去。刚到车厢的连接处，那两个大汉就逼着外公拿出巨港的通行证，外公不肯，与他们争论，他们硬是将外公推下火车，外公当即昏迷过去，待醒来时发现自己在黄泥沙里，头破血流。幸好装着货款的手提袋没有被抢走，而是和外公一起被抛出了火车。外公带着一身斑斑血迹捡回手提袋，跛着脚忍痛行走。在途中，他迷失了方向，幸好遇到当地善良的乡民指引带路，走了两个多小时才回到家里。早已听到广播，得知外公在乘坐那班去巨港的火车上出事的家人正焦急万分，一见到外公回来悲喜交集，都劝他好好休息治伤。外公就这样，冒着风险，勇于拼搏，他挣来的血汗钱确实不易啊！但是一谈到祖国和家乡，他就慷慨疏财，毫不吝啬。

1941 年末，日本发动太平洋战争，战火蔓延至印尼。1942 年 2 月 15 日，巨港沦陷，荷兰殖民当局官员逃之夭夭，社会动荡，人心惶惶。爱国侨领坚守民族气节，坚决不与日军合作。为避免受日军奴役，外公与当地爱国侨胞领头组织“华侨互助会”，筹集资金在丹绒芸林的郊外搭起简易棚，帮助当地青壮年华侨疏散到那里避难。当时，巨港华侨总会主席曾应时先生和一些爱国知名人士如李吉成先生、汪万新先生等，决定暂时逃往马拉路阿（Muaradua）。他们路过丹绒芸林时，外公不怕犯“窝藏罪”，掩护他们在家里住宿。一直到有风声传来，日军快要侵占丹绒芸林，他们才逃到别处去。

1942 年 3 月，日军占领了丹绒芸林，华侨办的爱群小学被接管了，日军强迫学生每天早操的第一件事是升“膏药旗”（日本国旗），唱日本国歌。外公让我母亲停学，请家庭教师给我母亲进修英语，绝不接受日军的奴化教育。为了避免日军拉店里的年轻伙计去当挑枪支弹药的苦力，外公设法送他们到矿山打工。日军横行霸道，随时到华侨商店拿东西不给钱，还到处抄家找女人。有一天，日本兵半夜三更竟找到外公家来了，外婆和我母亲躲在阁楼里吓得发抖，幸好没被发现，才避过一劫。又有一次，外公被传讯审问，日本兵问：“你为什么出售七七牌烟纸？”外公回答：“我是生意人，只知道买货卖货。”日本兵见抓不到什么把柄，就打了外公几个耳光，放他回家。1945 年，日本投降前夕，对华侨的迫害更加疯狂了，外公因主持抗日救赈又被传讯审问。外公被拘留了，仓库的生胶、胡椒、咖啡等货物被日军一车车地运走了。1945 年 8 月 15 日，日本宣布无条件

周小兵外公、外婆、舅舅与母亲在印尼的合影（那时候周小兵外公的生意已进入收获阶段，家庭经济有所好转）

投降。如果再迟些日子，外公可能与当地 11 名爱国侨胞一齐惨遭活埋。

抗战胜利了，侨胞们欢欣鼓舞，外公、外婆和叔公商量决定：一方面重整旗鼓，做好丹绒芸林的日用杂货门市生意，由外婆和叔公掌管；另一方面，外公筹措资金到巨港和几个好友合股组建“联益公司”，经营大宗土产贸易。后来，外公又独自建立“新联益公司”。生意做大了，家境有了改善。

1946 年 7 月，蒋介石对解放区发动了全面进攻，这使外公逐渐认清了国民党卖国求荣、专制腐败的反动本质。1949 年 4 月，解放军神速南下。在解放军横渡长江前夕，巨港一些侨领、教师和学生掀起了回祖国参加解放事业的热潮。同年 7 月，外公、外婆支持我母亲到新加坡念高中，我母亲却借去新加坡为跳板，投入祖国的怀抱。她不辞而别，给外公、外婆一次极大的打击，我母亲当时怕他们阻拦，就没有同他们商量，更没有了解他们的心也是向着祖国的。[①]

1950 年秋天，外公听了巨港侨领薛两清先生带头回国观光的情况汇报后，心里萌生了回国参加社会主义建设的想法。1951 年，外公等巨港五位侨领组成“巨港华侨工商业考察团”回国考察后，外公对祖国的建设再一次有了系统的观感，进一步认识到祖国建设的需要。经过三思，他说服了家人，财产一分不少地全部带回了祖国，一心一意参加祖国的社会主义建设。为了方便联络海内外亲戚朋友，加上我母亲早在解放前夕就已回到祖国工作，外公决定定居在广州市。

1952 年 3 月，外公、外婆、舅舅回到了广州。全家在东皋大道购置了一幢旧洋房，把家安置下来。旅途的劳累未消，外公便参加了筹建广东华侨投资公司的

① 林澄：《一生拼搏、赤诚无私的好爸爸》，印尼巨港华校广东校友会编：《巨华校友文选》第 1 集，1999 年，第 75－83 页。

第一次会议，参与公司章程的起草、拟定工作，并参加了华侨新村的筹建工作。外公、外婆把从印尼带回来的资金一部分投入广东华侨投资公司，一部分做公益善事：一是给家乡的海沧中学建化验室，二是给出生地的锦里小学建四间课室，使锦里小学变成了完全小学，三是给广州市华侨小学捐助一万元，等等。外公、外婆因各种捐献所留下的单据，据不完全统计，款项约占家产的40%。

外公、外婆于1952年举家回国后，在广州中山三路东皋大道买了一座德国人设计的旧洋房（图为洋房外景，摄于1952年）

1952年冬，外公、外婆在广州华侨捐建的华建麻袋厂附近荒地办起了种植胡椒、咖啡等热带作物的试验场，后因气候不适宜，改种龙眼、荔枝等作物。虽然请了一些劳力，但从育苗到开垦、种植、管理，外公全都亲力亲为，每天早晨六点多就从家里赶到试验场工作，中午自备两个面包当饭，再喝点茶水，直到下午六点才回家。他就这样整整干了一年多，直到突发胃溃疡大出血才把试验场交给华建麻袋厂管理。当时，该农场成为该厂改善职工生活的生产基地。

1957年，外公参加了国务院侨办组织的考察团，到苏联、罗马尼亚、阿尔巴尼亚、捷克、波兰、朝鲜等国家参观学习，开阔了视野，更激发了他建设祖国的热情。外公当时是广东华侨投资公司的董事，又是宣募委员，天天忙于接待工作，宣传祖国的大好形势和政府对于华侨投资的优惠政策，发动华侨投资建设祖国。外公还经常出钱出力，接待归国观光的侨胞，家里经常门庭若市，无形中成了华侨朋友的接待站、联络点、行李寄放处。当时外公已年过花甲，几十年积劳成疾，患有高血压、胃溃疡等病痛，但他依然为回国观光的朋友以及回国念书的学生服务，对有困难的还给予力所能及的资助，尽力为他们排忧解难。许多熟悉外公的人至今还念念不忘“启文伯”的为人。

外公一向爱国爱乡，对祖国竭诚奉献，深得政府和人民的信任，多次被选为广州市东山区人民代表，政协副主席，广州市第二、三、四届政协委员，广东省侨联委员。1956年6月，外公还代表广东侨界出席了在北京召开的中华人民共和国华侨事务委员会第四次侨务扩大会议，与国家领导人等与会者共商侨务大事。外婆回国后，也热心于街道工作和华侨工作，街坊们有什么事都愿意找“蔡大姐”（外婆名叫蔡治），外婆也多次成为广州市东山区的人大代表和政协委员。

周小兵外公参加的两次重大会议留影（上图是1956年他代表广东侨界出席在北京召开的中华人民共和国华侨事务委员会第四次侨务扩大会议，下图是1957年他参加广东省第二次归国华侨、华侨眷属代表会议）

岁月无情。外公进入70岁高龄时，高血压病情日益加重。有一天，外公午睡醒来突然半身不能动，顿时，他为失去自理能力难过得流泪了。我母亲第一次见到硬汉子性格的外公哭了，深知外公不是怕死，而是为意识到自己将要麻烦别人服侍而难过。当时我母亲禁不住抱着外公痛哭着说：“阿爸，你不要难过，有妈妈和儿女侍候你。”外公从此与病魔作顽强的斗争，打针，服药，针灸，百针千针，从不叫苦。一年之后，外公的病有了好转，为乘胜追击把病治好，我母亲陪外公不远千里回家乡厦门继续医治。外公为国为友慷慨解囊，对自己却非常节省，乘两天一夜的火车，行程 2 300 多公里，却一直不肯“享受”卧铺。病重期间，他已不能外出看电影和散步，那时又没有电视机，只有厅里那座搬动不便的旧式收音机，我母亲为分散疾病缠身给他带来的痛苦，特地花了 150 元买了一部红旗牌半导体收音机给他解闷，谁料他反而批评我母亲不该为他花那么多钱。在临终前约两个月时，他带有几分歉意地微笑着对我母亲说：“你的一片好意我已心领了，现在送给你，但愿你也喜欢。”他把那部半导体收音机送给了我母亲，没想到，它竟成了外公留给我母亲的遗物。20 多年来，我母亲经常把它带在身边，它成了一份宝贵的纪念品。每每看到它，触摸到它，外公那种对国家、对家乡、对亲友的热诚奉献精神和刻苦薄己、善良俭朴的高尚形象，就浮现在我们眼前。他的赤子之情感染着我们，他慈祥而又严肃地指引着我们在人生的征途上奋勇前进，教导我们对工作要克己奉公，对祖国要无私奉献。

外公外婆，他们的一切言行都铭刻在我的心中，成为指引我做人处事的方向盘，永远鞭策着我为建设繁荣富强的祖国而奉献——要拼搏，要赤诚，要无私。

我的父亲、母亲

我的父亲周挺（解放前曾叫周应藩）出生在一个地主家庭，家里共有 13 个兄弟姐妹。因为兄弟姐妹众多，虽是地主家庭，但生活依旧不宽裕。我小时候听父亲讲，他的家庭，一家人吃饭总是男性先吃，女性后吃。他高中时在外地读书，经济上也要省着吃、省着用，每天经常只吃两顿，有时吃十来粒花生、喝点水就是一顿。父亲读书非常用功，高中毕业后，考上了中山大学。战争年代，读书的地方都受到日机的狂轰滥炸，他读大学期间被迫停学两年，最后搬到坪石就读。在读大学期间，父亲受到了进步思想的影响，毕业后以教师为职业作掩护，同时进行进步思想的传播，后转入部队，参加解放战争。

1945 年 8 月 15 日，日本宣布无条件投降。印尼巨港的华侨第一件事就是要把华校复办，最迫切的问题是缺乏老师[①]，1946 年 9 月还没能复课。其他华校同样缺乏老师。当时学生激增，加上第二次世界大战中国是战胜国，上升为亚洲强国，过去不愿学华文的华裔此时都想进华校读书，甚至连印尼本地人也愿意进华

① 陈夏苏：《赤子荣辱　华校盛衰——许崇德谈印尼巨港华教盛衰史》，《金鼓集》，广州：中山大学出版社，1993 年，第 274 - 275 页。

校读书。1947年初，父亲等人应印尼爱国侨领许崇德、薛两清的要求，与一批志同道合者（方源湜、黄洁琳、刘哲西、张国权、何祖钧等）经中国香港、新加坡来到印尼巨港[1]。父亲在巨港中华学校任教。

周小兵父亲正在巨港中华学校告知学生活动安排（站立讲话的是周小兵父亲，左三是周小兵母亲，摄于1948年）

我的母亲林澄（在国外时叫林振佐），三岁时随外公、外婆远渡南洋。在此期间，她目睹了日本人烧杀抢掠的情景以及父母经商的挫折。她原来就读的学校，在日本人侵略的时候，挂的是日本国旗，每天升旗仪式要唱日本国歌，见到日本人要点头哈腰。不久，外公就让我母亲退了学，回到家里，改为家教式学习。1947年，华校复办后，我母亲又回到华侨办的学校就读。由于香港来的这批老师工作积极负责，学生的成绩都比较优秀，因此获得了当地华侨与学生家长的赞许。第二次世界大战后，巨港华侨社会出现团结进步的新气象，成立了巨港华侨总会，统一领导各侨团、管理中华学校和华侨学校，并在两间学校内开展“救济祖国饥饿文化人”的“救报活动”。中华、华侨两所学校的学生在老师的教导下，进行了“救济祖国饥饿文化人”义演，演出了歌剧、舞蹈、合唱等，如《黄河大合唱》、《兄妹开荒》歌剧表演、《朱大嫂送鸡蛋》造型演唱、《农村曲》，给观众留下了深刻的印象。义演时，爱国侨领黄锡麒（黄洁，曾任广东省

① 方源湜：《为革命事业竭志尽忠的实干家——缅怀夏苏同志》，印尼巨港华校广东校友会编：《巨华校友文选》第1集，1999年，第161－167页。

副省长）、薛两清、许崇德等广大侨胞慷慨解囊。[1] 许多学生三五成群，捧着绢花义卖，边义卖边唱："先生买一朵花吧！先生买一朵花吧！不是要你爱花，不是要你赏花，买了花啊，救了国家。"路过的各界人士见到学生小小年纪有一颗火热的救国心，冒着烈日叫卖绢花，纷纷解囊，踊跃捐款。[2] 我母亲就是这些"卖花姑娘"中的一员，她们筹得了巨款，以支援祖国困难的文化人。

巨港中华学校学生自治会成立留影（第二排右七是周小兵父亲，摄于1948年5月16日）

1945年8月印尼独立以后，美国、英国、荷兰等殖民者极端仇视印尼的独立，荷兰殖民者在英美的支持下卷土重来。[3] 我父亲教书所在地巨港的华侨学校，其进步势力的发展，令荷兰殖民者始料不及，希望把这股进步势力摧毁。

1948年10月，我父亲等在巨港教书的四位老师和校长先后被巨港警察局叫去问话。那里的警察问话后，要他们五人坐上警察局的车子回到自己的宿舍，还问他们看那么多书干什么，宿舍为什么有那么多钱，又做鬼脸挑衅。荷兰殖民当局不在乎有没有证据，他们想抓人就抓，连莫须有的罪名都用不着，这就是"海外孤儿"所享受的"政治待遇"。我父亲等五人后来被捕了。尽管侨领薛两清和巨港华侨总会一次又一次抗议，但是我父亲等五人只能在巨港取保候审。最后，由侨领黄锡麒等出面，与荷兰殖民当局交涉，处理结果是将他们驱逐出境。1949

① 方源浞：《为革命事业竭志尽忠的实干家——缅怀夏苏同志》，印尼巨港华校广东校友会编：《巨华校友文选》第1集，1999年，第161－167页。

② 林澄：《爱心玫瑰》，《源流》2001年第6期。

③ 李学民、黄昆章：《印尼华侨史》，广州：广东高等教育出版社，2008年，第428页。

年 4 月，我父亲等人回到了香港。[1]

我父亲回国以后，参加了地方武装工作，在粤赣湘边纵中山独立团第四营任政治教导员。在部队中，他组织整训，有计划地进行形势、人民军队性质和任务的教学活动，短时间内就把这支部队训练成能联系群众、纪律严明、上下团结、具有一定战斗力的队伍。在战友李白林的印象中，我父亲是一位文质彬彬、身体单薄的书生，但在战斗中，他是勇敢、机智、临危不惧的指挥员。[2] 1949 年 10 月 14 日广州解放，国民党广州卫戍司令李及兰属下的保二师、保五师退却到广东斗门。10 月 23 日凌晨，他们分三路包围驻黄杨山几个村落的游击队，而且人数是游击队的数倍之多。指挥员郑文与我父亲兵分两路，向村后丛林突围，冲破敌人防线，抢占山头有利位置，反击敌军。父亲在这场战斗中险些送命。在李白林的印象中，父亲还是博学多才的人，他在中山工作期间，多次出色完成统一战线和宣传教育任务，成功劝诫国民党中山联防大队长起义。解放初期，由于父亲在民众中宣传党的政策，斗门圩镇从谣言四起恢复到人心安定。解放前，父亲就是用自己的信念，来实现人生价值。

1949 年，是振奋人心的一年。人民解放大军以排山倒海的气势横渡长江，全中国解放即将实现，这是时代的强音，也是对华侨最振奋人心而又最亲切的呼唤。解放战争的节节胜利，令巨港的师生们掀起了“回祖国去”“为祖国解放事业而战斗”的热潮。我母亲就是这些华侨中的一员。

前巨港中华学校校长、广东省政协副秘书长陈夏苏在《投奔》这篇文章里这样描述我母亲：林振佐是个纤弱的女青年，白皙的脸蛋上有着一双明亮的大眼睛，很惹人疼爱，是她父母的“掌上珠”。她从小未出过家门，纯朴大方，有一颗善良的心，怜惜受盘剥的穷人，仇恨横行霸道的强者。自从认识了来巨港中华学校任教的一位姓周的老师后，在老周的启发、教导下，她更加严格要求自己，努力学习，热爱祖国，向往祖国人民的进步事业。当她知道老周和田韩山还有老方（一起从香港到巨港支教的中国老师）都是长期在一起共同为祖国解放事业而战斗的老战友，因情同手足，被旁人称为桃园结义的“三兄弟”时，她对老周更加敬爱了。自从老周同老方一道走后（被荷兰殖民当局驱逐出境），她变得沉静了，但愈加坚强了。[3]

我母亲经过一番思想斗争后，终于决定离开这个温暖的家，抛去优厚的物质享受，“投奔祖国去”。她迫切地希望和老周等“三兄弟”一起工作，她憧憬着

---

① 陈夏苏：《他像一块磁铁　又像一团火——记老归侨薛两清》，《金鼓集》，广州：中山大学出版社，1993 年。

② 转引自李白林《深切怀念周挺同志》一文。

③ 陈夏苏：《投奔》，《金鼓集》，广州：中山大学出版社，1993 年，第 293 – 297 页。

原巨港中华幼儿园，后为中国大使馆驻巨港临时办事处（摄于 1961 年）

美好的未来，怀着年轻人似火的热情，下定决心飞出去！尽管她未出过远门，但她鼓足勇气，毅然只身踏上漫长的征途，不管前面有什么拦路虎，有多少惊涛骇浪，也绝不退缩。她单枪匹马，从巨港到了新加坡，按地址找到一位同学的家，从那位同学口中了解去香港的途径。第二天，她一个人离开了新加坡，乘了七天七夜的船到了香港。到香港后，她住在一家旅店里，开始感到孤单、害怕，十分警觉，因为新加坡的同学告诉她，香港是“冒险家的乐园”，强奸、抢劫、诈骗屡见不鲜。此时她无依无靠。她根据老周、田韩山原来在巨港时告诉她的地址，只向别人了解中环干诺道中[①]的方向，连“华商报社”也不敢提及。她一家一户地找，终于找到一家门面很窄的书店，那里是新民主出版社。进入书店左侧，有条楼梯，楼梯口有个老人值班，她问：“老伯你好，请问这是华商报社吗?”守楼梯口的老人审视了她一遍后问：“你找谁?”“找田韩山先生。”“他是编辑部还是经理部的?”她迷茫地摇摇头：“不知道，田先生是从南洋回来的，我只知道他在华商报社工作。”老人抱歉地说：“没有这个人。”我母亲又向他询问了老周和老方，老人都说不清楚。这简直是一盆冷水直向她淋！

① 陈凯敏：《特首选战叶刘出生大富之家——父借中环全幢物业办华商报》，http//wwwhkol. com/01 侦查 59726/ - 《特首选战叶刘出生大富之家——父借中环全幢物业办华商报》；林子雄：《广州新华书店创办纪事》，http：//epaper. oeeee. com/epaper/C/html/2015 -07/31/content_ 23994. htm。

周小兵母亲（左）回国后与战友的合影（摄于1950年初）

我母亲带着失望的心情回到旅店，夜幕笼罩着大地，她不想出去吃饭，也不打开电灯。她苦思着："找不到田校长怎么办哪！"她感到失望和惶惑，脑海里掠过一道阴影："难道就这样折回新加坡？"她陷入了苦恼的沉思中。"离开巨港时，从同学口中得知田校长在香港还有信件来，难道这么巧在短短的十几天就走啦？如果调走，守楼梯口的老人也会说调走才是。""或许是校长改名换姓啦？"她看到老人那慈祥的面容，坚信老人没有骗她。她决定打持久战，每天都到华商报社楼下守候，不信碰不上他们。

第二天，我母亲匆匆吃过早饭，到新民主出版社后站在书架旁"看书"，不时盯着楼梯口，从上午守到下午再到天黑，连续三天都没有看到田校长的影子。她带着疲惫的身子回到旅店，想了很多，流了很多泪，也责备自己这么脆弱。她并不知道，实际上，田校长从早到晚，除了到五楼吃饭外，都在二楼华商报社工作，只有星期五外出联系工作时才出门。

第四天，我母亲一早就到新民主出版社来，这回她靠在楼梯口"看书"，忽然看到田校长，赶紧喊了一声："校长！"然后紧紧地握住田校长的手。"哎哟！小林，什么时候来的？"我母亲不禁泪如泉涌，她向田校长诉说了这次来香港找他的波折。田校长抱歉地说："难为你啦，我改了姓名，因为港英当局曾来了解过我，为避免麻烦而改的。"田校长告知了我母亲老方、老周的去向，并安排她到某地学习，为到解放区工作做好准备。回到祖国，回到她追求的地方，我母亲满怀激情，决心在祖国贡献自己的青春。

全国解放后，我父亲从农村工作岗位调到中山县委工作，是当时中山第一批县委委员，任中山县的宣传部副部长。他对解放后的形势和今后的工作有较好的理解，经常被邀请作形势报告。他作报告时深入浅出，铿锵有力，经常脱稿演说。演讲前在一张小小的卷烟纸上写几个字，他就可以讲几个小时，而又使听众不打瞌睡，一些群众称他是“烟纸部长”。在中山县，他担任过《农民报》主编、有线广播站站长、中山县第一中学第一任校长，多次被选为党委员、人大代表、政协委员。正当父亲全力参加祖国建设时，1957 年，反右政治风暴乍起，作为知识分子、搞宣传工作的他，不能幸免地被划为右派，正如他的诗所描述的那样：“峥嵘岁月叹难居，黑夜狂涛百地灾。”①

1951 年 2 月，周小兵父母与一个月大的周小兵大姐合影

三年的劳动改造后，我父亲被分配到中山县的一所中学当语文老师。我小时候看过父亲改语文卷子，有时学生的一篇文章要改两个小时，密密麻麻的微批，长长的总批，真的比学生的文章还要多字。由于教学认真，他对学生的语文和素质教育都是全校有名的。然而，“顷刻乾坤暗”，1966 年“文化大革命”开始，他再次受到冲击，又被划为右派。“文化大革命”10 年，他遭受了很大的打击与折磨：游街、批斗、下放强迫劳动。父亲在被强迫劳动的日子里也劝过不少身边难友要抱有希望，他坚信光明总会到来。1977 年，父亲的冤案终于平反了，他又赋诗写道：“廿载沉沦寄梦中，一朝昭雪漾春风。难忘昔日金光灿，犹记当年赤壁雄。”该诗表达了父亲当时的激情和坚强意志。

① 黄洁琳：《顶风雪挺立 迎热浪奋战——记老校友周挺老师》，印尼巨港华校广东校友会编：《巨华校友文选》第 1 集，1999 年。

在以后的日子里，父亲更是勤学习，献余热。离休后，他为贯彻知识分子政策奔忙，他过去受伤害不少，这更激发他努力帮助这些蒙冤的知识分子的热情。他不怕麻烦，多年来，帮助落实知识分子政策案例 30 余宗。他用自己做宣传工作的本领，给青少年上爱国主义教育课。他担任过《政协通讯》主编，为中山招商引资搞活经济服务。他还为地方史、党史撰稿。他担任过印尼巨港华校校友会副会长等，还把自己多年积累的 300 多首诗词编辑成册。离休后的父亲，表现得依然风采卓然。

我母亲林澄，回国后参加了部队。解放后，她经历了一系列运动，如“土改”“三反五反”“大跃进”“人民公社化”“四清”“文化大革命”，做过学生，当过兵、农民、干部，担任过公社妇女主任、县文化局局长等，从一名商人家庭的娇小姐变为一名干部，最后于 1989 年从经商行业退下来。她面对每一次工作调动，都能克服困难，适应新的挑战。最大的挑战，还是她离休后不幸患上了尿毒症。在患病的 14 年中，她经历了无数次生与死的考验，而最值得我敬佩的是母亲在生与死的较量中变得越来越坚强，对人越来越友善，越来越理解别人。母亲在与病魔抗争的 14 年里，给我留下了丰富的精神财富，让我成长了。在母亲的身上，我学到了许多书本上学不到的知识和道理。而围绕在她身边的许多人和事都给我留下了深刻的印象，帮助母亲渡过难关的大有人在。

母亲是一个优秀的病人，在她身上发生的一些事，很普通，但不容易做到，她在病中的心理轨迹，也许对以后我们与疾病抗争有正面作用。

长期的疾病折磨，使母亲遭受了很多痛苦，她在得到别人很多关爱的同时，也把爱传给了许多人。她对待疾病有坚强的意志，表现在她只要自己还能做到，绝不依赖别人。自己能为别人服务的，她都尽量去做。她会主动与疾病搏斗。母亲做的一些事情，虽然简单，但长期坚持，也不容易。这些故事，现在还在我的脑海里挥之不去。

有一次，母亲在做透析时出现低血压，需要挂糖盐水来调节。一位护士由于没看清楚挂钩，还没有挂好吊瓶就松手了，结果 500 毫升的玻璃吊瓶正好砸在母亲正在做透析的手臂上，皮肤马上出现巴掌大的内出血瘀斑，这是砸到生命通道上了。护士当时被吓得脸都变青了，不知所措。此时的母亲，没有呵斥她，而是平静地说：“你不是故意的，赶紧用冰敷吧。”护士这时才醒过神来，马上处理内出血。事后，这位护士对母亲非常感谢。母亲这种宽以待人的态度，使在场的医务人员都深受感动，他们都很喜欢这位林阿姨。

周小兵父亲生日时夫妻两人的合影，此时周小兵母亲正在患病中

广州中山一院透析中心是广东省透析技术最好的单位之一，因此，慕名而来的本地和外地患者都特别多。每到透析日，母亲早上 7 点就会到达医院。许多年轻、有家庭的护士来不及吃早餐就要到岗了，劳动强度很大。母亲在每次护士给她扎针的时候都会问一下对方吃早餐没有，一旦知道她们未吃，就会叫保姆在她被扎完针以后买早餐给她们吃。母亲对人和蔼可亲，关怀备至，使得护士们都很喜欢跟这位老太太聊天。

有请过保姆经历的人都有体会，由于文化程度、家庭背景、工作经历等方面的差别，双方往往要经历一段磨合期，长期的雇请，难度更大。母亲在这方面做得很好。她对保姆的态度是，多换位思考，多注重平等，多宽容，多耐心，多引导。保姆遇到困难，她体谅，尽量帮助。有一次，保姆的孩子在工厂打工时，出现全身浮肿，母亲意识到可能是急性肾炎，主动叫保姆立即带孩子到医院治疗，告诉她要去当地比较正规的医院，还掏出 1 000 元给她，并与她结算好当月的工资，催她赶紧回家。其实，保姆紧急回家会给雇主带来许多麻烦。经过一年的治疗，保姆的小孩疾病痊愈，她又要求回来服务母亲。平常，母亲虽然自己体力有限，但还是耐心地教保姆做广东菜，教礼仪，教文化，教融入社会。小保姆阿芳在我们家工作 3 年以后，母亲给她找了一个在幼儿园的职位，还叫她半工半读，提高文化水平。保姆喜欢家乡菜，她经常叫保姆买一些自己喜欢的菜来吃，给予保姆“特殊政策”。母亲周围的人都说：“你这么懂得带保姆，我出资请一个保姆到你家让你带一下就好啰。”在母亲去世的时候，曾在我们家工作过的 3 个保姆都来吊唁，都很舍不得林阿姨离去。

苏先生是母亲早期认识的病友，是来自香港的一位小伙子，与母亲的疾病一样，患的是慢性肾功能衰竭，在广州没什么亲人，也是慕名来到中山一院治病的。他由于年轻，有换肾的准备，一边透析一边等待合适的肾源。在病房里，很少人关照到苏先生的生活，而他由于尿毒症胃口较差。母亲见此情况，在自己健康状态也不怎么好的情况下，交代保姆煮东西时多煮一些带来，让苏先生变换一下食谱，改善他的胃口。他们在病房里互相鼓励，交流治病心得。在苏先生换肾期间，母亲让保姆尽量多帮帮他。他换肾以后，刚从隔离病房出来，就迫不及待地去看我母亲。在他换肾后的 13 年里，他每年都要来我母亲家，把女朋友带给我母亲看。可惜的是，我母亲在去世前终究没有见到这位“肾友”做爸爸。

我们家里有许多毛娃娃，有熊猫，有树熊，有松鼠，有双胎长颈鹿，有会唱歌的洋娃娃，摆在一起，像一个小小的动物园。别以为这些是我们家小孩的玩具，其实这些都是最具有童心的 70 岁母亲的玩具。在母亲小时候，家里的大人很忙，顾不上满足她喜欢玩具的需求，童年的她很难获得喜欢的玩具。母亲患病以后，童心未泯，从这些小玩具上获得快乐。因此，她的孙子们不管去到哪里，只要看到有可爱的毛公仔，都会给她带回来。我们有一个亲戚在玩具厂工作，也常给她带来一些好玩的毛娃娃。童心，增强了母亲的生命力。

在母亲患病的 14 年中，亲朋好友也发生了很大的变化，她至亲的丈夫、大女儿、母亲、姑姑、外甥以及几十年的好朋友蔡医生、小保姆阿芳，相继因病逝去，这给了母亲莫大的打击，也更证明了生命的脆弱性。亲朋好友的离去，使母亲更珍惜生命，更珍惜眼前活着的人，对待死亡变得更坦然。她不知道自己什么时候就会不堪一击倒下，但她珍惜每一天，对身边的人更是爱护有加，不管对子女还是保姆，她都说：“我自己能做的事，就让我自己做，我要把自己做事的功能尽最大可能保存下来。”她关心身边的人，给予身边的人温暖。我工作忙，回到家时，她已安排保姆煲好汤或斟好茶招呼我。我每天上班，她总是把我送到电梯口，十几年如一日，使我回家时感受到一种停靠港湾的温暖。子孙们都说她越病越有修养，在长期患病的病人中，这种表现是很难得的。

患病，使父母的夫妻感情也进一步升华。由于工作的原因，父母会较长时间分开居住，父母离休以后，本可以在一起享受离休后的生活，怎知母亲患上这种麻烦的病，打乱了他们的计划。母亲患病以后，父亲经常放弃与朋友相聚的乐趣，时常从中山到广州陪伴母亲。母亲知道父亲爱种花，经常让他到三楼的天台种花，到吃饭的时候就敲着木鱼玩具叫他下来，日子过得平凡有趣。父亲为了母亲，也破格地做了一次违心事。父亲是从来不迷信的，但有一次母亲病危，一个亲戚叫父亲吞掉施了法术烧过的纸，父亲有些犹豫了，最后为了在精神上支持母亲，他把这些纸灰吞下了。1997 年 9 月 23 日，父亲因突发性心肌梗死，突然离开了我们。在最后告别的时候，母亲在父亲的脸上深吻了一下，依依不舍地送父亲上路。

许多患者生病以后，从来不哼一声，把痛苦埋在心里，医生叫怎么做，他们就怎么做，这是一类配合比较好的病人。可母亲在我们心目中，不但好，而且优秀。母亲维护自己的生命，从来都是主动的，表现在日常生活的细节及心理的不断进步上。这样做，给照顾她的人减轻了压力，她自己也有好的收获。

有做过血液透析的病人都知道，这个过程是有很多限制的。首先是饮水的控制。两天透析一次，在没有尿排出的情况下必须要严格控制饮水，透出的水要基本等于饮进的水，否则，很容易造成心衰。母亲调整好心态，每天只用喝工夫茶的杯子来喝水，一杯，两杯，三杯……以此来控制自己喝水的量。星期六和星期天，如果不去透析，她也和家人一起煮点咖啡来喝，而且每次都基本由她来制作。对透析者，食物的选择也有很多要求，需要蛋白优质、含钾低的食物，对食量也有较严格的要求。母亲经常与医生或有经验的“肾友”交流，透析多年，饮食上没有给控制疾病添加更多的麻烦。还有一个很重要的环节，是要特别维护扎针的动静脉瘘，因为它是病人透析的生命线，一旦损坏了，就意味着病人的生命受到威胁。因此，母亲特别注重扎针处，每次透析回来针口止血后都要自己做一番护理，如消毒、贴土豆片消炎等，不会依赖别人。经过 13 年的透析，虽然这条生命线明显地增粗，与体表之间只像隔着一张纸那么薄，但维护得很好，13 年的透析都是用这条生命线来完成。母亲主动积极地与病魔作斗争，乐观地对待疾病，这对一个靠机器维持生命的人来说真的很不容易做到。作为医生的我，也很少看到久病的人能做到这么优秀。母亲对待疾病的态度，真是值得我们学习。

在病逝前一个月，母亲感觉到现在的医疗条件虽已改善，但很多“肾友”仍因经济问题得不到基本的医疗服务而丧失生命。母亲虽然是离休干部，医疗费用基本没有负担，但眼前许多没有基本保障的“肾友”因病致穷、致死的情景让她很心疼。母亲曾把自己维持生命的白蛋白捐给“肾友”做抢救治疗用，但众多“肾友”遇到的问题仍难以解决。于是，母亲试图利用民间力量去帮助“肾友”挽救生命。她叫孙女帮忙起草了《建议李嘉诚先生建立肾病基金会》的提案，向广东慈善会打听准入的一些手续，以及和李嘉诚先生联系的渠道。遗憾的是，母亲想做的事没有做完，就因为疾病失去了生命。民间助医的声浪很高，但离满足民众“大病治得起”的需求还相差甚远，问题的解决有赖于政府立法支持。现在，母亲这个梦终于实现了，国家已针对大病民众采取了保障措施。母亲患病时的晚霞，依然光彩！

结　语

在读书期间，我每次放寒暑假到外公、外婆家时，都能聆听到他们的谆谆教导，比如热爱祖国、正直做人、不要斤斤计较等。在我眼里，外公、外婆很有“钱”，他们的衣着和为人表现却很朴素，对有需要的人又很慷慨大方，对公益事业善施乐助。在他们的影响下，我父母自然地与华侨结下了不解之缘，与侨胞们互相帮助，紧密联系。从外公、外婆到我母亲，再到我，都在不同时代参加了侨联组织。现在，我与新老侨联朋友一起快乐地参加侨联组织的各项活动，如到华侨农场扶贫慰问，为侨胞义诊，与他们同台进行文艺演出，等等。我尽自己所能，服务于侨胞，服务于社会。

我女儿在暨南大学完成本科学业后，赴加拿大不列颠哥伦比亚大学留学。在家里老一辈的感染下，她也热爱公益事业，曾参加“无国界医生”组织的义工工作，协助该组织在汶川地震救援中进行物资筹集等。留学回国后，她在中山大学公益慈善研究中心工作，利用大学科研基地，与政府、民间一起努力完善公益慈善组织的运作机制，促进公益慈善事业向良性方向发展。他们到中国的地震重灾区玉树调研，为当地医疗公益资助项目的实施提供依据。现在，我女儿根据自己的爱好，继续在墨尔本大学攻读公共卫生专业第二硕士学位，毕业后在当地某大学从事卫生经济学研究工作。

70 多年来，我们家的“侨情”在不断地延续着。

2011 年，周小兵女儿在美国亚特兰大卡特中心实习时与美国前总统卡特先生留影

附录：访谈工作掠影

2013 年 6 月 15 日上午，暨南大学国际关系学院/华侨华人研究院和校侨联就暨大归侨口述史访谈工作在明湖楼举行第一次碰头会。图为会后工作人员合影，前排左二和右二分别为暨大侨联副主席温北炎、朱红英，左一和右一分别为国际关系学院/华侨华人研究院陈奕平副院长、陈文老师，后排为参加访谈工作的国际关系学院/华侨华人研究院研究生，左起分别为季鹏、田丹丹、王趸兴

2013 年 10 月 21 日上午，暨南大学国际关系学院/华侨华人研究院领导、师生和校侨联相关负责人与受访归侨在明湖楼举行第二次碰头会，商谈第二批受访归侨访谈工作。图为会后工作人员与受访归侨合影

全体人员合影

访谈工作负责人合影［暨南大学前副校长黄旭辉教授（中），校侨联副主席温北炎（左三）、朱红英（右二）、刘誉（左一），国际关系学院/华侨华人研究院张振江院长（右三）、陈奕平副院长（右一）和陈文老师（左二）］

2015 年 7 月 30 日上午，暨南大学国际关系学院/华侨华人研究院和校侨联的领导、老师与受访归侨在明湖楼举行第三次碰头会，商讨暨南大学归侨口述史出版事宜。图为会后工作人员与受访归侨合影

2018 年 7 月 4 日上午，召集受访归侨在明湖楼举行第四次碰头会，校侨联名誉主席林伟农、副主席朱红英，国际关系学院/华侨华人研究院陈文老师，暨南大学出版社华侨华人研究事业部冯琳编辑及 26 位受访归侨参加了会议。图为校侨联名誉主席林伟农、校侨联副主席朱红英在会上讲话

后　记

《归侨口述史·暨南篇》即将由暨南大学出版社出版，这项耗时近六年的工作终于得以圆满完成，我们感到十分欣慰。

2012年下半年，根据时任院长曹云华教授的安排，由暨南大学国际关系学院/华侨华人研究院与暨南大学归国华侨联合会（简称暨大侨联）合作，启动了对暨南大学部分归侨的访谈工作，至今已历时近六年。从访谈提纲拟定、与暨大侨联协商合作、访谈对象动员，到正式访谈、访谈资料整理和编辑出版，这个过程得到了国际关系学院/华侨华人研究院各位领导和老师的大力支持，学院不仅提供访谈工作所需的经费，而且各位院领导与相关老师还经常过问访谈工作和书稿出版的进展及交流如何解决遇到的困难，学院各位硕士研究生指导老师也积极支持和鼓励自己的研究生参加归侨口述史的访谈工作，有数十位师生更是直接参与了归侨口述史的访谈和编辑出版工作。

2013年4月，国际关系学院/华侨华人研究院成立华侨华人口述史研究中心，暨大归侨口述史访谈工作由陈文老师负责具体访谈和资料收集的组织工作。曹云华院长很重视归侨口述史资料的收集整理工作，他说："我们现在的工作是抢救资料，先把这些归侨老人的访谈资料收集回来，可以把口述史资料收集整理作为华侨华人研究院新的增长点，这是一项长期的工作，以后可以做成一个数据库。"暨大归侨口述史访谈工作由此正式启动。

在开展访谈工作过程中，国际关系学院/华侨华人研究院和校侨联的领导、老师做了大量的动员、沟通工作，联合举行了四次访谈对象动员会和归侨口述史编辑意见交流会。

2013年6月15日上午，国际关系学院/华侨华人研究院和侨联相关人员就暨大归侨口述史访谈工作举行第一次碰头会。国际关系学院/华侨华人研究院陈奕平副院长、陈文老师与校侨联副主席温北炎、朱红英、曾玉华、曾志科、刘誉等老师以及第一批受访归侨和参加访谈工作的学生共20多人在明湖楼碰头，达成由校侨联拟定访谈名单、协助联络访谈对象，国际关系学院/华侨华人研究院派出老师和学生进行具体访谈的合作协议。

2013 年 10 月 21 日上午，国际关系学院/华侨华人研究院和校侨联相关人员在明湖楼举行第二次碰头会，布置第二批受访归侨访谈工作。国际关系学院/华侨华人研究院陈奕平副院长、陈文老师同校侨联副主席温北炎、朱红英、曾玉华，以及第二批受访归侨和参加访谈工作的学生共 30 人参加了会议。

2015 年 7 月 30 日上午，国际关系学院/华侨华人研究院和校侨联相关人员召集受访归侨在明湖楼举行第三次碰头会，将访谈记录纸质版和修改补充意见发给各位受访归侨，听取他们对暨大归侨口述史的编辑出版意见。国际关系学院/华侨华人研究院张振江院长、陈奕平副院长、陈文老师、梁茂春老师和校侨联副主席温北炎、朱红英、曾玉华、刘誉以及暨大前副校长黄旭辉教授等 30 多人出席了会议。张振江院长、陈奕平副院长分别就归侨口述史访谈、访谈录出版的重要性和工作情况作了说明，并表示国际关系学院/华侨华人研究院将大力支持此项工作。陈文老师就访谈录的出版形式、修改补充意见作了说明。会议最后达成以连贯性文字、图文并茂的形式出版《归侨口述史·暨南篇》的协议。

此次会议后，我们对访谈记录文字、照片和格式进行了反复修改、补充和完善，于 2017 年年中交予暨大出版社安排进入出版流程。2018 年 7 月 4 日上午，召集受访归侨在明湖楼举行第四次碰头会，校侨联名誉主席林伟农、副主席朱红英，国际关系学院/华侨华人研究院老师陈文，暨南大学出版社编辑冯琳，大部分受访归侨以及参与联络工作的国际关系学院/华侨华人研究院几位硕士研究生参加了会议。会上，受访归侨对出版社的定稿纸质版作最后核对确认，并签署一份出版使用的授权书。没有出席会议的受访归侨，我们或发送电子版，或由学生将定稿纸质版直接送至其家，由他们亲自核对确认并签署授权书。

访谈、将录音转换成文字、照片拍摄和文字图片补充、编辑、整理，以及与访谈对象沟通核对稿件等一系列工作是十分辛苦而烦琐的，也是一个漫长的过程，这些工作全部由国际关系学院/华侨华人研究院的多位老师和数十位学生历经数年时间才得以完成。

首先是访谈提纲的拟定，先由国际关系学院/华侨华人研究院陈文、梁茂春老师草拟，再征求国际关系学院/华侨华人研究院曹云华教授、潮龙起教授、张振江教授、陈奕平教授、文峰副教授以及校侨联副主席温北炎等老师的修改意见后修订完成。

我们在开始访谈时遇到了困难，个别受访归侨出于各种各样的担心而不愿接受访谈，国际关系学院/华侨华人研究院东南亚研究所的陈深海、曾祥鹏、林锡星、沈新忠、翁锡辉、陈玉等退休老师给了我们极大的支持，或提供采访名单，或带头接受访谈，使我们的访谈工作能够顺利开始。曹云华院长亲自指导自己的硕士研究生对曾祥鹏老师、泰国华人李朱先生进行了数次访谈，整理了非常详细的访谈材料，从而带动了其他研究生积极地参与访谈工作。

在进行正式访谈前，国际关系学院/华侨华人研究院陈文老师会召集参加访谈的学生开个碰头会，阐述归侨口述史访谈工作的重要性，讲解访谈方法和注意事项，详细分配访谈工作。有时，陈文老师也会在“社会科学研究方法”“华侨华人与国际移民”等课程的课堂上讲解访谈方法和注意事项，有数十位选修的本科学生参加了访谈工作。

考虑到归侨年纪较大，每次访谈时间不宜过长，我们访谈一位归侨往往需要分两次、三次甚至更多次完成。一般先打电话动员归侨参与访谈，然后由学生进行具体的访谈和记录；学生将访谈录音转换成文字后，陈文、梁茂春老师会就访谈文字提出补充意见，学生再根据该意见进行补充访谈，或补充相关照片资料，如此往返，一些受访者因而接受了三次或四次访谈。

访谈稿件的核对过程也较长。由于一些受访者年事已高，核对访谈稿件又很认真负责，不仅每次历时较长，还要求多次核对，这样就拉长了书稿核对的时间。

自2013年以来，国际关系学院/华侨华人研究院有五届数十位学生参加了暨大归侨口述史访谈、资料整理工作，包括国际关系学院/华侨华人研究院的研究生和本科生，还有几位外系学生。除了参加访谈工作外，王趸兴、姜瑞民、尹昱、林颖、李玮莉、关乐怡、普鹏飞、韩敬涛、黄德雪、王芳等学生作为各访谈小组组长或联络员还做了大量的联络组织工作，以及与受访对象就出版稿件的核对进行沟通，这些工作也是十分烦琐和费时的。

根据校侨联提供的推荐名单以及国际关系学院/华侨华人研究院退休老师提供的名单，本着能够兼顾各个侨居国家、各种职业身份的原则，我们选择并访谈了40多位曾在暨南大学工作过的归侨人员。这些访谈对象的原居住国有：印度尼西亚、越南、马来西亚、新加坡、菲律宾、泰国、柬埔寨、老挝、缅甸、美国、毛里求斯、英国、蒙古国、爱尔兰、墨西哥、朝鲜、澳大利亚。访谈过程中收集了三种类型的原始资料：每位受访者的访谈录音、录音转文字资料、照片等（这三类资料基本上已以受访者为单位刻录了CD光盘作为原始资料保存）。最终出版的《归侨口述史·暨南篇》总共收录了40位归侨的访谈口述文字和图片资料。

国际关系学院/华侨华人研究院张振江院长负责访谈、出版工作的统筹设计，以及对出版书稿的统稿和审校工作。陈文、梁茂春老师具体负责组织、指导学生访谈，并先后对出版书稿进行了访谈文字编辑加工、照片翻拍整理、核校工作。在文字编辑加工方面，主要是删除部分问答和一些敏感内容，改编为个人的连续性陈述，尽可能确保较好的可读性。但这一做法由于对原有的录音内容进行了修改和删除，不可避免地损失了一些信息，甚至包括非常重要的信息。书稿还穿插了许多包含珍贵时代信息的老照片，提高了出版物的可读性。在访谈过程中，有个别学生因采用像素较低的相机或手机进行拍摄，造成部分照片清晰度不高，不大符合出版和阅读美感的要求，为此我们重新收集并翻拍了这部分照片。此外，各位受访者提供的各类照片也没有完全收录于书稿中。但是，完整的录音资料、照片等原始资料仍永久保存于我院以供研究者随时使用，建议从事相关研究的学者尽可能引用这些原始资料。

本书被纳入暨南大学国际关系学院/华侨华人研究院的“世界华侨华人研究文库”，得到国家出版基金的资助。本项目也是2016年度教育部人文社会科学重点研究基地重大项目《国家边疆安全视野下的沿边地区侨情调研》（项目批准号：16JJD810008）的阶段性成果。

暨大归侨口述史访谈记录的出版工作得到暨南大学出版社的大力支持，相关编辑人员为书稿的编辑出版做了大量细致的工作。

最后，对所有接受访谈的归侨和侨眷、暨南大学归国华侨联合会及相关工作人员、国际关系学院/华侨华人研究院参与此项工作的师生、暨南大学出版社的编辑人员表示由衷的感谢！

张振江　陈文
2018年9月18日